國家社科基金重點項目『東亞濂溪學詮釋研究』
（項目編號22AZX011）階段性成果

韓國濂溪志

王晚霞 編著

湖湘文化海外傳播研究叢書

叢書主編 陳代湘

岳麓書社·長沙

作者簡介

王晚霞（1977—　），女，籍貫陝西周至，文學博士，哲學博士後，天津科技大學東亞儒學研究中心教授，曾在康奈爾大學、臺北大學訪問學習。主要研究古典文獻學與東亞儒學。主持在研國家社科基金重點項目一項，已結項國家社科基金一般項目、教育部人文社科基金青年項目、中國博士後基金一等資助項目、湖南省哲社規劃項目等十余項，已出版著作多部（如：《濂溪志八種彙編》，湖南大學出版社2013年；《林希逸文獻學研究》，中國社會科學出版社2018年；《濂溪志新編》，中國社會科學出版社2019年；《濂溪志補遺》，中國社會科學出版社2020年；《濂溪風雅》，中國社會科學出版社2020年；《日本濂溪志》，岳麓書社2022年），發表學術論文多篇。

叢書總序

陳代湘

極富地域特色的湖湘文化，在中國傳統文化史上有十分特殊的地位。湖湘文化歷史悠久，影響深遠，在近現代更是得到了極大的發展，并出現了幾波著名的人才群體和相應的思想高峰，對社會變革和經濟社會發展起到了巨大的推動作用。

湖南，古稱湖湘①。據考古發現，早在舊石器時代，湖南地域就已有人類活動。② 春秋戰國時期，湖南屬於楚國，被北方中原國家視爲"蠻夷"而受到輕蔑。宋代以前，湖南一直被視爲蠻荒僻遠之地，乃貶謫官員流放之所。但是，湖南的土著先民在這塊土地上世世代代繁衍生息，在和其他民族長期不斷交流融合中，創造了獨具特色的本土文化。外地被迫來到湖南的貶員謫客，著名者如屈原、賈誼、柳宗元、劉禹錫等，受到湖湘本土文化的影響，創作出了許多傳世的佳作，在這些作品中寄寓了他們求索天人、不屈不撓、愛國奮進的精神，影響了後來世世代代的湖南人。

宋代，湖南道州（今湖南道縣）人周惇頤橫空出世，創立濂學，成爲宋明理學的開山鼻祖。胡安國、胡宏父子開創湖湘

---

①學術界以前都認爲最早稱湖南爲"湖湘"者是五代時任潭州軍府事的武陵人周行逢，而實際上早在初唐時，"湖湘"作爲湖南地域之名已出現（見聶榮華、萬里主編《湖湘文化通論》第33—34頁，湖南大學出版社2005年7月版）。另，在先秦時期，湖南被稱爲"沅湘"之地（見王逸《楚辭章句》，《四庫全書》第1062册，第16—17頁，上海古籍出版社1987年版）。皆因湖南境内湖泊和江河而得名。"湖南"之得名，乃因其位於洞庭湖之南。而"湖湘"之得名，則是"洞庭湖"與"湘江"簡稱的組合。"沅湘"之地是以境内的沅江和湘江流域指稱湖南之地域。

②見伍新福主編《湖南通史·古代卷》，湖南人民出版社2008年11月版。

學派，促成湖湘文化興盛，湖南遂成“理學之邦”，成爲士子學人心儀的學術聖地，歷史上有“湖南一派，在當時爲最盛”① 的評價，當時的士子學人“深以不得卒業於湖湘爲恨”②。

明末清初的王船山，抱高蹈之節，創岸异之學，在艱苦卓絶的環境中，對傳統學術尤其是宋明理學進行了深入的批判和總結，并創立自己的思想體系。其思想超越了當時的時代，在中國近代得到强烈的迴響，恰如梁啓超所言：“清初幾位大師——實即殘明遺老——黄梨洲、顧亭林、朱舜水、王船山……之流、他們許多話，在過去二百多年間，大家熟視無睹，到這時忽然像電氣一般把許多青年的心弦震得直跳……最近三十年思想界之變遷，雖波瀾一日比一日壯闊，内容一日比一日複雜，而最初的原動力，我敢用一句話來包舉他，是殘明遺獻思想之復活。”③

近現代湖南，人才輩出。魏源、賀長齡、曾國藩、左宗棠、彭玉麟、胡林翼、譚嗣同、唐才常、熊希齡、黄興、宋教仁、蔡鍔、陳天華、楊昌濟、毛澤東、劉少奇、蔡和森、彭德懷……這一長串名字，被深深地銘刻在中國近現代的歷史豐碑上，他們不但在事功實踐中取得了輝煌的成就，而且在理論創造上也做出了突出的貢獻。

湖南歷史上之所以豪杰輩出，群星閃耀，得益於獨具特色、經世致用的湖湘文化滋養。對湖湘文化這一傳承千年、高潮迭起的思想文化現象的研究，目前學界已經取得了豐碩的成果，然而，現有的湖湘文化研究，更多的是立足於國内視角，對湖湘文化在海外的傳播與影響關注較少。

①黄宗羲按語，見《宋元學案·南軒學案》，中華書局 1986 年 12 月版，第 1611 頁。

②朱熹《答劉公度》，見《朱熹集》卷六十四，四川教育出版社 1996 年 10 月版，第 3399 頁。

③梁啓超《中國近三百年學術史》，見《梁啓超全集》，北京出版社 1999 年 7 月版，第 4441—4442 頁。

湖湘文化是中華文化極富特色的重要組成部分，湖湘文化的崛起與對外傳播，恰恰是中華文化大放异彩的時期。梳理湖湘文化在朝鮮、日本、越南等亞洲國家以及歐美國家傳播的文獻資料、認知態度與傳播的路徑、方式、過程、特點，探究湖湘學術思想在海外相關地區和國家的變遷及其本土化進程，研究湖湘民俗文化的海外傳播，關注現代紅色文化對周邊國家的輻射，聚焦湖湘文化核心價值對海外的影響，提升中華文化自信，助推人類命運共同體建設，是本系列叢書的主旨所在。

序：韓國儒學與周惇頤

〔韓〕丁垣在

爲了探討周惇頤哲學在韓國儒學中所扮演的角色，首先要討論一下韓國儒學史的特徵。韓國儒學跟中國儒學最不同的地方，是在韓國儒學新儒學三派中氣學傳統尤爲顯著。而一般來說，在中國新儒學，以朱熹爲代表的理學（日本學界多稱其爲“朱子學”）和以王守仁爲代表的心學（日本學界多稱其爲“陽明學”）被視爲在歷史上較興盛的思想潮流。這兩種思想派系分别成爲宋、明哲學的代表。當中，理學在韓國儒學也是重要思潮。李滉始創的退溪學派正屬理學思潮。然而，韓國儒學中標榜心學的就衹有鄭齊斗等數人。相反，朝鮮儒學中最大的學派却是以李珥爲首，以氣學立足的栗谷學派。栗谷學派成立於十六世紀，前後維持了三百多年。該學派在十七世紀展開了禮訟之争，在十八世紀通過湖洛之争集中議論了人物性同异論、知覺論、未發論等問題。又在十九世紀以李恒老爲核心人物，展開了明德主理主氣之争。以上争辯皆於栗谷學派在完善和發展其理論的過程中發生，并如實展現了栗谷學派的氣學在朝鮮新儒學中活躍地進行學術活動的面貌。

正因爲氣學傳統極爲顯著，在十九世紀的朝鮮更出現了撰寫《氣學》一書的哲學家——崔漢綺（1803—1877）。崔漢綺的《氣學》是把自己的學問體系稱爲“氣學”的先例。與崔漢綺大約同時代的李震相（1818—1886）把中韓新儒學的歷史分爲三大思潮，并分别指朱熹和李滉、陸九淵和王守仁、羅欽順和李珥爲各個思潮的代表人物。李震相的這個詮釋跟廣爲現代學者們所知的新儒學三派説完全吻合。衆所周知，馮友蘭先生曾於1934年出版《中國哲學史》（下），在書中主張理學和心學相對的兩派説，而該學説到最近也被視爲典範。直到1950年代，中國有張岱年先生以理第一之客觀唯心論、心第一之主觀唯心論、氣第一之唯物論整理新儒學的歷史；日本則有山井湧等先生在“理的哲學”“心的哲學”之餘，還提倡“氣的哲學”。諸先生提供了新儒學三派説的雛形，而這個雛形終於在 1980 年代正式誕生爲理學·心學·氣學之三派説。從現代學者們的研究狀况來看，朝鮮王朝李震相的洞察可謂是出人意料地在早期出現。李震相甚至把自己劃分的三個新儒學派的核心主張要約成“心合理氣”“心即理”和“心即氣”。(《心即理説》)（吾曾依據李震相此主張，提議把“理學·心學·氣學”三派改稱爲“心理氣學·心理學·心氣學”。）李震相之所以能提出這種領先時代的想法，最大原因是朝鮮儒學裏，氣學傳統極爲强大，導致不談氣學的話根本就無法談得上新儒學史。正因如此，反思周惇頤哲學在韓國儒學中所扮演的角色，其實就等同深思韓國的兩大思潮——理學傳統和氣學傳統，分別如何解釋周惇頤哲學。

在韓國儒學史中，周惇頤的名字首次出現在高麗末期。當時儒家的代表李穡（1328—1396）在成均館培育衆多後學。其中鄭道傳、河崙、權近等人後來更以儒家爲治國理念建立了朝鮮王朝。李穡凡闡明他的道統觀時，都必定會提到三個人：唐代的韓愈、宋代的周惇頤和元代的許衡。由此可見，李穡高度評價了周惇頤在中國新儒學史上的地位。而李穡對周惇頤的評價隨後由建立朝鮮儒學典範的十六世紀哲學家們繼承。

朝鮮朝首個獨樹哲學學派的人物徐敬德（1489—1546）在其代表作《原理氣》中提出結合張載太虚説和邵雍先天説的獨特世界觀後，再以周惇頤《太極圖説》中“無極而太極”和“太極動而生陽者”兩句加以説明該世界觀。從這一點來看，《原理氣》可謂是從氣學觀點出發闡釋周敦頤《太極圖説》的作品。

生於同一時代的另一位哲學家李彦迪（1491—1553）則在 1517 年，與在道家和佛教的影響下詮釋《太極圖説》的曹漢輔展開了無極太極之辯，并根據朱熹之學去解釋《太極圖説》。事後李滉（1501—1570）强調李曹之辯的意義并贊揚李彦迪，謂：

“其精詣之見，獨得之妙，最在於與曹忘機漢輔論無極太極書四五篇也。其書之言，闡吾道之本原，辟异端之邪説，貫精微徹上下，粹然一出於正，深玩其義，莫非有宋諸儒之緒餘，而其得於考亭者，爲尤多也。”（《晦齋李先生行狀》）在李滉眼中，李彦迪仿佛就是朱熹心目中的周惇頤。像昔日朱熹顯彰周惇頤及其《太極圖説》之意義，進而將其當成自己的哲學根基一樣，李滉顯彰李彦迪及其在無極太極之辯的言論，進而視李彦迪爲自身的理學典範。所以李滉又高度評價李彦迪，明言在衆多“東方理學”的學者中，“其所學之正，其所得之深，殆近世爲最也”（《言行録》）。此外，李滉本人也在綜合了整個新儒學體系的代表作——《聖學十圖》中，編排《太極圖》做第一圖，從而闡明新儒學形而上學的核心在於周惇頤的《太極圖説》。

而另一邊，建立氣學體系抗衡李滉理學的李珥（1536—1584）則在1575年，與徐敬德門人朴淳就《太極圖説》的解釋展開了論辯。在這場争辯中，朴淳支持徐敬德的詮釋。而李珥則重釋太虚與太極之間的關係，試圖一舉駁倒徐敬德和李滉。其後，李珥剔除徐敬德哲學中含有邵雍思想要素的部分，并參考羅欽順的思路，最後構建出一套忠實反映氣學原本面貌的哲學理論。

在十六世紀，也就是朝鮮新儒學的形成期，徐敬德和李珥所代表的朝鮮氣學，以及從李彦迪傳承至李滉的朝鮮理學兩派，均視周惇頤的哲學及其著作爲重要根據。他們利用周惇頤的思想整理自己的思路，成就自己的哲學。從那時候開始，兩學派不懈地研討周惇頤的著述，并按照研討的結果建立了各種各樣的論説。尤其是學者們持續地對當時被視爲新儒學入門主要書籍的《近思録》進行注解，又反復探討收録在《近思録》内《太極圖説》和《通書》的語句。他們的努力最終爲朝鮮儒學界積纍了大量有關周惇頤哲學的資料。不過，幾乎没人清楚瞭解這些資料的具體情況和實際面貌。這一點可謂令人婉惜。

我們都知道爲朝鮮儒學打造出基本架構的十六世紀巨匠們都非常重視周惇頤的著述，并善於以周惇頤的著述爲據去建立和支持自己的哲學觀點。我們又知道巨匠的後學們也跟隨着寫下了不少有關周惇頤學問的文章。儘管如此，迄今在東亞學術界積極研究周惇頤哲學與朝鮮儒學之關係的成果却是少之又少。甚至尚未有任何研究去試圖以朝鮮儒學對周惇頤的理解爲基礎，從而探索更多能够重釋周惇頤哲學的機會。我認爲造成這種情況的主要原因，是如果要研究成功，就必須先從龐大的韓國儒學文獻仔細找出涉及周惇頤的内容。而這個準備工作却是煩瑣、費時和勞神的。面對這項艱難但重要的工作，學界首位無懼困難，敢於挑戰的勇者便是王晚霞博士。

王晚霞博士花了整整六年多的時間和無數的心血，閲遍韓國儒者們的文集和單行本，并從中精選跟周惇頤相關的議論和詩文，加以點校整理後，再分類成六卷，編成新著《韓國濂溪志》。本書勇踏前人未至之境，爲首個全面地對“周惇頤的學術思想與朝鮮儒學”這個重大的研究主題做學術性探討的成果。要形容本書，用“史無前例”四個字最好不過！

作爲學界的“首個”挑戰，其内容一點也不遜色。本書收録了多達二百七十篇的資料。當中大半不僅是迄今在學術界鮮爲人知的發現，而且是能用以撰寫研究論文的寶貴材料。我們從王晚霞博士分類資料的方法得知兩大新事實：一、朝鮮儒者最常使用的周惇頤著述乃《太極圖説》《通書》和《愛蓮説》。二、被部分學者視爲朝鮮儒學主要特點之一的圖説著作，在某程度上是朝鮮儒者們受到《太極圖説》的影響而成的。這兩點事實無疑是王晚霞博士在鑽研出現在韓國儒學中的周惇頤資料後，向學界報告的核心要旨。

再看書名。我以爲《韓國濂溪志》這書名本身就是在向我們暗示着一個大家都恍惚意識到有需要，但又不敢着手的領域——“韓國濂溪學”已經開放研究。除了書名，收録在《韓國濂溪志》内的二百七十篇資料亦如實反映了“韓國濂溪學”亟待研究，從而使濂溪學得到進一步的發展，讓韓國儒學得到更深入的瞭解。王晚霞博士的《韓國濂溪志》正在爲東亞學者們打開被遺忘已久的韓國濂溪學大門。這扇大門裏開啓着濂溪學詮釋的一片新天地。倘若他日我們在這片新天地有所收獲，我想其功應歸於王晚霞博士對本書的付出！因此我認爲本書是一部有重要學術價值的新著，并深信對喜歡周惇頤學説，以及韓國儒學的朋友們來説，本書會成爲重要的必讀書籍之一，流傳萬世。

2021 年 10 月 5 日於韓國國立首爾大學

作者係韓國首爾大學哲學系教授，主要研究朝鮮儒學史。

前　言

1241 年，周惇頤和其他四位道學家程顥、程頤、張載、朱熹一起從祀孔廟後，濂—洛—關—閩的宋學傳承次序由此得到官方認可。在儒家道學統緒中處於樞紐地位的周惇頤，被公認爲道學宗主，其思想是宋以後道學的源頭活水，在歷史進程中逐漸形成的濂溪學尚未引起學界足够重視，尤其是域外濂溪學。周惇頤思想作爲當時國際先進思想，在高麗末期傳入朝鮮半島，并获得了普遍接受和深刻发展。中國學者要掌握濂溪之學在韓國的發展情況，首先面臨的困難是史料匱乏，目前國内尚無一部文獻可提供研究的便捷基礎。

2016 年春，我赴中國台灣台北大學訪學，進行科學研究，在那裏見到堪稱韓國四庫全書的兩套大型叢書——《韓國歷代文集》和《韓國文集叢刊》，其史料之浩瀚，内容之精深，體裁之多樣，篇幅之洋洋，讓人嘆爲觀止。那時我就認識到周惇頤在韓國的傳播和接受，是個值得鑽研的課題。

以這兩部書部頭之大，絶無可能在短時間瀏覽一遍。此書目前在中國境内僅存寥寥幾套：國家圖書館、南京大學、中山大學等，從工作地出發去檢索這兩套書，其極高的成本讓我尚無力承擔。於是，2016 年秋我計劃去南京大學做博士後，幸運被哲學系孫亦平教授招收，在南京大學的時間過得很快，我也没能翻閲多少。無法解决的困難，終於在美國康奈爾大學通過其國際國内館際互借系统解决了。

康奈爾有與美國各著名大學，與中國國家圖書館、多個省圖書館、中國台灣圖書館和日本多個著名大學圖書館、國會圖書館合作的圖書資料互借服務。可想而知這是一個强强聯合、强强互助的系統，於是，在多年多次赴美期間，我幾乎每天都呆在康奈爾大學東亞圖書館，查閱异地資料。此外，康奈爾大學還購買了世界多國學術數據庫。大致如此，一方面通過館際互借閱讀紙質文獻，一方面通過數據庫檢索下載電子文獻，就這樣在多年不懈努力中，我基本上將這兩套書及其他多部大型相關叢書瀏覽了一遍，還通過紙質和電子文獻獲得了其他大量相關資料。開始做這些工作的時候，衹是感到這是一塊藴含豐富濂溪學史料的領域，國内學者鮮有涉足，必須走進去看看。後來幸運獲得國家社科項目立項，做好這項工作就責無旁貸了。

本書内容與已有濂溪學文獻全然不同。確保了文獻的單一和獨有，既極大拓展了濂溪學文獻範圍，降低了資訊冗餘度，提高了文獻使用效能，也極大降低了學者研究中的資料檢索成本，節省了人類必要勞動時間。以地方志體例對其進行整理，可從多個維度增補濂溪學研究史料庫，爲多側面突破濂溪學研究，提供文獻保障。同時，本成果從濂溪學角度整理史料，强化了“濂溪學”作爲一個理論符號的學術價值，可推進深化周惇頤研究，發掘其作爲道統樞紐的原動力。

爲避免冗餘，我之前編纂的《濂溪風雅》（中國社會科學出版社 2020 年版）中曾收録的韓國諸位先生的詩歌，本書不再收録。相較已有濂溪學文獻，本書體例有所不同，其中，周子生平，列卷之一《周子世家志》；與《太極圖》及其圖説内容相關之論辯、注解、問答、序跋、講義等，列爲卷之二《太極圖志》；與《通書》相關之注解、問答、序跋、札疑、講義等，列爲卷之三《通書志》，與《太極圖》圖像相關，并附有相應“説”的圖説式著述，列爲卷之四《圖説志》；朝鮮諸儒對於濂溪相關之評斷、議論，列爲卷之五《論斷志》；與《愛蓮説》相關之賦頌、注記、序跋等，列爲卷之六《愛蓮説志》。其中新創體例《太極圖志》《通書志》《圖説志》《愛蓮説志》，衹爲史料歸類清晰，便於閱讀，未必準確，歡迎學界同仁批評指正。謝謝！

王晚霞於天津科技大學

2022 年 1 月 1 日

凡　例

一、選文原則

需同時滿足以下條件：一者，内容必要與周惇頤密切相關；二者，作者爲朝鮮半島籍。

二、體例續增

續舊者，如：《周子世家志》《論斷志》。增新者，如：《太極圖志》《通書志》《圖説志》《愛蓮説志》。

三、考證校勘

一者，爲每位作者以脚注的形式做了簡介。二者，爲規避底本中圖像的模糊不清，重新製作了各圖像。三者，凡底本模糊難辨之文，皆以“□”代之。四者，各卷中篇目大致以作者出生年先後排列。五者，凡底本中的通假字、异體字，除人名外，均改爲通行繁體字，必要時出校記。

四、關於濂溪先生本名用字問題，筆者有專文論之（《古代學人的更名問題》，《中國社會科學報》2023 年 9 月 26 日第 8 版），據此，本書正文中皆依底本，他處皆寫爲“周惇頤”。

五、底本信息

所有來源文獻均爲古籍影印本，集名注於篇末。來源底本大致有三類。一是來自兩套堪稱韓國四庫全書的大型叢書的古籍影印本：韓國文集編纂委員會編《韓國歷代文集》影印本，景仁文化社 1999 年陸續出版；韓國財團法人民族文化推進會編《韓國文集叢刊》影印本，景仁文化社 1990 年陸續出版。僅在篇末注明各人别集名和卷次，鑒於韓國諸位先生的文集大多數命名爲“某某先生文集”，爲行文簡潔，一概簡稱爲“某某集”。二是裴宗鎬編《韓國儒學史料集成》，延世大學校 1996 年出版。

三是其他單行別集刻本，基本來自韓國國家圖書館、韓國學綜合數據庫、韓國經典數據庫等的古籍影印本。

目　録

韓國濂溪志卷之三　通書志

韓國濂溪志卷之四　圖説志

韓國濂溪志卷之五　論斷志

韓國濂溪志卷之六　愛蓮説志

韓國濂溪志卷之一　周子世家志

周敦頤傳　金時習①

周敦頤，字茂叔，道州營道人。初調南安司理，有囚，法不當死，轉運使王逵欲深治之，先生與辨，逵不聽，先生委手板，將弃官去，曰："如此尚可仕乎？殺人以媚人，吾不爲也！"逵悟，囚得釋。知南昌，富家大姓，黠吏惡少惴惴焉，不獨以得罪於令爲憂，而以污穢善政爲耻，知南康，年五十七而卒。先生博學力行，著《太極圖》，明天理之根源，究萬物之終始。著《通書》四十篇，發明太極之藴，言約而道大，文質而義精，得孔孟之本源，大有功於學者。爲南安司理時，通判程珦以其學爲知道，因使二子顥、頤往受業焉。先生既至南康，築室于蓮花峰下，前有溪合于湓江，取營道所居以名之，學者稱爲濂溪先生。《梅月堂集》。

①金時習（1435—1493），字雪岑，號梅月堂、悦卿、東峰、清寒、碧山清隱、贅世翁等，著有《梅月堂集》。

韓國濂溪志卷之二　太極圖志

原理氣　徐敬德①

太虛淡然無形，號之曰“先天”。其大無外，其先無始，其來不可究。其淡然虛静，氣之原也。彌漫無外之遠，逼塞充實，無有空闕。無一毫可容間也。然挹之則虛，執之則無。然而却實，不得謂之無也。到此田地，無聲可耳，無臭可接。千聖不下語，周張引不發。邵翁不得下一字處也。摭聖賢之語，溯而原之，《易》所謂“寂然不動”，《庸》所謂“誠者自成”。語其淡然之體曰“一氣”，語其混然之周曰“太一”。濂溪於此不奈何，只消下語曰：“無極而太極。”是則先天，不其奇乎？奇乎奇！不其妙乎？妙乎妙！

倏爾躍，忽爾闢，孰使之乎？自能爾也，亦自不得不爾，是謂理之時也。《易》所謂“感而遂通”，《庸》所謂“道自道”，周所謂“太極動而生陽者”也。不能無動静，無闔闢，其何故哉？機自爾也。既曰一氣，一自含二；既曰太一，一便涵二。一不得不生二，二自能生克。生則克，克則生。氣之自微以至鼓蕩，其生克使之也。

一生二，二者何謂也？陰陽也，動静也，□曰坎離也。一者何謂也？陰陽之始，坎離之體，淡然爲一者也。一氣之分，爲陰陽。陽極其鼓而爲天，陰極其聚而爲地。陽鼓之極，結其

---

①徐敬德（1489—1546），字可久，號食齋、花潭、復齋，謚號文康，著有《花潭集》。

精者爲日；陰聚之極，結其精者爲月。餘輝之散爲星辰，其在地爲水火焉。是謂之後天，乃用事者也。天運其氣，主一①乎動而圜轉不息；地凝其形，一主乎静而榷在中間。氣之性動，騰上者也；形之質重，墜下者也。氣包形外，形載氣中，騰上墜下之相停，是則懸於太虛之中而不上不下，左右圜轉，亘古今而不墜者也。邵所謂"天依形，地附氣，自相依附者"，依附之機，其妙矣乎！風族飛族之羽載形，皆此理也。

先生又曰："虚者，氣之淵也。"

又曰："一非數也，數之體也。"

又曰："理之一其虚，氣之一其粗，合之則妙乎妙。"

又曰："《易》曰'不疾而速，不行而至'，氣無乎不在，何所疾哉？氣無乎不到，何所行哉？氣之淡然無形之妙曰神。既曰氣，便有粗涉於迹。神不囿於粗迹，果何所方哉？何所測哉？語其所以曰理，語其所以妙曰神，語其自然真實者曰誠，語其能躍以流行曰道，總以無不具曰太極。動静之不能不相禪，而用事之機自爾。所謂'一陰一陽之謂道'是也。"

又曰："程張謂'天大無外'，即太虛無外者也。知太虛爲一，則知餘皆非一者也。邵子曰：'或謂天地之外，别有天地萬物，异乎此天地萬物，吾不得以知之也。非惟吾不得以知之，聖人亦不得以知之也。'邵子此語，當更致思。"

又曰："禪家云：'空生大覺中，如海一漚發。'有曰真空頑空者，非知天大無外，非知虚即氣者也。空生真頑之云，非知理氣之所以爲理氣者也。安得謂之知性，又安得謂之知道？"《花潭集》。

①"主一"：倒文，當爲"一主"。

理氣説　徐敬德

無外曰太虚，無始者曰氣，虚即氣也。虚本無窮，氣亦無窮。氣之源，其初一也。既曰氣一，便涵二；太虚爲一，其中涵二。既二也，斯不能無闔闢、無動静、無生克也。原其所以能闔闢、能動静、能生克者而名之曰太極。氣外無理，理者，氣之宰也。所謂宰，非自外來而宰之，指其氣之用事，能不失所以然之正者而謂之宰。理不先於氣，氣無始，理固無始。若曰理先於氣，則是氣有始也。老氏曰："虚能生氣。"是則氣有始有限也。

又曰："易者，陰陽之變。陰陽，二氣也。一陰一陽者，太一也。二故化，一故妙，非化之外，别有所謂妙者。二氣之所以能生生化化而不已者，即其太極之妙，若外化而語妙，非知易者也。"《花潭集》。

書忘齋忘機堂無極太極説後　李彦迪①

忘齋，進士孫叔暾；忘機，進士曹漢輔，皆慶州人。

謹按，忘齋無極太極辨，其説蓋出於陸象山，而昔子朱子辨之詳矣，愚不敢容贅。若忘機堂之答書，則猶本於濂溪之旨，而其論甚高，其見又甚遠矣。其語《中庸》之理，亦頗深奥開廣，得其領要，可謂甚似而幾矣。然其間不能無過於高遠而有背於吾儒之説者，愚請言之。

①李彦迪（1491—1553），號晦齋、紫溪翁，謚號文元，著有《晦齋集》。

夫所謂“無極而太極”云者，所以形容此道之未始有物而實爲萬物之根柢也。是乃周子灼見道體，迥出常情，勇往直前，說出人不敢說底道理，令後來學者，曉然見得太極之妙不屬有無，不落方體，真得千聖以來不傳之秘，夫豈以爲太極之上復有所謂“無極”哉？此理雖若至高至妙，而求其實體之所以寓，則又至近而至實，若欲講明此理，而徒鶩於窅冥虛遠之地，不復求之至近至實之處，則未有不淪於异端之空寂者矣。

今詳忘機堂之說，其曰“太極，即無極也”，則是矣；其曰“豈有論有論無，分内分外，滯於名數之末”，則過矣；其曰“得其大本則人倫日用酬酢萬變，事事無非達道”，則是矣；其曰“大本達道渾然爲一，則何處更論無極太極、有中無中之有間”，則過矣。此極之理，雖曰“貫古今，徹上下而渾然爲一致”，然其精粗、本末、内外、賓主之分，粲然於其中，有不可以毫髪差者，是豈漫無名數之可言乎？而其體之具於吾心者，則雖曰“大本達道初無二致”，然其中自有體用、動静、先後、本末之不容不辨者，安有得其渾然則更無倫序之可論，而必至於滅無之地而後爲此道之極致哉？今徒知所謂“渾然”者之爲大而極言之，而不知夫“粲然”者之未始相離也，是以其說喜合惡離，去實入虛，卒爲無星之稱，無寸之尺而後已，豈非窮高極遠而無所止者歟？

先儒言：“周子吃緊爲人，特著道體之極致，而其所說用工夫處，只說‘定之以中正仁義而主静，君子修之吉’而已，未嘗使人日用之間，必求見此無極之真而固守之也。蓋原此理之所自來，雖極微妙，萬事萬化，皆自此中流出，而實無形象之可指。若論工夫，則只中正仁義，便是理會此事處，非是别有一段根原工夫又在講學應事之外也。”今忘機之說，則都遺却此等工夫，遽欲以無極太虛之體，作得吾心之主，使天地萬物，朝宗於我而運用無滯，是乃欲登天而不慮其無階，欲涉海而不量其無橋，其卒墜於虛遠之域而無所得也必矣。

大抵忘機堂平生學術之誤，病於空虛，而其病根之所在，則愚於書中求之而得之矣。其曰“太虛之體，本來寂滅”，以

"滅"字説太虚體，是斷非吾儒之説矣。"上天之載，無聲無臭"，謂之"寂"，可矣。然其至寂之中，有所謂"於穆不已"者存焉，而化育流行，上下昭著，安得更著"滅"字於"寂"字之下？試以心言之，喜怒哀樂未發，渾然在中者，此心本然之體，而謂之"寂"，可也；及其感而遂通，則喜怒哀樂發皆中節，而本然之妙於是而流行也。先儒所謂"此之寂，寂而感"者此也。若寂而又滅，則是枯木、死灰而已，其得不至於滅天性乎？然忘機於"本來寂滅"之下，便没"滅"字不説，而却云："虚而靈，寂而妙，靈妙之體，充滿太虚，處處呈露"，則可見忘機亦言其實理，而説此"滅"字不去故如是，豈非有所窮而遁者乎？

自漢以來，聖道塞而邪説行，其禍至於剗人倫、滅天理，而至今未已者，無非此一"滅"字爲之害也。而忘機堂一生學術、言語及以上議論之誤，皆自此"滅"字中來，愚也不得不辨。若其超然高會一理渾然之體而的的無疑，則實非今世俗儒、高釋所可幾及，亦可謂智而過者矣。誠使忘機堂之高識遠見，獲遇有道之君子，辨其似而歸於真，提其空而反於實，則其高可轉爲吾道之高，其遠可變爲吾道之遠矣，而不幸世無孔、孟、周、程也，悲夫！《晦齋集》。

答忘機堂第一書　李彦迪

伏蒙示無極寂滅之旨，存養上達之要，開釋指教，不一而足，亦見尊伯不鄙迪而收之，欲教以進之也，感戴欣悚，若無所容措。前者因四友堂，獲見尊伯答忘齋無極太極辨，妄用鄙見以爲説，不意得達於左右，而又有以煩此辱教也。

迪聞道苦暮，近年來屏居山野，有志於學，蓋亦有年矣。第嘆賦質凡下，聞見亦孤，雖嘗用力於涵養之地，而根本不立，勉强於踐履之際，而足目未高。思得成德任道之君子，面承提挈而爲之依歸，則世無其人，思得有志好學之士，上下論辨以資其講劘之益，則鄉無其人，懍懍然惟恐墜於寡陋而竟無以自發，而今而後有望於尊伯矣。雖然，來教所云"寂滅存養"之論，有似未合於道者。小子亦有管見，須盡露於左右者，敢避其僭越之罪而無所辨明耶？

夫所謂"太極"者，乃斯道之本體、萬化之領要而子思所謂"天命之性"者也。蓋其冲漠無眹之中，萬象森然已具，天之所以覆，地之所以載，日月之所以照，鬼神之所以幽，风雷之所以變，江河之所以流，性命之所以正，倫理之所以著，本末上下，貫乎一理，無非實然而不可易者也。周子所以謂之"無極"者，正以其無方所，無形狀，以爲"在無物之前"，而未嘗不立於有物之後；以爲"在陰陽之外"，而未嘗不行於陰陽之中；以爲"通貫全體，無乎不在"，則又初無聲臭影響之可言也，非若老氏之"出無入有"，釋氏之所謂"空"也。

今如來教所云"無則不無而靈源獨立，有則不有而還歸澌盡"，是專以氣化而語此理之有無，豈云知道哉？所謂"靈源"者，氣也，非可以語理也。至無之中，至有存焉，故曰"無極而太極"，有理而後有氣，故曰"太極生兩儀"。然則理雖不離於氣，而實亦不雜於氣而言，何必見靈源之獨立，然後始可以言此理之不無乎？鳶飛魚躍，昭著上下，亘古亘今，充塞宇宙，無一毫之空闕，無一息之間斷，豈可但見萬化之澌盡，而遂指此極之體爲寂滅乎？

三皇雖逝，而此極不與三皇而俱逝；五帝雖没，而此極不與五帝而俱没；三王雖亡，而此極不與三王而俱亡。先天地而立，而不見其始；後天地而存，而不見其終，其此理之實然而非虚空也，豈不的的矣乎？人物之生於其間者，不能永久而終歸澌盡者，蓋人物有形有質，此理無形無質，有形有質者，不能無生死始終，而其所以生死始終者，實此無形無質者之所爲也，而無形無質者，曷嘗有時而息滅哉？子思子曰："惟天之命，於穆不已。"又曰："其爲物不貳，其生物不測。"其所以不已不貳者，果何物耶？而是可謂之"寂滅"乎？

試以心言之，人受天地之中以生，則其心猶天地之有陰陽也，而太極之真，於是乎在也。其未感物也，湛然虛静，若無一物，是則所謂“無聲無臭”之妙也，而來教所云“寂”者也。然其至虛至寂之中，此理渾然，無所不備，故感而遂通天下之故。若寂而又滅，則是寂然木石而已，其所以爲天下之大本者何在？先儒所云寂感寂滅之分，蓋以明彼此之似同而實异矣，豈可以此爲浮議，而獨以异端之説爲是乎？

蓋太極之體，雖極微妙，而其用之廣，亦無不在。然其寓於人而行於日用者，則又至近而至實。是以君子之體是道也，戒慎乎其所不睹，恐懼乎其所不聞，有以全其本然之天而絶其外誘之私，不使須臾之頃、毫忽之微，有所間斷而離去。其行之於身也，則必造端乎夫婦，以至於和兄弟，順父母，而有以盡己之性。及其盡性之至也，則又有以盡人物之性，而其功化之妙，極於參天地，贊化育，而人極於是乎立矣。此君子之道所以至近而不遠，至實而非虛，建諸天地而不悖，質諸鬼神而無疑，百世以俟聖人而不惑者也。此非愚生之言，實千古聖賢所相傳授而極言至論者也。

天地之間，道一而已矣。若外於此而别有一道可以爲教，則是决非率性之謂，而害吾道之邪説也。來教所云“一理太虛”之説，雖甚高而實未當，小子請即馬牛鷄犬之喻明之。蓋天下無性外之物，人物各循其性之自然，則其日用事物之間，莫不各有當行之路。是以循牛之性，則角而可耕；循馬之性，則鬣而可乘；循鷄犬之性，則絳冠而司晨，披毛而司吠。是雖形殊職异，莫非天命之所爲而初無二也，其不可互相是非也固然矣。若牛而去其角，馬而去其鬣，鷄犬而去其冠毛，不循其性而廢其所司之職，則安得辭其違天之罪而免於人之所議乎？今异教之人，毁其髪毛，緇其法服，子焉而不父其父，臣焉而不君其君，民焉而不事其事者，亦猶是也，固不可與吾道并立於天地間也。天下之人，入於彼則出於此，爲吾道計者，安得於是而無所辨耶？

夫道，只是人事之理耳，離人事而求道，未有不蹈於空虛之境，而非吾儒之實學矣。《詩》曰："天生烝民，有物有則。"物者，人事也；則者，天理也。人在天地之間，不能違物而獨立，安得不先於下學之實務，而馳神空蕩之地，可以爲上達乎？天理不離於人事，人事之盡而足目俱到，以臻於貫通之極，則天理之在吾心者，至此而渾全，酬酢萬變，左右逢原，無非爲我之實用矣。故明道先生曰："道之外無物，物之外無道。"又曰："下學人事，便是上達天理。"詎不信歟？

且如"存養"之云，只是敬以直内，存之於未發之前，以全其本然之天而已。若曰"游心於無極之真，使虛靈之本體，作得吾心之主"，則是使人不爲近思之學而馳心空妙，其害可勝言哉？又况虛靈，本是吾心之體也；無極之真，本是虛靈之中所具之物也。但加存之之功，而不以人欲之私蔽之，以致其廣大高明之體可也。張南軒曰："太極之妙，不可臆度而力致，惟當本於敬以涵養之。"正謂此也。今曰"游心於無極"，曰"作得吾心之主"，則是似以無極太極爲心外之物，而别以心游之於其間然後得以爲之主也。此等議論，似甚未安。

來教又曰："聖人復起，不易吾言。"亦見尊伯立言之勇而自信之篤也。然前聖後聖，其揆一也。今以已往聖賢之書考之，存養上達之論，無所不備。其曰"存心養性"，其曰"戒慎恐懼"，其曰"主静"曰"主敬"者，無非存養之意，而曷嘗聞有如是之説乎？吕氏"虛心求中"之説，朱子非之，况以游心無極爲教乎？孔子，生知之聖也，亦曰："我下學而上達。"又曰："吾嘗終夜不寢以思，無益，不如學也。"况下於孔子者乎？故程子曰："聖人千言萬語，只是欲人收已放之心，尋向上去，下學而上達也。"以此觀之，其言之可易與不可易，直驗於已往之聖人而可見矣，何必有待於後來復起之聖人乎？

天下之禍莫大於甚似而難辨，惟其甚似，故能惑人；惟其難辨，故彌亂真。伏詳賜書，無非雜儒、釋以爲一，至有何必分辨之説，此小子所甚懼而不敢不争者也。伏見尊伯年高德邵，其於道體之妙，亦可謂有所見矣。但以滯於寂滅之説，於其本源之地，已有所差，而至於存養上達之論，則又與聖門之教大异。學者於是非之原，毫厘有差，則害流於生民，禍及於後世，况其所差不止於毫厘乎？伏惟尊伯，勿以愚言爲鄙，更加著眼，平心玩理，黜去寂滅游心之見，粹然以往聖之軌範自律，吾道幸甚。善在芻蕘，聖人擇之，况聽者非聖人，言者非芻蕘，而遽指言者爲狂見而不察乎？蘧伯玉行年五十，知四十九年之非，又曰“行年六十而六十化”。古之君子改過不吝，故年彌高而德彌進也，小子所望於尊伯者止此。

干冒尊嚴，不勝戰汗之至。迪再拜。《晦齋集》。

答忘機堂第二書　李彦迪

迪後學寡見，輒不自揆，瀆冒至再，難逃僭妄之罪。伏蒙尊慈不加誅責，反覆開喻，辭旨和平，有以見君子長者虚心觀理，不執一隅，惟善之從也。迪雖至愚，安得不罄其陋見以求畢其説，而望教於左右耶？伏睹來教，於“無極”上去“游心”二字，於“其體至寂”下去一“滅”字，是不以愚言爲鄙，有所許采，幸甚幸甚。書中所論一本之理及《中庸》之旨，亦頗明白少疵，妙得領要。聖人之道，固如斯而已，更無高遠難窮之事，迪敢不承教？然於其中尚有一兩語與鄙見异者，請更白之。

夫適國之路，固有千蹊萬徑、東西南北之异，若得其直路而進，則雖有遠近遲速，而終皆可以入國矣。然或誤入於邪徑他岐而不知返，則往往迷於荆棘荒遠之域，而灑臨岐之泣，起亡羊之嘆者有矣，如此者，雖終身窘步，而永無適國之期矣。况入道之方，一而已矣，非如適國之路有東西南北之异也。差之毫厘，謬以千里，豈可以爲千蹊萬徑皆可以適國，而不必求其正路耶？

至如寂滅之説，生於前書粗辨矣，未蒙察允。今又舉虚靈無極之真，乃曰“虚無即寂滅，寂滅即虚無”，是未免於借儒言而文异端之説，小子之惑滋甚。先儒於此四字，蓋嘗析之曰："此之虚，虚而有；彼之虚，虚而無。此之寂，寂而感；彼之寂，寂而滅。"然則彼此之虚寂同，而其歸絶异，固不容不辨，而至於"無極"之云，只是形容"此理之妙，無影響聲臭"云耳，非如彼之所謂"無"也。故朱子曰："老子之言有無，以有無爲二。周子之言有無，以有無爲一，正如南北水火之相反。"詎不信歟？

來教又曰："主敬存心而上達天理"，此語固善。然於"上達天理"上却欠"下學人事"四字，與聖門之教有异。天理不離於人事，下學人事，自然上達天理。若不存下學工夫，直欲上達，則是釋氏"覺之"之説，烏可諱哉？蓋人事，形而下者也，其事之理則天之理也；形而上者也。學是事而通其理，即夫形而下者，而得夫形而上者，便是上達境界。從事於斯，積久貫通，可以達乎渾然之極矣，而至於窮神知化之妙，亦不過即是而馴致耳。孔子，生知之聖也，亦不能不由下學，乃曰："道不遠人，人之爲道而遠人，不可以爲道。"况下於孔子者乎？世之爲道者，不信乎此，而乃欲徑造於虚妙不可知之域，亦見其惑也。

且夫窮理，非徒知之爲貴，知此理，又須體之於身而踐其實，乃可以進德。若徒知而不能然，則烏貴其窮理？而其所知者，終亦不得而有之矣。孔子曰："人皆曰'予知'，擇乎中庸而不能期月守。"然則非知之難，行之難，此君子所以存省體驗於日用事物之際，而言必顧行，行必顧言，不敢容易大言者也。不知尊伯亦有如是體察之功乎？亦有如是踐履之實乎？

大抵道理，天下之公共，不可以私智臆見論之。要須平心徐玩，務求實是可也。若使尊伯無意於聖人之道則已矣，如其不然，則愚之所陳雖鄙，亦不至於無稽。幸蒙俯采，痛去寂滅之見，而又能主敬存心，一於下學上做工夫，以達於天理，則尊伯之於斯道，可謂醇乎醇矣。

愚見如是，輒冒言之，退增汗懾。迪再拜。《晦齋集》。

答忘機堂第三書　李彦迪

迪頓首。伏承尊喻，至再至三，發明道體，極其妙致，使迷暗者曉然如披雲而見大曜，其所以嘉惠末學至矣。然於其中，尚有未解者存焉，非故欲發愚乎？安有見道如是之高，而猶未能精於存省體驗之地者哉？伏睹來喻所陳，雖云"不滯寂滅之説有年"，而寂滅之習，似依舊未除。是以其論説浮於道理幽妙之致，而未及反躬體道之要，不免爲曠蕩空虚之歸，而非切近的當之訓，此小子所以未敢承命者也。

迪聞子朱子曰："道者，日用事物當行之理，皆性之德而具於心，無物不有，無時不然。"古今論道體，至此而無餘藴矣，愚請因此而伸之。蓋道之大原，出於天而散諸三極之間，凡天地之内，無適而非此道之流行，無物而非此道之所體。其在人者，則大而君臣、父子、夫婦、長幼之倫，小而動静、食息、進退、升降之節，以至一言、一默、一嚬、一笑之際，各有所當然而不可須臾離。亦不可毫厘差者，莫非此理之妙。故子思子曰："語大，天下莫能載；語小，天下莫能破。"是豈非生民日用之常、事物當行之理者乎？

蓋因其用之粲然者而觀之，則縷析毫分，似未易得其領要，千差萬别，似不可合而爲一，然其所以然之本體，則莫非天命之渾然者，而我之所以爲性而具於心者也。當喜怒哀樂未發之前，此心之真寂然不動，是則所謂"無極"之妙也，而天下之大本在於是也。固當常加存養之功，以立大本，而爲酬酢萬變之主，而後可以發無不中而得時措之宜。然於此心之始動幾微之際，天理人欲戰於毫忽之間，而謬爲千里之遠，可不於是而益加敬慎乎？

是故君子既常戒懼於不睹不聞之地，以存其本然之天，而不使須臾之離，有以全其無時不然之體，又於幽獨之中幾微之動，尤加省察之功，以至於應事接物之處，無少差謬而無適不然，有以盡其無物不在之妙。張南軒所謂“要須存諸静，以涵動之所本；察夫動，以見静之所存，而後爲無滲漏”者是也。從事於斯，無少間斷，此心常明，不爲物蔽，則大本之立，日以益固，而又於幾微酬應之際，無一毫人欲之雜而純乎義理之發，自其一心一身以至萬事萬物，處之無不當，而行之每不違焉，則達道之行，於是乎廣矣，而下學之功，盡善全美矣。二者相須，體道工夫，莫有切於此者，固不可闕其一矣。

來教有曰：“敬以直内，顧諟天之明命，吾之心堅定不易”，則固存養之謂矣，而於静時工夫則有矣，若夫頓除下學之務，略無體驗省察之爲，則於動時工夫，蓋未之及焉。是以其於求道之功，疏蕩不實，而未免流爲异端空虚之説。伏睹日用酬酢之際，不能無人欲之累，而或失於喜怒之際，未能全其大虚靈之本體者有矣，豈非雖粗有敬以直内工夫，而無此義以方外一段工夫，故其體道不能精密而或至於此乎？

昔顔淵問克己復禮之目，孔子曰：“非禮勿視，非禮勿聽，非禮勿言，非禮勿動。”程子繼之曰：“由乎中而應乎外，制於外所以養其中。”然則聖門工夫，雖曰“主於静以立其本”，亦必於其動處深加省察，蓋不如是，則無以克己復禮而保固其中心之所存矣。故曰：“制於外，所以養其中。”未有不制其外而能安其中者也。愚前所云“存省體驗於日用事物之際，而言顧行，行顧言”者，此之謂也。安有遺其心官，隨聲逐色，失其本源之弊哉？《中庸》曰：“誠者，不勉而中，不思而得，從容中道，聖人也；誠之者，擇善而固執之者也。”蓋地位已到聖人，則此等工夫，皆爲筌蹄矣。若未到從容中道之地，而都遺却擇善省察工夫，但執虚靈之識，“不假修爲，而可以克己復禮，可以酬酢萬變”云，則譬如不出門而欲適千里，不舉足而欲登泰山，其不能必矣。

來教又曰：“爲破世人執幻形爲堅實，故曰‘寂滅’。”此語又甚害理。蓋人之有此形體，莫非天之所賦而至理寓焉。是以聖門之教，每於容貌形色上加工夫，以盡夫天之所以賦我之則，而保守其虛靈明德之本體，豈流於人心惟危之地哉？孟子曰："形色，天性也，惟聖人然後可以踐形。"豈可以此爲幻妄，必使人斷除外相，獨守虛靈之體，而乃可以爲道乎？是道不離於形器，有人之形，則有所以爲人之理；有物之形，則有所以爲物之理；有天地之形，則有所以爲天地之理；有日月之形，則有所以爲日月之理；有山川之形，則有所以爲山川之理。若有其形而不能盡其道，是空具是形而失夫所以得其形之理也。然則弃形器而求其道，安有所謂"道"者哉？此寂滅之教所以陷於空虛誕謾之境，而無所逃其違天滅理之罪者。伏想尊伯於此异説，亦已知其誕矣，猶未能盡去舊習以反於正，而復有如是之語，果何爲耶？

上達之論，愚於前書粗陳矣。今曰："下學上達，乃指示童蒙初學之士，豪杰之士不如是。"愚請以孔子申之。自生民以來，生知之聖，未有盛於孔子者，亦未嘗不事於下學。其言曰："我十五而志于學，五十而知天命。"又曰："不如丘之好學。"然則孔子不得爲豪杰之士，而其所爲亦不足法歟？若曰："孔子之言，所以勉學者也，於其已則不必。"然則愚請以孔子所親爲者白之。孔子問禮於老聃，問官於郯子，入太廟，每事問，是非下學之事乎？問官之時，實昭公十七年而孔子年二十七矣；入太廟，則孔子始仕時也。古人三十而後仕，則是時孔子年亦不下三十，其非童蒙明矣。夫以生知之聖，年又非童蒙，而猶不能無下學之事，况不及孔子，而遽爾頓除下學不用力，而可以上達天理乎？是分明釋氏頓悟之教，烏可尚哉？

孟子曰："古之君子，過則改之；今之君子，過則順之。"又曰："古之君子，其過也如日月之食焉，人皆見之，及其更也，人皆仰之。今之君子，豈徒順之？又從而爲之辭。"若使尊伯於此异説之誕，終身迷没，不知其非，則已矣已矣。今曰"不滯者有年"，則是已覺其非而欲改之也。退之云："説乎故，不能即乎新者，弱也。"請自今痛去寂滅之見，反于吾道之正，如日月之既晦而復明，則可與聖賢同歸，而四方之士莫不仰而快睹矣，豈不美哉？豈不樂哉？孔子曰："朝聞道，夕死可矣。"

伏見尊伯年既高矣，若不及是時而反焉，則平生之學至勤矣，豈不深可惜哉？

伏念迪後學無識，干瀆至此者，亦知尊伯虛心玩理，必能如舜之舍己從人矣，伏惟恕其狂僭。迪再拜。《晦齋集》。

答忘機堂第四書　李彦迪

伏念迪質本戇呆，學乏泛濫，苦守管見，累瀆尊鑒，不覺支離之甚，死罪死罪。今承賜教，辭旨諄諄，反覆不置。且去“寂滅”二字而存下學人事之功。迪之蒙許深矣，受賜至矣，更復何言？然而竊詳辱教之旨，雖若盡去异説之謬，入于聖門之學，然其辭意之間，未免有些病，而至於物我無間之論，則依舊墜於虛空之教，小子惑焉。韓子曰：“荀與楊也，擇焉而不精。”恐尊伯亦未免於是，愚請姑即衣網之説白之。

蓋“衣必有領而百裔順，網必有綱而萬目張”，此語固善。然衣而徒有其領，斷其百裔，網而徒有其綱，絶其萬目，則安得爲衣網？而其所有之綱領，亦奚所用哉？天下之理，體用相須，動静交養，豈可專於内而不於外體察哉？聖門之教，主敬以立其本，窮理以致其知，反躬以踐其實，而敬者又貫通乎三者之間，所以成始而成終也。故其主敬也，一其内以制乎外，齊其外以養其内，内則無貳無適，寂然不動，以爲酬酢萬變之主，外則儼然肅然，深省密察，有以保固其中心之所存，及其久也，静虛動直，中一外融，則可以馴致乎不勉不思從容中道之極矣。兩件工夫，不可偏廢明矣，安有姑舍其體而先學其用之云哉？

子程子曰：“由乎中而應乎外，制於外所以養其中。顔淵事斯語，所以進於聖人，後之學聖人者，宜服膺而勿失。”以此觀之，本體工夫，固不可不先，而省察工夫，又尤爲體道之切要。伏睹來教，有曰“主敬存心”，則於直内工夫有矣，而未見義以方外省察工夫，豈非但得衣之領而斷其百裔，但得網之綱而絶其萬目者哉？人之形體，固當先有骨髓，而後肌膚賴以充肥。然若但得骨髓，一切削去皮膚，則安得爲人之體？而其骨髓，亦必至於枯槁而無所用矣。况既去皮膚，而於骨髓亦未深得者哉？愚前所謂"常加存養以立大本，爲酬酢萬變之主"者，固尊伯"主敬存心，先立其體"之説，初非毁而弃之，未蒙照察，遽加罪責，不勝戰汗。

來教又曰："先立其體，然後下學人事。"此語亦似未當。下學人事時，固當常常主敬存心，安有斷除人事，獨守其心，必立其體，然後始可事於下學乎？所謂"體既立，則運用萬變，純乎一理之正而縱横自得"者。固無背於聖經賢傳之旨。然其所謂"純乎一理，縱横自得"者，乃聖人從容中道之極致，體既立後，有多少工夫，恐未易遽至於此，伏惟更加精察。且如萬物生於一理，仁者純乎天理之公而無一毫人欲之私，故能以天地萬物爲一體。然其一體之中，親疏、遠近、是非、好惡之分，自不可亂。故孔子曰："仁者，人也。"孟子曰："無是非之心，非人也。"《家語》又曰："惟仁人，爲能好人，能惡人。"以此言之，仁者雖一體萬物，而其是非好惡之公，亦行乎其中而不能無也。舜，大聖人也，固非有間而滯於所執者，然而取諸人爲善，舍己從人，則舜亦不能無取舍之别矣。安有心無間則茫然與物爲一，更無彼此取舍好惡是非之可言，然後爲一視之仁哉？

伏願尊伯平心察理，勿以愚生之有是非取舍爲罪，而更以大舜之舍己從人自勉，幸甚幸甚。如其不然，但於匆遽急迫之中，肆支蔓虚蕩之辭，以逞其忿懟不平之氣，則安有君子長者之意乎？而斯道之明，將無時矣，豈不深可嘆哉？

理執所見，言不知裁，伏地待罪，伏惟恕其狂僭。一賜照采，迪恐懼再拜。《晦齋集》。

進《聖學十圖》札字 李滉①

判中樞府事臣李滉謹再拜上言：臣竊伏以道無形象，天無言語，自河洛圖書之出，聖人因作卦爻，而道始見於天下矣。然而道之浩浩，何處下手？古訓千萬，何所從入？聖學有大端，心法有至要，揭之以爲圖，指之以爲説，以示人入道之門，積德之基，斯亦後賢之所不得已而作也。而况人主一心，萬幾所由，百責所萃，衆欲互攻，群邪迭鑽，一有怠忽，而放縱繼之，則如山之崩，如海之蕩，誰得而禦之！古之聖帝明王，有憂於此，是以兢兢業業，小心畏慎，日復一日，猶以爲未也。立師傅之官，列諫諍之職，前有疑，後有丞，左有輔，右有弼，在輿有旅賁之規，位宁有官師之典，倚几有訓誦之諫，居寢有褻御之箴，臨事有瞽史之導，宴居有工師之誦，以至盤盂几杖，刀劍户牖，凡目之所寓，身之所處，無不有銘有戒，其所以維持此心，防範此身者，若是其至矣。故德日新而業日廣，無纖過而有鴻號矣。後世人主，受天命而履天位，其責任之至重至大爲如何，而所以自治之具，一無如此之嚴也，則其憪然自聖，傲然自肆於王公之上，億兆之戴終歸於毁亂殄滅，亦何足怪哉！故于斯之時，爲人臣而欲引君當道者，固無所不用其心焉。若張九齡之進《金鑑録》，宋璟之陳《無逸圖》，李德裕之獻《丹扆六箴》，真德秀之上《豳風七月圖》之類，其愛君憂國拳拳之深衷，陳善納諫懇懇之至意，人君可不深念而敬服也哉！

臣以至愚極陋，辜恩累朝，病廢田里，期與草木同腐，不意虚名誤達，召置講筵之重，震越惶恐，辭避無路，既不免爲

①李滉（1501—1570），字景浩、季浩，號退溪、陶叟、退陶、陶翁、清凉山人，謚號文純，著有《退溪集》等。

此叨冒，則是勸導聖學，輔養宸德，以期致於堯舜之隆，雖欲辭之以不敢，何可得也。顧臣學術荒疏，辭辯拙訥，加以賤疾連仍，入侍稀罕，冬寒以來，乃至全廢，臣罪當萬死，憂栗罔措。臣竊伏惟念當初上章論學之言，既不足以感發天意，及後登對屢進之説，又不能以沃贊睿猷。微臣悃愊，不知所出，惟有昔之賢人君子，明聖學而得心法，有圖有説，以示人入道之門，積德之基者，見行於世，昭如日星，兹敢欲乞以是進陳於左右，以代古昔帝王工誦器銘之遺意，庶幾借重於既往，而有益於將來，於是謹就其中揀取其尤著者，得七焉。其心統性情，則因程圖而附以臣作二小圖，其三者，圖雖臣作，而其文其旨條目規畫，一述於前賢，而非臣創造，合之爲《聖學十圖》。每圖下，輒亦僭附謬説，謹以繕寫投進焉，第緣臣恸寒纏疾之中，自力爲此，眼昏手顫，書未端楷，排行均字，并無准式，如蒙勿却，乞以此本下諸經筵官，詳加訂論，改補差舛，更令善寫者，精寫正本，付之該司，作爲御屏一坐，展之清燕之所，或别作小樣一件，妝貼爲帖，常置几案上，冀得於俯仰顧眄之頃，皆有所觀省警戒焉。則區區願忠之志，幸莫大焉。而其義意有所未盡者，臣請得而申言之。

竊嘗聞之，孟子之言曰：“心之官則思，思則得之，不思則不得也。”箕子之爲武王陳《洪範》也，又曰：“思曰睿，睿作聖。”夫心具於方寸，而至虚至靈，理著於圖書，而至顯至實，以至虚至靈之心，求至顯至實之理，宜無有不得者，則思而得之，睿而作聖，豈不足以有徵於今日乎？然而心之虚靈，若無以主宰，則事當前而不思理之顯實，若無以照管，則目常接而不見，此又因圖致思之不可忽焉者然也。抑又聞之，孔子曰：“學而不思則罔，思而不學則殆。”學也者，習其事而真踐履之謂也。蓋聖門之學，不求諸心，則昏而無得，故必思以通其微；不習其事，則危而不安，故必學以踐其實，思與學，交相發而互相益也。伏願聖明深燭此理，先須立志，以爲舜何人也，予何人也。有爲者亦若是，奮然用力於二者之功，而持敬者，又所以兼思學貫動静、合内外、一顯微之道也。其爲之之法，必也存此心於齋莊静一之中，窮此理於學問思辨之際，不睹不聞之前，所以戒懼者，愈嚴愈敬，隱微幽獨之處，所以省察者，愈精愈密。就一圖而思，則當專一於此圖，而如不知有他圖，就一事而習，則當專一於此事，而如不知有他事，朝焉夕焉而有常，今日明日而相續。或紬繹玩味於夜氣清明之時，或體驗栽培於日用酬酢之際，其初猶未免或有掣肘矛盾之患，亦時有極辛苦不快活之病，此乃古人所謂將大進之幾，亦爲好消息之端，切毋因此而自沮，尤當自信而益勵。至於積真之多，用力之久，自然心與理相涵，而不覺其融會貫通，習與事相熟，而漸見其坦泰安履，始者各專其一。今乃克協于一，此實孟子所論深造自得之境，生則烏可已之驗，又從而俛焉孳孳。既竭吾才，則顔子之心不違仁，而爲邦之業在其中，曾子之忠恕一貫，而傳道之責在其身。畏敬不離乎日用，而中和位育之功可致，德行不外乎彝倫，而天人合一之妙斯得矣。是其爲圖爲説，僅取叙陳於十幅紙上。思之習之，只做工程於平日燕處，而凝道作聖之要，端本出治之源，悉具於是，惟在天鑒，留神加意，反復終始，勿以輕微而忽之，厭煩而置之，則宗社幸甚，臣民幸甚，臣不勝野人芹曝之誠，冒瀆宸嚴，輒以爲獻，惶懼屏息取進止。隆慶六年五月日。《聖學十圖》。

天命圖説　李滉

問：“天命之義，可得聞歟？”曰：“天即理也。而其德有四，曰元亨利貞是也。四者之實曰誠。蓋元者，始之理。亨者，通之理。利者，遂之理。貞者，成之理，而其所以循環不息者，莫非真實無妄之妙，乃所謂誠也。故當二五流行之際，此四者常寓於其中，而爲命物之源。是以凡物受陰陽五行之氣以爲形者，莫不具元亨利貞誠在其中之理以爲性。其性之目有五，曰仁義禮智信，故四德五常，上下一理，未嘗有間於天人之分。然其所以有聖愚人物之异者，氣爲之也，非元亨利貞之本然。故子思直曰天命之謂性，蓋即二五妙合之源，而指四德言之者也。理本一也，其德至於四者，何也？曰理，太極也，太極中本無物事，初豈有四德之可名乎？但以流行後觀之，則必有其始，有始則必有其通，有通則必有其遂，有遂則必有其成。故其始而通，通而遂，遂而成，而四德之名立焉。是以合而言之，則一理而已。分而言之，則有此四個理。故天以一理命萬物，而萬物之各有一性者此也。”右第一節，論天命之理。

問：“天既有四德而命萬物，則所謂五行者，亦何道歟？”曰：“天地之間，有理有氣，纔有理，便有氣眹焉。纔有氣，便有理在焉。理爲氣之帥，氣爲理之卒，以遂天地之功。所謂理者，四德是也。所謂氣者，五行是也。而其於流行之際，元爲始物之理，則木之氣承之以生；亨爲通物之理，則火之氣承之以長；利爲遂物之理，則金之氣承之以收；貞爲成物之理，則水之氣承之以藏，土則俱旺四季。此天之所以具四德五行，而成其道者也。”右第二節，論五行之氣。

問：“天以四德五行而成其道者，固也，然於圖，以四德五行同位合書，而五行則圈書于陰陽之中，四德則又就其裏，爲圈而書之者何歟？”曰：“理外無氣，氣外無理，固不可斯須離也，而其分則亦不可相紊而無其别也。况陰陽五行，本非二物，是以於五行則置陰陽中而必含其四德，以示五行爲一陰陽而各一其性也。四德則圈書於五行之裏，以示理終不雜乎氣而亦不離乎氣也。”右第三節，論理氣之分。

問：“既曰元爲始物之理，而木之氣承之以生，則其生物之源，宜本於木，下而於圖，必本於水下者，何耶？”曰：“元固爲始物之理，木亦爲生物之氣，而其所以爲元之理，不出於元而出於貞，其所以爲木之氣，不出於木而出於水。故貞爲成物之理，而亦有始之之理，水爲藏物之氣，而亦有生之之氣，此水之所以承貞之德，以爲生物之源者也。是故凡物之生也，其形則雖待木之氣而成，其所以形之之原，實眹於水之氣矣，何以知其然也。蓋物之所以生者，其初也，莫不先禀乎水之氣，漸以凝聚，久而後堅固而成形焉。至於天地之所以生者，亦莫不先以水氣而成，此理先儒之論已悉，玆不復贅。然則生物之原，所以本於水下者，何足疑乎？”右第四節，論生物之原。

問：“人物之生也，其所受之性，均是天地之理。所禀之形，均是天地之氣。然則人與物，本無間也。今於人形，則必白其全體，以爲五性旁通，於禽獸，則必於性圈上下，白其一綫之路，以爲或通一路。於草木，則白其性圈而黑其全體，以爲全塞不通，此何義耶？”曰：“天地之間，理一而氣萬不齊，故究其理，則合萬物而同一性也。論其氣，則分萬物而各一氣也，何者？理之爲理，其體本虛，虛故無對，無對故在人在物，固無加損，而爲一焉。至於氣也，則始有陰陽對立之象，而互爲其根。故陰中不能無陽，陽中不能無陰。陰中陽之中，又不能無陰。陽中陰之中，又不能無陽。其變至於十百千萬，而各不能無對焉。然則凡物之受此理氣者，其性則無間，而其氣則不能無偏正之殊矣。是故人物之生也，其得陰陽之正氣者爲人，得陰陽之偏氣者爲物。人既得陰陽之正氣，則其氣質之通且明，可知也。物既得陰陽之偏氣，則其氣質之塞且暗，可知也。然就人物而觀之，則人爲正，物爲偏。就禽獸、草木而觀之，則禽獸爲偏中之正，草木爲偏中之偏。故禽獸則或有一路之通，草木則只具其理，而全塞不通焉。然則其性之所以或通或塞者，乃因氣有偏之殊也。其形之所以或白或黑者，乃示氣有明暗之异也。夫何有他義於其間哉？”“人與禽獸草木之形，所以有方圓橫逆之不同者，何耶？”曰：“人物之形所以异者，亦陰陽二氣之所致也。蓋陽之性，順而平；陰之性，逆而倒。故人爲天地之秀子而爲陽，故頭必如天，足必如地，而平正直立。物爲天地之偏塞子而爲陰，故形不類人，而或橫或逆。然禽獸則乃爲陰中之陽，故生不全倒而爲橫。草木則乃爲陰中之陰，故生必逆而爲倒，此皆禀氣之不同，而氣有順逆之所由也。”右第五節，論人物之殊。

問：“人心所具，可得而分言之歟？”曰：“天之降命于人也，非此氣，無以寓此理也，非此心，無以寓此理氣也。故吾人之心虛而且靈，爲理氣之舍焉。是故其理即四德之理而爲五常，其氣即二五之氣而爲氣質。此人心所具，皆本乎天者也。然而所謂五常者，純善而無惡，故其所發之四端，亦無有不善。所謂氣質者，非本然之性。故其所發之七情，易流於邪惡。然則性情之名雖一，而性情之用，則不得不异矣。至於曰性曰情之所以該具運用者，莫非此心之妙，故心爲主宰，而常統其性情，此人心之大概也。”曰：“然則情在心圈之外，何也？”曰：“五行本當在太極陰陽之圈，而濂溪之圖，出於圈外，蓋爲圖而别之，不得已而然爾。”右第六節，論人心之具。

問：“性情之目，必與四德五行，相準以列之者，何耶？”曰：“人之五性四端，固與天之四德相應，而各有攸屬矣。惟七情之分，似爲參差。然以類推之，亦各有合焉。若喜愛之於木，樂之於火，怒惡之於金，哀之於水，欲之配于土而無不在焉是也，此天人之所以爲一體也。”右第七節，論性情之目。

問：“意下有善幾惡幾之分者，何耶？”曰：“意者，心之所發。而心者，性情之主也。故當此心未發之前，如太極具動静之理而未判爲陰陽者也。一心之内，渾然一性，純善而無惡矣。及此心已發之時，如太極已判而動爲陽、静爲陰者也。於斯時也，氣始用事，故其情之發，不能無善惡之殊。而其端甚微，意之爲用，又有以挾其情而左右之。或循天理之公，或循人欲之私，善惡之分，由兹而决焉，此所謂意幾善惡者也。雖然，善之發也，原於固有，故直遂而順，惡之萌也，出於本無，故旁横而戾。此趙致道《誠幾圖》之所爲作，而於此取以爲説者也。”右第八節，論意幾善惡。

問：“人物通塞之分，由氣有正偏之殊者，既得聞命矣，吾人也皆得氣之正者也。然而亦有上智，中人，下愚三等之殊，何耶？”曰：“人之氣正則正矣，而其氣也有陰有陽，則其氣質之間，亦豈無清濁粹駁之可言乎？是以人之生也，禀氣於天，而天之氣有清有濁。禀質於地，而地之質有粹有駁，故禀得其清且粹者爲上智，而上智之於天理，知之既明，行之又盡，自與天合焉。禀得其清而駁濁而粹者爲中人，而中人之於天理，一則知有餘而行不足，一則知不足而行有餘，始與天有合有違焉。禀得其濁且駁者爲下愚，而下愚之於天理，知之既暗，行之又邪，遠與天違焉。此人之禀，大概有三等者也。雖然，理氣相須，無乎不在。則雖上智之心，不能無形氣之所發。理之所在，不以智豐，不以愚嗇。則雖在下愚之心，不得無天理之本然，故氣質之美，上智之所不敢自恃者也。天理之本，下愚之所當自盡者也。是故舜，大聖人也，而尧必勉之以惟精惟一。顔子，大賢人也，而夫子必導之以博文約禮。至於《大學》，學者事也。而曾子必以格致誠正，爲知行之訓。《中庸》，教者事也。而子思必以擇善固執，爲知行之道。然則學問之道，不係於氣質之美惡，惟在知天理之明不明，行天理之盡不盡如何耳。”右第九節，論氣質之品。

問："心裹之敬與存養，及情意之省察與敬，何謂也?”曰："人之受命于天也，具四德之理，以爲一身之主宰者。心也，事物之感於中也，萌善惡之幾，以發一心之用者，情意也。故君子於此心之静也，必存養以保其體。於情意之發也，必省察以正其用。然此心之理，浩浩然不可捉摸，渾渾然不可涯涘。苟非敬以一之，安能保其性而立其體哉?此心之發，微而爲毫髮之難察，危而爲坑塹之難蹈。苟非敬以一之，又安能正其幾而達其用哉?是以君子之學，當此心未發之時，必主於敬而加存養工夫。當此心已發之際，亦必主於敬而加省察工夫。此敬學之所以成始成終，而通貫體用者也。故圖之切要之義，尤在於此也。”右第十節，論存省之要。《天命圖説》。

《天命圖説》後叙　李滉

滉自筮仕來，寓居漢陽之西城門内者，前後二十年，而尚未與鄰居鄭静而相識往來也。一日侄子嵩，於何得所謂《天命圖》者來示，其圖與説頗有舛訛。問嵩何人所作，則曰不知也。其後稍尋問之，始知其出於静而，於是因人叩静而，求見本圖。已而又求見静而，皆往復數三而後肯焉，則滉前日之僻陋寡與，爲可愧矣。

滉因謂静而曰："今此圖與嵩所傳者不同，何歟?”静而曰：

“向者學於慕齋、思齋兩先生門下，聞其緒論，退而與舍弟某講求旨歸，顧患其性理微妙，無所准明，試取朱子之説，參以諸説，作爲一圖，捧而質疑於慕齋先生，先生不以謬妄斥之，置之案上，凝思累日，請其誤處，則曰：‘非積功未可輕議’，或有學者踵門而至，則出示而語之，既又質之思齋先生，亦不呵禁，是乃兩先生誘進狂簡之意耳，非謂其圖之可傳也。不意彼時同門諸生，因以謄本，傳之士友間，厥後吾自覺其非而改之者亦多。所以有前後之异，而尚未有定本焉。之雲竊自愧懼，願有以訂正，而辱教之，幸甚。”

滉曰：“然。兩先生所以不輕議是非者，固必有深意存焉。而在今日，吾輩講學，如覺有未安處，則又安可苟同曲護，終不辨其是否耶？况士友之傳，皆曰曾經兩先生之是正，而仍未免有差，則其爲師門之累，不亦大乎？”静而曰：“此固之雲宿昔之憂，敢不虛己以聽。”

滉遂引證《太極圖》及説而指點曰：“其誤不可不改，其剩不可不去，某欠不可不補，何如？”静而皆言下領肯，無咈吝之色，惟滉言有未當者，則必極力辨難，要歸之至當而後已焉，而并舉湖南士人李恒所論，情不可置氣圈中之説，以爲集衆長之資。既數月，静而以所改圖及其附説來示，滉復相與參校整完，雖未知其果爲無謬與否，而自吾輩所見，殆竭其所可及者矣。於是揭諸座右，朝夕潜心玩繹。庶幾因圖自牖，啓發其衷，而有少進益也。

一日客有扣門過之者，見而謂滉曰：“聞鄭生有《天命圖》，而子爲之考訂者，其謂是歟？”曰：“然。”曰：“甚矣。鄭生之僭逾，而吾子之愚妄也。”滉瞿然曰：“何謂也？”客曰：“河洛呈瑞，羲禹因之而作《易》《範》，五星聚奎，周子應之，而建圖説。由是觀之，圖書之作，皆出於天意，而必有聖賢者作，然後始可爲也。彼鄭生何人，而敢爲圖？子亦何人，而敢效尤歟？”滉起而拜謝曰：“書生信古，率意抵冒，僭越至此，蒙吾子責譬之厚，庶免罪過，幸執大焉。雖然使斯圖違經旨、出私見，創立别義，則不唯吾子之譏之，人人所當攻之，不唯獲罪於先正，亦且獲戾於天矣。今是圖也，不過用朱子説據太極之本圖述《中庸》之大旨，欲其因顯而知微，相發而易曉，如斯而已，何深過之有？”

客艴然曰：“子欺余哉！周子之圖，由太極而五行爲三層，氣化形化又爲二層，此圖則只塊然一圈子耳，何爲其同也？”滉曰：“客誠謂太極二五有三層耶？氣化形化又出於三者之外，而别有二層耶？五行一陰陽也，陰陽一太極也。而二之化，即一之爲也。故渾淪言之，只一而已矣。顧周子爲圖以示人，不得不分而爲五爾。”

客曰：“然。則此亦爲圖以示人，何不如周子分一而爲五，乃反合五而爲一？兹非其立异耶？”曰：“各有所主。濂溪闡理氣之本原，發造化之機妙，不分爲五，無以曉人。是圖因人物之稟賦，原理氣之化生，不合爲一，不成位置，皆不得已而爲之者也。而况就人位而觀之，所謂分一爲五者，宛然畢具，其義已備於濂溪《圖説》，此不過即《圖説》而畫出之耳，非有异也。”

客曰：“《太極圖》陰中有陽，陽中有陰，而此無之。《太極圖》無元亨利貞，而此有之。《太極圖》無地與人物之形，而此有之，何耶？”曰：“陰之自子至午，爲陽中陰。陽之自午至子，爲陰中陽，圖與濂溪皆然也。但彼主於對待，故包客在主之中，此主於運行，故當時者在裏，成功者在表，其實一也。濂溪《圖説》曰：‘五行之生也，各一其性’，性即理也，則彼所謂五行之性，即此元亨利貞之謂也，豈可謂彼無而此有之乎？若夫地與人物之形，亦於圖説取之，所謂真精妙合，成男成女，化生萬物，萬物生生而變化無窮者，非人物而何？吾固曰此圖因人物之稟賦，原理氣之化生而作，則地亦一物也。然則形人物而并形地，皆有所祖述，子何疑有無同异於其間哉？”

客曰：“子謂此於《太極圖》，有所祖述者似矣。然《太極圖》，左爲陽，右爲陰，本於《河圖》《洛書》，前午後子、左卯右酉之方位，固萬世不易之定分。今圖一切反是而易置之，不亦疏謬之甚耶？”滉曰：“不然，此非方位之易置也。第因觀者之於圖有賓主之异耳，何者？河洛以下，凡圖書之位，皆自北爲主，而觀者亦由北從主而觀之，是圖與人無賓主之分，故前後左右東西南北皆不易也。今此則圖爲主在北，觀者爲賓在南，由賓而向主，自南而觀北，故其前後左右由觀者之向背而互易耳。非天地東西南北之本位有變也，此其曲折之似殊，而意義則無不同也。"

曰："河洛先後天等，皆由下而始，而此則由上而始，何耶？"曰："是亦效《太極圖》而然也，而《太極圖》所以必由上始者，請言其故。自北面南而分前後左右，仍以後子爲下，前午爲上者，河洛以下皆然也。其所以然者，陽氣始生於下而漸長，以極於上，北方陽氣之始生也。彼圖書率以陰陽消長爲主，而以陽爲重，則由北而始於下，固當然也。至於《太極圖》，則异於是，原理氣而發化機，示上天命物之道，故始於上，而究於下，其所以然者，天之位固在於上，而降衷之命，不可謂由下而上故也。今之爲圖，一依濂溪之舊，安得於此而獨違其旨乎？當初静而因河洛之例，由下而始，改而從濂溪之例，滉之罪也。"

曰："《太極圖》之由上，當午方火旺之次；此圖之由上，當子方水旺之次，是可謂同乎？"曰："《太極圖》既以命物爲主，則其圖之上面，乃是上帝降衷之最初源頭，而爲品彙根柢之極致，與河洛等圖以消長爲主者，自不同也。然則其圖之體，只是竪起當中，直看下來，非偏以南方爲上也明矣。今爲是圖，自人物禀生之後，而推天地運化之原，則圖之上面，固《太極圖》之上面也。而其所以爲上之位置等級，則有不同焉。蓋《太極圖》始於太極，次陰陽五行，而後有妙凝之圈，妙凝之圈，即斯圖所揭天命之圈是也。朱子云太極之有動静，是天命之流行也。信斯言也，爲天命之圖，當始於太極，而今乃始於妙合而凝，何哉？從人物既生後推而上之，至於妙凝處，已爲極致，故以是當圖之上，而爲天命之際，接其自五行陰陽以上，則固具於天圓一圖，而太極之無聲無臭，又不待摹寫而亘於穆不已於其中矣。然則圖之上面，亦豈偏當水旺之次云爾哉。"

曰："然，則獨不得如《太極圖》之由北面南，而置人物於其間耶？且北爲上南爲下，亦有説乎？"曰："天地之性，人爲貴。《易》曰：'立天之道，曰陰與陽，立地之道，曰柔與剛，立人之道，曰仁與義'，此言人極之立，與天地參也。天地之道，主北面南，人生其間，背陰抱陽，亦主北面南而立，是爲正位，可見其與天地參三之貴矣。苟爲不然，天地則主北面南而人則自南向北，背陽而抱陰，天地爲主而人爲賓，則其名實、向背、輕重、貴賤皆失其當矣，奚可哉！且從來圖書以北爲下者，北非下也。由氣之從下升上而言耳，若此圖自天地定形而言，則固北極高，南極下，西北高，東南下，又何疑之！"

有曰："人與禽獸草木之形，以方圓横逆之類分之，何所祖歟？"曰："是本先儒之説，而静而之辨亦悉矣。滉未暇致詳焉。"曰："然。則自天命而下，心性情意善惡之分，與夫四端七情之發，合於子思周子者，可得聞其略歟？"曰："天命之圈，即周子所謂無極二五妙合而凝者也。而子思則就理氣妙合之中，獨指無極之理而言，故直以是爲性焉耳。分人分物，物物各具一太極者，本周子《圖説》之意，而子思之所謂性也，心性之圈，即周子所謂'惟人也，得其秀而最靈'者也，靈者，心也，而性具其中，仁、義、禮、智、信五者是也。秀者，氣與質也，右質，陰之爲，即所謂形既生矣者也。左氣，陽之爲，即所謂神發知矣者也。性發爲情，心發爲意，即五性感動之謂也。善幾惡幾，善惡分者也，四端七情，萬事出焉者也。由是言之，圖之節節皆本於周子《圖説》，而性情之未發已發，又豈外於子思之意歟？而况敬以存養於静者，是周子之主静立極，而子思由戒懼致中之謂也。敬以省察於動者，是周子定之修之之事，而子思由謹獨致和之謂也。而惡幾之横出，即小人之悖凶者也。則吾謂此圖，非私意之創立，夫豈借重厚誣之言哉？而學者於此，誠能知天命之備於己，尊德性而致信順，則良貴不喪，人極在是，而參天地贊化育之功，皆可以至之矣，不亦偉哉！"

客曰："子以圖爲合於子思、周子之道，是鄭生與吾子，果有得於子思、周子有道之道，一本作德之道者乎？吾聞之也，有道者積中而發外，睟面而盎背，在家必達，在邦必達。今鄭生之窮悴坎軻，人皆背馳，吾子之庸拙尸忝，世所嗤外。人雖自知之爲難，盍少自反而量己，乃相與爲僭妄之歸乎？”滉曰：“嘻噫，吾始以客爲通人，故隨問而跪進之愚抱。今使人大失其所圖矣，苟如吾子之言，是有孔子，然後論周公之道，有思孟，然後學顔曾之學耶？‘聖希天，賢希聖，士希賢’之説，皆可廢耶？自漢以下，論易學者多矣，皆伏羲、文王、周公、孔子之聖耶？自宋以後，至于當代，談天人性命之學者衆矣，其人皆周、邵、程、朱之賢也耶？夫士之論義理，如農夫之説桑麻，匠石之議繩墨，亦各其常事也。子從而尤農夫曰‘是僭擬爲神農也’，尤匠石曰‘是妄擬爲公輸子也’。夫神農、公輸，誠不易及矣。然舍是，又安從學爲農工耶？子之説行，吾恐繩墨之廢絶而桑麻之蕪没也。昔蜀有箍筒者，言易一句而得理，君子取之，傳於後世，此豈必以箍筒者，爲羲文也哉？言可取則取之，夫君子之取人也如是，君子之不厚責於人，而容其志尚也如是。今子之言，自吾輩得之以自考，則爲賜甚厚，在吾子責人之道，得無險且隘耶？子何忍恣爲是歟？”客於是儻然自失，釋然有悟，逡巡而去，遂反關而録其説以自警，且以示静而云。嘉靖癸丑臘平，清凉山人謹書。《天命圖説》。

答柳孔直《太極圖説》問目　柳思春①

《太極圖》與卦畫圖不同云云。

《易》圖之自下起，所以見一實萬分之義，而萬一各具一太極也。濂溪圖之自上始，所以見萬爲一之義，而萬物統體一太極也。各具所以爲統體之實，統體乃所以各具之本也，非有异

---

①柳思春（1524—1571），字仲伯，號西罔，著有《西罔集》。

義。更思之大《易》圖自下起，而象方方，則事有定理，可以見對待之體。濂溪圖自上始，而象圓圓，則變化無方，可以見流行之妙。但流行中對待之體，未嘗不立；對待上流行之妙，未嘗不著。流行對待，天地萬物之情見矣。

無虧欠間隔，則太極上無分殊，可知渾然太極之全體，無不各具於一物之中，則性無有偏全，可知理無虧欠間隔，太極之本然也。性而有人全物偏之殊，亦太極之本分也。

"靈"字，以朱子曰"氣之虚靈"、曰"人心之靈"、曰"禪家以虚靈爲性無具理"以下事之説看之，分明是氣也，而以《通書》非靈之靈看之，分明是理也。

《圖説》一篇中精神命脉，都聚在"最靈"二字上。若"靈"字喚做氣，分看一篇文字，專無骨子處，濂溪作圖之意安在？靈即在人之太極純粹至善之性，其名爲心。《西岡集》。

論《太極圖》上下圈　鄭介清①

《太極圖》上有太極之圈，下有陰陽之圈。實如圖象，則却似太極，自太極陰陽、自陰陽各爲一物，恐人誤見如此，故朱子釋之曰："非有離乎陰陽，即陰陽而指其本體不雜乎陰陽而爲言也。"蓋曰太極雖不外乎陰陽五行，而其體亦有不雜乎陰陽五行者也。《困齋愚得録》。

論先天太極二圖　鄭介清

《先天圖》但有畫，而無文字可尋，唐虞以上之氣象也。

---

①鄭介清（1529—1590），字義伯，號困齋，著有《困齋愚得録》。

《太極圖》具陰陽五行，而又有文字，夏商以下之氣象也。孔子先天，氣象却渾厚，孟子太極，氣象却詳盡。以類而推之，則非但古今而已 。人物之大小上下，氣象無不皆然。《困齋愚得録》。

太極問　宋翼弼①

余效屈子《天問》設《太極問》，以觀後學所答如何，後患答者多不合理，略成答説以便看。理一而已，太極問答變轉雖殊，終歸一理，亦非自家私論也，皆朱子語意也。但因一問一答，而有易曉易知處，敢録而自觀焉。

問："老氏之出無入有，莊氏之自無適有，佛氏之空説，各不同。而先儒之同謂之不是，何也？至如柳子之無極之極，邵先生之無極之前，周夫子之無極而太極。若無所异，而又以爲不同，何也？"答："邵子言氣，周子言理，老、莊、佛、柳亦皆言氣，但邵子知理而言氣。"

問："老子之言有無，以有無爲二也。周子之言有無，以有無爲一也。而朱子曰：'無極而太極，只是説無形而有理。'朱子之又以有無分言，何也？又朱子既曰'將有字訓大字不得'，而今反以有理釋太極，何也？"答："無形而有理之云，是所謂以有無爲一也。且有理之有，非訓太極也，理是太極也。"

問："夫子曰'易有太極'，周子曰'無極而太極'理一也，而《易》則謂之有，於太極則謂之無，夫子周子之异其説，何也？"答："主太極則不可謂有，主《易》則不可謂無也，此正朱子所謂以理言之則不可謂之有，以物言之則不可謂之無者是也。"

---

①宋翼弼（1534—1599），字雲長，號龜峰、玄繩，謚號文敬，著有《龜峰集》。

問：“道與太極之二其名，何也？至如一木一草之分而爲枝爲幹，又分而生花生葉，生生不窮而各自成果，千果萬果，又自生生，是所謂無限太極也。是指流行處爲言，而反謂之太極，何耶？孔子曰‘吾道一以貫之’，孟子曰‘夫道，若大路然’，皆指至極處爲言，而又謂之道，何也？朱子所謂語至極，則謂之太極。語流行，則謂之道，此説非是耶，何相反之若此也？”答：“流行處固是道，而不得爲太極云，則是太極非活底物，至極處固是太極，而不得謂道云，則是道是偏底物。况立言，各有所指耶？”

問：“‘無極而太極’。此‘而’字，重耶？輕耶？抑有積漸之義耶？既曰無又曰太，何也？無極太極，孰先孰後，亦有方位耶？”答：“‘無’‘太’二字，添減不得者也。‘而’字輕，無積漸，無先後，無方位，因不知一‘而’字之輕，便生陸氏議論。”

問：“極是何名？取他諭此耶，抑理之一名爲極耶？南極、北極、屋極、民極、爾極、皇極、商邑四方之極，太極同一物事耶？”答：“物之至極而莫能有加者，其名爲極，古之稱極處，各有攸指。”

問：“指一物之理爲太極耶？指天地萬物之理爲太極耶？”答：“總天地萬物之理爲太極也。然一物之中，亦有一太極，故有天下共公之理，有一物所具之理，同一理也。”

問：“凡物，有其形則有其名，蒼蒼者爲天，博厚者爲地。高者爲山，深者爲海，未知太極其形如何，而有此名也，圓耶？方耶？高耶？下耶？大耶？小耶？斜耶？正耶？”答：“物之有其形，有其名者，氣以成形者也；物之無其形，有其名者，理也。太極，理之尊號也，無形，則何方圓大小之有？”

問：“上天之載，無聲無臭，而又曰太極，何也？所云上天，太極耶？載，乃太極耶？無聲無臭，可謂之太極，而亦可謂之無極耶？無聲無臭之與無極之三無，同耶？异耶？”答：“太極，無聲無臭，而無極者，無聲無臭之妙也。無聲無臭者，就其中説無也。無極而太極者，就其中説有也。説有説無，兩無所碍，蒼蒼者，上天而載，是太極也”。已上皆朱子語意也，北溪陳氏專欲以無聲無臭解無極，恐非是。”

問：“天地之間，只有動静兩端，太極其動耶？其静耶？抑在此動静之間耶？抑在此動静之外耶？抑動静者，太極耶？其所以動静者，太極耶？”答：“不動不静而含動静者，太極也。動静兩端之循環不已者，氣也。蓋動静者，氣也。所以動静者，太極也。”

問：“未有動静之前，先有太極耶？既有動静之後，繼有太極耶？動時太極，寓在何處？静時太極，寓在何處？動静，陰陽也。陰陽之與太極，二其名則其二物耶？抑一物而二其名耶？”答：“理之與氣，非彼無我。非我無所取，所謂二而一，一而二者也。彼之動静，即我之動静也，動則動，静則静，何嘗少離。”

問：“太極，形而上者也；陰陽，形而下者也。形而下，亦可謂有太極，則形而上，亦可謂有陰陽耶？陰陽太極，竟無先後之可言歟？”答：“理氣既不相離，則固不可分先後。而然朱子曰：‘自形而上下者言，豈無先後，必欲言之，則其先後，亦可想矣。’太極，理也；陰陽，氣也。形而上，豈有氣哉？於氣，理未嘗不在，而於理，或有氣未嘗用事處。”

問：“太極之與陰陽，取譬一身上性與心，則心是太極耶？性是太極耶？抑何者爲陰陽也？惟性惟心，性是一物，心是一物，而不相干涉耶？抑一物而二其名耶？孟子只説一性，而伊川之以本然氣質分説二性，何耶？上自聖賢，下至土石昆蟲，咸得一性，而今就賦人處，别作二性，何耶？”答：“朱子曰‘性猶太極也，心猶陰陽也’，陰陽之與太極，非二物也，咸得一性，以理言也。氣質千萬，以氣言也。氣質之與本然，即一性也。物得氣之塞，故無變化之理，人得氣之通，故濁可以爲清，愚可以爲智，而此大小學之所以設也。孟子、程子豈异其説？朱子曰：‘孟子剔出言性之本，伊川兼氣質而言，要之不可離也。’”

問：“南軒張氏曰‘太極之體至静’，其果静耶？至静之云，指已發之用而言則何如？指未發之體而言則何如？貫未發已發而言則亦何如也？”答：“太極，動静之理也，至静之云，於體、於用、於貫未發已發，皆不是。朱子曰：‘如此，却成一不正當尖斜太極’，謂太極之體涵動静，則似合朱子之旨。”

問：“太極動而生陽，静而生陰，則太極自能動静耶？太極，理也，理無形焉，有形者能動静，而無形者又能動静，何也？”答：“非先有太極而後乃能動静也，即動静而知太極也。”

問：“既曰‘一陰一陽’，則似乎二氣。又曰‘陰根陽，陽根陰’，則似乎一氣，是何立言之無定也？所謂陰陽，做一個説耶？做兩個説耶？”答：“朱子説陰之流行者爲陽，陽之凝聚者爲陰，非真有二物相對，但立言處，各有攸主，或對説或合説，故朱子曰：‘陰陽，作一個看亦得，做兩個看亦得。’”

問：“真，理也；精，氣也。理氣合凝處，只言無極而不言太極，何也？”答：“所謂無極之真，便是太極也。”

問：“在地成形，則水火在地，而流動閃爍，其未定形，何也？水是陰物，而其中反明，火是陽物，而其中反暗，亦何義也？稱水爲陽，稱火爲陰，互言無定，亦有義耶？水有温水，火無冷火，抑何義也？以五行成時，而四時之止於四，抑何義也？”答：“天地生物，先其輕清。水火，其體尚虚，不離於氣者也，水質陰而性陽，火質陽而性陰，此張横渠所謂‘陰陽之精，互藏其宅’者也。水有温，火無冷，陰可變，而陽不可變也，土包水火木金，此所以木火金水爲時，而土之寄旺於四時者也。”

問：“五行之中，惟水火能動，而木金土不能動者，亦何義也？合天地人物而就動静上總論之，動而無静，静而無動者，是何物而稟何氣而然也？動而無動，静而無静者，亦何物也？動而不得其動之理，静而不得其静之理，可静而動，可動而静者，亦何物也？可動而動，可静而静，静而不失其静，動而不失其動，一動一静，自合其中者，亦何名也？”答：“物之屬乎天者動，屬乎地者静。水火木金，屬地者也宜静，而水火之或能動者，以不離於氣也。大抵動而無静者，天也；静而無動者，地也。動静者，氣也；動静而無動静者，理也。動静之反其理者，桀跖也；動静之合其中者，堯舜也。”

問：“妍醜美惡、高下深淺之能使异之者，何物也？千狀百態之所以貫乎一者，亦何物也？既不能無妍媸貴賤之殊，則是乃物之情也，聖人之必欲使愚不肖，同歸於正心誠意之域而一其德者，亦何義也？”答：“千百其狀者，氣也。貫乎一者，理也。禀得氣之偏且塞者，物也；正且通者，人也。於通正之中，又不能無清濁之殊，而同得仁義禮智之理，故聖人設教，欲返其理。”

問：“人具五行，而物禀一行耶？物亦具五行耶？其异於人者，何也？既曰人得五行之正，而於人亦有聖狂之殊，何也？所謂明德，不分聖狂而同得，則明德之與仁義禮智，其同耶？异耶？仁義禮智之均賦於人物，而明德之不在於物者，抑何義也？”答：“物亦具五行而得其偏者，物也。人受其正而得其清者，聖也。明德之不分聖狂，同得其正也。仁義之均賦人物，同得其理也。仁義禮智，全指其理，明德，并舉理氣而言。”

問：“凡人之生，先有陽而後有陰，陽在内而陰包外。今曰形既生矣，神發知矣，形是陰之聚也。神是陽之闢也，然則陰先於陽耶？何先後之無序也？”答：“成形之與形生，陰陽先後，固各不同。”

問：“吉凶者，善惡也，陰陽也，陰陽不可偏廢，而聖人之於吉凶善惡，常欲變惡而爲善，舍凶而趨吉者也，何也？堯舜之世，比屋可封，是可謂獨陽而無陰耶？獨陽無陰，天下無是理，而吾儒之每抑陰扶陽，何耶？”答：“朱子於《易・坤》之初六《本義》曰：‘陰陽者，造化之本，消長有常，非人之所能損益也。然有淑慝之分，聖人作《易》，於其不能相無者，既以健順仁義之屬明之而無所偏主，至其消息之際，未嘗不致其扶陽抑陰之意焉。蓋所以贊化育、參天地者，其旨深矣。’以此説推之，可知。”

問：“謂太極含動静，謂太極有動静，含之與有，其一義耶？”答：“含，以本體而言；有，以流行而言。含之與有，義有所在，朱子下語之精密處也。”

問：“動之所以必静者，根乎陰故也；静之所以必動者，根乎陽故也。此所謂動静無端，陰陽無始也，而今曰太極動而生陽，却以動而生陽爲始，何也？未動之前，又如何也？”答：“未動之前，便是陰，亦非以動而生陽爲始也。故朱子曰：‘今且自動而生陽處看去。’又曰：‘動而生陽，其初是静，静之上，又須動，蓋動静無端，陰陽無始，天道也。始於陽成於陰，本於静流於動，人道也。’”

問：“太極既無動静之可見，則是乃空底物，而反謂與釋氏説性不同，何耶？朱子曰：‘釋氏説性，只言皮殼，以君臣父子爲幻妄’，然則其所謂君臣父子，理歟？氣歟？”答：“太極有陰陽五行之理，不是空底物事，若空則與釋氏説性，何以异？釋氏屏弃人事，老氏清虚厭事，不知人事是天理，皆作下面粗底看，是不知程子之所謂器亦道，道亦器，欲把道理做事物頂頭玄妙底物。此空之與太極异，而竟將君臣父子之理，爲氣者也，初坐不知理，而終亦不知氣。”

問：“南軒曰：‘無極而太極，言莫之爲而爲之’，其果信然耶？抑有不是處耶？”答：“以莫之爲，釋無極，以爲之，釋太極，是以無極太極，爲二説看也。又况爲之，氣也，理固莫之爲，而所以爲之之理在其中，此説非是。”

問：“動静陰陽，是皆形而下者也。已發之時，固不可謂太極；未發之時，亦不可謂太極耶？寂然不動之中，喜怒哀樂之無感通者也，中之與太極，其同耶？异耶？”答：“已發未發，一是動，一是静，太極含動静，所以與中不同。”

問：“人人有一太極，物物有一太極云，則於桀跖亦可見太極，於木石亦可見太極耶？”答：“桀跖有是性，故亦有可化之理。朱子曰：‘天下無性外之物。’又曰：‘枯槁之物，亦有性，惟是合下有此理故云。’又曰：‘其所以爲是物之理，則未嘗不具耳。’”

問：“至於成之者，方謂之性，而朱子説太極，有是性則有陰陽五行。此性字，與他時説性處不同，何耶？”答：“太極不可謂性，必朱子初年説也。”

問：“未有一物之前，先有太極耶？既有萬物之後，繼有太極耶？”答：“有物之後，始知太極，而然初無太極，則物不能爲物矣。”

問：“先儒就人身，以氣屬陽，以血屬陰，然則於血只有陰而無陽，於氣只有陽而無陰乎？抑兼有陰陽乎？抑互相爲陰陽耶？”答：“凡陽中有陰陽，陰中有陰陽，氣血雖分屬陰陽，而亦各有陰陽，亦互爲陰陽，如魂爲陽，魄爲陰，吸爲陰，呼爲陽，血爲陽，肉爲陰之類，可知。”

問：“動静是太極動静乎？是陰陽動静乎？論動静皆指陰陽，而圖曰‘太極動而生陽，静而生陰’，然則太極亦能動静乎？”答：“太極之有動静，是天命之流行也。蓋太極有動静之理，故陰陽能動静也，動静者，陰陽也，所以動静者，太極也。”

問：“陰陽定位，等數分明，而今乃倏忽變化，横看則左陽右陰，竪看則上陽下陰。仰手爲陽，覆手爲陰，向面爲陽，背後爲陰，北之陽乃南之陰，東之下乃西之上，如是幻易，使人莫測，亦何義耶？”答：“二氣相楺相蕩，隨時隨處，不可爲一。此人事之中，無定體者也。然陰陽定位，則一定而無變。”

問：“《易》云有天地，然後有萬物，有萬物，然後有男女。《圖》曰‘乾道成男，坤道成女，二氣交感，化生萬物’，二説之不同，何也？”答：“《易》與《圖》，皆言有天地，然後有氣化，有氣化然後有形化。《易·繫辭》：‘天地絪緼，萬物化醇，氣化也；男女構精，萬物化生，形化也。’圖之兩儀，立天地也，乾道成男，坤道成女，氣化也。二氣交感，化生萬物，形化也。何不同之有？”

問：“五性感動而善惡分。到五行處，便有善惡之分，而其上動静則無善惡耶？到人便論氣質之性，天亦有氣質之性歟？”答：“或問陰陽便有善惡。朱子曰：‘陰陽五行皆善。’又曰：‘陰陽之理皆善’，此謂理皆善，而氣有善惡也。氣有善惡，故有人物偏正清濁之殊。到人亦有幾善惡之分，皆理在氣中後説也。故朱子曰：‘此言衆人具動静之理，而常失於動也。’動静之分善惡，衆人爲然，聖人全體太極，與天同德，聖人氣質之性，絶善，天則無氣質之性，故朱子曰天地之性，是理也。纔到有陰陽五行處便有氣質之性，便有昏明厚薄之殊。”

問：“周子則説‘静’字，程子則説‘敬’字，二説之不同，何耶？亦有詳略之可論耶？”答：“静則偏，而敬乃通貫動静，然必以静爲本。平居湛然虚静，如秋冬之秘藏，應事方不差錯，如春夏之發生，物物得所。”

問：“《太極圖》自一而二，自二而五，以至萬物。《易》則自一而二，自二而四，自四而八，以至六十四。《西銘》則止言陰陽，《洪範》則只説五行，理一而已，是何所論之各异也？”答：“朱子既言道理未始不相值也，只有詳略。”

問：“太極之孔子未曾與顔、曾語到此，何義也？朱子謂程子不以授門人者，蓋未有能受之者，然則顔、曾之於孔子，亦在未能受之列耶？如此其難也，而朱子之編於《近思録》初頭，亦何義也？”答：“孔子之於顔、曾，如一貫之類是也。朱子亦曰：‘焉知其不曾説。’孔子於《易》則鮮及焉，程子之未及《易》與《圖》，猶此意也。編在《近思》之初頭，吕東萊曰：‘使之知名義，有所嚮望而已。’”

問：“朱子曰：‘滿山青黄碧緑，無非太極。’是氣也，而朱子之反以爲理，何也？”答：“器亦道也，道亦器也。非理無氣，非氣無道。”

問：“明道言‘人生而静以上，不容説’，既曰不容説，而周子之説無極，何也？邵翁之又説到無極之前，亦何義也？先儒之論，既若有三等次第，則漸説到高處，似無不可。莊子之加一層於無極之上，而又以爲非，亦何意也？夫《復》《坤》之間，乃無極，而自《坤》反《(垢)〔姤〕》，乃無極之前，此邵子所論也。始也者，太極也，未始有始也者。無極也，未始有，夫未始有始也者，無極之上又一層也。此莊子所言也，周、程、莊、邵，同耶？异耶？”答：“朱子曰‘非太極之上，别有無極也’，無極太極，無次第，邵子説到無極之前，只論氣之循環。

程子不容説，謂難言也。非不言也，莊子架虚，不須爲辨，亦專指氣爲言。”

問：“朱子以太極動而生陽，爲天地之喜怒哀樂發處，而延平謂做已發看不得，抑何所見而然耶？何説爲是耶？於至理之源，大本達道處，亦可以已發未發分言耶？”答：“延平之意，以爲已發未發，就人身上，推於太極之動静闔闢，終萬物始萬物，只是此理一貫。做已發看不得，於天地大本達道處，難以分言故也。蓋天地之間，實理充塞，無一息之妄，徹上徹下，不過如此，以動爲發，則當以静爲未發，此必朱子初年説也。朱子曰：‘一動一静，皆命之行。’又曰：‘静亦動之息爾。’此論爲是。”

問：“太極之動而生陽，是繼之者善也。静而生陰，是成之者性也。而朱子以繼爲静之終，動之始，則似在不動不静之間，抑何義耶？仁智交際之間，繼在仁耶？智耶？”答：“既曰動之始，則是乃動也，此邵子所謂一陽初動處。萬物未生時，即朱子所謂貞元之間也，繼乃仁也。仁，元也，元雖四德之長，然元不生於元而生於貞。貞，智也，智能成終成始。”

問：“繼之者善，所謂性善而至成之者性，然後方有氣質之善惡否，抑未可以善惡分耶？”答：“謂之性，則未可分善惡。”

問：“朱子嘗以太極爲體，動静爲用，以太極陰陽分體用，抑何義耶？又曰：‘太極者，本然之妙。動静者，所乘之機。’二説同耶？异耶？”答：“後説是，不可分體用，前説未穩。”

問：“物可見而理難知也。《太極圖》欲使人知難知之理也，先儒之教後學，皆明理一事也。《大學》之反欲格物，而却不言窮理，何耶？”答：“形而上爲道，形而下爲器，器亦道也，道亦器也。道未嘗離乎器，《大學》之不曰窮理，朱子曰：‘只是使人就實處究竟。’”

問：“朱子曰‘天地，形而下者；乾坤，形而上者’。《易》所謂乾坤，乃氣也，而朱子之反以爲理，何也？”答：“天地，形殻也。乾坤，性情也。《易》所謂乾坤，兩儀也。天地乾坤，分言也。兩儀，統説也。只説一生兩也，兩便氣也。”

問："乾道成男，坤道成女，是獨指人耶？抑通萬物爲言耶？動物之有男女，而植物之無男女，亦何義耶？"答："通萬物爲言也，植物亦有男女，人自不察耳。朱子曰：'麻有牝牡，竹有雌雄。'推此可知。"

問："朱子曰：'觀萬物之异體，則氣猶相近，而理絶不同。'然則理亦有不同者乎？"答："理絶不同，物得氣之偏，而理在偏中，塞而不同也。氣相近，如知寒暖，識飢飽，好生惡殺，趨利避害，人與物相近也。"

問："《通書》所謂'幾'字，在《太極圖》，却何節也？"答："五性感動而善惡分，便是幾。"

問："孟子言其情，則可以爲善。周子言五性感動而善惡分，感動則情也，孟子、周子之异其言，何耶？"答："朱子曰：'孟子言其正，周子兼其正與反者而言也。'蓋情未必皆善，然本則可以爲善，惟反其情故爲惡。"

問："人受天地之正氣，物稟其偏塞，然而鷄能司晨，犬能吠客，牛能負重，馬能致遠，各能其事，人反不及於物，而不能踐形，子鮮孝，臣寡忠，何也？曾謂人之靈，而反不如物之塞耶？"答："物以塞而能天，以心不虚靈也。故莊子曰：'惟蟲能天'，人能變化氣質，以不肖爲聖賢，亦以通也。人之舐痔吮癰，終至於弑父與君，行禽獸不爲之事，亦以通也，可不畏哉！"

問："聖人定之以中正仁義。此'定'字，是自定耶？抑定天下之定耶？定與静與敬，其同義耶？抑各有不同耶？"答："定是立人極也，定萬事以立人極也。圖以動静言，故言静。静字，只好作敬字看。"

問："《樂記》云以静言性則可，以静形容天地之妙則不可，性則理也，與天地之妙，又何不同耶？"答："性與天地之妙，初非二物，而性即喜怒哀樂未發之稱，屬乎静。天地之妙，即太極之該動静者也。含動静而不偏，此中與太極之同一理，而指各有异者也。其實性與中、與太極同一理也。"

問："程子曰：'天地萬物之理，無獨必有對。'又曰：'惟道無對，道則理也，而立言之不一。’何耶？”答：“有對，以陰陽動静，屈伸消長而言也；無對，以太極而言也。”

問：“夫子曰‘智者動仁者静’，而周子之反以智爲静，以仁爲動，何也？”答：“智屬陰，固是静，仁屬陽，固是動，周子主陰陽爲言故也。仁又安静，智又運用，夫子之言，各有其指，又朱子則以仁智體皆静，而用皆動爲喻，恐或傳寫之未盡也，四德，無非體静用動。”

問：“終萬物始萬物，莫盛乎《艮》。艮，止也，止是生息之意也。先儒之反以動爲生，何也？”答：“元不生於元而生於貞，譬如穀種必經秋冬，乃可爲生，又以動爲生，偏説也。上一節，統説也。”

問：“至成之者性，然後氣質各异，則善惡之分，宜在斯矣。周子却到五性感動處分善惡，何耶？”答：“性無善惡，純善而已。至情動處，便分善惡，便知有氣質之性。”

問：“受父母之氣，在胞中，是繼之者善也。及其既生，自成一個物，是成之者性也。既成其性，則又自繼善，循環無窮，而反以佛氏之循環爲無理，亦何義耶？”答：“流行造化處是善，凝成於我處是性。此程子所謂生生之理自然不息也，豈佛氏所謂將既屈之氣，復爲方伸之氣，輪回不已者乎？”

問：“朱子曰：‘太極只是一個實理，《太極圖》一圈，便是一畫。’又曰：‘太極，二氣五行之理。’一與二五之互言，何耶？”答：“理一而已，二氣五行之理，即一理也。”

問：“太極，是藏頭物事。既無方所，又無影響，先儒之能挑出爲圖，作爲名字，何耶？”答：“在無物之前，而未嘗不立於有物之後；在陰陽之外，而未嘗不行於陰陽之中。著存明顯，無過於此，何爲不知？”

問：“以事物看之，陰陽中有太極，而圖却謂太極生陰陽，何也？”答：“原其生出之初，則太極生陰陽也，觀其見在之端，則陰陽涵太極也。圖主生出，故云太極生陰陽。”

問：“不偏不倚之中，與太極同一理也，而先儒論以中訓極爲非，何也？”答：“所指各异，中是無過不及之義，極是無加之稱。”

問：“《漢志》謂太極函三爲一，莊子謂道在太極之先，老子云有物混成，先天地生。《易》云易有太極，此四説與周子所謂太極，同异可分耶？”答：“《漢志》謂函三，則形氣已具，非周子所謂太極也。莊子謂道先太極，則不以太極爲道，而道又太極上一個空底物，非周子所謂太極也。老子云先天地生，似指斯理，而老子實非知理者也。《易》所云易有太極，就陰陽變化中言有此理，下語又與周子不同，然所謂理則一也。周子所謂無極而太極，不雜乎陰陽而爲言者也。蓋《漢志》之太極，莊子之太極，雜陰陽而爲言者也，老子之有物混成，亦不得言理之妙。”

問：“《易》曰一陰一陽之謂道，而邵子曰道爲太極，朱子曰心猶陰陽也，而邵子曰心爲太極，邵子之异其説，何也？”答：“道是流行，邵子之道爲太極，以流行者言也。心是統會，邵子之心爲太極，以統會者言也。《易》之一陰一陽之謂道，所以一陰一陽者道云也，朱子之心猶陰陽，既曰性猶太極云故也。萬理同出一源，曰統會；萬物各具一理，曰流行。康節之説，何嘗有异？道是太極，而心性非二物，則復何爲疑？”

問：“朱子曰：‘静者，性之所以立也；動者，命之所以行也。’然其實則静亦動之息爾，故一動一静，皆命之行。而行乎動静者，乃性之真也，故曰天命之謂性。動静，天理也。而朱子之以動静皆屬乎動，而却欠了静一邊，何意也？程子之動亦定，静亦定，周子之主静，又却欠了動一邊，亦何意也？”答：“太極之有動静，天命之流行也。其静，亦命之行也，主天命而爲言也。聖人合動静之德，而常本於静，主修道而爲言也。”

問：“伏羲作《易》，起於一畫；文王演《易》，肇自乾元，皆未嘗説到太極。孔子贊《易》，始言太極；周子作圖，又言無極，言愈密而理愈晦，何耶？”答：“人自不知，理豈逾晦？人之不知，學不傳也。”

問：“形而上爲道，形而下爲器。道甚微妙，器甚著現。天地，形而下也；乾坤，形而上也。日月星辰、風雨霜露，形而下也，其理，即形而上也。君臣父子，形而下也，仁忠慈孝，形而上也。如一身之形體，形而下也，心性之理，形而上也。耳目，形而下也，聰明之理，形而上也。又如一物一器，形而下也，其理，形而上也。燈燭，形而下也，照物之理，形而上也。交椅，形而下也，可坐之理，形而上也。至如屈伸往來、消長盈虛、春秋寒暑、終始晦明、奇偶，皆形而下也，其理則形而上也。凡有形有象可睹可聞者，無非氣也。如許其廣大著現而反以爲小，無聲無臭不可聽不可見者，理也。如許其微妙而反以爲大，何也?”答:“氣有限量，而理無限量故也。”

問:“朱子曰:‘《太極圖說》陰陽五行之變不齊。’二程因此始推出氣質之性，於《易》既言陰陽五行之變，而孟子之不言氣質之性，何也?”答:“凡道理，到後來辨釋愈精密。”

問:“天地之理，生之者微，成之者盛。故水生於陽而爲陰，火生於陰而爲陽，不特此也。氣常勝理，仁義禮智之理微，水、火、金、木、土之氣盛，終不可以微制盛。而聖賢之教，每欲以理勝氣，何也?”答:“理不微氣不盛，則聖賢又何爲教?理雖微而益著，氣雖盛而可變，此聖賢之所以無不可爲之時，無不可化之人，而至於天地位、萬物育，氣常聽命於理者也。問之不特此以上，微與盛皆言氣也。不特此以下，微是理而盛是氣。上下言勢，亦有毫髮之异。不可不知，蓋生亦氣也。而生之理，理也。”

問:“天地造化之妙，天一生水，地二生火，天三生木，地四生金，而在人一身，亦初生腎水，又生心火，水又生肝木，火土又生肺金，而父母即天地也。以至昆虫草木之生，莫不禀五氣以成形，此孔子所謂精氣爲物。精便是水，氣便是火，不過如此，而於此便有氣化形化之所以分，何也?今見物有氣化，而人無氣化，亦何理也?”答:“未有種類之初，陰陽之氣合而生之謂氣化。既有種類之後，牝牡之形配而生之謂形化。萬物之始，氣化而已。既形氣相禪，則形化長而氣化消。程子云‘隕石無種，麟亦無種，厥初生民亦如是，此氣化也’。今見物有氣化者，無物處也，夫人亦然，先儒云海中島嶼稍大，安知無種之人不生於其間？若已有人類，則必無氣化之人，如人着新衣，便有蟣虱生其間，此氣化也。氣既化後，便以種生，此理甚明。”

問：“陳幾叟‘月落萬川，處處皆圓’之譬。北溪陳氏一大塊水銀，散而爲萬萬小塊，個個皆圓之譬，爲萬爲一，何者爲理？何者爲氣？”答：“爲萬爲一者，氣也。所以爲萬爲一而圓無欠缺者，理也。自氣看之，雖有大小離合之别，自理看之，都無損益盈縮之分。”

問：“在天成象，在地成形，象是氣也，形是質也。陰陽是氣，五行是質。氣是虚，質是實，虚者聚而實者成，如人之嘘呵出氣而成水然也。凡有氣莫非天，凡有質莫非地，氣質之外，更無可指可論者。今周天三百度之下，大地九州之上，非天非地處如此其多，何也？”答：“太虚之間，便有氣充塞無欠缺處，出地以上無非天。古詩云‘坎得一尺地，便是一尺天’，非是三百六十度是天也，只以日月星辰光所見處爲言爾，六合之内，非質處便是氣，非地處便是天。”

問：“圖以禮智换作中正，何義也？不曰仁義禮智，而却謂禮智仁義，亦何義也？”答：“圖本乎《易》，《易》，其德曰仁義，其用曰中正，要不越陰陽兩端，而尤重中正。又朱子曰：‘中正較有力，以禮或有中不中，智或有正不正也。’智禮，水火也。水火，爲五行之先，圖主生出之序，故先言智禮。”

問：“太極一動，至於爲陰陽，爲五行，爲萬物，莫有其差，在人纔動便差，何義也？惟聖人無差，是謂聖人與天同德，而天又或不能無差。冬熱夏寒，顔淵之不得壽，盜跖之善其終。孔子之困於行，女后之爲天子，致旱於湯世，有年於魯宣，天之反不及於聖人，亦何義也？賢希聖，聖希天，則聖人反希不及聖人之天歟？”答：“凡人之纔動有差，氣使之然也。聖人之無差，得氣之清也。天之或不能無差，亦氣使之然也，蓋聖人純得其清。凡人清濁不齊，天地之氣亦不齊，故朱子曰：‘天地之性，理也。’到陰陽五行處，便有氣質之昏明厚薄。夫不得其常爲變，處變爲權，在聖人有處變之權。而天則無是，天普萬物而無心故也。明道先生曰：‘聖人無情，天無心。’聖人之氣，比天地愈精，天地之氣，比聖人猶雜，故稟賦有人物之殊，時序有常變之异，惟天地之性。大本達道，流行發育，無外無内，不偏不二，此所以聖希天也，文王之純亦不已者也。”

問：“動静陰陽，如一連環。連續無欠缺處，未知此環着在何處？”答：“動静陰陽，着在動静陰陽，此環着在此環。”

問：“圖兩儀中既有地，五行中又有土，是何以一物分作二物也？”答：“地是對天説也。有氣者無非天，成質者無非地，土是五行中成形之一物也。邵子曰：‘方者土也，禹因畫州。韓子曰：‘草木山川皆地也。’朱子曰：‘地言其大概。’”

問：“元亨利貞，是太極也。元亨是陽，利貞是陰也。元是木，亨是火，利是金，貞是水，合而言之，則不過如是，所以各异其名，使學者眩於名物，何也？”答：“太極，是總言天地萬物之理，理在天曰元亨利貞，理在人曰仁義禮智，陰陽以氣言也。金木水火，以物言也。雖欲不二其名，何可得也？”

問：“五行之生，各一其性。此性字，是理之本原耶？抑氣質之异耶？張南軒之指以爲本原，何也？朱子之或指爲氣質，或指爲本原，不一其論，亦何義也？”答：“各一其性之性，即氣質之性也。但氣質之性，實與本原之性，同一性也。或問：‘恐學者莫知所從。’朱子曰：‘陰陽五行之爲性，各一氣所稟，而性則一也。’又問：‘兩性字同否？’曰：‘一般。’又曰：‘同者，理也，不同者，氣也。’”

問：“其曰動而生陽，静而生陰，是兩儀初判時耶？其曰動極復静，静極復動，只舉此天地説耶？并舉前天地後天地説耶？”答：“分陰分陽，兩儀立焉。然朱子曰：‘太極之有動静，天命之所以流行也。’又曰：‘今且自動而生陽處看，前後天地，不須説。惟邵子《先天圖》曰：無極之前，陰含陽。’”

問：“陰陽，天也，以氣言也；剛柔，地也，以質言也；仁義，人也，以德言也。天之道，不外乎陰陽，寒暑往來是也；地之道，不外乎剛柔，山川流峙是也；人之道，不外乎仁義，事親從兄是也。天也，地也，如許其大，而人以藐然一身，寄在其中，乃敢與天地立而爲三。一念之善，景星慶雲；一念之惡，烈風疾雨。得與天地混然無間者，何義也?”答：“陽中之陰陽，即陰陽也，天道也。陰中之陰陽，即剛柔也，地道也。陰陽合氣，剛柔成質，而是理始爲人道之極者，仁義也。其實皆一理也，着於上而爲天，着於下而爲地，着於中而爲人。雖理無不同，而以氣質言之，在人者又稍精備，吾之心即天地之心也，故無感不通。”《龜峰集》卷三。

太極道　吕大老①

問云云，太極道，居昌別魁。

對：愚也咏明道“道通天地無形外”之詩，而玩邵子“萬古相傳惟一理”之語，未嘗不浮泆乎斯言，而推賾乎心中。今執事先生特舉出天之大原，以試諸生見得之如何，其欲引擿埴喚醉夢之意，隱然於言表矣。愚雖末稍宵人，其敢捫舌而退，竊謂上之玄下之黄，清濁未分而道之體已具焉。茫而運，窅而化，動静有象而道之用已著焉。未有物之前，而道固在矣；既有物之後，而道亦存矣。無時不在，而無物不有，則其所以彌綸乎天地者，乃此道也，充塞乎古今者，亦此道也。天地之得以爲天地者在於是，陰陽之得以爲陰陽者在於是，倘非此道，天地陰陽，亦不過茫然之一物而已。是以藴之於玄微而垂象於在下者，天也，體之於天心而闡發其玄微者，聖人也。元始混茫之初，其體雖藏於天，而聖人象天之後，其用乃寓於人。天不示人而人不則天，則其所謂道云者，只是在天之一理，而難得爲日用當行之路矣。前聖以之而授之，後聖以之而受之，則其間雖有立言之互見，而要其旨則何莫非表裏之相關。然則道

①吕大老（1552—1619），字聖遇、渭叟，號鑑湖，著有《鑑湖集》。

之在天地者，固未嘗一日熄，而道之行天下者，固無有二其理矣。特以學問之功，有偏正之不同，而見得之效，有精粗之不一，故萬古之一原。雖分而有岐，慥慥正路之蓋寡，倀倀東西之是多，此非道之有二，人是二其道耳。有志於斯道者，其可不學聖人之學而一其道乎？請因明問而陳之。

蓋太極本無極也，由兩儀之未分而有太極之名，因太極之既判而有兩儀之號，其所謂太極生兩儀者，不亦宜乎？然無始之前，固無有物象兆朕，則太極之所以爲太極者，不過是一團理氣而已，愚何爲叠床之説哉？一動一静，互爲轇輵，一元萬化，生生不竭，則道之大本，不外於此矣。圖出於河而卦始畫八，庖羲之所以默契玄衷也。瑞呈於洛而疇又有九，大禹之所以推測天數也。其所立言，縱有陰陽五行之互著，然而五行之中，亦有陰陽之運。陰陽之中，不無五行之理。五行陰陽，元非兩個物。本以一氣而相轉，則表裏之説，亶其然乎？吁，天未欲不彰斯道，聖可以默會天心，則《河圖》之不出，《洛書》之不生。固無其理，而設使龍龜不見於當世，聖必驗之於心而可推其數矣，又安有終泯而不著之理哉？六十四卦，文王之所以因伏羲而增演者也。皇極八政，箕子之所以範大禹而敷陳者也。天人之理，由是而得著，傳授之統，以此而得明。倘非數聖人之功，後文王而生者，其何從而得聞斯道之藴奥也？然而，道之妙用，未嘗間斷於天地，則安知如數聖人者，亦生於其後，而其所以推測於今日者，亦如數聖人之推測於前日乎？惟精惟一，大舜之命禹丁寧，一以貫之，孔聖之諭參深切，孟氏之所發明四端者，所以承先聖之傳，而闡發斯道者也。相傳一道，同一心法，則此乃後學之指南，而歷萬古無二致也。一自心學乖真，斯道失傳，歸來漢唐，正路茅塞，其間雖有一二之可稱者，而其於學問之方，自不能不迷乎所向，則皆無足可觀者矣。有如董仲舒學究天人，而不免灾异之謬，文仲子講道河汾，而自昧去就之方，韓吏部文起八代，而亦有不精之病。謂之漢唐之宗儒，則可矣，其於道體之精微，則不得窺其閫域矣。天未喪道，星復聚奎。逮至宋日，群賢輩出。濂溪倡先，太極有圖，河南繼出，心學復明，私淑諸人，爲一大成者。考亭夫子也，接千載不傳之緒，明萬理一源之學。帝王之心法，焕然大明，則雖蒙學之士，猶可尋其所向。奈之何陸氏子畢竟所入，與此相偭，其學也，專在於尊德性而太疏於道問學。夫存心者，不可以不致知。致知者，又不可以不存心。則陸氏之論，無异於去輪而行車矣，折翼而飛鳥矣。既以自誤，而又誤後學，可勝嘆哉。嗚乎！道之在於天者，未嘗有古今之殊，而學之得於心者，自不能無純雜之异。故學一失真而道亦多岐，尋道向去者，莫知趨向，奔走彼此，各學其學而大相抵梧。此千萬古學者之大病也。有志擔當斯道者，當先其趨向而正吾之所學。以陸氏之説，入於异端者爲之戒，而以精一一貫之訓，爲之依歸，則可得回末路之二岐而同會於一貫矣。執事之問，既略於前矣，於篇終，又有感焉。惟我東方，又有斯道之傳，而執事之問，不及於當世，未知今之有道者，盡得其正而無可議爲耶？欲以諸生三隅之反歟？噫！道不能自行於天下，使斯道而得行者，固在上之人，倡而率之耳。夫傳道之責在於下，則其道自行於一身而已，不明於一時之天下，此所以古之傳道者，上而爲君，故其道能行於當時。而後之傳道者，下而爲臣，故其道不行於天下者也。愚於宋日之諸賢，未嘗不扼腕長吁，則敢不以傳道之任，寓望於當宁之聖明哉？謹對。《鑑湖集》卷二。

太極説　張顯光①

太極十全是具一個善，若六十四卦、三百八十四爻中有善有惡，皆陰陽變化後方有。右朱晦庵語，出《易·繫辭上·傳·易有太極章輯注》。

右“六十四卦”四字，乃愚加也，而實三百八十四爻之所

①張顯光（1554—1637），字德晦，號旅軒，謚號文康，著有《旅軒集》。

在也。

孔子《周易·繫辭傳》曰："易有太極。"

周濂溪《圖説》首句曰："無極而太極。"

朱晦庵注《易傳》曰："太極者，象數未形，而其理已具之稱，形器已具，而其理無朕之目。"

注《圖説》曰："上天之載，無聲無臭，而實造化之樞紐，品彙之根柢。"愚今繼之曰："太極者，道德之頭顱。"是用朱子下兩句根柢、樞紐之文法也。

所謂"象數未形，而其理已具之稱，形器已具，而其理無朕之目"者，皆以太極之在《易經》者言之也。所謂"造化之樞紐"，以太極之在天地者言之也；所謂"品彙之根柢"，以太極之在萬物者言之也，至於愚所謂"道德之頭顱"，乃以太極之兼總三才者而言之也。

孔子既謂之太極，則其爲無極之妙含在其中，故止曰太極矣。而濂溪須加無極於太極之上者，非所以求多焉，惟慮後人不及知夫太極之稱，實自有無極之妙，故曰"無極而太極"。所謂無極者，即所以明夫太極之妙者也，此非太極之外，别有無極之自爲一極也。

在萬有未有之前，爲萬有之所以然，所必然；在萬有方有之中，爲萬有之所固然，所當然；在萬有既盡之後，亦自爲所常然，又復爲所以然。

極之於既往之前，而莫知其所始，極之於未來之後，而莫知其所終。最先於萬物者，天地之始也，而太極則天地未始而爲始；最後於萬物者，天地之終也，而太極則天地已終而無終。指其統體者，而謂之一理；指其各具者，而謂之萬理。爲之一，而不見其不定；爲之萬，而不見其有餘。散爲各具之萬，而未嘗有統體者之耗損，雖曰各具之萬，而未嘗不爲統體者之該括。

無所不包，無所不備，無所不主，無所不貫，無時或間，無處或外，無事或欠，無物或遺，無方而無不在，無爲而無不爲，無行而無不行，無變而出萬般之變，無形而出萬殊之形，無聲而出天下之聲，無色而出天下之色，無往來而所以使之有往來，無盈縮而所以使之有盈縮，無始終而所以使之有始終者，太極也。

其先爲莫先，其後爲莫後，其明爲莫明，其隱爲莫隱，其大爲莫大，其小爲莫小，其高爲莫高，其卑爲莫卑，其深爲莫深，其淺爲莫淺，其遠爲莫遠，其近爲莫近。先，言其無始也；後，言其無終也；明，言其無礙也；隱，言其無象也；大，言其無外也；小，言其無内也；高，言其無上也；卑，言其無下也；深，言其不可測也；淺，言其不可離也；遠，言其無際涯也；近，言其庸言行也。先，爲能後之先；後，爲能先之後；明，爲能隱之明；隱，爲能明之隱；大，爲能小之大；小，爲能大之小；高，爲能卑之高；卑，爲能高之卑；深，爲能淺之深；淺，爲能深之淺；遠，爲能近之遠；近，爲能遠之近。

太極，即一理之名也，而極是爲一之旨也。其爲一也，自有五義，一曰本底義也，二曰統底義也，三曰純底義也，四曰專底義也，五曰常底義也。本，故能生萬有；統，故能主萬彙；純，故能出萬善；專，故能宰萬化；常，故能總萬變。五者爲一之義，皆無對之旨，故曰太極。

凡於活處可以看理，而活者，氣之作也，則所以活者，理也。明處可以驗理，而明者，氣之象也，則所以明者，理也。神處可以認理，而神者，氣之機也，則所以神者，理也。妙處可以會理，而妙者，氣之變也，則所以妙者，理也。精處可以見理，而精者，氣之正也，則所以精者，理也。秩處可以解理，而秩者，氣之序也，則所以秩者，理也。洽處可以觀理，而洽者，氣之至也，則所以洽者，理也。復處可以識理，而復者，氣之息也，則所以復者，理也。

理固無體質、無貌象、無模範、無方位、無始終，又不可以知覺性情言之，則當何據而知得哉？試以俯仰者觀察焉，則天於上，地於下，萬物於兩間矣。而成象于天者，日月星辰也；效法於地者，山陵川澤也；流行於宇内者，二氣五行也；往來迭運者，晝夜寒暑也；時布者，風雷雨露也。即吾一身，則臟腑氣血於内，耳目口鼻、四肢百體於外，性情言行於日用之間者，其孰使之然哉？不有太極一理，而天能天，地能地，人能人，物能物，各所其所，各道其道耶？其所以爲萬變萬化、并育并行者，夫豈一日無一理，而有是哉！此固有耳有目者，皆可聞可睹也。因其可睹可聞者，而會得其莫睹莫聞之源，則此非太極耶？

夫宇宙之所以爲宇宙者，以其有許多事物也。所謂事者，三才之生出，乃事之最先也；所謂物者，三才體質之各成，乃物之最大也。事與物非自能事物也，惟其所以使之必爲是事，而斯有是事，必爲是物，而斯有是物者，乃是一理之爲太極也。然則事物之得爲得有者，實唯太極之爲之有之也。至於太極之理，則孰使之爲焉，孰使之有焉，而作太極乎？凡所謂爲也者，必由造作者而爲之也。凡所謂有也者，必由排置者而有之也。若理則不然也，其爲也，非由造作而爲焉，則乃其自爲也。其有也，非由排置而有焉，則乃其自有也，其爲也，其有也，本自如是，故其用之出也，亦不是逞巧致計而生變化也。既自爲理於無形無象之中，而其爲道德事業，自不得不已也，夫豈有有爲之迹，而爲之也哉！

理也者，不可以世代歲月究其始終，不可以疆域區界求其方位，不可以長短廣狹言其模範，不可以剛柔輕重言其體質，不可以聲色臭味言其趣概，不可以知覺運動求其性情。又不可以耳目接，而實不出吾見聞之中；不可以梯航求，而實不出吾心身之中；不可以筭數計，而實不出吾知覺之中；不可以方所措，而實不出諸形器之中；不可以模範準，而實有界限之可分；不可以涯涘測，而實有條脉之可尋。

錯認此理者，以其有太極之名，而遂以此理爲有爲實，則每擬之於體段模象之一物，而不知其本不雜於形器焉。以其有無極之稱，而遂以此理爲無爲虛，則每歸之於渺茫曠蕩之域，而不知其實不離於形器焉。此二者皆非得知夫太極之爲太極也。夫天地以下之有，莫有如太極之爲至有；天地以下之實，莫有如太極之爲至實焉。蓋形而下者之有，有必歸無，然後後有者繼有也，而後有者，非前有也；形而下者之實，實必歸虛，然後後實者繼實也，而後實者，非前實也。若形而上者之有，則無前後即一有也；形而上者之實，則無前後即一實也。豈不以爲至有於至無之中，爲至實於至虛之中故也。

惟其無際限矣，天所不能覆得，地所不能載得也。惟其無空缺矣，鬼神所不能逃遁得也。惟其無變易矣，四時之所不能推移得也，惟其無體質矣，日月之所不能照分得也，水所不能没得，火所不能滅得也。

其爲一定也，欲損之而不可損也，欲益之而不可益也，欲毁之而不可毁也，欲破之而不可破也，欲撓之而不可撓也，欲累之而不可累也。其爲至正也，欲欺之而不可欺也，欲逆之而不可逆也，欲蔽之而不可蔽也。

太極之於天地人物也，如律吕之於聲音也，規矩之於方圓也，尺度之於長短也，斗量之於多寡也，權衡之於輕重也，天地人物之於太極也，如日月之不能離天也，山川之不能離地也，水族之不能離水也，植物之不能離土也，動物之不能離氣也。

天高地卑，而其位不易也；日晝月夜，而其象不易也；春生秋殺，而其道不易也；夏暑冬寒，而其時不易也；人貴物賤，而其品不易也。動者常動，植者常植，而其類不易也。往者必過，來者必續，而其化不窮也。臟必具五，腑必備六，九竅之竅於身，四肢之肢於體，五常之性於心，七情之用於性，而莫不同然者，非一理爲太極而有是乎？

愚嘗爲之説曰：孔子曰“易有太極”，則太極之稱始出於此也。至宋濂溪周子，因孔子始言之太極而著《圖説》，首加無極於太極之上，曰“無極而太極”，則無極之稱遂出於此焉。然則太極乃是有文字以來，名得此理之至矣、盡矣者也，理果何如也，而以太極名之乎？夫既曰理則非氣也，非器也，非物也，固是不氣、不器、不物矣，則何所據而有以認會之乎？嗚呼！理誠難言矣，難言而不言，則畢竟何得以明之哉！今始用文字言語敢欲説出此理，則理是自然而莫見其然，常完而莫見其完，不可端倪，不可貌象焉矣。其何可容得説哉？誠所謂不容説也，惟當就認其驗焉，爲德行焉，爲道者而擬依説出，然後庶可得形容其大概也。德亦理之德也，道亦理之道也，而若指德爲理，指道爲理，則不可也。理固德之本矣，而方其理焉，未驗於爲德，則即不可謂德爲理，理固道之原矣，而方其理焉，未著於爲道，則亦不可謂道爲理也，必須此理之爲大本大原者，驗焉爲德，著焉爲道，然後可據其所驗之德、所著之道而得認夫未驗未著之理也。理之經常者爲德，理之流行者爲道，故道德皆出於理，而理外無道德，則會太極之理者含道德，其何可究得其本原哉！

試認其爲綱者有一，曰善也，其爲目者有十五，曰真也，實也，常也，直也，順也，平也，中也，正也，公也，定也，準也，密也，全也，完也，通也。夫善之爲綱者，何哉？蓋自是生生之原也，不有此理，其何以有天地人物哉！以其經常者而認之，則所以使之有吉而無凶也，有利而無害也，有成而無敗也，有繼而無絶也，有福而無禍也，此乃太極之本旨也，無非善底大義爲之主焉。則以善爲太極之綱，不爲得乎！若夫常外之變，非太極之所知也。

以其目認之，真，則無僞也；實，則無妄也；常，則無變也；直，則無曲也；順，則無逆也；平，則無險也；中，則無偏也；正，則無邪也；公，則無私也；定，則無滅也；準，則無欠也；密，則無漏也；全，則無隙也；完，則無損也；通，則無塞也。此一理之所以爲太極，而樞紐於造化，根柢於品彙，頭顱於道德者也。其謂之太極，不以是耶？

或曰："理之爲太極也，本自是不形不器，無聲無臭，則不可作綱目言之，而今乃綱之目之，則其不爲未安者乎？"

曰："固知曰綱曰目之爲未安矣，而第欲發明其爲理，不得不爲之假設焉。蓋以一理之中衆妙具焉，衆妙之上必有一言以蔽之者焉，此乃首善稱綱，集十五字稱目，以其善之一字足包十五字之義，十五字之義亦不出善字之總故也。然而所設一綱十五目者，皆就此理之發於四變而爲氣、爲才、爲道、爲德者，而推而上之以認其理，必如是也爾。若於太極上欲求其爲綱之善，爲目之十五言，則豈容着得其綱焉、目焉之爲定義哉！此又不可不知其妙者也。"

或曰："《易》曰'書不盡言，言不盡意'，今此一字之綱、十五字之目，果可以盡太極之義乎？"

曰："太極之理，無從可據而會之，若非文字，無他術可以發明。而必欲用文字説出，則一綱十五目之中，减一字不得焉，此所以敢有此綱目之説也。"

或又曰："《易》又曰'聖人立象以盡意，設卦以盡情僞'，夫儀、象、卦三者，乃可以立象數以盡其意與情僞，則太極獨不可立象數以盡其義乎？"

曰："兩儀以下至四象八卦者，已屬于形而下之器，故可得以立象數矣。至於太極，則乃是形而上之道也，其得有象數之加乎？"

或曰："濂溪、晦庵皆有太極之圖，於陰陽兩儀之上，而皆設一段空圍而圓之者，非太極之象乎？"

曰："太極只是理耳，豈果有方圓之可擬哉？其所以設空圍一圈者，乃所以明夫太極者，其有則固有矣，而本自無形無象，故設空圍以擬之，非謂太極之象有如空圍之圈也，若然，則太極便歸於有象也，此豈周、朱兩賢之意哉！"

善之爲綱也，爲天地萬物之一原，而不自有其尊焉；出無窮造化，而不自有其功焉；産許多品彙，而不自有其德焉。先焉，而非有意於先之；後焉，而非有意於後之也；隱焉，而非有意於爲隱；明焉，而非有意於爲明也。極高深遠大，而不自爲貴焉；窮卑淺近小，而不自爲賤焉。不以混沌之暗而隨其暗，不以開闢之明而加其明，不以天地之始爲其始，不以天地之終爲其終，其爲目也。一於真，無僞，一於實，無妄，一於常，無變，一於直，無曲，一於順，無逆，一於平，無險，一於中，無偏，一於正，無邪，一於公，無私，一於定，無成，一於準，無欠，一於密，無漏，一於全，無隙，一於完，無損，一於通，無塞也。

真，謂其本然也；實，謂其充足也；常，謂其亘永也；直，謂其必是也；順，謂其宜穩也；平，謂其安固也；中，謂其恰當也；正，謂其貞確也；公，謂其均遍也；定，謂其惟一也；準，謂其稱齊也；密，謂其備盡也；全，謂其咸渾也；完，謂其自若也；通，謂其變活也。

其爲真也，非假借，非姑息，自然而然，當然而然，不爲而爲，不存而存。其爲實也，有天地人物之理，必爲天，必爲地，必爲人，必爲物也。其爲常也，在古如是，在今如是，在此如是，在彼如是。其爲直也，巧舌利口不能亂夫是非邪正，刀鉅鼎鑊不能屈夫元節守義。其爲順也，火必炎上，水必潤下，反道必敗，悖德必亡。其爲平也，父慈子孝，兄友弟恭，非其性乎？耳聞目睹，手持足步，非其常乎？其爲中也，在物爲性，在事爲義，莫不一定而不可易者，非所謂中乎？其爲正也，千邪莫容邪，百僞莫敢僞，萬變萬化，而各則其則者，非所謂正乎？其爲公也，賦畀之性，無物不得，生育之道，無物不被，無古今，無巨細者是也。其爲定也，當有必有，當無必無，當行必行，當止必止，水不爲火，火不爲水者，無改易也。其爲準也，當多必多，當寡必寡，當巨必巨，當細必細者，無加減也。其爲密也，備條緒、包倫類脉絡之分，次第之明，無紊錯也。其爲全也，無所不具，無所不及，百千萬億，隨處充足。其爲完也，無衰歇，無降殺。其爲通也，動極則静，静極則動，往必有來，闔必有闢。

無僞者，真之至也；無妄者，實之至也；無變者，常之至也；無曲者，直之至也；無逆者，順之至也；無險者，平之至也；無偏者，中之至也；無邪者，正之至也；無私者，公之至也；無改者，定之至也；無欠者，準之至也；無漏者，密之至也；無隙者，全之至也；無損者，完之至也；無塞者，通之至也。真也，實也，常也三言者，其義相類也；直也，順也，平也三言者，其義相類也。右六者，皆以德言之，而道在其中矣。中也，正也，公也三言者，其義相類也；定也，準也，密也三言者，其義相類也。右六者，皆以道言之，而德在其中矣。全也，完也，通也三言者，其義相類也，此則兼道德言之，而其上十二言之會也。

理既有矣，不可徒自爲理而已，必有以發出於大用，然後乃得其爲理之實矣。故斯爲之氣，即一變也；斯爲之才，即二變也；斯爲之道，即三變也；斯爲之德，即四變也。氣者，變化之機也；才者，作爲之具也；道者，流行之體也；德者，生成之驗也；氣者，理之輔佐也；才者，理氣之作用也；道者，理氣之發達也；德者，理氣之凝聚也。有氣然後有才，有才然後有道，有道然後有德，太極之理必須有四變，然後事業畢矣，其爲事業，則有天地人物者是也。

以理言之，其綱也，有善無惡，其目之爲真、爲實、爲常、爲直、爲順、爲平、爲中、爲正、爲公、爲定、爲準、爲密、爲全、爲完、爲通也者，莫非其綱之常也。而及其爲四變也，氣不能無清濁厚薄，才不能無優劣，道不能無正邪，德不能無吉凶。故善不能皆純，惡不能皆無，而必有反真之僞，反實之妄，反常之變，反直之曲，反順之逆，反平之險，反中之偏，反正之邪，反公之私，反定之忒，反準之欠，反密之漏，反全之隙，反完之損，反通之塞者，何也？此蓋理不能徒理，而不得不以氣爲用，則氣不得純於清，純於厚，必有反清之濁，反厚之薄，故禀其清且厚者，爲善類，禀其濁且薄者，爲惡類，此豈太極之所知哉！然則事之有是非，物之有臧否，生之有壽夭，世之有治亂，國家之有興亡者，皆其所不能克者也。

或曰："然則理亦不能常一焉，而太極亦有不能極者耶？"

曰："不然也，常之不能無變者，自氣以下之所必有也，理何嘗不一，而太極何嘗有不極者哉？是故四變之不能無反常者，畢竟莫不同歸於此理之一焉也。惡必化於善者，道之常也；非必從於是者，事之常也；否必屈於臧者，物之常也；亂必有治，世之常也；亡必有興，國之常也；夭必見庇於壽，人之常也，豈可以一時之變致疑於經常之理哉！此太極之所以爲太極者也，然其所以創字爲理，其所以立稱爲太極者，何也？蓋宇宙以來，其間所做者，造化也，造化中所造所化，若以形而下者言之，則始於氣，次質，次才，次器也，而其所謂氣也，質也，才也，器也者，非自能爲氣、爲質、爲才、爲器，必有所以使之爲氣質才器者焉。以形而上者言之，則始於命，次性，次道，次德也，而其所謂命也，性也，道也，德也者，非自能爲命、爲性、爲道、爲德，必有所以使之爲命性道德者焉。如不有所以使之者，在其先，則其何得而必爲形而下焉，又必爲形而上焉，各有條脉，各有次第，而得爲不可易之定形，得爲所當然之彝則哉。究其所以使之然者，而創其字焉，曰理是也。至於莫高莫明者，天也；而天止爲天於上焉，莫博、莫厚者，地也；而地止爲地於下焉，莫多、莫備者，萬物也，而萬物止各爲物於覆載之中焉。上者不能下，下者不能上，中者不能上，下者豈非天地萬物，雖有大小高下之不同，而莫不各爲有形之一物故也。若夫此理之爲太極也，則上焉而不偏於上也，下焉而不偏於下也，中焉而不偏於中也。自以無形、無象、無聲、無臭之本體，常在於不方、不所、不影、不迹之處，而所以主張之者，常使之天爲天，地爲地，人爲人，物爲物，皆不得自己焉者，非此理乎？此所以立稱爲太極者也，故求太極之實，則此理是也，求此理之妙，則太極是也。字理而不言太極者，伏羲之知非不及於孔子也，稱太極於字理之後者，孔子之見，非有加於伏羲也。字理，而太極之妙在其中矣。稱太極，而理之實在其中矣。先聖後聖之道同此理也，同此太極也，然則周濂溪無極之云，其有出於伏羲孔子之旨外哉！

理即太極，太極即理也。太極之實曰理，理之特稱曰太極。不是此理之外别有太極也，理之爲字，自伏羲造書契而始有焉，太極爲稱，自孔子作《易傳》而始出焉。然而字雖始造於伏羲，稱雖始出於孔子，而惟其爲理、爲太極之實，則固自有於未有字、未有稱之先矣。其實爲固有，故伏羲爲之造其字焉，孔子爲之立其稱焉，此豈無所據於其實，而必造字必立稱哉！然而本自無形無象、無方無所、不影不迹、不聲不臭，則聖人何從而知其爲固有焉，而設其字立其稱哉？蓋不過以上焉有天，下焉有地，中焉有萬物者而知之也。若不有此理，自爲太極於未有天地萬物之先，則天地何得而爲天地哉？萬物何得而爲萬物哉？先有爲天之理，故於是乎爲天於上，先有爲地之理，故於是乎爲地於下，先有爲萬物之理，故於是乎爲萬物於天地之中也。此聖人所以觀天地萬物而知其爲天地萬物者，莫非此理爲之本也，此理之所以爲天地萬物之本者，以其爲太極也，太極之外豈有理哉，理之外豈有太極哉！

太極即此理也，而聖人之贊易也，不曰“易有此理，是生兩儀”，而必曰“太極生兩儀”者，何也？蓋以理稱理，則人皆知此理之有微妙精密之萬目，而不知其於微妙精密之中，爲自有統貫總會之一綱也。如不有統貫總會者爲綱之一焉，則其所以有微妙精密者，何從而爲目之萬乎？然而爲綱之一者，非別有一理也；爲目之萬者，非別有萬理也。一自爲萬，萬自爲一者，即此理之所以爲太極者也。其在事物之前，爲事物所以然者，而不容已焉；其在事物之中，爲事物所當然者，而不可易焉；其在事物之後，爲事物所已然者，而不隨泯焉。前之所以然者，即爲中之所當然也；中之所當然者，即爲後之所已然也。故以其不容已者，而爲其不可易焉；以其不可易者，而爲其不隨泯焉。出萬變萬化，而一自如也；産萬品萬彙，而一自如也。以一爲萬，而一未嘗損焉；以萬歸一，而萬未嘗耗焉。其爲一者，合之極也；其爲萬者，分之極也。合焉者，非有事於合之也；分焉者，非有事於分之也。自合自分，無所在而不極，無所往而不極焉，此孔子所以必曰太極，以名此理者也。夫既取“極”以名之，加“太”以崇之，則孔子之稱此理，固已至且盡矣。而周子爲之著說，又必以“無極而”三字加之於其上者，亦豈不爲深甚焉乎！

太極也者，可謂之至無，而可謂之至有焉。以其無形象可擬，故爲至無也，以其有真實至理，故爲至有也。其有也，不是從産出而有也；其成也，不是由造作而成也。其要都舉於一善綱之中，其實詳具於十五目之中，自無古今焉，不可謂之古有而今無，今有而古無也。本無彼此焉，不可謂之彼有而此無，此有而彼無也。合之爲統體，而不見其大也，散之爲各具，而不見其多也。天得之而爲天，地得之而爲地，人得之而爲人，三才則皆其全體者也。物得之而爲物，萬物則各得分數而爲萬物也。三皇得之而爲三皇，五帝得之而爲五帝，三王得之而爲三王，三世之聖皆得其全體者也，五霸假之而爲霸，自五霸以下則各得其分數而爲歷代也。

名此理曰太極者，又有説焉。固以此理之爲理，雖可認之以吾心，會之以在我之天，而實難以筆舌説出其微稱，得其妙焉者也。故孔子提舉兩字，説出乎説不出之微稱，得於稱不得之妙，而遂謂之太極。非謂此理之外又有所謂太極者也。凡爲物者，莫不有形器也。夫既爲形器之物，則大自爲大，而不能小，小自爲小，而不能大，高自爲高，而不能卑，卑自爲卑，而不能高，至如深也、淺也、遠也、近也者，莫不各自爲深、爲淺、爲遠、爲近，而不得互其妙焉。先者不能後，後者不能先，彼者不能此，此者不能彼，皆然也。若此理則既大又小，既小又大，既高又卑，既卑又高，其爲深淺也，遠近也，先後也，彼此也者，未嘗有一定之偏也。然而自其有變有易者而觀之，則其變千變也，其易萬易也，自其不變不易者而觀之，則千變萬易之中，乃自有不變不易之常焉。又自其有分有散者而觀之，則其分無數也，其散無算也。自其無分無散者而觀之，則無數無算之中，乃自有常全常完之一焉，此其所以爲理，而以太極名之者也。然則以無體爲體，而至無之中，至實者存焉。以無象爲象，而至一之中，至備者藏焉。以無窮爲不範之範，以無盡爲不限之限，則無體之體，其可得以摹擬耶？無象之象，其可得以言形耶？不範之範，其可得以破壞耶？不限之限，其可得以容息耶？此乃此理之所以爲太極，而太極之所以爲無極也。故求觀太極之理者，不可容耳目之聰明，而必須用心神自然之知覺。欲養吾心之太極者，亦須用戒慎恐懼之功於勿忘、勿助之地，然後庶可以體會之也。

太極有兩義，一爲宗主統一、無上無外者是也；一爲亘前亘後、無始無終者是也。其所以宗主統一、無上無外者，乃太極之所以無處不極也；所以亘前亘後、無始無終者，乃太極之所以無時不極也。惟其無處不極、無時不極者，即所謂極焉而太也。無極亦有兩義，一爲無貌狀，一爲無窮盡。凡屬氣者，必有清濁；屬形者，必有方圓。此理則不可以清濁言，不可以方圓言，乃所以爲無貌狀也。又屬氣者，必有消長；屬形者必有聚散。此理則未嘗有消長，未嘗有聚散，乃所以爲無窮盡也。惟其無貌狀、無窮盡者，即所謂極焉而無也。夫孔子所言太極之中，實自含無極之妙焉，非有所欠漏之義矣，而周子必須發無極之言加之於句頭者，果非贅説而求多者也。便是闡明太極之妙，以發孔子未發之藴，而爲後學重指掌者也。著一“而”字於其間焉，“而”字亦有兩義，一爲互備之義，一爲連貫之義。有無極之妙，故爲太極之實；有太極之實，故爲無極之妙，則置“而”字以間之者，非所以互備乎？太極自是無極，無極即是太極，則置“而”字以接之者，非所以連貫乎？備五字成一句，而不可得以加減一字，則無極太極，前聖後賢立言之要，不已著乎？

或曰：“周子既曰‘太極本無極’，則太極固是無形質、無方位、無彼此、無古今矣，然則人謂天地之上下四方曰宇，古往今來曰宙，其不可以宇宙爲太極乎？天地與太極，固不得不分，而不可謂之爲一乎？”

曰：“天地雖大，亦一有形之物也，既各爲一物矣，則何得謂之太極乎？太極即理也，理既爲之太極矣，於是乎爲其所先有者，元氣也，其爲元氣亦不得不分陰陽，故其輕清者圓而爲天，重濁者方而爲地。以《易》書言之，即其兩儀也，而乃是太極之所生，則天地豈得與太極爲一哉？故邵子之言曰：‘能造萬物者，天地也，能造天地者，太極也。’然則天地非太極中有形之一巨物乎？而况宇宙，即天地間之别號也，豈可以天地之别號擬之爲無極之太極乎？但天地爲有形之首出，爲器之最大，而以生成萬物爲其道，則太極之爲太極，都在於天地之爲天地也。若不有天地，則安知夫天地之所出者爲太極乎？至於宇宙中萬物，則孰非禀受乎天地之化，而爲太極之各具者哉！”

或又曰：“先儒既曰‘萬物各具一太極’，則物之微者，不可得以數悉矣。其所以爲各具之太極者，果可驗究於物物之中乎？”

曰：“雖微之至，賤之甚者，既爲一物，既有其形，則必有所以爲物、爲形之理，必有一偏合用之道，又必有各分當在之所矣。天下豈有理外之物乎？此所謂太極之各具者也。”凡所謂然者，乃指夫事物之既成方存者也，有體質、有形象、有聲色、有方所，爲性情、爲才技、爲道德、爲事業，然後可以謂之既成方存也。天於上，地於下，人物於其間者，皆爲然也。若所謂理者，乃是究指其所以使之必然者也，天之所以天，地之所以地，人物之所以人物者，即其有所以然之理也。如不有所以然之理，在事物俱然之先焉，則萬事萬物之俱然者，何得而爲俱然之事業乎？

道與德非二理也。就道而指其至善，則謂之德，就德而指其至誠，則謂之道。至善則無偏私也，至誠則無間斷也。德之行於日用，而不可須臾離者，謂之道；道之常於中正，而不以古今變者，謂之德。不可須臾離者，非其爲中乎？不以古今變者，非其爲正乎？故言道，而德在道中；言德，而道在德中矣。天地人物，非道，則不能爲天地人物於古今也；非德，則不得爲天地人物於須臾也。然其所以爲之道、爲之德者，實惟太極之一理，則太極固非道德之頭顱乎？故曰“無極而太極”。

大哉！至哉！無極太極之爲極也，未有天地萬物之初，若不有此理爲之本焉。天地萬物，其何從而得之爲天地萬物乎？既有天地萬物之後，不有此理爲之主焉，天地萬物又何據而得之能天地萬物乎？然則天地固不得離此理，而爲天地萬物，亦不得離此理，而爲萬物天地。萬物之不得離此理而爲天地萬物者，有若陸産之物，不得離陸入水而能爲物，水産之物，不得離水登陸而能爲物也。其故何歟？天地萬物，既莫不本此理而爲天地萬物，故不得一日違此理而能天、能地、能人、能物也。試以所常睹大小有形體者言之，天何得以如許，其高大而確然在上，無所不覆；地何得以如許，其廣厚而隤然在下，無所不載乎？日月星辰之象懸者，何得以有其光明，有其躔次行度，而不相錯焉？山岳川瀆之質成者，何得以必峙必流，經緯地勢，而不曾易焉乎？二氣五行、晝夜寒暑之不失其常者，孰使之然乎？造化之流行，無時窮焉，品彙之爲物，無不備焉者，孰使之然乎？吾人中立天地，具五臟六腑於内，備九竅四肢於外，筋骸毛髮之必同聲音貌象之惟均者，其何以有是哉？至於萬物之在兩間，動而横首者，凡幾類植而下首者，亦幾種而莫不生其生，莫不形其形，莫不所其所，莫不分其分者，亦何以得之哉？有常形者，無一物或虧其形，有常數者，無一物或欠其數，孰爲之致工致悉而然哉？又以貴賤性情所常驗者言之，天地以健順爲性情，而四德皆備，故其所以出造化産品彙者，流行古今，今充滿兩間皆是也，四德之必備，其亦有畀之者歟？性情之健順，其亦有命之者歟？造化之無窮，孰爲之樞紐？品彙之畢具，孰爲之根柢歟？人以藐然之一身，禀全天地之四德，元必爲仁，亨必爲禮，利必爲義，貞必爲智者，孰爲之條賦歟？其能自盡其性，又能盡人物之性，至有以贊天地之化育者，何由而致之乎？物之有形質，有血氣，而爲動類者，自有動類之性情；有形質，無血氣，而爲植類者，自有植類之性情。動物之中，又有飛類走類，而水陸异族植物之中，又有草類木類，而山野异族，然其類族雖别，而莫不有性情者，則未嘗不同焉。其所以各有形質，各有性情者，則同矣。而形質皆各有一定之形質，性情皆各有一定之性情，不以古今而變改，不以彼此而便易。大不能兼其小，强不能奪於弱，貴不得無其賤，精不能廢其粗，俱爲生育之一物，無非致用於分内者，孰秉其機而有以生生，有以化化歟？此莫非太極爲之極，而使之大大小小、貴貴賤賤、彼彼此此、先先後後，無所紊錯，無所欠缺者也。若不有天地，不得以生育萬物，覆載萬物，故於是乎必先有天地焉，既有天地矣，不有萬物，不得以應生生化化之道，盡天地之事功，故於是乎必有萬物焉。有天地，有萬物矣，而不有吾人以中乎天地，以首乎萬物，則不得以效裁成輔相之業，致參贊化育之道，故於是乎必畀吾人以最靈最貴之才德，有以會天地萬物之極，責宇宙三才之托焉。然則有天地，有吾人，有萬物者，即太極之功用事業也，故曰天地人物未有之前，不有太極爲之極焉。則天地人物，何從而生乎？天地人物既有之後，不有太極爲之極焉，則天地人物豈得一日一刻能爲天地人物乎？此非無極太極之爲之大樞紐、大根柢者乎？惟能大吾之心目，精吾之思慮，然後庶可得以究極認會乎此理矣。然則太極無形象，而宇宙内凡爲有形象者之所以爲形象者，無非其本於無形象之理也。太極無體質，而凡爲有體質者之所以爲體質者，無非其本於無體質之理也。太極無聲色，而凡爲有聲色者之所以爲聲色者，無非其本於無聲色之理也。太極無情意，而凡爲有情意者之所以爲情意者，無非其本於無情意之理也。豈不以太極無形象之中，有爲形爲象之理，無體質之中，有爲體爲質之理，無聲色之中，有爲聲爲色之理，無情意之中，有爲情爲意之理。惟其無形象、無體質、無聲色、無情意者，理之本然也；有形象、有體質、有聲色、有情意者，涉氣爲物也。有理然後爲氣爲物，則爲氣爲物之有形象、有體質、有聲色、有情意者，無其所本之理，而能有之乎？此乃太極之所以爲天地萬物之太極也，設如太極自有形象，自有體質，自有聲色，自有情意，則其何以爲天地萬物許多形象，許多體質，許多聲色，許多情意者之太極哉！既自是無其形象，無其體質，無其聲色，無其情意，而自有爲形象、爲體質、爲聲色、爲情意之理，故有形象、有體質、有聲色、有情意者，莫不於理乎取則焉。以形象言之，自天圓地方，以至萬物之大小長短，無非其自然之形象也；以體質言之，自天輕清、地重濁，以至萬物之貴賤精粗，無非其自然之體質也；以聲色言之，自天玄地黄、日月風雷，以至萬物之號呼摶擊，五色妍醜，無非其自然之聲色也；以情意言之，自天地生物之心，人之四端七情，以至禽獸蟲魚之愛雛喜侶、好生惡死、草木兩暘之感、霜露之應，亦無非自然之情意也。豈有一氣一物、一變一化、一感一應之不自太極中來者乎？然而有形象者，或失其形象之則；有體質者，或失其體質之則；有聲色者，或失其聲色之則；有情意者，或失其情意之則焉，則便非太極之理矣。孰有失太極之理，而能爲物者乎？就以在人者言之，父子有親，父子之理也，君臣有義，君臣之理也，夫婦之有别，長幼之有序，朋友之有信，各皆其理也。

父子而失有親之理，則父不父，子不子矣。君臣而失君臣之理，則君不君，臣不臣矣。其爲夫婦、長幼、朋友者，未有失其理而能爲夫婦、長幼、朋友也。至以一身言之，心失其理則爲下愚，身失其理則爲弃人，至於一視聽言動之失其理者，不但千里之外違之，有可以動天地者矣。無極太極之難誣也，有如是哉。故吾人於《易》書中一卦一爻之間，不可不觀玩其理而順應之，其於日用間一事一物之微，亦不可不究察其理而處接之，然後爲不負乎孔周之訓，而自天祐之，吉，無不利也。

先儒有謂太極是天地人物、萬善至好底表德，斯言近之矣。竊思之，表德之云，似猶未足以盡夫立名太極之義也。其於此理也，何可以表其德而已哉！理也者，生物之本也，衆善之原也，凡世間舉其所宗要而稱之者，必曰綱領也，樞紐也，根柢也，頭顱也，骨髓也，然而爲綱領，爲樞紐，爲根柢，爲頭顱，爲骨髓者，亦不過爲一物中之宗要耳，不能兼於他物也。故其所屬之物既盡，則其綱領、其樞紐、其根柢、其頭顱、其骨隨，亦從而亡矣。若此理之爲大本，爲大原，爲大宗，爲大要也，則既在一物而爲極，又在億物而皆爲極，既在一時而爲極，又在億時而皆爲極。此所以爲太極也，則不可以一“德”字而盡之也，不可以一“道”字而盡之也。不可指其恩而稱量之也，不可指其功而稱量之也，又何可以表字而闡盡得哉！

愚則以爲，以太極名此理者，乃所以無可得名而名之。以不名之名焉止自是尊其稱也，徽其號也，蓋古人之立别名也，有以尊尚之義而號之者，有以徽贊之義而稱之者。於天，以位稱之曰上天，以尊嚴稱之曰皇天，以廣大稱之曰昊天，以仁覆稱之曰旻天，以主宰稱之曰上帝。於地，以博厚稱之曰后土。於聖人，有曰元聖、曰大聖、曰至聖。於人之德仁，曰廣居、曰安宅，禮曰正位，義曰正路等稱，皆是也。然則以理爲太極者，亦豈非尊尚之號，徽贊之稱哉！人於此理，苟非認會得窮盡者，其何能契此太極之名哉！其爲真也，莫可得以罔焉，欲罔此理者，是自亡也、其爲實也，莫可得以僞焉，欲僞此理者，是自汩也。其爲常也，莫可得以害焉，欲害此理者，是自戕也。

其爲直也，莫可得以撓焉，欲撓此理者，是自敗也。其爲順也，莫可得以犯焉，欲犯此理者，是自喪也。其爲平也，莫可得以疵焉，欲疵此理者，是自梏也。其爲中也，莫可得以欺焉，欲欺此理者，是自覆也。其爲正也，莫可得以阻焉，欲阻此理者，是自折也。其爲公也，莫可得以悖焉，欲悖此理者，是自陷也。其爲定也，莫可得以抗焉，欲抗此理者，是自殞也。其爲準也，莫可得以隙焉，欲隙此理者，是自損也。其爲密也，莫可得以礙焉，欲礙此理者，是自窮也。其爲全也，莫可得以毁焉，欲毁此理者，是自壞也。其爲完也，莫可得以間焉，欲間此理者，是自絶也。其爲通也，莫可得以破焉，欲破此理也，是自滅也，此皆此理之所以爲太極也。

其爲太極也，不是極於左而不極於右，極於右而不極於左也。又不是極於前而不極於後，極於後而不極於前也。唯其無大、無小、無事不極，無貴、無賤、無物不極，無内、無外、無處不極，無始、無終、無時不極，此又太極之所以無極也。嗚呼！此理不是外此天地人物、日用彝倫之中也。而既曰太極，則人皆以爲高遠難攀，而莫知可以求之於切近焉。又曰無極，則人皆以爲渺茫難尋，而莫知可以會之於實地焉。其於聖賢之旨不已遠乎？太極何嘗遠乎？有一事，自有一事之理，理在事中矣，有一物，自有一物之理，理在物中矣。我之爲我，亦此理也，則理在我也。人之爲人，亦此理也，則理在人也。今日即此理中，今日則理在今日也，明日亦此理中，明日則理在明日也。自我一身之微，至于天地之大，自今一日之内推而上之，至于此天地未有之前推而究之，至于此天地已盡之後，亦皆此一理也。則理果爲遠乎？理果有窮乎？此理流行古今曰道，則道亦太極之道也。此理之中萬善具焉曰德，則德亦太極之德也。此理之真實無妄曰誠，則誠亦太極也。此理之妙用莫測曰神，則神亦太極也。此理爲之主宰曰心，則心亦太極也。此理賦予萬物曰性，則性亦太極也。理不得無愛曰仁，理不得無制曰義，理不得無序曰禮，理不得無别曰智，則仁義禮智之四德，皆太極之理也，三綱五倫皆在其中，易中之爲兩、爲四、爲八、爲六十四卦、爲三百八十四爻者，無非此一理之條貫，則宇宙間事物，孰有外於太極者哉！設令此宇宙之前積有已過之宇宙，此宇宙之後，復有無窮之宇宙，此理之爲太極，則其亦一而已矣。不然，聖賢其曰太極無極乎哉！

凡爲氣爲物於宇宙間者，未有無其數者也。而若太極，則無數焉。蓋有氣有物，然後其數從而有焉，故理實不與於數也。理固無形象，故曰太極不可以始終際限言，不可以廣狹長短言，則其計得圍徑等第耶？其用得尺度步里耶？其記得世代年齡耶？是何可著得數幾於其爲無極之極哉！夫一爲最初之義，則太極在天地萬物之先，似可以最初之一爲太極之數。而太極雖在天地之先，而無其始，又在天地之後，而無其終焉，則此不可以最初之一爲太極之第者也。一爲統體之義，則太極爲天地萬物之極，似可以統體之一爲太極之數，而太極不但爲天地萬物之統體，又散爲天地萬物各具之太極焉，此又不可以統體之一爲太極之數也。一爲無對之義，則太極亦無對之稱，似可以無對之一爲太極之數，而但可以心會其無對之妙，而莫得見其無對之象，則亦何可以無對之一加之於無象之極哉！

老子說："有物混成，先天地生。"夫所謂混成者，即何物歟？如謂理也，則理不可以混成言也，如謂氣也，則豈有先天地而既成者乎？成者，爲物之謂也，物之大者，無若天地，則成形之莫始者，天也，次於天者，地也，豈有先天地而成之者乎？若以太極言之，則固當謂之先天地而有矣，然而太極，則理而已矣，不可以成與未成言之也。又何可以著得混字乎？果可以著得"混成"二字，則便是氣矣，其言也，不已錯乎？

莊子又謂"道在太極"，先其所謂道者，何道也而謂在太極？先乎其所謂太極者，何太極也而謂在道？後乎道與太極，其可分而二之爲先、爲後乎？此不知道之爲道，太極之爲太極，而自不過以氣之在先在後者，分之爲道、爲太極耳，非能知及此理者也。

《漢志》所謂"太極函三爲一"者，乃是渾淪未判底物也。則渾淪未判者，亦自是氣之聚也，理雖在其中，其爲之渾淪者，不是理也，豈可以太極名之哉！既以函三爲一者爲太極，則是指氣爲太極也，非以理爲太極也。

邵子所謂"道爲太極"者，以此理之在流行中者言之也。所謂"心爲太極"者，以此理之在統會中者言之也。所指者雖异，而無非以理爲太極，則豈别爲一説哉？若其所謂"無極之前陰含陽也，有象之後陽分陰也"，此無極則對有象而言，有象者，指先天圓圖自《復》至《乾》而謂也，無極者，指自《姤》至《坤》之謂，則此無極正指一陰收斂閉藏者而言，非周子所云之無極也。

後儒之解無極太極者，其説多矣。而或有未的其立言之旨焉，豈不以理固難言，而或見其似，不見其真，或見其偏，不見其全，至或靠其先聞，自無實見而然哉？彼以加無極於太極爲架屋上之屋、叠床上之床者，不知本説中太極本無極之義也。若以無極别爲一極，而加之於太極之上，則其謂之屋上屋、床上床者宜矣。説無極所以明太極之爲極，則豈可謂之叠極哉？不然何以曰太極本無極乎？本無極者，所以明其爲一極也。又或以爲太極之外果有所謂無極者，而太極之爲太極，便是自無極而爲太極云。則此不知本説首句無極而太極之義也，設以太極爲氣也，則其謂之氣前曾有氣，氣外復有氣者，猶或可以擬之矣。太極本自是一理焉，則豈於一理之外，乃又有所自而爲此理者哉！太極是就天地萬物之所以爲天地萬物，既推至其最初最上底原頭而名之，則豈於太極之前，復有爲初、爲上之原頭而可以立别名者哉！又有以爲比喻而爲之解者，則曰是謂無其物而有其道也，無其物者，解無極之義也，謂其無極之形也，有其道者，解太極之義也，謂其有極之道也。夫極者，屋棟之名也，以其棟之爲物也，爲一屋衆材之所會，而是統是總者也。夫惟道理之於天地人物，其所以統之總之者，亦猶一極之統總於屋上也。故取屋極之有形可睹者，以喻天地人物中道理之無形無象，而實有以統總乎天地人物焉。太極既是取屋極而比喻矣，則其曰無極而太極者，謂其初非極也，而即爲太極也，觀此語意，似涉粗淺，果是孔子、周子立言之本義乎？孔子發太極於《易傳》者，何得知其必取於屋脊之極而名此理乎？或是“極”字本以其凡於事物上統焉主焉，至矣盡矣，無以復加之名目，既行於從前，故孔子就加“太”字而始揭之者哉？周子之加“無極”於《圖説》之首者，又何得知其必以太極爲初非有形之屋極，故就加“無”字於“極”，以明此極非有形之極者哉？聖賢言法，必精必深，不同於文人之措語，必不如是之粗且淺矣。况於朱晦庵解文未嘗言及於“極”字之爲比喻也，後儒之解此言，無乃過於曲索乎？且夫初無形象，而必借有形有象之物以名之者，道亦是也，理亦是也。道之名出於道路之道，蓋以道之爲道，乃天地人物之古今所共由，而不可須臾離者，有似於人物之往來於兩間者，以有道路之周通於四方遠近，不可一日不由而行也，故取於是而名天地人物之道焉。理之名出於玉膚之理，蓋以理之爲理，一分爲萬，萬會爲一，既未始不有所分，又未始不有所會，毫分縷析，自不可紊者，有似於玉膚之理，自有條脉不相雜亂，而無不見統於一膚之裏也，故取於是而名天地人物之理焉。然其所取以名之者，雖因於可形可象，而既作道理之道，則聖賢言道之際，必以形而上者言之，未嘗惹著於道路之道焉。既作道理之理，則其於言理之際，必以在大本者言之，未嘗惹著於玉膚之理焉。設令太極之極，果是比喻而實出於屋極之極，其於釋太極之義，便用粗淺之詞，以爲本無其極，而爲此太極云乎哉！况此太極之稱爲何等名目，而始出於何等聖人乎？即乃正正當當，不壞不破，至純至一，不窮不易，以大以小，以古以今之道理，而千聖之所未言，孔子之所始發者也。濂溪周子又是何等的見也，而斯乃特發奥義於孔子所道出“莫精莫大”名言之上乎？决不可以粗淺俚俗之思猥當其潔净精微、十分至到之本旨也。就以屋極言之，随屋有極，屋各其極，故如有千萬屋，其極亦當爲千萬矣。然而不能爲合千萬爲一之極，則止自爲各屋之極而已，非有統體之極也。若此理之爲極也，則《易》書中儀象卦爻造化中天地萬物，莫不以此理爲極，故以“太”字加之，蓋以宇宙間之爲極者，無有大於此極也，且屋極之爲極也，屋亡而極亦亡矣，不但屋極随屋亡而俱亡，至於皇極之爲極也，其亦大矣，而皇不能皇焉，則極亦隨而墜矣。如所謂辰極以下民極、四方之極，凡以“極”稱之者，皆不能無變易之期，而惟太極之爲極也，天地萬物雖皆盡矣，而此理則無時有盡焉，故萬物既盡，而又復有萬物，天地既盡，而又復有天地。蓋以此理則常存而無盡故也，此非太極之本無極者耶？然則加無極於太極者，周子豈爲是比喻而言之也哉！

朱子之解有曰：“中也，仁也，感也，所謂陽也，太極之用所以行也。正也，義也，寂也，所謂陰也，太極之體所以立也。”此特就動静而分體用爾，若太極之本體，則自是無形狀、無方位、無限際矣，其何得以陰陽、寂感、仁義、中正分其體用哉！太極之體，未嘗不立於陰陽、寂感、仁義、中正之上，而太極之用，未嘗不行於陰陽、寂感、仁義、中正之中，此太極之所以爲太極，而又以無極加其上以示人者也。若其爲一動一静者，便是氣也，雖本於理而即非理矣，動而陽，亦氣也，静而陰，亦氣也，皆當謂之太極之用也，不可獨以陽動爲太極之用，而指陰静爲太極之體也。

或曰：“太極，理也，常自以無體爲體，而其有動静陰陽者，氣耳，氣便是太極之用也。故以陰陽而自分體用則可矣，而若以陰爲太極之體，以陽爲太極之用，則後學安知太極無體之體，而又安知陰陽二氣實皆太極之用也哉？此則然矣，而太極有以統體者言，有以各具者言，則統體者，豈非太極之體，而各具者，豈非太極之用乎？”

曰：“爲統體爲各具，便是一理也。統體之理，即各具之理，而各具之理即統體之理也，一理之中，豈可分體用哉！以萬化之原頭，萬類之總會觀此理，則認其爲統體焉。以萬化之攸則，萬類之所性觀此理，則認其爲各具焉。統體非別爲統體也，自是各具中統體也；各具非別爲各具也，自是統體中各具也。統體爲各具者之統體，各具爲統體者之各具，非統體則各具不得爲各具，非各具則統體不得爲統體。是則統體各具，雖其随時随處而异其稱目，其爲一理則常自若矣，固非分大爲小而爲各具也，收小爲大而爲統體也。合觀之而自是理也，分觀之而自是理也，大觀之而自是理也，細觀之而自是理也，此豈可以體用言之哉！大觀之則爲大體，細觀之則爲細體，上觀之而體於上，下觀之而體於下，無時無處而不爲體焉，此即此理之爲太極無極者也。”

或曰：“説又曰‘太極動而生陽，静而生陰’，夫太極者，理也，動静者，氣也，今以氣之動静爲理之動静，則理果有動静者乎？理自能動静，則何必待有氣然後致用乎？”

余曰：“所謂理者，氣之理也，所謂氣者，理之氣也，不是理外有氣，氣外有理也。理以出氣，氣由理出，則氣之動，便是理之動也，氣之静，便是理之静也，氣之能動能静，非自能動静也，即以理而動静，則周子所謂太極之動静者，豈不以氣之動静，即理之動静故也！”

或又曰：“説又曰‘五行一陰陽也，陰陽一太極也，太極本無極也，五行之生也，各一其性。’夫既曰‘五行一陰陽，陰陽一太極也’，則二氣五行本皆一太極也，而又曰‘五行各一其性’，則太極與性其果爲二理，而不相統耶？”

余曰：“太極之外豈有性乎？性豈有外太極而爲性者乎？理固有所統體者焉，又有所各具者焉，統體者總萬理而爲一者也，各具者隨其所物而各自爲性者也。不有統體之一，則各具之萬無所從而宗主焉，不有各具之萬，則統體之一無所總而致用焉。備五行之各性，然後可以盡陰陽之二氣也，并陰陽之二氣，然後可以盡太極之一理也。此所以有太極則不得無陰陽，有陰陽則不得無五行也，故太極而陰陽，陰陽而五行，然後造化流行而品彙畢備矣。然則陰陽之爲异氣，五行之爲各性，無非一太極爲之極也，既爲之性焉，則其有外於太極之理者乎？”

或又曰：“説又曰‘無極之真，二五之精，妙合而凝’，真以理言也，精以氣言也，而謂之合焉，是則理與氣本自二物也，而今爲之合焉者也，然則何以謂之氣出於理，理以氣行歟？”

余曰：“周子之意非果以爲理是一物，氣是一物也，而兩物於是乎合之者也。蓋理以氣爲用，氣以理爲主，理存而氣斯存，氣行而理斯行，無嘗間隙，故曰合，自非以理而合之於氣，又非以氣而合之於理也。直是理在氣中，氣在理中，所以謂之合也。大概曰理曰氣，不能無體用之分，經緯之别焉。既謂之合，則體用之不能無分，經緯之不能無别也，又謂之妙，則體用之所以一原，經緯之所以無間也，真在精中，精自真出，亦所謂一而二，二而一者也。"

或又曰："説又曰'五性感動而善惡分，萬事出矣'，夫善之本於五性則固然矣，今與惡并言之者，何歟？"

余曰："五性之理，則固善而已，以其出於太極之理也，理之賦於人者爲性，則人之所禀之氣，自不能無清濁正偏之殊焉。理在其中隨其氣質之清且正者，而得其全焉，隨其濁且偏者，而不得無欠焉。理得其全者，善斯純矣，理不得無欠者，惡或雜矣。所謂感動者，性發爲情也，情之中節者，即所謂善也，不能中節者，即所謂惡也，此聖人所以必定之以中正仁義而立人極焉。君子修之而吉，小人悖之而凶者也，然則氣之不齊者非性之罪也。"

或又曰："説之終必引《易》文，而贊其大哉至矣者，何歟？"

余曰："《易》中所包之理，不出乎説中所言，而説中所明，皆《易》中所包之理，故引以證之也，引而贊之者，其旨豈不深且遠哉！"

或又曰："周子所圖所説之太極，即伏羲所會、孔子所發之太極也，而《易》中排置、圖中模範大不相似者，何歟？"

余曰："《易》之所主者，即象數加倍之法也，圖之所主者，即造化流行之妙也，故卦畫自下而上，有如樹木之根而幹，幹而枝，枝中梢葉花實畢備而止焉。《圖説》自上而下，有如貫珠之一而二，二而三，三而四，四而五者，次第而盡焉。然則《易》之卦畫，即所謂法象也，周子《圖説》即所謂道理也，卦畫之法象，即《圖説》中道理之所形也，《圖説》之道理，即卦畫中法象之所蘊也。法象爲道理之所形，故有目者，皆可以觀其法象，而會其道理，道理爲法象之所蘊，故有心者，皆可以會其道理，而驗其法象。是故以卦畫之法象，求之於《圖説》之道理，則無不符焉。以《圖説》之道理，求之於卦畫之法象，則無不準焉。此其所以伏羲之卦畫、周子之《圖説》，有相發明而不容相無者也。孔子之所以生于伏羲之下，居于周子之上，而發太極之名於《易傳》之中者，豈非明伏羲之旨，而啓周子之義者也哉！”

孔子稱此理爲太極者，特是贊此理立此至尊至大之號也，至周子著《圖説》，加無極於太極者，所以明太極爲理之妙也，蓋以太極之稱人或錯認，則似乎尚有形象，似乎尚有界至，似乎尚有窮盡矣，遂未必不以太極爲一物者，然故周子乃以“無極”二字加之於其上，又以“而”之一字置之於其間者，其意以爲孔子所稱太極者，自含無極之義焉矣。而後學心眼或不能通明至到，則未必不致疑於有形象、有界至、有窮盡者也，故遂加“無極而”三字於太極之上者，乃周子之繼述孔子，而發其蘊者也。然則謂之無極者，以太極自有無極之妙，故爲太極也。“而”雖虚字，乃所以合無極太極而一之者也，如曰無極底太極也，周子之義可謂至矣盡矣。夫理也者，一定而不易，必然而不遷，常存而不亡，固有而不破，無時加減，無處空缺，既無所不爲之本焉，又無所不爲之主焉，此理不有以爲之本焉，則造化何所自而生也。此理不有以爲之主焉，則事物何所统而則焉乎？故固不係宇宙之始終，天地之開闔，萬物之死生，萬變之翻覆，而其爲理者，恒自若也。若一日無此理，則無宇宙矣，無天地矣，無萬物矣，無萬變矣。然則孰有大於此理，孰有完於此理者哉！其所以爲極之太，爲極之無者，便是無形象也，無界至也，無窮盡也。其大也如許，其完也如許也，而至於一事之微，一物之賤，莫不有所本之理，所主之理，故在事者曰事理，在物者曰物理。夫既曰事理也，物理也，則人必以事之微、物之賤者止認此理，亦微焉、賤焉而已矣，而不識其爲大本者，則自無窮焉，其爲統體者，則固莫測焉。故前後聖賢特爲之立太極之號，又爲之加無極之語焉。若止有無極之語，而不有太極之稱，則人不知其爲極之實也，止有太極之稱，而不有無極之語，則人不知其爲極之妙也。然則孔子説太極，周子説無極，前聖後賢之説此理者，至此而無復餘藴焉。又以此推而會之，則凡爲形者，無大小皆囿於氣中，凡爲氣者，無大小皆囿於理中矣。夫既形囿於氣中，則形有盡而氣無盡也；氣囿於理中，則氣有盡而理無盡也。此乃大小先後之所以有分也，然而理雖生氣與形，而又未嘗不在於爲氣爲形之中焉，氣雖生形，而又未嘗不在於爲形之中焉。則此又大小先後畢竟同歸於一道也，此乃此道之合理氣形器而爲名者也。吾人苟能原其始，而有以知夫大小先後之自有其分，又能要其終而有以識夫大小先後之必歸於同，則其爲理氣之體用，無不在吾人心目中矣。

解宇宙者，謂上下四方曰宇，古往今來曰宙。上下四方，豈但天地兩間之謂乎？古往今來，豈但吾人聞見之所及哉？若果以上下四方爲宇，以古往今來爲宙，則宇之爲宇也，必不可以此天地之大而盡之矣；宙之爲宙也，亦不可以此天地之久而盡之矣。何以言之天地雖大且久，便是有形之物也？凡爲物者，既爲有形，則不得無其上下四方也。既有其形外之上下四方，則天地何得而盡宇之大哉？又有形者之古今，即以其有形以來之古今爲古今矣，不可以其有形之前後爲其古今，則天地何得而盡宙之久哉？然則宇宙之上下四方及宇宙之古往今來，其果孰可以盡之乎？此不過曰一太極之理也。太極者，固自是無上下四方，又無古今，故謂之太極，則宇宙天地都在其中焉。宇宙爲太極中之宇宙，而天地又爲宇宙中之天地，宇宙天地都在太極之中，則太極之常爲太極，而未或一日一刻、一隅一隙容得無者可知也。惟太極乃可以盡宇宙之大，盡宇宙之久，則宇宙之爲宇宙者，非太極乎？宇宙之爲宇宙者，即以太極，則宇宙其可一日無太極，而得爲宇宙乎？宇宙亦不可一日無太極，而得爲宇宙，則况爲宇宙中之物者，其可一日一刻無太極，而得爲宇宙中之物乎？然則理果何如模範也，而其爲太極也者，至於此極乎？此非天地人物之外，别自爲一種根（苗）〔柢〕者也。只自是天地人物之一理焉而已，以吾人推究之者，豈有出於所耳目之形器，所思慮之要妙哉！天焉爲天之理，地焉爲地之理，人焉爲人之理者，無非此一太極也，此所以命之不可違者也，性之不可易者也，道之不可離者也，德之不可悖者也，千萬人之心所同得者也，千萬人之情所同悦者也，千萬人之知覺所同然者也，千萬人之公論所同是者也，夫豈外此而有理哉！其謂之太極也者，以此也。

太極自是理也，固不可以先後彼此言之矣，至於二氣五行，亦豈是有天地，然後始有於天地之中哉！萬物之始終，曾不出於天地之中，則吾人皆可得而知之矣，至於天地之始終，人未得以見之，則其有能知之者乎？然於天地之始終，人未得以見之，則其有能知之者乎？然而天地亦囿於理氣之中，則烏得以無始終哉！二氣有闔闢屈伸，五行有各德各運、相生相序焉。天地之前，曷嘗無二氣五行哉！天地之始，便是陽之闢也伸也，天地之終，便是陰之闔也屈也。天地之前，必有先天地之無窮，天地之後，又必有後天地之無窮。則五行之運，五行之德，其容有間乎？然則二氣之爲氣，五行之爲行，豈但在於此天地之間哉！吾人不可以吾耳目之所得及者，爲理氣之限也，必須大其心胸，擴其聰明，然後庶有以測理氣之妙也。

理者，太極之實名也，太極者，理之别稱也。理與太極初非二種也，但謂之理，則人疑其爲深微，而難於認得也，謂之太極，則人疑其爲高大，而難於測取也。是乃皆被其爲名爲稱之所掩蔽也，其所以爲名爲稱者，實非有掩蔽之患也，而人之所見自不能精密，故不察其立名設稱之本義，而妄生疑惑故也。夫所謂理也者，何嘗偏於深微，而不可認得哉！所謂太極也者，何嘗過於高大，而不可測取哉！聖人造書契以來，指此理爲太極之實，而随其妙立其目者，非特曰理曰太極之謂焉而已，如所謂誠也，命也，心也，性也，道也，德也，善也，仁也，義也，則也，秉彝也，人倫也，天秩也，天叙也等目，無非此一理一太極之變號也。則其可以此理之爲太極者，别作一種於各項等目之外，而玄玄妙妙然者乎？以其至實無妄者，而謂之誠；以其随物賦予者，而謂之命；以其主宰神明者，而謂之心；以其受命爲理者，而謂之性；以其日用常行不可須臾離者，而謂之道；以其可好可悦無所厭射者，而謂之德；以其惻怛隱痛不自耐遏者，而謂之仁；以其至順至正、無所乖戾者，而謂之善；以其事事合宜者，而謂之義；以其物物具理者，而謂之則；以其所性之常，而謂之秉彝；以其隨接盡道，而謂之人倫；以其有自定之序而不可亂者，謂之天秩；以其有自定之倫而不可易者，謂之天叙。然則所立各目，夫孰有外於太極之理也哉！此其大者也，至於晝焉各從其事，夜焉各息其穴，渴焉必飲於水，飢焉必求其食，以至一動一静、一語一默，莫不有其時其義者，有非太極之理者乎？

先儒説理，曰“無極而太極”。太極者，以此理爲天地萬物之元頭，無所復加之謂也。無極者，以此理亘前亘後，無所窮盡之謂也。夫其無所復加、無所窮盡者，非异旨也。自是無所復加，故乃能無所窮盡，惟其無所窮盡，故遂爲無所復加也。此所以謂之無極而太極也。氣也者，出於理矣，而配乎理者也。理乘氣而爲理，氣承理而爲氣。故有理，則不可無氣，爲氣則不得無理。此固理氣之不可離者，而氣必準乎理也。理固無極也，故氣不得不準乎理之無極，而與之無極也，理爲太極也，故氣不得不準乎理之太極，而與之太極也。此乃氣之所以必準乎理焉，而自古及今，必須合稱曰理氣也，然而理則無始終、無大小，而氣則有始終、有大小，理則無盈虚、無盛衰，而氣則有盈虚、有盛衰，然則以其有始終、有大小之氣，何以能準夫無始終、無大小之理？以其有盈虚、有盛衰之氣，何以能準夫無盈虚、無盛衰之理哉？蓋氣之所以必有始終，必有大小，必有盈虚，必有盛衰者，即莫非此理之使之然也。惟其必有始終，必有大小，然後乃可以得準夫此理之無始終，無大小者也，必有盈虚，必有盛衰，然後乃可以得準夫此理之無盈虚，無盛衰者也，此乃理氣合一之妙也。夫既有爲無極太極之理，又有準無極太極之氣，則理不徒理，氣不徒氣，必須有理，氣之大事業焉。既爲理爲氣，而若不有大事業，則爲理氣何用哉？此所以既有理氣矣，又必有能有爲之大機也，所謂能有爲之大機者，即所以做辦大事業之機關也，豈非理氣之大用，而從無極太極之本體中出者哉！然則大機之作用焉，而其所辦做之大事業者，何謂歟？蓋其無極太極無時不然，無處或外，而及其爲大用也，必須隆束元氣爲天爲地，然後爲造化之大局，大局者，專功就事之處所也。惟其有大機之發動也，故元氣之隆束者，渾淪於上下，而即爲天矣；聚結者，磅礴於中間，而即爲地矣。有天有地，即爲造化之大局，則於是乎造化之功用，遍滿於覆載之中，而生生焉，化化焉，林林焉，總總焉者皆是，則理氣之大事業不已畢乎？此所以爲此理之無極太極，而氣之承準乎此理者。果如是也，天不可徒窣窣焉，故日月星辰於上，然後宇内明矣；地不可徒膴膴焉，故山岳川瀆於下，然後氣相應矣。水族之育於水，陸物之産於陸者，不待種而繁矣，草木之生於土地，蟣虱之化於衣裳，其果由於栽植資養乎？聲色臭味之入，必有竅孔腐爛穢惡之出，亦各有途者，豈是爲物物焉賜備哉！四端七情之發，五倫百行之行，豈是爲人人而教喻哉！孩提之童無不知愛親敬長，三尺童子拱而趨市，暴夫悍卒莫敢狎焉，此豈矯僞而然者乎？至於天地人物、形體性情，古今焉不易其常，陰陽五行、晝夜四時，古今焉不失其序者，非此理之爲無極太極而然乎？爲吾人者，無不性此理之全體於其心，則無極太極之妙，自不外于方寸中知覺也。

太極者，乃此理之尊稱也，徽號也，正如稱天而曰上帝者也，一是天也，而若言其主宰出命之道，則稱之爲上帝焉。《大傳》亦將言大《易》之大業，故孔子於易之理尊其稱、徽其號曰太極。若不曰太極，而惟曰理生兩儀，則人必以尋常看過於恒言爾，孰認其有無窮無盡之實乎？此所以不曰理而曰太極也，豈是於理之外，别有所謂太極者乎？然則其必謂之太極者，何也？夫理之爲理，其在事物之前，爲事物所以然者，而不容無焉，其在事物之中，爲事物所當然者，而不可易焉。前之所以然者，即後之所當然，後之所當然者，即前之所以然，乃一理也，出萬變萬化而一常如也，生萬品萬彙而一自若也。以一爲萬，而一未嘗損焉；以萬歸一，而萬未嘗耗焉。其爲一者，合之極也，其爲萬者，分之極也。言其大，則極其大；言其小，則極其小；言其遠，則極其遠；言其近，則極其近。其爲高卑也，極其高卑；其爲深淺也，極其深淺。爲隱顯，爲精粗，無所不極焉，故乃以極稱之，而又加太焉。惟其極焉，而太矣，則凡其變化品彙之所以爲萬者，孰有外於此理者哉！此孔子所以必首之于儀象卦之上，而尊徽其稱號者也。

夫既曰太極，則理之爲理，盡其實矣。而濂溪周子又以“無極而”三字，復加之於太極之上者，何也？固以“極”之一字，既有宗主統一之義，又有至到窮盡之義，其爲宗主統一也，則似乎有形象方所之可擬，其爲至到窮盡也，則似乎有終畢滅熄之時節，此安可必保其竟無錯認之患乎？周子蓋慮乎此者也，惟其所以爲宗主統一之義者，正以其不自爲形，而使萬形各形，其形不自爲象，而使萬象各象其象，不自有方，而使萬事各方其方，不自有所，而使萬物各所其所。則理果安有形象，果安有方所哉！其所以爲至到窮盡之義者，正以其無時不在，無處不有，無其上，無其下，無其内，無其外，無其先，無其後，至爲不形之至，到爲不地之到，窮爲無窮之窮，盡爲無盡之盡，縱焉亘古，横焉通上下四方，則又安有終畢之時乎？又安有滅熄之期乎？於是乎加“無極”字以明太極之無形象方所、無終畢滅熄也。太極之常爲太極者，不以其無極故耶？然則無極者，所以明夫太極者也，而太極自是無極也，豈無極自爲一極，太極自爲一極，而爲有兩般極者乎？故置一“而”字於其間而通續之，以明其爲一極焉耳，此周子加無極於太極者，乃所以發孔子之藴，而俾後學無誤認之患者也。嗚呼！言極，而理之妙盡焉矣，言太、言無，而極之義又盡焉矣，朱子所謂萬古開群蒙者，此也。

孔子《易·大傳》曰：“形而上者謂之道，形而下者謂之器。”夫以道器之别，分一形之上下而目之，則道器何嘗相離而爲道器哉！器焉，而道在其上，道焉，而器在其下。道爲器之所載，器爲道之所寓，道器果非异物者也。何謂器？即兩儀以下是也。儀而象，象而卦，至爲六十四卦、三百八十四爻，則宇宙間許多事物之變，未有不在其中者也，此非所謂形而下之器乎？宇宙間一事一物之微，莫不有自然之常理，乃其所以爲事爲物之則焉，則此非所謂形而上之道乎？然則天地人物，即太極所寓之器也，太極即天地人物所載之道也。夫其所以爲之氣，爲之質，爲之才，爲之器者，即非所謂形而下者乎？其所以爲之命，爲之性，爲之道，爲之德者，即非所謂形而上者乎？

形而上者，謂之道也，而道不徒行，須得形而下之器，然後乃有以行焉。所謂器者，兩儀以下皆是也。儀而象，象而卦，至为六十四卦、三百八十四爻者，無非所以象宇宙間無窮之變，則道何嘗離此，而爲之道乎？器非道，則無以爲之器，道非器，則無以爲之道焉。此固體用一原，顯微無間，而不相離者也。爲之氣，爲之質，爲之才，爲之器者，即其形而下者也。爲之命，爲之性，爲之道，爲之德者，即其形而上者也。然則天地人物，孰有不爲氣質才器，而能有其形哉？又孰有不得命性道德，而能踐其形哉？此無非太極之理之使之然也。

或曰："道器之不相離，固如是矣，有天地人物之後，太極之理以天地人物爲之器，而寓之矣，其在天地人物未有之前，太極之理以何物爲器，而自爲形而上之道哉？"

余曰："不雜於陰陽者，太極之體也，不離於陰陽者，太極之用也。方其不雜於陰陽也，自爲其理而已矣。夫何待於器乎？及其體不徒體，而必出於用，然後爲天爲地，而道在於天地，爲人爲物，而道在於人物。夫其在天地人物之道，非他道也，便自是太極之理也，此理無時不在，無物不在，故曰太極。若求道於器外，則器外寧有道哉！又况天地人物之爲器者，雖有巨細之不同焉，而莫非太極中别得理氣之各禀者，而爲之器也，人物得天地之理氣，而爲人物也，天地者又得夫未有天地前之理氣，而爲天地也，天地之前既有其爲天地之理，則亦自有爲天地之氣矣，亦豈非道器之相備也哉！"《旅軒性理説》卷三。

無極太極説　張顯光

或有問之者曰：極無二極，則孔子既有太極之稱，而至宋周濂溪復加無極於太極之上，其以太極爲未足以稱此理耶？所謂無者，何謂也？所謂太者，亦何謂也？言無則不可言太也，言太則不可言無也。而著其無字於太極之上，則有若其極有二焉。其爲極也一焉，而未嘗二焉，何以曰太、曰無之不同歟？前聖後賢之所言，其各有意，而後學莫之知耶？

曰：太極之極，無極之極，非有二極，皆是一理也。極之爲太，以此理無所不統而言之也。極之爲無，以此理之始終限際言者也。蓋此一理無所不統，故曰太極；無始終，無限際，故曰無極。凡物，則高者不能卑，卑者不能高，深者不能淺，淺者不能深，大者不能小，小者不能大，遠者不能近，近者不能遠。若理，則高亦此理，卑亦此理，深亦此理，淺亦此理，大亦此理，小亦此理。其謂之極而稱太者，以其高之至，卑之至，深之至，淺之至，大之至，小之至，遠之至，近之至。至者，太之謂也。以其高之至，而不見其高；卑之至，而不見其卑；深之至，而莫見其深；淺之至，而莫見其淺；大之至，而莫見其大；小之至，而莫見其小；遠之至，而莫見其遠；近之至，而莫見近。所以其高無上也，其卑無下也，其深無底也，其淺無隔也，其大無外也，其小無内也，其遠無際也，其近無間也。此乃此理言其實，則極而太也；言其度，則極而無也；言其太，而無在其中；言其無，而太在其中。其所爲極之極，此前聖後賢之所見相符者歟？

極自一極也，而孔聖謂之太，濂溪謂之無。所謂太、所謂無者，非有别也，以其無上、無下、無外、無内者而言之，則可以謂之太也。以其無形、無象、無窮、無盡者而言之，則可以謂之無也。太極故無極，無極故太極，太極即無極，無極即太極也，即一理也。而先後聖賢所以推明之，故“太”字“無”字并立，而不相爲嫌，即相發明，實一極也。不有此極，則宇宙何以爲宇宙哉！太極於今日者，太極於明日，太極於又明一月之三十日，一歲之三百六十日者，同一太極也。至於元會運世之十二萬九千六百歲之月日辰之太極，非有异太極也。在家而父父子子、兄兄弟弟、夫夫婦婦者，非此太極，而有是道乎？在國而君君臣臣民民者，非此太極，而有是道乎？在天下而中國爲中國，夷狄爲夷狄者，此非太極而有是道乎？又至於一草木之爲卉，一飛走之爲禽獸，一土石之爲器者，非此極而有是物哉！然則一日無太極，而爲是宇宙乎？一日無太極，而有此天地人物乎？人只以所耳目所聞見言之，故言宇宙者，不過此天地人物之事也。若果以太極言之，則天地之外豈無理氣之所以爲極者哉！此天地之前後，豈無所以爲天地者哉？此所以孔聖名之以太極，周賢所以加之以無極者也。天地中爲人而最靈者，莫不見一日之有朝暮晝夜，而不見夫太極之何時何處也；見一月之弦望晦朔，而不見其一月中太極、一歲中之爲人者，但見其有春夏秋冬，而莫見其有太極者，何時何所也。此太極之所以爲無極也，而人雖莫見其太極，而不得不爲天地，不得不爲人物，不得不爲古今之宇宙，則何得謂之無太極乎？説之到此，無言可容於此，可以見此極之所以爲太、所以爲無者也。

八卦生於四象，四象生於兩儀，兩儀生於太極，而太極則孰生之而生歟？固有不生之而生者耶？此亦有説焉。蓋有生者，必有始也，有始者，必有其終。終者，有生者之終也。今以兩儀分言之，動之始爲陽之始，動之終爲陽之終，静之始爲陰之始，静之終爲陰之終。以兩儀并言之，則動爲陽之始，静爲陰之終。若四象八卦之始終，亦有分言并言之各有始終，而不别於兩儀之有始終，此皆始終出於有生之始終也。太極則不生而生，不有而有，何始終之有哉！無所生而生，無所有而有，此其所以爲無極太極也歟？無所生而生其生也，寧有始乎？無所有而有其有也，寧有終乎？此所以爲兩儀四象之所生而自無所生也，以其爲經爲常，故曰太極；以其無窮無際，故曰無極。

言其遠大，則雖窮天窮地，莫能逃其範圍。言其近小則雖微事細物，莫能差其毫厘矣。惟其能生萬生，故自無所生，又其能有萬有，故自無所有。《易·大傳·文言》稱八卦之乾曰：“能以美利利天下，而不言所利，大矣哉!”太極之無所生，豈异此歟?《旅軒集》。

太極説附録 張顯光

夫所謂理也者，不可以動静言也，既曰動静，則便是氣也。理固氣之所出也，而其在氣未出之前，自是理焉而已，何可以静爲理哉?其在氣出之後，自亦理焉而已，何可以動爲理哉?但以其有不可無静之理，亦有不可無動之理，故所出之氣有必静，而爲一陰者焉，有必動而爲一陽者焉，所以謂之理者，乃常有之本也，而不涉於有也，乃萬爲之原也，而不涉於爲也。夫既不涉於有，不涉於爲，則其可以動静言者耶?惟其不涉於有，不涉於爲，故凡其無實見得自然之妙，本然之體者，例多以一陰之静者，爲太極也。彼不知既爲一陰，則乃氣也，非理也。然則太極果可以動静言耶?若周子之所謂動而生陽，静而生陰者，亦以此理之出此氣者而言之。所謂生者，亦非若形化者之相生也，唯知理者可以識得及矣。

理固不容説焉，其何以説出哉?其何以説得哉?若以爲可説，則非知理者也。若或欲説，則愚且妄也。自無形焉，曷得言某形哉?自無象焉，曷得言某象哉?自無聲焉，何得以聲言之哉?自無色焉，何得以色言之哉?自無臭焉，何得以臭言之哉?然而，無處不在焉，其可以方所言耶?無時不在焉，其可以時世言耶?然則形無也，象無也，聲無也，色無也，臭無也，而曰無處不在，無時不在，則所謂在者，甚何據而謂之在歟?此不過以天地萬物而知其理之常在也。天萬古而天，地萬古而地，萬物亦萬古而萬物。則其使之有萬古之天地，有萬古之萬物者，非此一理乎？不有此一理之常存，則天地既盡之後，何得以爲天地？萬物既盡之後，何得以爲萬物乎？然則天有無窮之妙，地有無窮之常，人有無窮之道，物有無窮之用者，夫孰非一理之所貫哉！謂之無，而其無也，無而有焉；謂之有，而其有也，有而無焉，此非所以莫容説者乎？夫既莫容説，故曰“無極而太極”。所謂無極太極，乃是莫容説之妙也。

或曰：“理果莫容説矣，而子今有管窺之説，排説之帖，何歟？子能言聖人之所不能言耶？”

曰：“余之諸説，不是能説出此理之自然也，又不是能説得此理之本然也，只據此理之具於爲德、發於爲道者，而爲之説焉。今夫道與德之流行，著見於天地人物之間者，因可驗於已往之迹，故便可以言語文字而形容之也。理果外於道與德乎？有余之説者，正是莫容説之説也。若曰説出其自然，説得其本然，則實非余之所敢也，所能也，初學果能不以耄説爲贅，而有以默會之則，其所以至無至有底莫容説之妙者，從可見得焉。”

孔子著《易·繫辭》有曰：“易有太極，是生兩儀。”周濂溪《太極圖説》曰：“無極而太極，太極動而生陽，動極而静，静而生陰，静極復動。”後之學者粗見其“生”字，不能精認其義，便以爲太極爲一物，兩儀爲兩物，以彼一物生此兩物，謂若氣遞形禪之爲者。然故一理之爲太極者，便歸於一物，止成於兩儀之前焉，則似若有體段有時節，其所以爲無極之妙者，莫得爲無極而起後人之惑焉。此未必非“生”字爲之祟也，蓋“生”雖一字，而義有精粗。如以氣而相遞，以形而相禪者，雖謂之生矣，而乃生之粗者也。或以彼生此，或以此生彼，其生也有迹。若以理而爲氣者，雖亦可謂之生焉，而乃生之精者也。理有於先，氣應於後，其生也無迹。今苟以太極之生兩儀，有動静，視爲氣遞形禪者，而同認之，則豈可謂之知得太極之妙哉？所謂太極之生兩儀陰陽者，以其有兩儀之理，故兩儀於是乎生也，有動静之理，故動静於是乎分也。果是同於氣遞形禪之生焉，則是太極亦一物也爾，豈可謂之理乎？然則認太極之本無極者，必須精看“生”字之義，然後可以知無極之妙也。宇宙間固未有無理之氣，亦未有不氣之理，如不知理，則亦必不知氣者也，故惟知理者能知氣也。

氣遞，如春木生夏火，夏火生中央土，中央土生秋金，秋金生冬水，冬水又生春木也。形禪，如水生水族，陸生陸族，土生植物也，此皆生之殖者也，而有迹可見也。若理之生氣也，則元分爲會，是元生會也；會分爲運，是會生運也；運分爲世，是運生世也。至於歲月日辰之自大至細，自一至萬，其所謂生之者與得生者，有先後有彼此者也，至於五行之相生，則以先有後，以此有彼，不如此生彼者之有先有後也。

聖賢認會天地萬物之理，撰出無極太極之名，則後之人自不識。夫無極太極之云者，特以狀此理而立此名也，乃敢錯認之，遂以爲别有一物無頭尾，無端緒，不形容，不色象，自爲神通靈妙之一大體段者，便是所謂無極太極者也。噫！其認固錯矣，其説固贅矣。有宇宙來，夫豈有理外之物，乃復主張乎天地萬物者，若有若無，或隱或顯，或能爲有形之物，又能爲無迹之神焉哉！今以固有一定之理言之，未氣而先有理，有理而必有氣，惟此理氣之外，别有不理不氣之一物乎？氣之本，則理也，理之用，則氣也。指其理之至大至妙，而名之曰無極太極；指其氣之至變至化，而名之曰二氣五行。此即所以爲天地，爲萬物。既往焉如是，將來焉如是而已，故所以謂之道也。若夫外此理此氣，而爲之説者，皆不知理氣者也。其有外理氣而爲説者，則非徒不知此理，亦不知此氣者也，畢竟爲誕妄之見，雖欲欺天下萬世，天下萬世，莫非理氣中天下萬世矣，何可得以欺之哉！

名夫一理曰太極，則太極只此理也，而若不明著其爲理之實焉，則人或必疑於太極之立名，有或以太極爲别立於此理之外者也。今欲明著其爲理之實，故必舉十五言以盡之也。夫明一理之實，而多至於十五言者，何也？蓋此理也者，有體有用，爲道爲德，惟其有體用，爲道德者，正是此理之實也。故真、純、善三者，以德言之也；中、正、公三者，以道言之也。全、

一、常三者，指其體也；直、順、平、密、倫、通六者，指其用也。

或曰："無形體者，太極也，則何以謂之有體？不雜乎氣者，太極也，則何以謂之有用？道自是道，故有道之名，則何以理而爲道？德自是德，故有德之名，則何以理而爲德歟？"

曰："爲天地萬物之所以然，而不可易，則此非理之體乎？爲天地萬物之所當然，而不可已，則此非理之用乎？理固無時或息，無物或遺，則此其所以爲道也。理固隨物具足，隨事恰好，則此其所以爲德也。理若不有體，不有用，不爲道，不爲德，則只自是虛名而已，豈得有其爲根柢、爲樞紐之實哉？其果能爲天地萬物之太極乎？然則理之所以爲極之太者，以其有爲體、爲用、爲道、爲德之實也。爲之德，故見其真也，純也，善也；爲之道，故見其中也，正也，公也。若夫見其全也，一也，常也者，以其爲之體也；見其直也，順也，易也，密也，倫也，通也者，以其爲之用也。此所以須舉十五言以明其爲理之實者也。然所指以爲體用、道德云者，特以其大概而分之，其實亦多有互含相兼之義，而必須并取俱舉，然後其妙乃得以盡之者也。

理固有統之爲一體，有散之爲萬用者，用在體中，體在用上，體而無體，用不自用，此所以爲無極太極之爲極也。而若言其實，須舉十五言，庶幾得以盡之矣。其十五中，有取其兼體用之義者，有就其體上取義者，有就其用處取義者，真、純、善、中、正、公六者，皆兼體用之義也。全、一、常三者，義多在體上也。直、順、平、密、倫、通六者，義多在用處也。"

或曰："言理而既涉於用，則不是氣耶？惡在其主言理經乎？"

曰："所言者，雖主於理，而氣自在其中。所言者，雖主於氣，而理自在其中。若曰出氣言理，離理言氣，非所謂理氣之常也。故言理者，雖曰不雜乎氣，而未嘗不就其氣上而主言理也。言氣者，雖曰不犯於理，而未嘗不就其理中而主言氣也，理氣果有可離時歟？可離處乎？"

或曰："今明此理之實，所舉之言，凡十五而至，如元亨利貞、仁義禮智、性命道德、誠敬忠信等言，不在其中者，何也？"

曰："所舉十五言，皆取夫此理之爲經、爲綱、爲根柢、爲樞紐、爲模範、爲機軸之義者也。其體雖一，其妙無窮，而一言一字之義，有不足以盡之，故所取而舉之者，多至於十五言，而不見其剩焉。若所未舉之十六字，則乃此理之各具於天地人物，隨品而异其名，隨變而别其目者爾，故不見舉於爲經、爲綱之文也。然而十六字，無非此理中名目，則豈不包於所舉十五言之裏哉？經存而緯在其中，綱舉而目在其下，其有疑於舉此而遺彼乎？以其所指之要，不得不然者也。"

凡此十有五字者，其義皆無精粗，故其雜見於經傳之文者，多用於日用事物之間，是則只取其義之粗者也。若其精處，則惟理可以當其義也，一焉爲渾然之全體，萬焉爲各具之大用者，其實皆備於十五字之精義焉。不有其實，其何以爲無極太極之妙乎？合十有五字，而其妙始該焉，舍一字不得也。横排之中三字，似各爲一類。真、純、善一類也，中、正、公一類也，全、一、常一類也，直、順、平一類也，密、倫、通一類也。初非有意於類，分而及其收取横排之後，見其三三爲類，類并爲五焉。分觀之，一字之義，似定以盡之，而細認之，則非十五字之并取不可盡其實也，此在默會而心驗之耳。十五言之排行，"真"字居首，"通"字居終，二個字又十五言之領要也。

以上四首，申言元説中所舉綱目十六字之收用。《性理説》卷三。

周子《太極圖説》　張顯光

太極，理也，陰陽，氣也。以陰陽爲太極之動静而生焉，則分理氣爲二物，可乎？其曰"無極而太極"，則以明夫太極常一無變之體焉，經之所以立也，互爲其根，儀分兩立，一變一合，以生五行，五行各性，則緯之所以行也。其曰："五行一陰陽，陰陽一太極，太極本無極。"則又所以合理氣而一之也。緯出於經，經在緯中者，固可見矣。其曰："無極之真，二五之精，妙合而凝，乾坤男女，交感化生，而萬物之變化無窮焉。"則即所謂經緯合一之道也。但其無極二五并言之，而無極則曰真，二五則曰精。又以爲妙合，則或有疑，其無極爲一物，二氣爲一物，五行爲一物，三者會合，然後成造化矣。是則不惟理氣有相分，氣中二五又各相分者，而及其有造化時始相合矣，此豈知道者哉！蓋言太極時，無極在其中，言二氣時，無極、太極在其中，言五行時，無極、太極、二氣在其中矣。分言之際，雖必有先後之序，而其自爲道而經緯之者，理氣未嘗有先後彼此焉，固非無極也，太極也，二氣也，五行也，各有所主，各有其用，异處异時而有離合也。俱言之者，明其貫通之妙也，曰真曰精者，明夫理氣之實，隨其爲經爲緯而异妙也。然而真以出精，故曰真，精出於真，故曰精。遂爲一道而生造化，故曰妙合。其言之密，而其義之備，有如此也。而人不能理會"妙"字，故致其妄疑耳。

其曰："惟人也，得秀最靈，形生神發，五性感動而善惡分、萬事出。"則人得於天地之緯，有剛柔善惡之分，而五性之感動爲情者，不能無過不及，真妄偏正之相絶，則在人之經，亦未嘗不一而緯之，所以行於身心者，有不能皆準於經者也。其曰："聖人定之以中正仁義主静，立人極焉。"則乃聖人盡經緯之道也，修之之君子師聖人而取吉，背之之小人悖聖人而取凶，緯之治與不治，而吉凶之分不爲霄壤耶？其曰："立天之道曰陰與陽，立地之道曰柔與剛，立人之道曰仁與義。"則合三才而并言經緯之道，盡於是矣。《性理説》卷四。

諸説會通　張顯光

太極之理之於天地人物，譬如溪澗之有泉源也，如植物之有根本也，如動物之有頭有心也，如綱之有綱，衣之有領也，如户牖之有樞紐也。溪澗無泉源，則不得爲四瀆也；動物無頭與心，則不得爲昆蟲也；植物無根本，則不得爲草木也；衣綱無綱領，則不得爲衣綱也；户牖無樞紐，則不得爲户牖也；天地人物無太極，則不得爲天地人物也。然而泉源也，根本也；頭心也，綱領也；樞紐也者，皆屬於形而下者。故有目者，皆可得而見之；有手者，皆可得而指之；有耳者，皆可得而聞之；有口者，皆可得而言之矣。至於太極之爲理也，則誰得以見之、指之、言之、聞之哉！惟其爲最靈，有知覺者，或可得而認會之焉。蓋其所謂理也，極也者，亦非的指其全體本然之實，而目之、稱之也。特就其千條萬緒、無所不具者，而謂之理。蓋以脉理之密，莫有如王者，故取而目之，所以字旁從王也。特就其千變萬化無所不統者，而謂之極，蓋以最上兼總莫有如極者，故取而稱之，所以字旁從木也。夫其千條萬緒之無所不具者，以德言之，而道在其中矣。千變萬化之無所不統者，以道言之，而德在其中矣。豈有德外之道，又豈有道外之德哉！惟其爲理、爲極也者，無始終，無盛衰，無形象，無方所矣，理之爲字未之造焉，而理未嘗不在矣。不是有理字，然後其理始有也。極之爲稱，未之立焉，而極未嘗不立矣。不是有極稱，然後太極始立也，然則謂之理，而理未嘗有其形象；謂之極，而極未嘗有其方所。欲其無之，而不可得以無之也；欲其有之，而不可得以有之者，非太極之理乎？此所以言太極之實必曰理，言此理之妙必曰太極，則曰理、曰極者，皆是不可易之名目也。據此兩字，可認其無所不具之條緒，無所不統之變化焉，天地人物之所以爲天地人物者，孰不由於此極此理哉！

試就太極之理而分其綱目則。

其爲綱者一，曰：善焉。無惡也。

以其爲得而不爲失也，爲利而不爲害也，爲是而不爲非也，爲成而不爲敗也，爲吉而不爲凶也，爲存而不爲亡也，爲安而不爲危也，爲治而不爲亂也，爲福而不爲禍也，爲繼而不爲絶也。

其爲目者十五，曰：

眞焉。無僞，不可得以假借也。眞，謂其自然也，無僞，眞之至也。

實焉。無妄，不可得以欺罔也。實，謂其充盈也，無妄，實之至也。

常焉。無改，不可得以間隙也。常，謂其亘永也，無改，常之至也。

直焉。無曲，不可得以枉回也。直，謂其彝則也，無曲，直之至也。

順焉。無逆，不可得以乖戾也。順，謂其宜穩也，無逆，順之至也。

平焉。無險，不可得以詭陂也。平，謂其安固也，無險，平之至也。

中焉。無偏，不可得以倚着也。中，謂其恰當也，無偏，中之至也。

正焉。無邪，不可得以横僻也。正，謂其貞確也，無邪，正之至也。

公焉。無私，不可得以狎干也。公，謂其均遍也，無私，公之至也。

定焉。無撓，不可得以移易也。定，謂其本分也，無撓，定之至也。

準焉。無欠，不可得以欠乏也。準，謂其稱齊也，無欠，準之至也。

密焉。無漏，不可得以空缺也。密，謂其備盡也，無漏，密之至也。

全焉。無壞，不可得以虧滅也。全，謂其咸渾也，無壞，全之至也。

完焉。無敗，不可得以耗損也。完，謂其依初也，無敗，完之至也。

通焉。無塞，不可得以阻窮也。通，謂其變活也，無塞，通之至也。

各其頭下皆着“焉”字，以定其爲要旨也。各其對病之上，皆着“無”字，以絶其爲對病也。

一綱之善，包盡目頭十五字之要旨，目頭十五字之要旨，皆在綱頭一善之中。

綱末之惡，包盡目底十五字相反之對病，目末十五字相反之對病，皆在綱末一惡之中。

濂溪周子著《太極圖》，其上第一圖之空圍一圈即太極也，晦庵朱子著《易學啓蒙》，其第一圖之空圍一圈，亦太極也。兩先生皆以空圍一圈爲首者，非謂太極之理有如空圍之圈也，以其理爲至有，而其象爲至無，故於是乎無可奈何焉，而乃爲一空圈以當之，此所以爲無極而太極之理者也。周圖之陰陽五行、乾坤男女、萬物化生，與朱圖之兩儀、四象、八卦，以至六十四卦、三百八十四爻，實皆出於其中也。

愚嘗有問答説并録于左。

或有謂：“理可圖出乎？”余曰：“凡可圖者，以其本物之有形象，故依其樣可圖也，圓而圓之，方而方之，横焉横之，直焉直之，黑者黑之，白者白之，多者多之，少者少之，随其所形所象之可據而爲之摹出者，圖也。若理也者，爲有方圓之象乎？爲有横直之象乎？其有色爲黑白乎？其有形爲多少乎？夫聲臭，乃氣之實者也，能入衆耳，能透衆鼻，而尚不得圖出其形象，况乎無聲無臭之理耶？如曰理可圖焉，是實不知理者也。”

曰：“然則濂溪之《太極圖》，下别陰陽五行之圖，而其上第一圈乃所謂太極也。晦庵之《啓蒙》，左排儀象卦之圖，而以太極一圈置之於最初頭焉，則太極非理也耶？圈而圓之者非圖也耶？今何謂不可圖歟？”曰：“二子皆以一空圈擬之太極者，非謂太極有形象，果如其一圈也，特以明夫所謂太極者，不雜乎陰陽兩儀，而實爲陰陽兩儀之根柢也，故必首其一圈於陰陽兩儀之上者，以其理之爲固有也，而無形無象焉。若不置其别圖於其上，則人必疑於此理之本無者也。欲置其圖，則固無形象之可擬，故圈而空之，推而上之，明其爲實有焉者矣，而爲無形象也，非指夫理之貌樣如是圈子也。以此圈子果爲太極模象如此矣，則非知二子之意者也。”

曰：“然則無形象聲臭者，果此理也，則其何從而知有此理也？”曰：“理固無形象聲臭也，而有形象者，天地萬物，有變化者，寒暑晝夜、風雷雨暘。則知其所以使之爲千形萬象者，此理也，知其所以使之有千變萬化者，此理也。非此理也，而能有此形象，能有此變化。其爲形象，隨巨細貴賤，各有一定之模範，其爲變化，隨先後始終，皆有不亂之序次乎？故可以心知，而不可以手圖，可言其固有，而不可言其某象者，此理也。可圖，則只自爲一物事耳，非可以理稱也，故曰無極而太極。此二子之圖，皆置一空圈於其上者，乃所以揭示其無象之體，不形之有而已，其可謂之理之圖乎？”

孔子贊《易》曰“易有太極”，易即理之發於道者也，太極即理之稱也，以道之大本大原言之也。無易，則無此道也，無太極，則無易也。然則理果何如也，而謂之太極乎？以其以無始爲始，以無終爲終，以無限爲限，以無際爲際，故曰太極。既曰無始無終，又曰爲始爲終者，何也？蓋無始則無前，既爲之無前，則此非始乎？無終則無後，既爲之無後，則此非終乎？此乃太極之始終，其與有物之始終异矣。既曰無限無際，又曰爲限爲際者，何也？蓋其無限之限，無際之際，其果與有物之限際同乎？既自是始其無始，終其無終，限其無限，際其無際，則其以何物爲極乎？惟其無始、無終、無限、無際之中，乃以其必有，必恒，必總，必備爲之實焉，此其太極之爲極，藏至實於至虚者也，果與有物之虚實同乎？有物之實，實則不虚，虚則不實矣。若太極之虚實，虚中有實，實中有虚，此所以爲無極而太極也。故以不形不象爲形象，以不方不所爲方所，以不模不範爲模範，以不機不軸爲機軸者也。以其不形不象爲形象，故有以爲千形萬象之本，以其不方不所爲方所，故有以爲千方萬所之主焉。以其不模不範爲模範，故有物之千模萬範，莫得以自模自範，而有所違越於太極之模範矣。以其不機不軸爲機軸，故有物之千機萬軸，莫得以自機自軸，而有所乖戾於太極之機軸矣。今以天地萬物驗之，天萬古而常此天也，地萬古而常此地也，人物萬古而常其爲形體心性也。所以然者，豈不以此理常爲太極故也哉！然則太極不出乎天地之中矣，而其理則有非一時之天地所得以盡之也；太極不出乎宇宙之内矣，而其理則有非一時之宇宙所得以盡之也。況夫此天地宇宙中之萬物，其得有以能盡太極之理者乎？然則能盡此太極者，果何物歟？蓋惟吾人中之聖人是也，聖人之所以能盡天地萬物之所不能盡之太極，有何道歟？惟其卦至於六十四而大成，爻至於三百八十四而畢備者，無非形出其無形，象出其無象，方得其無方所，得其無所，模範其不模不範，機軸其不機不軸者，非所以能盡夫無極太極之妙者耶！《性理説》卷三。

太極論辨書跋　张顯光

夫明道衛道，皆自任斯道者之責也，余以爲明道之功固大矣，而衛道之功，亦與之并焉。不有以明之，道斯晦矣，必須明之，然後其爲教也，如日星之在天。然人得見而由之，則明道之功爲大也，如何？然而其間或執左見以撓之，使的然之旨，不易之言，有所不章，而惹起後學之惑，則斯道其亦爲之晦矣。於是乎有能辨而明之，闢而廓之，使左論不得行者，其衛道之功，不亦大乎！

若濂溪周子“無極”二字，其所以發明太極之妙者，其旨果的矣，其功果極矣，其明道之功，實繼乎四聖者也。而敢憑管見，詆病無極者，前則有陸氏於中國，自坐錯認，妄説太極者，後則有曹氏於我東。不有朱夫子析之於陸，不有晦齋公辨之於曹，則無極太極之理，似復晦於兩説。而孔子、周子之旨，或因之而不明矣。然則其爲衛道之功，爲如何哉？今者并前後辨論之書，合之爲一册，使斯文之士，參考上下之篇，知晦齋之學，得於晦庵，故其所以衛斯道者，亦與之符焉，其事豈不韙哉！

李先生論辨之書，先生之孫浚，嘗自精寫一册，奉持往進於退溪先生之門，以呈質焉，則先生遂手閱奉讀之際，不覺斂衽而致敬曰："不料先生之學，其造詣至此也。"反覆賛嘆不已，蓋退溪先生之於晦齋之學，所以得其實者，蓋於此乎益深也哉！浚後又將曲折奉陳于寒岡鄭先生，則先生語浚曰："朱夫子亦以此無極太極之説，有與陸象山論辨者，凡若干篇，若以兩先生前後論辨，分爲上下，合作一帙而刊傳，不爲大關於斯道乎？"浚承命請遂之，因請朱書并謄之，更擬臨刊，又請序跋於寒岡先生，而先生遽下世焉。今乃屬余而懇之者，既屢且堅，余固知不可措淺詞於前後諸先生扶道明教之書末，而亦有所自難於固辭者，敢贅荒語，而仍又録其首末焉。《旅軒集》卷八。

太極策　金守訒①

對：昔子朱子與南軒張先生講太極之理，仍而有感興之詩，其曰："始知太極藴，要眇難名論。謂有寧有迹，謂無復何存。"此言其體之至隱也。其曰："渾然一理貫，昭晢非罔象。珍重無極翁，爲我重指掌。"此言其象之至顯也。噫！以其至隱者而言之，晦庵、南軒所難擬議，决非魯學謏聞所可驟語也。以其至

①金守訒（1563—1626），字君慎，號九峰，著有《九峰集》。

顯者而言之，錯綜經緯，周流貫通，驗之事物之上，固有可徵者矣。然而發之微妙而不可見，充之周遍而不可窮，前瞻而既無始，後際而亦無終，苟非深於天道者，亦莫能推測而知也。如愚固陋之學，何敢有所云！然於簡編之中，粗有糟粕之見，語之至者，雖不能形之於言，而載之於書，其於至顯之象，昭晢之理，亦可以容吾喙矣。

竊謂至矣哉！太極之理，天道之本，萬化之原，無形氣之可尋，無方體之可指。冲漠無眹，而萬象森然已具。坱軋闢闔，而衆妙管攝於此。其大無外，而包括無遺，其小無内，而退藏於密，此所謂造化之樞紐也。渾淪之體，磅礴博厚，而乘機動静，妙用不測，是以二氣得之，而合變之妙於是乎著焉；五行得之，而順布之序於是乎成焉；萬物得之，而絪緼之化於是乎凝焉；聖賢得之，而性命之道於是乎立焉，此所謂品彙之根柢也。而其醇粹之真，精英之妙，禀之於人而獨得最靈。其本也，真而静，此太極本然之體，而吾人繼善之性也。神發知矣，不能無感動之端；形既生矣，不能無人欲之私。萬事出而善惡於是乎分焉，外物誘而利害於是乎攻焉。本然之體，有時而昧焉；繼善之性，有時而危焉。不有主静之功，安能制其動而全其體，不有立誠之訓，安能復其善而成其性哉！

嗚呼！天地未生之前，畢竟先有此太極，而有吾夫子作，然後其名始著於《易傳》。千載之下，又得濂溪周子默契夫子之旨，察乎道體之奥，立圖作説，剖析幽微，提挈綱維，開示藴奥，其名蓋昉《易傳》，而其理説盡無遺，隱者得以顯，玄者得以晢。其曰“無極而太極”者，言其無形之中，有個極至之理。此所謂灼見道體，迥出常情，一字不可增，一字不可減者也。老子崇無之言，其旨曷嘗有同？而象山疊床之譏，多見不知量也。至於邵子之論，乃以一陽未動，萬物無眹爲陰含陽，而無極之前，蓋指貞元間言也。若其静而生陰，動而生陽云者，實遵夫子太極生兩儀之訓，而夫有所授之也。何害言其生也，弇州不知何人也，信其坐井之見，務爲新奇之説，敢創不敢從之論乎？信乎文人無用之贅言，而君子所當觝斥也。

嗚呼！太極之理，無物不體。分而言之，則一物各具一太極；合而言之，則萬物體統一太極也。二氣肇而太極在於是，四象列而太極在於是，八卦畫而太極在於是，此一本之所以萬殊也。然而八卦之太極，即四象之太極，四象之太極，即二儀之太極，二儀之太極，即太極之太極。此萬殊之所以一本也，比如月落萬川，各有一月，指川而言曰月專在是，豈理也哉！至於太極之名，似無异稱，而諸子之説，互相不同。指道指心，而以爲太極者，邵子之言也。專指一理，而以爲太極者，朱子之訓也。其指可謂异矣，然而以太極流行之妙，而謂之道，以太極統會於人，而謂之心，以太極本然之體，而謂之理，則其實果有不同者乎？匀乎大賢之言，而少無界别之義也。至其氣化形化、萬品流形之際，獨稱無極之真，未嘗及乎太極矣。然而朱子釋之曰“真以理言”，理即太極也，雖曰不言太極，而太極固在其中矣。

嗚呼！就其吃緊爲人處言之，太極之理賦於人，其體湛然而静，其本粹然而善。惟其静也，故外物不能以動其中；惟其善也，故人僞不能以雜其間。邵子所謂“無價明珠止在淵”“洪(匀)〔鈞〕賦與不爲貧”是也。然而既有是性，則不能無發知之情，既有是情，則不能無人欲之私。情欲勝於内，而湛然之體累矣，利害奪於外，而粹然之善喪矣。如目之於色也，耳之於聲也，鼻之於臭也，口之於味也，四支之於安逸也。迷而至於眩，聒而至於流，逐而至於好，嗜而至於貪，習而至於繆。迷者，情欲之所以勝乎内也。如身之於富貴也，志之於功名也，駭幾之於禍患也，厄窮之於飢寒也，慕之如蟻，嘬之如蛆，怵迫而失其度，憂惱而喪其守，此利害之所以奪於外也。是以堪然者日益累，而不能制焉，粹然者日益喪，而不能復焉。朱子所謂“静觀靈臺妙，萬化所自出。云胡自蕪穢，坐受衆形役”者，蓋有嘆於斯也。噫嘻，鏡以塵而昏，本然之明未嘗亡也；水以滓而濁，本然之清未嘗亡也。然則湛然之累，雖以情欲，而本然之體，固嘗静也。粹然之雜，雖以利害，而本然之禀，固嘗善也。如欲制情而復善，莫若主静而立誠。所謂主静者，涵養於寂然不動之中，而情欲之萌，有以制其動焉。所謂立誠者，省察於感而遂通之際，而利害之攻，有以復其善也。是以濂溪既以主静立誠之意，著於《圖説》《易通》等書，示以立極之謨，勖此□①學之子。誠能契彼立圖之意，悟此入德之門，自中正而約之，以至於至静之中，其養彌篤，而所以操存者爲益嚴，不使一毫情欲萌其間。自仁義而定之，以至於感通之際，其守不失，而所以省察者爲益勤，不使一毫利害攻其外。有以全其湛然之體，而不爲人欲之所累，有以復其粹然之善，而不受外物之所奪，則動静不違，表裏交正，目之視以禮，耳之聽以禮，口之言以禮，四支之安以禮。而勝於内者，固將退聽，不復爲之累矣。浮雲於富貴，脱屣於功名，無怵於禍患，不惱乎飢寒，而攻於外者，亦已打叠，不復爲之喪矣。然則耳目口鼻人也，而其理則太極也，動静云爲人也，而其理則太極也。立極之道，亶在於是，而修之之吉，不外於是矣。《易通》曰"無欲故静"，又曰"誠者，聖人之本"，其信矣乎！篇不已就乎更竭餘藴焉。嗚呼！主静之要，莫大乎寡欲，而寡欲之本在於敬。復善之道，莫貴於立誠。而立誠之始，必由於敬。敬者，徹頭徹尾底道理也，是故朱子之詩曰"云何學力微，未勝物欲昏"，此喻欲之易累也。又曰"豈知一寸膠，救此千丈渾"，此喻敬之功效也。所謂一寸膠，非指惺惺子也耶！嗚呼！吾黨小子，奈何不敬，謹對。《九峰集》卷五。

太極問辨序　李廷龜②

太極問辨者何？前則考亭朱夫子與二陸辨，後則晦齋李先

①"□"，底本此處注一"缺"字。

②李廷龜（1564—1635），字聖徵、文端，號月沙、秋崖、習静、癡菴、保晚堂，著有《月沙集》。

生與孫曹辨。彙爲書者誰？寒岡鄭公。求余序者誰？李僉知浚，晦齋先生之孫。所謂太極者何？夫形而上者道，一陰一陽之謂道，語道體之至極，則謂之太極；語太極之流行，則謂之道，其實一物也。無方所、無形狀，在於無物之前，而未嘗不立於有物之後，在於陰陽之外，而未嘗不行於陰陽之中。濂溪周夫子恐學者錯認太極，别爲一物，著“無極”二字以明之，陸象山諸公以屋上架屋譏評不已，殊不知無極是無形，太極是有理，不言無極，則太極同於一物，而不足爲萬化之根。不言太極，則無極淪於空寂，而不能爲萬化之根。伏羲畫易，文王演易，未嘗言太極，而孔子言之。周公彖易，孔子贊易，未嘗言無極，而濂溪言之。先聖後賢，其揆一也。朱夫子雖辭而辯之廓如，而二陸膠守前見，終不快釋。今天下尚有所謂陸學者，别立門户，展轉深痼，終不免异端之歸。此所謂毫厘之差，謬以千里，惜矣。我東方真儒輩出，學術雖鮮他歧，而間有講理不精，騖於高遠。孫、曹兩公，乃以“無極”二字，歸之虛無寂滅，幸賴晦齋先生反覆開陳，諄切提諭，闡明道體，攻破异説，其曰“此之虛，虛而有，彼之虛，虛而無，此之寂，寂而感，彼之寂，寂而滅，老子之言有無，以有無爲二；周子之言有無，以有無爲一”者，明白痛快，無復餘藴。先生之學，門路最正，真知實見，獨契宗旨，立言著説，蓋有擴前人所未發者，至今偏方學者，皆知儒釋之向背，其功不亦韙歟？

然則先生此書，當與鵝湖問答互相發揮，而不可廢一也明矣。此集以周子《太極圖》《太極圖説》《圖解》《朱子問答書》四篇爲上卷，以晦齋書五篇爲下卷，使人一開卷瞭然知所趨向，不啻指南，寒岡丈之用意於斯文亦勤矣。不佞生苦晚，不得親炙於先生之函丈，景慕餘風，徒切切於遺編。昔見先生所撰《元朝五箴》及《論太極》五書，僭以一言爲跋。今於斯集之叙，又不敢辭者，即咏嘆不足淫泆無窮之意，文之工拙，不論也。辛酉冬。《月沙集》卷四十。

晦齋李先生太極書跋 李潤雨①

考亭先生謂濂溪之説精密，伊川之論的確。余觀晦齋李先生《太極書》四篇，周、程兩先生之微旨，可謂兼盡矣。昔周子手授《太極圖》於程子，及程門設教，只舉《西銘》而曾不及於此圖之意。學者於日用親切處，知行未至，而徑馳心於缺域，則其弊有不可勝言。考亭先生繼而立論辨説，無復餘藴，士子宜若無他歧之惑矣。世之若忘機子之言者，熾起而不絶，抑又何歟？退溪李先生稱先生精詣獨得之妙，最在於此書。退溪乃東方考亭也。誰敢有异議於此？而且已無真積之功，則孰知菽粟之爲正味哉？先生之孫浚，請寫此書爲屏，請余跋其後。余非知言者，安用贅論！唯幸周程正脉之有傳於後，而又憫异説之易溺人也。樂成其願，以告諸同志焉。廣陵後學李潤雨謹跋。《石潭集》卷三。

《太極圖説》解 崔有海②

無極而太極。

朱子曰："上天之載，無聲無臭，而實爲造化之樞紐，品彙之根柢也，故曰無極而太極，非太極之外，復有無極也。"

愚按，朱子曰"無極而太極，只是一實理"，蓋理之要妙，雖無二義，實有體用。故指言其體，則無形可見，無聲可聞，

①李潤雨（1569—1634），字茂伯，號石潭，著有《石潭集》。

②崔有海（1588—1641），字大容，號嘿守堂、紺坡，著有《嘿守堂集》。

至無之妙，莫知其所以然也。然其爲用，則本爲萬化之原，故天之所以高，地之所以厚，日月之所以明，人物之所以成者，莫非此理之實然也。然則理之全體大用，微而顯，隱而著，宰乎萬物之表，而行於日用之常，備乎天地之先，而貫乎天地之終。雖有條緒之不紊，而莫見終始，雖有昭著之妙，而亦無形容，故强名之以極焉。稱其無者，言其體也；贊其太者，言其用也。然其體用實非可雜者也，故一言以兼舉之，非有异義也。

大抵天地之理氣，雖有道器之分，而實無相離之間，故指言其體，則雖無形狀，指言大用，則實有一定之則，而不可易也。天地以是而立，萬物以是而生，造化以是而行，粲然昭著，實爲萬化之樞紐。老氏之出無入有，莊氏之自無適有，佛氏之空寂，柳子之無極，皆不知此理之實然，而認爲虛無，滅其天理，是莫非誤見此理之大本故也。至於周子兼體用而并舉之，遂爲不偏之論，則可爲堤防，足勝邪説之横流矣。

异端之所謂有無者，非所指之不同也，只以有無爲兩層相生之物云。若以此爲言理之體，則理雖無形，而萬理森然於其中矣。以此爲言氣之體，則氣有動静之不偏也。固無爲二之理，而其言如此，實無知之邪言也。周子之言，則非以有無歧而二之也，只言一理之體用而已。非若老莊之爲二也，非若後人所訓之無别也。

朱子曰“無形有理”者，雖似精約，然其周子之意，則以爲理無形，而有定極者也，此則以爲無形而有理云。然則别有一物，雖有理而無其象者也，其豈可乎！必是門人記録之誤也，不如所謂太極者只是理字之云云者，實的確而混圓也。

易有太極、周子無極之説，言雖小有异，意無不同。蓋易者，變易無定之謂也。天地造化，固交變而無窮，不可以一定之則言之也。然於其中，自然有不可易之至理，以爲萬物之主宰，則此乃真是太極也。周子之意亦自如此，然其無極太極，則拈出一理於陰陽之外，不雜二氣者而言之也。易有太極，則是乃陰陽變易之中，有太極者也。然則周子所謂太極動而生陽，實與夫子之意符合也，所指雖异，意無不同者也。

太極者，本然之妙也，道者，流行之理也。太極是體，而道是用也，故萬物所以然之妙，則太極之理也，萬物所當然之路，則大道之用也。由是見之，則一草木之生生者，道也，所以生生之妙，則太極也。雖是一理，言有所指之不同也。

體用不相離，故兼舉而并言之，曰無極而太極，先體而後用，故下一“而”字而别之耳，實無輕重之次者也。

萬物之理，則是統會之太極也，物物各具之理，則是一物中之太極也。統會者，本也，各具者，用也。太極所賦，雖若不同，太極之理，未嘗异也。人能自其用而看其體，則可以真知其理之妙矣。

上天之載，無聲無臭者，與周子之意不同。上天者，蒼蒼之氣也，載者，造化之事也。無聲無臭者，神化之妙也，此皆合理氣、兼陰陽而言之也。若夫無極太極，則以理單言之，以爲無形而有實云者也。然則言雖不异，而意小不同，不可混而一之也。若以詩語看於《太極圖》，則其意近於陰陽動静之間也。

太極之理，若指其體，則雖無可見之物，驗其大用，則真是至誠至實之不自已者也。體用一原，固無相離之間，世儒合體用而不别。其言不明，异端分體用而爲二，只守空寂，蓋其所見一差於大本之妙，則末流之弊至於如此，甚可痛也。然則人之欲闢异端之邪者，只先據其大原之妙而排之，則可見邪説之易袪矣。

太極者，萬理之總會也，若其健順，則爲陰陽之理，元亨利貞，則爲四時之理；仁義禮智，則爲五行之理者，莫非太極之萬殊者也。以是賦於人，則人皆有是太極，以是賦於物，則物皆有是太極，真是不偏之理也。

在天地則理爲太極，在人則性爲太極，故元亨利貞者，太極中之一事，仁義禮智者，太極中之條目，若獨指元爲太極，或單指仁爲太極，則皆是一偏之言也。

太極之理，一而已。蓋先具於天地之初，貫於人物化育之妙，爲萬事萬善之則焉。故太極之書全寫此理，而形容發揮，夫子所謂一貫之旨，全在於此，則蓋亦六經之要領也歟？

太極之理，在天地，則爲健順之則，在五行，則爲五常之德；在人，則爲至善之性；在物，則爲當然之理。本末上下，一而貫之者也，人若見透於此，則萬理自明矣。

九數四象，亦未形矣；天地萬物，亦未生矣。太極之理，已先具矣，陰含其陽，而太極未動矣，實無兆朕，故强稱無極矣。陽即動焉，則太極行焉，天命正焉，品物亨焉，原其本也，則實一理氣之不相離者也。

余嘗以元亨誠利貞，以爲太極之本體，而人物未生之時，則節節配之，及人物既生之後，則以仁、義、禮、智、信，節節承之矣。今見朱子之語，有曰太極陰陽五行，只將四德看甚好云，是知天下之理只是一原，故雖以余之愚見，暗合於大賢也。

太極者，只是借至極之義，明其理之無所加也，故太極只是實理健順之别名也。由健故有元亨之理，由順故有利貞之理，而行於時爲四時，賦於人爲五常，發於情爲四端，施於道爲五品，皆是太極之善而已，故以情之善而知性善矣，以性之善而知命善矣，以命之善而知理善矣，焉有惡哉？然命性以下，皆合理氣而言之，故若治其氣則理自復矣。

太極動而生陽，動極而静，静而生陰，静極復動，一動一静，互爲其根，分陽①，兩儀立焉。

朱子曰："太極之有動静，是天命之流行也。所謂一陰一陽之謂道，誠者，聖人之本，物之終始，而命之道也。其動也，誠之通也，繼之者善，萬物之所資以始也。其静也，誠之復也，成之者性，萬物各正其性命也。動極而静，静極復動，一動一静，互爲其根，命之所以流行而不已也。動而生陽，静而生陰，分陰分陽，兩儀立焉，分之所以一定而不移也。蓋太極者，本然之妙也，動静者，所乘之機也。太極，形而上之道也，陰陽，

①此句前當有"分陰"二字。

形而下之器也。是以自其著者而觀之，則動靜不同時，陰陽不同位，而太極無不在焉。自其微者而觀之，則冲漠無眹，而動靜陰陽之理，已悉具於其中矣。雖然推之於前而不見其始之合，引之於後而不見其終之離也，故程子曰：‘動靜無端，陰陽無始，非知道者，孰能識之？’”

愚按，此言有理而有氣者也，蓋混沌之初，睢盱無辨，而太極之理，乘於一元之氣。合而無間，凝而無别，實無理氣二五之分也。然理有健順，以爲主宰，故健爲動之理，而氣即動焉。以爲陽生之漸，順爲靜之理，而氣又靜焉，以爲陰長之本，則二氣之名，遂有别矣。然一氣動靜，相爲首尾。而太極之體，乘乎流行之機，故雖有循環之理，而固無終始之端矣。及其二氣分而有定，則天爲陽而位乎上，地爲陰而處乎下，乃有不易之位。由是見之則理先而氣次之，氣結而形生之者，實其本然之妙也歟？

有理則有氣，有氣則有動靜。動靜分而陰陽生焉，然則太極者，先具之理也；動靜者，氣化之機也。理雖乘氣而行，亦非一物也。然亦小無相離之間，故氣之動靜，太極而已，動靜雖不相離，亦不相雜。則太極雖不可以爲動靜之用，所以動靜之體則太極之理而已。

此理先具之後，乃有一氣。一氣分而有動靜，則太極之先具者，可以知也。但既有動靜則太極乘乎陰陽之機，動則隨而動，靜則隨而靜，雖不雜而混爲一矣。然則名雖有异，義無不同，只無相雜之間而已。

太極之理，固爲萬物之主宰，而陰陽之氣，亦是生物之具也。則形而上下者，固有别矣。然太極在於陰陽中，則太極固流行於形而下之氣也。氣不可先於理，則陰陽不爲形而上之妙也，但道亦器，器亦道，則太極二氣之不相離者，亦可見也。

太極之體，則無形，太極之用，則至實。載於一元之氣，乘於動靜之機，故氣靜而爲陰，則太極之體靜焉，氣動而爲陽，則太極之用動焉。是知太極之有動靜，則由於陰陽之氣也。陰陽之有條理，則由於太極之妙也。然則太極雖元具於二氣，亦不離於陰陽之本也。

太極爲萬理之宗，元氣爲衆氣之原，故二者相合，以爲造物之本，元氣動則爲陽，而太極動焉，元氣静則爲陰，而太極静焉。遂有二氣之名，而散爲萬物之精，然則太極先具，而二氣次之，二氣生之，五行又生之，其爲次第，有如是者矣。

陰陽有流行之氣，又有對待之形。若寒暑之消長，晝夜之遞代，則流行者也，實是一氣，而小有終始之异名矣。若天地之上下，南北之相待，則是對峙者也，可謂二氣，而實有二物之各峙矣。然則以此二者而見之，天下萬物萬事，莫不各有流行對待之體矣。朱子曰："陰陽若論流行，則一個，對峙，則兩個。"

萬物之中，天地至大，人爲最靈。然必皆有所以然之妙理，則必是太極之體，先具於天地萬物之初，以爲天地萬物之祖矣。陳子昂詩曰"太極生天地"者，亦小有理。

天地造化之妙，亦有理氣之分，蓋自太極之本而見之，則天地之理無不善，故好生惡殺，福善禍淫。自陰陽之氣而觀之，則天地之化不齊，故生成多偏，寒暑不正，然則天地亦有本然之理，氣化之由，是以禀受於人，亦有至善之性，氣質之性，善原於性，惡出於氣，實昭然而可見矣，理氣之原，不可不分而言之也。

太極之理，載乎陰陽之氣。散爲萬物，故滿山青黄，皆是氣也。其爲所以然者，太極也，人物之運動知覺者，氣也，其爲所當然者，太極也。然則太極之理，無處無物無時不在者也，何必求之於渺茫哉！

蓋造化之初，必是理氣先具，然後天地立，天地立然後人生，人生然後物生，物生然後植物生，植物生然後有枯槁之物。次序必如是，而有條理也，但此以氣而言之耳，若理，則萬變無窮，而自然均賦者也。

太極未動之前，只是天地未開之時，只有一氣含其太極之妙而已。然以健順之理，乃分陰陽之氣，則陽之動也。太極亦動而其用著見焉，陰之静也，太極亦静，而其體森具焉。然則陰爲陽之本，而無極之名，亦在於陰静之時也。

大極只是健順之理而已，此理具於天地之先，故天地混沌，遂爲開闢焉。蓋天者位乎上，則理之健也，地者位乎下，則理之順也。由此推之，則萬物之理，莫非先有於一氣者也。但自天地既生之後言之，則理氣相合而不離矣。自其太初而言，則必是理先而氣後也。

太極之理，只是健順五常之先具者也。故乃有陰陽五行之氣，如動走，則全其陰陽之氣，而有其健順之理者也。但氣有偏正，而理有通塞矣。如飛，則陽而健之理全者也，潜，則陰而順之理偏者也。草木，則春生是陽而健也，秋落，是陰而順也。然則天地萬物之理，只是健順也，所以長久不二者，誠而已。

太極之有動静，陰陽之有屈伸，五行之有聚合，而陶冶萬物，各得其形者，命也，《易》所謂“品物咸亨”者也。物既稟生，則各有其理，健順五德是也。指此爲性，若有此性，則萬事萬物，各有當行之路，是乃所謂道也。但性命與道，只是理而已。

陽變陰合而生水、火、木、金、土，五氣順布，四時行焉。

朱子曰：“有太極則一動一静，而兩儀分，有陰陽，則一變一合，而五行具。然五行者，質具於地，而氣行於天者也。以質而語其生之序，則曰水、火、木、金、土。而水木，陽也，火金，陰也。以氣而語其行之序，則曰木、火、土、金、水。而木火，陽也，水金，陰也。又統而言之，則氣陽而質陰也，又錯而言之，則動陽而静陰也。蓋五行之變，至於不可窮，然無適而非陰陽之道。至其所以爲陰陽者，則又無適而非太極之本然也，夫豈有所虧欠間隔哉？”

愚按，此言二氣分而爲五氣者也，蓋陽之理健，故動而變，陰之理順，故静而合。則五行之氣以次生之，水是陰之質，而生乎陽，火是陽之質，而生乎陰。而木生乎水，土生乎火，金生乎土，遂爲五氣，而亦有相生相别之理矣。然其氣也，則爲春夏秋冬之序，而行於天，其爲質也，則具於地，而爲燥濕强柔之用，實天地造化之具也。

木者，水之質也，故得水則木生，折木則水生。金者，火之質也，故得火則金濃，金擊則火生。然則水木者，陽也，火金者，陰也。

天地位乎上下，而四時行乎其間。由是見之，則五行之中，不必言土，而木火金水，足以盡其造化之妙也，不知其理之是非，宜何如也?

水火有氣，而無質，故動而不定；金木有質，而無動，故静而有處。是以有水而後有木，有火而後有土，有土而後有金矣。然則氣先而形生者，亦一驗也。

五行之性，雖有炎上潤下之异，指言其理，則仁、義、禮、智、信者是也。木之生氣條達者，仁也；火之光明發揚者，禮也；金之斷割烈决者，義也；水之明通周偏者，智也；土之堅實有定者，信也。人實禀此五行之性，則五常之德，乃此理氣之合者也。

信無不在，土無不旺則是矣，不必别言者，恐甚不然。竊見凡人不能誠實，而事皆僞詐者，多是土氣不足，而信之理蔽故也。或有愚無智識，不知是非，不能羞惡，而却能直而不回，實而不欺，信而無僞者，是則偏禀土氣，而獨全信之理者也，然則信土不可不以一位言之也。

天下之能生者，莫如木，故木爲生物之本。天下之能藏者，莫如水，故水爲終物之原。天下之物莫不載土，故土氣爲育物之本，此三者造化至赜之終始也。

五行一陰陽也，陰陽一太極也，太極本無極也。

朱子曰："五行具，則造化發育之具，無不備矣。故又即此而推本之，以明其渾然一體，莫非無極之妙，而無極之妙，亦未嘗不各具於一物之中也。蓋五行异質，四時异氣，而皆不能外乎陰陽。陰陽异位，動静异時，而皆不能離乎太極，至於所以爲太極者，又初無聲臭之可言，是性之本體然也，天下豈有性外之物哉！然五行之生，隨其氣質而所禀不同，所謂各一其性，則渾然太極之全體，無不各具於一物之中，而性之無所不在，又可見矣。"

愚按，此總結上文理氣之意，蓋先有無形之理，而實爲至正之則，亦在陰陽之中，而爲其動静之理，以生五行之氣，而著其陰陽之用，本末上下，都是理氣不相離之妙也。但未有陰陽之時，先具一理，未分五氣之時，先分陰陽，及至於此則混合爲一，雖有道器上下之分，而固無判爲二物之間矣。此已上人物未生之時，天道流行之際。

言五行則不言陰陽云，此恐不然，如四時則是五行，而天地是陰陽也。人之五臟則是五行，而男女是陰陽也。然則言四時而不言天地，豈不悖乎？言五臟而不言男女，豈不妄乎？

陰陽五行之氣，健順五常之理，相爲體用，木火體陽而用陰也，故木能生長，而折則易摧，火能炎上，而滅則爲灰是也。金水體陰而用陽也，故金雖沉下，而能爲裁制，水雖柔濕，而周流不滯者是也。

五行之生也，各一其性，無極之真，二五之精，妙合而凝。乾道成男，坤道成女，二氣交感，化生萬物，萬物生生而變化無窮焉。

朱子曰："夫天下無性外之物，而性無不在，此無極二五，所以混融而無間者也。所謂妙合者也，真以理言，無妄之謂也。精以氣言，不二之名也。凝者，聚也，氣聚而成形也，蓋性爲之主，而陰陽五行爲之經緯錯綜。又各以類凝聚而成形焉，陽而健者成男，則父之道也，陰而順者成女，則母之道也。是人物之始，以氣化而生者也，氣聚成形則形交氣感，遂以形化。而人物生生，變化無窮矣。自男女而觀之，則男女各一其性，而男女一太極也；自萬物而觀之，則萬物各一其性，而萬物一太極也。蓋合而言之，萬物統體一太極也；分而言之，一物各具一太極也。所謂天下無性外之物，而性無不在者，於此尤可以見其全矣，子思子曰：'君子語大，天下莫能載焉，語小，天下莫能破焉。'此之謂也。"

愚按，此言乾道變化，各正性命之理也。蓋水之性，潤而下；火之性，炎而上；木之性，曲而直；金之性，從而革；土之性，實而生，此乃五行之性，各有本然之理者也，是實生物之具，而天命之用也。至於生化之時，則天理至誠無妄之妙，陰陽五行精秀之氣，自然而合，以成强柔之質焉。健之理、陽之氣全，則成男焉，順之理、陰之氣全，則成女焉，此實乾坤之道，聚爲氣化之本者也。此後人有夫婦，物有雌雄，交感相合，遂有形化，則萬物之生。千態萬狀，盈於天地之間，而各自有氣有質矣，然則生生之初，固無人物之別、賢愚之等矣。但其氣之正而通者爲人，氣之繁而塞者爲物，故人之理最全於物，人之氣最久於物，則人果至貴者也。

至理，至誠而已矣。其體則無形也，故名以無極；其用則至大也，故名以太極。體用只是一源之妙也，及其生物也，其理流行，用雖行，而體實正，故只曰無極之真，而不言太極，蓋舉其體而該其用耳。曰："然則何言太極於陰陽之初，而乃言無極於生物之時耶？"曰："太極之所以得名者，只以驗於陽動之際，故言以太極。生物之時，賦以不偏之理，故并言無極之體，名義雖殊，意無不同者也。"

天地之間，只是理、氣、質三者而已。元亨利貞者，理也，風雷水火者，氣也，木金土石者，質也。惟此三者，實爲造化之具，故賦於人也亦如是。如仁義禮智者，理也，息言精神者，氣也，爪髮骨肉者，質也。是故造化之本，分而有四段，合爲十二。此説雖异，不無其義者也。

天積氣而在上，地積形而處下，判爲大陰陽，故天動而位乎高，地静而在乎卑。水火屬於天之陽物也，故有動，金木屬於地之陰物也，故有静。至於成人，則合其天地之道，故時動時静，動静之得其宜者，聖人也，失其宜者，凶人也。常養於静而慎於動，則必配天地而爲三矣。

造物之具，不過陰陽而已。二五之氣，亦有偏正而已。是以得其正者爲人，得其偏者爲物。正中之正者，則聖人也；正中之偏者，則惡人也；偏中之正者，爲奇物；偏中之偏者，爲凶物，此乃萬物所以不同也。然其太極之理，則稟之無不遍，故雖有至惡之人，必自變化，如瞽亦允若者是也。雖爲無知之物，必有一善，如烏之反哺是也。是以聖人盡此理而治其氣，則天地無乖戾之氣，天下無不善之人，萬物無害人之物矣。理義之功，豈非至乎！

人物禀受之理氣，小無不同，出於一元矣。但有偏正之殊耳，是以知寒暖、識飢飽之氣，則人物同焉。犬之戀主，馬之服勞，牛之耕，虎之父子，則可見人物之無异矣。然人正而物偏，故物理不全，而人獨運其理，故能最靈於物焉。然則人之愛物者，亦推吾之仁體而已。

性者，人之太極也，使人爲善，而不能自已者也。是以爲善之必然者，性也，實爲一身之主宰，一心之大本，不可以動静之一位形容者也。然則情者，性之用也。心者，性之器也。雖爲一體，實有條理者也。

性者，合理氣而生之者也。理氣者，性之具，而性者，理氣之成也。既言其性，則固無理氣之分矣。但人之好善者，理之故也，或有爲惡者，氣之蔽也。推其本，則雖有所來之异，語其事，則只是一性之用也。是以君子以善爲本然之妙而勉之，以惡爲氣質之弊而治之，則性自有善，而無惡矣。

太極，則只是以“理”字而單言之，“性”字則兼以理氣而言之。其在於人，當曰太極者，性之理也云，然後方得其義矣。

有一理而有一氣，有一氣而分二氣，有二氣而生五氣，生五氣而生萬物，則太極之動，妙合而凝，乃是天命之性也。人實如此，物亦皆然。

《太極圖》以人言之，則性爲太極，志意爲陰陽，五倫爲五行，節節相配，蓋天理自然之妙也。

我東濟州高文之祖，出於窟穴，金海金氏之先，出於海中云。雖甚怪誕，若以程朱氣化之説參之，彼説有徵，此事有理。

天以陰陽五行化生萬物，故人得其氣，則其理乃具，爲五常之德。故木者，生意條達，其理爲仁，乃温然愛人之心也。金者，斷制利鋭，其理爲義，乃割然裁制之心也。火者，光明熾盛，其理爲禮，乃整齊明達之心也。水者，周流不滯，其理爲智，乃通天下之故者也。土者，處中不易，其理爲信，乃確然一定之心也。自其始而言，則先仁而禮、而信、而義、而智矣，此乃流行者也。至於成物則仁與義對，禮與智對，而信在於中，此乃對峙者也。

仁禮體健而用順，故仁能同體天地，而只爲慈愛，禮能品節萬善，而只主恭遜者是也。義智體順而用健，故義只制事，而勇斷決烈，智主識事，而明無不照者是也。

惟人也，得其秀而最靈，形既生矣，神發知矣。五性感動而善惡分，萬事出矣。

朱子曰："此言衆人具動静之理，而常失之於動也。蓋人物之生，莫不有太極之道焉。然陰陽五行，氣質交運，而人之所稟，獨得其秀，故其心爲最靈。而有以不失其性之全，所謂天地之心，而人之極也。然形生於陰，神發於陽，五常之性，感物而動，而陽善陰惡，又以類分，而五性之殊，散爲萬事。蓋二氣五行，化生萬物，其在人者又如此。自非聖人全體太極，有以定之，則欲動情勝，利害相攻，人極不立，而違禽獸不遠矣。"

愚按，此言人性情之德。程子曰："天地儲精，得五行之秀者爲人。其本也，真而静，其未發也，五性具焉，曰仁、義、禮、智、信。形既生矣，外物觸其形而動其中矣，其中動而七情出焉，曰喜、怒、哀、樂、愛、惡、欲，情既熾而益蕩，其性鑿矣。是故覺者約其情，使合於中，正其心養其性。愚者則不知制之，縱其情而至於邪僻，梏其性而亡之。"愚按，木之神爲仁，火之神爲禮，土之神爲信，金之神爲義，水之神爲智，此五常之德，實爲五行之理也。人得此理而爲性，得秀氣而爲形，則心爲主宰，虚明不昧，此乃至靈於天地萬物之中者也。及至事物觸於外而感其中，則原於性而情乃發矣。仁之用有三，曰愛好也，惻隱也，悲哀也。禮之用有三，曰恭敬也，辭遜也，喜樂也。義之用有三，曰惡怒也，羞耻也，憂懼也。智之用有三，曰思慮也，是非也，戀慕也。凡此性情，隨事發見，各合於宜，無過不及則爲善，不當於理，徇於私欲則爲惡。人當省察其幾微者也，由此性情見於事爲，則如父子夫婦之仁，兄弟長幼之禮，朋友師弟之信，君臣賓主之義，乃爲天叙之典，萬事之本。本末上下，貫乎此理，則天下豈有性外之事哉！

太極者，天地萬物至理之本，譬於人性之一理，即爲太極者也，蓋性者，合理氣而生之者也。故氣清而理明，則爲善不能已，氣濁理昧，雖至爲惡，然其善念則終不泯没。故瞽亦允若，象有忸怩，由是而見則性爲人之太極，使之爲善而不已者，亦可見也。然則人之性也，大概無惡有善而已。然於心發之時，有善有惡，則豈非陰陽之象耶？蓋陰陽之用，屈伸而已，故善念則發揚昭著，沛然而伸，是則陽之象也。惡念則消沮掩蔽，赧然而屈，是則陰之象也。此所謂天未嘗不爲人，人未嘗不爲天者也。

人物未生之前，則理乘氣而行，以成其神而乃賦形矣。人物既生之後，則形載理氣而包其神矣。是以語其生成之次，則神先具而形乃成，驗其既成之事，則形乃神之郛郭矣。氣乃神之機也，精乃神之馬也，故氣動則神動，精動則神運，生子之時，神先有感，以泄其精，故父子之形雖异，而父子之性則多有同然者。由是見之，則寡欲養神，調息和神，慎言保神，少思休神，禮樂頤神，則非但長生，德業亦成矣。

心者，神之宅也；性者，神之體也；情者，神之用也；神者，一身之主也；主善者，養神之工夫也。心神正則性情善，性情善則身修，身修則道亦得矣。陰陽有流行、有對峙，故就人身而論之，則呼是陽而吸是陰也，寤爲陽而寢爲陰也，立是陽而坐是陰也，是則流行也。魂爲陽而魄爲陰，血爲陽而肉爲陰，此則對峙者也。

五性感動則十二情著見焉，實至善而無惡。但所感之事，有善有惡，故情之發也亦然。如惻隱於孺子之入井，則善矣，若惻隱於元惡，則惡矣。由此推之，人當發其情於小善，窒其情於纖惡，心乃正矣。

人情隨感而動，則熾然而發，不能自止，苟不自省則流蕩忘返，鑿其性而喪其情矣。是以聖人教人也，必自定而不妄動，故雖有萬變之交錯，我心常虚，應之有裕，此與程子定性同義者也。性者，好善惡惡，不能自已之理也；心者，虚靈神明之妙也；情者，隨感發見之理也。心爲性之器，性爲情之本，則三者雖不同，太極之體存乎其中者，則無小异也。

幾者，欲動未動，將分善惡之際也。是以明者省察於此時，善念則思其必然之故而擴之，施於事而篤行，惡念則思其義理之正而勝之，絶其萌而克去，則用力省而功必倍矣，然則審幾君子，盍於五性感動之時，静而察之乎？

聖人定之以中正仁義聖人之道，仁義中正而已矣而主静無欲故静立人極焉。故聖人與天地合其德，日月合其明，四時合其序，鬼神合其吉凶。君子修之吉，小人悖之凶。

朱子曰："此言聖人全動静之德，而常本之於静也。蓋人禀陰陽五行之秀氣以生，而聖人之生，又得其秀之秀者，是以其行之也中，其處之也正，其發之也仁，其裁之也義。蓋一動一静，莫不有以全夫太極之道，而無所虧焉。則向之所謂欲動静勝，利害相攻者，於此乎定矣。然静者，誠之復，而性之真也，苟非此心寂然無欲而静，則亦何以酬酢事物之變，而一天下之動哉？故聖人中正仁義，動静周流。而其動也，必主乎静，此其所以成位乎中，而天地日月、四時鬼神，有所不能違也。蓋必體立，而後用有以行。若程子論乾坤動静而曰：'不專一，則不能直遂；不翕聚，則不能發散。'亦此意爾。"

聖人太極之全體，一動一静，無適而非中正仁義之極，蓋不假修爲而自然也。未至此而修之，君子之所以吉也，不知此而悖之，小人之所以凶也，修之悖之，亦在乎敬肆之間而已矣。敬則欲寡而理明，寡之又寡，以至於無，則静虚動直，而聖可學矣。

愚按，此言人工夫之道。蓋不偏不倚、無過不及之謂中，純善無惡之謂正，至公無私之謂仁，至當合宜之謂義，四者固爲已發之工程，而不可不勉者也。蓋爲善而非中，必有中止行怪之事，中而非正，則必爲苟賤庸陋之習，正而非仁，則必爲固陋殘忍之惡，仁而非義，則必爲姑息柔懦之失矣。是以當於情動應事之際，以此爲則，庶幾擴其善而窒其惡矣。然於未發之時，不能自養，則豈有立大本而行達道哉？是以主一而養之於静，不以萬端之私欲，亂其清明之本體，則心體光明而人極立矣。聖人則生知此道而安行之，定其志而不變。故健順之德，合於天地；虚明之實，配於日月；時中之道，法於四時；變化之誠，質於鬼神，一身都是太極之全體矣。雖未至此，若能修之，則可爲吉人爲善，惟日不足矣。若未知此而悖之，則必爲凶人，陷於刑辟矣，吁，亦可戒哉！

聖人得二五至清之氣，故全其太極之理，而無所蔽焉。是以全無物欲之害，而用力甚易，但其工夫之程，則未嘗不力焉。故聖人亦有進修之本，實非無所爲而自成者也。

爲善則吉，爲惡則凶，是乃必然之天道也。故悔者向善之路也，故漸吉；吝者趨惡之端也，故漸凶。然則人之工夫，只在自悔而勉之，自吝而去之而已，可不圖於未然，修於不見，省微機而處之耶？

中正仁義主静，工夫雖已至矣。必以一者參於其間後，可以之得效矣。蓋一者，誠也，渾然專一之名也。是以静養於一，則無欲欲之紛擾，動主於一，則當中而中，當正而正，當仁義而仁義，太極之體，於是立矣。

《通書》所謂明通公溥者，實仁義中正之效也。蓋通者，中也；明者，智也；公者，仁也；溥者，義也。中無定體，隨時而在，則通也；明無不照，有是無非，則正也；生意條達，至公無私，則仁也；不限物我，各盡當然，則溥也。然則中正仁義是體，而明通公溥者，是用也。

凡天下之惡，莫非出於欲。耳目四支之欲，雖不可無，若有要求之欲，則忘其身；有悦人之欲，則失其性；有做官之欲，則喪其心；有名利之欲，則善不成。隨其欲之萌，而克之以義，養之以敬，則漸至無欲，而聖可學矣。

周子所謂一也，幾也，思也。各有所指，而只是一事也。蓋當其心之初發也，便有善惡之端焉，苟能一其心之體，無意向之偏而思之，思之又重思之，則善惡之端，可以明察矣。若能窒其惡，而一其善，則太極之理，可以得矣。

一者，太極也；動静者，陰陽也；五常者，五行也。太極貫乎陰陽五行之氣，則一者亦貫於二五之間。能主於一，養於動，而慎於静，存其五常之性，而未有一毫之惡，則道亦在乎是矣。

所謂誠也，善也，五常也者，是人之性也。一也，虛也，直也，中正仁義也者，是人之工夫也，有此工夫則其性自然復初矣。

周子言静，程夫子言敬，似二而實一也。蓋周子則於其未發也，静以養之，及其已發也，用其中正仁義之工夫，蓋以體用之工夫細論者也。程子則單舉一字，以該二者之工夫。今以周説爲本，而用力於程説，則戒慎静壹，而自然無惡矣。

故曰：立天之道，曰陰與陽，立地之道，曰柔與剛，立人之道，曰仁與義。又曰：原始反終，故知死生之説。大哉《易》也，斯其至矣。

朱子曰："陰陽成象，天道之所以立也。剛柔成質，地道之所以立也。仁義成德，人道之所以立也。道一而已，隨事著見，故有三才之别，而於其中又各有體用之分焉，其實則一太極也。陽也，剛也，仁也，物之始也，陰也，柔也，義也，物之終也。能原其始，而知所以生，則反其終，而知所以死矣。此天地之間，綱紀造化，流行古今，不言之妙，聖人作《易》，其大意蓋不出此，故引之以證其説。"

《易》之爲書，廣大悉備，然語其至極則此圖盡之，其指豈不深哉！抑嘗聞之，程子昆弟之學於周子也，周子手是圖以授之。程子之言性與天道，多出於此，然卒未嘗明以此圖示人，是則必有微意焉，學者亦不可以不知也。按周子之語，蓋贊《易》之大指，而朱子釋之，亦泛論《圖説》之大體而已，觀者詳之。

愚按，此總結上文一篇之意，不過極論三才之道而已。蓋天之道，則不過寒暑之消長而已；地之道，則不過山川之險易而已；人之道，則不過忠孝之大節而已。是知天之氣，地之質，人之理，固同歸而一致也。故有陰必有陽，有柔必有剛，有仁必有義，有生必有死者，乃理之必然也，是以聖人之作《易》

也，只以此理而明之，仍天道而明人道，則三才之理，至此而極矣。

《太極》，因理氣而順推者也，故自一而二，二而五，五而萬。《易》，則自陰陽而逆推者也，故自一而二，自二而四，自四而八。《洪範》則舉成數而直推者也，故自五而及九。蓋以所指而言之，則各自不同，推原其理，則未嘗少异。由是觀之，則萬理同歸於一，亦可驗也。

《易》，推天道於人事者也，故雖極論陰陽之理，亦不出於日用之常也。《太極》者，貫理氣性情之妙者也，故雖盛論萬物之理，亦不外於人道之宜也。是以察於日用則可知《易》矣，何必舉文字而言之乎？驗於人道則可知《太極》矣，何必歷指而言之乎？然則孔子之不言《易》，程子之不言《太極》者，亦可驗也，豈真不及於一言乎？

《太極》《大學》兩書，若能精治，則天下萬物盡矣。《太極》則詳於性命之理，《大學》則詳於學問之事，以《太極》爲見道之本，以《大學》爲進修之路，則規模廣大而本末不遺，節目詳明而義理無窮。天下之書，豈有加於此哉！《嘿守堂集》卷九。

周子太極全圖　鮮于浹①

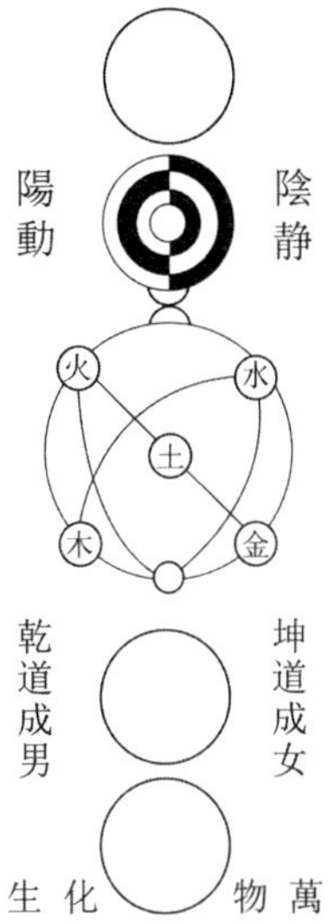

右周子太極全圖，伏羲先天而萬物皆一太〔極〕。

此周子所謂“無極而太極”也。

朱子曰：“無極而太極，正謂無形，然而有此道理耳。”又曰：“是無之中有個極至之理，非太極之外，别有所謂無極也。”

愚按，此理本無聲臭影響之可言，而於天地萬物，無不在焉。故周子灼見道體，而特名之曰無極而太極，乃無形之一理，在於無物之前，而未嘗不立於有物之後故也。其曰無極云者，至無而至虚也。太極云者，至有而至實也，以理言則不可謂之有，以物言則不可謂之無。周子恐學者將太極做一個形像底物

①鮮于浹（1588—1653），字仲潤，號遯菴，謚號文簡，著有《遯菴全書》。

觀之，故先曰“無極而太極”，只是一理而已，陸氏不察而以爲二物，朱子譏之。

贊曰：大哉太極，冲漠無眹。天地之祖，造化之本。無聲無臭，不聞不見。物與無妄，通貫周遍。

此周子所謂“太極動而生陽，動極而静，静而生陰，静極復動，一動一静，互爲其根，分陰分陽，兩儀立焉”者也。

朱子曰：太極之有動静，是天命之流行也，所謂一陰一陽之謂道。誠者，聖人之本，物之終始而命之道也。其動也，誠之通也，繼之者善，萬物之所資以始也。其静也，誠之復也，成之者性，萬物各正其性命也。動極而静，静極復動，一動一静，互爲其根，命之所以流行而不已也。動而生陽，静而生陰，分陰分陽，兩儀立焉，分之所以一定而不移也。

蓋太極者，本然之妙也。動静者，所乘之機也。太極，形而上之道也。陰陽，形而下之器也。

太極，理也；動静，氣也。氣行則理亦行，二者常相依而未嘗相離也。

愚按，此太極之動而陽，静而陰也，所謂理生氣也。太極，無爲之理；陰陽，有爲之氣。理與氣，未嘗相離者也，故氣動則理亦動，氣静則理亦静，如人之乘馬，馬之載人也，馬行則人亦行，馬止則人亦止也。太極之體，無物不有，故陰陽既生，則太極乃在陰陽之中，而理在氣之内也。一動一静者，氣也，所以一動一静者，理也。非知道者，孰能識之？學者最宜潛玩。

贊曰：至哉陰陽，天命流行。一動一静，互相生成。無物不有，無時不然。一元之中，曷有窮焉。

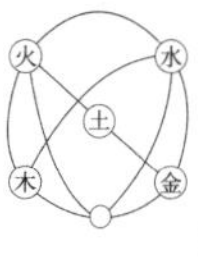

此周子所謂“陽變陰合而生水、火、木、金、土，

五氣順布，四時行焉”者也。

朱子曰：有太極，則一動一静而兩儀分；有陰陽，則一變一合而五行具。然五行者，質具於地，而氣行於天者也。以質而語其生之序，則曰水、火、木、金、土。而水木，陽也；火金，陰也。以氣而語其行之序，則曰木、火、土、金、水。而木火，陽也，金水，陰也。又統而言之，則氣陽而質陰也；又錯而言之，則動陽而静陰也。一片底便是分作兩片底，兩片底便是分作五片底。做這萬物，四時五行，只是從那太極中來，太極只是一個理，迤邐分做兩個氣裹面，動底是陽，静底是陰，又分做五氣，又散爲萬物。

黄氏曰：“四時之行，即五氣之流通，五氣之流通，即一氣之妙用，非截然一彼一此也。”

愚按，此《河圖》説所謂天以一生水，地以二生火，天以三生木，地以四生金，天以五生土者也。陰陽生五行時，輕清者先，重濁者後。故水火陰陽之氣，而炎上潤下，輕清之最者也，土不得以制焉。金木，重濁而不動移，故土得以制之，土尤自重濁，故生水火木金，而又載萬物五行之變。無適而非陰陽之道，陰陽又無適而非太極之本然也。其實，只是一陰陽之氣而已。

贊曰：一變一合，五行生焉。質具於地，氣行于天。生克不同，右轉左旋。如環無端，萬古常然。

此周子所謂“無極之真，二五之精，妙合而凝，乾道成男，坤道成女”者也。

朱子曰：陽而健者成男，則父之道也。陰而順者成女，則母之道也。是人物之始，以氣化而生者也。男女各一其性，而男女一太極也。

愚按，無極之真，太極之理也。二五之精，陰陽五行之氣也。理氣凝聚而成男女，則是男女亦一太極也。此所謂天下無性外之物也，天下萬事萬物，何者不出於陰陽健順之理！

贊曰：無極之真，二五之精。混融無間，氣聚成形。乾男坤女，各一性情。爲夫爲婦，利在女貞。

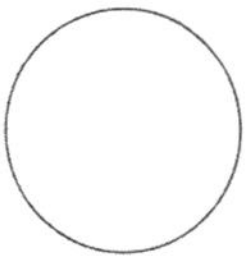

萬物化生

此周子所謂“二氣交感，化生萬物，萬物生生而變化無窮焉”者也。

朱子曰：自萬物而觀之，則萬物各一其性，而萬物皆一太極也。蓋合而言之，萬物統體一太極也。分而言之，一物各具一太極也。

愚按，一個理，渾渾淪淪，只是一太極，而不見其有餘。及其生物，遍體萬象，而不見其不足。萬物各具一理者，此萬，太極之象也，此所謂一實萬分者也。一物渾淪者，統體一太極之象也，此所謂合萬爲一者也。正如蓮葉之上，一大塊水，恁地自圓，散爲萬個小塊亦恁地各各自圓。復合爲一大塊，依舊便自圓，此所謂統體一太極，而萬物各自爲一太極之象也，學者細心體認。

贊曰：一理主宰，爲元爲貞。二氣迭運，萬化生生。形分自然，厥象昭明。是謂太極，各具性情。

右《太極圖》，乃周子生乎千載之下，獨得聖人之微旨，推本太極之理，以及乎陰陽之流布，人物之所以化生者也。

第一圈，象數未形而其理已具之稱，形器已具而其理無眹之目。太極，本然之妙也，不離乎陰陽，而亦不雜乎陰陽也。

第二圈，此太極之動而陽，静而陰也，所謂理生氣也。

第三圈，此陽變陰合而生水、火、木、金、土也，所謂陰陽生五行也。

第四圈，乾男坤女，以氣化者言也；各一其性，而男女一太極也。

第五圈，萬物化生，以形化者言也。各一其性，而萬物一太極也。

太極一圖，本末相因，血脉貫通，首言陰陽變易之原，乃一圖之大綱領也。若看得太極處分明，則自此盡見得天下許多道理矣。故愚也敬將一圖而分析五圈次第，而段段别之。列爲條件，因朱子之釋言而又釋之，又各作一贊，繫于其圖下，以便觀覽，此古易分看之法也。先生之學，性諸天，誠諸己，而其妙具於太極一圖，理會得此頭腦數段，何理不可究，何事不可處！

先生吃緊爲人，特著太極之書，以明道體之極致，而其用工夫處，只説定之以中正仁義而主静。此數語，括盡了天下萬古學者用功之大法也，程子主敬之説及論性之言，皆本於此。

太極，廣大底物事，唯宇宙大胸襟者，乃能窺測之。又無聲無臭、無方無所、無内無外之物，學者極盡天理，絶無人欲者，庶幾識得矣。又至中至正、至精至粹、至神至妙，非心通乎道而理與心爲一者，又不能知也。

朱子曰：《先天》《太極》二圖，論其格局，則《太極》不如《先天》之大而詳。論其義理，則《先天》不如《太極》之精而約。蓋合下規模不同，而《太極》終在《先天》範圍之内，又不若彼之自然不假思慮安排也。若以數言之，則先天之數，自一而二，自二而四，自四而八，以爲八卦，太極之數，亦自一而二，剛柔；自二而四，剛善、柔善、剛惡、柔惡，遂加其一，中，以爲五行，而遂下及於萬物，蓋物理本同，而象數亦無二致，但推得有大小詳略耳。《遯菴全書》卷四。

《太極圖説》解　洪錫①

無極太極之名，何以作？蓋謂空無之中有極至之理，而其理無形，故假象一圈，使人仍其象而究其理也。名義既著，其理即顯，此陰陽之所以有定分，而化生之所以有流形也。蓋陽剛而健，陰柔而順，此陽之所以先生也。資始而資成，不可以偏廢，此陰之所以旋生也。陰陽既分，即有天地，此所謂分陰分陽，兩儀立焉，而白黑之象，所以定也。陽動而陰静，皆有其氣，陽之氣始於子之中，陰之氣始於午之中，而陽氣盛於巳，而盡於亥，陰氣盛於亥，而盡於巳，皆未嘗頓滅，至微之氣隱，而積三十分至於子，而陽成一體，至於午而陰成一體，此所以白始於子，而終於亥，黑起於午，而盡於巳者也。陽爲外而恒主動，陰爲内而恒主静，動者變而静者合之，合變交感，便有神工，而須有五氣可能生成，此所以生水、火、金、木、土也。原其所自，五氣即生於二氣，二氣即根於一理，一理之真，五氣凝聚於陰陽之精，物乃成之，各有類化，此所以成男成女之别也。推類而感，品物成形，氣化不息，生生無窮，此所謂變化無窮焉者也。《遜愚集拾遺》。

無極太極釋義辨　洪錫

濂溪《太極圖》曰無極而太極，近世學者或有釋此文義，

---

①洪錫（1604—1680），字公叙、君叙，號遜愚、太古亭，著有《遜愚集拾遺》。

以爲極之無處，甚大之極也。以無極二字爲形容太極之放下文字，竊以爲未安。夫無極太極初不可以截作兩段看，固非太極上别有無極也，只是太極爲無極，無極爲太極。而凡讀書之法，先曉其文義，文義既通且順，然後可以求其意。周子所謂無極而太極云者，只將一個理，冲漠者爲無極，兆眹者爲無極，初非個别件狀體，而“無”字“太”字皆有其意，竊詳之。若謂自無極爲太極，則大不是，而無極二字直以爲放下文字，則亦不是。何以明之？朱子解以爲無極二五所以妙合而無間，不曰太極而曰無極者，豈非這個段落分曉之處乎？朱子又曰：“無極者無形，太極者有理。”周子恐人把作一物看，故云無極，此無極者、太極者兩下“者”字，果可以無極二字爲放下文字之義乎？朱子又曰：“不言無極，則太極同於一物，而不足爲万化根本；不言太極，則無極淪於空寂，而不能爲万化根本。若不如是兩下説破，則讀者錯認語意，必有偏見之病”云云。無極二字，果是放下文字，則何須有此雙舉之論？何須區别“足”字“能”字？何須謂之淪於空寂？何須謂之兩下説破乎？朱子又曰：“周子所以謂之無極，正以其無方所無形狀，以爲在無物之前，而未嘗不立於有物之後；以爲在陰陽之外，而未嘗不行乎陰陽之中；以爲通貫全體，無乎不在，則又物無聲臭形響之可言也。今乃深詆無極之不然，則是直以太極爲有形狀，有方所矣。是果以無極二字爲不是名目，而直爲放下之意。朱子又曰“先王之言，其高極乎太極無極之妙”云云。果以文字解爲無其極者，爲太極云之意，則何以先言太極，後言無極乎？又曰：“孔子贊《易》，自太極以下未嘗言無極也，而周子言之。若論無極二字，乃是周子灼見道體，迥出常情，説出人不敢説底道理。”此又果以無極二字直爲放下文字，元無舉以爲名目之意乎？朱子又曰：“無極只是形狀，太極只是至理。”又曰：“無極者，只是説這道理。”又曰：“無極之妙，未嘗不在是焉。”又曰：“無極之真誠也。”又曰：“以明其渾然一體，莫非無極之妙，而無極之妙，亦未嘗不各具於一物之中。”又曰：“無極之真，已該得太極在其中，真字便太極。”又曰：“無極是理，二五是氣，無極之理便是性。”又曰：“上而無極太極，下而一草一木，一昆蟲之微，亦各有理。”又曰“無極之實理，具於二氣五行之精”云云。此等處所謂無極只是指太極之理者，而苟以無極二字爲放下文字，則凡於此等處，何不直下太極二字，而皆下“無”字“顯”字，别件名目者之文義乎？朱子又曰：“極是極至無餘之意，無極是無之至，至無之中乃至有存焉，故云無極而太極。”是果非兩下名目者之義乎？邵子《觀物内篇》有曰：“無極之前，陰含陽也。”此所謂無極固是太極，而須下此“無”字，果是以無極爲文字看破之意乎？北溪陳氏又曰：“所謂無極而太極，‘而’字只輕接過，不可就此句中間截作兩截看，無極只是説理，無形狀，無方體，正猶言無聲無臭之類，太之爲言甚也。太極是極至之甚，無可得以形容，故以太名之。”又曰：“在万古無極之前，而貫万古無極之後。”先儒論説大抵皆是無極二字，固不可以放下文字看破也，明矣。况《太極圖説》所謂五行一陰陽也，陰陽一太極也，太極本無極也，朱子解以爲即此而推本之，以明其渾然一體，莫非無極之妙，而無極之妙，亦未嘗不各具於一物之中也。以此等諸言觀之，則此“本”字不是本然之意，只是原初之意也。無極二字反覆參證，抱名目看，明白無疑，而或者以文字看破者，竊恐其未免於緣文膠滯之病也。今以無極而太極詳加疏釋，則只宜謂無形之中有至極之理，而形容其未著者爲無極，形容其已具者爲太極，如斯論破，恐爲得焉。《遯愚集拾遺》。

圖説 李惟泰①

無極而太極，非太極之外復有無極也。

---

①李惟泰（1607—1684），字泰之，號草廬，謚號文憲，著有《草廬集》。

太極者，天地萬物之根也；無極者，著無聲無臭之妙也。《圖説》注朱子曰："太極者，象數未形，而其理已具之稱，形器已具，而其理無朕之目。"又曰："太極之義，正謂理之極致耳。有是理，即有是物，無先後次序之可言，故曰易有太極，則是太極常在陰陽之中，而非在陰陽之外也。若以乾坤未判、大衍未分之時論之，則非也。形而上者謂之道，形而下者謂之氣，有是理，即有是氣，理一而包氣，則無不兩者，故曰太極生兩儀。"

《通書》注又曰："陰陽，氣也，形於下者也，所以一陰一陽者，理也，形而上者也，道即理之謂也。"

西山真氏辨莊子以道在太極之先説曰："所謂太極，乃是指作天地人者，氣形已具，而渾淪未判之名，而道又别是一懸空底物，在太極之先，則道與太極爲二矣。不知道即太極，太極即道，以其通行而言則曰道，以其極致而言則曰極，又何嘗有二耶！儻非周子啓其秘，而朱子又闡而明之，孰知太極之爲理，而非氣也哉！"真氏之説止。

大抵自周子以後，凡論太極者多矣，朱、真二説最爲精確。夫太極動而生陽，静而生陰，互爲其根，分陰分陽，兩儀立焉，則乾坤位矣。乾一索而陽上生一陰，坤一索而陰上生一陽，乾再索而陰上又生一陽，坤再索而陽上又生一陰，則在伏羲八卦爲离東坎西，是所謂日生於東，月生於西，而陰陽得位矣。在河洛數爲离三坎六，又所謂陰可易，而陽不可易也。在文王八卦，离南坎北，乃八用之位，以應天之時，地之方也，故邵子以此謂後天之學。夫乾坤交而爲泰，坎离交而爲既濟，而乾坤是天地之道，陰陽之本也，坎离是陰陽之成質成功也。成質也，故在《易》，《乾》《坤》爲上篇之首，而《坎》《离》爲上篇之終；成功也，故《咸》《恒》爲下篇之首，而《既濟》爲下篇之終。今以此圖觀之，則易行乎其中，而中男用事，中女代毋，是伏羲先天之學也。所以與文王八卦位次不同，然究其順逆與變幻，則自然皆暗合矣！惟其陽變陰合，而生水、火、木、金、土，五氣順布，四時運行，則五行一陰陽也，陰陽一太極也，太極本無極也。五行之生也，各一其性，而無極之妙，亦未嘗不各具矣。是以五行异質，而位不同，四時异氣，而時不同，然皆不能外乎陰陽，而陰陽動静亦不能離乎太極，太極之所以謂太極者，初無聲臭之可言，是性之本體然也。夫無極之真理，二物之精氣合而凝，乾道成男，坤道成女，二氣交感，化生萬物，萬物生生而變化無窮焉。蓋此等説多載於諸儒書中，而詳盡無餘，故不敢强爲矛盾之説。然謹按《中庸》首言天命之性，中言修道人事，終言萬物位育者，正與此圖意相吻合，則周子可謂有得於子思之旨矣！《草廬集》卷三。

理氣辨證　李榘①

朱子曰：看《太極圖》，可曉理氣之分云云。

《太極圖》，○無極太極也，指其本體不雜陰陽而爲言云云。竊謂本體者，謂理也。不雜陰陽者，謂不雜乎氣也。此未有氣前，先有理也。此○之動而生陽，静而生陰也云云。竊謂此先有理，而後有氣也。其中○者，其本體也云云。竊謂此理在氣中，而不相夾雜也。

此陽變陰合而生五行也云云。竊謂此氣由理中，而自然生出也。此無極二五妙合而無間云云。竊謂此理與氣混融以合也。○乾男坤女，○萬物化生云云。竊謂此理與氣合而流行也。男女萬物，各一太極云云。竊謂此氣雖有异，而理無不同也。竊謂先有太極，後有二五，故曰生，此理與氣有先後也。既有此真，又有彼精，故曰合，此理與氣非一物也。

竊按，朱夫子曰“太極者，象數未形，而其理已具之稱，形器已具而其理無眹之目”云云。夫象數未形，而其理已具，則是理在氣前也。形器已具，而其理無眹，則是理在氣中也。

①李榘（1613—1654），字大方，號活齋、山陽，著有《活齋集》。

理在氣前，故理未嘗雜乎氣；理在氣中，故理未嘗離乎氣。未嘗雜者，體用之一源也；未嘗離者，顯微之無間也。其用未形而體已具焉，則所以爲一源也，顯者可見而微即在焉，則所以爲無間也。一源無間之旨，非知道者，孰知其妙乎？老子曰“道生一而乃生二”，莊子曰“道在太極之先”，是以一太極爲氣，而殊不知其一太極者，乃此理之一源極致耳。近世一種議論，則又以理氣混淪爲一物，是直以陰陽爲理，而不復知其真與精合而凝也。彼則認理爲氣，故反歸實理於虛無；此則認氣爲理，故又滯至理於形氣，二者病處雖若不同，而其不知則一也。

或曰：“理氣是一個物事，故程夫子謂‘體用一源，顯微無間’。既謂一源，則理氣無先後，既謂無間，則理氣無彼此，何得言有所分别耶？”

曰：“不然，先有此理，故能生出此氣。既有此氣，故能存得此理，一源無間，雖自有合凝之妙，體用顯微，何嘗無分别之義耶？蓋理爲體，象爲用，理中有象，是一源而先有體，而後有用。體即是源，而用由以生，故曰一源。是理先於象，而其源則未嘗不一也。象爲顯，理爲微，象中有理，是無間。而既有顯，而又有微，顯之所在，微妙而合，故曰無間。是象异於理，而特以其合而不離耳。自理而言，其一源，則象具理中；自象而言，其無間，則理在氣中。此所謂主理而言，太極在陰陽之先；主氣而言，太極在陰陽之中。未有氣而理已具焉，已有氣而理亦行焉者也。若以其一源，而疑其理之不先於象，以其無間，而疑其象之即同於理，則是不知陰陽之根於太極，太極之在於陰陽，豈非鶻圇之甚耶？是故朱夫子《答吕子約書》曰‘形而上下，各有分别，須分得此是體，彼是用，方説得一源，分得此是象，彼是理，方説得無間。若只是一物，却不須更説一源無間也’。又《答何叔京書》曰‘既謂有理而後有象，則理象便非一物，故伊川但言其一源無間耳，其實體用顯微之分則不能無也。今曰理象一物，不必分别，恐陷於近日含胡之弊，不可不察’云。若能消詳於斯訓，則理氣之辨，庶有所歸著矣。元儒吴臨川《解易序》曰‘體用同時而有，非先有體而後有用，顯微相合爲一，非是顯生於微’云。看其旨義，正犯朱子之戒，豈非亂道而誤人耶？”朱子又曰“體用是兩物而不相離，故言一源”云云，然則顯微非一事，而以妙合，故無間也，斯乃分别處也。《活齋集》卷三。

《太極圖説》理氣發明　李榘

按，朱子《答劉叔文書》曰“理與氣，決是二物云云，只看某所解《太極圖》第一段，便見意思”云云，由是推之，餘皆可以發明矣。

周夫子《太極圖説》，乃百世道術之淵源。而朱夫子解圖推説，則天人理氣之妙，誠已躍如，而無餘藴矣。其後山陽度氏有句解名義之間，尤似明白，而或於理氣之分，有未盡説出者。祇今學問之弊，實在於錯認此個，如吾懵暗，將何以得其旨歸，有所發明也哉？玆敢録其妄見，爲它日質諸有道之資云。

朱子曰：○無極太極，此所謂無極而太極也，所以動而陽，静而陰之本體也。然非有以離乎陰陽也，即陰陽而指其本體不雜乎陰陽而爲言爾。

竊惟○所謂無極而太極者，只是理也。雖冲漠無眹，未有陽動陰静之氣，而動陽静陰之理，昭然已具於其中，此○之所以爲之本體也。然未有無理之氣，亦未有無氣之理，固不可舍陰陽之氣，而别求其理於甚處。若窮源極本而論之，畢竟先有理而後有氣，故須就陰陽之上，指出其本然全體之理，實不雜於氣者而爲言，則道之大頭顱處，豈合認氣而爲理，指理而爲氣耶？

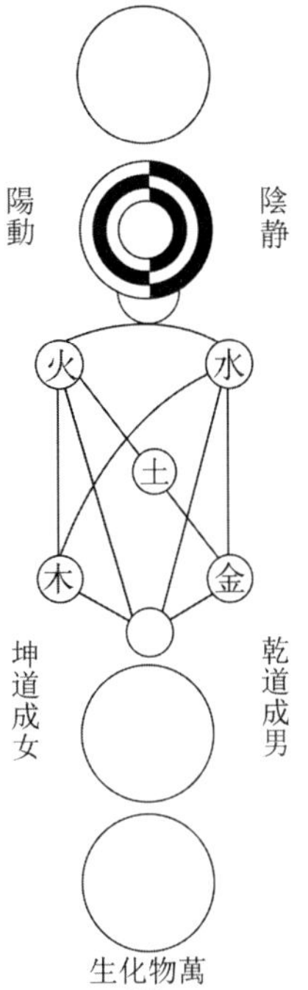

周子太極圖

◎陰静陽動，此○太極之動而陽，静而陰也。中○太極者，其本體也。☾陽動，陽之動也，○太極之用所以行也。☽陰静，陰之静也，○太極，之體所以立也。☽陰中之陽者，☾陽動之根也。☾陽中之陰者，☽陰静之根也。

太極有動之理，故氣便動而爲陽。太極有静之理，故氣便静而爲陰，此◎之所以生於○者也。未有氣而理在其先，已有氣而理在其中，則中○者，太極本然之體，實在於陰陽動静之中，而未嘗夾雜者也。但理無象而氣有迹，於其☾可以見○之用，於其☽可以見○之體。而動静無端，陰陽無始，故☾根於☽，☽根於☾，即☽而○之用已行，即☾而○之體已立，此所謂一陰一陽之謂道也。然而形而上下，却須分別其☾，其☽形而下者也，其中○形而上者也，一◎而一☾之者，乃○也。然則豈可不分道器之界至而混理氣爲一耶？

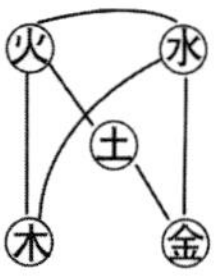

五行此陽變陰合而生水、火、木、金、土也，＼陽變者，陽之變也，／陰合者，陰之合也。水陰盛故居右，火陽盛故居左，木陽稚故次火，金陰稚故次水，土冲氣故居中，而水火之)(根陰根陽交系于上，陰根陽陽根陰也。水而木，木而火，火而土，土而金，金而復水，如環無端，五氣布而四時行也。

☾中之☾變焉＼而爲㊌，☽中之☽合焉／而爲㊋，此乃天一而地二也。三焉而㊍，四焉而㊎，五焉而㊏，皆是一＼一／之爲也。此乃生之序，則二四爲陰，一三爲陽，水不當屬陰，火不當屬陽，而以其成之者言之，則水成於地六故屬陰，火成於天七故屬陽，以其行之者言之，則水爲冬而陰盛。火爲夏而陽盛，而木爲陽稚，金爲陰稚，以次於水火矣。蓋生與成，其序自别，而陰陽稚盛之分，有如此者，然而一＼一／者，乃○之使然。而㊌而一㊍，木而一㊋，火而一㊏，土而一㊎，亦自有個○焉。然則五行之生成，固由於陰陽之變合。而至於陰陽之所以爲陰陽者，無適而非太極之本然，已有水之理，故方有水之氣，已有火之理，故方有火之氣，在木金土俱然。且其氣之循環交運者，亦莫非理之流行，不可只見五行之氣，而却遺五行之理，又不可便指五行之理，以爲五行之氣也。

○無極太極，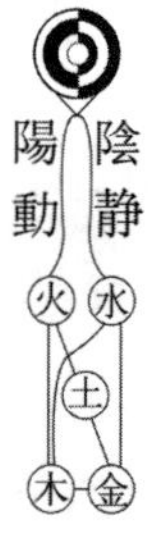

五行，五行一陰陽，五殊二實，無餘欠

也。陰陽一太極，精粗本末，無彼此也。太極本無極，上天之載，無聲臭也。五行之生，各一其性，氣殊質异，各一其○太極，無假借也。真精妙合，此無極二五所以妙合而無間也。○乾道成男，坤道成女，乾男坤女，以氣化者言也，各一其性，而男女一太極也。○萬物化生，萬物化生，以形化者言也，各一其性，而萬物一太極也。此已上引説解圖，以下據圖推説。

之行，雖若各异，而不外乎之實，一☾一☽之運，雖若不同，而都只是一○之理，○則又初無聲臭之可言也。是二五之精凑著底，○是無極之真渾然底。真以理言，精以氣言，二者元非一個，既有這理，方有那氣，故遂妙合而無間，則於是乎成男女，生萬物，而造化無窮矣。蓋理與氣必相須而亦不相混，故二五殊异，氣無餘欠，而精粗本末，理無假借，男女萬物，所别者氣，而各一其性，所同者理。不可只見其氣之變化，而不知其理之渾全，只見其氣之凝聚，而不知其理之流行也。

惟人也，得其秀而最靈，則所謂人○太極者，於是乎在矣。然形☽陰静之爲也，神☾陽動之發也，五性五行之德也，善惡男女之分也，萬事萬物之象也。此天下之動，紛綸交錯，而吉凶悔吝所由以生也。

人得二五之秀氣以生，而健順五常之理，實所賦焉。此所謂形生於☽，神發於☾，性禀於而○未嘗不在此也。然而理本皆善，而氣兼善惡，故天地之性渾然至善，而纔有氣質，便不能無善惡之雜。及其感物而動，或發於義理之正，或發於形氣之私。幾分類别，萬變交生，夫人莫不有此理，亦莫不有此氣。而但衆人則理爲氣汩，欲動情勝，而人極或幾乎滅矣。然則理氣之分，其可以不明，而主理治氣之功，尤其可以不嚴耶？

惟聖人者，又得夫秀之精一而有以全乎○太極之體用者也。是以一動一靜，各臻其極，而天下之故，常感通乎寂然不動之中。蓋中也，仁也，感也，所謂☾陽動也，○太極之用所以行也。正也，義也，寂也，所謂☽陰靜也，○太極之體所以立也。中正仁義，渾然全體，而靜者常爲主焉。則人○太極於是乎立，而○

無極太極 五行，天地日月、四時鬼神，有所不能違矣。

聖人又得其氣之至精至一，而不雜不二者，故此理之善，渾無虧欠，而全體大用，自至乎其極。蓋氣動而感，所謂☾也，而中、仁，乃其理也，故曰○之用所以行也。氣靜而寂，所謂☽也，而正、義，乃其理也，故曰○之體所以立也。通焉復焉，都只是誠，有動有靜，而常主乎靜，則人○由此而立，理無有

不全，氣無有不順，與所謂天地日月、四時鬼神、昭穆無

間。而天地日月、四時鬼神，自不能違戾也。然則理氣之妙，儘有其極，而聖人之道，初不出此也。

君子之戒謹恐懼，所以修此而吉也，小人之放僻邪侈，所以悖此而凶也。

自非聖人，皆未免各有理氣純雜之分數，故君子之戒慎恐

懼者，修此理而制其氣，求至乎○，而敬所以爲聖學也。小人之放僻邪侈者，汩於氣而悖乎理，不知其○，而惡必歸於禽獸也。然則理氣之辨，間不容隙，而君子小人之別，只在於是矣。

天地人之道，各一○太極也。陽也，剛也，仁也，所謂☾陽動也，物之始也。陰也，柔也，義也，所謂☽陰静也，物之終也。此所謂易也，而三極之道立焉。實則一○太極也，故曰易有太極，◎陰静陽動之謂也。

陰陽剛柔，乃◎之氣質也，仁義乃◎之理也。於天地，則言氣質，而理在其中也，於人，則言理，而氣質有其則也。一☾一☽，所以終始乎物，而三○立矣。分而言之，天一○也，地一○也，人一○也。合而言之，天也，地也，人也，實一○也。天地人之氣，雖自是别，而天地人之理，未嘗不同，氣千變而萬變，理無極而太極，故曰易有太極。是就一☾一☽之中，剔發一○言之，聖人之意，豈不微妙乎！而理氣之説，至此而可以定矣。《活齋集》卷二。

擬宋臣朱熹請於國史中《太極圖説》去“自爲”二字以正道學之淵源表　權迪①

渾然一理貫，自有先儒之立言，分作兩段看，盍去太史之誤字。可削則削，念兹在兹。欽惟皇帝陛下，巍乎難名，建其有極德，已造乎廣大，重道崇儒，學日就於高明慎思詳辨。顧惟先正臣周氏，嘗有《太極圖》著論，畫出翕闢之源，萬象備矣。形諸造化之妙，一言蔽焉。無而有，有而無，不是兩項説話；體則用，用則體，可見一脉昭融。議論安敢到乎？增減不

①權迪（1626—1679），號鳩谷，著有《鳩谷文集》。

可輕也。何今史所自爲説，誤前哲已定成書。一物二名，敢生穿鑿之見；反同爲异，全昧道器之分；架屋叠床，奚獨病夫先覺入耳出口，亦將枉了後人。吁，此足徵之文，反爲膚淺之語，删其繁，訂其謬，焉可已哉。晦於前，明於今，猶及救上，以愚臣之蒙，學尚知其非，矧聖上之离明，在所必改。伏望於斯二者，特加三思，亟命掌史之官，爰去臆見之説，則得有所考聖學之淵源，孔昭道，無他歧士流之趨向，克正當。有猷必告，非道不陳。改史氏之闕文，庶回舊俗，奉前烈之遺訓，益勵新知。《鳩谷文集》。

答金叔涵問《太極圖》　朴世采①

陰静陽動圖　載海②按，此圖之左一邊渾是白，而白中有黑，右一邊渾是黑，而黑中有白，黑底是陽中之陰，白底即陰中之陽，左有兩細畫，外畫使成圓限而已，内畫即所謂中太極，一圈之半也。蓋於白黑兩間，加此一圈，故於黑底無畫可見，於白底有此一畫，皆非有意於畫之細大而然也，未知是否？

來諭儘分曉，蓋黑邊内外，亦非無細畫，而混入黑套，故不現也。且此白邊兩畫，只標其圈套分限耳，非有所係於大義者，可知矣。

五行圖　載海按，水火，以生之序言之，則水陽而火陰也；以行之序言之，則水陰而火陽也。此圖以水火居金木之上，是則疑以生之序分排其位，然水之居右謂之陰盛，火之居左謂之陽盛，是分明以行之序言之。然則此圖本兼生之序行之序也，

---

①朴世采（1631—1695），字和叔，號南溪、玄石，謚號文純，著有《南溪集》。

②金叔涵（1658—1720），名載海，號叔涵，与尹拯（1627—1714）等有多封書信往來，可參見《明齋先生遺稿》。

交係於上，所以明生序，故水火居上，金木居下。木而火，火而土，土而金，金而水，所以明行序，故水則居右而爲陰，火則居左而爲陽。

所諭此圖，本兼生行兩序者看得是，唯其中所以明行序，故水則居右而爲陰，火則居左而爲陽云者，恐未安。蓋陽變而生水，陰合而生火，乃陰根陽，陽根陰之義，而及其既生，則水陰盛故居右，火陽盛故居左。初非爲行序而然也，若其行序，則只當就五圈諸畫，見五氣四時循環之理而已，蓋以猶非其主意故耳。

解剥圖體，水陰盛故止居左。載海按，天地之東爲左，西爲右，而使人面北而看之，則天地之左，即人之右也，天地之右，即人之左也。然凡所謂陽左陰右者，皆從天地之左右，故曰陽居於東，陰居於西。今此圖陰静陽動之位，便與天地易其左右，未詳何義？

此圖陰陽左右，以今所見與《易卦》諸圖不同，未詳其義。但陽村《入學圖》有我在北，而圖在南之説，退溪《天命圖》亦有其圖之體，只是竪起當中直看下來之語，皆欲求其義之通也。然恐此皆未必通，今當以朱子陰右陽左之義爲主，認得此圖所見者，只使人對面看其上下大體而已。其實則此爲圖背而所不見者，始乃圖之前面云爾，如此然後，方與天地河洛之定位吻合無疑矣，第不敢自信。

戒慎恐懼止，悖此而凶。載海按，戒慎恐懼，即體上工夫。放辟邪侈，即用上病敗。君子之修，則言體而不及於用，小人之敗，則言用而不及於體，蓋所以互相發明也。内而戒慎恐懼，則必不放辟邪侈於外也，外而放辟邪侈，則必不戒慎恐懼於内也，如此看是否？

戒慎恐懼，《中庸》本意有以統體説者，如所謂常存敬畏是也。有以静邊説者，如所謂戒懼者，所以涵養於喜怒哀樂未發之前是也。雖其義各自不同，然猶可以體上工夫言矣。但此既以放辟邪侈，對言下文《圖説》，又以敬肆繼之，則直是陰陽善惡之辨耳，恐非可以體用分言之者，如何如何。

《群書句解》無極注“無定極之中，有至定極之理”。載海按，無極太極，元非二物。不可曰無極之中有太極，况所謂定極者，似非太極之本意也，如何？

無極太極，雖非二物，若欲形容之則如此下語，恐不得已。所謂無方而至方，無形而有形，亦此類也，但定字似差矣。

“其本體”注“太極之本體”。載海按，太極乃是陰陽之本體，故曰其本體，“其”字已指陰陽而言矣，何以曰太極之本體哉？恐非。

觀上文所以動而陽，静而陰之本體，中◇者，其本體及圖説性之本體等語，“其”字恐非指陰陽，正爲太極而言也。然則所謂太極之本體者，又何足异耶？

“一陰陽”注“陰陽之理”。載海按，陰陽即在五行中，此五行之所以一陰陽也。若曰只一陰陽之理，則五行與陰陽猶是爲二物，如何？

五行一陰陽，如來説看者亦多。第此圖主意，在於發明太極之義，必如熊氏説，然後方成道理。不然則所謂無餘欠，無彼此，無聲臭，無假借者，或言氣或言理，無所準的，恐甚未安也。曾與沈明仲論此甚詳，下二條并同。

“精粗本末”注“五行爲末”。載海按，上一節既言五行之爲一陰陽，此一節言陰陽之爲一太極，於此何可更舉五行爲説？只將精本粗末分屬於太極陰陽恐當。

五行字，《近思釋》疑作陰陽當是，餘見上。

“無彼此”注“同是一理”。載海按，凡云同是者，必將物之兩樣而同者爲言，今所謂精粗本末，一則爲太極，一則爲陰陽。若兼舉大極陰陽謂之同是，則陰陽非理，何以曰一理也？若單舉太極謂之同是，則太極非二物，何以曰同是耶？且無彼此之間，此“間”字，似未安。

見上。

“本無極”注“太極之理，本於無極”。載海按，太極之外，非復有無極。何可以太極謂本於無極耶？恐非，“於”字似未安。

“無假借”注“自然而然”。載海按，無假借云者，蓋謂不待相假借，而各自具足也，若曰自然而然，則恐非所以正釋其義。

其下既有非有所相假借之語，則如此恐無妨。

“於是乎立”注“人之道自此而立”。載海按，上文云人極於是乎在，此云於是乎立，在者，是衆人皆有底人極。至定之以中正仁義，惟聖人能之，此人極之所以立也。《句解》在上文則人心是即太極，在此段則曰人之道自此而立，恐與朱子立言本意相左。

此説甚當。

“物之始也”注“萬物之所資”。載海按，物之兩“物”字，皆兼事物之義，蓋以仁義并言故也。所謂萬物所資云云，只從萬物而言，恐誤。

兩“物”字未見其爲事物之義，蓋陰陽剛柔，各以氣質言，仁義亦言其理，則固是一義也。然則其以萬物之資成爲言者，殊無所礙矣。

無極而太極。載海按，太極者，總萬物之理，而就其根源極至處名之曰太極，初非有形如北極、屋極之極也。然用“極”字，義有相類，故濂溪恐人將太極或做有形底看，强加“無極”字，以示此理之本無形象也。是以朱子言太極則必曰有理，言無極則必曰無形，無極既是無形之謂，則其“極”字似是爲有形底。然若以太極之極亦謂有形則不可，若以無極謂有形，太極謂無形，則其所謂無極而太極者，又似不成文理矣。然無極云者，既是釋太極之所以無形，則兩“極”字自相不同，不可强作一義看否。

嘗愛黄勉齋所謂無極而太極，若曰無形而至形，無方而大方云者，蓋既曰無形則所謂至形者，非昭然形狀之謂。既曰無方，則非井然方所之謂，幾與形而下、形而上之説，同其妙矣，兩“極”字恐又不可作二義看。

注“造化樞紐”“品彙根柢”。載海按，雙峰曰：“陰陽五行，闔闢不窮。”而此理爲闔闢之主，如户之樞紐。男女萬物，生生不息，而此理爲生生之本，如木之有根柢也。謝氏方叔之説亦然，而淺見不能無疑。夫陰陽闔闢，固是造化，而化生萬物，獨不得爲造化乎？闔闢與化生亦非二事，闔闢故能化生。今若以造化屬陰陽闔闢上，以品彙屬氣化形化上説，則無乃分之太甚乎？從天地而言，則其所以闔闢不窮，化化生生者，莫不以太極爲主也。故曰造化之樞紐。從萬物而言，則俯仰之間，形形色色者，莫不以太極爲本也，故曰品彙之根柢。如斯而已，何可就造化上取其闔闢一截屬之於上句，取其氣化一截屬之於下句乎？

統而言之，則一草一木，固當謂之造化；分而言之，則造化品彙，自有所主。張子曰："游氣紛擾，合而成質者，生人物之萬殊，其陰陽兩端，循環不已者，立天地之大義。"蓋游氣紛擾者，即品彙之謂也，陰陽兩端者，即造化之謂也。以此推之，正與《圖説》生陰生陽、成男成女二段相符，須是更加思量，大抵道理同中見其有异，异中見其有同，使之各得其當，方是恰好理會也，如何如何。

"太極動而生陽"注。載海按，太極既動，然後方生陽，既静然後方生陰，則當其未動未静之前，所謂太極者，依於何所？必也其動底已是陽，静底已是陰，故朱子亦曰"未是動後方生陽，静後方生陰"。然則太極未動之前，亦不爲無氣也。苟有其氣，是爲陰耶？陽耶？大抵理與氣、陰與陽，皆不可以分先後。然若將理氣極推其始，則畢竟是先有理，若將陰陽極推其始，亦畢竟先有陰。然則太極既生，便寓於陰，至動則爲陽耶？姑記所疑如此，以俟裁教。

太極未動之前，其氣謂之元氣。栗谷先生詩曰"元氣何端始，無形在有形"者是也。但以循環之理言之，未生陽之前，亦可謂之陰。邵子曰"無極之前，陰含陽"是也，此與截自一陽未生之義不同故耳。來喻大抵理與氣、陰與陽以下看得儘精密，可喜可喜。

分陰分陽。載海按，不曰陰陽分，而曰分陰分陽者，恐有意存焉。自太極之初動，至兩儀之既立，而中間必有無限動静，一動一静而陰陽乃分，又動又静而陰陽又分。積幾動静然後兩儀乃立，若曰陰陽分，則文義無以舍得此義，必曰分陰分陽，然後意方如此，所謂分陰分陽者，非謂分陰爲兩，又分陽爲兩也。只是謂陰陽分，而必用兩“分”字，然後可見陰陽之所以分，如上所陳矣，如此看如何？

分陰分陽，據朱子説則曰“從動静便分”，又曰“動而生陽，静而生陰，則陰陽分而兩儀立矣”。静極復動，以後所以明闔闢不窮之妙，似與來意少异矣。其曰分陰分陽者，蓋亦對待之説也。

注“推之於前止其終之離”。載海按，推之引之云云，既承上著者微者而言，則其所謂不見，即指理氣之合、理氣之離也，然所引程子動静説，只就陰陽上説，可疑。

道者，太極也，所謂非知道者，孰能知之者，正所以明太極動而陽、静而陰之義也，不可謂只就陰陽上説。

陽變陰合。載海按，變合者，恐是繼之、成之之謂也。五行之生，在其氣之流動而未成形，則係是陽變也。在其形之凝定而已成形，則係是陰合也。

繼善成性，《圖説》已於動静處言之，恐於此用不得，只以朱子所謂陽動而陰隨之之意看定，似宜也。

生水、火、木、金、土。載海按，五行之生，土在最後，土之未生也，四者依於何所？兩儀既立，地便是土，而猶不云土者，豈以地之成形只是查滓，未成此土耶？且水爲陰，火爲陽，然水者，内陽外陰而陰盛，故謂水曰陰，火者，内陰外陽而陽盛，故謂火曰陽。至於金木，亦類是焉。金者，外剛而内柔，剛則陽，柔則陰，然陰勝故爲陰，木者，外柔而内剛，然剛勝故爲陽。然則水火之爲陰陽，從其外而言之，金木之爲陰陽，從其内而言之，是亦造化自然之妙耶？

土雖未成，地既成形，則四者之依附可知也。五行之變，固亦有不可窮者。然言大體，只有質氣兩道而已。以質言之，水木之爲陽，火金之爲陰，以兩儀變合故耳。以氣言之，木火陽也，金水爲陰，以四時運行故耳，恐不可以内外爲言。

注"錯而言之"。載海按，統而言之者，就五行上兼言其氣質，蓋所謂五行，其氣皆陽也，其質皆陰也；錯而言之者，就五行上單言其氣。蓋當其金氣之動也，火氣已静。當其水氣之動也，金氣已静，餘可推而知也，如此則其所謂錯而言之者，庶乎有味矣。

水木之爲陽，火金之爲陰，亦當在錯言之中，何可舍而不言耶？

"五行一陰陽"注"性之本然也"。載海按，上句所謂初無聲臭，即釋太極之所以爲無極也。然則無聲無臭，乃太極之本體然也。然而不曰太極，而曰性之本體者，恐只是接得下五行之性也。

蓋欲變無極而言性故也。

五行之生各一性。載海按，朱子曰："隨其氣質而所禀不同，所謂各一其性也。"又曰："太極之全體，無不各具於一物之中，而性之無不在，又可見矣。"由前説則似若指氣而言，由後説則似若指理而言，故當時學者已以莫知所從之説。親請於朱子，則曰："陰陽五行之性，各是一氣所禀，而性則一也。"各是一氣，即所謂所禀不同也。性則一也，即所謂性之無不在也。然則各是之性，一也之性，又何所分别耶？但以文勢觀之，五行之生此一句，上以承陰陽太極之爲一，下以接無極二五之爲妙。其曰指理而言者，亦似然矣。然就其五行上直求其所以爲仁、義、禮、智、信之理，則五行各專其一，而不可使仁者或通爲禮，禮者或通爲信，其所謂各一其性者，果是所禀不同，而無得謂全體之性也。蓋人者能兼五行之禀，故性全五常。朱子於下文釋最靈之義曰："人之所禀，有以不失其性之全，然則他物固不得爲全也，金、木、水、火、土亦一物也，宜乎梏於形氣之偏，而無以充其本體之全矣。"然而其所以偏者，特因其局於氣而已，若於其性之大本，則亦一太極也。是以語其大本則一，而語其流行發見則各异，知其各异而不知其一，則是所謂不明也。知其一而不知其各异，則是所謂不備也。其曰所禀不同，其曰無不各具者，豈朱子之所以每必雙言，而不得偏廢者歟？

朱子説亦果似有兩意，要之所謂主理而言者是也。乾道成男，坤道成女。載海按，朱子以成男成女爲氣化，以交感化生爲形化，海初不能察旨意如此。但據本文强爲解其義曰：“妙合者，理氣之合也，而凝者，其氣之凝也。所凝之氣，有陽而健者。比之於人，則父之道也，故曰成男；有陰而順者，比之於人，則母之道也，故曰成女。二氣交感，即氣化之始；化生萬物，即氣化之成，而皆乾坤之爲也。至萬物生生，方是言形化處，遂以成男成女，謂非人物男女之身，只與所謂爲父爲母者一例看也。”到今略見於朱子之意，然後方欲悔改前見，然於自家心地，非有若頓悟自得之妙也。故今看朱子注語，尚多疑晦，祛此疑晦，方可言得朱子之旨矣。何者？朱子曰：“陽而健者成男，則父之道也，陰而順者成女，則母之道也。是人物之始，氣化而生者也。”此言成男成女之所以爲氣化也。又曰：“形交氣感，遂以形化。”此言二氣交感之所以爲形化也。又曰：“自男女而觀之，則男女各一其性，自萬物而觀之，則萬物各一其性。”此言男女萬物之各一太極也。若以男女謂人物之生於氣化者，則男女即萬物也。泛言則曰萬物，分言則曰男女，豈男女之外，復有所謂萬物者哉？二氣交感，既是萬物之形化，所謂化生者，是乃萬物之生生也。既曰化生，又必曰萬物生生，何耶？從天地而言天地之化生，則固可曰化生萬物，從萬物而言萬物之化生，亦可曰化生萬物耶？且詳朱子之意，其在氣化中謂男女，形化中則謂萬物。然氣化形化同是物也，一曰自男女觀之，一曰自萬物觀之，其所分别，又何以若是耶？凡此數者，必有其説，而特愚蒙所不得知也。然區區此見，亦非專出於胸臆。竊按小注南軒張氏曰：“陽而健者，父之道，五行之所以布其氣也；陰而順者，母之道，五行之所以成其質也。是乃天地所以施生之本，男女所以爲男女者，非指男女之身而言也。”據此爲證，豈曰不明，而不獲朱子之旨義，終覺慊然，乃敢粗發其端，以請教焉。

此段所論甚詳，蓋以本圖及圖下注觀之，氣化全是男女，而形化方是人物，次第煞明。以此注文勢觀之，氣化時，已同言人物，形化時，亦同言人物，又豈非甚麽次第也。大抵氣化時，若且有男女，則禽獸草木是將何所從而出耶？决無人物不同時之理。然此段大義只明氣化形化之分，故圖注所言如此，“自萬物觀之”以下又如此，惟當活看而通釋之耳，如何如何。

注“氣質交運”。載海按，質不可以運言，而曰“交運”者，何也？

氣質交運，猶言運用變化也。蓋游氣紛擾，生人生物，自當運用變化之不暇，非如五行初生。水自爲水，火自爲火也，恐無所妨。

注“陽善陰惡又以類分”。載海按，所謂類分者，謂善之事非一，而同歸於善，惡之事非一，而同歸於惡。然善未是全出於陽，惡未是全出於陰。蓋陽中之善，如温和之類也，惡如昏弱之類也，陰中之善如嚴威之類也，惡如暴殘之類也。既非陽則盡善，陰則盡惡，而猶云然者，何也？人之善惡，天之陰陽，特其象同耳。

所論亦自是，故朱子曰：“以陰陽善惡言之，則陰陽之正皆善也，其沴皆惡也。”又曰：“以象類言之，則陽善而陰惡。”

聖人定之以中正仁義。載海按，不曰“仁義中正”，而曰“中正仁義”者，何也？小注朱子之言曰：“言生之序，以配水火木金。北溪曰‘《圖説》言中正仁義，而注脚言仁義中正。’互而言之，以見此理之循環無端，此則當以朱子説爲正。”然若既配水火木金，則當曰“正中仁義”，而曰“中正仁義”者，未知又何義也？

此説具見《輯注》第五六條，以下所謂以配水火木金者，或是一説，非大義所關也。

而主静。載海按，定者，兼動静言，主静者，專言静。但小注有曰：“主静者，主正與義也。”又曰：“以明四者之中，又自有賓主耳。”此則恐未然，夫中正仁義又各有動静，何必去其中取其半爲主耶？所謂仁禮用，智義體者，恐是别爲一義，不可引以爲説，如何？

來説是，但本注聖人中正仁義、動静周流，而其動也必主乎静者，正指中仁爲動，而正義爲静耳，非仁義自各有動静也。

與天地合其德。載海按，天地日月、四時鬼神之與聖人合者，豈徒然哉！必有其所以然者，請試言之。吾之仁能體萬物，則天地之德當之；吾之智能裁萬物，則日月之明當之；吾之禮有品節之可觀，則四時之序當之。至於鬼神有難的言，然吾之所以行義，能合於進退取舍之節，則雖以鬼神吉凶當之亦可也。濂溪此説本出《乾卦·文言》，而《文言》又只是言四德，則無乃孔聖之意本如此歟？《易·文言》無仁義禮智語。《南溪集》卷四十。

《太極圖》勉齋五行説辨　朴世采

首條論陰陽生五行，蓋以横渠説而推之。

次條論五行次序與金對生以上，即統説行之序。論以上即《圖解》行序，而所分陰陽，亦同生之序。論以上即《圖解》生序，而所分陰陽，亦同此論最平正，與《圖解》合，見於《啓蒙》者，又有天一地二之説，文少异而意尤精。下段物之初生，自是幼嫩，按勉齋以水柔弱、木强盛，爲盛稚之分，固有其意，然恐於造化卦爻、先後長少之理，有所逵違者，蓋勉齋説與下文生之者微，成之者盛，及《洪範》孔氏所謂以微著爲漸之説，自是一義，誠難以彼而廢此也。且其説亦异於所主水木母子之説矣，然則退溪《啓蒙傳疑》又從勉齋，而以《圖解》爲倒説者，恐尤未允。畢竟是可疑，又按，説生之序以上并朱子説，蓋以初説爲然也。畢竟是可疑，乃勉齋自斷之語，以此推之，其是非較著矣。

三條并論質生氣行之序，此論亦好，與《圖解》合。

四條論生之序，便是行之序，與《圖解》异。元初以下，以造化言，孔子以下，以人身言。天一以下，乃總論上一段，就水、火、木、金、土生序之中，以爲所謂天一生水，地二生火，乃只造化陰陽錯生之端。而若論其相生之序，則木是水之子，金是火之子，故以冬而生春，以夏而生秋，由此言之，此乃生之序，便是行之序云爾。中一段參以一身臟腑之理，以證前言之必然也。然此與朱子氣質生行之説，不啻背馳李氏所疑，其説甚確，亦見五行篇。

五條論水、火、木、金、土，特言奇偶多寡，非謂次序，與《易學啓蒙》异，按“一之極爲三，三生木，二之極爲四，四生金”等語，即前段“木者水之子，金者火之子”之説，而所謂但當以水、木、火、金、土爲次序者，即前段生之序，便是行之序者也。但彼以生序行序而言，此以生數行數而言，大抵勉齋之意以水、火、木、金、土爲非始相生之序，而欲以水、木、火、金、土當之乃爲説，曰“木者水之子，金者火之子，一之極爲三，二之極爲四”，與朱子所謂木、火、土、金、水及已之第二説相背，未曉其意。非謂次第如此，按《圖解》曰“以質而語其生之序，曰水、火、木、金、土”，與此“天一生水，地二生火”之説合理，無可疑者。若曰非五行相生之序則可，謂非陰陽生五行之次第則不可，勉齋必欲以此疑先生平生之定見，恐其三思而反惑也。欲作三句斷之，按此乃諸説總腦處，其必欲以始生相生之序异看者，恐猶未能深明乎造化本體之故也。夫豈有不本陰陽，而自爲始生之五行哉？况此只是將運行相生之序，賺連爲説，而又以土置之火金之下，其義尤舛。愚意總之五行之論，《圖解》《啓蒙》之外，當以勉齋第二第三説，及下文葉氏説爲正，其餘紛紛不必取信。

六條論太極爲陰陽五行，不出乎二四。

五行之説，歷據聖賢所論，惟《洪範》《太極圖》兩書而已。《洪範》曰：“一五行，一曰水，二曰火，三曰木，四曰金，五曰土。”此專以其質而言也。《太極圖》曰：“陽變陰合，而生水、火、木、金、土，五氣順布，四時行焉。”此兼以其質與氣而言也。蓋孔子之《繫易》有“天一、地二、天三、地四、天五、地六、天七、地八、天九、地十”之語，朱子釋之曰：“天以一生水，而地以六成之；地以二生火，而天以七成之；天以三生木，而地以八成之；地以四生金，而天以九成之；天以五生土，而地以十成之。”此又以五行之數而言，與前兩書無不吻合，則其於變合生成之道，無事他求矣。但《太極圖》先言五行，而後及五氣四時，故其解曰：“以質而語其生之序，則曰水、火、木、金、土，而水木，陽也，火金，陰也；以氣而語其行之序，則曰木、火、土、金、水，而木火，陽也，金水，陰也。”此乃勉齋黄氏所謂造化，何故有此兩樣易簡之義？恐不如此者，其説甚多，雖爲李氏希濂所卞甚晰，而猶有所未盡究，則請略陳之。其第二説曰：“如此則水爲陽稚，木爲陽盛，火爲陰稚，金爲陰盛。”此却不然，嘗以天地造化參之，天以輕清先於地，地以重濁後於天。今謂之天稚而地盛，可乎？以卦爻次第質之《震》得《乾》，初爻爲長男，而《坎》《艮》次之《巽》得《坤》，初爻爲長女。而《離》《兑》次之，今謂之《震》《巽》稚，而《坎》《艮》《離》《兑》盛，可乎？蓋水火是輕清之物，故乃承陰陽而先生，木金是重濁之物，故乃因水火而後生，是實《圖解》陰陽盛稚之分，初非以形質柔强而論也。況以其説考之所記師旨，這是説生之序云者，可謂大煞分明。而其下必以畢竟可疑爲斷，誠所未曉也。此説與下文“生之者微，誠之者盛”，及《洪範》孔氏微著爲漸之説，固當自爲一義，恐難以是而變《圖解》盛稚之序也。

其第四説曰：“元初只是一個水，水煖後成火，兩個是母，木者，水之子，金者火之子。”冬是太陰，春是少陽，夏是太陽，秋是少陰，從冬起，以水生木，以火生金，故生之序便是行之序，此通氣質而序而合之也。

其第五説曰：“天得奇而爲水，故曰一生水，一之極而爲三，故三生木；地得偶而爲火，故曰二生火，二之極而爲四，故曰四生金。水者，初生之陽，木者，極盛之陽，火者，初生之陰，金者，極盛之陰。陽極而生陰，陰極而生陽，故但當以水、木、火、金、土爲次序，自初生至流行皆是如此，此通生行兩數而合之也。然要其歸趣，則不過因冬春夏秋之序，附以一三四五之數。”謂此可以并通質生氣行之説，而殊不知夏秋之交，必得土氣，然後能成四時。一四之極，必具生成，然後能成變化，蓋其意始欲力探造化之精微，以爲之定論，而終不自覺其與聖賢經傳之旨背馳已甚，得一而失百，可勝惜哉！其末又有欲作三句斷之之語，然所謂水、火、木、金、土者，不惟奇偶之數为然，正《洪範》《太極》本然之全體，所謂木、火、土、金、水者，不惟相生之序爲然，正四時五氣運行之大用，而乃於其間特申前説，而曰論始生之序，則水、木、火、金、土，此固爲其關捩，而尤有所未安，何者？五行之本既生於陰陽，則以《太極》言之，陽變而生水，陰合而生火；以《河圖》言之，天以一生水，地以二生火，此乃陰陽生五行之序者然爾。今反以此歸之於得數之奇偶多寡，而別求所謂始生之序如此，又非運行相生之本體，是遵何義哉？大抵勉齋諸説，始則謹述師旨，極有可觀，而自其所疑《圖解》，及第四五兩條以下，偏滯窒礙，殆不成義理，亦不成講論，其亦未察於夫子三思反惑之戒耶？聊記愚見，以俟知道君子之正焉。《南溪集》卷五十九。

《太極圖》陰静陽動位置説　朴世采

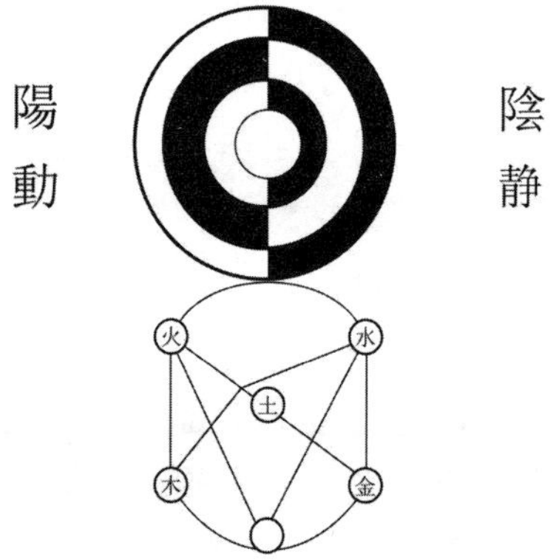

朱子曰：“水陰盛，故居右；火陽盛，故居左。”又問：“陰

盛何以居右，陽盛何以居左?”曰：“左右但以陰陽之分耳。”

陽村權氏曰：“周圖陽儀居左，陰儀居右，我爲主，而對圖則我在北，而圖在南，故左爲東而陽儀居之，右爲西而陰儀居之，陰陽方位各得其正。”

退溪李氏曰：“以下《天命圖説》。彼圖書率以陰陽消長爲主，而以陽爲重，則由北而始於下固然也，至於《太極圖》則异，於是原理氣而發化機，示上天命物之道，故始於上，而究於下，其所以然者，天之位固在於上，而降衷之命不可由下而上故也。”又曰：“《太極圖》既以命物爲主，則其圖之上面，是乃上帝降衷之最初源頭，而爲品彙根柢之極。致與河洛等圖，以消長爲主者，自不同也。然則其圖之體，只是竪起當中，直看下來，非偏以南方爲主也。”又曰：“《答奎而精書》。《太極圖》主言命物之道，在左陽右陰之交運，而無係於南北上下之如何，所以如是分方位，可也。”

按易諸圖河洛，及先後天方位，則皆左陽右陰，八卦至六十四卦，次序則皆左陰右陽，此圖本位乃爲左陰右陽，與伏羲八卦次序相同，宜若可以有證而無疑矣。然易諸圖皆由下而上，圖與人又皆主北，而觀之獨此圖由上而下，陰静陽動之位置，雖與八卦次序之舊無异，而朱子所論水火左右者，遂以陰爲右，以陽爲左，不用其法。若求其義之通，則似當曰圖在南，而人在北，略如權氏之説。而其所謂陰陽左右，率皆主人而言。雖復如李氏之説，爲之竪起當中，直看下來，陰陽左右亦無所异於彼者，然太極陰陽其爲天道，與易正同，恐無以人爲主之理。蓋以朱子陰右陽左之説推之，似是今之所以爲太極陰陽五行之序者，只是天道自上直下，來使人對看之義要當如此，與易諸圖自下直上之義不同而已。其實今所見者，乃爲圖之後背，而其所不見處，乃是圖之前面。尤當對看者也。然後此圖左陽右陰、前南後北之方位，與天地河洛之定位吻合無疑，决非權氏所謂我爲主，而對圖則我在南，而圖在北，故左爲東，而右爲西之説也。第不敢質言，幸觀者於此而更加證正，是大望焉耳。《南溪續集》卷十九。

答栽侄《太極圖說》問目 李嵩逸①

太極自其著於造化者言之，固無一物之不體，當其渾然之際，冲漠無眹之體，又將何以形容邪？

太極非有形狀可指，言只是實理，以其至極而無以加焉，故聖人强名之曰太極，以其無方所無形狀，故周子又說著“無極”字於太極之上。聖賢深知實理之無窮，而極言之者不過如此，則何必更須他說，以形容其渾然之際也，無已則有一說焉。朱子曰：“太極陰陽五行，作元亨利貞甚好，太極是元亨利貞都在上面朱子說止此。”太極之有元亨利貞，猶人性之有仁義禮智也。此實理之可指，言者不於此求之，必欲形容其渾然之際，而馳心於空蕩之地，則吾見其去道益遠，而終無端的可據處矣。

五行一也，何以有生行之异乎？且黄勉齋所論陰陽稚盛之說，與朱子說不同，何邪？

五行生行之序，雖若有兩樣，皆天地自然之理，徐而玩之，自當通曉矣。陰陽稚盛，朱子、勉齋各據所見，然竊意勉齋爲密。孔子所謂後生可畏者，此類可見矣。

五行之生，各一其氣質，而太極之體，無不各具於其中，則謂天下之物洪纖巨細，皆具此陰陽五行許多道理，可乎？

太極即理也，隨其氣質，而此理具焉，此理既具，則無非全體矣，何也？五行之生，各一其氣質，而以各具者言之，一物之中，莫不各有陰陽五行許多道理。陰陽五行之理，即太極渾然之體也。此說吾嘗論辨得之，而猶未敢自信，更願詳之。

神即心之知覺邪？其謂發於陽者，何邪？心或以陰陽言，或以太極言，或以理氣之合言之，何邪？

---

①李嵩逸（1631—1698），字應中，號恒齋，著有《恒齋集》。

所謂神者，乃物之靈，而即所以知覺者，非知覺之謂也。人之生也，氣質而已，氣之靈爲神，質之精爲知，氣陽而質陰，則神發於陽者此也。心一也，指體用而言，則謂之陰陽。指萬理之總會而言，則謂之太極。兼理氣而言，則謂之理氣之合。言雖不同，各有攸當矣。

聖人中正仁義，渾然全具，而動無不善，衆人之失常在於動，則存養省察，亦有先後輕重之可言歟？仁義體用之分，聖賢之言，隨處不同。如此處義爲體，仁爲用，及子貢學不厭，知；教不倦，仁；《中庸》成己，仁；成物，知之類。以一定之理，而交互言之，何邪？

聖人全體，此道動静皆天，則不假修爲之功，衆人之失常在於動，則其求道功夫，於省察克己處尤不可緩，而存養立本之地，亦何敢忽也。必也動静相須，體用交資，然後方得無弊矣。仁義互爲體用所指，而言者不同，故言若相背，而理實當矣。學者不但求之於言語之間，而見得道理之實，則不害其有异同也。

三極之道，或以氣質言，或以理言之，何邪？終始死生之説，亦可得聞其詳邪？

天氣地質，隨事著見，各臻其極，故可以陰陽剛柔言天地之極。人之氣質，有萬不同，則不可以氣質言，人之極必指心之理，而謂之人極者，其説然也。死生之説，猶寒暑晝夜之必然，知生之説則知死之説，未有不知生而知死者也。且須理會所以生生之反者，是乃所以死也。《恒齋集》卷三。

《太極圖説》示舍弟季文兼示玄示石　權尚夏①

《太極圖説解》曰："渾然太極之全體，無不各具於一物之

①權尚夏（1641—1721），字致道，號寒水齋、遂庵、黄江，謚號文純，著有《寒水齋集》。

中。”夫太極，理也，性亦理也，非二物也。人物之性，不能無偏全，則何以曰全體各具耶？乞賜明教。右季文《問玄石書》。

示諭謹悉，所謂太極之全體，無不各具於一物之中云者，只是欲明五行各具之性，其本皆從太極之全體出來，初無不同焉耳。其實太極之全體，决無該遍合同於各具之中之理，何者？原天命流行之始，固無人物偏全之异，而逮形氣拘滯之後，又因物之剛柔大小，而自致其理之不同。所以水只有水之性，火只有火之性，非復原初渾然太極之全體然也。蓋此文義，正如《中庸章句》人物之生，因各得其所賦之理，以爲健順五常之德者。然其實健順五常之德，有非萬物之所得盡，則是亦從其本而言之故也。今於此等處，不能沉潛反復，活看而默識之。涣然自得於聖賢言意之外，而必欲强求太極全體於五行各具之中，所謂以辭害意，殆無是理矣。孟子《生之謂性章集註》及雲峰胡氏所論，最爲詳盡，更與《庸學或問》首章，互加静閱，則自當融釋，幸於此留意焉。右玄石《答季文書》。

來諭以爲，原天命流行之始，則固無人物偏全之异，而逮形氣拘滯之後，又因物之剛柔大小，而自致其理之不同，非復原初渾然之全體云者。此若别爲一説，則却有是理，初無不可者，但以此釋太極之全體，無不各具於一物之中之説，則或似不襯，何者？朱子曰：“合而言之，則萬物統體一太極也，分而言之，則一物各具一太極也。”所謂各具一太極者，即一物各具之全體也。今若以各具者爲偏，而統體者爲全，則人之性，亦萬物中各具之一也，亦謂之偏而不全乎？且曰：“自男女而觀之，則男女各一其性，而男女一太極也。自萬物而觀之，則萬物各一其性，而萬物一太極也。”是亦男之性，女之性，皆可爲偏，而必合男女之性，然後乃可謂之全體乎？以此而觀之，是統體之中，自分萬片，一片爲火之性，一片爲水之性，又一片爲某物之性，必合萬片而爲一，然後方可謂全體之太極。若單舉一片則固不得爲渾然之體，而有所虧欠空缺矣。若如是，則萬物所禀之性，只當曰太極之一端，而不當曰一太極，只當曰偏，而不當曰全體，只當曰各得，而不當曰各具也。

來諭又謂“所謂太極之全體，無不各具於一物之中”云者，只是欲明五行之性，其本皆從太極之全體中出來，而其實太極之全體，決無該遍合同於各具之中之理。若此段本意果如此，而其中語勢乃如彼，則不但理有所局，文勢亦似不順。此老平生言語明白易曉，決不若是之未瑩也，此實可疑也。幸乞更賜詳教。右季文《再問玄石書》。

前日太極全體之説，每爲左右思之，未得其衷。適與金君士直邂逅，言及此事，似亦無所參差，遂更商量，始知鄙人所以仰報者，誠有未盡。蓋其所謂水只有水之性，火只有火之性，非復原初渾然太極之全體者，固自正當。第其所以爲水火者，無論精粗大小，莫不自然完具於其中，是亦可謂渾然太極之全體而無所妨者。此本《圖解》之意，而不能深會，至謂是亦從其本而言之，則其誤大矣。常考其總論，有曰“萬物之生，同一太極者也”，而謂其各具，則亦有可疑者。然一物之中，天理完具，不相假借，不相陵奪，此統之所以有宗，會之所以有元也。又《通書·理性命章》小注問：“如此則太極有分裂乎？”曰：“本只是一太極，而萬物各有稟受，又自各全具一太極爾。如月在天，只一而已，及散在江湖則隨處而見，不可謂月分也。”又曰：“此理處處皆渾淪，如一粒粟生爲苗，苗便生花，花便結實，實又成粟，還復本形，一穗有百粒，每個個完全，又將百粒去種，每粒又各成百粒，生生只管不已。”以此推之，水中之月，非真天上之月，而爲月則同。百粒之粟，非真一粒之粟，而爲粟則同。此乃可謂渾然太極之全體，而無所妨者，然其所謂水只有水之性，火只有火之性，非復原初渾然太極之全體，則終有在也。如是説得，上下周遍，方無透漏，未知於雅旨復以爲如何耳？右玄石《再答季文書》。

語其理則無不全，論其性則有偏全，何者？天賦之理，則未嘗不同，但人物之稟受，自有异耳。先儒曰性命只是一個道理，不分看則不分曉，不合看，又離了，不相干涉，知斯説則幾矣。蓋嘗論之，盈天地之間者，莫非物也。而物物之中，莫不有所以然之理，斯理也，命之曰太極，太極者，極至之謂也。

何以謂之極至也？其爲體，至神至妙，不可名狀，故特强名之耳。是以論其一原，則冲漠無眹，萬象森然，此所謂統體一太極也。語其萬殊，則萬物之中，一理貫通，此所謂各具一太極也。雖然統而一之，非所以集而成也，散而萬之，非所以割而分也。本體之中，流行具焉，流行之中，本體存焉。無彼無此，豈有大小，不見有餘，寧見不足。要之不過曰至神至妙而已，凡物有形體，然後方可言彼此，有彼此，然後方可言大小，有大小，然後方可言偏全。是物也，既無形體，又無彼此。雖欲言大小偏全，其可得乎？然此只言理之本然也，若論人物之性，則又有其説。蓋非氣，則理無所寓，非理，則氣無所宰。天以陰陽五行化生萬物，氣以成形，理亦賦焉，性之爲名，於是乎立矣。唯其氣質之稟，有萬不齊，故理寓於氣者，亦不得不有萬不齊。栗翁之詩曰："水逐方圓器，空隨大小瓶。"儘善諭也，是故飛走之性，不得與人同。草木之性，又與飛走不同。如木之氣稟得重，則仁底意較多；金之氣稟得重，則義底意較多。虎狼之父子，蜂蟻之君臣，其大略也。唯人也，稟五行之正氣以爲形，則亦得五常之全體以爲性，斯其爲萬物之最秀，而聖人又其秀之秀者也。由是觀之，性之本體，初無有不全，而其所以有偏有全者，氣之爲也。氣全則性全，氣偏則性偏，又何疑乎？是以栗翁之言曰："人之性，非物之性者，氣之局也。人之理，即物之理者，理之通也。"惟此一言，可謂發千古不傳之妙矣。嗟乎！非知道者，誰能識之。客有難之者曰："性即理也，理即性也。今子析而二之，無乃太劇分開乎？"曰："此非某之所創也，聖賢已言之。孔子曰一陰一陽之謂道，繼之者善，成之者性。朱先生曰仁義禮智，猶是成之者性，上面又有一陰一陽之道，繼之者善。先生又印或人之問，謂之理同則可，謂之性同則不可。經傳所載此類甚多，子歸而考之可也。"《寒水齋集》卷二十一。

《太極圖》陰陽左右位次辨　金榦①

或曰：《太極圖》陰陽左右位次，與圖書之東西南北，與人同者有异，何也？

曰：凡看此圖者，每依圖書之例，將圖卧貼在紙面，以圖爲主，以人爲賓，而分人與圖相對看，故陰静移在圖之左，陽動移在圖之右，而其左右方位與人不同，即退溪先生《天命圖》所謂天地爲主而人爲賓，則其名實向背，皆失其當者，此也，是圖也，本因天道流行之妙，以示萬化樞紐之原，則圖之上面，即天之位次也。是以此圖必須仍其所圖，以之前面爲上，後背爲下，而當中竪立，直上直下看，則其陰陽之位，始得其正矣。何者？今且將圖立于我前，而以圖之上面向天，下背附地陰陽圈在太極圈背下，五行圈在陰陽圈背下，相疊如累棋狀，如人之戴天履地，然後合人與圖爲一，不作賓主看，而使有若他人立于我前，則圖之左右與人之左右同，而不失天地自然之方位矣。即《天命圖》所謂始於上而究於下，竪起當中，直看下來者，此也。此與《河圖》《洛書》之位置，雖有不同者，其實則自相表裏而互爲發明。夫圖書之位，皆由北而始於下，蓋示北方陽氣之始生，而陽氣由下而升上也。故卧貼其圖，自北爲主，而觀者亦由北而觀，則圖與人無賓主之分，而東西南北之位自不易也。太極之位，自上而至於下，蓋象天道運於上，而萬物化於下也。故竪立此圖，以上爲主，而觀者亦由上而觀，則圖與人亦無賓主之别，而上下左右之位亦不易也。圖書由北而卧看，太極自上而立看，卧看者不如彼，則其東西之位，反失其次矣。立看者不如此，則其左右之位，反易其方矣。然則《太極圖》立看

①金榦（1646—1732），字直卿，號厚齋，謚號文敬，著有《厚齋集》。

之左右，即圖書卧看之東西也。作圖曲折，彼此雖殊，而左右方位，元無變易矣。其妙無窮，各有攸當者，於此可以見矣。《厚齋集》卷三十六。

《太極圖》名[①]圈解　崔錫鼎[②]

○上一圈，此所謂無極而太極也。所以動而陽，静而陰之本體也。然非有以離去聲乎陰陽也，即陰陽而指其本體不雜乎陰陽而爲言耳。◎第二圈，此○太極之動而陽，静而陰也。中○一圈者，其本體也。☾左邊白中黑者，陽之動也，○太極之用所以行也。☽右邊黑中白者，陰之静也，○太極之體所以立也。☽陰静者，☾陽動之根也。☾陽動者，☽陰静之根也。

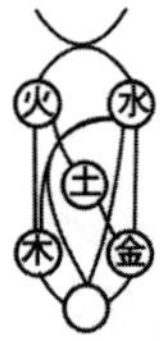

第三五行圈，此陽變陰合，而生水、火、木、金、土也。ㄣ左係者，陽之變也。ㄴ右係者，陰之合也。㊌陰盛，故居右；㊋陽盛，故居左；㊍陽稚，故次火；㊎陰稚，故次水；㊏冲氣，故居中，而水火之✕絡交係于上，陰根陽，陽根陰也。水而木，木而火，火而土，土而金，金而復水，如環無端，五氣布

①“名”：此字當爲“各”。

②崔錫鼎（1646—1715），字汝和、汝時，號明谷、存窩、存所子，謚號文貞，著有《明谷集》。

四時行也。太極陰陽，五行三圈，合而言之，五行一陰陽，五殊二實，無餘欠也。陰陽一太極，精粗本末，無彼此也。太極本無極，上天之載無聲臭也。五行之生，各一其性，氣殊質异，各一其○極，無假借也。水火金木之絡，總會於一圈，此無極二五所以妙合而無間也。○第四圈，乾男坤女，以氣化者言也。各一其性，而男女一太極也。○第五圈，萬物化生，以形化者言也。各一其性，而萬物一太極也。惟人也，得其秀而最靈，則所謂人○極者，於是乎在矣。然形，陰之爲也；神，陽之發也。五性，五行之德也，善惡○此圈今補男女之分也。萬事○此圈今補萬物之象也。此天下之動，所以紛綸交錯，而吉凶悔吝，所由以生也。惟聖人者，又得乎秀之精一，而有以全乎○太極之體用者也，是以一動一静，各臻其極，而天下之故常感通於寂然不動之中，蓋中也，仁也，感也，所謂，陽也，○太極之用所以行也；正也，義也，寂也，所謂，陰也，○太極之體所以立也。中正仁義，渾然全體，而静者常爲主焉，則人○極於是乎立，而○天地日月、四時鬼神有所不違矣。君子之戒謹恐懼，所以修此而吉也；小人之放僻邪侈，所以悖此而凶也。天地人之道，各一○太極也，陽也，剛也，仁也，所謂陽動之左圈也，物之始也；陰也，柔也，義也，所謂陰静之右圈也，物之終也。此所謂易也，而三極之道立焉，實則一○太極也，故曰：易有太極，此之謂也。

右周子《太極圖》，朱子爲之解，而其中每個名圈只可以意會，而難於口讀。今輒添注若干字於各圈之下，以備後學之念誦。惟人最靈下男女萬物兩圈，以例推之，當是脱漏，謹此補入其後，見山陽度氏所爲句解於各圈之下，隨著名目，而不過以太極陰陽五行字安排而已，其口讀之難，則猶前也，輒又附論于此。《明谷集》卷十一。

太極圖説　鄭吾道①

或問：《太極圖説》曰動而生陽，静而生陰，以動静陰陽之先後次序言之宜乎？陰屬於動，陽屬於静，而反謂之動而生陽，静而生陰，何也？邵子因太極動静而有詩曰："用起天地先，體立天地後。"又曰："水體以器受，火用以薪傳。"夫體用之説，實是體立，而後用有以行也。則至於太極用起於體立之先，體立於用起之後，果何爲也？以水火言之，水與火俱是動物，則似無體用之分，而水爲體，火爲用者，何也？水既爲體，則無用底意思；火既爲用，則無體底意思耶？凡諸天地萬物，無非太極之理，則必以水火分屬於體用者，抑何意歟？朱子曰："孔子，其太極乎？"孔子之所以爲太極者，於何可見？其的當耶？明以教我。

答：太極所乘者，氣機也。未動而乘者，静機，而屬之陰；將動而乘者，動機，而屬之陽焉。則陽爲陰之用，陰爲静之體也。太極之所以行者，陽，而陽主發散在外，故動而生陽矣。太極之所以立者，陰，而陰主凝結在内，故静而生陰矣。以天地言之，變動者天，而陽之所以流行也；厚静者地，而陰之所以留畜也。其所以動生陽，静生陰者，有如是矣。觀於程子陰

①鄭吾道（1647—1736），號藥圃，著有《藥圃集》。

陽無始、動静無端之説，及朱子陰前是陽、陽前又是陰之説，則可知其别無先後次序矣。

體用先後一段，亦有由焉。夫天地有先天地，有後天地，邵子以十二萬九千六百年爲一元，則是十二萬九千六百年之前，又有一個大開闢。故朱子曰："天地無窮生滅。"然則今天地未生之前，即先天地，既滅之餘，而更無窮極者，猶今日之子根於昨日之亥矣。用起天地先之"先"字，是先天地之謂也。體立天地後之"後"字，是後天地之謂也。是以陽之氣始於天開之先，而其質立於天之圓；陰之氣始於地闢之先，而其質立於地之方也。則氣爲用，質爲體，而用起天地先，體立天地後者。於斯可見。而沙溪先生所謂陰陽之用，起於天地未形之先，陰陽之體，立於天地已成之後，則其與《河圖》之生數，雖陰而屬陽，成數雖陽而屬陰者，一般意思也。此豈非陰陽動静之循環不窮，而貞而復元者乎？

水火體用云者，水之爲物，隨器而盈，火之爲物，遇薪而燃焉。則盈爲静，燃爲動，而静者爲體，動者爲用，故此水火之所以有體用之分，而其曰水體以器受，火用以薪傳者，只是動静上説到，而真所謂一體一用，各當其可者也。

水體火用之各兼體用者，有如車輪鳥翼之不可廢一也。體無用外之體，用無體外之用，而水之未入器時，必須流動，火之已上薪後，亦見止静，則此所謂體用相須，而程子所訓一物各具一太極者，豈非十分亭當乎？太極動静之取喻於水火者，實爲切近處言之也。太極生兩儀，兩儀生四象，四象生五氣，則五氣乃太極之骨子也。一六水，居北而生水，則地六成之；二七火，居南而生火，則天七成之。其餘木也，金也，土也，莫不皆然。而天地萬物之形氣流行者，莫非五氣之順布，則其言太極，而木火，陽也，金水，陰也。其曰生之序，水、火、木、金、土之體用，而捨水火奚以哉？是以朱子著太極之説曰"以質而語其生之序，則曰水、火、木、金、土，而水木，陽也，火金，陰也；以氣而語其行之序，則木、火、土、金、水"者，乃是一六水、二七火、三八木、四九金、五十土，《洛書》

之生數也。其曰行之序，木、火、土、金、水者，乃是自春而夏，自夏而中央，自中央而秋，自秋而冬，四時之迭運也。以此觀之，水火之於太極，其爲親切，孰大於是哉！至若孔子之爲太極，何其盛也！蓋太極本無極也。是故動而生陽，則爲陽之太極；静而生陰，則爲陰之太極也。陰陽相合，生水、火、金、木、土，則爲五行之太極。五氣順布，四時行焉，則爲四時之太極。乾道變化而生男，則爲男之太極。坤道正位而生女，則爲女之太極。二氣交感，化生萬物，則爲萬物之太極，而萬物各具一太極也。天地物物之萬殊者，莫非一本，則夫子之全體太極者亦如是也。夫子之一動一静，無非太極也，一語一默莫非太極也。居家而有居家之太極，處鄉黨而有處鄉黨之太極，經禮三百，曲禮三千，泛應曲當無所處，而非太極之理也。夫子之道散在事物者，猶花之千紅萬紫，各含生理也。夫子之爲太極者，不過曰一以貫之也。聖人之許多節文舉皆一以貫之，則此所謂以一理貫萬理，以一事貫萬事，而其與太極之萬殊一本者，同一其道也。故朱子之以太極喻孔子者是耳。《藥圃集》卷四。

答鄭彦煥《太極圖》小注熊氏説問目　金昌翕①

理氣混融無間，故曰無彼此也。小注則謂同是一理。小注之錯，多在“理”字。以火燥水濕等性論五行之性。“燥”“濕”等字，可以解各字之意矣。以自然而然解無假借。“自然”二字最儱侗。《三淵集》卷二十。

①金昌翕（1653—1722），字子益，號三淵、洛誦，謚號文康，著有《三淵集》《三淵集拾遺》。

太極問答　金昌翕

門人鄭彦焕録。

問："無極而太極，立名既异，則太極之外，雖無他無極，亦豈無分别二視之道乎？"曰："不可二視，朱子謂'而'字輕，猶言雖無極乃太極也。非謂有無極，而又有太極也。"

問："無極之無，特以無物事言之，太極又重言無極之極字者乎？"曰："雙峰饒説當着眼看。以其無樞紐根柢之形，而實爲天下之大根柢大樞紐一句，正是無極而太極之意，若朱子所謂無形而有理者，非不精矣。而若誤看，將以爲無極但無形之名，太極是有理之名，遂以'理''形'二字，分貼於上下極上，豈不失真乎？雙峰之解，蓋曰有極之理，而有極之形則大煞分明。度氏説曰：'萬物生於五行，五行生於陰陽，陰陽生於太極。'其理至此而極，此説便易見極之義，然此便是從流溯源説。"

當時語意不但止此，一極字中德用無邊。程子所謂姑目以至善，政指極字也。

問："上天之載，無聲無臭。"曰："朱子借詩以釋，若以本文①以此相參，則上天之載是太極，無聲無臭是無極，而便似倒了，故朱子泛以上天之載，無聲無臭爲無極，而其下文提'實造化之樞紐，品彙之根柢'一句，釋太極。"

含太極有太極之説甚好，何謂含太極？即無極而太極一節也，言其但是渾然理體，而其中含得所以爲陰陽五行、男女萬物之理也。何謂有太極？即太極動而生陽一節也，言其動便是陽，静便是陰，而太極與陰陽，不可分開離合，陰陽中便有太

①底本此處注云："'以'字下有'此'字。"

極也。蓋觀朱子立説本意，無極而太極一句，便跳在氣上拈出理本體説，至太極動而生陽一節，則又説理氣混融而無間，有道亦器，器亦道之意①。

問："造化之樞紐，品彙之根柢。"曰："造化即陰陽五行，品彙即男女萬物，造化即造物化物之謂。對理言則爲氣，或有專言而爲理之時。"

朱子解圖元注："○即陰陽而指其本體。"又曰："☾者，○之用所之行也。○②者，○之體所以立也。"余嘗謂兩"體"字微有不同，非謂其體之實本有不同，理則一也。但所以命名者少异，上"本體"謂冲漠無眹，能其生二氣、化萬物之理，而在氣指不雜氣者也，乃理之大本體也。下"體"字謂雖亦理體，特對用言耳，非如對形而下言之之理也，比上"體"字較甚小。蓋本體有二義，比如性是天理全體，萬事萬物皆從此出，故曰本體，而至若心之未發，能具性在裏面，故曰未發，時性之體所以立云，則特對動時之情言之，較又小，蓋此類也。

精粗本末，無彼此也，小注太極爲精爲本，陰陽爲粗爲末。蓋自五行而陰陽，自陰陽而太極無極，所謂會萬歸一也。若精粗本末，理無不到者，於此文義全不交涉，栗翁既錯看，沙溪仍襲其誤，玄石能訂其失，圃陰嘗論此亦詳盡矣，亦有文字。

問："小注解剥圖體之剥字。"曰："剥是剖破也。"

據圖推盡説意者，蓋自此，下皆朱子因周子元説"惟人也"以下之語，推演配合於本圖，以人極配太極，以形神配陰陽，以五性配五行，以善惡配男女，以萬事配萬物。蓋周子特不立圖，蓋其本意則固以天極人極相配合，故朱子特引其説，以配其圖耳。

問："以善惡媲男女，何其不類？"曰："看來雖如此。然大

---

①"器亦道之意"句，底本作"器道之意"，而在"道"字旁注："'道'字上有'亦'字"，故據此改。

②"○"疑當作☽。

概言之，男女雖同出於二氣，女終屬惡。”

雖任姒之賢，所守既局，所施不博，則雖謂之不善亦可。

問：“太極動而生陽，動極而静，静而生陰，静極復動。然則太極自會動静而乃生陰陽否？”曰：“理無動静，氣何自而有動静？然非是理之别有動而後方生出陽，别有静而後方生出陰。蓋理與氣合，故其動也便見得陽，其静也便見得陰，動静不可於陰陽外别求，但太極之一動一静，便是一陰一陽。”

理有横説竪説，四方是横，上下是竪，故如往古來今是竪，東西南北是横，皇王帝伯是竪，趙魏秦漢是横，必兼着此説方備。竪是流行不窮，自上達下之謂；横是一定不易，各有其位之謂。太極之有動静，是竪説邊，太極之有陰陽，是横説邊，故先言動静而次陰陽者，蓋太極圖只是相生次第之序而已。故必先從流行邊竪説，然後爲説方易且好，朱子見其如是，注解亦如此，如曰“有太極則一動一静，五行具則造化備”是也。

問：“萬物資始，正性命之説，何其早發得耶？此處但是理氣原頭處，則何遽及於萬物上乎？”曰：“朱子此注多如此，如無極而太極注曰‘造化之樞紐，品彙之根柢’，亦此意，蓋萬物之資始，終是陽邊，各正性命，終是陰邊矣。”

問：“上既曰太極之有動静，是天命之流行，此統動静陰陽言。而下又云命之所以流行而不已，專就動静上，何也？”曰：“適説理之本體有大小之别看來，理之流行，亦有大小之分。蓋理之動静生陰陽，是理流行之大者，若動静單言處又提流行，則説差小。夫大而言之，則本是一個理體中，動而生陽，静而生陰，是理流行之處也；小而言之，則有動必有静，静極又有動，其勢不容暫懈，不容暫息，則又是理流行處也，下文加‘不已’二字者，特釋互發之意也。”

雖不失旨，詞則未瑩。

問：“動静，命之流行而不已，陰陽，分之一定而不移。”曰：“流行是竪説，自太極生陰陽，陰陽又生五行，五行又生男女萬物，皆是次次流行。定分是横説，如太極生陰陽，而陰不得爲陽，陽不得爲陰，陰陽生五行，而水不可爲火，火不可爲木，木不可爲金，金不可爲土，以至男女萬物而又皆是各自定分，不可移者也。故於動静陰陽上，分説流行定分。”

問：“動静陰陽，何以分釋所乘之機，形而下之器？”曰：“此正以流行定分言，以流行起化生運用之柄，以定分守各居其位之職。觀機與器尤較然，機是踏着動機則動，而極則自静，踏着静機則静，而極則自動，至如器則方不可使圓，圓不可使方，盤盂鼎鉢，各自殊形，且觀下文不同時，不同位分言者，尤精且妙。”

“太極者，本然之妙，動静者，所乘之機”一句，是朱子自説出者，蔡元定問何以下得好如此，朱先生微笑，蓋理不得自運用，必待氣機而運用，猶人乘馬，馬行處便是人行，人行處便是馬行。

妙字有數段義，蓋極微極玄，而自有含包許多物事，故曰妙是一義，無形無迹，而能成主宰，畢竟使至形象之著顯，故曰妙，又一義也。又微細無内而不少不減，廣大無外而不加不溢者，亦是妙也。今俗語或謂人之體小者曰妙，此言雖鄙俚無謂，然若謂至小之中而能有敵大者曰妙，則亦近矣。

形而上，形而下，若道有形無形，則果似理氣顯隔，故就其一“形”字而判其上下，渾淪中自有分明。

太極無不在焉者，是從動静陰陽上説，故曰無不在，主氣本於理而言也。動静陰陽之理，已悉具於其中者，是從太極上説，故曰具於其中。此互言之例，而各有眼目點掇，到下文方備言，而已發端於此，自此細看則好矣。

問：“推之於前，引之於後，沙溪曰：‘推之於陰陽未生之前，引之於陰陽已生之後。’恐未安，蓋陰陽是氣也，若果能推之於氣未生之前，則何難見其有合乎？直以推之而未見其未生之前，故不見理與氣之始合。”曰：“然推前猶窮之於上，引後猶極之於下，是層層流轉，不可究見之謂。”

程子曰：“動静無端，陰陽無始。”本是二氣循環，難見端始之意。今朱子借作理氣混融，妙合無間之證，蓋理本貼在氣上，故氣若有端緒，理亦有與氣始合之時，故必氣無端緒之露，而理亦相随不出。勉齋謂下面若有縫，這太極也須漏出了者，真善形容也，近與一學者講此，偶看此果如此。

問："兩儀是陰陽，是天地？"曰："吾輩舊看此天地，雖以相生之序言之，亦當謂天地。雖疑天地是有形質者，不可於理氣混融論處早早挾及，然既謂分陰分陽，則不可又以陰陽之别名續之，當是陰陽成天地説耳，天地又豈不是陰陽乎？其下繼之以五行，又通貫成次第耳。"

問："生之序似以定分言之，行之序似以流行言之。"曰："固如此。但不可翻轉看文字，且統而言之，氣陽而質陰，則生之序以陰言，行之序以陽言。若謂變合則謂流行，五行則謂定分，或可也。"

問："動陽而陰静①。"曰："不難知也，如水火是流動之物，亦爲陽也。金木是不動之物，置在一處則静，在一處亦爲陰也之類。"

問："有太極則一動一静而兩儀分，有陰陽則一變一合而五行具，其下又曰五行者，質具於地而氣行於天，似又以五行對兩儀以結之。"曰："以此未見兩儀之爲天地之證也，但兩儀是天地次第方順。"

然無適而非陰陽之道云云以下，是預説出下文之旨，以接其意。蓋朱子於《圖説》注起得一别法，每於前章注中先及後章要旨，使相連續，章章個個如此，自無極而太極注已如此。其曰造化之樞紐者，已説出陰陽，至此章注又説出五行一陰陽之意，至下章注又先言妙合之意，次次至末章皆然，苟善讀則尤易脉絡貫通。

夫豈有所虧欠間隔哉！"虧欠間隔"四字當着眼看，蓋自一而兩，自二而五，然其實則依舊二而已，而無增無減，其本則依舊一而已，而無礙無隔。故無虧欠者，謂猶云雖自二分五，而二則又自無虧損，譬如一人之産，五人分財，而其財産則依

---

①"陰静"：倒文，當作"静陰"。

舊自在，無虧欠之謂也。無間隔者，謂太極生陰陽，而陰陽中便各有太極，氣與理豈有間隔乎?”

無間隔，專屬乎道器爲的當矣。

解圖元注五殊二實無餘欠，此則從剩餘及虧欠上備言也。此處則但言無虧欠，而不言剩餘，蓋彼則以五行陰陽互言，故謂五行生於陰陽而非餘剩，陰陽分於五行而非欠虧也。此則以無適而非陰陽之意言之，故但曰無虧欠，五行一陰陽也，陰陽一太極也，太極本無極也，此蓋自下而反約之上也。太極生陰陽，陰陽生五行，至於五氣行焉，四時行焉，則説得已廣大浩博矣，故反而約之，五行者反二之，二者反一之，一者歸之無，則反只是無極也。太極本無極與無極而太極一句，似又倒説，極妙妙。余嘗謂此猶算家除法，如自萬而減千，自千而減百，自百而減十，自十而減一之類也。

造化發育之具無不備者，蓋陰陽五行，既已備矣。而特未及生物化物，故將言變化生物之義於下，而於此推本反約之者，甚精且要。

備説五行陰陽出於一本，而若直繼之以成男成女之義，則又爲無收殺，無節次，作何見樣，故曰五行之生也，各一其性，以見夫五行之中，各具一太極之全體。然後上下貫通，脉絡相連，不獨理體分明，文字體法亦有關鎖。

渾然一體，莫非無極之妙者，合而言之者也。無極之妙，亦未嘗不各具於一物之中者，分而言之者也。一本萬殊之雖异，而萬殊之中，各具一本，則未嘗不同也。故太極固一本，而至於陰陽五行中皆有太極，則是萬殊中亦自各具一本也。是以下文所謂天下豈有性外之物者，是渾然一體，莫非無極之謂也。下文所謂性之無所不在，是亦未嘗不各具於一物之謂也，分此兩意看，則可曉然。

理無大小闊狹，無不圓滿具備，無欠闕，故若太極是理之本體。中含造化品彙，無限變化之理，此乃渾然一體，乃所謂語大莫能載焉者。若陰陽五行萬物，各自殊形，各自殊氣，而其中所具，則亦是全體之理，此乃無不各具，乃所謂語小天下莫能破焉。此處注解皆此意，必先分此，然後可解其義。

問："陰陽一太極，五行一陰陽，陰陽固是一理之生。若五行謂一陰陽則難曉，陰陽是二氣，如何是一？"曰："如木火是陽，木火雖二，其實則一陽而已。如金水是陰，金水雖二，其實則一陰而已。且陽之静便是陰，陰之動便是陽，亦可謂一陰陽而已。"

問："五行异質，陰陽异位，是以定分言。四時异氣，動静异時，是以流行言否？"曰："此重言也。此章是統結前諸節，故注亦如此也。"

問："前言所以爲陰陽云者，所以即太極也，如此説無妨。若所以爲太極云者，似以所以指無極，難曉。"曰："'所以'字諸經書注皆以理言，然亦或有無上層底所以，如此類是也，不可泥看。"

問："五行各一其性，雖似以本然之性言之，然此注曰'隨其氣質所禀各异'，似兼論氣質。"曰："此是萬物各具一太極之意，則挾論氣質，本不着題，言金中具太極之本體，木中又具太極之本體，如水火土皆然，故性之無所不在可見矣。若於此論氣質之性，則氣質之性有善惡，其果爲萬物各具太極之義乎？所謂隨其氣質所禀各异者，是朱子特釋'各一'二字之意，故不得不如此。蓋氣質各异之中，各具理之本體，故所以見性之無所不在之義，然則當於氣質中，拈論本體曰各具太極云爾，則有何不可？氣質在所不論。"

只"各一"二字，氣异故曰各，理同故曰一。

不失大旨而終欠透快，恐那時説出未躍如而然也。

太極在陰陽，便又跳在陰陽中爲太極，生五行又跳在五行中爲太極，以至於天下萬物，毫末纖芥，莫不皆然。真是奇妙難狀，因指左邊菊盆曰松有太極，柏有太極，菊有太極，又菊葉葉有太極，花花有太極，轉轉層層，豈有一物外於太極乎？雖然太極生陰陽，便跳在陰陽中，無物可譬，無事可象。母既生子而不入於子胎，匠能造器而器内無匠，真是難譬。惟以穀種能生出穀米，又個個結實，宛在苗上，與初種之穀，實無餘欠者，此猶可比。且杏仁桃仁，種之能生杏生桃，又結實個個抱仁，此亦可比，皆一類也。

問：“太極本無極‘本’字。”曰：“‘本’字輕，如無極而太極之‘而’字，‘本’是便是之謂。”

太極句，本無極、太極下作句讀。曰：“不可作句讀，太極便是無極。”

今曉枕上更思，妙字有四義，一曰冲妙，謂冲漠無眹之中能具得理體，這便是冲妙。一曰神妙，謂入於陽而能陽，入於陰而能陰之類，這便是神妙。一曰超妙，謂入於陽而能不局陽，入於陰而能不局陰之類。這便是超妙，此則或名高妙亦可。一曰妙合，謂理與氣能妙合而無縫可見，無痕可尋者也，如此説去方稍精，欲以此意録文字而姑未及。

問：“無妄固以誠言，不二亦以誠言否？”曰：“不二但以氣言，蓋一則精，二三則糅雜。氣之所以與理妙合者，以其一而精，故便與理爲一。且道如今兒少痘疾，起脹貫膿時，是與氣升降，故或有污染犯氣，人來觸則疾便誤，以氣之有二故也。且如瓜田初熟時，若有犯染人入田，或擊蛇，則瓜便不熟黄萎。且如酒醬之初浸，皆忌犯染。蓋氣如糅雜，便不成物。以此推之，可見天地一元之氣，當初極精不二，便與理融合而無間，故便生出許多造化萬物來，若使糅雜二三，則便不得生出男女，亦不得生出萬物。”

問：“凝者，聚也，專以氣言否？”曰：“言氣則非無理也，而所專言則氣也，蓋理之體面自异，誤言則多失體面，故言理者只以誠字爲形容，每説真字及無妄，如明字亦説理不得，如謂因己之明而見理則可，若謂理本明，則理何形象而乃能明乎？吾嘗謂《大學》明德便包理在内，而亦不可以明德直謂理，但能所以具理者耳。他亦效此，如下章人極亦非直以心爲太極，但具太極在者乃心耳。如是看得，方不虧損理體面，今凝聚成形，但可付之氣，何可帶理看。若其所以凝聚者，亦理也。”

不曰太極爲主，而陰陽五行爲經緯，而曰性爲之主，主者性便是太極，物物各有太極。生生化化，各具太極，則言性便是言太極。且上文既言五行之生，各其一性，則便是各已具太極。故自此以下，皆以性互言太極不相妨。

陰陽五行相爲經緯者，言有陰五行，有陽五行，或陰爲之經，而五行爲緯者，如坤道成女之類，或陽爲之經，而五行爲緯者，如乾道成男之類，故其下曰各以類凝聚。所謂類字，正指此而言也。且經緯錯綜者，或五行爲經，而陰陽爲緯之類也，《農岩集》亦論此矣。

陽而健者成男，則父之道也，陰而順者成女，則母之道也。細看此二句注釋有曲折，既云乾道成男，坤道成女，則當云陽健之道成男，陰順之道成女，而此云父之道，母之道。蓋雖是乾稱父，坤稱母，而父母畢竟是形化後有名者，乾坤是氣化時所運，則繼之以父之道，母之道云者，其意不但曰乾道如父，坤道如母而已也，亦以乾坤推演及父母。以起所以形化之首端也，如此處亦不可泛看。

形交氣感者，形反在上，氣反次之，此處亦妙。蓋以氣化言，則必先有氣而凝聚成形，以形化言，則必先兩形相合，而中間生出氣來，又做得形出。故上則曰氣聚成形，此則曰形交氣感。

萬物生生，變化無窮，此亦以横説竪説看，則如成男成女而後，又生萬物，又生生不窮，此是變化竪説處。如男與女爲對，人與物爲對，陽善與陰惡爲對，剛善剛惡與柔善柔惡爲對，便是變化横説處。這變化以流行看，以旁横看，方盡變化不窮之意，蓋横説竪説，説理必兼着此兩項方備，随處皆然。如上下四方之宇是横説，往古來今之宙是竪説，然單言則上下是竪，四方是横。又單説則往古亦有横，如列國諸國及九州十二牧之類是也，來今亦有横，如天下諸國及十三省八道之類是也，必兼横説竪説，窮理方妙，如朱子所謂横説竪説，皆此類。如牧隱稱圃隱曰："達可横説竪説，皆合於理。"皆此類也。

問："男女一太極，萬物一太極，皆本然之性否？抑氣質之性否？"曰："此只是各具太極之全體，朱子之意本非從氣質言也。蓋氣質者，凡物有生者之所皆有者，既有物則便脱不得氣質，所謂本然之性亦只在氣質中，但不雜於氣質，而指其本理曰本然之性，此則言自太極生陰陽以下，層層變化，而物物又各有太極之意，則言氣質甚無味。至若氣質之性者，何爲而曰氣質之性，夫理則但至善純粹，而氣則不能皆然。故今有本善而今流於惡，本通而今入於局，則曰此非本然之性，乃氣質之性，説本然不得，故不得不歸之於氣質，考程張説可見矣。今男女具太極，則是亦無極而太極之全體，萬物具太極，則是亦無極而太極之全體，何干於氣質乎？今若詰之曰男女具太極，而何不能男男女女而立極乎？萬物具太極，而何有人物之殊，賢愚之别乎云爾，則亦將不得不曰此氣質之性，而此則當作别件論。不可以此謂男女萬物之太極，是氣質之性也，且人物皆理氣妙合而生，有氣質而後方具得性，而但專以理言曰本然之性，挾理氣言曰氣質之性，所從言者不同。《太極圖》若言人物相殊之事，則雖可歸之氣質，而方言物物各具無極之意，則其可言氣質乎？太極與陰陽，固爲渾淪，而單説理則曰太極而已矣。"

於此尤可見其全者，全字當着眼看，蓋天下無性外之物，及性無不在兩項，説得一本萬殊，萬殊一本之義甚備，而上則但言陰陽五行各具太極之意而已，故曰性之無所不在，又可見矣。至於此則生物化物，既已成男成女矣，既已萬物變化無窮矣，而皆具太極，故曰尤可見其全矣。蓋至於變化無窮，則其視只有陰陽五行時，方是全矣。

問："子思大小之説。"曰："大小雖本以物而得名，然只作語之大小看好矣。蓋萬物統體一太極，豈非語之大者乎？一物各具一太極，豈非語之小者乎？"

小注南軒説謂男女所以爲男女者，非指男女之身也，此語未可曉。蓋男女只是氣化始生之男女，非但人之男女，如萬物之男女皆然。朱子謂麻有男女，則雖草木亦有男女，皆始生之男女也。所謂非指男女之身者，未知何謂也？問："南軒説陽而健者，五行之所以布其氣也，陰而順者，五行之所以成其質也，然則陽非但有氣而無質也，陰非但有質而無氣也，此語亦似有病。”曰：“雖似如此，然但謂氣屬陽，而質屬陰也，非謂陽無質，而陰無氣也。”

問：“得其秀而最靈。”曰：“此是大綱説。蓋人得陰陽五行之氣質最秀，故能最靈。此所以能具太極而獨不失者，故此所謂人極，而配之太極第一圈，然亦非‘靈’之一字是人極也。所以能具人極也，具細考之，則‘靈’字亦入於神發知矣之中，然不須如此説，但可將‘得其秀而最靈’一句作總腦看，以配太極，‘形既生矣，神發知矣’兩句又别作陰陽看，不須以靈謂神發知之事。”

問：“太極先言動而次言静，人極先言陰而次言陽，何也？”曰：“看來雖如此，不可細究，但知人之有形有神，是與有陰有陽相配之義，則通矣。且陰陽以發動邊説，以起相生無窮之義，人是形化以後事，故先言形而後言氣。雖然形有陰有陽，以臓腑言之，臓是陽，腑是陰，神亦有陰有陽，以魂魄言之，魂是陽，魄是陰，而但以形神分陰陽者，但大綱分言也。”

五性具五行之理，故分配五行，然是理也，乃正太極也。不必有形神而後方有五性，而特以次序言之，故乃在其後，然即言五性感動，則以五性之感動發處，繼形神之下，亦有其意。

未發之時，渾然太極之體具在，而但善則豈有可論，而及夫動而發，則一善一惡於是乎分。而萬事之殊，從此而出，猶陰陽五行，到生出男女萬物後，益錯綜糅雜。惟人者於萬物中拈出人來，而其人即衆人統論者，到下章於衆人中，又拈出聖人以説此二節，必參互看方得。

此以形神分陰陽，故曰具動静之理而失之動，下以四性分動静，故曰全動静之德而本之静，須看理字德字，各有所着矣。

問：“失之動。”曰：“須看天下事，皆在動時而不在静，故人之失必在於動時，聖人當動而動，當静而静，無事則此心已未發，有事則此心已已發。至若衆人則恒動而無静，故衆人無未發，衆人一日之動，百倍於聖人，然無用之動，此常失之動者。”

《太極圖》起端先言動陽，以起相生無窮之義，末端又歸重於静陰，以爲動用之本，此處甚妙，且同關鎖。

氣質交運，是氣與質交行也。程子《祭李仲通文》有此等語，蓋朱子釋此書，多用《通書》及程子語，此亦其類。二五之氣交行，不得相同，故萬物不得與人同，人又最秀於萬物，同得太極之理而如此，何也？如此處不得不歸之氣質，凡論氣質，皆當如此。

其心爲最靈，蓋得其秀而靈者，惟其心能靈也。惟其靈也，故便不失太極之全，所以爲人極。然若謂靈便是極，則是不識賓主之别，猶《大學》明德不可便謂之性。

天地之心，《禮記》以人爲天地之心，蓋天地不能自作爲，自施行，或待人代工，故曰心也。然人之能爲人，以其心也，則人之心，即是天地之心。

二氣五行，化生萬物之事，在人亦如此，形神五性，散爲萬事者便是。

欲動情勝，利害相攻，亦用《通書》語，蓋衆人之多於動，只以欲動情勝，而其由則出於利害相攻，如傾奪争訟之類是也。

問："聖人定之以中正仁義，是聖人自定？是聖人定人？"曰："此承衆人常失於動而言，故是定人。然亦須聖人自定而後定人，猶《大學》自新而後新民，是通自定定人説。然其主則爲定人邊説，人每謂是聖人自定，而吾於《通書》得證據曰：'育之以仁，制之以義。'朱子釋之云定之以仁義，是乃謂定人也。"

定人之道如之何，必自定中正仁義，自定如之何，必主静，其次序如此。聖人定之以中正仁義而主静，則衆人亦有定之以中正仁義而主静之道，聖人是表準也。

立人極焉所包甚大，聖人自定以中正仁義則是立人極焉，而使衆人亦定之以中正仁義，則亦立人極也。

小注"無欲故静"，此無欲便當以無情欲兼看。蓋人若有一分人欲，則便不得静虚，而必無人欲然後可以静矣。然静是未發時體段，故纔有情欲之動，已不是未發時體段，必至虚至静，渾然全體，無一毫心之所向，然後方可名曰静。若但無人欲而已，而情欲之紛紜尚爾，則烏得爲静乎？静境界甚難言，不可以姑無人欲而曰此静也，經書雖不細細言此。然如曰閑邪存誠，則邪便是情欲之紛紛，蓋游思閑想，不係利害，而倐往倐來，憧憧不已者，這雖非人欲，而乃情欲也，故曰閑，必閑而後乃静。且顔子之三月不違，意者於静境界時，猶有如今所謂胡思妄想者類，或有違於不息之體，而間斷於仁也。故静境界極難，不可以但無人欲謂無欲而曰静。

人欲情欲，分得欠快，當容消詳。

問："四'其'字。"曰："'其'指聖人，觀四'與'字可知。"

合其吉凶，可着眼看，鬼神屈伸之理也。順理則吉，逆理則凶，如全太極之理則吉，違太極之理則凶。是大總説，如下文君子修之則吉，悖之則凶之類是也。此言吉凶者，以聖人前知神明之類言之，而謂與鬼神相合，如孔子在齊接淅，因衛靈公顧鴻而即行，蓋見著於微，知顯於幾，此等處朱子亦謂難知。則聖人之事，雖大賢未及知，而聖人自獨知，則出處行藏之間，便與鬼神合其吉凶者也。且如盤庚遷都，决之卜筮，古人有疑事，質之蓍龜，則蓋未能吉凶之的然前見，故卜决吉凶。而聖人則前知其吉，前知其凶，行事之際，必與鬼神不謀而合，則此便是聖人與鬼神合吉凶者也。此處鬼神吉凶，必以此意看。

問："上言具動静之理，此言全動静之德；上以形神分陰陽，故曰具其理。此以五性分動静，故曰全其德。'具''全'兩字有意耶？"曰："具太極動静之理，而未爲虧欠，故曰具。全五性動静之德，而不爲虧失，故曰全。然此處但看衆人失於動，而聖人本之静處。"

統論則聖人當動而動，當静而静，衆人不當動而動，不當静而静。然此是别件論，《圖説》則聖人有動而本之静，衆人無静而失之動之義爾。蓋動静有身之動静，心之動静，身動静粗，心動静精，《圖説》則以心動静言之也，身動静則衆人亦多不當静而静時。

嘗謂衆人無静，蓋静是《中庸》喜怒哀樂未發之中體，聖人則有事而應，即動也。事過而静，即静也。一動一静，如環之轉。而必又主於静，則聖人動静如呼吸，而亦欲歸重於静，使静多於動也。若衆人則有事時固膠膠擾擾不可言，而雖使有事物未至之時，此心則長爲已動，故衆人實未有未發時。蓋其胡思雜念亂想，依舊紛擾故也，不可以無事物之時而便謂静也。雖使有心下稍無雜念亂想之時，此心亦未爲便静，故實又未爲未發時，蓋其心下昏沈昧昧，猶是動之餘害，故未得爲静時正境界。心下昏沈昧昧者，雖似過於静之弊，而其實猶動之餘，而未爲静也，不可以心下稍無雜念亂想之時，而便謂静也。信乎衆人長動無静也，吾故謂未發時所謂放失昏昧二病，皆歸之動而非静也。世人不知此，或謂未發時容有病痛，設令真有未發，則人性之善，聖愚無間，未發時但是性，豈有聖愚未發之别哉？但患衆人無真未發也，然當敬而主静，常欲使静時多，而動時少，久久習之則工夫漸便到。

問：“中正仁義何故曰中正？”曰：“朱子謂中者，禮之極，正者，智之體，却實且定，蓋以《易》言也。”

行之也中，處之也正，發之也仁，裁之也義，是皆指五常之用處言之。蓋以五常之用處形容，然後可知五常體段之可分屬動静，故不得不皆指其用以形容其體，曰行，曰處，曰發，曰裁，皆指用邊説。而既云行之也中，發之也仁，則可知中仁之宜屬流行動用邊也，既云處之也正，裁之也義，則可知正義之宜屬收藏貞固邊也，既已先言其用處，又即云一動一静以繼之，使中仁屬陽，正義屬陰，便曉然。

夫言性者曰仁義禮智爲體，而惻隱羞惡、是非辭讓爲用，中正仁義爲體，而愛恭宜别爲用，此性情體用不易之論也。今曰正義爲體，而中仁爲用，執一偏之論者，每以錯羅互列爲眩悶，而其實則義理玲瓏，所從言者雖不同，而亦實不相妨。蓋中正仁義，只是一個性而已。然仁之體浩浩流行，禮之體優優大哉，皆流動之象。義是撿裁向内去，智有淵伏深藏之體，皆收斂之象，各以其類，分屬陰陽，而陰又屬静中具性之體，陽又屬動處行情之用，體中非無中仁，而所統主者正義也，用處非無正義，而所統主者中仁也。分屬之義，不出乎此。若其仁義禮智之爲性體，愛恭宜別之爲情用，固自若也。但分屬之异，故言之於此不涉耳。

如是分開而已，則情用上主静意思，無可得見。蓋雖發用之處，義裁處正，欲其居多。

問：“體立而用行，以心之體用言否？”曰：“心之静，便是理之體，心之動，便是理之用也。”

乾坤動静，乃乾動静、坤動静也。不專一則不能直遂，乃乾動静也，不翕聚則不能發散，乃坤動静也。上項似理邊説，下項似氣邊説，然不須如此分，但語勢稍异。蓋程子此語極妙，其説主静之由甚詳密，今不多言，無事時須静，臨事方用，便有氣力。程朱教初學，必先以静坐爲妙法，以爲涵養本源之地。如朱子在同安，患事務紛亂，每閉目静坐，以待事至。且謂學者當觀《孟子·牛山夜氣章》，蓋有呼必有吸，有静能當動，處事得當，且能静，而後便能有氣力。人既有血氣，則能静養，然後方有力於發用矣，不直遂、不翕聚之説，當雙項分細看。

天是一層，聖人是一層，君子是一層，衆人又一層，小人又一層，當分看。君子修聖人之道，小人悖聖人之道者也。

問吉凶。曰：“修聖人之道而爲善則吉，悖聖人之道而爲惡則凶，玩吉凶之辭而知順理悖理之或吉或凶耳。周子以静言定極之道，而程子以爲恐流於异端，又以爲不若但言敬，故朱子用一敬字，以爲君子修之之道。《太極圖》工夫不出敬而静也，雖然敬與静，實無二致也。致静須用敬，非敬則雖曰静，其實不得爲静也。敬則欲寡而理明，以至於静虚動直而聖可學矣者，皆朱子周子説。《太極圖》雖説性命之源，造化發育之功，其歸不出於敬之一字，真切要矣。《太極圖》有三極，乃天極、人極、聖極也，天極則周子本圖也，人極則朱子推説意排圖，惟聖極不爲分配，故吾嘗推二賢之遺意，作圖以配之。蓋天極則猶有二五紛糅，萬物不能盡齊之患，人極亦有善惡之錯亂，萬事不盡善之弊，而惟聖極則自性極至於萬善，終是一正脉，未有疵弊。是知聖人精之又精，能代天工之妙也，蓋聖人差小，天較大，天之所包廣大悉備，故二五萬物，或有參差。”

孟子言寡欲，與周子言寡欲差不同。孟子所謂欲，以件數言，如好書、好畫、好色、好貨之類是也。周子所謂欲，以分數言，如自十分而减八分，自八分而减七分，减之又减，以至於無云爾。孟子謂養心莫善於寡欲，則何必曰寡，必無而後可也。而以件數言，故謂雖氣質之所好者，必寡而後方善於養心，正與莊子嗜欲深、天機淺之語微同。周子所謂寡之又寡，以至於無者，以分數言，故謂人心之欲，必用工夫可除，非一着便除，故次次减得，以至於無云爾。孟子所謂欲，以情欲言；周子所謂欲，以人欲言。蓋情欲不可盡無，而多情欲者猶妨於養心，故曰雖氣質所不能無之情欲，亦當寡之也。至於人欲則不可但寡而已，必剗地除去，以至於無然後方可，而非造次一蹴之可辦，故曰寡之又寡，以至於無云也，此處當細看。

天地合其德屬太極，日月合其明屬陰陽，四時合其序屬五行，鬼神合吉凶屬男女，如是看，亦自玲瓏。

立天之道曰陰與陽，立地之道曰柔與剛，立人之道曰仁與義，蓋太極一理，化化生生，而不出天地人三者範圍中，故引易之説以包結之。且太極一理，只是生生底理，故又引死生之説，以結其終，有生必有死，理當如此。

立天之道屬天極，立地之道屬人極，立人之道屬聖極，如此看亦好。蓋《太極圖》本以分配爲主，且隨處分配，各自媲合，此理無二之故也。惟以人極配立地之道，泛而看之，雖似參差。然人極分配處，猶是化生成質底，則屬之立地之道，實自沕合。至於聖極則能已立人之極者，屬之立人之極，自沕合矣。如是看得，然後一篇所結三語，皆有分配而玲瓏媲合矣。

仁義又於中正仁義中，拈個兩個來，分陰分陽與上無异。但仁義與道字相對，則道是理之全體，而仁義反輕，且與陰陽剛柔配論則非統體也，當分别看。

問：“隨事著見。”曰：“這‘事’字極大，天地人便是事。”

“原”字“反”字，自格物者而言。

不言之妙，不可形言之妙。

《太極圖》理氣配合，生生不窮之意，理則固是一主宰，無可形言，有氣則有生必有死，故二五萬物。既言生生之義，故以死生之説結之。

大哉《易》也，斯其盡之矣。注曰：“語其至極，此圖盡之，‘斯’字指此圖也。”或錯看則似謂大哉《易》之道，斯立天、立地、立人，原始之説盡之也。然結得此圖之語，當以大哉《易》道，此圖盡備之語終之，注説當着眼看，此等處易泛過。

周子手是圖，以授程子之語，不見於他書，疑朱子傳所聞也。

必有微意之微意，朱子於後説既詳論之。蓋太極是理之源頭處，豈不切要！而但人高説性命，不務下學上達，或有躐等之弊，則未必不由此。如黄慈溪之説，未免誤失，然朱子以此語終之者，儘又有微意，先當念頭挂着此語而讀是書。

或問：“孔門未嘗以此語顔曾，是如何？”朱子曰：“焉知其不曾説。”曰：“顔曾做工夫，只是切己做去。”曰：“此亦何嘗不切己？皆非在外，乃我所固有也。”然則所謂太極，非玄遠物事，而人不能善體認，薛敬軒能於日用淺近處，看個此體段，有所默契，亦可師法也。

右諸條即所録先生語，而臨卷承訓仔細随録，無一字之錯，而先生又親自手筆，改正增删，或有意未盡者，則别以數語繼之，與彦焕所録初本迥异，而其實則乃先生文字也。《三淵集拾遺》卷二十三。

書黄勉齋疑《太極圖解》説後　朴光一①

勉齋曰：《太極圖解》有一處可疑，圖以水陰盛，故居右，火陽盛，故居左，金陰稚，故次水，木陽稚，故次火，此是説生之序。下文却説水木，陽也，火金，陰也，却以水爲陽，火爲陰論來。物之初生，自是幼嫩。如陽始生爲水，尚柔弱，到生木已强盛，陰始生爲火，尚微，到生金已成質。如此則水爲陽稚，木爲陽盛，火爲陰稚，金爲陰盛，不知《圖解》所指是如何？後來請問晦庵，云："舊也如此看，只是水而木，木而火，畢竟是説行之序。"這"畢竟是説生之序"，畢竟是可疑也。

愚按，朱子《圖解》所以先言水，次言火，次言木，次言金，次言土者，固是説生之序，而以水屬之陰盛，以火屬之陽盛，以木屬之陽稚，以金屬之陰稚者，乃所以明水火木金之功用，而直解濂溪作圖之本意也。今試就圖上觀之，則其所以以水居右，而以金次水，以火居左，而以木次火者，乃所以分陰陽之意也。何以明之？天地方位，東爲左，而爲陽方，西爲右，而爲陰方，故日出於東，月生於西太陽朝升於東，新月昏生於西，《河圖》之天三居左，地四居右，《洛書》之生數居左，成數居右生數雖偶，成數雖奇，爲陽爲陰，伏羲先天之圖离火居左，坎水居右。文王後天之圖長男居左，少女居右朱子曰"陽主進，故以長爲先而位乎左，陰主退故以小爲貴而位乎右也"云云，則天地河洛，以至伏羲文王，莫不以陽爲左，以陰爲右。而今周子太極之圖，又以陽動屬左，而木與火亦屬之左，以陰静屬右，而金與水亦屬之陰，其所以左右分陰陽之意，可有自來矣。是故朱夫子究其立象之意而著爲《圖解》，既叙水火木金之序，而又言水火木金之功用，以明水

①朴光一（1655—1723），字士元，號遜齋，著有《遜齋集》。

火之所以居右居左。木金之所以次火次水，然後方見此圖之與天地準，與圖書合，又與先後天之圖而不悖也。勉齋於此未有明辨之功，而直以生之序求之，故又引水木陽、火金陰之訓，以證《圖解》之爲可疑，而乃曰“水爲陽稚，木爲陽盛，火爲陰稚，金爲陰盛”云云。以生之序言之，則不可謂無所見矣，而若乃語其四行之功用，而直解圖意，則未也。若曰水爲陽稚，火爲陰稚，則陽反居右，而陰反居左矣，是果濂溪左陽右陰之本意乎？若曰木爲陽盛，金爲陰盛，則木居水次，金居火次，然後乃可爾，是果濂溪以木次火，以金次水之本意乎？竊想勉齋之意，以爲朱子於《圖解》，叙其水、火、木、金、土之次序者，乃是天一生水，地二生火，天三生木，地四生金，天五生土之序，而水謂陰盛，火謂陽盛，木謂陽稚，金謂陰稚，則似有戾於天一天三、地二地四先後之序，故有此膠漆之疑也。而殊不知《圖解》云云，政是濂溪自解中推出來也。濂溪於圖象

以水係之於陽動，以火係之於陰静，而又於《通書》自解此義曰：“水陰根陽，火陽根陰。”蓋圖之所以以水係陽者，是天一生水之義。而不曰水陽，而曰水陰根陽。圖之所以以火係陰者，是地二生火之義，而不曰火陰，而曰火陽根陰。則其所以著明陽根陰、陰根陽者可見矣。是故朱子之解圖也，既叙生五行之次序，而不曰水爲陽稚，而乃曰水陰盛；不曰火爲陰稚，而乃曰火陽盛；不曰木爲陽盛，金爲陰盛，而乃曰木陽稚，金陰稚。又曰水火之交係於上者，陰根陽、陽根陰也。朱子之所以深得濂溪之意者蓋如此。勉齋何不致疑於濂溪水陰火陽之説，而獨於《圖解》疑之耶？大抵以水火之功用言之，則水是天下至濕至冷底物，而火是天下至燥至熱底物。故以四方言之，則子北幽寒之方爲水，午南炎燠之方爲火，以四時言之，則冬之嚴寒大冬爲水，而夏之蒸炎盛暑爲火也。然則水豈不是陰之盛，火豈不是陽之盛乎？是以既叙五行生之之序，又各言其功用，以發濂溪之意也。

或曰："若如吾子之説，則朱子所謂水木陽、火金陰者，何謂也?"曰："以其質而語其生之序，則亦可如此説也。天一生水，則水謂之陽可也，地二生火，則火謂之陰亦可也。然陽變爲陰，陰變爲陽者，自是變易之常理，故陽變而爲水陰，陰變而爲火陽也。是故濂溪此圖，直以水爲陰而居右，以火爲陽而居左，木與金又各從其類而居矣。"林子玉問於朱子曰："陰盛何以居右，陽盛何以居左?"曰："但以陰陽分之耳。"又問："木陽稚次火，金陰稚次水?"答曰："以四時之序推之可見"云云。至此而發明《圖解》又無以加矣。

噫！勉齋以朱門高弟，親承指教者，而於此昧於本旨，而反生疑貳，蓋泥着語句而未能活看之弊，例至於此，可不慎歟！可不懼歟！然其後問答中畢竟是可疑云者，誠有不敢知者也。竊惟太極一圖包括《大易》之理盡矣，其曰無極云者，又是伏羲、文王、孔子之所未言者，而周子言之，真可謂發前聖之未發，而百世以俟者。然世之儒者未能窺測，而妄加詆排，使先生立象詔後之意，將掩蓋而不明。朱夫子爲是懼，始留意於解圖，而用十分精力而得之，乾道壬辰，始得脱藁，而其後十有七年，淳熙戊申始出而示學者，其所以藏之不發，久而後傳示者，固是有待而然者，亦豈非沉潛反復浹洽於中，然後傳布之意耶?朱子《與張元德書》曰："太極之旨，虚心孰玩，則乃見鄙説一字不可易處。政使濂溪復生，亦必莞爾而笑"云云。以此觀之，朱子之所以心融意會的見濂翁之心，欣然自信者，可見也。其如此而可摇於門弟子片時疏漏之見乎?慶元六年庚申三月，先生易簀，而易簀前五日，先生猶爲諸生講論《太極圖》至夜分焉，則先生之所以惓惓於此圖，而一生盡心焉者可見矣。先生若從黄氏之説，而自覺其可疑，則何不改定《圖解》，以惠後學，如改章句耶?先生易簀前三日，改定《大學·誠意章章句》。此愚之所不敢知者也。

或曰："果如吾子之言，則勉齋誣其師説者耶?"曰："惡，是何言曾謂勉齋而以誣爲哉?昔者曾子聞喪欲速貧、死欲速朽之訓於夫子，而不察夫子之有爲而發，故以爲實然之訓，而至於語人，若非有子之致疑而子游之發明，則曾子將不免自誤誤人之歸矣。勉齋云云，安知有曾子當日之過耶？不然恐或有文字間傳録之誤也。《遜齋集》卷六。

答外孫李象靖《太極圖説解》問目　李栽①

精粗本末無彼此。精與本指何物？粗與末指何物耶？

太極，形而上之理，故爲精爲本；陰陽，形而下之器，故爲粗爲末。蓋陰陽异位，動静异時，而皆不能離乎太極，此所以精粗本末無彼此者也。

統而言之，則氣陽而質陰；錯而言之，則動陽而静陰。統與錯之義何如？且以統言錯言，而有陰陽分屬之异，何歟？

陰陽五行，質具於地，而氣行於天。統合二者而言之，則形質一定者爲陰，氣化流行者爲陽。錯綜二者而言之，則春夏爲陽動，秋冬爲陰静，以是推之，可知其義矣。

孔子曰："知者樂水，仁者樂山。"仁是静，知是動，而《圖説》解知屬静，仁屬動，何歟？

仁本安静厚重，而却有流行運用底道理；知本周流通達，而却有收斂伏藏底道理。《易・大傳》及此圖，仁配春爲陽動，智配冬爲陰静，而仁爲用，智爲體者，以此故也。朱子曰："此等處且自體，當到不相礙處。"又曰："仁義禮智，以性言之，則皆體也。以情言之，則皆用也。以陰陽言之，則智體，仁用也。"正是説此義明甚。

動静周流，静亦可以周流言歟？

静極復動，動極復静，一動一静，循環不窮，非周流而何？《密菴集》卷八。

①李栽（1657—1730），别稱李聖及，字幼材，號密菴、錦水，著有《密菴集》。

《太極圖》記疑　權以鎮①

陰陽之圈内一白一黑，亦足以見陰陽動静之象，復重之以白黑左右各二者，何也？意者内一白一黑，太極之動而陽，静而陰也；次一白一黑，一動一静互爲其根也；外一白一黑，分陰分陽兩儀立焉，而爲下陽變陰合之根者乎？子真。

白黑之圈，三重兩錯，而朱子之所箋，只解兩重者，左右大白黑，即陰陽之已分者也，即陰陽而指互根及本體耳，非陰陽一圈之内，又别有二重陰陽也，蓋非陰陽則無以見太極之所在也。

静之必動，猶動之必静，而陽獨言變，陰則言合，其所謂合者，就合於陽而一之乎？陰之變陽，猶陽之變陰，而陽言變，陰言合者，尊卑之辭乎？

陽既變矣，而陰與合之，以生五行，猶夫婦之合，而生子生孫乎？但陽獨言變，陰則言合，陰非不變而只着合字者，豈謂陽既變矣！而陰亦從陽，而變與之合耶？抑互文耶？合字之義，終不了然。子真。

五行之圈所排位，終不可曉。天一生水，地二生火，陰陽之生五行，其序如此。而今反以水爲陰，以火爲陽，以四時之序言之，春當三月而五陽備，及夏之五月，則陽已就衰，而一陰已來奪，固不如三月五陽之方生而盛也。木豈爲陽之稚乎？金之於陰亦然。

既曰陽變陰合，則天一之爲陰，地二之爲陽，意者因其變合而然也，此亦動静互根，陰陽相生者。而至於稚盛之説，則五陽之三月不及於六陽之四月，五陰之九月不及於六陰之十月，

①底本此處注云："壬午夏與宋友子真同榻虎溪問答。"權以鎮（1668—1734），字子定，號有懷堂、收漫軒，謚號恭敏，著有《有懷堂集》。

而况春之温不及夏之熱，秋之凉不及冬之寒者乎！且以其本質言之，則木雖屬陽，而不及於火之大熱；金雖屬陰，而不及於水之至寒而然耶。水雖屬陰，而其流動則陽也；火雖屬陽，而其内暗則陰也；木屬陽，而其植則陰也；金屬陰，而其剛則陽也；土則兼陰陽，而無所處而不在者也。子真。

吴草盧曰："太極無動静，動静者，氣機也。氣動則太極亦動，氣静則太極亦静。"蓋以太極無聲臭，陰陽有氣質也，其説似矣，而未敢以爲必然也。自己然者觀之，太極固在陰陽之中，窮本極源而論之，則要是太極生陰陽也。太極動而方有是陽，静而方有是陰也。如人心之寂然不動，固爲太極之體，而發散向外爲惻隱之心，收斂内向爲羞惡之心，亦可謂心不能動静，而待惻隱羞惡，而後動静耶！故曰動静者，所乘之機也。動而生陽，則太極在陽；静而生陰，則太極在陰。乘陽則生陰，乘陰則生陽，自有機緘而不能已，如人乘馬出入，動静在人，不在馬也。凡窮格義理，當先看文理，既曰太極動而生陽，則已自曉然，若如草盧之説，則當曰陽者太極之所以動也云云矣！

太極之稱，聖人以卦爻而言也。唤理爲太極，猶陰陽之稱兩儀，剛柔之稱四象，自是着題恰當底名號，非擇令名而尊號之也。朱子以乾爲天德之别名，而後人以太極爲理之别名，猶可也，又以爲尊號推之，過也。五殊二實，無餘欠者，五行各隨其性，而二氣隨處而足，在此無餘，在彼無欠也。子真。

精粗本末無彼此者，太極爲本爲精，陰陽爲末爲粗，雖陰陽之甚粗，而太極無不在也。

各一其性，無假借者，五行各有定體不可相通，如金之剛不可爲木之柔，禮之别不可爲智之通也。

各一其性，無假借者，意謂五行之生，其氣殊，其質异，而各具一太極。不相假借，如水之生自有個太極，而不借於火之太極；木之生自有個太極，而不借於金之太極。譬如富人自足，取用於家中，而不相假貸於人也。故五行圖上，各着一圈，以爲各具一太極之象也。子真。

主静者，何謂也？人生而静，天之性也；感物而動，性之欲也；有過不及，便爲理之賊也。循理而上，有無限好事；循欲而下，有無限不好事。夫所謂欲者，外而聲色臭味，富貴利達之利，内而計較物我，憧憧往來之事，千條萬端，紛然雜興，安得夫一瞥之静哉！是故先立乎大者，常思天之所以與我者，當有以奉持不可失墮，不以一毫人欲之私，鬧其本源，當其端居也，絶想像期望之私，無安排尋覓之意，此心寂然，無所撓干。則此無事時主静也，事物之來，物各付物，事循其則，勿以臆逆之心迎之，勿以利害之私隨之。萬變交錯，而此心澄然，無所波蕩，此有事時主静也。所謂無欲故静者，此之謂也。噫！此在膠漆盆中，欲立脚跟，未必真得静虚動直之地位也。然推以上之睚不外是，豈待真如易身而可飲食哉？隨分加工，以竭吾力而已。《有懷堂集》卷十一。

太極　申益愰①

太極，理也。泛言則謂之理，以其萬理總會極至而言，則謂之太極。

朱子曰："如君之仁、臣之敬，此是一事一物之極，總天地萬物之理，便是太極。"余謂太極二字本義固如是，然一事一物之理，亦無非全體至極，故曰一物各具一太極。

伏羲作易，自一畫以下，未嘗言太極，而六十四卦、三百八十四爻之理，無非太極。文王演易，自乾元以下，亦未嘗言太極。而六十四卦卦辭之理，無非太極。孔子贊易，自太極以下，未嘗言無極，而十翼中所言之理，無非無極而太極。朱子所謂前聖後聖同條共貫，不言者不爲少，而言之者不爲多也。

《河圖》《洛書》虚中之理，統體一太極也，分在十數九數

---

①申益愰（1672—1722），字明仲，號克齋，著有《克齋集》。

者，各具一太極也。

“易有太極”一句至妙，易以氣言，太極以理言。曰易有太極，則可見理氣不相離。既曰易，又曰太極，則可見理氣不相雜。易者，交易變易也，可見一氣分爲陰陽，而交易者爲體，變易者爲用，於是而有太極，則理之體用，亦在乎是也。故此一句，反覆觀之，無罅隙可窺，所以爲聖人之言也。

易有太極，是氣先於理，是生兩儀，是理先於氣。

有爲陰爲陽之理，而後有此陰陽，便是太極生兩儀。

易有太極，是《太極圖》第二圈之謂也。無極而太極，是第一圈之謂也。此周子發夫子所未發處。

朱子曰：“無極即是無形，太極即是有理。”余謂夫子“太極”二字，已該無形而有理之意。周子恐人錯看，故曰“無極而太極”，則無極是明無形。太極是明有理，即所謂非架屋下之屋、叠床上之床者也。

有理而無形。故朱子曰：“不言無極，則太極同於一物，而不足爲萬化之根。”無形而有理。故朱子曰：“不言太極，則無極淪於空寂，而不能爲萬化之根。”是則周子之功與夫子并。

無形而有理，無極而太極也。有理而無形，太極本無極也。

至無而至有，至虚而至實，即無極而太極也。至有而至無，至實而至虚，太極本無極也。

太極無形，然欲形容之，則恰似一個渾淪底物，無一毫欠缺處，圖象可見矣。

朱子曰：“太極之體圓。”余謂合而爲統體太極，則如一個大圓物，分而爲各具太極，則如萬個小圓物，陳北溪水銀之喻是也。然水銀有形，故合之則不爲分，分之則不爲合，而其形實有大小之殊，太極無形，故合而未嘗不分，分而未嘗不合，而其合也不加大，其分也不加小，妙矣。

《易・大傳》外，六經四書，不言太極，然其曰天、曰帝、曰命、曰性、曰道、曰德、曰中、曰誠、曰一、曰至善、曰仁義禮智者，皆太極也。

程子雖不發明太極，然其言理一分殊，又言萬物各具一理，萬理同出一源，又言體用一源，顯微無間。又言冲漠無眹，而萬象森然已具。未應不是先，已應不是後，此類皆言太極。

程子《易·序》曰："太極者，道也。兩儀者，陰陽也。陰陽，一道也。太極，無極也。萬物之生，負陰而抱陽，莫不有太極，莫不有兩儀。絪緼交感，變化不窮，形一受其生，神一發其智，情僞出焉，萬緒起焉。"鄱陽董氏曰："《易·序》及上下篇義，或以不載《伊川文集》爲疑，然世俗相傳已久，玩其辭義，非程夫子，亦不能及此。"此語全出於《太極圖説》，尤可以見周程授受之實，而朱子不載此序於程子文集，又不引於《通書後録》者，蓋未及得見故耳。若使得見，則當時紛紛浮議，如陸氏林氏之説，不待多辨而定矣。

《易》之四象八卦，約而言之，只是兩儀，而兩儀一太極也。圖之五行男女萬物，約而言之，只是陰陽，而陰陽，一太極也。

象數未形而其理已具，圖之第一圈，是也，即理之不雜乎氣者也。形器已具而其理無眹，圖之第二圈以下諸圈，是也，即理之不離乎氣者也。

象數未形而其理已具，即萬物統體一太極也，形器已具而其理無眹，即萬物各具一太極也。

象數未形而其理已具，故未應不是先，而體用一源也，形器已具而其理無眹，故已應不是後而顯微無間也。

朱子曰："太極，即兩儀四象八卦之理，具於三者之先，而緼於三者之内者也。"余謂具於三者之先，即圖之第一圈是，緼於三者之内，即圖之第二圈以下是。

無極而太極，指理之不雜乎氣者而言，應圖之第一圈。太極動而生陽，動極而静，静而生陰，静極復動，一動一静，互爲其根，分陰分陽，兩儀立焉。指理之不離乎氣者而言，應圖之第二圈。

無極而太極，太極動而生陽，静而生陰，陽變陰合而生水、火、木、金、土，順説也。所謂推之於前，而不見其始之合也。五行，一陰陽也，陰陽，一太極也，太極本無極也，逆説也。

所謂引之於後，而不見其終之離也。

《通書》曰："二氣五行，化生萬物，五殊二實，二本則一。"是順説之中而有逆説也。是萬爲一，一實萬，分萬一，各正小大有定，是逆説之中而有順説也。

圖之第一圈，是統體一太極，其下諸圈，是各具一太極。

六十四卦、三百八十四爻，合爲一理，即統體一太極。一卦一爻，各有一理，即各具一太極。

三百之詩，一言以蔽曰思無邪。三千之禮，一言以蔽曰毋不敬。統體一太極也，三百三千，各具一太極。

因看字書曰，萬字一理，統體太極也，一字一理，各具太極也。

統體一太極，即所謂萬理同出一源也。所謂冲漠無眹，而萬象昭然已具也，所謂體用一源也，所謂未應不是先也，所謂天下無性外之物也，所謂語大天下莫能載也。各具一太極，即所謂一物各具一理也，所謂即事即物，而此理無乎不在也。所謂顯微無間也，所謂已應不是後也，所謂性無不在也，所謂語小天下莫能破也。

或曰："統體太極與各具太極，不必分體用，《中庸》所謂'語大莫能載，語小莫能破'者，皆是説道之費。而《太極圖解》引此語，以明統體之爲大，各具之爲小，於此可見。"余謂此説固然，但在物者，既爲各具，則在天者，當爲統體，故亦可分體用。

或曰："統體太極，如大德敦化；各具太極，如小德川流。"余謂上句同，下句小异，各具太極，指性之已賦者而言，小德川流，指道之方行者而言，蓋由小德之川流，而有各具之太極也。

合而爲統體太極，分而爲各具太極。統體中，各具之理已具；各具中，統體之理亦全。統體各具之理，無時不然，無處不然，非知道者，孰能識之。

子曰："一陰一陽之謂道，繼之者善也，成之者性也。"道即太極也，繼之者善，即動而生陽，而太極之用所以行也。成之者性，即静而生陰，而太極之體所以立也。

萍鄉胡氏曰："邵子所謂道爲太極，以流行者言之也。心爲太極，以統會者言之也。流行者，萬物各具一理；統會者，萬物同出一源。不知統會，無以操存；不識流行，無以處物。"竊疑邵子此兩句，非一時之言。朱子謂道，指天地萬物、自然之理而言。心，指人得是理，以爲一身之主而言。蓋自然之理，非無統會，一身之主，非無流行。今胡氏以兩句相對説，一則專以爲流行之用，一則專以爲統會之體。因言不知統會，無以操存，不識流行，無以處物，恐未免牽强破碎之失，且流行而未及賦與者，恐不可謂萬物各具一理。

邵子弄丸，丸喻太極也。然太極，理也，理如何弄得？此程子所謂玩侮天理處也。

邵子曰："太極已見，氣也。"恐是傳録之誤。

心爲太極，固是好語。然朱子曰，心之理是太極，是乃不易之説。

或問："横渠太虚之説，本是説無極。"朱子曰："'無極'字落在中間，'太虚'字落在一邊。"余謂無極，該虚實而言，虚而實實而虚。今只説虚，所以落在一邊。

朱子曰："乾道變化，各正性命，總只是一個理，此理處處相渾淪。如一粒粟生爲苗，苗便生花，花便結實，又成粟。還復本形，一穗有百粒，每粒個個完全，又將這百粒去種，又各成百粒，生生只管不已，初間只是這一粒，分去物物各有理，總只是一個理。"余謂物物各有理，即各具一太極也；總只是一個理，即統體一太極也。

朱子曰："謂之無極，正以其無方所無形狀，以爲在無物之先，而未嘗不立於有物之後；以爲在陰陽之外，而未嘗不行於陰陽之中；以爲通貫全體，無乎不在，則又初無聲臭影響之可言。"蓋其曰"在無物之先"，曰"在陰陽之外"，曰"初無聲臭影響之可言"，即圖之第一圈，説之無極而太極之謂也。其曰"未嘗不立於有物之後"，曰"未嘗不行於陰陽之中"，曰"通貫全體，無乎不在"，即圖之第二圈以下，説之太極動而生陽以下之謂也。其爲説反復離合，淋漓恣肆，曲盡無極之妙，真所謂若實見得，則説無説有，或先或後，都無妨碍者也。

無方所無形狀，以爲在無物之先，而未嘗不立於有物之後，以爲在陰陽之外，而未嘗不行於陰陽之中。順説也，即無極而太極也，以爲通貫全體無乎不在，則又初無聲臭影響之可言，逆説也，即太極本無極也。

節齋蔡氏曰："《圖説》以無極而太極，發明易有太極之義。所謂無極而太極者，蓋亦言其無體之易，而有至極之理也。"余謂此説恐誤，《大傳》所謂"易無體"者，言陰陽變易無定體也。故蔡氏所謂無體之易，而有至極之理者，可以説夫子易有太極之義，不可以説周子無極而太極之義。

蔡氏又曰："主太極而言，則太極在陰陽之先；主陰陽而言，則太極在陰陽之中。謂陰陽之上，别有太極，常爲陰陽主者，固爲陷於列子不生不化之謬。而獨執夫太極只在陰陽中之説者，則又失其根柢樞紐之所爲，而大本有所不識，其害有不可勝言者。"余謂此説，則可謂知周子之意矣。

羅氏大經曰："游誠之嘗言易有太極，而周子加以無極，何也？試即吾心驗之，方其寂然無思，萬善未發，是無極也。雖云未發，而此心昭然，靈源不昧，是太極也。"聞者服其簡明，余謂心之理，太極也，其理之無形者，無極也。此義無未發已發之間，游説未安，恐不可以簡明許之也。

臨川吴氏曰："太極本無體用之分，其流行變化者，皆氣機之闔闢。當其静也，太極在其中，以其静也，因以爲太極之體。及其動也，太極亦在其中，以其動也，因以爲太極之用。"余謂太極無體用，則不知何自而有此體用乎？氣機動静，而太極亦在其中，則太極之有體用已明矣。况理有體用，故氣有體用，則尤不當恁地説。

吴氏又曰："太極無增無减，無分無合，以未判已判言者，不知道之言也。渾元未判之氣，名爲太一，不名爲太極。"余按，《記》曰："禮本於太一，分而爲天地。""太一"二字本出此。而朱子《易·贊》曰："太一肇判，陰降陽升。"雲峰胡氏曰：“太一，即太極，以其未分，則曰太一。以其極至，則曰太極。”又按，邵子曰：“太極既分，兩儀立矣。”朱子曰：“太極之判，始生一奇一偶而爲一畫者，二是爲兩儀。”以此觀之，則以太一爲太極，而曰分、曰判者，未爲不可。

敬軒薛氏曰：“程復心將《太極圖》中著一‘氣’字。”又從而釋之曰：“太極未有象數，惟一氣耳。乃漢儒函三爲一，老莊指太極爲氣之説，其失周子、朱子之指遠矣。”余謂林隱之學，亦不偶然，而於大原處，謬誤至此，惜哉！

老子曰：“無名天地之始，有名天地之母。”又曰：“有生於無。”又曰：“道生一，一生二。”蓋其所謂無名者，道也，有名者，太極也。道生一者，謂道生太極也，一生二者，謂太極生天地也。如此解釋，其謬自見。

老子又曰：“有物混成，先天地生。”亦是説太極。

朱子曰：“周子之言有無，以有無爲一。老子之言有無，以有無爲二。”敬軒薛氏曰：“形雖無而理則有，理雖有而形則無，此純以理言，故曰有無爲一。老氏謂無能生有，則無以理言，有以氣言，以無形之理，生有形之氣，截有無爲兩段，故曰有無爲二。”余謂老子本不知有理，其所謂無者，蓋亦指氣而言也。設使其説果是指理而言，亦有有無爲二之失，故敬軒云然。

莊子曰：“道在太極之先而不爲高，在太極之下而不爲深。”蓋所謂道者，指氣之至静者而言，所謂太極者，指氣之稍著而渾淪未判者而言，意同老子。

《漢·律曆志》曰：“太極元氣，函三爲一。極，中也。元，始也。”此亦以氣言，朱子論極非中義，亦已詳矣。

釋氏竊老莊之説曰：“有物先天地，無形本寂寥。”

以理言之，易之“易有太極”一句，圖之“無極而太極”一句已盡矣。以學言之，易之兩儀四象八卦、六十四卦、三百八十四爻，圖之陰陽五行、男女萬物，須一一理會，方有著落。

太極之在我者，性也，中正仁義是也。能敬以養其性，則太極立於我矣，即所謂立人極也。

聖人一動一静、一語一默無非理，故朱子曰：“孔子其太極乎！"

朱子曰："周子吃緊爲人，以明道之極致，而其所説用工夫處，只説定之以中正仁義而主静，君子修之吉而已，未嘗使人日用之間，必求見此無極之真而固守之也。"張南軒曰："太極之妙，不可臆度而力致，惟當一本於敬以涵養之，既發之際，則因其端而致夫察之之功。未發之時，則即其體而不失其存之之妙，則其所以省察者，乃所以著存養之理。而其所以存養者厚，則省察者益明矣。此敬之功也，所謂主静者也。"余謂二先生此説，可謂學者用力之要。《克齋集》卷八。

《太極圖説》疑義　申益愰

朱子曰："舊傳《圖説》皆有謬誤，幸其失於此者，猶或有存於彼，是以向來得以參互考證，改而正之。凡所更改，皆有據依，非出於己意之私也。"以此觀之，圖中一圈一字皆出於周子之手，朱子豈容追補乎？《通書》曰："水陰根陽，火陽根陰。"此書與《圖説》相爲表裏，則以水爲陰，以火爲陽者，本周子之意也。退溪先生於《啓蒙傳疑》雖有當從勉齋説之論，然《答李養中書》曰："以生出言，水陽穉，木陽盛，火陰穉，金陰盛也。以運行言，木陽穉，火陽盛，金陰穉，水陰盛，各有一義。今圖解所指，似是以生出之妙而"云云，故勉齋以爲可疑，若轉作行之序看，則無可疑矣。《天原發微》中鮑謚齋論此亦曰："《圖説》序五行所生，以水居右陰，火居左陽，即所謂陰根陽，陽根陰，錯綜而生也。圖解謂木陽穉，火陽盛，金陰穉，水陰盛，即四時之春夏秋冬也。"要當隨所指而觀之，庶無膠固之失，如此二説，則圖解自無可疑，而紛紛之論亦息矣。勉齋生之序便是行之序之説，李氏希濂以爲多所未解而辨論之説，見《性理大全五行門》，并須考究得失。

"五殊二實"四字本出《通書》，朱子解曰："五行之异，本二氣之實。”其訓明矣，無餘欠謂五非有餘，二非有欠，來說大概得之，而但二氣實之云者，非文義矣。

萬物一太極，陰陽一太極，皆指其賦與處言，這便是各正性命，便是各一其性，何殊觀乎？四個皆當謂之氣質之性，然其曰太極，曰性命者，便是本然之理，但有單說與兼氣說之异耳。

動静者，所乘之機也，機，弩牙也，即發動所由太極之乘氣，動静猶弩弦之乘機，動静也，字義如此，然太極動而生陽，静而生陰，此語極難看，故太極者，本然之妙也，動静者，所乘之機也。此句亦難，看古今人見識之真妄是非，吾道异端之分，皆浸於此，必須神會而心得之耳。

聖人定之以中正仁義而主静，定是聖人自定，《定性書》“動亦定，静亦定”之定亦是此義。

裁之也義，來說謂裁是裁度事物者是也，事物雖在於外，而裁之度之者，在内而不在外，則義之爲體，豈不自在乎？

陰陽五行，氣質交運，來說謂陰陽，氣也，五行，質也，圖解所言不過曰陰陽五行交運之義者，見得是矣。

常疑程子“形化盛則氣化消”之説，以爲人則然矣，物多不然，然地有新舊而氣有盛衰，今夫海内萬國皆自開闢以來見成之地，民物之生於其間者，既無不遍，則形化之氣盛，而氣化之氣不能勝他故便會消了。設使大海之中，涌生島嶼，成一國土，則雖今世亦必氣化而生。然此處亦形化盛則氣化消矣，且隨其物之大小精粗，而爲其世界古今者，亦有廣狹與久近，故物之大者，如馬牛犬豕之類。今世亦未聞有氣化者，惟微者則多有之，如人新著數幅之衣而虱便生焉。數幅之内，即虱之世界也，此衣完弊之間即虱之古今也，此衣新著之時，即虱之鴻荒之世也，固宜其氣化於此也。又如有一片新土，無人落種，而草木便生者，亦是如此，蓋此類雖微其生也，稍久而不拘寒暑，故又能形化而生生焉。至如蟪蛄蜉蝣之屬，一番氣化之後，不能更閲寒暑，旋生旋滅，無復餘種，雖欲形化，得乎這般處，只當論其氣有同异耳，來諭以理之同不同，爲言恐是剩説也如何？《克齋集》卷五。

答李來卿別紙　申益愰

問："《太極圖》一圈一字皆出於周子之手者，既聞命矣，其於五行生行之序，猶不能無疑焉。"蓋水、火、木、金、土者，生之序也，水、木、火、土、金者，行之序也。生之序即對待之體也，行之序即運行之用也。就以圖象觀之，水火木金之居左居右者，即所謂對待之體而水而木，木而火，火而土，土而金者，運行之用也。其曰陽變陰合而生水、火、木、金、土者，即所謂生之序，而五氣順布四時行焉者，行之序也。分明是生之序中自有行之序之妙，而分看陰陽之時，若從朱子圖解，則於陰陽稚盛之分有所未安。若從勉齋改説，則於陰陽互根之理亦有所矛盾，故求其説而不得，乃敢仰質，則淺陋之意不在於圖解而正在於圖象矣，來教只言圖解之無疑，而不復辨破圖象之疑，膠固之見，雖不欲紛紛得乎，若曰圖象是生之序，而圖解是行之序云爾，則圖解者乃所以解剥圖象，則不應與圖象相反矣。若曰圖象與圖解并是行之序云爾，則稚盛之倒置者何耶？周子立象垂教之際，不指示始生之序，而只言流行之用者，亦何意耶？《啓蒙傳疑》之説，勉齋改正之論，皆可廢之耶？若泛論五行，孰不曰有生之序焉，有行之序焉。就此圖象，欲作生之序看，而有陽根於陽，陰根於陰之疑，欲作行之序看，而有盛者居前，稚者居後之疑，乞須參考諸説，明以見教。前者鄙説果未能盡破所疑。夫陽不生於陽而生於陰，陰不生於陰而生於陽，且天之生物，當自陽動始，五行之生於陰陽也。果有先後次第，而《河圖》自一至十之數，亦以次第爲言者，則《太極圖》天一之水根陽爲陰，而先居於右，地二之火根陰爲陽，而次居於左，天三之木、地四之金、天五之土又各以次而分居其位者，皆自然而然，雖濂溪亦自不覺矣。然一是陽數，二是陰數，則水當爲陽而不爲陰，火當爲陰而不爲陽，何故於圖，水却爲陰，火却爲陽？且五行同出於陰陽，宜有則俱有，何故其生出却有次第，且生序行序恁地不同？何故造化有此兩樣？今更取諸説而究極其旨，然後竊以爲勉齋之説不可易矣。其言略曰，生之序便是行之序，水火兩個是母，以水生木，以火生金，此便是造化本原，其後流行亦只如此，故只是水木火金土便是次序，古人欲分别陰陽造化之殊，故以水火木金土爲言耳，自一至十之數特言，奇偶多寡，非次第如此也。是積實之數，非次第之數也，蓋必如此説，然後五行爲有則俱有，而圖中水火兩個易置之而無所礙，木金之次於其下者，又得稚盛之序，造化之始生流行者，又無兩樣之疑，是其爲説，既無戾於《河圖》生成之旨，又有合乎《洪範》錯綜之目。《洪範》一曰二曰者，恐亦以陰陽對待之體相間言之耳。亦可謂發周子朱子之所未發，而有功於聖門，李氏希濂輩雖論其非是，而亦恐其未爲得也。但五行之生，既非有次第，則今言水火是母，水生木，火生金者，反似可疑，然五者有微盛少老之分，故曰某底生某此，亦語勢之不得不然者耳。非如次第之説，實有生出先後之不同也，且以相生而言，則火生土，土生金，固也。今言火生金者，亦似可疑，然始生與相生不同，蓋金之於火，猶木之於水也。以盛陽次於微陽，以盛陰次於微陰，而土又是四者之合，故最次於下，亦非謂生出先後如此也。觀其止言火生金，而未嘗又言金生土，則意亦可見矣。河洛五十之數，次於四九，《洪範》《太極圖》皆以土次金，何獨於勉齋爲疑乎？若以相生之序，則曰木、火、土、金、水，勉齋亦已言之矣。

或曰：“造化宜無兩樣，故既曰生序便是行序，則今以始生相生之序，爲有不同者，獨不爲兩樣乎？”曰：“《圖解》曰：‘以質而語其生之序，則曰水、火、木、金、土，而水木陽也，火金陰也。以氣而語其行之序，則曰木、火、土、金、水，而木火陽也，金水陰也。’朱子於此，固以水爲陽，火爲陰矣，其言行之序，即相生之序也。然勉齋之説則水、火、木、金、土之爲序者，非但質然而氣亦然，木、火、土、金、水之爲序者，非但氣然而質亦然。其所不同者，二氣變合而生者，原於對待之體，一氣循環，而生者本於流行之用，如是而已。然則此亦只是一樣，而無兩樣矣。此則又勉齋之所未言，而愚敢言之，正李氏所謂創立孤論，以行其獨見者，僭妄之甚，無所逃罪。然左右試將朱黄兩先生及李氏之説，各極其底蘊，又以質諸密庵尊丈，然後鄙説之得失，各以見諭幸甚。"

問："聖人定之以中正仁義而主静，來諭曰'是聖人自定，《定性書》動亦定，静亦定之定，亦是此義'。不識静亦定之時，聖人之所以异於常人者，何如？而常人之所以用工於此時者，亦當如何？愚嘗驗之於身心之間，雖平朝未與物接之時，此心常流動翻轉，思慮憧憧，無一息寂然湛然之時，未知常人之心，率多如此耶？抑存養之功未熟而然耶？以高明之學必有所體驗者，幸望指教。"

《中庸》曰："喜怒哀樂之未發謂之中。"此通聖凡而言也。然不睹不聞之時，而亦必有戒慎恐懼之功，然後中體立，聖凡之分在是矣。程子曰："鷄鳴而起，未與物接，只主於敬，便是爲善。"敬即戒懼之謂也。來諭心流動翻轉，思慮憧憧，此非可以言静時事。

裁之也義，鄙意亦非以義爲外也，蓋以爲裁之度之者，已有動底意思，則義之爲體者，未詳其義。不曰裁之也義，何以見義之爲義耶？《克齋集》卷五。

太極問答記疑 李顯益①

《栗谷先生集》中有《太極問答》，而可疑處甚多。或言此是宋龜峰所著，恐爲是也。若是栗谷説，則其可疑也豈至此乎？

---

①李顯益（1678—1717），字仲謙，號正菴、天山齋、樂吾軒，著有《正菴集》。

况其中所論與龜峰他説合者非一，而若目録所引“動静者氣，所以動静者太極，理與氣一而二，二而一”，則乃朱子説也。雖非栗谷，豈不能知此，而必以此爲出於栗谷之證耶？嘗以此問遂菴，遂菴亦謂之非栗谷所著矣，乃就其中随手辨破如左云。

太極，無聲無臭，而無極者，無聲無臭之妙也。北溪陳氏專欲以無聲無臭解無極，恐非是。

按，朱子固嘗謂無極者，所以著無聲無臭之妙，而《圖解》則直以無聲無臭爲無極，北溪説無不可也。

太極不可謂性，必朱子初年説也。

按，朱子《圖説》注曰：“所以爲太極者，初無聲臭之可言，是性之本體然也。天下豈有性外之物哉？”曰：“太極之全體，無不各具於一物之中，而性之無所不在可見。”曰：“性爲之主，而陰陽五行，爲之經緯錯綜。”此皆以性爲太極，而分明是晚年所著，則何可斷以爲初年説乎？朱子嘗辨南軒静爲太極之説曰：“是一不正，當尖斜底太極。”今以性爲太極，殆與南軒同，故疑之如此。然夫性之爲物，對情而言，則固專是静，而若統而言之，則動静莫非性也，是以朱子於《中庸》天命之性，則專以體言，而孟子性善，則未嘗專以體言，程子亦以繼之者善爲性善，然則朱子之以太極爲性，無可疑也。龜峰曰：“未動是性，已動是情。”又曰：“性是静，知覺是動。”夫以性對情而言曰：“未動是性則可也，至曰性是静，知覺是動，則是以對心而言者，亦專爲静也，蓋對心而言，則性是理也，心是氣也，而理有體用，氣亦有體用矣。何可以心性理氣分却體用，以性爲静，心爲動乎？主理而言，則仁義禮智，固是性也。而四端亦莫非性，且朱子於未發之中，亦言知覺，則知覺不但爲心之用也，何可以性爲静，知覺爲動乎？”龜峰此説，與性爲太極，必朱子初年説云者，其旨義可謂一串貫來。程子有動爲心之言，朱子以爲是記録之誤，張子有性源心派之説，朱子亦嘗辨之，何可以知覺專爲動，朱子雖或以心爲已發，而此則初年説非定論也。

圖之兩儀立天地也。

按，《語類》曰：“兩儀是天地，與畫卦兩儀意思又別。”曰兩儀中有地，此則以兩儀爲天地也，然《語類》又㬊問太極兩儀五行，曰：“兩儀即陰陽。”此則以兩儀爲陰陽也，未知何者爲定論，然本注只以分之所以一定不移爲言，若果是天地，而與《易傳》不同，則何其如此説耶？

延平之意止，此必朱子初年説也。

按，延平之意固是如此，此固是朱子初年説，然其以天地之動而生陽，爲人心之喜怒哀樂發處，則其理無可疑，故朱子於《答南軒書》及養觀説以復見天地之心爲静中知覺，《答吕子約書》以純坤不爲無陽，爲静中知覺，《復卦》一陽初動爲知覺之發。雖其説有前後之不同，而其以人心與天地合而言之則然矣。不可以與延平不合，且爲初年説而疑之也。

不可分體用，前説未穩。

按，朱子之以太極爲體，動静爲用，非以太極專爲體也。蓋以本然之妙，所乘之機言之，則動静皆用也，而太極則只是動静上所以然者，故云耳。太極之兼體用，固是正義，而此亦不妨自爲一義也。朱子《答楊子直書》曰：“熹向以太極爲體，動静爲用。其言固有病，後改之曰太極者，本然之妙，動静者，所乘之機。此則庶幾近之。”以此觀之，此條所辨失朱子之旨也。

性，即喜怒哀樂未發之稱，屬乎静，天地之妙，即太極之該動静也。

按，朱子之以太極爲性，元無可疑，而今疑之者，蓋以性專爲静故也。然性豈專是静乎？且朱子嘗以一動一静、已發未發爲《易》，以一動一静已發未發之理爲太極，則未發非直是性，未發之理，即性也。蓋已發未發，是以心言，而爲形而下者；性則是未發已發上道理，而形而上者。今以未發爲性之所在，則可，直以未發爲性，則不可也。

性無善惡，純善而已。至情動處，便分善惡，便知有氣質之性。

按，未發時，無不善，纔發處便有善惡，則是似氣質之性，專以發處言，然所謂氣質之性，非與本然之性爲二性也，就氣質而單指其理，曰本然之性，兼言理與氣質，曰氣質之性，則氣質之性，亦自兼未發已發，而所謂兼善惡，“善”字是總未發已發而言者，不可專以氣質之性爲發處。

心是統會，邵子之心爲太極，以統會者言也，萬理同出一原，曰統會。朱子之心猶陰陽，既曰性猶太極云故也，心性非二物，則復何可疑。

按，心之爲物，若偏言，則固只是形而下者，若統言之，則性情亦莫非心也。朱子之以心爲陰陽，是偏言者也。邵子之以心爲太極，是統言者也。二説之不同，只是如此。今謂邵子之心爲太極以統會言云者，則固是此義，至以此爲萬理同出一原，則蓋恐未然，心爲太極，則總心性情而言，萬理同出一原，則專以理言。且以邵朱之不同，爲心性非二物之故，則是謂心性可相通説也。然則心固可或爲太極，或爲陰陽，性亦可或爲太極，或爲陰陽乎？此恐語有窒也。

心性之理，形而上也。

按，性是心之理也，今曰心性之理，則是成性外又有心之理矣，語有病。

各一其性之性，即氣質之性也。

按，《圖解》曰：“氣殊質异，各一其太極。本注曰：五行之生，随其氣質，而所禀不同，所謂各一其性也，各一其性，則渾然太極之全體，無不各具於一物之中，而性之無所不在，可見矣。”或者，以氣殊質异、随其氣質等語，而以此“性”字爲氣質之性，然竊謂此“性”字，只是太極之各具者，非氣質之性也。太極之各具者，與統體之太極所就而言者固不同，而其專以理言則一也，若所謂氣質之性，則是兼氣之清濁善惡言者，何可混而一之乎？《圖解》於各一其太極上，必言氣殊質异，本注於渾然太極之全體上，必言随其氣質者，蓋以不言氣質之不同，則各具之義，無以見故也。南軒亦曰：“五行生質，雖有不同，然太極之理，未嘗不存。五行各一其性，則爲仁、義、禮、智、信之理，各專其一。”本注所謂所禀不同，即南軒所謂仁、義、禮、智、信之理，各專其一之云，而其言各專其一，只以仁、義、禮、智、信言，則其爲專以理言者，豈不明甚乎？且朱子於上下注，專以“性”之一字言太極，而此“性”字是從各一其性之性字來，則其不以爲氣質之性，尤較然矣。《聖學輯要》“各一其性”下引南軒説爲注，則其不以此爲氣質之性可見，此亦非先生説之一證也。《正菴集》卷十六。

《太極圖説》諸説札疑　李顯益

朱子嘗以“至”訓“極”，而“太”則無明釋，故或者以朱子言無極而太極，是無形而有理，而以“太”作“有”意看。然朱子明曰：“將‘有’字訓‘太’字不得。”然則惟北溪所謂太之爲言，甚也。太極，是極至之甚。饒氏所謂太者，大無以加之之稱，似得之。退溪謂雖無其極，而還有較至之極，是則以至爲太，與朱子説异也。

《漢志》所謂太極函三爲一，莊子所謂道在太極之先，北溪謂之非太極，而老子所謂有物混成，先天地生，北溪却謂此正指太極，何哉？老子此語，雖似與太極一般，而其實是指氣而非指理也。

易有太極之易，以陰陽變易言無極，則只是言太極之無形象。二義不同，而蔡氏以易有無體之義，而直以易爲無極，其説非是。

朱子曰：“未發固不可謂之太極，然中含喜怒哀樂，喜樂屬陽，怒哀屬陰，四者未著，而其理已具。若對已發言之，容或可謂太極，然終是難説。蓋未發之時，氣不用事，則只可謂之太極，故云然，然曰未發，則是以心而言。太極，即其上面道理，以未發爲太極，終未精，故曰終是難説。”

勉齋曰：“無極而太極，乃子思所謂天命之謂性，孟子所謂生之謂性。以天命之謂性，爲太極，似以静爲太極。生之謂性爲太極，似以氣爲太極。”然朱子曰：“一動一静，乃命之行，而行乎動静者，乃性之真。故曰天命之謂性。”又曰：“太極之有動静，是天命之流行。”是則朱子之意，以天命之性，兼動静言，與以静言太極者，自不同。勉齋之意，若出於此則無不可，而至其以生之謂性爲言，則有認氣爲理之病也。朱子此説，與《中庸》少异。

朱子以動而生陽爲喜怒哀樂發處，而養觀説則以復見天地心，作静中知覺，而不作已發，二義不同。然《答吕子約書》以静中知覺爲純坤，不爲無陽之象，以知覺之發，爲《復卦》之一陽初動，此是朱子定論。

邵子曰：“清濁混而爲一，是爲太極。太極者，已見氣也。”又曰：“太極者，一氣也。太極之所以判，兩儀之所以分者，由道之變也。”其以清濁混而爲一，爲太極者，與孔氏所謂天地未分前，元氣混而爲一，爲太極者，同也。其以太極之所以爲道者，與莊子所謂道在太極之先者同也。以邵子而於太極，尚有此認氣爲理之説乎？周子所言無極太極，與動静陰陽，其分甚明。與邵子之説不類。而朱子曰：“周子、邵子説太極，是和陰陽説。”却并而論之，何哉？周子所謂太極動、太極静，是似謂太極能動静，故朱子如此説，然周子説終恐與邵子有别也。更詳周子之和陰陽説，似以《通書》之《理性命》《動静》等章而言矣。

《語類》曰：“兩儀是天地，與畫卦兩儀意思又别。”又曰：“兩儀立焉，是定位底天地四方。”又曰：“兩儀中有地。”此等説皆以兩儀作天地，豈以《易傳》直曰：“太極生兩儀。”則此兩儀只成陰陽，而若《圖説》則曰：“動而生陽，静而生陰。”生陽生陰，已是所謂生兩儀，則所謂兩儀立焉，只成天地，不成陰陽故耶？若是則《易傳》及《圖説》兩儀，果有不同，而《語類》之説，無可疑也。然抑有説焉。

或問於朱子曰：“必至於互爲其根，方分陰陽。”曰：“從動静便分。”又問：“分陰陽以立兩儀，在静極復動之前，爲復在後。”曰：“動而生陽，静而生陰，則陰陽分而兩儀立焉。以此觀之，則生陰生陽，與分陰分陽，其間無節次可言。而《圖説》自太極動而生陽，至兩儀立焉，只是太極生兩儀一句之意。”然則《語類》之説，似非朱子定論。况《語類》㬥問太極兩儀五行。朱子曰："兩儀即陰陽。"此則直以此兩儀爲陰陽矣，更按《語類》曰："陰陽有個流行底，有個定位底。一動一静，互爲其根，便是流行底，寒暑往來是也。分陰分陽，兩儀立焉，便是定位底，天地上下四方，是也。"此説只以兩儀立焉爲定位底，而包天地上下四方在中，未嘗直以兩儀爲天地也。

天一地二、天三地四天五，朱子作次序看，而勉齋作奇偶多寡看。沙溪從勉齋之説，而李氏希濂謂勉齋削其次序，但以得多寡爲言，既乖生成之理，復戾變合之旨。此説恐爲得之。朱子之以此爲次序者，非謂天地之生水、火、木、金、土也。先生水，既成水後始生火；先生火，既成火後始生木。先生木，既成木後始生金；先生金，既成金後始生土也。謂於一時俱生，一時俱成之中，不能無先後次序也。若謂全無次序，則不成造化矣。以天開於子，地闢於丑，人生於寅觀之，則造化之有次序可見矣。

朱子則以水、火、木、金、土爲生之序，木、火、土、金、水爲行之序。而勉齋則以生之序、行之序，并作水、木、火、金、土。其説與朱子不合，而且有自相矛盾者，如曰元初只是一個水，水暖後便成火，此兩個是母，木者，水之子，金者，火之子，是爲水火先生，而火先於木也。何在其爲水、木、火、金、土之爲生之序乎？朱子曰："天地混沌未分時，想只有水火二者。"又曰："天地生物，先其輕清，後其重濁。天一生水，地二生火，二物在五行中最輕清。"《正蒙》曰："金與木屬土，水與火不屬土。"以此觀之，水火之生，先於木金矣，恐不可以水木火金土，爲生之序也。

勉齋曰："如果以次序言，則一生水而未成水，必至五行俱足，猶待第六而成水耶？"云云。殊不知謂之有次序者，非謂必待五行俱足，而成水成火也。生有次序，成亦有次序，則成水成火之際，木金土雖生，而未及成矣，此豈爲待五行俱足者耶？

勉齋曰："《圖解》有一處可疑，圖以水陰盛，故居右。火陽盛，故居左。金陰穉，故次水。木陽穉，故次火，是説生之序。下文却説水木，陽也，火金，陰也，却以此爲陽彼爲陰，不知《圖解》所指是如何?”竊謂陽變陰合，而生水、火、木、金、土，是以生之序言，而朱子以此釋圖之五行，則是圖之水木當爲陽，火金當爲陰。而其下却以水爲陰盛，火爲陽盛，其説不能無矛盾。勉齋之疑之也似以此，然竊詳《圖説》，陽變陰合，而生水、火、木、金、土，以生之序言。圖之五行以行之序言，蓋以言陰陽之生五行，則直從初生次序言。以太極陰陽五行，分排作圖，則據其成質行氣之後言，可也。是以《圖説》則以水爲陽，火爲陰，作生之序，而《圖解》則以水爲陰，火爲陽，作行之序矣。所謂交係於上，爲陰根陽、陽根陰。水而木，木而火，火而土，土而金，金而復水等語，其爲行之序，明甚。若其以陽變陰合，而生水、火、木、金、土釋之，則不過引説以解駁圖體，非謂圖之水火，亦爲水陽火陰生之序也。勉齋只見朱子之以説解圖，欲以圖與説，并作生之序爲説如此，然恐不然也。

勉齋曰:“論來物之初生，自是幼嫩，如陽始生爲水，尚柔弱，到生木已强盛。陰始生爲火，尚微，到生金已成質。如此則水爲陽稚，木爲陽盛，火爲陰稚，金爲陰盛。”勉齋以圖之水火，爲水陽火陰生之序，故爲説如此。然圖之水火，是水陰火陽行之序，則《圖解》之以水爲陰盛，火爲陽盛者，是矣。蓋以水之初生，固爲陽稚，而到其成質，爲陰盛。火之初生，固爲陰稚，而到其成質，爲陽盛。水既爲陰盛，則金當爲陰稚，火既爲陽盛，則木當爲陽稚，其説無可疑也。

沙溪曰:“朱子所謂生水、火、木、金、土者，以其氣之行於天言之。若其質之具於地者，則一時俱生，非有先後之可言也。”此説可疑。朱子分明以生之序，爲水、火、木、金、土。行之序，爲木、火、土、金、水矣。今以水、火、木、金、土爲氣之行於天，何也?且氣與質非二物，則其氣有先後，其質亦有先後矣。今以氣之行於天者，爲有先後，而質之具於地者，爲無先後，亦可乎?

推之於前，而不見其始之合;引之於後，而不見其終之離，是説理氣之無先後。動静無端，陰陽無始，是説氣之無端始，而注却合而言之，何也？竊謂氣之無端始，則理氣之無先後也。若使氣而有端始，則即此爲端始處，便是罅縫而爲理在先也。若是則動静陰陽之無端始，非理氣之無先後乎？

沙溪曰："注無極二五，本混融無間者，言理氣混合無間也，乃陰静時也，凝聚也。氣聚而成形者，乃陽動時也。"此説恐可疑。"妙合"二字，只是理氣不相離之意，理氣之不相離，何獨陰静時乎？凝是氣聚成形也，氣聚成形，何獨爲陽耶？朱子以成之者性爲陰，又謂未著形質屬陽，既著形質屬陰。以此則以氣聚成形爲陽，亦非朱子意也。朱子曰："造化周流未著形質，便是形而上者，屬陽。才麗形質爲人物，便是形而下者，屬陰。形而上，形而下，即理氣之謂也。"朱子之以此爲陰陽，何哉？薛文清以繼善爲理一，成性爲分殊，蓋繼善非無氣也。而是未及成性，則爲成質未著，造化未成，只可曰理而已。朱子之説，似是此意也。

陳幾道《存誠齋銘》曰："又如月影，散落萬川，定相不分，處處皆圓。"北溪嘗取此説，而朱子則曰："這物事不是如此，孔孟却隱藏，不以布施，是何心哉？"乃知此物事不當恁地説，朱子之説如此者，豈以定相不分一句，似禪語故耶？

《語類》論太極有數處可疑，曰無極而太極，言無能生有，是以無極太極爲二物，曰五常是理，陰陽是氣，無氣則理不立，故五行次陰陽。是以陰陽五行，分理氣，曰仁義中正，皆是發用處。是以仁義中正專作動，恐皆記録之差。

定之以中正仁義。《語類》曰："此是聖人修道之謂教。"又曰："其定之也，乃一天下之動，而爲之教化，制其情欲，使之撿押，相率而趨於善。"此似朱子以"定"字作定人看，然注謂全動静之德，而常本之於静，是總解此者，此"定"字若是定人，則何以以全動静之德爲言耶？《語類》説恐非朱子定論。李果齋以自定看。羅整菴亦然，沙溪嘗非之，然自定看是矣。

朱子曰："濂溪言主静，'静'字只好作敬字看。若以爲虚静，則恐入釋老去。"此説與《答南軒書》不同，其書曰："來教謂以静爲本，不若以敬爲本，此固然也。然敬字工夫，通貫動静，而必以静爲本。今若遂易爲敬，雖若完全，然却不見敬之所施，有先有後，則未得爲的當。”此説恐是定論，更詳之，朱子之説，非欲以“敬”字换“静”字，非真以主静爲入釋老去。或慮學者之爲主静工夫者，枉用其心入於禪學，而欲其以此作爲“敬”字意，爲静時敬而已，而不爲虚静也。“虚静”二字，若是有主宰底，則固是吾儒未發之體，而不然則只是禪，故云耳。然則與《答南軒書》無不同也。

仁義，以性情言，則仁義各自有體用，以專偏言，則仁爲體，義爲用。以陰陽言，則義爲體，仁爲用。須各就地頭看，中正仁義，則以陰陽言者也。

朱子以正義爲體，而饒氏以正爲極之體，以義爲極之用，其説非是，且謂仁義是中正之機括，極之理根於所性，語有病。

朱子初以中仁爲静，正義爲動，後以中仁爲動，正義爲静，其説有初晚之异。而《性理大全小注》并取之，妙合而凝，不兼言“無極之真”四字，此等處恐誤了人知見。

得其秀而最靈，非秀與靈，爲太極，秀與靈，即太極之所在也。朱子《圖解》以人太極於是乎在爲言。《圖説》注以有以不失其性之全爲言，蓋此意也。朱子又曰：“得其秀而最靈，純粹至善之性也，是所謂太極也。”此亦非直以秀與靈，爲太極也，活看可也。《正菴集》卷十五。

韓汝師《太極圖》講説　尹鳳九①

第一節釋圖第一圈也。所謂無極而太極者，非謂無極之外，復有太極也。只以其無形象、無方所，故謂之無極，以其至極之實理，故謂之太極。不言無極，則有似乎形象之一物，而不可爲造化之樞紐也。造化之樞紐，以其無所不在者言之，無形象，文無所不在。

①尹鳳九（1681—1767），字瑞膺，號屏溪、久菴、玉溪，謚號文獻，著有《屏溪集》。

不言太極，則有似乎老佛之虛無，而不可爲品彙之根柢也。品彙之根柢，以其真實無妄者言之，實有此理，故真實無妄。蓋太極，離乎陰陽而言之，則懸空獨立而爲無用底物事矣。雜乎陰陽而言之，則滯於形氣而爲局定底物事矣。故《圖解》曰："非有以離乎陰陽也，即陰陽而指其本體，不雜乎陰陽而爲言耳。"

先輩所釋無極者，亦多如盛説之以無形象，謂無極也。如此則"形象"字，當無極之"極"字，此似可疑，上下兩"極"字，只一意而狀"理"字，極至之意也。"無"字包無形象之意，"太"字包實有之意，而兩"極"字同是"理"字也，此五字蓋謂都無形象方所底極，而是真至實有底極也。造化樞紐，品彙根柢，盛説注釋有若以樞紐屬無極，根柢屬太極者然，恐不然，只是此理之實然，故能爲樞紐、爲根柢也。自本源而言之，則造化之敷施者，固此極爲樞紐也。自萬物而言之，則品彙之生成者，亦此極爲之根柢也，盛説"蓋"字以下説得好。

第二節釋圖第二圈也。太極動而生陽，静而生陰，謂之太極自能動静，不可也。謂之不能動静，亦不可也。只是太極有動之理，便是動而陽，有静之理，便是静而陰。故其所以動之静之者，太極也，其所動静者，所乘之機也，此處極難説。故朱子曰："太極者，本然之妙也。動静者，所乘之機也。"由此究之，即有此理，便有是氣之妙，庶可見矣。豈以爲陰陽之前，太極嵬然獨立，無所乘載者耶？其曰"動而生陽，静而生陰"，則陰陽之名，於是乎立，而陽不可以爲陰，陰不可以爲陽。故朱子曰："動而生陽，静而生陰，分陰分陽，兩儀立焉者分之，所以一定而不移者也。"

兩不可之云極好，可謂真知太極也。此一節所釋俱得之，但太極有動之理，止静而陰云云。語欠曲折，周子之意以爲太極是動而生陽，静而生陰底本然主宰之妙故也，非謂太極自能動静而生陰生陽也。只是氣之能動静而生陰生陽者，莫非太極有此動静之理而使之然也云爾，盛説固一般此意而似説不備。

第三節釋圖第三圈也。上文兩儀，此節五行，皆以氣言也，非以質言。其言五氣順布，四時行焉，則此是天地成形，五行成質後事也。故朱子以質具於地、氣行於天者言之，而因推説五行之體用動静，至於變化之無窮也。蓋太極動静而陰陽之氣生，陰陽合變而五行之氣生，然後其氣二五之氣之輕清者，上升而爲天，其氣二五之氣之重濁者，下降而爲地，故曰“五行質具於地，而氣行於天也”。蓋以其輕清，故謂之陽，以其重濁，故謂之陰也。豈以爲純陽之無一毫陰氣者爲天，而天全是陽也，純陰之無一毫陽氣者爲地，而地全是陰也耶？故以爲天者，陰陽五行之氣，而以其輕清剛健輕清剛健，故動而不息故謂之陽也，乾也。地者，亦陰陽五行之氣，而以其厚重柔順厚重柔順，故静而載物故謂之陰也，坤也。觀於《乾卦》之不能無陰，《坤卦》之不爲無陽，及此篇所謂立天之道曰陰與陽，立地之道曰柔與剛者，與夫所謂陽中有陰，陰中有陽者推之，則庶可見天地之成形。在於二五之氣皆生之後，而天便是二五之氣也朱子曰：“陰陽成象，天道之所以立也”，地便是二五之質也朱子：“剛柔成質，地道之所以立也”。今有以此兩儀爲天地成形者，而以天地成形在於五氣未生之前，乃曰“太極動而陽時，天已成形，静而陰時，地便成形”，此恐不然。

所論許多説皆得之，但太極動静而陰陽之氣云者，全用周子語，本可活看。然既以文字成説，則雖驟看，無所欠碍可也。此一句若改以“太極是動静之理，其能動静者氣，一動一静而陰陽之稱生”云則似勝，如何？“兩儀”二字，本自卦畫陽奇陰偶之對待者而名之也。以氣則一陰一陽，以形則天地莫非兩儀，不可拘於一個也。乾陽而坤陰者，正如男陽而女陰也，以其氣之所重而分屬之也。乾陽而純陽無陰，坤陰而純陰無陽云，則全不識陰陽之論，盛説此段，看得透矣。《屏溪集》卷三十八。

成善甫守明太極講説　尹鳳九

《太極圖説》水火謂盛，而木金謂稚，先生者爲盛，後生者爲稚，何也？

陰陽之盛，從其成者而言之，水本陽生，而成之陰，故反爲陰之盛。火本陰生，而成之陽，故反爲陽之盛。若只言其生之序，則水陽稚，火陰稚，而水火是老陰陽，故從其變者，而謂之盛。木金少陰陽，故不可言變，而既以水火爲謂陰陽之盛，則木金不得不爲稚矣。

老子之言有無爲二，周子之言有無爲一，何也？周子所謂有無，以動静看，而老子之有無，指何物言而爲二耶？

老子以理謂無位之真人，列子則以理爲不生不化之物，蓋异端亦以理爲無，猶作爲一物而存在於化生萬物之前，又以有生之理爲一物然，此爲二也。周子則天地間化化生生之理實有之，而本無聲臭無形狀云，此其一也。大抵有無，皆從理上説，動静氣也，此所謂有無，不可以動静言也。

太極涵動静之理，而却不可以動静分體用，蓋静即太極之體也，動即太極之用也云云。既曰“不可以動静分體用”，旋又曰“静，太極之體，動，太極之用”，上下之言，豈不矛盾乎？

動静非本無體用，而動静之理，全是一個太極，此主太極而言，故以爲不可以動静之氣，自分體用，其動之静之者，實太極也。静之者，即太極之體，動之者，即太極之用云，然主氣而言之，氣亦豈無體用之分耶？《屏溪集》卷三十八。

竹林書院《太極圖》講説　尹鳳九

直釋本文，則如謂雖無其極而有煞極之理，但注中“聲臭”字，與“極”字不同。故先生嫌其以聲臭直作“極”字，謂之無底極也。活看則固好，若以此而謂無聲臭之理，以“極”作“理”字看，則恐未穩。金晦材。

上下“極”字一也，無極之極，是實爲之太極也，何可謂無其極也？此等語以無極釋無聲臭，而“極”字自不免歸於聲臭。余所以謂無底極者也，形象之義，都包在“無”字中，謂此極無形象云也。且謂以“極”字作“理”字看未穩，此兩“極”字明是理也，非理而何？未穩云云，不可知也。

無“生”字而只云動而陽，静而陰，則又涉於理氣一物之嫌，要之以主宰之妙言之，謂生陽生陰可也。以無間之妙言之，謂而陰而陽亦可也。二先生之説，互相發明，恐不可偏廢。金奎五。

然。

正文無“誠”字，而朱子之釋，乃發“誠”字，申復不已，無來歷之“誠”字，朱子言之何若是勤也？李命奭。

太極是理之統體説，從其主宰而謂之天命，從其流行而謂之道，從其真實無妄而謂之誠，其實一也。是以朱子既以天命之流行，解太極之動静，又復廣引諸書以明之。以《易》言之，所謂一陰一陽之謂道；以《通書》言之，所謂誠者，聖人之本；以《中庸》言之，所謂誠者，物之終始；以《知言》言之，所謂誠者，命之道也。蓋以道與誠對待説出，以明太極之妙也。故其下釋動静處，亦無别般話頭，只管引下來誠字而爲誠通誠復，引下來道字而爲繼善成性。曰誠曰道，又不過一個天命，是以引道引誠之前，言命以托始，引道引誠之下，又以命之所以流行分之，所以一定結之，釋文之意，精且密矣。

形而上下之形，當屬何處，本文既有“上下”字，當屬之中間而不論之耶？抑屬之下乎？洪章海。

形與器，字面乍有不同，而所謂“下”字，亦帶“後”字意，蓋有形而後，方可謂之器。然凡論理氣，不過“道器”二字。今若以此“形”字，欲分道器，則自當屬之器矣。若因“上下”字，以道爲上一層，形爲中一層，器爲下一層，分作三截看，則不可。

五行相生，俱是易見，只是金生水一節，有難究詰。蓋水每生於石，而石是土之屬，則此云金生水者，何也？莫是以氣相生之序而言之否？

五行相生，只是氣之遞傳而相生也，大觀則於四時之運氣可知也。氣以成形，則質亦豈不從氣之相生而成形焉。水雖有從石間流出者，而其源必金鐵在焉。如以《周禮》司烜氏以鑒取水之語觀之，水之必生於金，亦可見矣。

既云質具於地，氣行於天，下文却云氣質交運，在天之氣，在地之質，何以交運耶？氣固可運於質，而質又何運於氣也？

質是形質之質，此“運”字泥看，則有礙矣。然氣既交於質，則質亦交於氣矣。氣質相須，不必截而二之。運只是相感相蕩之意，蓋横而言之，氣與質自相交運矣。竪而言之，氣自能交運，質亦自能交運。如以死生言之，氣至氣散，可謂氣之交運，形始形潰，可謂質之交運矣。“氣質交運”四字，特所以明此氣形推蕩幻嬗，變合無窮之妙，詳其下文，可見矣。

虧欠間斷，亦各有可指而言者否？李命奭。

天地之間，千變萬化，不可窮詰，而總而言之，不過曰一太極而已，氣之所存，理必具焉。則此太極之體，豈有虧欠處也。器亦道，道亦器，則又豈有間隔處也？

此云五行之生，隨其氣質而所禀不同，所謂各一其性。以此觀之，五行之性，似不同矣。又云各一其性，則渾然太極之全體，無不各具於一物之中，而性之無所不在，又可見矣。以此觀之，五行之性，又似不异，性與太極，同乎？异乎？金晦材。

五行之生，各一其性者，金木稱仁義，火水稱禮智，而仁不得爲義，禮不得爲智，各爲一性，自相不同。五行之氣各异，而太極之各具於其氣者，變稱爲性。故從性言之，性各异焉。而性本太極，自太極言，則在五行而爲性者，莫非一太極也。其實性即太極也，太極即性也，若不能同中見其异，异中察其同者，顧何能與論於性與太極也！

若如下教，則太極爲懸空説，無以著道器之妙，五常爲零瑣説，無以會理通之旨。太極五常，位有先後，名有通局。五常不得爲公共之理，太極又不得爲氣上之理，此恐如何？

理氣體段，本自不離不雜。而言理氣者，必或合或離而後，乃能説去無礙。陰陽本體，即是太極，太極陰陽，何時可離？然而曰無極而太極，則其果即氣而言耶？以此單言者，而謂懸空說可乎？此離而言之也。至以理在氣上言，則有道器之說，此合而言之也。太極爲體而五常爲用，體爲一本而用爲萬殊，五常之較太極，不嫌爲零瑣物事，而自太極言之。太極全體，本無大小輕重之别，五常亦一太極，終豈有零瑣之可論耶？氣則一定不易，故是謂之局，而理則有一貫之妙，故謂之通，仁義禮智理也，豈與五氣同謂之局哉！太極五常，自爲體用，自太極言五常，則豈無先後之可言？既曰仁曰義，則因氣成名，故仁與義不同，非如太極之無所不在，則固不免氣上之局，而本一太極全體也。以此言之，亦豈不是理通耶！太極是不涉形氣而言也，即公共之理，而五常性也。性者，在我之理，豈并謂公共之理也！五常即是各具之太極，又散爲萬物各具之太極，則太極豈終不得爲氣上之理乎？其體既不離不雜，而其所說之者，或離或合，故彼此有似牴牾，而潛玩則横說竪說，無不當理矣。

不曰理曰氣，而曰真曰精，何也？下台鎮。

無極是理，不可更謂無極之理，而若只説"無極"字，則又易涉於空無之疑，故又言"真"字。真是理之實然無妄之謂，謂之無極之真，則無形體方所之中，有實然無妄之道者，尤躍如矣。精即精神英爽之意，凡物之生也，必值其氣之精爽者相感相遇而後，始化而生矣，此"精"字精且切矣。若謂二五之氣，則是泛説也，亦不甚襯於生物之意也。

《圖説》一篇，無非明《易》之道，《易》之爲教，不過"中正"二字。則此不舉禮智而稱中正者，恐以此也。若以"中正"字，只當了禮智字界頭，則亦當曰仁義中正，不當曰中正仁義也。金奎五。

此意葉氏已發之言，雖差异，而如此爲説，義亦好矣。

程子既受是圖而未嘗示人，此云必有微意，所謂微意，何也？

朱子《答南軒書》曰："周子之手授程子者，以程子可能當之。至程子而不言者，疑其未有能受者也。"又曰："詳於性命之原，而略於進爲之目，有不可以驟而語者，觀於此，程子之微意，蓋可知矣。”然至朱子則以濂溪此圖，已不能不行於世，又恐學者於此認爲外家僻書，手自注釋，首編於《近思録》。《近思録》，四子之階梯，則實欲初學之士人人讀此，以爲入道之門户。程子之諱之，朱子之闡明，雖若相反，其爲後學慮則未嘗不同，二先生之意，俱不可以不知也。《屏溪集》卷四十一。

太極圖　林象德①

元圖五行，討盛上下，陰陽左右，注脚同异。合多尋稚處，而憂病之暇，不能逐件理會，并姑闕之。

心性太極，太極陰陽性即理賦氣質之名，心是理氣統會之名。

先儒以性爲太極，亦有指心爲太極處，竊謂心之指爲太極，是就人身統會主宰處説耳。若論天命本體，則性正是太極，性只是理，即太極也。心便涉氣，其動静，即陰陽也。性是實理無爲，而心有動静，故性搭在於上，與之一動一静，而其寂然不動之體，未嘗囿於動静也，即太極是實理無爲，而氣有陰陽。故太極搭在氣上，與之一陰一陽，而其至極自然之體，未嘗囿於陰陽也。但其統會主宰，都只此心，無此心，則性元無安頓處。凡參三才，贊化育，無非此心做來，此康節所謂“天向一中分造化，人從心上起經綸”者，正亦指主宰處爲言耳。然性與心，却不可判作兩物看，言心，則性已在其中，如言陰陽，則太極已在其中也。此義朱子固嘗發之，而學者於心性體段，不能分曉，常患混認，故推説如此，竟不知看得果無差否也此“性”字，以天命本體言，非周子剛柔之性，程子纔説性之性，下同。

天命之謂性，性即理也。天之所以賦授萬物之理，無人物之异，故性則人物同，此即圖之成男成女，萬物化生，同一圈子者也。其所以有偏正通塞之殊者，心也，故心則人物各不同，

①林象德（1683—1719），字彝好，潤甫，號老村，著有《老村集》。

人之所以最靈於萬物者，只是心。心者，氣之所凝，而理之所鍾也，人則得五氣之秀，故此心至靈，不蔽其所受之理。而天命本體，通透無礙，物則得氣之一偏，故此心不能至靈，而或偏通，或全暗，求其所以靈不靈，只是氣之所得，有秀不秀。故所受之理，有蔽不蔽，似此看得性爲太極，心屬氣，益似分明。

推之於前，而不見其始之合；引之於後，而不見其終之離。朱子解。

推之於前者，若向上面推上去，則所謂太極者，超然不雜於陰陽、形氣分界，故曰不見其始之合。引之後者，是就後面引下來，於是陰陽交錯，萬物生生，而所謂太極無一處不在，無一物不體，故曰不見其終之離也。

太極動而生陽，静而生陰，不是隔許多項事。元來太極，不自會動静，動静便是陰陽，而陰陽却於動静處方形見，故曰動而生，静而生耳。譬如人身呼吸，元是陰陽，而陰陽却於呼吸處始可見，雖謂呼而爲陽，吸而爲陰，可也。

中正仁義。

此“中”字與未發之中所指地頭自别。蓋未發之中，指大本全體，此“中”字，却是發而中節處，即《通書》所謂中也者，天下之達道者也。大抵中者，不偏不倚、無過不及之名，未發之中，即不偏不倚之謂也。中正之中，即無過不及之謂也。故朱子解曰：“中也，仁也，感也，所謂也。○之用，所以行也。”《老村集》卷九。

太極圖 韓元震①

圖。此圖第二圈以下各標其名，而獨於第一圈不著其名，此似可疑，然細考之，則蓋有所不能者也。蓋第一圈，太極之本體也，第二圈以下，太極之乘機變化者也。太極乘機變化，而其本體無往不在，故舉一圖而謂之太極，而不得别著太極於一處也。若别著太極於一處，而與陰陽五行、男女萬物并舉對稱，則豈不似是太極别爲一物，而在陰陽五行、男女萬物之外者哉？

第一圈，太極之本體，萬物之一原也。第二圈以下太極之乘機變化，以生陰陽五行、男女萬物，分殊之所由生也。太極乘機變化，而本體無往不在，分殊還他一原也。觀此圖者，當先知一原分殊之辨，而又當就分殊中見其爲一原也。第二圈右陰静，坎之象也，左陽動，離之象也，坎離之合，陰陽之全也。周子之作圖本於《易》者，此可見矣。

圖解。尤菴先生曰："少時讀《太極圖説》，太極動而生陽，静而生陰，每疑太極之動静已是陰陽，何待生之然後乃爲陰陽耶？及見朱子《圖解》，去兩'生'字，直曰'動而陽，静而陰'，然後語意卓然，無可疑矣。"先生此論可謂深矣。然就《圖説》去"生"字，則太極陰陽又似乎一物，而無上下道器之辨矣。濂翁蓋亦不得已，而下此一字也，《圖解》雖去"生"字，上加"所以"字，下足本體字，則道器上下之辨，亦未嘗無也。但其語意渾全，比《圖説》本語尤無縫罅之可見矣。朱子釋經精確，度越千古，此尤可見矣。周子太極生陰陽之説，本於夫子太極生兩儀之語，則"生"字恐不爲病。若曰夫子兩儀以卦畫言，與此陰陽不同云，則卦

①韓元震（1682—1751），字德昭，號南塘、陽谷，謚號文純，著有《南塘集》。

畫所以擬造化也，卦畫陰陽未見其有不同也。蓋此一字存之，則嫌於二物，去之則又淪於一物，然理氣決是二物，而非一物，則與其存之而嫌於二物，不可去之而淪於一物也。

"不離不雜"四字發明理氣之情，無復餘藴，不離，故隨處可以合看，合看則理爲氣所囿，而陰陽五行萬物各一其性矣；不雜，故隨處可以分看，分看則理不囿於氣，而陰陽五行萬物同一太極也。各一其性，一本之所以萬殊也。同一太極，萬殊之所以一本也。然理在氣中者，有專以不雜言者，有專以不離言者，有并包不雜不離之意而言者，此又不可不知也。有言萬物皆同之性者，是則不犯形氣，單指其理而言也，所謂專以不雜言者也。有言人與物不同，而人與人同，物與物同之性者，是則就氣中各指其氣之理，而亦不雜乎其氣之善惡而言也。各指，故人與物不同，不雜，故人與人同，物與物同，而同爲可循之性也，所謂并包不雜不離之意而言者也。有言人人不同、物物不同之性者，是則以理與氣雜而言之也，所謂專以不離言者也。理一而已矣。只在人將理氣離合看得出來，有此不同耳。

有謂纔説太極，便可説健順五常，是不知太極超形氣而稱之，故陰陽五行同具太極健順五常，即氣質而名之，故陰陽五行各專其一也，陰陽五行之前説太極則可，説健順五常則不可，無陰陽處説健順，無五行處説五常，如此怪語，所未著於經傳也。有謂人心未發之前，無氣質之性，是不識太極之在陰静者，無异於在陽動也。無論陰陽動静，因其不雜而單指其理，則莫非太極之全體，而是謂本然之性；因其不離，而兼指理氣，則各爲陰静陽動之性，而是謂氣質之性也。若如或者之説，則太極之在陰静者，不得隨氣質爲氣質之性，而陰静者，無陰静之性也。然則此圖陰陽圈，左一邊陽動獨有氣質之性，右一邊陰静却無氣質之性，而陰静只有本然一性，陽動却有本然氣質兩性矣，此亦怪語也。若曰太極陰陽與人心不同，則尤不可知也。

五行一陰陽，五殊二實，無餘欠也。五殊指五行，二實指陰陽，無餘欠釋"一"字，謂五行之殊不爲餘，而二氣之實不爲欠也，言無二也。陰陽一太極，精粗本末無彼此也。精、本，指太極，粗、末，指陰陽，無彼此釋"一"字，謂太極之精本不在彼，而陰陽之粗末不在此也，言無間也。栗谷先生曰："氣之精粗本末，理無彼此。"如此則不但文字義例不同，上文須於無彼此上更著一"理"字，其義方通。朱子釋經之法，明白精確，恐不應如是也。

此以上引説解剥圖體，此以下據圖推盡説意。尤菴先生以爲二句差互，上當爲據圖推説，下當爲引説解圖。竊恐未然，《圖解》首一圈圖體也，所謂無極而太極，圖説也。引《圖説》係之圖子之下，而曰此所謂云云，即所謂引説解剥圖體也，推之以下皆然。《圖解》所謂唯人也，得其秀云云，即《圖説》也，所謂人。一圈即圖體也，以圖子係之《圖説》之下，而曰所謂云云，即所謂據圖推盡説意也，推之以下皆然。蓋釋經之法，以本文置上，而以訓注係下，此《圖解》上款以圖體爲主，而引《圖説》解之，故以《圖説》係之圖體之下；下款以《圖説》爲主，而據圖體推之，故以圖體係之圖説之下，其義精矣。且周子先建圖體，後屬《圖説》，則其解之也。亦當先解圖體，後推説意，不可差互也。若以引説云云，據圖云云，易置其文，而以上爲推説，以下爲解圖者，則於上所云之義，恐皆有所未當也。善惡爲男女之分，聖人之心，無善惡之雜，則聖人分上，却無男女之象耶。衆人以善惡爲男女之分，聖人以好善惡惡爲男女之分，又以心之動静爲男女之分，亦得《圖説》。

第一節

釋圖體第一圈。

無極而太極，上"極"字，有形之極，下"極"字，無形之極，謂無如皇極、北極、屋極之形，而有至極之理云爾。無極而太極，此兩語無輕重，無賓主，"而"字只是接連過上下語脉耳。釋之者或以"而"字作"者"字意看，如此則上句重，下句輕，以上句爲主，而下句爲賓矣。或以"而"字作"然"字意看，如此則上句輕，下句重，以下句爲主，而上句爲賓矣。兩釋皆有所偏，非正義也。"而"字不須轉借他字之意，只作接連上下之意看，而無所左右於彼此，則上下兩語洽相對值，無輕重賓主之偏矣。朱子曰："無極而太極，猶曰莫之爲而爲，莫之致而至，又如曰無爲而爲。"觀於此言，尤可見前二釋之爲非矣。上天之載，即理也，無聲無臭，解無極之義；樞紐根柢，解太極之義。造化以陰陽五行而言，品彙以男女萬物而言，造化之機，闔闢無窮，而理爲其主宰，故曰樞紐品彙之生一定不易，而理爲其性情，故曰根柢。

朱子之解《圖説》，必本上文而言。第一節注造化品彙，本上圖陰陽五行、男女萬物而言。第三節注有太極則兩儀分，本上文二節而言。第四節注五行具，則造化發育之具無不備，本上文生水、火、木、金、土而言。第五節注天下無性外之物，性無不在，本上文五行一陰陽，陰陽一太極，五行各一其性而言。第六節注人物之生云云。第七節注人稟陰陽五行云云。第八節注聖人太極之全體云云，亦莫非本上文而言。第九節總結上文，而非只承近上一節而言，故注説直解本文，而更無本上文之語。聖人作易以下，特明其總結上文之意。

無極而太極，是説一理，太極動而生陽，静而生陰，是一分爲二矣。陽變陰合生五行，是二分爲五矣。二五之精，化生萬物，是五分爲萬矣。太極爲一原，陰陽以下爲分殊，而其理之爲健順五常者，爲分殊之理矣。一原上不可更著多一字，纔著多一字，與之爲對，則便不是一原矣。故自二以下，皆爲分殊矣。據《圖説》推之，其義甚明，或者以爲太極健順五常皆爲一原，若果如此，則《圖説》内自首一節至第三節是皆説一原，第五一節獨言分殊矣。一原位分，何其太多，而分殊位分，何其反少也。一原無對，分殊有萬，故言一原者不容多言，而言分殊者，亦不容不多言也。今皆一切反之，何也？且二之爲二，五之爲五，屈指數之可知其爲非一也，今乃以二與五爲一，則真所謂六與七不辨者也。

第二節

釋圖體第二圖。

一陰一陽之謂道，《繫辭》説也。誠者，聖人之本，《通書》

説也。誠者，物之終始，《中庸》説也。誠者，命之道，胡子《知言》説也。合是四説，以明太極動静、天命流行之義，所謂之意釋在命之道也之下。一陰一陽以造化言，聖人之本，物之終始，以品彙言，命之道復統二者而言也。四説去一不得，又以《通書》先《中庸》，則其有次第而不可易明矣。

其動也止，不移也，以動静陰陽分合説。其動也、其静也二段，分釋動静之義，動極而静一段，合動静而連環説。動而生陽一段，分動静而對柱説。後二段雖皆兼言動静，然以其命之流行而言，則静亦動也；以其分之一定而言，則動亦静也，而又各專其動静一事矣。蓋陰陽動静交互相錯，而其分之所在，則又未嘗亂矣。“蓋”字以下以太極陰陽分合説，太極以下分太極陰陽而言，以明理氣之非一物，而有先後也。本然形上，其理至微，而動静陰陽，其象至著者，此理氣之非一物也。須先有本然之妙，而後有動静之機，須先有形上之道，而後有形下之器也，此理氣之有先後也，是以以下更申上文之意。動静异時，陰陽异位，而太極一理無所不在，則理氣之非一物也。冲漠無眹，其理已具，而動静陰陽其物未生，則理氣之有先後也。雖然以下合太極陰陽而言，以明理氣之非二物，而無先後也。理在氣中，混融無間，推之於前不見其始之合，引之於後不見其終之離，則理氣之非二物，而無先後，又可見矣。“故”字以下引程子説，以證上文之意，動静無端，陰陽無始，則實未有無動静之時，無陰陽之地矣。太極安得以獨立於其先乎？蓋理氣本無先後，無離合，其言爲二物，與有先後者，只恐人不知大本之所在，而或有認器爲道，認欲爲理者也。言蓋不得已也，故雖言其爲二物與有先後，而終必以無先後、無離合斷之，其指深哉！故窮理氣者，須於無先後處見得有先後，非二物中見得非一物，方可以知理氣也。

成之者性，萬物各正其性，兩“性”字皆以本然言，而曰成之，曰各正，則萬物之性皆有所不同矣。蓋元亨利貞，本然之理也。而《通書》曰：“利貞，誠之復也。”此解又以成之、各正爲誠之復，則成之、各正兩“性”字之爲本然明矣。

著者，指陰陽動静之象也，言象中有理，而顯微無間也。微者，指本然形上之理也，言理中有象，而體用一源也。蓋著以下結動而生陽一節，微以下結無極而太極一節也。衝，潔净也，漠，空闊也，眹，兆眹也，兆，眹物之微者，而猶且無之，則無形之至也。此直指理之體段，本然之妙而言也。非有倚於動静而言者也，或謂冲漠無眹，静上則然，而動上則不然，然則理之無形者將有間於動静歟？若以此段爲静時事，則將以上段爲動時事乎？上段言動静陰陽，此段言動静陰陽，則未見其上下段分説動静也。且理一倚於動静，則便只得爲動静陰陽一偏之理矣，安得言動静陰陽之理皆具乎？

一動一静，而有動静者。以理之乘氣處言，太極之用也。無動無静，而涵動静者。就氣中單指理而言，太極之體也。此之體用，固不可分屬動静，然以冲漠無眹對一動一静，則冲漠無眹，道之本體，無爲者也，一動一静，道之大用，流行者也。以本體無爲者屬静，以大用流行者屬動，亦一説也。然與或者之説，專以冲漠無眹爲静時氣象者，其意迥然不同矣。此注言道之體用，其義不一，陰陽動静，其動也其静也二段。爲體用一也。流行不已，動極而静一段。一定不易。動而生陽一段。爲體用一也。動静涵太極，自其著者一段。太極涵動静，自其微者一段。爲體用一也。

理氣有從理而言者，有從氣而言者，有從源頭而言者，有從流行而言者。從理言者，明主宰之在理也；從氣言者，明作用之在氣也；從源頭言者，明此理之爲大本也；從流行言者，明理氣之無離合也。故《圖説》曰太極動静者，從理言也，主宰之義已明，而人或執此誤認理有作用，故注説曰“動静者，所乘之機也”，是從氣言也，所以分解濂翁之説也。理乘氣，譬如人乘馬，行止在馬，而非人主宰，則馬亦無以行止也。故以人之主宰，而謂人行止亦可也，濂翁之意蓋如此。直指馬之行止，而謂馬行止亦可也，朱子之意蓋如此。《圖説》曰“太極動而生陽，静而生陰”者，從源頭言也。大本之義已明，而人或執此誤認理先氣後，故注説曰“不見始合，不見終離”，是從流行言也，所以分解濂翁之説也。然所謂源頭者，亦只就流行中，截自一陰一陽初生處推本其理，而曰此陰此陽未生之前，已先有此理，亦無不可矣。理氣只是一個大流行而已矣，豈實有有源頭者，自無而有，而在流行之外哉？從理、從氣、從源頭、從流行者，非各有地頭，而各從言之也，只是就渾淪一個地頭分説出來耳。雖則分説，以盡其義，又須會而通之，知其爲一，然後方可以論理氣也。

第三節

釋圖體第三圈。

陽變陰合，而生水、火、木、金、土者，天地生五行之序也，即釋圖體“水火置上，金木置下”之義也。五氣順布，四時行焉者，五行自相生之序也，即釋圖體“五行細畫，循環牽連”之義也。或疑天一生水，地六成之，固可謂陽變陰合而生，地二生火，天七成之，亦可謂陽變陰合而生乎？蓋就生者、成者，而各求陰陽，則生固有陰，成固有陽，若以生與成對言，則氣之生者皆屬陽，而質之成者皆屬陰，氣動質凝，而五者乃生，則謂之陽變陰合，而生者不亦可乎？

或疑五行之生，生於天地未成形之前，而今曰以質而語其生之序云，則天地未成形之前，五者之質，何所寓歟？蓋五行之氣生於天地之前，而其質具於天地之後，即邵子所謂“體立天地後，用起天地先”者也。《圖解》之説，蓋即其見成之質，原其生出之始而言也，非謂生出之始，其質便具也。蓋以質與氣對言，則質爲體，而氣爲用；以生與行對言，則生爲體，而行爲用，故以質屬生，以氣屬行，且言生當言質，而言行當言氣也。

或又疑以五行生出之序言，則水陽而火陰也；以五行成質之分言，則水陰而火陽也。今曰“以質而語其生之序，則水陽火陰”，何也？此即所謂即其見成之質，而原其生出之始者也。且水陽火陰，亦何不可謂之質耶？或疑天五生土，地十成之，土未成則却無地矣，何謂地十成土乎？蓋天地云者，以陰陽之氣而言也，非指成形之天地而言也。或疑水火之爲陰陽從成數，金木之爲陰陽從生數，何也？蓋五行之始生者，其氣甚微，故受變於成者，次生者其氣漸著，故不受變於成者。錯而言之，動陽而静陰，以氣則木火之氣動而陽，金水之氣静而陰，以質則水火之質動而陽，金木之質静而陰也。

黄勉齊五行説全與朱子説相反，李氏希濂之辨，蓋已得之，而且詳矣。然於黄説之不合濂翁圖書處，略不説及，豈偶未察耶？圖體以水置陰静之下，以火置陽動之下，則其以水屬陰、火屬陽者，其意明矣。而《通書》所謂水陰根陽、火陽根陰者，實爲發明此圖象也。勉齊乃以水爲陽稚，火爲陰稚，則其於濂翁圖書果合乎否耶？若如勉齊説，則濂翁何不於圖易置水火，而於書曰水陽火陰耶？蓋以天地生五行之序分陰陽，則勉齊之説本非不是，而濂翁圖書却不如此，則朱子之解又安得遽捨本意，而以他意先之哉？况濂翁之以五行成質分陰陽，既合乎造化可見之迹，而又以水火交係于陰陽，以明水生於陽，火生於陰，故朱子因此又以水爲陽，火爲陰，則勉齊之説又未始不包在其中矣。二夫子作述之意，豈可淺之爲議哉！圖體水火置上，木金置下，五行生出之序也。水金居右，火木居左，五行成質之分也。以生言，則水陽而火陰也，以質言，則火陽而水陰也。二義本自具於圖體，勉齊特未之察耳。

“蓋”字以下，已先説起下節之意。夫豈有所虧欠間隔者，謂自五而二，自二而一，無所虧欠；五之於二，二之於一，亦無所間隔云也。“虧欠間隔”四字，皆包五行陰陽太極而言也。此以上極本窮源，而論理氣生出之序。

第四節

通釋圖體第一、第二、第三圈，蓋總結上文。

五行一陰陽，陰陽一太極，太極本無極，自五行推本於無極，所謂統體一太極也，五行之生，各一其性，所謂各具一太極也。五行一陰陽，陰陽一太極，“一”字非各一之一，亦非同一之一，只是即一之一。言五行即一陰陽，而五行陰陽非有二也。陰陽即一太極，而陰陽太極非有二也云爾。《通書》直言五行陰陽，陰陽太極，而皆去“一”字，意可見矣。即此而推本之止，無極之妙，是釋“太極本無極”以上三句。無極之妙止，物之中是釋“五行各一其性”一句。“蓋”字以下再申推本一體之意，詳釋“太極本無極”以上，“然”字以下，再申各具一物之意，詳釋各一其性一句。天下豈有性外之物，“性”字以統體太極而言，性無所不在，“性”字以各具太極而言。“各一其性則偏矣，渾然太極則全矣。”二説相反，而作一事説者，何也？蓋各一者，因氣言者也，太極者，單指理者也，有此各一之性，故單指之謂太極也。若無各一之性，則太極全體從何處求之耶？此其偏底即是全底，全底即是偏底，非有二物也。著一“則”字於各一、渾然之間，則其義又明矣。

各一其性，或以爲氣質善惡之性，甚不然。此“性”字與孔子成之者性、各正性命之性同，孔子所言兩“性”字，何嘗以善惡之性言耶？且濂翁《圖説》所言“性”字，皆以太極言，則其意豈遽及於善惡哉？若果善惡之性，則解中又安得以渾然太極爲言哉？蓋各一其性，即五常之性也，五常者，即乎五行氣質之中，各指其氣之理，而亦不雜乎其氣而爲言也。各指其氣之理，故有五常名目之不同，亦不雜乎其氣而言，故爲純善無惡之性，若復掉脱形器而單指之，則可見其爲渾然太極之全體也。至於氣質善惡之性，則以此性滚雜氣質而言者也，豈可遽言於各一已矣之地哉！是故以五常之性對太極而言，則太極爲本然之性，而五常爲氣質之性，雖曰氣質之性，不害其爲本然也。比太極之名，則如此云爾，對善惡之性言，則五常爲本然之性，而善惡爲氣質之性矣。如此推説，然後方見得千古性命之説，無所室礙矣。然此可爲知者道，難爲不知者道，不知者必以爲性實有此三層也。陰陽、五行，一氣，故曰不外；太極、陰陽，二物，故曰不離。此一節即其已生，而論理氣混融之妙。

第五節

釋圖體妙合圈以下三圈，然一圖之體亦無不具矣。

精，不二之名，不二謂木氣專於木，金氣專於金，不以他氣雜之也。經緯謂陰陽爲經，而五行緯之；五行爲經，而陰陽緯之也。陰陽各具五行，陰陽經而五行緯也；五行各具陰陽，五行經而陰陽緯也。各以類聚，謂陽與陽求，陰與陰求。陽五行聚則成男，陰五行聚則成女也。氣化而生者，專得天地之氣也，形化而生者，雖各得父母之氣，而實亦天地之氣也。天地之氣，逼塞虛空，金石亦透，故人物軀殼之中，天地之氣流通貫徹者曰新，而萬變從人物軀殼中過來生出人物，故瞽瞍生舜，舜生商均者，皆其所值，天地之氣有清濁精駁之不同耳。原其所從來而言，則謂之天地之氣，以其存乎父母軀殼中而言，則謂之父母之氣，非二氣也。譬如魚在江中，肚裏肚外皆江之水也，水在魚之肚裏者，以其本而言，則謂之江水可也；以其在魚中而言，則謂之魚中之水亦可也，水豈有二水哉？或以天地父母之氣分而二之，恐未察此也。男女一太極，萬物一太極，或以男女各一、萬物各一之意看，或以男女同一、萬物同一之意看，皆非也。此因圖體男女萬物兩圈而言，故以男女萬物相對而言，則男女萬物各一太極，蓋謂氣化一太極，形化一太極云也。蓋此二段，前段曰自男女而觀之云云，而結之曰一太極；後段曰自萬物而觀之云云，而結之曰一太極。其以男女萬物相對爲各一太極，而分釋氣化形化之太極，其義甚明矣。中間皆下“各一其性”一句，亦以爲“太極”字之張本，蓋有此性，然後方可言太極故也。如第四節注言各一其性，則渾然太極之全體，無不各具云云者矣。《圖解》中所解氣化形化兩圈子之語，其意亦如此，當與此參看。然一段中各一其性，與一太極自相對，則亦不害爲就一圈而并説各一同一之義也。統體各具之義，已具於前，於此始明言之，以下皆以此兩意對説。語大語小，雖以統體各具言，其意舉萬物而言，故謂之大；指一事而言，故謂之小。蓋以道之隨所在者而言，非謂道體實有大小也。退溪以統體太極爲大，各具太極爲小，而太極真若有大小者，然非但於道體有所未瑩，恐於文義亦有所失也。上所謂無性外之物，以統體言，性無不在，以各具言，而皆謂之全，則果真有大小哉？萬物統體一太極，統體，“體”字與與道爲體之體，同釋之當曰“統體乎一太極”，如曰萬物同本於一太極也。如是釋之，方與下句各具一太極之釋義例同矣。此以上以造化言。

第六節

一節之中，圖之全體皆具。

或以神發知一句，爲知不可屬智之證，恐不成爲證，而反爲知屬智之證也。知必有所以然之理，而其理必有所可名之名矣。其以仁名之耶，義名之耶，抑以禮名之耶，信名之耶？仁義禮信，皆不可名，則不得不以智名之，而智之所以包五性者，又可見矣。若就知覺發出上，分别理氣而言，則氣之打發出來者，心之用也。理之乘氣發見者，智之用也，又豈有認氣爲理之嫌乎？或疑陰陽五行，氣質交運，氣則可運，質亦可運乎？蓋人物稟天地之氣以生，而分别言之，則天之氣只謂氣，而地之氣可謂質，且“氣”字貼陰陽，“質”字貼五行，陰陽五行，雖是一氣，而以陰陽言則可謂氣，以五行言則可謂質。雖謂之質，實則氣，故謂之運也。

感物而動，而陽善陰惡，人之氣稟有清濁粹駁之异，而清粹者屬陽，濁駁者屬陰，陽者發而爲善，陰者發而爲惡矣。謂之陰陽，則其具於未感之前可知矣。雖具於未感之前，不爲用事，則亦不害於性之善矣。若曰未感之前無陰陽之氣，則其可成説乎？五性之殊，以具於未發者言也。散爲萬事，以著於已發者言也。性本一也，未發之前，何以見其有殊也。有一譬諭可見，性譬則燈火也，五殊譬則燈火之有明者、熱者、中黑者、炎上者也。四者具於一點火中，雖未有界分、部伍之可尋，其意思情狀則亦自不相混矣。仁發爲惻隱，義發爲羞惡，禮發爲恭敬，智發爲是非，猶燈火之明者照，熱者爇，中黑者中黑，炎上者炎上，各有苗脉，而不相淆亂也。仁不外於義，禮不外於智，仁發時義不在中間，禮發時智不在中間，猶燈火之明者，不外於熱者、中黑者，不外於炎上者，而明之照也，熱者不在一邊，中黑之中黑也，炎上者不在一邊也，須知一性之中，五殊燦然，一而能五，五還他一，然後可以識性也。此理也，詳具於朱子《答陳器之書》中矣。或謂五殊之辨，五名之立，在於已發，而不在於未發者，殆於性情之名目有迷矣。自非以下，已先說起下節之意。此以下以在人者言，此一節包下文二節。

第七節

此一節中，圖之全體亦具，而但自萬事處逆推至太極處。

“定”字以注說推之，又參以定性諸說，當以聖人自定看，然定人之意，亦包在其中。蓋自定者，必能定人，定人者，必本於自定，而其道皆不外於仁義中正故也。《通書》注多以定人言，當參考。注曰：“聖人全動靜之德，而常本之於靜。”又曰：“聖人中正仁義，動靜周流，而其動也，必主乎靜。”其曰全動靜，曰動靜周流，皆屬聖人分上，而未嘗一言及於定人之事。所謂定之者，以聖人自定言，甚分曉矣。四“其”字皆以聖人言，以注說天地日月、四時鬼神有所不能違之語，觀之則可見矣。正義亦就行事上言，而謂之靜者，蓋一事之中，四者皆具，而發之行之是敷施發揮底，裁之處之是收斂凝定底。敷施發揮底是事之始，而著乎動者也；收斂凝定底是事之終，而反乎靜者也。既反乎靜，則亦寂然而已，未發而已然，則正義爲靜，無可疑矣。

欲動情勝，利害相攻，於此乎定者，似難以聖人自定言，然此與上文之語相爲唱和，上文言衆人之事，故言自非聖人能有以自定者外，衆人則不免乎欲動情勝云云者矣。此節言聖人之事，故承上文言向之所謂在衆人，則欲動情勝云云者，在聖人則無此之患，而能有以自定云也，語意亦自分曉矣。合其吉凶，《論語或問·子路請禱章》曰：“所謂合吉凶者，言聖人之好善惡惡，賞善刑淫，如鬼神之禍福，無不合於理也。”栗谷所謂合其先知吉凶者，恐失照勘矣。

第八節

承上文聖人之事，言聖人以下又有君子小人之分。

無欲以無極言，靜虛以陰言，動直以陽言，詳見《通書》。

蓋《圖說》所以發明圖體，故解中亦必據圖體爲言。

第九節

總結上文。以“故曰”起頭，則可見矣。圖之全體，亦概具道所謂太極也。陰陽剛柔仁義，即陰陽五行也；原始反終，知死生即成男成女，萬物化生之事也。陰陽剛柔，以二氣對待之體言，而道爲之本。始終死生，以二氣流行之用言，而道爲之主。注言綱紀造化，以陰陽剛柔，道之全體而言；流行古今，以始終死生，道之妙用而言。

第十節

此圖所蘊，即《易》中之綱領，故曰斯其至矣。此圖出於《易》，《易》本於《河圖》，故此圖與《先天》《河圖》無不吻合，太極即《先天圖》之中間白處，《河圖》之虛五與十也。陽動即《先天圖》之左邊陽，《河圖》之右上九七之象也；陰靜即《先天圖》之右邊陰，《河圖》之左下八六之象也。黑中白即《先天圖》之陰中陽，《河圖》之一三居於八六之内者也。白中黑即《先天圖》之陽中陰，《河圖》之二四居於九七之内者也。五行即《先天圖》之四象，《河圖》之一六水，二七火，三八木，四九金，五十土之象也。萬物化生，即《先天圖》之六十四卦，三百八十四爻，《河圖》之五十有五相乘之數也，天人相發，性命一貫之妙。嗚呼！至矣。

此圖逆置，則《大易》橫圖之自下而上生者也。《易》圖逆置，則此圖之自上而下生者也。表裏之妙，尤可見矣。理氣之論，非初學所可幾及，又於日用修治之功，似無所關，則雖不言，亦若可矣。而聖賢於此，深致辨焉。不容其有毫髮之差者，何哉？蓋聖學之功，莫急於知性善，莫大於變化氣質，知性善而變化氣質，然後學可言矣。苟有昧於理氣之辨，則性善無以知，而氣質不可變矣。此理氣之論，所以發也。蓋不知理氣之有先後，而爲二物，則人將昧乎大本之所在，而認器爲道，認欲爲理者有之矣。不知理氣之無先後而爲一物，則人將昧乎天命之不離乎有生之後，而認性善爲形氣之外者有之矣。認器爲道、認欲爲理者，賊天理，徇人欲，而無以變其氣質之不美矣。認性善爲形氣之外者，求是性於杳茫空蕩之地，而不知所以循天則於日用動静之間矣。二者所蔽雖不同，其不能知性善變化氣質則同矣，而皆由乎理氣之不明也。夫謂理氣之説，無關於日用修治之功，而不必講焉者，豈非世儒之陋見，而反與爲异端之助者耶？理氣一物、二物之見，俱於道未有所見，而其爲吾道之害，則莫酷於一物之見，故老佛以來异端之説，其見之蔽，皆坐於認氣爲理也，老莊以虛無爲道，是有見乎氣之太初也。釋氏以靈覺爲性，是有見乎氣之妙用也。荀揚以惡與混爲性，是有見乎氣之末流也。雖其所見有深淺高下之不同，而其認氣爲性，道一也。老莊最高，然其所見極處乃在於氣之太初，一味虛静，而萬物未生者，故便以此爲道，殊不知動静無端，陰陽無始，則此氣之虛静者，即不過爲前天地既滅之餘，而周子所謂静而生陰者，安得爲極本窮源之始哉？且既有是氣，則不得言虛無，特其所見者虛無耳。釋氏最精，比老莊緊得些子，然以運水搬柴爲妙道，而不知運水搬柴煞有是處不是處。龐居士云：“運水搬柴，神通妙用。”胡文定公曰：“以此爲用，用而不妙。”所見極處乃在於心之靈明妙用處，而不知心又自具性，以爲準則也。故其弊至於猖狂自恣，七顛八倒，而不自知，其爲非所見愈精，爲害愈甚者，固其勢然也。荀揚生衰末之世，見人之惡者多，而善者少，遂以性爲惡與混，不知此由，於氣之末流，紛紜雜糅，少醇多漓，而性之本善者，不以此而加損也。此其所見最下而淺陋，不足以惑人也。陸氏用心精微處却是禪，而陽明之學又宗陸氏，其學盛行皇朝，至今不絶，而與朱學相抗，則此又可見佛氏之爲害最甚也。學者深知异端之所弊，與其爲害之深，然後益信吾道之大中至正，傳萬世而無弊也，故歷舉而辨之。

吾儒之言性，道理也，理一而已，故歷千聖而無二論。諸子之言性，道氣也，氣則有殊，而諸子之所見者不同，故隨其所見而言性道不同，然其認氣爲性道一也。心性二岐之論，雖爲知見之累，猶以理爲本，而爲氣之準則，故亦不至於流蕩而滅性也。今之以未發前心之氣質爲純善，而反以性之善者爲氣之使然者，其所見極處不過乎氣字，而分明是認氣質爲大本也，其與老佛荀揚之見相去無幾矣，可懼哉。性理之説，其源出於河洛之圖書、伏羲之卦畫。圖書卦畫之中，性理之綱領條理，無不該矣，而説未具，自堯舜説心，成湯説性，綱領之説漸具，而至孔子備焉。自孟子言四端條理之説漸具，而至朱子備焉，性理之説於斯盡矣。後人又因朱子之言，而益求其精，分析已甚，故其説愈繁，而愈自傷於道體之一者矣。至栗谷先生出，始一掃諸家之説，而曰："發之者，氣也，所以發者，理也，非氣不能發，非理無所發，無先後，無離合。"於是分析之論息，而道體之一者可復見矣。微先生，則孔朱之指幾乎晦矣，此尤翁所以斷然以栗谷爲朱子後一人者也。

朱子後論理者，惟退、栗兩先生之説爲最詳。而退溪之説深明此理主宰之妙，故理發氣隨之論，或反以理爲有作用者。栗谷見其弊而救之，故其説多在於理氣無先後、無離合，氣有動静，理無作用者，而於理之主宰處則鮮及焉，此栗谷之所以又俟於後人者也。於是尤菴先生繼栗谷而起，則曰："理氣有從源頭而言者，有從流行而言者，有從理而言者，有從氣而言者。"斯言也一出，而千聖所論或异、或同者，方見其爲各有所指，而實相貫通也，窮理之士於是而始得其門路矣，嗚呼至哉！

後論

精粗本末，内外賓主。精粗本末指太極、陰陽、道器等説也，内外賓主指仁義、中正、體用等説也。或離，或合，或异，或同，離與异以燦然者言，合與同以渾然者言也。然器亦道也，道亦器也，得此意而推之，庶乎不偏矣。《圖説》第二節注"推之於前"以下，即所謂此意者也。統之有宗，會之有元。統會以萬言，宗元以一言，無萬則無所統會者矣。統會以各具太極而言，宗元以同一太極而言，有此各具太極，然後方可以統會而言同一太極矣。然各具統體只一太極，非分割統體而爲各具，亦非集合各具而成統體，故曰一物之中，天理完具，不相假借凌奪，此統之所以有宗，會之所以有元也。是豈漫無精粗先後之可言。精以冲漠言，粗以萬象言，有此冲漠，方可言萬象之具，則是謂先後也。既曰體立而後用行，則亦不嫌於先有此，而後有彼。曰體立而後用行，則用由體出，而其爲一物明矣。既明其爲一物，則雖言先後，亦無嫌於二物之見矣。中之爲用則，仁不爲體則。兩“則”字當作即字意看，當屬下文讀。中之幹，仁之質。幹，《文言》貞固幹事之幹；質，《論語》義以爲質之質。《經義記聞録》第三卷。

《太極圖解》小注[①] 韓元震

圖解

朱子曰：“以理言之則止，謂之無。”太極只有理而已，未有物事，反謂之無理而有物，則不成説矣，當是有“無”字差互，當正之。不是太極兼動静，太極有動静也。謂之兼，則太極與動静爲二物，而以此兼彼也，故曰不是，然此與“有”字對言，故如此耳。若單言兼，則一物之有動有静，雖謂之兼亦可也。動而後生止，有漸次也。理氣之生，不得不先言太極，次言動静，次言陰陽，此便是有漸次也，非真有漸次，先有太極，後少間方有動静，先有動静，後少間方生陰陽，真有時節等級也。太極自是涵動静之理，不可以動静分體用。此謂太極與動静不可相對分體用也，非謂動静二者不可分體用也。陽變陰合，初生水火止，旋生出來。此以五行之質具於地者而言，故五行之屬，皆從土中生出來，若五行之氣生於天地之先者，則又何資於土哉？陰陽五行，七者滚合。七者并舉陰陽五行，故謂之七，

---

①底本標題作“小注”，此標題爲編者補。

非謂陰陽五行各是一物，而真有七者，此等處當活看。仁、剛、陽，是一樣止，曰然。此注言仁本是柔，而發出却剛；義本是剛，而發出却柔。又曰："仁體柔而用剛，義體剛而用柔。"第七節小注言仁便有個流動發越之意，然其用則慈柔，義便有個商量從宜之意，然其用則決裂。第九節小注言仁體剛而用柔，義體柔而用剛，前後二説正相反，而其義皆通，非有初晚之异也。北溪陳氏曰："太極渾淪之妙用，自無而入於有止，無極也。"此與老子有生於無之意同，又與史傳所增"自爲"二字者同誤矣。節齊蔡氏曰："所謂無極而太極者，蓋亦言其無體之易"云云。無極以理言，無體以氣言，不可合論。西山真氏曰："即吾一心而觀之止，太極乎。"理之至無而至有，至虚而至實者，貫未發已發，而無不然也。必於未發而言之，則似以未發爲無極太極之境界，而以未發爲無極，以性爲太極，誤矣。

第一節

問曰："至無之中，乃萬理之至有也。"朱子曰："亦得。"問者之言與前無异，而前則辨之，此則曰亦得，前所謂至無，是釋無極爲無之極，故非之，而若泛言理之至無而至有，則亦無不可，故曰亦得，恐是問者前後之意不同，故朱子一是一非亦不同，而記者語脉之間少曲折，不見其有前後之异耳。坤復之間乃無極。此言無極與邵子之言無極不同，邵子之意《啓蒙説》中詳辨之。勉齊黄氏曰："子思所謂天命之性，孟子所謂生之謂性。"生之謂性，告子之言，而孟子之所辨也。西山真氏嘗以此爲孟子之言，曾論其誤矣。勉齊之説又如此，殊未可曉也。蓋生者，氣也，非性也，生之理乃性也，以理爲性，乃吾儒之正宗，而以氣爲性，即异端之所以賊道也，二者豈可混而無别哉！明道雖嘗釋生之謂性，亦以氣質之性言之，未嘗以爲本性矣。北溪陳氏曰："無極之説，始於誰乎"云云。謂柳子、康節以氣言，周子以理言者，得之矣。雙峰饒氏所釋無極太極之説，精詳可觀。

第二節

延平李氏曰云云，蓋就天地之本原與人物上推來，不得不异。動而生陽，静而生陰，太極之生陰陽也，所謂天地之本原也。二氣交感，化生萬物，天地之生，萬物也，所謂人物上推來也，二者固有不同矣。然静而陰即一元之混沌，天地之秋冬，而萬物未生之時也。動而陽即一元之開闢，天地之春夏，而萬物方生之時也。然則静而陰屬喜怒哀樂未發之時，動而陽屬喜怒哀樂已發之時，亦無不可矣。問妙合之始便是繼。理氣本自妙合，豈有其始乎？問繼之者善之始止，方説得善惡。繼善之時，説性不得，成性之性，説惡不得。朱子曰："兩儀是天地，與畫卦兩儀意思又别。"兩儀只是陰陽，一動一静，分陰分陽，皆自混沌開闢説來，則兩儀亦兼混闢而言，混是陰之儀，闢是陽之儀，恐不可專以開闢後天地爲言。嘗見高山有螺蚌殻，或生石中，此謂螺蚌殻包在石罅中，蓋舊日海中之土凝結爲石之時，水中之物或著在中間，未消化也。每見海邊岩磡之露出者，皆是沙石之凝合者，小小石塊，著在其間，或歲久剥落，則其形團圓，滑澤分明，是前日水磨之石也，天地之有闔闢，此尤可驗矣。人身是器，語言動作便是人之理。語言動作猶是氣也，其當然之則是理也。今曰語言動作便是理者，蓋指理之發見在語言動作上者，非直以語言動作爲理也，此等處皆當活看。事物雖大，是形而下者；理雖小，是形而上者。理不可以大小言，此言理小者，蓋以理之在一物之小者，對事物之至大如天地者而言也。如曰天地雖大，而是形而下者；一物之理雖小，而是形而上者云爾，此亦當活看。

勉齊黄氏曰："太極不自會動静。既是陰陽，如何又説生陰生陽，曰生陰生陽，亦猶陽生陰生"云云。孔子既説太極生兩儀，周子又説太極生陰陽，在聖賢不嫌言理之生氣矣。今反惡其説，而諱言之，必曰陰陽自生，而不原於太極者，其指何哉？其曰因蟻之動静，見磨之動静者，亦是倒説，蓋因陰陽之動静，見太極之動静，則可矣。而謂因太極之動静，見陰陽之動静，則不可矣。或恐是“磨”“蟻”二字差互，且考其上下文勢，“不自會動静下”當更有“動静”字，而脱漏矣。須看“觀”字，是我去他裏面，折看却非他有兩個頭面。理氣决是二物，但不可分開。朱子説也，一著一微，分明是兩個頭面，他本不有兩個頭面，我又如何得折看。利貞者，性情也，動極而静，静極復動也。“性情也”下當有“太極之静也”一句，不然則不成文義對值矣。節齊蔡氏曰：“形謂動而可見，自此以上無體，自此以下有體。”南軒曰：“太極動而二氣形。”節齊之説蓋本於此，然“形”字自兼動静陰陽，以動訓形，畢竟是未穩，《易》言無體，謂陰陽變易無定體也，非謂無形體也，節齊每作無形説，誤矣。平岩葉氏曰：“邵子云‘用起天地先，體立天地後’。”流行對待，本不可分先後，邵子所謂用先體後，又非指此，則引而爲説，亦不襯矣。臨川吴氏曰：“動静者，所乘之機，機猶弩牙。”朱子曰：“機是關捩子。”關捩子，治爐鼓風板之類，故朱子又曰：“踏著動底機，便挑撥得那静底，踏著静底機，便挑撥得那動底。”其用“機”字不是弩牙之機可見矣。

第三節

勉齊黄氏五行説與朱子説不同，前已辨之矣，後考勉齊本集，亦自覺其誤，改從朱子舊説，今無可論矣。平岩葉氏陰陽生五行，五行自相生之説甚精，當可破勉齊之疑矣。

第五節①

朱子曰：“周子所謂二五之精。”所謂下脱“無極之真”一句，删此一句，則與所引上文“得是理，得是氣”之語不相對值矣。先有理，後有氣，先有氣，後有理云云止，理便在其中。以本原言，則理先而氣後；以稟賦言，則氣先而理後。下文所載《中庸》注，天以陰陽五行化生萬物，此以本原言，故先言

①底本如此，無第四節。

天，而後言陰陽五行，氣以成形，理亦賦焉。此以禀賦言，故先言氣，而後言理也。理先而氣後，則理同而氣异；氣先而理後，則氣有不同，而理亦有异，此意朱子《答趙師夏書》備矣。然以流行言，則理氣本無先後，而所謂本原、所謂禀賦，皆在其中，非别有一段事爲本原，爲禀賦，而在流行之外也。特其推原理氣之生，則理爲本，而氣爲末，故不得不先言理，而後言氣，若論天地之化，則氣有聚，而理方具，故不得不先言氣，而後言理，其實生則俱生，化則俱化，而非真有先後耳。

問："《易》言有萬物"止，曰云云。二五之精，妙合而凝。上只言氣化、形化，而不言理字，則於此只言二五之精，亦無不可，但妙合二字，本言真精之合，非言二與五之合，則此處恐亦脱無極之真一句，且《易》言萬物以氣化言，故先言之。《太極圖》言萬物以形化言，故後言之。其言萬物男女，雖有先後之不同，其先氣化，而後形化，則同矣。又《易》之萬物即男女之萬物也，太極之男女即萬物之男女也，其實亦一而已矣。勉齊黄氏曰："生生不窮之理，冲漠於太極之先。"冲漠於太極之先，語生有病。北溪陳氏曰："譬如一大塊水銀止，又恁地圓。"太極無大小，亦無分合，大塊小塊之諭，大散爲小、小合爲大之説，皆有病。《太極注》合言、分言者，謂以萬物分合而言之也，非謂將太極分合之也。

第六節

朱子曰："仁義禮智之禀，豈物之所得而與哉?"謂之不與，則物性似在五常之外矣。集注改作"全"字，方是恰好。問幾，曰："五性感動，善惡未分，便是。"纔動便已分善惡，故《通書》曰："幾善惡。"此答與幾善惡注不同，恐是誤録。北溪陳氏曰："發於血氣。"朱子始《答蔡季通書》有曰："形氣之發。"旋自謂"《答季通書》語却未瑩，不足據而爲説"，其後《中庸序》《禹謨注》皆曰："生於形氣。"改下"生"字意非偶然，門人多未曉其指。其言形氣，每下"發"字，遂墮於理氣互發之見，而仍爲後來學者之病，可惜!

第七節

朱子曰："周子之言主静以正對中，則中爲重"云云。此是初年説。

第八節

西山真氏引朱子説"要須静云云，察夫動云云"。"要須""察夫"四字，本只是一句包動静而言，今析爲二句，分屬動静誤矣。朱子之意，本只謂動静，二句當易置，非謂連此句，分割移動也。西山看文字老草，多此類。

第九節

朱子曰："未著形質，便是形而上止，便是形而下。"此以氣屬形上，質屬形下，却是别一般義，與孔子語意不同。勉齊黄氏曰："主静云者止，是亦無極太極之意。"又曰："原始要終止，死生本非二事。"前説似以未發爲無極，而已發爲太極；後説似以人生爲太極，而人死爲無極，實見之差，雖不至此之甚，命辭之差，固亦坐於所見之未瑩耳。

後論

朱子曰："理中有象。"象亦以用之理言，非真有象之象也。體用是兩物，而不相離，故言一源。體用一事，而有首尾，顯微兩物，而分道器。首尾相涵，故曰一源；道器不離，故曰無間。以體用爲兩物，似未安。西山真氏曰："大率此理"云云。此是真至之論，學者宜警省，而深體味之。《經義記聞録》卷三。

朱子太極説解　韓元震

動静無端，陰陽無始，天道也；始於陽，成於陰，本於静，流於動者，人道也。然陽復本於陰，静復根於動，其動静亦無端，其陰陽亦無始，則人蓋未始離乎天，而天亦未始離乎人也。

此言動静對待，而互爲其根也。始於陽，繼之者善，萬物資始也；成於陰，成之者性，萬物各正也；本於静，天命之性具於静，而性無不善也；流於動，吉凶悔吝生於動，而情易流於惡也。

元亨，誠之通，動也；利貞，誠之復，静也。元者，動之端也，本乎静；貞者，静之質也，著乎動。一動一静，循環無窮，而貞也者，萬物之所成終而成始者也，故人雖不能不動，而立人極者，必主乎静，唯主乎静，則其著乎動也，無不中節，而不失其本然之静矣。

此言静之主乎動也，蓋以貞之終始萬物者而言，則動亦静也，而静爲動之主也。

静者，性之所以立也，動者，命之所以行也，然其實則静亦動之息爾，故一動一静皆命之行，而行乎動静者，乃性之真也，故曰天命之謂性。

此言動之主乎静也，蓋以命之流行不已者而言，則静亦動也，而動爲静之主矣。

情之未發者，性也，是乃所謂中也，天下之大本也。性之已發者，情也，其皆中節，則所謂和也，天下之達道也，皆天理之自然也。妙性情之德者心也，所以致中和，立大本，而行達道者也，天理之主宰也。

此言心之主乎性情也，中也，和也，大本也，達道也者，性情也，而天理之實體也，致之、立之、行之者，心也，天理之所統會也。

静而無不該者，性之所以爲中也，寂然不動者也。動而無不中者，情之發而得其正也，感而遂通者也。静而常覺，動而常止者，心之妙也。寂而感，感而寂者也。

此言心之通貫乎動静，而動與静又相涵也。静而常覺，覺者，静中之動也；動而常止，止者，動中之静也。

通看全説之文義，則每一段皆始分而終合之。第一段始分天道人道，而終合天人而言之。第二第三段始皆分動静，而終皆以動静一義合言之。第四第五段始皆分性情，而終皆以心合言之。《經義記聞録》卷六。

《太極圖解》异同説　韓元震

余與君範①所見無不同，獨於《太極圖解》二處有不同。五行一陰陽，陰陽一太極，君範以同一之意看“一”字，故其釋五殊二實無餘欠，以爲於五行之殊，而二氣皆具，無餘欠也；其釋精粗本末無彼此，以爲於氣之精粗本末，而理之所具，無彼此也。余以即一之意看“一”字，故以爲五行之殊，即二氣之實，五者非有餘，而二者非有欠也。太極精本之理，陰陽粗末之氣，渾融無間，而無彼此之别也。“五殊”字貼五行，“二實”字貼陰陽，“無餘欠”貼“一”字，“精本”字貼太極，“粗末”字貼陰陽，“無彼此”貼“一”字。如是看之，文義既順，而義理亦通。

若如君範説，則五殊之上，二實無餘欠者，文義既不順，而精粗本末無彼此，則又須着“理”字於無彼此之上，其義乃明。朱先生訓説明白之法，不應如是之迂晦脱略也。小注“解剥圖體，推盡説意”二句，君範以爲當互，余以爲周子先立圖象，後具其説，則解之也，亦當先解圖體，而後推説意。《圖説》五節以上，節節皆解圖象，自太極至萬物化生而後已，第六節以下，只就人分上説，而最後兩節通結上文，故解中小注以上皆引《圖説》五節以上之語，以解圖體始終。小注以下，先據圖象之具於人分上者，以推第六節以下之説，而後及通論三才之説，其先解圖體，而後推説意者，豈不明乎？圖象之作，

①君範：指蔡之洪（1683—1741），字君範。

蓋以模畫天地造化之妙，無所不蘊，而解中小注以下，大概是推明人分上事，則以人分上所説謂正解。天地造化，無所不蘊之圖體者，其果然乎？且小注以上，畫一圖體，即引圖説，曰某體即某象也。此以圖爲主，而引説以解其圖也。小注以下推一圖説，即引圖體，曰某説即某體也。此以説爲主，而引圖以證其説也。此其文義甚明，而謂之當互者，誠不知其何説也！况“推盡”二字，其意尤明，推盡云者，蓋謂推盡其上所未盡之餘意云爾。蓋小注以上，雖解圖體，而實并推其説，故其下即推盡其未盡之説意也。若以上爲推盡説意，則所謂推盡者，豈不爲無頭之語乎？二句之决不可互，而板本之元不誤寫者，愚有以信之矣。每見輒争，不能歸一，然吾二人所見之不苟同者，則斯亦可見矣。乙未二月日書。《南塘集》卷三十。

答姜甥[1]《太極圖》問目　韓元震

仁義中正，不言禮智，而言中正，何歟？

朱子嘗言：“禮有中不中，智有正不正，故不言禮智，而言中正。”然此特言周子捨禮智，言中正之意耳。若因此而遂謂禮智是兼善惡之物，則誤矣。愚意周子《圖説》本因《易》而作，《易》言中正，而不言禮智，故《圖説》亦以中正爲言耳。

中仁之屬用，正義之屬體，何歟？

《太極圖》中，木火屬陽動，而木火之理爲仁禮；金水屬陰静，而金水之理爲義智。中仁之屬動，正義之屬静，據圖體而分屬也。

仁之包四者，不離乎偏言之一事，何以見其不離也？

仁之德偏言則愛之理，而愛之理即生之理也。有生之理，

---

①姜甥：指韓元震外甥姜奎焕。

然後方可言義禮智信，此所以不離乎愛之理，而包得四事也。何以言愛之理即生之理也？人之情，統而言之，不過乎愛惡二字，而以愛與惡相對形比，則愛是生之屬，而惡是殺之屬也。如禽獸亦皆有慈愛之理，故能生育不窮，若無慈愛之理，則生育之道便絶矣。此見愛之理即生之理，而生之理即包四事矣。《南塘集》卷二十二。

《太極圖説》熊氏注辨　鄭重器①

《太極圖》下，朱子解之曰："陰陽一太極，精粗本末無彼此也。"熊氏②注云："太極爲精，陰陽爲粗，太極爲本，陰陽爲末。"頃年，金振伯嘗舉此，以書問于篪叟③先生曰："此説栗谷、沙溪、葛庵非之，愚伏玄石不以爲非，何説爲是？"篪叟答之曰："既曰陰陽一太極，而繼以精粗本末無彼此，則如熊説看語脉順然，未見古人有以理氣分精粗處，如所謂衆物之表裏精粗，及物有本末等語，皆是就事物上説了，而理在其中。蓋纔説精粗便是形而下者，然只爲理有精粗，故氣有精粗，理有本末，故事有本末。此所以太極陰陽渾淪無彼此處，第未知所以非之者語意云何，不以爲非者，有何證據"云云。孤陋末學，未能折衷，常自疑晦于心者久矣。及讀朱子《答吕伯恭書》，有曰："道體渾然，無所不具，精粗本末，賓主内外，有不可毫髮差者。"於是始覺篪先生之説深得《圖説》解之意，痛快無疑，而猶未知三賢所以非之之語，其意如何。既而見鄭守夢所著《近思釋疑》，則沙溪曰："熊氏注恐誤。"栗谷嘗云精粗本末，

①底本此處注云："注在《性理群書》。"鄭重器（1685—1757），字道翁，號梅山、梅谷、艮巢，著有《梅山集》。

②熊氏：指編纂《性理群書句解》的熊節、熊剛大。

③鄭葵陽（1667—1732），字叔向，號篪叟。

以氣言者也，一理通於無精、無粗、無本末、彼此之間。後讀朱子書，有曰："不論氣之精粗，而莫不有是理。"栗谷之説，實出於此，熊説不可從，栗、沙之所以非之者，大體則是矣。而其曰"一理通於無精、無粗、無本末、彼此之間"者，乃與朱子之意相反。朱子所謂莫不有是理者，蓋言理自有精粗，而栗谷則以爲理通於無精粗之間，沙溪所謂實出於朱子者，未見其必當也。必若篪先生所論，然後始乃完備無罅耳。

至於愚玄之不以爲非者，未知有何援證而如是云云耶？朱子《答吕伯恭第六書》曰："聖賢之言，初無理事精粗之别。"愚玄其或有見乎此歟？但精粗云者，精深粗淺之謂也。蓋謂聖賢之言，周悉明備，不以理爲奥，而深言之；不以事爲顯，而淺言之。皆極論詳説，無或深或淺之别也。非謂以理事分屬精粗也，精與粗懸有差别。若如熊氏説，則太極偏於精，陰陽偏於粗，豈可謂無彼此哉！形而上下，自無先後之可論，亦不可以本末分言，而本與末又不相同，尤不可以無彼此言之。不以爲非之意，有不可曉矣。或曰精是氣也，不可著理字上，此則大不然。夫精字有二義，有精微精密之義，有精神精爽之義，或有言於理處，或有言於氣處，《易》曰："潔净精微之謂易。"朱子《答伯恭書》曰："見得個精明純粹底。"無對之道，此則以理言也。《易》曰"男女構精"，《圖説》曰"二五之精"，此則以氣言也。所就而言者，各有所指，其不可偏主一義，而不得相通也，明矣。《梅山集》卷八。

論《太極圖説》　李世珩①

或曰："周濂溪《太極圖》，其果祖述乎羲《易》乎？"余

①李世珩（1685—1761），字楚白，號恕軒，著有《恕軒文集》。

曰："然。"曰："然則伏羲八卦，一分爲二，二分爲四，四分爲八，而《太極圖》則一分爲二，二分爲五，何哉？"余曰："《太極圖》以造化之生成者爲言，故兩儀之下，承以五行，此所以二分爲五者也。然五行之中，土爲一行，而水火木金非土不成，土居中央，總領四行，其位則雖爲五圈，而其象則不過四象，是猶一歲之中自有五行，而一歲之序則不過四時耳。且《太極圖》，陽動中有陰，陰静中有陽，是非陰陽老少之四象耶！此與羲《易》之太極生兩儀，兩儀生四象者，無以异也。"

曰："先儒有曰《太極圖》一而二，二而三，三而四，四而五。若貫珠然，此説何如？"余曰："《太極圖》中無三之象，二而爲三之説，未知其何所據也。朱夫子曰：'太極之數，自一而二，自二而四，遂加其一，以爲五行，而下及於萬物。'此可謂萬事不易之論也。且《太極圖》非但祖述先天之《易》，又兼文王後天之《易》，何者？陽之中有陽有陰，所謂老陽少陰也；陰之中有陽有陰，所謂少陽老陰也。《乾》《兑》《离》《震》，生於老陽少陰；《巽》《坎》《艮》《坤》，生於少陽老陰，此則先天之《易》也。《乾》爲純陽，所謂父之卦也；《坤》爲純陰，所謂母之卦也。《乾》交於《坤》，而爲《震》《坎》《艮》；《坤》交於《乾》，而爲《巽》《离》《兑》，此則後天之《易》也。《太極圖》之上一截。陽動中一暈之陰，即少陰，生於老陽中也，《乾》《兑》《离》《震》在焉；陰静中一暈之陽，即少陽生於老陰中也，《巽》《坎》《艮》《坤》在焉，此則先天之《易》也。《太極圖》之下一截，乾道成男，即《乾》交於《坤》也，《震》《坎》《艮》在焉；坤道成女，即《坤》交於《乾》也，《巽》《离》《兑》在焉，此則後天之《易》也。"

余故曰：太極一圖，非但祖述伏羲先天之《易》，又兼文王後天之《易》也。《恕軒文集》卷二。

《太極圖解》五行説　李世珩

勉齋黄氏嘗有言曰："《太極圖解》有一處可疑，圖以水陰盛，故居右，火陽盛，故居左，金陰稚，故次水，木陽稚，故次火，此是説生之序。下文却説水木，陽也，火金，陰也，却以水爲陽，以火爲陰論來。物之初生，自是幼嫩，如陽始生水尚柔弱，到生木已强盛，陰始生火尚微，到生金已成質，如此則水爲陽稚，木爲陽盛，火爲陰稚，金爲陰盛，不知《圖解》所指是如何云？"

竊嘗執《圖解》而反復參究，蓋勉齋之錯看而有此疑也。《太極圖説》陽變陰合條注曰："以質而語其生之序，則水、火、木、金、土，而水木，陽也，火金，陰也；以氣而語其行之序，則木、火、土、金、水，而木火，陽也，金水，陰也。蓋以一生水，三生木，一三陽也。二生火，四生金，二四陰也。此所以水木爲陽，而火金爲陰也。春屬木，夏屬火，春夏陽也。秋屬金，冬屬水，秋冬陰也。此所以木火爲陽，而金水爲陰也，水陽而火陰者，質而生者也。水陰而火陽者，氣而行者也。水火二物迭爲陰陽於生與行矣。以質而生之者，較之於《圖解》，則或陰或陽，誠爲相悖。以氣而行之者，較之於《圖解》，則曰陰曰陽，無不相符。勉齋豈不知此，而猶此舍其相符，取其相悖者，何哉？此無他，乃以説行之《圖解》，看以説生之序故也。《圖解》中自"此陽變陰合"以下，至"陰之合也"者，乃是説生之序也。自"水陰盛故居右"以下，至"四時行也"者，乃是説行之序也。勉齋則曰"只是水而木，木而火以下，畢竟是説行之序"云。然則勉齋"以陽根陰也"以上，至"此陽變陰合"，通看爲説生之序，故其言如此。朱夫子平生用工，尤在於《太極圖注解》之明白精詳，又非他書之比，則其必不至於前後矛盾也明矣。深繹詳究，自可見解，至於陰陽盛稚之辨，亦由於看作生之序而然，爾若看以流行之序，則豈不沛然無礙哉？水謂之陰盛，則其指屬於冬者而言可知也。火謂之陽盛，則其指屬於夏者而言可知也。木之陽稚，金之陰稚，亦莫不以屬於春秋者爲言可知也。至於土中氣，故居中云者，此尤爲説行之明驗矣，豈勉齋之未及周思而然耶？《太極圖》中五行之位，有生與行之著見者，水火對峙而處於上，上者，先也。木金比肩而處於下，下者，後也。若論其初生之序，水火先生，故處上，木金後生，故處下。上下即質而生之者之位也。水金爲友，而居於右，右者，陰也。火木爲朋，而居於左，左者，陽也。若論其流行之序，水金爲陰，故居右，火木爲陽，故居左，左右即氣而行之者之位也。圖下之注，若以“上下”二字釋初生之序，一如以“左右”二字釋流行者之爲，則勉齋亦不至錯看矣。若夫水火之迭爲陰陽，蓋亦有説天一生水，水雖屬陽，而陽氣初動，其勢甚微不能禦，地六成之之陰氣，則水者，謂之陰可也。此所以初生則爲陽，而流行則爲陰也。地二生火，火雖屬陰，而陰氣始生，其勢甚弱不能敵。天七成之之陽氣，則火者，謂之陽可也。此所以初生則爲陰，而流行則爲陽也，是猶一陽生於冬至，則冬固陽也，而群陰方盛，故終歸於陰。一陰生於夏至，則夏固陰也，而衆陽方盛，故終歸於陽也。木則天三生之，地八成之，而三之陽寖盛，故從其生數，而但爲陽。金則地四生之，天九成之，而四之陰寖盛，故從其生數，而但爲陰。此所以金木之陰陽，不易於初生與流行者也，是猶春則不爲無陰，而陽寖盛，故專爲陽，秋則不爲無陽，而陰寖盛，故專爲陰也。

且勉齋以初生流行之序，必欲滾合爲一，其爲説不啻累百言。概曰“水者，初生之陽；木者，極盛之陽；火者，初生之陰；金者，極盛之陰。陽極而生陰，陰極而生陽，故但當以水、木、火、金、土爲次序也，自初生至流行皆是如此。若以第一生水，第二生火，第三生木，第四生金爲次序，則誤矣。一生水而未成水，必至五行俱足，猶待第六而後成水。二生火而未成火，必待五行俱足，又成就了水，然後待第七而成火耶？如此則全不成造化”云云。

勉齋之意，則蓋謂其陽生水木，而後陰始生火金也。此固有可疑者，才有陽動，便有陰静，才有陰静，便有陽動，陰陽相錯，未嘗偏重。今若陽生水又生木，連生二物，而後陰又連生火與金，則無乃近於偏重。而生物之際，似無陰陽相錯之義矣，此則其果成造化也耶？《太極圖説》既曰：“陽變陰合，而生水、火、木、金、土，五氣順布，四時行焉。”金土以上，初生之序也，五氣以下，流行之序也，朱夫子從而釋之，而備論初生與流行之序，則何必强爲之説，齊其不齊之序哉？善乎平岩葉氏之言曰：“水、火、木、金、土者，陰陽生五行之序也。木、火、土、金、水者，五行自相生之序也。”可謂語約而旨明矣。《恕軒文集》卷二。

太極上圈清濁辨　權萬①

壬戌二月十八日，往拜訥翁於静一齋，談理氣。訥翁曰：昔年，黄岡門人姜柱宇問曰：“《太極圖》上圈中，有清濁之分乎？”吾謝曰：“山南陋儒不曾講究及此。”姜曰：“吾嘗與同門諸生談《太極圖》上圈，遂庵曰：‘上圈惡得無清濁乎？’是以知上圈有清濁之分。”吾又謝曰：“异乎吾所聞。太極圈中，謂有清濁之理則可，豈有清濁哉？”姜終不覺悟，吾徐解曰：“請以淺近之説，解子之惑。此有處女，若曰彼處女腹中，有生男産女之理則可，若曰彼處女腹中，已有男女，可乎？姜曰：‘吾語窮矣。’”《江左集》卷七。

---

①權萬（1688—1749），字一甫，號江左、文杏堂，著有《江左集》。

策問《河圖》《洛書》及《太極圖》《經世》書該載天地理數云云

李宜翰①

對：愚嘗讀《雲臺真逸記》，蓋論圖書中理數總會而有曰："此非聖人智慮所得，爲此持氣數之自然，亨於法象，見於圖書者，有以啓其心，而假手焉耳。"誠哉是言也。夫造化傳其象，而聖神受其法者，惟是圖與書耳，非天所啓，則人何以私智爲哉？天以龍圖默啓皇羲之心，而圖以生《易》，所假者手分中八卦也；天以龜書暗契神禹之心，而《書》以生《範》，所假者手段下九疇也。至若指掌太極，闡千載不傳之秘，弄丸經世，通萬世無窮之變者，是亦天相絶學，生出濂洛數君子，啓心於羲禹之後，假手於《易》《範》之餘，而使傳圖書之學，豈可以驟語哉？圓者，星也，《河圖》之文，其象于天乎？方者，土也，《洛書》之文，其法于地乎？圖如太極之格局，書如經世之範圍者，其亦具蟠天際地之法象，則茂聖其聖於理者乎？堯夫其神於數者乎？彼以馬公之賢，而《潛虛》一圖，浪排五十五行；關氏之博，而《洞極》一書，錯列二十七象，零星補凑，終不合自然之理數。則吾儕後蒙乃敢語圖書之學哉！雖然圖書面表自成天巧之奇文，圖書腠裏實包聖學之邃訣，參差异流，大化之分布難窮，而爛熳同歸，真元之統會可尋，惟彼萬理之先覺者，包羲萬數之首出者，先天則《洛書》爲緯，已遜《河圖》之作經，而下至《太極經世》，皆從此圖上點化起來，則宇宙間圖書萬卷，其實一《河圖》也。何當手把《河圖》親見伏羲而來乎？

愚之誦是説雅矣，今何幸仰質於皋比也。乃言曰：曠世聖賢，朝暮遇於圖書，何者？天地并立，理數雙行。理屬形氣之

①李宜翰（1692—1766），字次鷹，號紫雲、一和齋，著有《紫雲集》。

上，數屬法象之下。而河龍洛龜契畫卦敘疇之智，庭草梧月會立象觀物之意，至訣之秘於圖書者，神妙無礙。而有以盡天下之萬理大算之發於圖書者，變動無窮。而有以該天下之萬數，則要之四片圖書，均乎爲千古之邃學也。然而等是圖也，而位置次第交有异同之不齊，等是書也，而法象規模互有疑晦之未分，既無以窮三才之一理而深造其妙界，又無以極萬彙之一數而精到其真境，則宜乎理數爲死法，而圖書爲絶學也。然則窮理如之何不明乎？《易》則理隱而圖自圖耳；極數如之何不通乎？《易》則數晦而書自書耳。是知胸中一部《易》，可以了理數千般，而畢境圖書邃學不傳於點畫，文字之末而有會於精神心術之原，故先儒書伏羲圖下曰："先天學，心法也。"愚有受人之微言矣，請條之《河圖》與《易》之天一地十者，合而厥數，則五十五耳；《洛書》與《範》之初一次九者，合而厥數，則四十五耳。信乎《圖》《書》爲《易》《範》之所自出，而天工聖妙自契於至理之所寓，則其爲第一義，誠若先生之言矣。以五生數統五成數，而同處乎其方，以五奇數統四偶數，而各居乎其所，無惑乎位數之不同。而經一圍三者，參其一陽而爲三，徑一爲四者，兩其一陰而爲二。則三與二交，而五生乎其間，參天兩地，同以五居其中者，非耶？河洛之瑞，各出羲禹之世，千古傳記，炳若一貫符契。而錯置圖書衮合時世者，只是劉牧之陋。殊不知《大傳》取訓，泛言《易》《範》之原於天，故《啓蒙》書中已有許、蔡、西山定論矣。

八卦上分配方偶，若不合馬圖之位，九疇間排定規模，似不協龜文之序，是則愚亦疑之，而試以胡玉齋附圖證之。坤之居北，當一六太陰之水；乾之居南，當二七少陽之火，三八爲少陰之木，故离日當之四九，爲太陽之金，故坎月當之則《震》《兑》《巽》《艮》斜對乎四角者，皆可以類推之。若夫一位在子，附之以五行者，首天道也；二位在坤，附之以五事者，次人道也。以至三四六之分疇，七八九之列序，莫不符戴履肩足之數，則紫陽子《九疇疏義》何嘗不片片説與人哉？泥於圖書，未詣其真妙者，非所以了《易》《範》也；拘於象數，未瑩其至理者，非所以盡圖書也。而若以是更作别法，以求於圖書象數之外，則其爲《易》《範》得非空圖無象之然乎？

濂溪正脉直接河洛真源，而太極之圖繼《易》《範》而作焉。蓋其自一而起者，包萬化於其中也，冠以“無極”二字，闡千聖未發之旨，《大傳》之言有謂太極之有其理也。此圖之言無，謂太極之無其形也，執而證之曰《易》生於有，而圖起於無者，不幾若陸象山辨義耶？一理本自混圓，而分成二氣之界限者，即自太極而生兩儀也。二氣交相合，變而散，作五材之流行者，即自兩儀而生四象也。天風地雷，氣機往來乎其間，則陰陽動静之互根，非此義乎？達道成德，立極參合乎三才，則中正仁義之克定，非此旨乎？看它朱子於《原卦畫》一篇，拈出此要語，以證太極下諸圈畫者，則益信濂溪此圖直是河洛後傳神活畫也。天挺人豪，歷覽無際，打作《經世》一書者，可謂括千劫而包萬變矣。

姑据或者之所論，則太玄以三起數，三三而九者，《洛書》之數，故妄擬以後天之匹；皇極以四起數，二四而八者，羲卦之數，故顯推以先天之嗣。而苟以玄媲諸皇極，則何异夜郎之問大漢哉！然而羲卦之用在八，而皇極之用在四，故邵堯夫每見一物，必把作四段看者，已有先儒之定論，則《觀物篇》命數意象，皆當四象中起來矣。日月为元，會者以元會應日月之數也；星辰为運，世者以運世應星辰之數也。日甲一歲一周，而月子至亥一歲十二周，則一元十二會正中此數，而三百六十二運，四千三百二十二世，亦皆合一歲。星辰之數，倘所謂一元在大化中猶一年者，非耶。天，陽也，生乎動者，圓耳；地，陰也，生乎静者，方耳。未知開闢乾坤，是何太极翁手分世界也！物之性情形體为暑寒晝夜之所變，物之走飛草木为雨風露雷之所化。性與形屬陽，故受變於暑晝之陽；情與體屬陰，故受變於寒夜二陰。而雨潤風揚，所受化者走飛；露濡雷奮，所受化者草木。大較性情體形交，而動植之感盡之；走飛草木交，而動植之應盡之。陽感陰應，品物各隨而變化者，有不可誣也。而抑又有走飛草木感暑寒晝夜而變者，性情形體應雨風露雷而化者，其感應之交互、變化之相錯，巧曆之所不能盡算也。天之有四時，乃庶物生長收藏之府；聖之有四經，亦庶民生長收藏之府。宇宙間受用無窮，皆出於盡物，而盡民者，正如博帑大廪儲得不竭之財，則信乎天時聖經，真同萬貨之一府也。

觀於春夏，則《易》與《書》之所存者可知矣；觀於秋冬，則《詩》《春秋》之所存者可知矣。《易》之與《書》即三王五帝之事，《詩》與《春秋》即三王五伯之事，皇春帝夏，王秋伯冬，以其時考之則可矣，如有繼《春秋》而作者，雖百世可知也。自皇帝、王伯，至秦晋齊楚，乃所謂四經之體也；自意言象數至聖賢才術，乃所謂四經之用也。若言《易》該皇帝，王至《春秋》，純乎伯者，其義互相發也。歷序群聖分配品題，修仁義禮智，以四代當之，而修性情形體，以四哲擬之，下至五伯間桓與莊也，猶可許才術之課，而穆與文也，乃得與聖賢之題乎？蓋其從長生修仁以下，附《書》《詩》德業之等差，從藏生修聖以下，屬《春秋》事功之次第，則乘除泛算，排皇王帝伯之大序，不然則虞舜周文乃獨受仁聖單題，而許大聖字反歸西戎之一褊霸耶？大抵天地間理數所載者，古今一圖書也。肇自《河圖》爲羲易之所由生，《洛書》爲禹範之所由起，則聖神邃學開萬世理數之原，而至於立象盡意，如《太極》周圖觀物窮變，若《經世》邵書者，亦豈非契悟龍繇、會龜文，而同歸於極數窮理之學者哉！獨惜夫聖逖賢遠，與其不可傳者死矣。天慳神閟之學，世絶靈利之才。《河圖》舊點，至今爛若雲布，而天巧迷茫，難窺羲卦之法象；《洛書》餘畫，至今燦若星羅，而神工恍惚，莫覷禹範之規模。看到性命一原，未及濂溪子向上，則太極爲玄妙虚圖矣。算了運化千劫，未及樂窩翁推遠，則經世爲莽闊空書矣，其將使古聖賢理數邃學長歸宇宙間死法，而三古羲禹不復待萬世後周邵耶？

嗟夫！盡天下之圖書，一句以斷之者，只是理數雙般；該天下之理數，一言而蔽之者，只是易學單方。萬理皆出於動静，萬數皆出於奇偶，西山氏有是言也。則奇偶動静非易中之子目乎？若彼龜書九章與龍圖八卦遂合而暗符者，皆先天自然之理數，其變動精神轉化爲太極經世，則倘所謂易學單方，足以盡圖書統理數者，非耶。若夫先天學心法之説，曾已發端於前矣，先天一圖真萬理萬數之宗，而圖之自中起者，蓋象萬化生于心也，是故《河圖》《洛書》皆以五居中，而經世書天地四象圖，皇極亦居其中，惟《太極圖》居上一圈，雖若少异，實有中含萬化之意，則皆與先天同一心法也。由是摎之八卦，真本自在皇羲腹中，而天遣龍圖，契合心法之造化，九疇印板自在大禹腔裏，而地呈龜書，感會心法之精神，周茂叔步履卓絶，直到天命初頭者，惟其腦間光霽，有以瑩澈乎三極也。邵堯夫眼目寥闊，遐通宇劫終尾者，惟其心上經綸有以遍周乎一元也。夫然則會待宇奉收功，先天在真原本地，而方信夫圖書千卷，理數萬般，皆在我一心法矣。誠使世之君子精深易學，契法象於圖書，明瑩心法，玩正變於理數，三才極功，融會貫通，而得天地窮神之術。一原奇功，灑落澄澈，而合聖哲知化之方，則將見學貫天人，心傳造化，圖書妙解，宛與羲禹相遇，理數精透，殆及周邵同歸矣。斯豈非千古之一快也哉！

篇末請申之。愚也執盛問圖書之義，而參邵書運會之説，竊以爲圖書顯晦交關運會之污隆，何則若昔大道之世，天以圖畀羲，而啓千聖文明之象，天以書錫禹，而開百王治化之法，則維時帝夏王秋爲光岳真元之會，而及夫真原散涣，光岳分裂，《河圖》不出，夫子有吾已之嘆，則王春和氣，轉而爲霸冬之餘洌矣。三正以降，惟漢唐立王秋伯冬之間，而裔而後也。圖書法象，墮落於符經讖緯之術，則若彼江漢之餘波，日月之餘光，漫漫乎大地之長夜矣。歸來有宋列帝，雖未聞《大易》《洪範》之學，而諸君子多少圖書復闡河洛之法象者，可見其發揮文明。賁慶曆、元祐之治化，則當時五星精華亦一光岳之餘氣也。向自王春絶統，夷夏失界，而箕東柝津獨受雲漢之末派，則小華文明天啓大東之治化，况今聖甲重回景禄方周，即我朝中天之運，吾君睿學，固已配羲禹，而當世儒賢倘復追周邵，則河洛圖書闡發治化之法，濂洛理數贊揚文明之象，而壽域長春將復回光岳真元之會矣。不識斯語，猶可代華封祝聖人否？謹對。《紫雲集》卷三。

無極太極説記疑　金樂行①

李公浩問："目中論無極太極之'極'字，而引勉齋屋極北極之説，以爲以有喻無，以實喻虚，其説亦善矣。今之言'極'字者，多從此説，然太極二字，本出《繫辭傳》，而朱子《本義》但曰'極，至也'，未嘗以有形之極言之者，何也？"

蓋極之爲字，從木以成，則其初命意，似或近於屋極者。然以之而名北極，則已遠於從木之義。而凡經傳所用"極"字，皆取"至"字之意。蓋至高者，可謂極，至遠者，亦可謂極。至中至正，至大至深，至要至妙者，皆可謂極。屋極之極，以屋之至高處而名之者也。北極之極，以天之至要處而名之者也。皇極之極，以道之至中至正者，而名之者也。初何嘗有外於至字之義者耶！今太極之極，亦不過以此理之至。凡天下之物，無以尚焉，故謂之極耳。是以言太極之極者，惟當以朱子《本義》之釋爲主而已，似不必求之於他書之所言也。而况所謂無極而太極者，上下"極"字，其義無别。若以有形之極爲説，則於"無極"二字，可以通矣。於"太極"二字，將何以爲説乎？既云無形，而又云太有形，則其於義理何如也？夫濂溪之加無極於太極之上者，何也？蓋以謂之太極，則人或意此至極者，有可見之形體，可指之方所。故明其本無形體方所，可謂至極者，而曰無極。然畢竟是最至極者，故即繼之曰"而太極"，朱子所謂無形而有理者，即此意也。非無形之"形"字，是指有形之極也。退溪先生答説曰："勉齋説精密，且許李説之當，而不論屋極北極之説，恨無由仰質之耳。"若其上下"極"

①金樂行（1708—1766），别稱金晉行，字艮夫、退甫，號九思堂，著有《九思堂集》。

字不同之疑，則先生已言其非是矣。後看《語類》，朱子亦有屋極之説，然其意終不出“至”字之義。《九思堂集續集》卷三。

别紙《太極圖解》　李象靖①

《圖解》水火之交繫乎上，陰根陽，陽根陰也。圖五行説生之序，水木，陽也，生於陽

，火金，陰也，生於陰

，當云陰生於陰，陽生於陽，而解中云爾，恐與勉齋所疑者同，如何？

《圖解》曰：“水陰盛，金陰稚，火陽盛，木陽稚。”則是據行之序而言，陰根陽，陽根陰，自無所疑矣。勉齋嘗致疑於此，謂當作生之序，而李先生《啓蒙傳疑》亦以爲是。然朱子於此，亦不應有差，蓋陰陽錯綜變化無窮，要在人看如何？恐不害主此而兼彼也，如何？

又按，水生於陽，而却居陰儀下，火生於陰，而却居陽儀下，即天一生水，地六成之，地二生火，天七成之義如何？

推説得略有意思，然恐不須如此牽强費力。

各一其極，才下“各”字，可見氣質之性之异；才説“一”字，便見天地之性之一。各焉，而未嘗不一；一焉，而未嘗不各，只要人看得活耳。

看得太涉精巧，而少餘味，要須涵泳，此四字體到熟處，自然見得物物各隨其氣質，而自爲一性，然亦未嘗不本於一原耳。

注引説解圖，據圖推説，是朱子自注否？

①李象靖（1711—1781），字景文，號大山、晚修下士，謚號文敬，著有《大山集》。

未敢質言。

吉凶悔吝，此四字有循環意思，悔是自凶趨吉，吝是自吉趨凶，如中正仁義，仁是自正而趨於中，義是自中而趨於正，但彼爲純善，此爲善惡混耳。

是則是有此理，但今日緊要工夫，只在寡悔而向吉，不暇如此閑比較也。

天下之故止，不動之中。此説主静意思否？

當是如此。

説解："太極動而生陽，静而生陰。"固是太極動静，然才説動静字，氣便在其中。此正如四端説。

朱子固曰："動静者，所乘之機也。"

所謂一陰一陽止，命之道也。雜引《繫辭》《通書》《中庸》，而獨命之道也，出何書？

出胡五峰《知言》："誠者，命之道。"猶言仁者，心之道，道字恰似德字一般。

此一節雖發明造化本原，而人心動静之機，亦不外焉。故解中引聖人之本一語否？

《通書》亦就造化上説，不是明人心動静之機也。蓋聖人便與天地一般，故《中庸》言君子之道費而隱，而引鳶飛魚躍言大哉聖人之道，而曰發育萬物，峻極于天，何嘗分天與聖人在！

妙合而凝，天地間逼塞充滿，無非妙合底，到得生人生物時便凝了。

看得好，妙合指無極二五而言，凝，專指二五而言，而無極便在其中。

天下無性外之物，而性無不在。此"性"字却統同説，如虚空逼塞，無非氣也，理便搭在其上，此即是性。

此氣便得此理爲主宰，即此是性。

陰陽五行爲之經緯錯綜。陰陽經，五行緯否？

大概如此，然亦恐更有仔細處。

萬物各具一太極。程子性即理也一語，誠千古格言，然此乃極本窮源之論，其實才説性時，便落在氣質中，物事便不是元初理，不必帶氣質字，然後方有不齊處耳。

就各具一太極處，恐如此説不得。蓋萬物各一其性，則見得此太極之體渾然全具，無少贏欠，豈不是元初理？又何處見其有不齊處邪！

聖人定之以中正仁義。此“定”字謂衆人不能定，而聖人獨能，故謂之定，非謂聖人亦有欲動情勝之患，而用力以定之也。

上章言衆人具動静之理，而常失於動，故此言聖人定之以中正仁義，則此“定”字是聖人一天下之動，非聖人之自定也，細看朱子解可見。

中正仁義動静。以陰陽言，則義與正屬静，仁與中屬動；以存心制事言，則仁與禮屬静，義與智屬動。大抵四者各有體用，而亦互爲體用。故正義爲體，則仁禮爲其用，而仁禮之體，具於正義，正義之用，行於仁禮。仁禮爲體，則正義爲其用，而正義之體，具於仁禮，仁禮之用，行乎正義。要在看得活絡，則一體一用，都不相妨礙耳。

此段看得儘密，但似有推測未到處，蓋四者雖各有情狀意思，而渾然一體，初無分別，故就陰陽看，則理之定體爲正義，而其發用，則屬之仁禮；以存心制事言，則又仁存諸心，而義制夫事，然又不害四者之各有體用動静也。今曰仁禮之體，具於正義，正義之用，行於仁禮，則是四者各自齊頭并行，一時發用，而不見有互相體用之妙。蓋必欲形容其妙，而不免有名言之失耳。更須反復研究，到得真個通透無妨礙處，方是活絡。然又須就四者面上，認取當然實體處，玩索涵泳，方有實下手處耳。鄙見如是，幸賜反復。

性之貞。“貞”字只依朱子注作“正而固”看否？

《繫辭》注：“貞，正也，常也，物以其所正爲常也。”又《答林擇之書》曰：“人生之初未感於物，一性之貞，湛然而已。”豈非當體本然未嘗不静乎？惟感於物，是以有動，然所感既息，則未有不復其常者，故某嘗以爲静者，性之貞也。《大山集》卷十九。

《太極圖説》考證　李宗洙①

解剥圖體。水陰盛，火陽盛，金陰穉，木陽穉。

《啓蒙傳疑·圖解》有一處可疑，如作行之序看，則陰陽之分，微盛之次，猶之可也。今説生之序，而以是爲言，則非徒與本文水木陽、火金陰之分類相反，盛者居先，而穉者居後，亦爲倒説矣。勉齋以爲疑而改正之，今當從勉齋説。按，勉齋嘗以此説質師門，而先生未果改定，恐有意義，似當更詳。

天下之故，常感通乎寂然不動之中。《易·大傳》："寂然不動，感而遂通，天下之故。"

易有太極。《易·大傳》："易有太極，是生兩儀。"

説分陰分陽。《易·説卦傳》。"分陰分陽，迭用柔剛，注一陰一陽之謂道。"《易·大傳》。"誠者，聖人之本。"《通書》。"物之終始。"《中庸》。"命之道。"《知言》。

"誠之通，誠之復。"《通書》。"元亨，誠之通；利貞，誠之復。繼之者善，成之者性。"《易·大傳》。

萬物各正其性命。《易·乾·彖傳》："乾道變化，各正性命。"

所乘之機。《語類》問動静所乘之機。先生曰："機，氣機也。"又曰："機，是關棙子，踏著動底機，便挑撥得那静底，踏著静底機，便挑撥得那動底。"勉齋曰："只看太極乘著什麽機，乘著動機便動，乘著静機便静，那太極却不自會動静。"又曰："其動也，其静也，上分動静説，此合動静説。"

形而上之道，形而下之器。《易·大傳》："形而上謂之道，

①底本此處注云："《性理大全》所載詳盡，無復餘藴，説及解中古書之語依《西銘》考證摭輯。"李宗洙（1722—1797），字學甫，號後山、山泉齋，著有《後山集》。

形而下謂之器。”《語類》：“形而上底虚渾是道理，形而下底實便是器。”又曰：“道是道理，事事物物皆有個道理。器是形迹，事事物物皆有個形迹。可見底是器，不可見底是道。”

推之於前止，終之離。上既以陰陽動静與太極對説，故言雖是如此，却那裏是八頭處，所以不見他合，不見他離，極言理氣混合之妙也。

“動静無端，陰陽無始，非知道者，孰能識之？”伊川先生《經説》。《語類》：“動静相生，如循環無端。”葉氏曰：“動静相推，陰陽密移，無有間斷，故曰無端無始。”道即太極也。

統而言之，錯而言之。通氣質而言，則五行之氣是陽，質是陰也。交錯氣質而各言之，則氣之中有動静，質之中有動静，動爲陽，而静爲陰也。

性之本體然也。性即太極也，此據各一其性以後而言，故下“性”字，下諸“性”字，同氣殊質异，故各一其性，便有氣質之性意思。

妙合而凝。真精自是妙合，凝是造化處成男成女矣。

注氣化而生，形化而生。《易・大傳》：“天地絪緼，萬物化醇，男女構精，萬物化生。”

天地之心。《記・禮運》：“人者，天地之心也。”

定之以中正仁義。孟子曰：“天下之爲父子者定。”《語類》問定之以中正仁義，先生曰：“此聖人修道之教處。”

注無欲故静。静是無欲之效，猶所謂敬則自虚静。

“欲動情勝，利害相攻。”《通書》。

“與天地止，合其吉凶。”《易・乾・文言》。

注性之貞也。《易・大傳》。《本義》：“貞，常也，物以所正爲常者也。”

體立而後用有以行。《語類》：“合當做底是體，人做底是用，如身是體，作用底便是用。”體用本出禪家，借以論學。

“不專一止，不能發散。”伊川《語録》。

寡之又寡止，聖可學矣。周子《養心説》：“養心不止於寡而存耳。蓋寡焉以至於無，無則誠立明通。”《通書》曰：“一爲要，一者，無欲也，無欲則静虚動直。”

“立天之道止，知死生之説。”《易·大傳》。《後山集》卷十四。

《太極圖説》説　金宗德①

人知己之有性，而不知其出於天，知其出於天，而不知其機緘運用之若合符契者，實有不期然而然者。人知善惡之分，而不知所以反其惡，而一於善者，在於幾微之初。雖知其幾之必謹，而抑不知立此體，而定其用，此《圖説》之所以作也。試就《圖説》而考之，以其無物而有理，而第一圈之立也。以其此理之爲活物爾，便會動静而生陰陽，陰陽非截然爲兩端，又非渾亂爲一物也。有流行待對之互爲體用也，而第二圈之立也。以其二氣之分爲五行，一氣之行于四時，以爲造化發育之具，而第三圈之立也。然於此實有氣質時位之不同，而初不外乎渾然之一體也。雖無羸欠彼此之殊，而畢竟水不得爲火，木不得爲金者存焉。所謂太極本無極，五行各一其性者盡矣。且其理氣之融聚分類，而男女之形成、形氣之交感變化，而萬物之生繁，蓋一太極，各其性者，豈有异哉！此四圈五圈之立，非强排求多也。於是乎即以人物善惡之别，聖凡賢愚之等言之，末又合而明三才始終之義，何者？非各具各一之妙，而體用流對之實，句句無放過處也。

由其如是，故朱夫子自“惟人也，得其秀”以下，復以在人之五圈言之，而至於聖人之主静，乃極天人無間之至。蓋此以上所以明陰陽變化之原則。濂溪“惟人也”一章便是重排五圈圖也。“聖人定之”一章，便如《西銘》之下一般著得棋子也。“立天之道”一章，便是人與天地并立而爲三，貫體用，窮

①金宗德（1724—1797），字道彦，號川沙，著有《川沙集》。

本末而一個《易》也。然則得其秀而最靈，即“無極而太極”也。形生神發，即“動而生陽，静而生陰，動極復静，静極復動”也。五性感動，即“變合而生五行，四时行者”也。五性一太极，而仁終是仁，義終是義，即“五行一陰陽，陰陽一太極，而五行各一其性”也。善惡分而萬事出，即“成男成女，而萬物化生”也。其所以或流行而對待，或渾淪而分析，同其原而專其一，分體用而互爲用者，無不吻合也。若使玩圖者不知周夫子本意之所由，而只觀造化之原，不知反求諸身，則烏用《圖説》爲哉！凡吾所以稟受而爲人者，即與天地無間而萬事萬物無不備焉。則所以應事而處物者，亦非外求之也。然凡人之違於天，而反乎天者，都在於心。性無不善，而氣稟有昏明之异，誠則無爲，而微動有是非之分，欲定其欲動情勝、利害攻奪之紛綸，違天者而以復乎太極之全體，惟曰中正仁義而主其静，而其幾則甚可懼也。愚故曰：“太極工夫準的是定之以中正仁義而主静一句，用力處是修吉悖凶一句，學者最要關頭，是五性感動一句。”

記此翼日，季君見而評之，曰：“於此實有以下二句分説，各具各一之義，師門之意不如是。”蓋嘗以爲本説五行一陰陽一截，及五行之生各一其性者，初非分作兩項説，只是各具一太極之義。《語類》雖有仁不爲義、義不爲仁之語，自是餘意。平岩葉氏乃分作兩截，而别附注説，致有後人之疑云。聞而幸得，知其未知，又嘆孤陋之寡，復反復詳之，則上句既發明本旨，下句對舉餘意，恐無大害否。但下文重引五圈剥合處，插入五性一太極止，義終是義一條，當處之衍語也。

後親稟則曰：“不必言，不可作兩項看，但上項以五行陰陽、渾淪具一太極而言，下項以五行各自具一太極而言，太極只是一個太極，而渾淪同具及各各自具之意，則分别也不妨。”

《川沙集》卷十六。

辨《太極圖説》　李萬運①

經筵講《太極圖説》，某賢釋其文義曰："《中庸》首言天命之謂性，此言太極者，即天上之又一層論也。邵康節言以道觀萬物，天地亦一萬物，此與《太極圖説》一也云云。"見《國朝寶鑑》。

夫天有以形體言者，有專言之曰道者，《中庸》之所謂天即道也，而爲陰陽五行之本。此果與太極不同，而太極果爲天上之一層乎？伊川曰："天者，自然之理也。"朱子曰："天即理也。"今乃於天上又一層别求太極，則太極者，將歸之於理外虚無之域乎？天命之天，亦可以形體言，而觀作萬物中之一物乎？《默軒文集》卷五。

太極圈子説　鄭宗魯②

或問："太極圈子何以外團圓而中空虚如是也？"曰："太極者，不過是動静陰陽之理，而動静無端，陰陽無始，如環之循，無有窮盡，故其圈子不得不團圓如是。然這物事又無聲無臭，不可以形色求，不可以方所覓，故其中又不得不空虚如是。蓋團圓於外者，所以狀其無端無始，空虚於中者，所以狀其無聲無臭也。後之學者，或乃以爲太極本體只是渾淪而已，故其圈子之外圓中虚，亦特狀其渾淪而已，則周子之意終晦而不明，可勝嘆哉！今夫渾淪之云，乃是無分别、無界限之謂也。太極

①李萬運（1736—1820），字德而、希元，號默軒，著有《默軒集》。

②鄭宗魯（1738—1816），字士仰，號立齋、無適翁、愚山，著有《立齋集》。

之本體，隨所在而同然，固無分别，無所在而不然，固無界限，則謂之渾淪亦無不可。然若只以渾淪言之，則是但言其在動在静、在陰在陽之爲然而已，至其所以動，所以静，所以陰，所以陽之理，則夫豈‘渾淪’二字所能盡之也哉！蓋所謂動静陰陽，惟太極主之焉。故動不得不静，而静不得不動，陰不得不陽，而陽不得不陰，一如此則復如彼而後已，一如彼則得如此而後已，此根於彼，而彼又根於此，彼根於此，而此又根於彼。亘古亘今，無有窮盡，斯理也。蓋至直至實、至妙至微，分明有個物事在那裏，而目若可睹，顧無可睹底，手若可指，顧無可指底，其爲太極，却又冲漠而無兆朕，夫既無窮盡如此，則其圖之也，不以團圓而何？無兆眹如此，則其圖之也，不以空虚而何？此太極圈之所以必如是，而周子之意至此庶可明云。”

《立齋集》卷二十四。

太極動静説　鄭宗魯

周子曰：“無極而太極。”朱子釋之曰：“上天之載，無聲無臭。而實造化之樞紐，品彙之根柢，故曰無極而太極，非太極之外復有無極也。”“上天之載，無聲無臭”是言無極，“造化之樞紐，品彙之根柢”是言太極，“非太極之外復有無極”是言太極本無極，而無極即太極也。夫太極本無極，而無極即太極，則是所謂太極者，直一冲漠空虚、無兆眹物事耳，初無情意造作之可言。而周子又曰：“太極動而生陽，動極而静，静而生陰，静極復動，一動一静，互爲其根，分陰分陽，兩儀立焉。”未知此“動静”字將何如看？

若謂太極無情意無造作，不自動静云爾，則周子分明説太極動而生、静而生。朱子又從而釋之曰：“太極之有動静，是天命之流行也。”不可謂非太極之動静，而後之學者乃以爲動静者氣也，非理也。又引朱子“動静者所乘之機”一句，以爲動静者，乃太極所乘之機而已，非太極之動静也。其言亦自是未可便非之也，故嘗試潛思而得一説。夫所謂理者，本無其形，而天下萬事萬物無一個不是這理之所爲，亘古亘今無一時或違這理之所爲，則這理者，雖無其形，實主張乎天地，而爲天下至極底物事，斷然可名爲太極者，故孔子於《易》見六十四卦、三百八十四爻，無非是這理之所生，即名這理爲太極，而曰易有太極，是生兩儀，是其言太極之生，雖止於兩儀，而其實兩儀之生四象，四象之生八卦，八卦之生十六，十六之生三十二，三十二之生六十四，而爲三百八十四爻，無非是太極之所生也，此其理豈不至明白矣乎？是以周子洞見乎此，而知夫兩儀生後，五行男女萬物亦皆不外於太極，而由太極以生，於是就加發揮至於如此之明備，然其實所謂太極者，初無聲臭之可聞可嗅，故更加“無極”二字於其上，以明太極之本無極，又以其雖無聲臭之可聞可嗅，而天下至極之理無過於此，故即又繼之曰無極而太極。夫既建立此一句以爲《圖説》之第一宗旨，則其下千言萬語都包在此一句中。所謂造化者，雖千變萬化之無窮，而語其樞紐，則只此太極而已矣。所謂品彙者，雖千態萬狀之無數，而語其根柢，則只此太極而已矣。人之得其秀而最靈者，亦只此太極而已矣。聖人之得其秀之秀，而定之以中正仁義立人極者，亦只此太極而已矣。

夫豈偶然説太極字過脉去了，其外則都就氣上言，而不復主之以太極，有若因遂掉弃擺脱之爲耶？是故於陽則必曰太極動而生，於陰則必曰太極静而生。夫理未嘗有動，而今以“動”字屬之理者，以明理之爲主乎動，而使之生陽也，理未嘗有静，而今以“静”字屬之理者，以明理之爲主乎静，而使之生陰也。且若動静已是氣，則動者便是陽，何以曰太極動而生？静者便是陰，何以曰太極静而生？而朱子又何以曰太極之有動静，是天命之流行云爾乎？此愚所以以此動静屬之太極，而又於所謂動而生、静而生等處，求其動於生陽之前，則是時太極方在陰静之中，當其静欲極之際，已有生陽之理，此即所謂太極之動，而於是乎静遂極而果生陽焉。求其静於生陰之前，則是時太極方在陽動之中，當其動欲極之際，已有生陰之理，此即所謂太極之静，而於是乎動遂極而果生陰焉。胡不觀於人之寤寐乎？終日寤，而寤既極焉，則其勢不得不寐，然寐之理已動於寤將極之時，非既寐而後方有寐之理也，終夜寐，而寐既極焉，則其勢不得不寤，然寤之理已動於寐將極之時，非既寤而後方有寤之理也。以至於目之一開一闔，鼻之一呼一吸，其理亦然，開之理先動於闔之將極，而闔之理先動於開之將極，呼之理先動於吸之將極，而吸之理先動於呼之將極，理已先於將極之時而氣方生於既極之後。

以此觀之，太極之動而生陽，静而生陰者，非但太極下即著動静字，故可知爲太極之動静，於其“而生”兩字之著於中間，而可知爲理先動静而氣方生也，不亦較然矣乎！大抵自太極而言之，雖曰動静陰陽之理已悉具於其中，直是冲漠無眹而已，似不可以有動静言，又不可以落在方體者言之，然此則畢竟是極本窮原，以爲是未有天地萬物之前，先有此理之謂耳。其實一氣循環，無間終始，陰前是陽，陽前是陰，而所謂太極者，元無别占地位處，不在陽則在陰，不在陰則在陽。故方其在陽之時，陽之動，固太極之使之動，而陽動將極之際，其理不得不復静，而後已是其陰也，非太極之静而生乎？方其在陰之時，陰之静，固太極之使之静，而陰静將極之時，其理不得不復動，而後已是其陽也，非太極之動而生乎？然而朱子於此，雖曰“太極之有動静”，而下文又曰“動静者，所乘之機”，以動静爲太極所乘之機，則動静是氣，而果不可以太極之動静言之矣。此其故何也？蓋以理氣二物，雖不相雜，而亦不相離，分開看亦得，渾融看亦得，然既已分開看，見得此理之不雜乎氣，則又須渾融看，見得所謂此理者元不離乎此氣，而此氣之動静，即此理之動静，然後方爲洞然。故孔子曰“形而上爲道，形而下爲器”，程子贊之曰“須著如此説”。然器亦道，道亦器，所以須著如此説者，以道器之本不相雜，不可不分開看也。所以謂器亦道，道亦器者，以道器之本不相離，不可不混融看，而常分開不得故也。

竊觀周子之意亦與孔子一般，以理之雖不離乎氣，亦不雜乎氣，而爲氣之主宰，特揭“太極”二字而言太極動、太極静，以明其主宰而生陰陽之意，以理之雖不雜乎氣，亦不離乎氣而與之爲一。又云陰陽一太極，太極本無極，以明陰陽之動静，即太極之動静，而太極之動静元無聲臭之可言，是即所謂無極。則夫所謂動静者，始雖以太極動、太極静言之，曷若舍夫無聲無臭之可言者，而直就陰陽上看，以爲動是陽，静是陰，而謂之以太極所乘之機，則彼其無聲臭之可言者，混融自在於其中之爲得耶？用是朱子之釋之也，又如是，是亦一本於周子之意而已矣。但今人或偏主不雜者，不知所謂太極只是動静本然之妙，而以爲理真能自動静，有若無位真人坐在裏許者，然此則失之虚蕩而無情理。其偏主不離者，不知所謂動静只是太極使然之機，而以爲氣自能，乃爾理但承載於其上，有若一個死人馱在馬背者，然此則失之偏滯而無活絡，二者之流弊俱爲不淺，故兹敢略記陋見，以俟知道者質焉。《立齋集》卷二十四。

論《洪範》《太極圖》五行之序始水終土，而朱子曰“水火金木無不待土而生”二説不同　琴英澤①

按，《河圖》全數，一六水，二七火，三八木，四九金，五十土，蓋自一至五，生數也，自六至十，成數也，生者只是生之理，而成者氣化而成，其形質也。自其始而言，則理先於氣，而有天一、地二、天三、地四、天五之序，生之理既具，氣隨而成質。一壬水，得六癸之陰而居于北，二丁火，得丙七之陽而居于南，三甲木，得乙八之陰而居于東，四辛金，得庚九之陽而居于西，戊已得天五地十之數，而成位乎中央，承天載物，

①琴英澤（1739—1820），號晚寓齋，著有《晚寓齋文集》。

含弘廣大，融和水火，滋植金木，爲四行挂搭之根基，《洪範》《太極圖》五行之序本生數之説也。朱子水火金木待土以生之論，就成數而言也，二説雖若不同，其旨實皆吻合也。《晚寓齋文集》卷三。

《太極圖説解》句釋 吴允常①

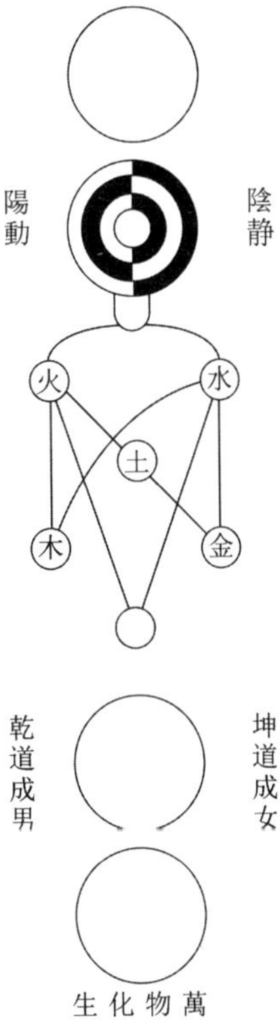

○此所謂無極而太極也，所以動而陽、静而陰之本體也，然非有以離乎陰陽也，即陰陽而指其本體不雜乎陰陽而爲言耳引

①吴允常（1746—1783），字士執，號寧齋，著有《寧齋遺稿》。

《圖説》第一節，釋圖體第一。◐此○之動而陽，静而陰也。中○者，其本體也。☾者，陽之動也。○之用，所以行也。☽者，陰之静也。○之體，所以立也。☽者，☾之根也。☾者，☽之根也。

引《圖説》第二節釋圖體第二。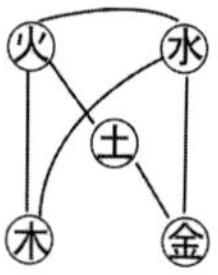

此陽變陰合，而生水、火、木、金、土也。ㄣ者，陽之變也。┘者，陰之合也。㊌陰盛，故居右，㊋陽盛，故居左，㊍陽穉，故次火，㊎陰穉，故次水，㊏冲氣，故居中。而水火之)(交係于上，陰根陽，陽根陰也。水而木，木而火，火而土，土而金，金而復水，如環無端，五氣順布，四時行也，引《圖説》第三節釋圖體第三五行圈。○五行與陰陽互爲經緯，是以五行皆各具陰陽。然以生數言之，則水木陽變而生也，火木陰合而生也。水宜居左，而體質屬陰，故居右；火宜居右，而體質屬陽，故居左。木生數與體質皆屬陽，金生數與體質皆屬陰，故各居陰陽之本位，蓋圖體五行位置與《圖説》似不同，實錯綜而合。先水火，後木金，即《圖説》生五行之序，而水居陰位，火居陽位，不合於“天一生水，地二生火”之意，然半圈之交係于上，則水根乎陽，火根乎陰矣。左火木，右水金，即《圖説》四時行“木火屬陽，金水屬陰”之意，而火先於木，水先於金，不合於五氣順布之序。然細畫循環牽連，則水木火金咸得其序矣。水火爲木金之母，故曰盛。木金爲水火之子，故曰穉，冲和也。

五行一陰陽，五殊二實，無餘欠也。陰陽一太極，精粗本末，無彼此也。太極本無極，上天之載無聲臭也，五行之生，各一其性，氣殊質异，各一其○，無假借也。引《圖説》第四節釋圖體第一、第二、第三，總結上文。○無餘欠，言無二也。陰陽五行，實非二物，合言則爲二，分言則爲五，爲五而不爲餘，爲二而不爲欠，無彼此，言無間也。精本指太極，粗末指陰陽，理氣未嘗相離，故曰無間，無假借，言各全一太極也，五行與陰陽無二，陰陽與太極無間，則五行之生也，各全一太極，豈相假借乎？○此無極二五所以妙合而無間也。釋圖體妙合圈。○

乾男坤女，以氣化者言也，各一其性，而男女一太極也。釋圖體第四。○萬物化生，以形化者言也，各一其性，而萬物一太極也。釋圖體第五，此以上三段引《圖説》第五節分釋妙合圈，以下三圖，此以上引説解剥圖體，此以下據圖推盡説意。引説解剥圖體，以圖爲主，以造化之理正釋圖體，推圖推盡説意，以説爲主，推説在人者。惟人也，得其秀而最靈，則所謂人○者，於是乎在矣。然形☽之爲也，神☾之發也，五性之德也，善惡男女之分也，萬事萬物之象也。此天下之紛綸交錯，而吉凶悔吝所由以生也。以圖之全體推明《圖説》第六節，言人爲萬物之靈，而不能無善惡之分。惟聖人者，又得夫秀之精一，而有以全乎○之體用者也。是以一動一静，各臻其極，而天下之故，常感通乎寂然不動之中。蓋中也，仁也，感也，所謂☾也，○之用所以行也；正也，義也，寂也，所謂☽也，○之體所以立也。中正仁義，渾然全體，而静者常爲主焉。則人○於是乎立，而天地日月、四時鬼神所不能違矣。以圖體第一第二第三推明圖説第七節，言惟聖人能立極。君子之戒慎恐懼，所以修此而吉也，小人之放僻邪侈，所以悖此而凶也。引《圖説》第八節，言君子小人之分，承上段而言。天地人之道，各一○也，陽也，剛也，仁也，所謂☾也，物之始；陰也，柔也，義也，所謂☽也，物之終也。此所謂易也，而三極之道立焉。實則一○也。以圖體第一第二推明《圖説》第九節，總結上文。故曰易有太極之謂也。引《圖説》第十節結上段。

“無極而太極”。

上天之載，無聲無臭，而實造化之樞紐，品彙之根柢也。釋無極太極，載事即理也。無聲無臭，釋無極聲臭，有氣無形，最爲微妙，而曰無則無之至也。造化之樞紐，品彙之根柢，釋太極。謝氏曰：“造化以陰陽五行言，品彙以男女萬物言。”按，造化，猶生成，樞紐，户之樞，衣之紐。言理爲造化之主宰，品，等也，彙，類也，根柢，木之根柢，言理爲品彙之本。故曰無極而太極，非太極之外，復有無極也。承上言無極太極之非二物，極者，理之總名，所謂樞紐根柢也。無極，無極之形也；太極，大底極也。謂無樞紐根柢之形，而實爲大樞紐、大根柢也。太，至大之稱，“而”字接連上下語，或看以然字意。

太極動而生陽，動極而静，静而生陰，静極復動，一動一静，互爲其根，分陰分陽，兩儀立焉。

太極之有動静，是天命之流行也。所謂一陰一陽之謂道，誠者，聖人之本，物之終始，而命之道也。其動也，誠之通也，繼之者善，萬物之所資以始也；其静也，誠之復也，成之者性，萬物各正其性命也。統説一節大旨，動静實包陰陽而言，太極之有動静，非太極自動静，有動静之理，故氣能動静，“有”字當着眼一陰一陽之謂道，《易・繫辭》。程子曰：“道非陰陽，所以一陰一陽者，道也。”按，“之”字有力，而所以之意。誠者，聖人之本。《通書》。朱子曰：“誠者，至實而無妄之謂，聖人之所以爲聖者，獨能全此而已。本猶本領。”誠者物之終始。《中庸》。朱子曰：“天下之物，皆實理之所爲，必得是理，然後有是物，所得之理既盡，則是物亦盡而無有矣。此誠所以爲物之終始也。”誠者，命之道，《知言》。命，天命也。引《通書》《中庸》，而以此結之者，言聖人之本，物之終始，皆原於天之實理也。所謂釋此句下誠之通，誠之復。《通書》。朱子曰：“通者，方出而賦於物；復者，各得而藏於己。”繼之者善，萬物之所資以始；成之者性，萬物各正其性命。《易・繫辭》。朱子曰：“繼之者，氣之方出，而未有所成之謂善，則理之力行，而未有所立之名，成則物之已成，性則理之已立者。”又曰：“繼之，接續之意。”

動極而静，静極復動，一動一静，互爲其根，命之所以流行而不已也。釋動静之互根，動静以流行言，如晝夜四時之類。動而生陽，静而生陰，分陰分陽，兩儀立焉，分之所以一定而不移也。釋分陰分陽，陰陽以對待言，如天地四方之類，陰陽雖氣之通稱，與動静對言，則動静氣也，陰陽屬乎形象，故下“生”字儀匹也。蓋太極者，本然之妙也；動静者，所乘之機也。太極，形而上之道也，陰陽，形而下之器也。言太極動静陰陽之義，起下二段，此以下推明《圖説》言外之旨。本然猶本來如此機，朱子曰：“關棙子，按載於形之上者爲道，故釋道以形而上，有形而後有器之名，故釋器以形而下。”是以自其著者而觀之，則動静不同時，陰陽不同位，而太極無不在焉。主動静陰陽而言，以明理氣混融之妙，所謂太極非有以雜乎陰陽也。著動静陰陽之象。自其微者而觀之，則冲漠無眹，而動静陰陽之理已悉具於其中矣。主太極而言，以明本體之妙，所謂不雜乎陰陽，而爲言耳。微太極眹物之兆，冲漠無兆眹之貌。雖然推之於前，而不見其始之合；引之於後，而不見其終之離也。故程子曰：“動静無端，陰陽無始，非知道者，孰能識之？”承上言太極，雖不雜乎陰陽而言，亦未嘗離乎陰陽，實未有無動静之時，無陰陽之地也。前猶已往，後猶將來。

陽變陰合，而生水、火、木、金、土，五氣順布，四時行焉。

有太極，則一動一静而兩儀分；有陰陽，則一變一合而五行具。然五行者，質具於地，而氣行於天者也。統説一節大旨。陽變陰合，朱子曰："陽動而陰隨之，故曰陰合。"按，此説與解剥圖體不同，《語類》葉賀孫問："陽變而助陰，故生水，陰合而陽盛，故生火，木金，各從其類，故在左右。"葉問合於解剥圖體，而朱子不以爲非，恐當從《語類》。以質而語其生之序，則曰水、火、木、金、土，而水木，陽也，火金，陰也。釋陽變陰合，而生水、火、木、金、土。水、火、木、金、土，天地生五行之序，天一生水，天三生木，故水木爲陽；地二生火，地四生金，故火金爲陰，此對待之體也。以氣而語其行之序，則曰木、火、土、金、水，而木火，陽也，金水，陰也。釋五氣順布，四時行焉。木、火、土、金、水，五行自相生之序。木火屬春夏，故爲陽，金水屬秋冬，故爲陰，此流行之用也。又統而言之，則氣陽而質陰也；又錯而言之，則動陽而静陰也。錯綜而陽，以盡陰陽之變。以氣而言，則木火屬動，金水屬静；以質而言，則水火爲動，金木爲静，此所謂錯而言之也。蓋五行之變，至於不可窮，然無適而非陰陽之道，至其所以爲陰陽者，則又無適而非太極之本然也。夫豈有所虧欠間隔哉！言五行即陰陽，陰陽實太極，以結上文。虧欠，五行與陰陽無虧欠也；間隔，陰陽與太極無間隔也。

“五行一陰陽也，陰陽一太極也，太極本無極也，五行之生也，各一其性。”

五行具，則造化發育之具，無不備矣。故又即此而推本之，以明其渾然一體，莫非無極之妙，而無極之妙亦未嘗不各具於一物之中也。統説一節大旨。發育，發生養育也。蓋五行异質，四時异氣，而皆不能外乎陰陽；陰陽异位，動静异時，而皆不能離乎太極。至於所以爲太極者，又初無聲臭之可言，是性之本體然也，天下豈有性外之物哉！釋太極本無極也。以上三句所謂統體一太極也。不外乎陰陽，言無二也，釋一陰陽之一；不離乎太極，言無間也，釋一太極之一，性即太極也。然五行之生，隨其氣質，而所稟不同，所謂各一其性也，各一其性，則渾然太極之全體，無不各具於一物之中，而性之無所不在，又可見矣。釋五行之生，各一其性，所謂各具一太極也。各一，各全其一也，與無二無間之義又不同，蓋隨質不同，主"各"字而言；渾然各具，主一其性而言。隨質不同則偏矣，渾然各具則全矣。二義相反而一串，説者隨質不同之中，言其本體，則未嘗不渾然各具也云。

"無極之真，二五之精，妙合而凝，乾道成男，坤道成女，二氣交感，化生萬物，萬物生生，而變化無窮焉。"

夫天下無性外之物，而性無不在，此無極二五所以混融而無間者也。所謂妙合者也，真以理言，無妄之謂也。精以氣言，不二之名也。凝者，聚也，氣聚而成形也。釋妙合而凝以上三句。無性外之物，統體太極也。性無不在，各具太極也。不二，言專一也，二五之氣，各自專一，然後能聚而成形。蓋性爲之主，而陰陽五行爲之經緯錯綜，又各以類凝聚而成形焉。陽而健者成男，則父之道也；陰而順者成女，則母之道也。是人物之始，以氣化而生者也。釋成男成女二句，經緯，布縷之縱者爲經，横者爲緯。主陰陽而言，則陰陽爲經，五行爲緯；主五行而言，五行爲經，陰陽爲緯。陰陽五行互爲經緯，故曰錯綜。其實陽五行，陰五行也。陽五行聚則成男，陰五行聚則成女，所謂以類凝聚也。氣聚成形，則形交氣感，遂以形化，而人物生生變化無窮矣。釋二氣交感以下四句。自男女而觀之，則男女各一其性，而男女一太極也。申明氣化之義。自萬物而觀之，則萬物各一其性，而萬物一太極也。申明形化之義。男女一太極，萬物一太極，以氣化形化兩圈而言，以明男女萬物皆本乎一太極也。然必先言各一其性者，以見男女萬物各自具一太極也。蓋合而言之，萬物統體一太極也；分而言之，一物各具一太極也。所謂天下無性外之物，而性無不在者，於此尤可以見其全矣。子思子曰："君子語大，天下莫能載焉，語小，天下莫能破焉。"此之謂也。承上二段，推説統體各具之義。

"惟人也，得其秀而最靈，形既生矣，神發知矣，五性感動，而善惡分，萬事出矣。"

此言衆人具動静之理，而常失之於動也。統説一節大旨。蓋人物之生，莫不有太極之道焉。然陰陽五行，氣質交運，而人之所禀得①得其秀，故其心爲最靈，而有以不失其性之全，所謂天

①得：疑爲衍文，當删。

地之心，而人之極也。釋惟人也，得其秀而最靈。氣質交運，人物之生陰陽氤緼，陽爲氣，陰爲質，未成形之前，雖曰質，實則氣，故謂之運。人者，天地之心，程子説。然形生於陰，神發於陽，五常之性感物而動，而陽善陰惡，又以類分，而五性之殊，散爲萬事。釋形既生矣以下四句。陽善陰惡，朱子曰："陰陽之正皆善也，其沴皆惡也。"又以象類言之，則陽爲善，陰爲惡。按，五性之殊，非謂未發之前，有色貌之不同，從發後名目而指其體，則有五者之殊。蓋二氣五行，化生萬物，在人者又如此，自非聖人全體太極有以定之，則欲動情勝，利害相攻，人極不立，而違禽獸不遠矣。承上言欲動情勝，不可不立極而定之也。

聖人定之以中正仁義聖人之道，仁義中正而已矣。而主静，無欲故静。立人極焉。故聖人與天地合其德，日月合其明，四時合其序，鬼神合其吉凶。

此言聖人全動静之德，而常本之於静也。統説一節大旨。蓋人禀五行之秀氣以生，而聖人之生，又得其秀之秀者，是以其行之也中，其處之也正，其發之也仁，其裁之也義。蓋一動一静，莫不有以全夫太極之道，而無所虧焉。向之所謂欲動情勝、利害相攻者，於此乎定矣。釋定之以中正仁義。朱子曰："中正即禮智，中是禮之得宜處，正是智之正當處。"又曰："處字，作居字義。"看益分曉。按，中正仁義，就行事上言，凡事發之，然後行之，裁之，然後處之。然中正先於仁義者，中正仁義配五行而言，以圖體先水火，後木金而然也，一動一静，中仁爲動，正義爲静，"向"字指上節注解而言，向所謂衆人之欲動情勝、利害相攻者，在聖人則無此之患，而有以自定也云。静者，誠之復，而性之貞也，苟非此心寂然無欲而静，則又何以酬酢事物之變，而一天下之動哉！故聖人中正仁義，動静周流，而其動也必主乎静，此其所以成位乎中，而天地日月、四時鬼神有所不能違也。釋主静立極以下六句。復，歸乎本體也，貞，正而固也。寂然無欲，中仁爲始，正義爲終，終則寂然無欲而已，欲非人欲之欲，心有所向，即欲酬酢。凡飲酒，主答客曰酬，客答主曰酢，謂應接事物也。動静周流，動則中仁，静則正義，無往而非太極之道也，主乎静，猶本乎静也。鬼神合吉凶，朱子曰："言聖人之好善惡惡，賞善刑淫，如鬼神之禍福，無不合於理也。"蓋必體立而後用有以行，若程子論乾坤動静，而曰："不專一則不能直遂，不翕聚則不能發散。"亦此意爾。申明主静之義。

"君子修之吉，小人悖之凶。"

聖人太極之全體，一動一静無適而非中正仁義之極，蓋不假修爲而自然也。未至此而修之，君子之所以吉也；不知此而悖之，小人之所以凶也。釋修吉悖凶。修之悖之，亦在乎敬肆之間而已。敬則欲寡而理明，寡之又寡，以至於無，則静虚動直，而聖可學矣。推明修之之法。欲與慾同，《圖説》上節，既言主静立極矣，然但道主静，則易流於偏，故又説“敬”字，以發周子言外之旨。

“故曰立天之道曰陰與陽，立地之道曰柔與剛，立人之道曰仁與義，又曰原始反終，故知死生之説。”

陰陽成象，天道之所以立也；剛柔成質，地道之所以立也；仁義成德，人道之所以立也。道一而已，隨事著見，故有三才之别，而於其中，又各有體用之分焉，其實一太極也。釋立人之道，曰仁與義以上三句。陰陽寒暑往來之類，剛柔山川流峙之類，仁義父子爲仁，君臣爲義之類，體用之分，陰柔義爲體，陽剛仁爲用。朱子曰：“仁義以其性言之皆體也，以其情言之皆用也。以陰陽言之，則義體而仁用也。”陽也，剛也，仁也，物之始也；陰也，柔也，義也，物之終也。能原其始，而知所以生，則反其終，而知所以死矣。釋“又曰”以下二句。陰陽、剛柔、仁義，是横説，以對待言；始終死生是竪説，以流行言；陽剛仁，用也，而爲始，陰柔義，體也，而爲終。如四時言其始終，則春夏爲始，言其體用，則秋冬爲體也。朱子曰：“原者推之於前，反者要之於後。”此天地之間，綱紀造化，流行古今，不言之妙，聖人作《易》，其大意蓋不出此，故引之以證其説。統上二段而言綱紀，凡綱窨，張之爲綱，理之爲紀，謂主張乎造化也，綱紀造化，承上陰陽剛柔仁義而言；流行古今，承上原始反終而言。

“大哉《易》也，斯其至矣。”

《易》之爲書，廣大悉備，然語其至極，則此圖盡之，其指豈不深哉！抑嘗聞之程子昆弟之學於周子也，周子手是圖以授之。程子之言性與天道多出於此，然卒未嘗明以此圖示人，是則必有微意焉，學者亦不可以不知也。《寧齋遺稿》卷六。

《太極圖》五行位置説　吴允常

《太極圖》五行位置，先水火，後木金，是《圖説》生五行之序，而水居陰位，火居陽位，不合於“天一生水，地二生火”之分。左火木，右水金，是《圖説》四時行“木火屬陽，金水屬陰”之分，而水先於木，火先於金，不合於五氣流行之序。蓋圖體據五行見成之體性而言，水之寒濕，陰也，火之燥熱，陽也，故分陰陽之位，則水爲陰，火爲陽，陰莫盛於水，陽莫盛於火，盛者居先，自然之理也。故序五行之次，則先水火，後木金，似與《圖説》相戾，然細看圖體，半圈之交係于上，則水根於陽，火根於陰，即《圖説》生之分也。細畫循環牽連，則水木火金咸得其次，即《圖説》行之序也，其實錯綜而通也。

《寧齋遺稿》卷四。

《太極圖説》蒙訓　徐榮輔①

“無極而太極。”

《易》曰：“易有太極。”周子恐人以太極爲有形象之物，故着“無極”字，蓋所以明太極之義也。太極者，猶邵子所謂劃前之易也，《通書》所謂誠無爲也，陰陽未判，未始有物，而所以爲動静陰陽之理，未嘗不具。

“太極動而生陽，動極復静，静而生陰，静極復動，一動一静，互爲其根，分陰分陽，兩儀立焉。”

動静者，氣也，而所以動静者，理也，故曰太極動而生陽，静而生陰也。夫有是氣，必有是理，二者元不相離，而天地未生之前，此理已具，則理在乎氣之先矣，是所謂太極也。易有太極，是生兩儀者，易則先言一陰一陽之道，繼善成性之妙，然後説出太極生兩儀也。此則始言太極之體，次言動静終始流行不已之用，終言陰陽一定之分，兩儀之所以立也。

①徐榮輔（1759—1816），字慶世，號竹石館、玉磬山人、藥山病吏，謚號文憲，著有《竹石館遺集》。

“陽變陰合，而生水、火、金、木、土，五氣順布，四時行焉。五行一陰陽也，陰陽一太極也，太極本無極也。五行之生也，各一其性。無極之真，二五之精，妙合而凝。乾道成男，坤道成女，二氣交感，化生萬物，萬物生生而變化無窮焉。”

陽變陰合，而生水、火、木、金、土者，兩儀生四象也，五氣順布，四時行焉者，四象生八卦也。二氣交感，化生萬物者，八卦生六十四也，此以上明天地之極也。

“惟人也，得其秀而最靈，形既生矣，神發知矣，五性感動，善惡分，萬事出矣。”

以天地之極，推之人之極。夫得是氣而生人物一也，得其秀者，得氣中之清秀者也。最靈者，得其秀，故最於物而靈也，皆以氣言也。形既生矣者，陰也，神發知矣者，陽也，分二氣而言也。五性感動，而善惡分，萬事出矣者，二五妙合，而生萬物，變化無窮也。

“聖人定之以中正仁義，而主静，立人極焉。故聖人與天地合其德，日月合其明，四時合其序，鬼神合其吉凶。”

言聖人者，以其盡人道而立人極也。形既生矣，神發知矣之時，寂然不動也。喜怒哀樂，未發之中也，及其五性感動，則感而遂通也，喜怒哀樂之已發也。善惡分，則發而有中節，有不中節也，萬事出，則天下之故交於前，而七情之變，有不可勝窮。夫有能發之氣，所以發之理，則不得以不發矣。既發而發之，變不可勝窮，則聖人於是乎有以定之。易之道，莫善於中正，聖人之道，亦莫善於中正，故曰中正也。仁義者，對陰陽剛柔而言，主静者，定之以中正仁義者，皆就其動而定之之謂也。動不可以不静，故必主静也，静也者，是寂然不動，喜怒哀樂未發之象也，原始反終之意也。乃所以立人極，而天地日月，四時鬼神，不能違也。

“君子修之吉，小人悖之凶。”

君子則下於聖人矣，小人則人之最下者也。修之者，修中正仁義、主静之道也，如是則雖不能如聖人之立人極，而天地不能違，亦足爲吉之道也，小人反是。

"故曰：立天之道曰陰與陽，立地之道曰柔與剛，立人之道曰仁與義。又曰：原始反終，故知死生之説。大哉《易》也，斯其至矣。"

人之仁義，與天之陰陽，地之剛柔相配，上言中正仁義者，蓋此義也。不言禮智者，禮則節文斯二者，智則知斯二者也，故不言也。《竹石館遺集》第七册。

《太極圖説》注記疑　南漢皜[1]

聞之次野[2]《太極圖》陽變陰合注，錯言動陽而静陰之義，丈席以水火爲流動，而屬之陽，金木土爲有定形，而屬之陰，此似然矣。然是就五行成形之始終堅脆而言，則以此爲説，固無不可。若就氣質而言，則水火何嘗不静，而金木土何嘗不動乎？以是而論，錯言動静之義，恐未精。

竊謂錯之爲言，雜糅之謂也。前既以質言，而分陰陽於質中，以氣言，而分陰陽於氣中。又統言氣質，而以氣爲陽，以質爲陰，此則就以前分陰陽之中，而錯雜言之。雖一物之中，未嘗無動静，動又爲陽，而静又爲陰也。如甲乙木，甲便是動之陽，乙便是静之陰；丙丁火，丙便是動之陽，丁便是静之陰，餘皆效此。且如統言陰陽只有兩端，而陰中自分陰陽，陽中亦有陰陽。以一歲言之，春夏是動，秋冬是静；而就一日言之，晝動而夜静；就一時言之，亦無時而無動静，無時而無陰陽。錯言動静之義，恐是不過如此，未知如何？

子希[3]讀此注，曰："五行之無適而非陰陽之道，陰陽之無適而非太極之本然者，此可以觀統體之意，夫豈有所虧欠間隔

[1]南漢皜（1760—1821），别稱南漢濯，字子皜，號誠齋，著有《誠齋集》。

[2]黄巖老（1759—1812），字子野、次野，號正齋。

[3]趙承洙（1760—1830），字子希，號梅隱，望善堂。

云者？此可以觀各具之意。”余曰：“何爲其然也？”子希曰：“凡注體於上段，必胚胎下段之説，以是知之。”余曰：“上段胚胎之説，是誠然矣，但兄之所以觀之者，恐未然。”以余觀之，於有太極，則一動一静處，可以見統體之意。於無適而非太極之本然處，可以見各具之意。兩人論遂不合，後見次野，亦如子希之言，次野又言丈席亦如此。

回記《與子希書》，以爲就質之地。略曰：“竊謂太極分而爲兩儀，兩儀分而爲五行。五行之無適而非陰陽者，言上面陰陽之在五行中也。陰陽之無適而非太極之本然者，言上面太極之又在五行中也。是五行中各圈子也，所謂無虧欠間隔也。若於此而欲觀統體之意，則是上面有太極，則一動一静之太極，而非無適，而非太極之太極也。”又曰：“夫陽變陰合而生五行，則陰陽是五行之本，而既生五行，則陰陽又在五行之内也。太極生陰陽，則太極爲陰陽之本，而既生陰陽，則太極又在陰陽之内也。自其微者而觀之，則冲漠無眹，而動静陰陽之理已悉具於其中者，太極之爲陰陽之本者也；自其著者而觀之，則動静不同時，陰陽不同位，而太極無不在者，太極又在陰陽之内者也。太極爲陰陽之本者，非統體之意乎？太極又在陰陽之内者，非各具之意乎？在五行亦然，有陰陽則一變一合，而五行具者，是説陰陽之爲五行之本者也。自質具於地以下止動陽静陰者，是説陰陽又在五行之内者也。其曰無適而非陰陽之道者，承上文而總言之也。太極既在陰陽之内，而陰陽又在五行之中，則其曰無適而非太極之本然者爲各具，豈不明甚矣乎？其曰豈有所虧欠間隔者，是結上文之意，則其爲各具，又明甚。其於統體，豈可曰虧欠間隔乎？兄乃以無適而非太極爲統體，以無虧欠間隔爲各具，此使粗通文理者一見可知其不然，而吾兄先入爲主，急於伸己，而不覺其爲非，良可嘆也。”《誠齋集》卷八。

《圖説》第二節注分合説　南漢皜

余嘗謂《太極圖》第二節注命之道，以上一條是合動静説，此下二條是分陰陽説。子希屢次争辨，竟以余説爲從，頃者之來，又忽生疑，以爲下二條只是就動而言，就静而言，申言上條之意，不當言分陰陽。余多費辭説，而不見信，及其後讀《後論》、首條正論，此義或謂不當以繼善成性分陰陽，則朱子嘗以此條分陰陽，故或説如是，且論曰：繼之者善，陰陽變化流行，而未始有窮陽之動也。成之者性，人物禀受一定，而不可復易陰之静也。以此辨之，則安得無二者之分哉！

又門人疑其繼善成性之似不可分陰陽。朱子曰："繼善成性，分屬陰陽，乃《通書》首章之意，但熟讀之，自可見矣。"黄勉齋曰："其動也，其静也，二條上合動静説，此分動静説。"《通書》注曰："繼之者善，陽之屬也，成之者性，陰之屬也。恨不於相對時，舉此而示之也。"然《後論》曰："周子之意，亦豈真指善爲陽，而性爲陰哉？但語其分，則以爲當屬之此耳。"勉齋論《通書》注陽之屬、陰之屬曰："此陰之分，陽之分。"未説陰陽，觀此則可知第二節注上下條之主太極言，而非言陰陽動静也。然所謂太極者，非在陰陽動静之外，則雖曰合動静，分陰陽，説而不害爲主太極言也，未知子希見之，復以爲如何？《誠齋集》卷八。

《太極圖解》三圈點句辨　南漢皜

《太極圖解》："人極於是乎立而下三圈"，子希以爲當屬上句，所以明人極之立。愚嘗從其説，近日反復觀之，而竊有可疑者。

蓋三圈若屬上句，則點句當在三圈之下，而今於三圈之上，“而”字上點句與天地日月四時鬼神并連爲一句，此其可疑者一也。三圈若明人極之立，則此三圈當在“立”字之下，“而”字之上，而今以“而”字加於三圈之上，有若折轉之意，此其可疑者二也。朱子之言，文從字順，句讀平白，而若以三圈屬之上句，則以之懸吐有鼿卼不安者，此其可疑者三也。三圈本是造化之圈，若夫品彙，則只以一圈，更不詳列造化圈。而今若曰三圈，是明人極之立，則人○一圈已自足矣，其下三圈無乃架疊而剩衍乎？此其可疑者四也。子希曰：“上段之合三圈，天地極之成位也。此段之合三圈，人極之成位也。”此似然矣。然上段之并列三圈，本爲分言合言，以明統體各具之義，非以明天地極之成位，則與下段不相對，值此其可疑者五也。

子希以爲今若曰三圈不能違於人極，則上所謂全乎○，所謂，所謂之外，别有不能違之也。此非所以据圖推説也。愚意所謂全乎○，所謂，所謂，以人極而言。三圈以造化而言，謂之造化不能違於人極，未知其有害於据圖推説也。子希以爲説中只曰與天地、日月、四時、鬼神合，而今若曰三圈并與之不能違，則於説意既剩，而又是天地、日月、四時上，别有太極陰陽五行也，所以不敢强信者也。愚意説之天地、日月、四時、鬼神，即圖之三圈，合圖與説而并言，亦似不妨於据圖推説也，蓋三圈之屬上句，有此七可疑，而屬下句，則有退陶先生講録之可證。書此以報子希，未知子希果以爲如何？《誠齋集》卷八。

答慎晦叔《太極圖》問目　姜鼎焕①

前書“陰根陽，陽根陰，而指其本體也止”，所謂本體者，何也？陰之本體是動，而陽之本體是静耶？以互根爲本體，而釋此“本”字，其義恐鑿。

此無極而太極也，即陰陽而指其本體不雜乎陰陽而爲言。觀其《圖解》，則動静陰陽互爲其根，就其圖而言之，則指其本體之意，如視諸掌，賢者之疑，政所謂不當疑而疑者矣。盍觀於圖。

五氣交運者，形而上者也。益參差者，形而下者也止。《易》曰：“形而上者謂之道，形而下者謂之器。”然則以交運參差分作兩截，而一屬形上，一屬形下，尤未知如何？

五氣交運者，陽變陰合，而生水、火、木、金、土，形而上者也。非不知理之爲形上，而蓋謂人物未生之前，便同三代以前之意也。益參差者，二五之氣清濁粹駁，賦於人而有萬不齊，故形而下者也。蓋言人物已生之後，便同三代以後之意也。若以形而上者言之，則理爲體，而氣爲用也，故理中有氣，是形上者也。若以形而下者言之，則氣化者爲體，而理之發爲用，故氣中有理，是形下者也。然則交運者，是賦生之前，而理未嘗不在其中也。參差者，又是賦生之時，而氣未嘗不屬這裏也。惟其如是，則參差與益參差，豈無等分時節耶？參差者，氣异也，益參差者，理絶不同也。賢者每以參差與益參差看作一等時節，愚未知其其然也。

太極之陰陽動静，互爲其根，則豈有本不同之理耶止？動静

①姜鼎焕（1741—1816），字季升，號典庵、尋是齋、六二翁，現存有《典庵集》。

之間，何者是陽？何者是陰耶？陰陽動静，終恐同歸於一物，而不得有二名。

朱子曰："動静無端，陰陽無始，推之於前，不見其始之合，引之於後，不見其終之離。其所以動中之静，静中之動，未嘗一息而間斷。則其本體之妙，雖鬼神莫測其端倪。"真所謂本混融而無間也。動而不能無静，猶静而不能無動，静而涵動之所本，動而見静之所存，則其理未嘗不同矣。

陽變陰合，生水、火、木、金、土，則豈非萬物化生，各一其性耶止？今以五行之生，便作萬物之生，此其一疑也。

五行之生，各其一性一也，而兒輩傳寫之際，便以"萬物化生"四字書之，此則記録之謬也。

交運、益參差，證之於順布者，可乎？既曰益參差，則與順布者不稱止。一陰陽之初，動静已自參差，而交五氣之際，益有參差。

蓋二氣交運者，《圖説》所謂二氣交感之時，則化生萬物，萬物生生，變化無窮焉。五氣順布者，在於二氣交感之前，則水、火、木、金、土者，陰陽生五行之序也。木火土金水者，五行自相生之序也。陰陽五行循環相因，則當此時節，其氣也順布，其時也順行，及是之時，一有不順，則五行失序，而木不得生火，火不得生土，土不得生金，金不得生水，水不得生木，四時失序，而春不得爲春，夏不得爲夏，秋不得爲秋，冬不得爲冬矣。然則五氣順布、四時行焉之際，造化之妙有順無差，而至於萬物賦生之時，剛柔美惡，有萬不齊，則合下參差者，至此而益參差矣。然太極之理，則豈可以參差論耶？但其所禀之氣，有偏正之不同，人得正且通，物得偏且塞，周子所謂善惡分矣。而朱子所謂隔於氣，而物不能知，人不能存，是皆自絶于天，而天命之不已者，初亦未嘗已也。且以《圖説》所謂五性感動，而善惡分之義觀之，則其所分善惡，而益參差者，指其五性感動之前可乎？指其五性感動之際可乎？《通書》所謂誠無爲者，太極也；幾善惡者，陰陽也。德曰仁、義、禮、智、信者，五行也，皆就圖上説來。則天地萬物，陰陽五行，莫不具太極。而其各具一太極處，又便有許多道理，須要隨處盡得。則《大學》明德，豈益參差不齊而有分數耶？愚則曰："益參差者，在於五性感動，而善惡分焉之際，則明德之本體，不在於益參差之間矣。"昔彪德遠曰："天命惟人得之，而物無所與近世湖論原於此。"朱子曰："天命不已，固人物之所同得而生者也。"然豈離乎人物之所受，而别有全體哉？觀其人物生生不窮，則天命之流行不已可見矣。然則人物所受之外，豈别有全體太極者耶？所謂益參差者，其不在於隔於氣者耶？彼其隔於氣，而益參差不齊者，蓋謂自絶于天，而非明德之有分數者也。

雜糅證之於真精妙合可乎？既曰雜糅，則真精者不合止。真雖無人與物之异，而精必有人與物之不同，不然理同而氣亦同矣。人與物之分，顧安在哉？

《圖説》所謂無極之真者，理也。理與氣妙合而凝，則乾道成男，坤道成女，豈非至真至精者耶？自其一原而觀之，則理同而氣异也。自其异體而觀之，則氣同而理异也。然則其曰雜糅者，言之於异體之時，而不當言於一原真精之時，是故雜糅者，人物之禀賦，偏正純駁，有萬不齊也。朱子曰："真以理言，無妄之謂也，精以氣言，不二之名也。"惟其如是，則無妄、不二，與"雜糅"二字同乎？异乎？《圖説》所謂惟人也，得其秀而最靈，則物之得其塞而不通，蓋可見矣。當此時節，人物之氣或雜或糅，則真也，精也，可言於未賦之前；而雜也，糅也，當言於已賦之時矣。

來諭真精妙合，化生萬物下細注曰："此即人物方生之時"云云。賢者不見辨疑，所謂沙溪之説乎？沙溪曰："嘗見栗谷也，先生論《太極圖説》，至朱子解妙合而凝曰'本混融而無間也'，極贊美之。愚曾誤認人物始生之時，無極之真，二五之精，妙合而凝，及聞先生之言，乃知前見之誤也。"推是言之，則賢者所注人物方生之時者，其可乎？更細思而示破也。《典庵集》卷四。

題家藏《太極圖説》考正本 丁若鏞①

《太極圖説》，程邵諸先生未有稱述。乾道間，朱子始付剞劂，而當時國史周濂溪本傳中今脱脱本已正之載《太極圖説》原文，而多“自爲”二字蓋云“自無極而爲太極”。朱子遇洪容齊于玉山，即洪邁。語及《圖説》，以“自爲”二字爲史官所增。又按附録，朱子曰：“夫以本文之渾全明白，猶或妄有譏議，若增此字，其爲前修之累，啓後學之疑，益以深矣。”朱子説止此。夫“自爲”二字之存減，關係大段，存之則太極之先更有一物，漸淪空寂，不可爲訓。減之則“無極”二字，不過爲形容太極之話頭而已。然《圖説》下段，却云太極本無極也。詳玩此句，則却似太極之前，本有無極一暈變動做太極來者，如遇明理君子，當一就正也。《與猶堂全書》卷十四。

太極圖説 吴熙常②

《太極圖説》曰：“太極動而生陽，静而生陰。”夫動静陰陽，均是氣也。動静以流行言，陰陽以待對言。動静無定形，陰陽有定體，此其所以异也。動便陽，静便陰，非陰陽之外，别有動静之氣。周子之下得“生”字，蓋本諸《易·繫》太極生兩儀也。當活絡看，不可深求，非謂太極與陰陽各自爲一物，

---

①丁若鏞（1762—1836），别稱丁鏞，字美鏞、頌甫、歸農，號茶山、與猶堂、三眉、冽老、俟庵，謚號文度，著有《與猶堂全書》。

②吴熙常（1763—1833），字士敬，號老洲、敦艮堂，謚號文元，著有《老洲集》。

以此生彼也，要之見此理爲氣之本而已。

更思之，動静對陰陽，則動静屬氣，陰陽屬形。從無形而有形，故下“生”字矣。

定之以中正仁義，聖人自定與定他人，先儒已多疑之，然看“主静”二字，可知其非管他人也。農巖之謂聖人自定者，誠得濂翁之旨矣。大抵聖人以中正仁義自定，爲他人表準，則是所謂立人極焉。定他人，亦未嘗不包在其中，而即承之以君子修吉，小人悖凶，則可見此節主聖人全體太極而言也。

朱子於《西銘解》發明與物同體之義者，蓋有所受於延平，細考《答問》論仁諸説，可知也。

《西銘》之旨，程子以爲明理一而分殊。蓋理一，仁也，分殊，義也。混然之謂仁，截然之謂義，仁體義用，實未嘗相離，混然之中，截然者包焉。截然之中，混然者存焉。舉一篇而看之，則統體爲理一而分殊，句句而求之，則各自爲分殊而理一，横竪錯綜，無往非此理之妙也。

《西銘》與《太極圖》，參互以究，則其立言造意，多有相發者，三淵所謂未可差殊觀者，誠然矣。

程子又謂《西銘》之書，推理以存義。竊詳推理，理一也，理一，仁之體也。存義，分殊也，分殊，義之用也。上一截推理也，推理，知之事也；下一截存義也，存義，行之事也。

《近思録》伊川説：“以形體謂之天，以主宰謂之帝。”或謂形體以氣看，主宰以理看，恐未然。主宰之云，有情意運用底意思，不襯於理之本色。蓋就形體之中，指其總括造化者而謂之主宰，譬之於人，其猶心乎？朱子嘗曰“天有無心之心”，其亦謂此夫。

或又云主宰以心看，則妙用當以何看？竊詳主宰總功用妙用而爲言，妙用去其中，指其最靈妙不測者而言也。

合公愛恕以觀仁最備，愛是仁之用，恕是愛之推，而公則貫愛恕。蓋愛有姑息，恕有循外，故愛恕必待公而後，方可唤做仁也。

天下之實，皆生於虚，天下之動，皆根於静，故曰：虚實，動静之機。

明道説："楊氏爲我，疑於仁，墨氏兼愛，疑於義。"看來"仁""義"字似换置，若非坊本之錯，必是記録之誤。而葉氏注以爲"楊氏爲我，疑於無欲之仁，墨氏兼愛，疑於無私之義"，恐是隨語生解，失之不細也。更考朱子遺書中所編《近思録》及《孟子集註》所引載者，則皆作楊疑義、墨疑仁，此皆已經朱子勘正，而葉注不知而曲解，讀者不可不辨也。

太極動而生陽，却是先從陽動説起，何也？蓋陰陽雖是太極之本，然陽大陰小，羲經大義也。故説起處，必先陽也，及其互根而相生也，陰生於陽，則陽爲陰父；陽生於陰。則陰爲陽母。而錯綜變合，至於不可窮，而要之是陽統陰也。

太極雖至妙，亦不直是高遠難究底物事，近取諸身，動静語默，莫非太極。苟能隨時隨處，體認而有契，則遠者、大者，亦可以默識而融會矣。南塘所謂太極超形氣之稱，誠不知其何説也。

《通書》義理淵宏真慤，文辭又别於《太極圖説》，絶不類秦漢以後文字。

從古論性命之理者，未有如誠之通復，宜乎爲洛閩道學淵源之所自也。《老洲集》卷二十二。

論《太極圖解》推前引後 柳炳文①

《太極圖説》"太極動而生陽"注："推之於前，而不見其始之合；引之於後，而不見其終之離。"此一段文義，或以動静陰陽離合看，或以太極陰陽離合看，其説多端，莫的所從。愚竊以爲，此段只當就太極陰陽上看。蓋陰陽未生，先有太極，

①柳炳文（1766—1826），字仲虎，號素隱，著有《素隱集》。

然才有理，便有氣，混融無縫罅、無間斷，故推之於前，陰前陽，陽前陰只舉陰陽而談動静，而理無離氣孤懸之處。則其始之合，無可得而尋也，引之於後，動了静，静了動只舉動静而談陰陽，而理無離氣漏出之时，則其終之離，不可得以見矣。試取上下文語脉而觀之，蓋太極而下，就理與氣對舉而分言之，是以而下，就理與氣交互而合言之，更着“雖然”字以言理氣之合，雖如此而元無縫罅之可指擬處，推前引後，都不見他合與離也。末乃承之以“故”字引程子無端無始之説以證之。蓋程子雖就動静陰陽上説，然理與氣離合之不可見如此，而後動静陰陽之始，與端始無縫罅，則斯豈非發明上文推前引後之説者乎！《素隱集》卷三。

無極太極圖説　　黄道翼①

謹按無極太極之義，淵乎奥矣，非晚生末學所可輕議。然竊以其見於經傳者言之，文王演易，未嘗言太極也，而孔子言之；孔子贊易，未嘗言無極也，而朱子言之，是皆同條而共貫也。夫所謂太極云者，兩儀四象八卦之理，具於三者之先，而藴於三者之内者也。聖人以究意至極，無以加焉，故謂之太極也。所謂無極云者，太極之體本無影響、聲臭之可言，而爲至極之理也。周子正恐人將太極做一個有形象底看，故謂之無極也。然猶慮夫學者之不能易曉，手畫成圖，又著其説，以致丁寧之意，其所以憂患乎後世者，豈偶然而已哉！愚也近得静處潛玩，究其微意之所指，則天上之一圈者，乃是太極本然之體，而在於無物之前者也。及其動而生陽，静而生陰者，亦莫非太極之妙也。故於陰陽中，又置一個圈，此所謂太極不離乎陰陽，而亦不雜乎陰陽者也。至於陰陽生五行，而五行亦有一圈者，

①黄道翼（1678—1753），字翼哉，號夷溪、静棲軒、遯窩，著有《夷溪集》。

此太極之體也。男女氣化，萬物形化，而男女萬物亦有一圈者，亦太極之體也。太極之妙，流行於天地之間，無物不具，無處不有，而源其所自，則萬物生於五行，而五行一陰陽也，陰陽生於太極，而太極本無極也。此理雖若至高至妙，而求其至近至實之處，則亦不外乎吾之一身，吾身稟賦之性，亦只是太極之理也。渾淪乎方寸寂然之中，而涵具萬用者，太極之體所以立也。流行日用事物之間，而自有則焉者，太極之用所以行也。周夫子所以説出人不敢説底道理，以詔後世者，只是著明道體之極致，至於言其所以用工之要，則只説定之以中正仁義而主静，君子修之吉而已，非欲使人求見此無極之真於玄玄妙妙之域也。而世之欲講明此理者，徒騖於虛遠，而不復末之於至近至實之處，此其所以終身用力，而其不淪於老佛之空寂者，鮮矣！學者誠能反求於吾心，而就至近至實處，實用其工，如《圖説》所言，則太極之全體，自然流行於日用事物之間，何必求之於窮高極遠，而卒至於無所得也。然此理之微密深奥，非管見所可窺側，而輒不自量，妄自爲説，時自觀省焉。其於求道之工，其或有萬一之補也耶！《夷溪集》卷三。

《太極圖説》解　金宗烋①

"無極而太極，太極動而生陽。"

按，太極之理既無形，則若漭漭蕩蕩，不能有所作爲，於是生出一氣來，乘之以動，此亦自然之理也。先儒謂動静無端，陰陽無始，此則自動而生陽以後而言耳。若極本窮原而言，則動而生陽之前，只是静也，陰也。自静而動，動是最初事，故不曰静動，而曰動静。陽雖先動，而陰是本體，故不曰陽陰，

---

①金宗烋（1783—1866），字聖浩，號書巢，著有《書巢集》。

而曰陰陽。

“動極而静，静而生陰，静極復動，一動一静，互爲其根，分陰分陽，兩儀立焉。”

按，雖生陽生陰，而陰陽造化其成也，必有漸，故必静而動，動而静，相爲體用，互爲其根，紛綸婁次，而後始乃分陰分陽，立爲兩儀。而此時天地之形尚未堅凝，自是天地之氣而已。

“陽變陰合，生水、火、木、金、土，五氣順布，四時行焉。”

按，兩儀既立之後，其生五行也，亦必有漸，必陽變陰，陰變陽，陰隨陽者，故不曰變，而曰合，亦紛綸婁次，而後生出五行。五氣順布，而分爲春夏秋冬，然後天地之形，上覆下奠，凝定無欠闕矣。

“五行一陰陽也，陰陽一太極也，太極本無極也。”

按兩儀立，五行生，四時行，莫非無極太極之所以造化。故統而言之，此天之極也。

“五行之生也，各一其性。”

按，人物及日月星辰、山川草木，皆得五行之性，如五方、五色、五味、五音之類，亦莫非各一其性者也。

“無極之真，二五之精，妙合而凝。乾道成男，坤道成女。”

按，此於萬物之中，舉凡有血氣而言，如人類、禽獸、蟲魚之屬是也。真者，理也，精者，氣也，此從禀受以前氣化者而言，故先理而後氣。氣化者，如先儒所謂海上無人之地，忽然有人，我國檀熊、鷄林、駕洛之類是也，若蟲魚，則至今有氣化者矣。

“二氣交感，化生萬物，萬物生生，而變化無窮焉。”

按，此以形化而言，人之男女交而生人，獸之牝牡交而生獸，禽魚昆蟲之雌雄交而生之類是也。

“惟人也，得其秀而最靈，形既生矣，神發知矣。”

按，此又於萬物形化之中，特舉人之最靈而言形生氣也，神發理也。以禀受而言，故先氣而後理，所謂氣以成形，而理亦賦焉者是也。

"五性感動，而善惡分，萬事出矣。"

按，此言人得五行之性，爲仁、義、禮、智、信之性，而感物而動，則爲四端七情。四端，理發而氣隨之，必理發未遂而掩於氣，然後流爲不善；七情，氣發而理乘之，若氣發不中而滅其理，則放而爲惡也。

"聖人定之以中正仁義，而主静，立人極焉。"

按，五性之動，善惡既分，則聖人者出，爲天下萬世計，必欲其有善而無惡。所謂定之者，使之從善而去惡也。上文言天之極，而自陰陽五行泝而結之，曰太極本無極也。此段言人之極，而自仁義中正泝而結之，曰主静立人極焉。皆由用而達體也，動静不可相無，而此獨言静，何也？伊川《好學論》曰："其本也，真而静，真者，無極之真也。"朱子曰："'真静'二字，當體形容。"《講録》曰："當體，本體也。"《禮記》曰："人生而静，天之性。"明道曰："人生而静。"以上不容説，以諸説考之此"静"字，直逼到無極境界，而自是静之本體也。

"故聖人與天地合其德，日月合其明，四時合其序，鬼神合其吉凶。"

按，天地、日月、四時、鬼神，即陰陽五行，太極無極之謂，而聖人與之混合無間也。與鬼神合其吉凶，曾看《溪訓》，終未領會。今而思之，鬼神之吉凶，猶人性之善惡，造化不能使之有善無惡，鬼神不能使之有吉無凶。聖人亦一造化也，鬼神也。其曰合者，蓋謂與鬼神同也。

"君子修之吉，小人悖之凶。"

按，聖人雖與鬼神合其吉凶，而鬼神無爲，聖人有爲，故修以勸之，悖以戒之，使之去凶而取吉也。朱子曰："修之悖之，只在敬肆之間。"先儒謂《圖説》，言静不言敬，故朱子言敬以補之。敬字名義雖有主一無適，整齊嚴肅等許多地頭名色，而此皆指已發後言。若未發時，敬則只是無作爲而已。静本是無所作爲之名，則敬之未發與静何别焉？《圖説》既曰主静，則雖謂之言敬，亦可也。

故立天之道曰陰與陽，立地之道曰柔與剛，立人之道曰仁與義。又曰原始反終，故知死生之説。大哉《易》也！斯其至矣。

按，此言天地陰陽、四時五行，以及於聖人之仁義。統而言之，如《中庸》之始言一理中散爲萬事，末復合爲一理。所謂原始反終，即《西銘》“存，吾順事，没，吾寧”之意也。《書巢集》卷三。

《太極圖》札疑　琴書述①

逢柳京老箕鎮偶論及《太極圖》，舉數段問之云：“圖之外邊黑白圈，是對待，中間黑白圈，是流行，而動静互根者，動根於静中之動，静根於動中之静。”柳曰：“對待流行，不可分看。”曰：“中間陰陽，即外邊陰陽。”曰：“動則根於陰静，静則根於陽動。至於《説解》中五殊二實無餘欠，則曰‘五非欠闕，二非餘剩’，精粗本末無二致，則曰：‘精與本是太極，粗與末是陰陽’。”又曰：“好古翁嘗言周子本圖，如今之衙門所畫樣，只是一圈之從頭至尾而已。”又曰：“嘗改校《大山稿》，有如此議論，必是記録之誤。”

書述歸而思之，柳兄之論終有未釋然者，何也？蓋嘗論之流行中有對待，對待中有流行，則二者之不可分看然也。而中間之黑白圈，是二氣交運，通貫不息之妙也。外邊之黑白圈，是兩儀既立，一定不易之形也。則流行對待，安得無分乎？中外之黑白圈，固是一陰陽也，而陰陽有微著之分，《復》之一陽至微，而至於《乾》之六陽，則爲至著矣；《姤》之一陰至微，而至於《坤》之六陰，則爲至著矣。一畫之陰陽，固是六畫之陰陽，而自一而至六者，安得無微著之不同乎？動之根於静，

①琴書述（1791—1872），字季欽，號素無軒，著有《素無軒集》。

静之根於動，大體然也。動之所以根於静者，以其静中之有動也；静之所以根於動者，以其動中之有静也。《復》之一陽生於十月純陰之中，而二三四五六之陽，非根於一陽者乎？《姤》之一陰生於四月純陽之中，而二三四五六之陰，非根於一陰者乎？根云者，即木根之根也，今夫木生於地，而若論木之根，則以地而爲木之根乎？以初生在地中，而爲木之根乎？大抵周子既爲之圖，而又爲説以明之，則蓋無一言一字不因於圖義者也。朱子又爲解以釋之，則又無一言一字不本於説義者也。試以説而參圖，則其曰“太極動而生陽”者，即左邊居外之白圈也；其曰“動極而静”者，即左邊居中之黑圈也；其曰“静而生陰”者，即右邊居外之黑圈也；其曰“静極復動”者，即右邊居中之白圈也；其曰“一動一静”者，即静極復動之動，動極而静之静也；其曰“互爲其根”之“其”字，即指動静而言者也；其曰“分陰分陽，兩儀立焉”者，即指左右全體而言者也。黑白兩圈之中，脉絡分明，经緯錯綜，則流行對待之各有分屬，中外陰陽之自微至著，可知也。其曰“動極而静，静極復動，一動一静，互爲其根”者，命之所以流行而不已也；其曰“動而生陽，静而生陰，分陰分陽，精粗本末”也，若理不如此，氣何自而有？是故曰無彼此云云。

答曰：“栗谷説陰陽有精粗本末，而太極無不在焉。”愚伏引熊氏以攻其説，尋常看得從愚伏説。今承星湖①所論，又别是一義，容俟他日更思耳云云。前後大賢之論既如是，則不必更生岐疑，而老先生當如此看，然之一“然”字，亦可見其微意也。至於周子本圖，則好古翁必有真的考見處，而今所載之圖，既經朱子勘定，《圖解》《説解》皆從今樣發明，則恐朱子必非未見好古翁所見者，此則好古之過於好古也。至於《大山稿》，則未見本文不敢開喙，然斷然爲記誤者，恐未知如何也。《素無軒集》卷三。

①李瀷（1681—1763），字子新，號星湖。

太極説 李恒老①

太極，只是一個生生之理。

《圖説》九“生”字，通貫一篇命脉。

太極有性有情，静是性，動是情。

動而生陽，静而生陰以下至終篇，是太極圈内事。

太極，一而已，在陽爲健，在陰爲順，在水火爲燥、爲濕，在木金爲曲直、爲從革，在男女在萬物，各爲一性，同中須求其异，异中須求其同。不然，所謂同者，淪於玄空，所謂异者，膠於破碎。

太極之所生，只是陰陽兩事而已，曰動静曰變合，曰水火曰木金，曰乾坤曰男女，曰善惡曰中正仁義，曰天地曰日月曰四時，曰鬼神曰吉凶，曰君子小人，曰剛柔曰始終曰死生，只是一個陰陽分做許多事，萬殊處當識一本，一本處當識萬殊。

太極以理言，陰陽以氣言，二者無離合無先後。然太極是陰陽萬物之根本，而陰陽萬物不得爲太極之根本，太極爲陰陽萬物之主宰，而陰陽萬物不得爲太極之主宰。

形而上謂之道，形而下謂之器，道與器有離不得處，有雜不得處。

“極”字，至極無以復加之名，曰太極，則萬理何所不具。唤做一個誠亦得，唤做一個神亦得，唤做一個善亦得。

太極先天地，後天地，不見其成毁，無太極，則主張天地不得。

伏羲以前，無文字可説，伏羲始畫八卦。卦有德有象，德是太極，象是陰陽。

①李恒老（1792—1868），别稱李光老，字而述，號華西，謚號文敬，著有《華西集》。

堯之授舜，只曰“允執厥中”，中是太極。舜之授禹，加以三言曰“人心惟危，道心惟微，惟精惟一”，此爲萬世傳道之祖。人心，即陰陽也。道心，即太極也。精一，即道學下工夫處也。

孔子曰：“易有太極，是生兩儀，兩儀生四象，四象生八卦。”又曰：“形而上謂之道，形而下謂之器。”分得道與器，立“上”“下”字，此爲繼往聖，開來學之斷案。

孟子曰：“從其大體爲大人，從其小體爲小人。”蓋大體，即太極之謂也；小體，即陰陽之謂也。遏人欲，存天理，是孟子全篇命脉，發明孔子之學，莫盛於孟子。

孟子没後，自秦漢以下，無人識此個道理。

周濂溪的見道體於千載之下，手著《太極圖説》，以授兩程，實是中興道學之祖。

《太極圖説》一本於易説而重明之。

朱子曰：“不言無極，則太極同於一物，而不足爲萬化之根本。不言太極，則無極淪於空寂，而不能爲萬化之根本。”又曰：“太極不離不雜。”又曰：“同中識其异，异中見其同。”此三訓即發明《太極圖》之指南，讀《太極圖説》者，必以此訓玩索則可見。

栗谷先生曰：“理通氣局。”此非蹈襲前人之言。

朱子曰：“太極自會動静。”若謂太極不能自會動静，則主宰是動静者誰耶？陽耶？陰耶？

太極若不能自會動静，而陰陽之氣自會動静，則所謂太極，是無實無用之位而已。

一動一静，互爲其根，故生理自住不得。

一動一静，互爲其根，是竪説，如子母相承；分陰分陽，兩儀立焉，是横説，如夫婦配位。

一動一静，先動而後静，分陰分陽，先陰而後陽，各有義意。或從太極説，或從兩儀説。

太極動而生陽，静而生陰，是從頭説。五行之生也，各一其性，是從物上説。兩説通觀然後始得。

自“無極而太極”以下，至“萬物生生而變化無窮”一節，就天地上論太極之體。自“惟人也”以下，至“小人悖之凶”一節，就人上論太極之用。

“惟人也”，至“萬事出矣”一節，論衆人之隨動而失其極也。自“聖人定之”至“立人極焉”一節，論聖人之主静而立其極也。蓋太極者，一動一静之本體也。知動而不知静，知静而不知動，其失太極均矣。然静者，動之根，而又爲動之成，故主於静，則一其動，而其極立焉。動者，静之發，而又爲静之反，故隨於動，則失其静，而人極不立焉。此爲人極立與不立之幾，學者當致思而自得之也。

故曰以下至終篇，統論三極之道。《華西集》卷二十四。

讀《語類·太極説》　李恒老

朱子曰：“若無太極，便不翻了天地。”見一卷二板。

愚按，翻，謂開闢成造也，天開地闢，生成萬物，皆太極之所爲也。然其所乘者，氣也，氣有形體，理無形體，故曰太極本無極也。

朱子曰：“蓋氣則能凝結造作，理却無情意，無計度，無造作，只是此氣凝聚處，理便在其中。”見一卷四板。

愚按，周子曰：“無極而太極。”所謂無極者，無情意無造作之説也，所謂太極者，無所不具，無所不該之説也，二説具明然後，其義始盡。故朱子見人單説無極邊意思，則必舉太極之義以明之。見人偏説太極邊意思，則必舉無極之義以明之，蓋救人一偏之見，而明其全體也，若執一邊而自證已偏，則大失本旨矣。

太極專言，則陰陽天地、五行男女、萬物，皆包在太極之内。若理與氣相對説，則理無形而氣有形，理無爲而氣有爲，理則隱而氣則著。此二説互相發明，而初無相妨，由前則太極之外，更無一物一事，由後則盈天地之間者，只是一氣而已，知此然後，方能理會人説話之偏全得失矣。《華西集》卷二十二。

《太極圖》主静説　李恒老

太極動而生陽，静而生陰，而先陽後陰，此則名位尊卑之序也。自聖人定之以下，先陰而後陽，此則工夫積累之序也。有基址根盤，然後施堂室門庭之功，有田地水土，然後積城郭耕耘之勞。此“主静”二字，爲聖人教後學之最初基本。《華西集》卷二十五。

《太極圖句解》改正　李恒老

《句解》出《性理大全》，即山陽度氏推朱子之意，隨釋名義於各圈，各解之下者也，頗多謬誤，又有缺失，今因舊稍加檃栝修正如左。戊申五月。

朱子曰：○太極，此所謂無極而太極也周子所謂無極而太極者，指此也，蓋言無形而有理，所以動而陽，静而陰之本體也動而生陽，静而生陰之理。然非有以離乎陰陽也不離陰陽，即陰陽而指其本體就陰陽指其理，不雜乎陰陽而爲言耳又不夾雜陰陽而言。陰静陽動，此○太極之動而陽，静而陰也太極生陰陽。中○太極者，其本體也即上圈無極而太極也，陽動者，陽之動也。○太極之用，所以行也陽動是太極之用行也，陰静者，陰之静也。○太極之體，所以立也陰静是太極之體立也，陰中之陽者，陽動之根也陽不生於陽而生於陰，陽中之陰者，陰静之根也陰不生於陰，而生於陽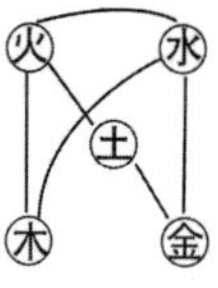

此陽變陰合陽以氣言故言變，陰以質言故

言合，而生水、火、木、金、土也，ㄣ陽變者，陽之變也陽之發施。┛陰合者，陰之合也陰之凝聚。㊌陰盛，故居右左陽右陰，水生於陽而陰盛，故居右，㊋陽盛，故居左火生於陰而陽盛，故居左，㊍陽稚，故次火木陽之少，故次于火，㊎陰稚，故次水金陰之少，故次于水，㊏冲氣，故居中土爲中氣，故居于中央，而水火之╳陽變陰合交係于上陽變陰合相交，而左上屬于右，右上屬于左，陰根陽，陽根陰也左生於右，右生於左，水而木水接于木，木而火木接于火，火而土火接于土，土而金土接于金，金而復水金復接于水，如環無端周而復始，未見其止，五氣布所謂五氣順布，

四時行也木旺春，火旺夏，金旺秋，水旺冬，土則寄旺四時五行一陰陽水金陰，而火木陽，土則陰陽中氣也。五行之氣，陽也，五行之質，陰也，五殊二實水、火、金、木、土雖异，而同是陰陽二氣，無餘欠也五不爲餘，二不爲欠，陰陽一太極陰之太極，即陽之太極，精粗本末精本陽也，粗末陰也無彼此也在陰在陽，非二太極也，太極本無極也太極是無極，非太極之上，又有無極也。上天之載指太極，無聲臭也指無極，五行之生，各一其性水火具燥濕之理，金木具剛柔之理，土具中實之理，氣殊質异氣各不同，質亦相异，各一其○此指水、火、木、金、土之小圈也，即太極，無假借也太極全體，各具於一行之中，水不借於火，木不借於金而足也。○真精妙合，此無極二五所以妙合而無間也無極之理，陰陽五行之氣，自然妙合而無間隔也。○坤道成女，乾道成男乾男坤女乾屬陽，父道也，故成男；坤屬陰，母道也，故成女，以氣化者言也以化生者言各一其性乾健坤順，故男剛女柔，而各一太極，而男女一太極也男女合一，太極也。○萬物化生萬物化生萬物化生，而遂以形化，而生生，以形化者言也萬物構精，而形生者也，各一其性萬物各具一太極，而萬物一太極也萬物統體合一太極也。此以上，引説解剥圖體。此以下，據圖推盡説意。惟人也，得其秀而最靈萬物生生之中，人禀二氣五行之秀，而其心最靈，則所謂人○極者，於是乎在矣人心之中，具太極動静之全體大用。然形☽陰之爲

也形質凝合一定者，陰之所爲也，神陽之發也神明運用萬變者，陽之所爲也。

五性仁、義、禮、智、信，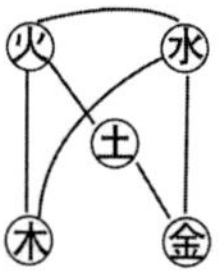

五行之德也禀木之理而爲仁，禀火之理而爲禮，禀金之理而爲義，禀水之理而爲智，禀土之理而爲信。善惡善，循理之謂，惡，悖理之名，男女之分也男屬陽，而陽道剛明，故其類爲善。女屬陰，而陰道柔昧，故其類爲惡。萬事五性散爲萬事，萬物之象也是萬物化生之類也，此天下之動，所以紛綸交錯注所謂衆人具動静之理，而常失之於動者也。而吉凶悔吝吉，善之效，凶，惡之應，悔，吉之機，吝，凶之始，所由以生也皆由此理之得失而生也。惟聖人者，又得乎秀之精一人之中聖人，又禀其秀之秀者，至精而不雜，至一而不貳，而有以全乎○太極之體用者也動静不偏，陰陽合德者，即聖人所以全太極也，是以一動一静，各臻其極動必達太極之用，静必立太極之體，而天下之故天下之事，常感通於寂然不動之中感通者，動也，心之用也，寂然者，静也，心之體也，蓋中也，仁也中爲禮，曰禮曰仁，感也禮與仁，敷施發育之用，感之事。所謂陽也，○太極之用所以行也聖人所以全乎太極之用也。正也，義也正爲智，曰智曰義，寂也智與義，收藏裁制之體，寂之事，所謂陰也，○太極之體所以立也聖人所以全乎太極之體也。中正仁義，渾然全體四德分之爲四，合之爲一，而静者常爲主焉正爲中之主，義爲仁之主，則人○極於是乎立人道體用之全於此而立，蓋衆人隨動，故流於欲而常失於偏，聖人主静，故立其本而乃得其全。而○太極陰陽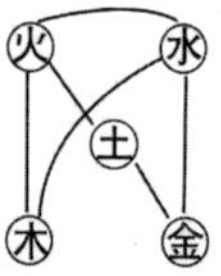

，天地日月太極陰陽之象四時五行之象，鬼神男女之象，有所不能違矣聖人之心即一太極。君子之戒謹恐懼，所以修此而吉也君子學聖人者也，修此太極之道，故吉而受福，小人之放僻邪侈，所以悖此而凶也小人違此太極之道，故凶而取禍。天地人之道陰陽、剛柔、仁義各一○極也各一太極，陽也，剛也，仁也陰陽以氣言，剛柔以質言，仁義以性言，所謂陽也，物之始也萬物所資以生者也，陰也，柔也，義也，所謂陰也，物之終也萬物所資以成者也，此所謂易也，而三極之道立焉天地人三才之道於此而立，實則一〇太極也天也，地也，人也，統體一太極也，故曰易有太極陰陽交易變易之中，有此至極之理，陰陽之謂也陰靜陽動之中，指出本體也。《華西集》卷二十二。

《太極圖説》小注記疑　李恒老

節齋蔡氏曰："形謂動而可見之時，自此而上無體，故以道名之；自此而下有體，故以器名之。主太極而言，則太極在陰陽之先，主陰陽而言，則太極在陰陽之内。蓋自陰陽未生之時而言，則所謂太極者，其理已具；自陰陽既生之時而言，則所謂太極者，即在乎陰陽之中也。謂陰陽之上，别有太極常爲陰陽主者，固爲陷於列子不生不死之謬，而獨執夫太極只在陰陽之中之説者，則又失其根柢樞紐之所爲，而大本有所不識，其害有不可勝言者。"

愚按，形而上下之訓，本出《易・繫傳》文。所謂形者，指兩儀四象八卦、六十四重卦、三百八十四爻，及二篇之策而言也。所謂道，指陰陽象數卦爻中所具之理也。所謂器，謂《易》中所有象數卦爻、貞悔動静，莫非載道之物也。所謂上下，只是分截道器之言也。曰上曰下，則彼屬虚而無形，而此屬實而有物，彼爲主腦樞紐，而此爲副貳陪奉。彼尊此卑，彼貴此賤之義，包括於"上""下"二字之内，而躍如矣。蓋道本無形，而器乃有形。然以無形有形分言，則所謂道者，淪於空寂，而無以見道爲有形之主也，道本無爲，而器方有爲。然以無爲有爲分言，則所謂器者，疑於專擅而無以見器，乃無爲之使也。故著一"形"字，以上下言之，此與乘載之説，互相表裏，實爲千古分説道器之柯鑒準尺也。

節齋之言曰："形謂動而可見之時，自此而上無體，故以道名之；自此而下有體，故以器名之。"此言何謂也？形謂動而可見之時，則所謂道者，獨在静而不可見之時耶？自此而上，指無物之前歟？自此而下，指有物之後歟？所謂無體有體者，分在异時异處歟？合在同時同處歟？若曰分在异時，則道自道，器自器，不相干涉，烏在顯微無間也。若曰合在同處，則器之動静，即道之動静也，烏可以可見不可見，分作前後二段耶？曰太極在陰陽之前，則斥之以老列异端；曰太極在陰陽之中，則責之以不識根本。然則如何而可耶？讀者恐或不免於疑晦，故記之。

臨川吴氏曰："太極無動静，動静者，氣機也。氣機一動，則太極亦動，氣機一静，則太極亦静。故朱子釋《太極圖》曰：'太極之有動静，是天命之流行也。'此是爲周子分解太極，不當言動静，以天命之有流行，故只得以動静言也。又曰：'太極者，本然之妙也，動静者，所乘之機也。'機猶弩牙，弩弦乘此機，如乘馬之乘，機動則弦發，機静則弦不發，氣動則太極亦動，氣静則太極亦静，太極之乘此氣，猶弩弦之乘機也。故曰動静者，所乘之機，謂其所乘之氣機有動静，而太極本然之妙無動静也云云。"

愚按，太極者，一動一静之道也；陰陽者，一動一静之器也。道非器則不能自運，器非道則無所以生。故朱子曰："太極之有動静，是天命之流行也。"太極與天命同一理也。但以其一動一静之主宰樞紐也，則謂之太極，以其一動一静而循環不息也，則謂之天命。其實一也，有何分别？今以太極、天命分作兩物，已極未安，而又以動静、流行各爲一事，未知動静之外，更有何流行耶？若如臨川説，而太極果無動静，一從氣機而仰其動静如何而已，則所謂太極所管是甚麽？所謂氣機緣何而有此動静耶？太極無動静，而氣機有動静，則彼此性情氣味抵牾扞格，不相符契久矣。太極之必乘氣機，氣機之每載太極，兩不相捨，抑何故耶？且教人使之體太極之無動静，可乎？使之體氣機之有動静，可乎？然無動則静，無静則動，雖欲體太極之真，恐亦無時也，姑録所疑如右。

勉齋黄氏曰："五行生之序，則曰水、火、木、金、土。行之序，則曰木、火、土、金、水。何故造物却有此兩樣者，看來只是一理。生之序，便是行之序，元初只是一個水，水暖後便成火，此兩個是母。木者，水之子，金者，火之子。冬是太陰，春是少陽，夏是太陽，秋是少陰，從冬起來，故水木火金自成次序。以水生木，以火生金，故生之序，便是行之序也云云。”

愚按，天一生水，地六成之，地二生火，天七成之，天三生木，地八成之，地四生金，天九成之，天五生土，地十成之。此則《河圖》五行生成之序也。冬水生春木，春木生夏火，夏火生中央土，中央土生秋金，秋金生冬水。此則《月令》五氣流行之序也。兩序有此兩樣之不同，何也？蓋《河圖》歷舉天地生成之序，陰陽對配而數之全也，《月令》統計一歲始終之序，地統於天，而數之正也，語其序則未嘗不同也。天一生水之後，必須地二生火，地二生火之後，必須天三生木，天三生木之後，必須地四生金，地四生金之後，必須天五生土，至此則五行畢生。故過此以後，屬之成數。天五生土之後，必須地六成水，地六成水之後，必須天七成火，天七成火之後，必須地八成木，地八成木之後，必須天九成金，天九成金之後，必須地十成土。此則五行生成，不易之數也。一歲生成之全數，亦不越乎此。而中分一歲始終之數，半屬生數，半屬成數。故冬春，生數也，夏秋，成數也。生數則自天一至天五之數已足，成數則自地六至地十之數已足。故天一地十之全數，流行於一歲之中而無一不備，故終則復始，天道循環，假使一歲之中，只有五行之生數而已，則五行從何而成乎？若只有五行之成數而已，則五行從何而生乎？是知五行生成之全數，備足於一歲之中而無餘欠也。然則冬春歷數生水、生火、生木、生金、生土，可也，夏秋備數成水、成火、成木、成金、成土，可也。今乃冬曰水，春曰木，而闕火與金焉。夏曰火，秋曰金，而略水與木焉，何也？此以天數統地數之説也。夫於天一生水之時，非無地二生火，而必以天一統地二；天三生水之節，非無地四生金，而必以天三統地四。故生數，則水木統火金也。天七成火之時，非不地六成水，而必以天七統地六。天九成金之節，非不地八成木，而必以天九統地八。故成數，則火金統水木也。蓋非對配之全數，則無以見不兩不立之體；非以陽統陰之正數，則無以見不一不行之用。此兩説者，所以并行而不相悖也。

勉齋黄氏又曰："五行有生數，有行數，不知何故初生是一樣，流行又是一樣。其爲物不二，則其生物不測，易簡之義，恐不如此。故嘗疑其只是一樣，及以造化之本原參之，人物之生育，初無兩樣，只是水、木、火、金、土便是次序，古人欲分别陰陽造化之殊，故以水、火、木、金、土爲言耳。自一至十之數，特言奇耦多寡耳，非謂次第如此也。蓋積實之數，非次第之數也。天得奇而爲水，故曰一生水；一之極而爲三，故曰三生木。一極爲三，以一運之，圓而生三，故一而爲三也。地得耦而爲火，故曰二生火；二之極而爲四，故曰四生金。二極爲四，以二周之，方而爲四，故二而爲四也。水者，初生之陽，木者，極盛之陽，火者，初生之陰，金者，極盛之陰。陽極而生陰，陰極而生陽，故但當以水、木、火、金、土爲次序也。自初生至流行，皆是如此。若要看陰陽奇耦一初一盛，則當曰水、火、木、金、土，非謂次序如此也。今以爲第一生水，第二生火，第三生木，第四生金，以爲次序，則誤矣。水、木、火、金、土，五行之序也。水、火、木、金、土，分其奇耦初盛而爲言也。以此觀之，只是一樣，初無兩樣也。所謂一二三四，但言一多一少，多之極少之極也。初非以次序而言，猶人言一文兩文，非謂第一名、第二名也。果以次序而言之，則一生水而未成水，必至五行俱足，猶待第六而後成水。二生火而未成火，必待五行俱足，又成就了水，然後第七而後成火耶？如此則全不成造化，亦不成義理矣。六之成水也，猶《坎》之爲卦也。一陽居中，天一生水也，地六包於外，陽少陰多而水始成。七之成火也，猶《離》之爲卦也。一陰居中，天七包於外，陰少陽多而火始成，坎屬陽而離爲陰。以其在内者爲生，在外者成之也。若以次序言，全不成義理矣。"又曰："五行之序，某欲作三句，斷之曰，論得數奇耦多寡，則曰水、火、木、金、土，論始生之序，則曰水、木、火、金、土，論相生之序，則曰木、火、土、金、水，如此其庶幾乎？”

勉齋病五行之生序、行序互相矛盾，誠至論也。然考其爲解則倚閣生序，孤行行序，次第積實，各爲燕越，一生一成，漫無界域；一奇一偶，紕繆重復；一天一地，疑無尊卑。何謂倚閣生序？孤行行序？蓋天地之數，祖宗《河圖》起於天一，終之地十。象之爲易，衍之爲蓍，紀之爲曆，修之爲令，初無二本。今曰生序行序，本自不合，可疑一也。何謂次第積實、各爲燕越？蓋先一後二次第也，倚一加二積實也。向無次第之數，則所謂積實何自而生也？曰伯曰仲，次第之序也。曰兄弟二人，積實之數也，無伯無仲，則烏有所謂二人者哉？今分而二之，可疑二也。

何謂一生一成、漫無界域？蓋天下之物，據其始終而中分，則只是一個生成而已。中分一歲三百六十日，則前一百八十日屬生數，後一百八十日屬成數，故論一歲之始也。萬物次第生發於生數之中，一歲之終也。萬物次第成熟於成數之中，如曰天生一物，待其成熟結果净洗，然後復生一物，則一歲所生所成，只有一物，二歲只有二物，三歲只有三物而已，此豈理哉？譬之人胎則十朔之中，五朔以前屬生數，五朔以後屬成數，若曰一骨一節，必滿生成之數，然後又生一骨一節，則可乎？今曰一生水而未成水，必待五行俱生，至第六而後成水，二生火而未成火，必待五行俱足，又成就了水，然後至第七而成火，如此則爲全不成造化。推此以究，則其意蓋曰：冬，專水之生成而火無與焉，春，專木之生成而金不干焉，夏火秋金如此。然則簡當潔净，果無參錯紛綸之弊。然而物各爲物，不相關涉。自足生成，雖减一個，不爲不足，亦何必多至於五也。雖加一個，不爲有餘，亦何苦少限於五也。且四時生成，均平齊整，陰陽之道，未必分繼善成性。乾坤之德，未必分元始貞終，可疑三也。

何謂一奇一耦紕繆重復？蓋太極之道，動極而静，静極復動。動之不能復動，猶静之不能復静，是以父子昭穆，名不可易。律吕損益，聲不可亂。若以甘調甘，易牙不能成其味；以雌應雌，伶倫不能度其曲，此必然之勢也。今曰天又生天，地又生地，是何异一呼之喘不吸而又呼？一闢之門不闔而又闢也耶？可疑四也。何謂一天一地疑無尊卑？蓋天統乎地而地配乎天，陰從乎陽而陽宗乎陰，天下之正義也。而今冬春則偏陽無陰，夏秋則獨陰無陽，可疑五也。

蓋嘗論之，太極者，一個生物成物之道也。動而陽者，生物之器也；静而陰者，成物之器也，是所謂兩儀也。兩儀之上，又生一動一静則是爲四象，而五行之所由生也。五行之中，水與火也，氣輕質虚，故其生也差先。木與金也，氣重質實，故其生也差後。既有先後則不可無次序也，既有次序則不可無分數，是所謂數也。以天地言，則天先地後，以五行言，則水火先而木金後，以水火言，則水先火後，以木金言，則木先金後，以生成言，則生先成後，此乃自然不易之序也，自然不易之數也，非人智謀安排之所及也。天地渾沌未闢之初，只有一個濕氣而已，是所謂天一生水也。一團濕氣，只管旋斡轉運，久則温和之氣自生，是所謂地二生火也。於是濕氣與温氣相得配合，則便有發達萌滋之意，是所謂天三生木也。發達萌滋而接續不駐，則便有凝定結聚之意，是所謂地四生金也。凝定結聚則斯有查滓根盤，是所謂天五生土也。五氣畢生，則生物之序終，而成物之序始矣。木潤金燥，相配然後倒成水火之質。蓋金以成水，木以成火，是所謂地六成水，天七成火也。水火之質既成，則水淬火鎔，以成木金之質，蓋水以成木，火以成金，是所謂地八成木，天九成金也。水火木金已成，則天地之冲氣於是成質，是所謂地十成土也。天地之生成如此，五行之生成如此，萬物之生成，舉不外此，此所謂不易之序也。然天統乎地，地配乎天，故生成於天者，旺而用事，生成於地者，隱而配助。是以冬春水木旺而火金隱，夏秋火金盛而水木藏，此生數行數所以不同也。然其生也旺者，其成也隱，其生也微者，其成也盛，此亦進退消長之數也。《華西集》卷二十一。

《易》與《太極圖》同异説 李恒老

或問：《易》與《太極圖》，同一理也，而有同有异，何也？

余曰：《易》與《圖》合有同异，先見其所以同之實，則其所以异之妙，亦有可得而言者矣。請先舉其同而概陳之。《易》則以最下一層當太極之原，《圖》則以最上一圈當太極之全。以太極爲本同，《易》曰“太極生兩儀”，《圖》曰“太極動而生陽，静而生陰”，理自生氣，氣生於理同。《易》曰“兩儀生四象”，《圖》曰“陽變陰合而生水、火、木、金、土”，四象五行，生於陰陽同。《易》曰“四象生八卦”，八卦即乾父三男，坤母三女之象也，《圖》曰“無極之真，二五之精，妙合而凝，乾道成男，坤道成女”，其四象五行，分爲男女同。《易》則陽儀上生少陰，陰儀上生少陽，《圖》則陽根於陰中，陰根於陽中，陰陽互藏其宅同。《易》則八卦相蕩生六十四卦，六十四卦變化爲四千九十六卦，《圖》則男女交感，萬物生生，變化無窮，由近及遠，以略禦煩同。《易》則三畫而小成，六畫而大成，《圖》則三層而小備，六層而大備，規模間架同。《易》則陽爲君子，陰爲小人，《圖》則以男屬善，以女屬惡，善惡各以類配同。《易》則以四德配仁義禮智，《圖》則以五行配中正仁義，天理人心，脉絡貫通同。《易》曰“一陰一陽之謂道”，《圖》曰“陰陽一太極也”，道即器，器即道，一而二，二而一同。《易》曰“各正性命”，《圖》曰“各一其性”，萬物各具太極同。《易》曰“生生之謂易”，《圖》則“生”字通貫首尾，天地之心以生爲道同。《易》曰“元者，善之長也”，《圖》曰“太極，純粹至善者也”，理本有善而無惡同。《易》曰“吉凶者，失得之象也”，《圖》曰“君子修之吉，小人悖之凶”，吉爲善徵，凶爲惡報同。《易》則雖曰“各正性命”，而亦曰“知進退存亡而不失其正者，其惟聖人乎！”《圖》則雖曰“萬物各具太極”，而亦曰“聖人定之以中正仁義而立人極焉。”惟《易》與《圖》人皆可能，而惟聖乃盡同。《易》曰“神無方而易無體”，又曰“陰陽不測之謂神”，又曰“神也者，妙萬物而爲言者也”，《圖》曰“惟人也，得其秀而最靈”，又曰“厥彰厥微，匪靈弗瑩”，又曰“神妙萬物，夫理之妙用”，曰神曰靈同。朱子於《啓蒙》釋之曰：“心爲太極是也。”又於《通書》釋之曰：“人心太極之至靈。”以心爲太極同。《易》則一六爲水，二七爲火，三八爲木，四九爲金，五十爲土。《圖》則曰“水、火、木、金、土”，其生先後之序同。《易》則先天卦序與後天卦序不同，《圖》則五行生序與四時行序不同。其生其行，互相博互同。《易》曰“繼之者善，成之者性”，《圖》曰“定之以中正仁義而主静”，其静爲動之主同，此皆所以同之實也。

其所以异者，亦非一二。《易》則只言太極，《圖》則兼言無極，其名异。《易》畫横而《圖》圈圓，其形异。《易》由下上，圖由上下，其位异，《易》曰“四象”，《圖》曰“五行”，其數异。《易》則四分爲八，《圖》則五約爲一，其加减异。《易》之吉凶見乎占，《圖》之吉凶見乎行，其用异。《易》曰“禮智”，《圖》曰“中正”，其目异。至以學之者言之，則讀《易》在七經之終，揭《圖》在《近思》之首，其學之之序，先後早晚异，此其所异之大概也。

今若據其所同，核其所异，豈無可得而言者，且作《圖》之旨，定在其异處。若同而已，則一《易》足矣，又何必作《圖》，架屋下之屋，叠床上之床也哉？得其大者，則餘皆可推，請歷陳其疑而就質焉。

蓋《易》之作，在人文未闢之前，天下貿貿，莫知吉凶可否之所向。故伏羲畫卦立象以教之，其命意所重在卜筮。《圖》之作，在人僞極變之後，天下滔滔，莫知善惡真妄之所由，故周子立極顯道以曉之，其命意所重在心學。命意既异，則其理雖同，而其文不得不异也。古人唤理做太極，無復疑惑。故《洪範》曰“建用皇極”，《商頌》曰“商邑翼翼，四方之極”，《周頌》曰“粒我烝民，莫非爾極”，以此類之，則皆目其理爲準尺繩墨，而尋常使得如此也。一自老佛談空亂真，荀楊認氣作性，詖辭邪説，彌滿天下，太極之旨迷而不著。談性理者，淪於空虛，而認太極爲無實。語事功者，溺於名物，而謂太極爲有形，此道之所以不明不行也。於是乎立《圖》以明之，於太極之上，别加無極，以明理之無形。無極之下，繼以太極，以明理之有實，此其立名之所异也。《易》之占在象，象則有方，不得不畫，畫不得不横。《圖》之教在理，理則無方，不得不圈，圈不得不圓。横者，地也，自下而上，氣生之序也。圓者，天也，自上而下，理統之尊也。方則有對，故其數耦。圓則無對，故其數奇。耦，故虛其五，奇，故實其五，虛其五，則重在其外，實其五，則重在其中，此其妙處也。《易》盡其變，故妙在於分，《圖》撮其要，故妙在於約。分則四倍爲八，約則五還會一，此其理勢也。《易》之教在卜筮也，於是焉占其吉凶，《圖》之教在心學也，於是焉檢其吉凶，此其教人而所以成天下之亹亹者也。《易》則明四端之配四德，《圖》則明不中不正、非禮非智，益見時世之不同，而教随而有异也。至若學之之先後早晚，亦有可得而言者。夫《易》以道陰陽、消長、往來之數，以盡乎天下之變，故學《易》者不可以驟也。《圖》以揭天命、樞紐、根柢之實，以一乎天下之趣，故學《圖》者不可以緩也，此其入學之序也。

曰："此則然矣，《易》之八卦，有先天後天之不同，《圖》之五行，有生序行序之不同，此實造化之機，象數之原，其詳亦可得聞歟?"余曰："不佞何足以知之，然亦嘗聞之矣。《易》之先天一陰一陽，只管加倍而已，此則畫卦自然之序也。後天陽從陽類，陰從陰類，以陽統陰，以陰承陽，此則人事當然之則也。《圖》之五行一天二地，只管相因而已，此則生物自然之序也。四時天從天類，地從地類，以天率地，以地配天，紀數當然之法也，此二説也。愚已别有録疑，容更扣質。"問者唯唯而去，因録首尾，以待知者。癸丑仲春四日，書于一鑑齋。《華西集》卷二十二。

臨川吴氏太極説録疑　李恒老

天地之間，只有動與静而已，動與静雖爲兩面事，而動是静之發，静是動之根，其實一而已。以言乎天地，則天屬乎動，而地屬乎静；以言乎晝夜，則晝屬乎動，而夜屬乎静；以言乎鬼神，則神屬乎動，而鬼屬乎静；以言乎禮樂，則樂屬乎動，而禮屬乎静；以言乎仁義，則仁屬乎動，而義屬乎静。終日言之，無往而無是物也，故自其無形者而觀之，則太極也，太極者，即一動一静之道也，自其有形者而觀之，則氣機也，氣機者，即一動一静之器也。無是動静，則既無所謂太極者矣，烏有所謂氣機者乎？濂溪先生祖述孔子太極之訓，而手寫一圖，自爲解説曰："太極動而生陽，静而生陰。"朱子又從而釋之曰："太極便會動静。"則其義固已躍如矣。又慮後學之迷於道器之界也，則曰："動而無動，静而無静，神也；動而無静，静而無動，物也。物則不通，神妙萬物。"朱子又從而釋之曰："神以形而上者言，物以形而下者言也。"爲後世慮，可謂周且密矣。今臨川吴氏之言曰："太極無動静，而動静專仰於氣機。"然則太極淪於空寂，而不足爲氣機之本原矣，氣機疑於專擅，而反作太極之主宰矣。朱子嘗辨諸家之説性曰："無善無不善之説最無狀。"蓋爲無善無不善，則淪於空寂，而還不如性惡之猶有骨子也。然則無動静之云，與此何异哉？太極既無動静矣，則動静之主宰者，專歸於氣機固也。然則天地之間動不動，只有一個氣機足矣，尚何待於太極也哉？得非聖人明言有太極，而終不敢道他不是，故雖曰有之，然多費辭説，委曲婉轉，假借安排而後，僅見其尊號虚位之不替，而其無真實妙用自如也。百家害理尚氣之説，無所不備，而苟求其所差之原，則臨川太極無動静之説，未必不爲之兆，故不敢不疑，不敢不録，以俟知者扣質之云。丁巳冬十二月十八日，書于一鑑齋。《華西集》卷二十三。

《太極圖》内外云云　奇正鎮①

極圖是易有太極之“有”字中來，易圖是四象生八卦以後事，極豈有内外方圓也？不得已而寫出一圖耳。今欲以先後天論内外，不亦滯乎？

或曰：“上一圈單説太極，而以下諸圈兼説氣。”鄭義林

世之論理家，皆以《太極圖》上一圈謂之太極，而以下陰陽五行之圈，則謂之太極與氣混淪而無復分别，然則上一圈太極是懸空底物耶？

申鍾求曰：“《太極圖》上一圈所以動而陽，静而陰之本體，黑爲陰、白爲陽，外黑内白，陰含陽之義耶？”曰：“上一圈子即太極也，此圖闡理氣之本原，發造化之微妙，將排寫形而下之陰陽圈，先揭形而上底太極圈，以示有理而後有氣，爲萬化之樞紐，品彙之根柢也。理本無捉摸處，特下一圈子以形無形，而示無中有、虚中實之理，所以爲動而陽、静而陰之本體也。陰含陽之義，恐不可即此而言。”宋時一曰：“上圈，不雜者也，中圈，不離者也。”曰：“謂上圈示不雜之義，中圈示不離之義則可，若如盛論，則上中分爲二層，不離不雜爲二極，無乃不可乎？”金錫龜

子之論甚精。

一陰一陽之謂道，即陰陽圈；繼之者善，即五行圈；成之者性，即萬物圈也。男女之圈當屬於何？人之血氣成形即陰陽圈，五性感動即五行圈，泛應萬事，即萬物圈也。男女之圈當屬於何？鄭義林

---

①奇正鎮（1798—1879），别稱奇金賜，字大中、大仲，號蘆沙、鰲山，謚號文簡，著有《蘆沙先生全集》。底本標題後注云：“李基璞。”本篇選自《答問類編》，當是對李基璞提問的回答。

圖從造化立說，故有氣化形化之次第，人事上必尋男女之圈，不已拘乎？

第二圈之中圈，是陰陽裏面太極也。太極未嘗有離陰陽懸空獨立時，然第一圈無陰無陽，朱子所謂未有天地之先，畢竟先有此理之義耶？鄭時林

朱子云云，果有此理，而圖之第一圈子非爲此也，就萬化中挑出耳。

《太極圖解》水陰火陽，元是五行本位，按圖可知，下文陽變陰合注，却說水陽火陰，何也？金勲

朱子以生之序、行之序兩下說陰陽不同。

天一生水，地二生火，則水陽也，火陰也，而《太極圖》以水爲陰盛而居右，以火爲陽盛而居左何？金顯玉

圖中陰陽圈下兩畫交互相承，已有一生水，二生火之象矣。

無極而太極，先儒有言一個理、一個氣云，以形而上下言之，則形上無極，形下太極耶？又有心爲太極之說，心是氣之精爽，何以謂太極也云云？閔誼行

古人言語皆有正義、有傍義，如論太極，則當以《易・繫》"易有太極"一句，及周子圖與說、朱子圖說解反覆參究，瞭然見得太極是何樣物事。此是正義，正義既通，然後先儒說散見錯出，或是各明一義者，皆有歸宿。今也於本源未有見，而掇拾隻字零句，曲生見解，豈不反礙正見耶？"一個理、一個氣"一句，恐是傳録有誤。"形上無極，形下太極"一語，直是不成說話。至若心爲太極之說，果有一條路意脉。蓋太極一，而陰陽兩，心一，而動靜兩。自動靜而言，則心爲太極之象，然心之所以爲太極者，實以性之在中，豈以氣之精爽爲太極耶？此外天地萬物之理一節，已具無眹兩句，實是太極之正解，請姑掃却他語，以此數段詳玩其語脉旨歸，則亦可以得其門而入矣。節齋一語亦恐傳寫有誤。陰陽既云未生，有何可在之陰陽也？若云陰陽未生時，陰陽在太極裏面，則其意差長，而亦恐誤看成病，要不如《圖解》第一句耳。

太極動而生陽，靜而生陰，朱子曰："若謂太極便是動靜，

則不可兩説，若相反何也？”金以權

太極動静，濂閩非有别語。朱子怕世之不知者見太極動静之語，疑太極有手脚能自蠢動，故其言如此，若世無不知者，則只留濂溪本語已自足矣。

纔動便是陽，纔静便是陰。今曰“動而生陽，静而生陰”，何也？曰：“動静者，二氣之流行也，陰陽者，流行之體段也。”鄭義林

答語改之曰：“動静，一氣之流行也，陰陽者，二體之對立，何如？

曰：“動而生陽，則動在陽生之前，静而生陰，則静在陰生之先歟？必無是理，但明動而陽，静而陰，莫非本然之妙，而下語文勢不得不然。”鄭時林

以動静推本於太極，故其語云然。

曰：“一動一静，互爲其根。”又曰：“動有資於静，而静無資於動。互爲其根，以陰陽流行而言，無資於動，以人心體用而言。”鄭義林

以夜氣一章觀之，則静亦不可謂無資於動矣。各就本段文意看之，不必牽連相累。

各具一太極，統體一太極，前此以爲統體合萬物言，各具分萬物言。今又思之，統體，就天地分上言之，各具，就萬物分上言之，此理在天地則曰統體，在萬物則曰各具。此説與前説只在毫厘之間，而旨意殊异，未知何者爲近？金錫龜

太極説話大抵“位虚理實”四字足以盡之，圖中上面一圈至萬物化生圈，曷嘗實有層等確定也，此所謂位虚也。五層圈子皆一味白淡淡底，圓足無欠缺底，此所謂理實也。看得虚實各有着落，而兩不相妨，方是善。看盛語上一節，欲以實理埋却虚位，下一節欲以虚位掩却實理，似欠實見，蓋“統體各具”四字，本自虚位邊説來者也。

申鍾求曰：“太極，理也，陰陽，氣也。理雖先有，而實不先於氣，理雖無形，而實不離乎氣，故《太極圖》上一圈亦不離乎陰陽，而萬物統體一太極也。其下許多圈乃是萬物各具一

太極也。不離陰陽而爲統體，故外黑内白，有陰含陽之義也。”曰：“太極陰陽，固無先後之可言，然就源頭説下來，則先有太極，而後有陰陽也。太極雖不離乎陰陽，然太極自太極，陰陽自陰陽，而亦不離乎陰陽也。太極圈固在陰陽圈之中，而上一圈即挑出於不可挑出之中，朱子謂此所謂無極而太極也，即陰陽而指其本體不雜乎陰陽而爲言耳。若以外黑内白爲陰含陽，則此圈亦陰陽圈也，非太極圈也。且以此圈中白處爲陽，則陰陽圈之中圈中白處，亦可看作陽耶？以外黑爲陰，則陰陽圈之中圈左邊黑縷，亦可看作陰耶？形出無形，以示理妙，不得不有此畫也。第二圈陽中有陰，陰中有陽，陰陽互根，此乃陰陽之體段也。何捨此而别尋陰含陽之義也？至於上一圈爲統體固然，而以下諸圈爲各具，則亦可疑也。朱子指陰陽之中圈而曰中者，其本體也。此圈亦統體也。妙凝之圈即天命之流行，而萬化之一原也，此圈亦統體也。氣化、形化二圈，即妙凝之實體，二圈亦皆統體也。惟五行之圈，則各具也。然木之圈，萬木之統體也，水之圈，萬水之統體也，火金土之圈皆然。天地萬物都是一太極中物，而物物各具此理，故曰各具也。各具之太極即統體之太極，而統體之外更别無各具也。”金錫龜

子之所論甚精。

向見先生所答錫龜有曰：“太極説話“位虚理實”四字足以盡之云云。嗚呼！自此圖出而一二先生發明之後，果有此等言論乎？且見錫龜與申鍾求所論，申以太極第一圈爲統體之太極，以下四圈爲各具之太極；錫龜以爲四圈皆統體，而非各具也。先生已從錫龜説，然以統體各具，本自虚位邊説來之義推之，錫龜説似未安，合《太極圖》五圈而言，則統體之太極也；分而言之，則動而生陽是一太極，静而生陰是一太極，水、火、金、木、土莫不各有一太極，豈可謂《太極圖》五圈無各具，而至於萬物林林叢叢，然後有各具耶？然則統體各具各有方所，而非虚位之義也。鄭義林

申生统體各具之説，以今觀之，似無不可。而當時緣何從金生無，乃吾茅塞而然耶。

欲動情勝云云。李鳳燮

《圖説》注欲動情勝一段，指上文善惡分、萬物事出而言，原注所謂衆人具動静之理，而常失之於動者，似已大段分明，何爲復有此纏繞耶？但聖人亦非别人，苟無中正仁義一段事，則亦欲動情勝之衆人矣。蓋人極之道，聖凡皆有，而聖之爲聖，全籍立字有力，此亦不可不知也。

《太極圖説》及《通書》言中正，而不言禮智。金勳

中正出於《易》，其來歷已久，若禮智則孟子始言之，《太極》《通書》皆本於易而爲言，不可以不言禮智致疑也。聖人定之以中正仁義而主静，以“定”“主”兩字觀之，道理似有俟人排定之意。夫仁義動静，固天然自有不犯人力底，何待定之主之？朱子曰：“此是聖人修道之謂教處，‘定’‘主’兩字即修道之謂歟？鄭義林

竊嘗謂圖説此意，《中庸》已有之，曰：“苟不至德、至道，不凝焉。”定之、主之，即修德凝道之事，若以道理之天然自有，而遂欲不犯人力，則財成輔相皆虚語矣。

聖人定之“定”字是自定，兼定人云云。李鳳燮

《圖説》中“定”字當初瞥見，不欲做自定及定人看。蓋妄意此道理是一個公共物事，不論人己故也。其爲字義，恰似立命之立，凝道之凝，當屬命道邊，不當屬人己邊，尋常看得如此。《蘆沙集·答問類編》卷十。

再問　奇正鎮

來書引《圖説》本文以駁鄙説者，皆非也。本文之意就萬物中抽出人人亦物也。就人中抽出聖人，聖人亦人也。然則“惟人也”之“人”字，實包聖人在其中，今高明錯看朱子圖説解，以上下兩“人”字，把作聖凡對峙，以爲人己各立之證，奚可哉！得其秀而最靈，此時有何不好？朱子所謂衆人具動静

之理，蓋指此也。而形生神發以下，漸漸有一蹉不好之意，常失於動之訓，乃指是也。然而常失云者，亦非謂每動輒失，蓋言其失常在於動也云爾。斯"人"字是果與聖人對峙而各立者耶？人所不能定，聖人獨能定，爲自定之證亦誤矣。

有淺事可諭。秦末天下陳、項之所未定，而漢高獨能定之，以其獨定也，而謂之自定可乎？所定物事，雖云公共物事，而定之之道實在於我。以定天下言之，則寬仁大度、知人善任使是也。以太極之理言之，中正仁義所以定之也，豈可曰不分人己，則無主著下手處乎？未至乎全體，斯理而持養以修之者，君子之所以吉也。此一句與"定"字本意有何相管乎？《蘆沙集·答問類編》卷十。

三問　奇正鎮

《圖説》與凡論學文字不同，學是以人學道，故皆自人身上扶竪起來，有己身必有人身，故如修己治人，躬厚薄人，己立立人，不欲勿施等語，皆以人對己。而言之《圖説》，自上面説下來，故步步回顧者，不離"太極"二字。雖二五男女，曰人曰物，層節叠見，而精神之所湊著，全在此個道理，若乃"定"之一字，是人極立不立之大關棙。有筋骨者，然則所謂定者非定，此道理而何哉？主乎道理而爲説，故人身分上人己兩邊事，蓋意未到，而慮未及也。

有難之者曰："天不變，道亦不變。道理有何未定，而俟聖人定之耶？"曰："此理雖本然全具，人之欲動情勝，理亦波蕩，而無湊泊凝定處，惟聖人動静全德，而後昔之未定者定矣，故苟不至德至道不凝焉。"曰："主道理言之固然，若自聖人分上觀之，畢竟是定己乎？定人乎？"曰："聖人與道爲一，爲天地立心，豈以此理爲自家私物而定乎？自定猶不可，况定人乎？"

理在原頭賦與之前，不可言性，纔説性時，便已屬人，聖

人定之是自定而定，人之意亦在其中云云。李應辰

來教所謂“理在原頭賦與之前，不可言性，纔説性時，便已屬人”者，誠至論也。然而此語是從上面説下來者，可用於本然氣質分合之界，五性感動善惡分之際，人心道心强弱之間乃爲著題。若從下面説上去，其所謂屬人而在我者，乃天命之全體，初不可以層節看也。是故自人我而言，則人我莫不有天命之全體；自性而言，則渾然一天命，有何人我之可論乎？所謂定之者，定其在我而無人我者耳。雖無人我而未嘗不在我，則非懸空也；雖曰在我而初非有内外，則是一原也。此其爲義，豈不明白乎？凡論文字，貴於得其本意，苟非本意，雖堂堂正論曲成義理，只可别爲一章，非此書之義，請問周先生下此一字之時，其意以吾身爲主，而欲其定，如自修自明之例乎？以道理爲主而言，其定如立命凝道之云乎？觀於此而没矣。自定而定人之意，亦在其中云者，是固然矣。正也，雖迷暗，豈亦不能揣知？然而耕也，餒在其中；學也，禄在其中，耕與餒分明各是一事。今也只有白直一件事，却用兩件事底話頭，欲其包含何也？大抵當初李生之設問也，以此一字致疑於自定、定他之間，則是蓋不察於己性之無内外者也。若答之曰“此是合内外之道”，或曰“己性豈有内外云爾”，則豈惟《圖説》之意，抑亦對證之藥，而湖丈却就“人己”兩字上揀擇取捨，以爲主於自定，而包得定人。夫自定定人，豈非好個句語？而用於此處，則竊謂非宜也。如盡己之性，則能盡人之性。古之人亦豈不分人己言之？但説道理或横或竪，各有境界地頭。若見人説晝，却將前人所説夜底道理來較理，則是所謂迷藏之戲，不明不備，亦古有此語，曷謂不明？昧其本源故曰不明，曷謂不備？失其派流，故曰不備。如愚意則當云，語所定之理，而攙入人己則不明，語定之之事，而不言人己則不備。聖人之性，有非衆人所與，正鎮實寡陋，不見古人有此等語，以愚見則“性”字上加一“定”字，則意或可通矣。《蘆沙集・答問類編》卷十。

定字說附　奇正鎮

或問："《圖說》聖人定之，定何事也？"曰："定其性也，性是本有之理，衆人欲動情勝，則此理無泊定處，遇聖人則定矣。""定之之道奈何？"曰："《圖說》既言之矣，中正仁義所以定之也。蓋性中有中正仁義之理，聖人有中正仁義之德，有此德而後可以凝此理，《中庸》曰'苟不至德，至道不凝焉'，此之謂也。"曰："衆人既無是德，不能定其性，則雖曰聖人定之，而天下之性未定者尚多，聖人將若之何？"曰："不然也。性一原之理，初不可以内外分定，則都定此性之外，更無餘性故也。今若以衆人之不能如聖人，而疑性之尚多未定，則是未達乎能所之辨也。夫所定者，理也，故以性言之，則一處定時，天下之理都定，能定者，心也。故以人言之，則惟聖人定之，而非聖人莫能與也。今子方論所定何事而侵入，能定界分，以人之不能皆能謂性之有未盡定，不亦謬乎？"曰："鷺湖自定兼定人之說，何如？"曰："此或因問者繳繞，而其答亦離，却本面宛轉解之，雖若可通，以鄙見言之，終有不可曉者，蓋其於不當分處分人，已使之各立而對峙，所謂頭邊安頭，其不可曉者一也。曰'自'曰'兼'字義乖，當非所論於此事者，其不可曉者二也。夫自之爲言也，專於己分，而不干人事處用之，如自爬其癢，自按其痛，干人何事，是之謂自人之一身，雖亦一乾坤，而尚屬自家邊，故謂之自修其身者有矣。人之一心所以參三才而猶非他人事，故謂之自明其德者有矣。惟性不可言，自是以有言養其性，而未有言自養其性者，有言知其性，而未有言自知其性者。若有言自知其性者，則是性也，必氣質之性之謂也。若有言自養其性者，則是性也，必壽命之性之謂也。若道理之本然者，則古今聖愚同此一原，公共之地，何自之有？且夫有兩件事，而兼攝兼總者，兼也，吏部之官得行兵部鴻臚之卿，并理光禄，此之謂兼。若乃定性之事，則所謂性者，元無兩件，故所以定之者，初無二岐，顧有何兼之可言乎？雖然此兩字實自人己上來，人己本也，兩字標也，但無人己，則兩字無著處矣。一原之不可分，人己既略言之，而其實體當求之於心，未易以口舌明也。大抵道本一體，而人有各身與道難一職，此之由是以學者之事，或推己以及人，或因人而反己，期於剖破藩離，打成一塊，六經千言，參半是兩邊説話，至於聖人分上事則不然，性即我，我即性，克明峻德，非自定也。協和萬邦，非定人也。惟其性而已矣。却就上面苦苦説人説己，非徒蹉失“定”字本旨，深恐與聖人之德不相似也。李生鳳燮，既以此有數次書尺，昨又相過，尚未釋然，而去思之餘，鬱自恨其所以語之者，猶欠直截，故設爲問答如右，以俟更討，未知能不歸於亂道否？”

主静注，苟非此心寂然無欲而静，則又何以酬酢事物之變，而一天下之動哉？其所以主静，然後酬酢事物，一天下之動者，何也？李宗浩

動有萬變，静則一而已，一非萬之祖乎？

《通書》“誠無爲，幾善惡”，此明人心未發之體，已發之端歟？羅壽圭

得之。

《誠幾圖》，誠下有“幾”字，“幾”下有“善幾惡幾”字，纔發便有善惡，何既幾而又有善幾惡幾耶？幾之第一層無善無惡，而至第二層乃有善惡耶？抑二“幾”字只是解一“幾”字之義歟？鄭義林

趙致道圖耶？以人之常情言之，幾之始動，或有未易以善惡名者，趙氏之意或以此耶？然而此非《通書》本旨，但當於一“幾”字内，不留頃刻劈破善惡耳。

或問：“無欲則静，豈有欲而後動耶？陶菴曰‘衆人常失之動’云云，義林以爲無欲則静，静字是包動静，非直爲對動之静，常失之動云者，似非本義。”鄭義林

包動静之云甚好，以《通書》“一爲要”一段觀之，可見其

曰“一者，無欲也”者。即無欲故静之意，而其曰無欲則静虚動直者，非包動静之意乎？

荀子養心莫善於誠，周子非之固然，然而若作不欺之誠而觀之，則不其然乎？鄭時林

非之自是，正當以不欺爲注脚，可見本語之未安。《太極圖説》畫前之易，即天地萬物自然之本體也，而竪説也；《西銘》即聖人與天地合其德之範圍也，而横説也。《敬齋箴》君子進德之細密處，與《太極》《西銘》合體用，并横竪之規模也歟？閔璣容

横竪二字用於《太極》《西銘》極有滋味，且創見而開眼，但定之以中正仁義而主静，太極未嘗無横也。塞吾其體，師吾其性，《西銘》未嘗無竪也。概以一字爲占，或非意圓而語滯乎？《敬齋箴》且還他，《敬齋箴》不必連《太極》《西銘》作一貫，苟欲一貫，聖賢千言，何言不可一貫乎？大抵太極從頭劈下來，齋箴自下進步去，《西銘》兼上下在其中，若就其本文得意味斯可矣，汲汲一貫，何用乎？《蘆沙集·答問類編》卷十。

《太極圖》注解 河達弘①

周子曰：“陰陽，一太極也。”朱子曰：“太極，形而上者也，陰陽，形而下者也。”驟看外面，二先生之言雖若矛盾，然《易》曰一陰一陽之謂道，太極非一陰一陽者乎？周子以其理而言之，朱子指其氣而言之，此道器之所以别也。《月村集》卷六。

---

①河達弘（1809—1877），號月村，著有《月村集》。

《太極圖》群書句解記疑　沈奎澤①

“無極而太極。”注：無定極之中。

按，無極太極，本非兩件物事也，只此太極，便是無形象底，故謂之無極。而朱子以上天之載，無聲無臭釋之，又以爲非太極之外，復有無極云，則其意之不啻明白指掌。而今曰無定極之中，而有至定極之理云。則恰似太極之外，别有無形象底一物，而所謂太極者，特具於其中，此豈非名言之一大累乎？度氏又以太極本無極之語，謂之太極之理本於無極，則其非常醜差，尤有甚焉，而不覺自墮於老氏有生於無之見，良可惜也。且其所謂無定極之“定”字，語極生疏，而其所見之大處已差，則此不足更辨耳。

“所以動而陽。”注：所以爲。

按，“所以”字下得極稱停，更不可添減，而度氏加一“爲”字於“所以”之下，全不成文理，亦不成義理，求欲加詳於本解，而不覺以此而反晦其本解之旨，如畫蛇之添足，反失其本然之形，良可异也。

“不雜乎陰陽。”注：不外乎陰陽。

按，朱子之意，以爲《太極圖》所以挑出一白圈於上面者，以其太極雖在陰陽五行之中，而理自理，氣自氣，不相夾雜，故如此云爾。今度氏以不外陰陽釋之，則是不惟不知其本解之旨，實不知不雜者是何等言，不外者是何樣語，而不雜不外之大相不同，不可以此而釋彼也，其所見之疏漏若此，誠未可知也。

“太極本無極之理。”

按，太極雖造化之所樞紐，品彙之所根抵，而其本然之妙，實無形聲之可見聞，故謂之太極本無極，而其所謂本者，猶言

①沈奎澤（1812—1871），字稚文，號西湖，著有《西湖集》。

本來、本是之意也。今曰太極之理本於無極云，則是太極之外，別有無極一物爲其本，而太極自此而生也，其可乎？度氏由前則以爲太極在無極之中，而有彼此之別，由後則以爲無極爲太極之本，而有先後之异，分明認得爲兩件物事，其所見之謬，一何至此哉！

"無假借。"注：自然而然。

按，五行之中，太極之理，各自完具。木不假借於金，金不假借於木，而水火土亦然，故謂之無假借也。今以自然而然釋無假借之義者，恐未瑩。

"男女一太極。"注：男女各一太極。

按，上所謂各一其性，是言男女各具一太極，而此所謂一太極，是男女統之爲一太極也。觀於"各"字之或言、或不言可知，而度氏合而一之誤矣。

"萬物一太極。"注：萬物各一太極。

按，度氏之失，與上條同。

"得其秀而最靈。"注：只有生而爲。

按，此五字説極模糊，若曰萬物均得陰陽五行之氣，以生而人得其秀云云，則爲差勝耶。

"各臻至理之極。"

按，至理之"至"字，已是極底意思，則何必更贅"極"字於其下？若改"至"爲"其"，則爲無病耶。

謹按，朱先生之爲《圖解》，極爲明白，無容後人之更贅，而又有所謂《群書句解》者，乃山陽度氏之所以逐句解説，使人便知某是何語，某是何義，而不費講究探索之功者也，其所用意，亦可謂勤矣。然試究其《句解》之旨，則其言之是者已自説了，於本解之中，而往往欲致詳而反失其本旨者亦多矣。然則所謂句解者，有之無所補，無之靡所闕，而徒使見者眩惑其心志而已。不知度氏之爲此解者，果何意？而編書者之取此解者，果何見也？余乃忘其僭率，摭出其句語之有病，而不可不辨者，條列於上。因以管見略附於逐條之下，以俟知道者之裁决焉。覽者亦或諒其情，而恕其僭否？《西湖集》卷十七。

《太極圖》札疑後説　李震相①

千古理氣之論根柢於“易有太極”之一言，而易者，二氣交變之名也，極者，一理真至之號也。此謂陰陽交易變易之中，實有太極本然之妙，既從氣上説理矣，而《繫》之曰“是生兩儀”，則陽非自生，生於太極之動也。陰非自生，生於太極之静也。此又從理下説氣，蓋器則易見，而道則難見，故因器而明道，道爲其本，而器爲其具，故先道而後器。既曰極生儀，則如以一物生彼兩物，而太極同於有形，故周子作《太極圖》，而更加無極二字。其曰無極而太極者，無根極、樞極之形，而實爲大根極、大樞極，非太極之前别有無極也。《繫》之曰動而生陽，静而生陰，則動亦太極之動，而静亦太極之静也。陰陽既生，太極便具於其中，一動一静，而天命流行。自其流行而逆推之，則陰陽無始，動静無端；自其本原而順推之，則太極在陰陽之先，而會動會静，體用全具。渾然於未動之際，而四德各有條理，粲然於既分之後，而萬化由此權輿。氣也者，其所乘之馬，而太極之乘陽者，名其德曰健，太極之乘陰者，名其德曰順，非健順之外别有太極也。陽變之陰，陰合爲陽，而五行生焉。水火木金，而土無不周；元亨利貞，而誠無不在。五行者，其五德之輿衛，而木火爲健，金水爲順，五行戮流，四時順布，萬物受生，形形色色，分分合合，莫非太極之全體性者，人人物物之太極也。人與物之成形，有通塞之别，故人與物之賦性，有偏全之异，偏亦一太極也，全亦一太極也。人也，有健順五常；物也，有健順五常。然人則能推，而物不能推，

①李震相（1818—1886），字汝雷，號寒洲、汕嶠、東嶠、定窩、祖雲憲陶齋、雲陶，著有《寒洲集》。

故《圖説》只以人極立言。夫性之在人，自其渾然者言，則一理無所分；自其粲然者言，則五常不相糅。一而不害有五，五而不害爲一，一者，太極之爲一原也，五者，太極之有五德也。非五德則不名爲太極，非五常則不名爲性，天人一致也。天之賦性，元無彼厚而此薄，彼多而此寡，則聖亦此性也，凡亦此性也。只緣氣之在天，已有淳醨升沈之變，故人之受氣，亦有清濁粹駁之异。清粹則此性易著，而常爲之主；濁薄則此性易掩，而反爲所役。在善氣上則爲善之理，在惡氣上則爲惡之理，然而性則純善而無惡者也，爲主而不爲客者也，性之在心該動静而不偏，動亦性之動，静亦性之静，静而萬理具，動而萬理行，初非有静而無動，亦非始理而終氣也。或從性言，而曰四端七情，四端，理之乘經氣而直遂者也，七情，理之乘緯氣而横出者也；或從心言，而曰人心道心，人心，知覺從形氣之私而發，道心，知覺從義理之正而發。四七、人道，皆自性發，非有二歧，則性則理也。不可謂之氣發，其善者，理發而氣順之也。其惡者，理發而氣揜之也，此則竪看説也。其或謂理發，或謂氣發者，見其苗脉之不同，而指其名義之互主也，此則横看説也。其或專謂之氣發者，見其作用之有力，而指其形迹之可據也，此則倒看説也。竪看則理在氣先，理爲氣主，而静則理之體，動則理之用也；横看則理氣迭相先後，迭相賓主，而或理動氣挾，或氣動理隨；倒看則理氣一物，不可分開，而發出之際，氣在先，理在後，氣爲主，理爲賓，動亦氣，静亦氣，而理爲借乘之死物矣。周子建圖立説，專以太極之體用反復推明，以至於聖人立極之道，則五性之真固爲之主，而感動之際爲主者，自若全體大用，無一欠闕，而古人所謂聖人一太極者，此也。

朱子之解是圖，一本諸周子之意而推廣之，亦未嘗别立一説，曰造化之樞紐，品彙之根柢者，明此理之先於氣，而常爲主也。曰動者誠之通，静者誠之復者，以四德言太極之體用，而貫以一誠也。命之流行而不已者，明此理之不偏於静，而無滯於動也。自其著而無不在，自其微而已悉具者，明此理之貫始終，通有無也。推之前不見其合，引之後不見其離者，深言理氣二物之不相雜，而不相離也。第三節言太極之本然，無適不在，而無虧欠、無間隔也。第四節言天下無性外之物，而渾然太極之全體，無不各具於一物之中。第五節言統體一太極，各具一太極之妙。第六節言人得太極之全，而五性之殊散爲萬事。第七節言静爲性之貞，酬酢事物，一天下之動。第八節言君子之主敬明理，而至於静虚動直也。第九節言三才一太極之妙，而仁陽義陰，道一而已。其末段則言程子之言性與天道多出於此，何嘗有片言半句及於理氣一物，理無動静，氣獨發用之意也？愚故曰：論理氣而不合於《太極圖》者，皆倒學也。《寒洲集》卷三十三。

太極圖説[①] 金道和[②]

所以動而陽，静而陰之本體。

此“體”字即體段之體，蓋所謂造化之樞紐，品彙之根柢也。若曰是體用之體，則是太極爲體，而陰陽爲用也，其非理體而氣用乎？故曰所以動而陽、静而陰之本體。其曰本體者，明其非體用之體也。

太極之體所以立，太極之用所以行。

陰静非太極之體，太極之體以陰静而立也。陽動非太極之用，太極之用以陽動而行也。蓋太極者，理也，陰陽者，氣也。氣爲之田地材具，而理便乘載包具，故陰之静者爲之田地，而太極之體於是而立；陽之動者爲之材具，而太極之用於是而行。故曰所以立，所以行，觀“所以”二字，其意可見。

陽變陰合。

陽主於周流變動，故曰變，陰主於凝聚斂合，故曰合。然

①底本此處注云：“讀書瑣義。”

②金道和（1825—1912），字達民，號拓菴，著有《拓菴集》。

陰陽二氣，自相倡和，則陽不變動，而陰之凝定者，何自而合乎？陰不凝合，而陽之周流者，何爲而變乎？即此“變”“合”二字，陰陽所以爲造化之具者，括盡無餘矣。

左係者，陽之變也。右係者，陰之合也。

左┗是陽之位，而自左而向右，┓者，是陽之變也。右┛是陰之位，而自右而向左，┏者，是陰之合也。

水陰盛故居右，火陽盛故居左。

按，退陶先生①以此爲當作生之序，大山先生②以此爲是據行之序。蓋水爲陰盛，而火爲陽盛，則是乃行之序也。而水陰之係根於陽儀，火陽之係根於陰儀，則其非生之序乎？此退陶説之所本也。水係根於陽，火係根於陰，則是乃生之序也。而水爲陰盛而居於右，火爲陽盛而居於左，則亦非行之序乎？此大山説之所本也。水生於天一，而成於地六，則水係之根於陽，以其生於天一也，水位之居於右，以其成於地六也。火生於地二，而成於天七，則火係之根於陰，以其生於地二也。火位之居於左，以其成於天七也，然則水火之係交係乎上者，以質而言其生之序也，五行之圈自相聯絡者，以氣而言其行之序也。陰陽錯綜，變化無窮，要在人看得如何耳？

五殊二實，無餘欠。

二底分爲五，則其殊也。宜若有欠五底合爲二，則其實也。宜若有餘，而陰陽造化之妙無方體，無窮盡，雖分而不爲少，雖合而不爲多，則以二爲五，而寧有欠乎？以五爲二，而寧有餘乎？或者謂分二爲五，而五非有餘也，合五爲二，而二非有欠也，此説似勝。

精粗本末，無彼此。

精也，本也，指太極也。粗也，末也，指陰陽也。太極，理也，理本無形，故曰精，曰本。陰陽，氣也，氣便有迹，故

①退陶先生：指李滉。

②大山先生：指李象靖。

曰粗，曰末，而精底不外於粗，本底不離於末，故曰無彼此也。蓋不言精粗本末，則無以見太極之不離乎陰陽矣；不言無彼此，則無以見太極之不離乎陰陽矣。

氣殊質异，各一其太極。

氣者，行於天之氣也。質者，具於地之質也。氣之行焉，而有木、火、土、金、水之殊；質之具焉，而有水、火、木、金、土之异。水火之氣質不同於金木之氣質，金木之氣質不同於水火之氣質，則是所謂氣殊而質异者也。而太極之理隨處充滿，無物不在，據水火而言，則水火之所稟，亦一太極也。據金木而言，則金木之所稟，亦一太極也。故曰各一其太極，各者，以氣質之相殊而言也，一者，以太極之完具而言也。兼舉氣質之相异，則其非所謂氣質之性，剔言太極之完具，則其非所謂本然之性乎？

此無極二五所以妙合而無間。

此無極也，由此二五之系也，以二五而合於無極，此所謂妙合也。謂之妙合者，以其合得來、無縫罅而言也。理與氣合，都無縫罅者，其非妙合乎？或以“妙”字看作弄得底意，退陶先生已辨之矣。

静者，常爲主焉。

静者，指正也、義也而言也，非正義之外復有所謂静也。蓋中仁爲太極之用所以行，正義爲太極之體所以立，而體立而後用有以行，則静者，其非全體之主乎？然則此“主”字當以主宰之意看，不當以用力看。蓋不待人爲用力，而其所以爲主者，自在也。

造化之樞紐，品彙之根柢。

大山先生曰：“造化是説陰陽五行，品彙是説男女萬物。”蓋陰陽异位，五行异氣，而其總會則在於太極，故曰樞紐。男女化生，萬物化育，而其根本則由於太極，故曰根柢。

推之於前，而不見其始之合。引之於後，而不見其終之離。

前與始，指無極而言也。後與終，指陰陽動静而言也。推之於前，冲漠無眹，而動静陰陽之理，悉具於其中，則何以見其始之合乎？引之於後，動静不同時，陰陽不同位，而太極無不在焉，則何以見其終之離乎？蓋以太極之不離乎陰陽而言，故曰不見其始之合，所謂無極而太極，圖之第一圈是也；以太極之不離乎陰陽而言，故曰不見其終之離，所謂陰陽一太極也，圖之第二圈是也。

陰陽五行，爲之經緯錯綜。

以大綱言之，則陰陽爲經，五行爲緯，然陰陽錯綜，五行各稟，而一經一緯變化無窮，經之中又有經緯，緯之中又有經緯，則"經緯"二字恐不可以局定説。

統體，一太極，各具，一太極。

統體者，各具之本也；各具者，統體之分也。合爲統體，而不爲多焉；分爲各具，而不爲少焉。子思所謂大德敦化，小德川流者，此也。

定之以中正仁義。

定者，非聖人之自定也。所以一天下之動，而使天下之動者定也。如孟子言天下之爲父子定。

不專一則不能直遂，不翕聚則不能發散。

專一翕聚，以静言也；直遂發散，以動言也。處之也正，裁之也義，則所謂專一也，翕聚也；行之也中，發之也仁，則所謂直遂也，發散也。

立天之道，曰陰與陽。

陰陽非道也，所以陰之陽之者，道也。故朱子解之曰："陰陽成象，天道之所以立。"觀"所以"二字，其意可見。

於其中，又各有體用之分。

就陰陽而言，則陰陽之中自有體用；就剛柔而言，則剛柔之中自有體用；就仁義而言，則仁義之中亦有體用。故曰各有體用，非謂陰陽爲體，而剛柔爲用也，剛柔爲體，而仁義爲用也。

繼之者善止，變化成之者性止，禀受。

陰陽變化，以無極二五之妙合而言也。人物禀受，以男女萬物之化生而言也。變化流行在於禀受之前，禀受一定在於變化之後。所謂統而言之，則氣陽而質陰也；錯而言之，則動陽而静陰者也。

性善，形而上者也。

形而上者，理也。以《中庸》言之，則天命之命，即所謂繼之者善也。謂性之性，即所謂成之者性也。

正爲中之幹，義爲仁之質。

正者，貞固之體，而中之爲用，則以已發而宣著者言也。義者，嚴凝之體，而仁之爲用，則以偏言而流動者言也。以其貞固於内，而發爲宣著之中，則所謂正者，其不爲中之幹乎？以其嚴凝於中，而發爲流動之仁，則所謂義者，其不爲仁之質乎？然“幹”字“質”字皆有來歷，《文言》曰：“貞者，事之幹。”《論語》曰：“義以爲質。”注解所以掇取二字來。

鬼神合其吉凶。

退陶先生曰：“鬼神之屈伸，變化無窮，而吉凶之應，相尋於人事；聖人之潛見，飛躍進退，消息與時偕行，而不失其正，是爲合其吉凶。”大山先生曰：“當進則行爲吉，而藏爲凶；當退則藏爲吉，而行爲凶。”吉凶變動不居，惟義所在，蓋聖人之進退行藏一於義而已。而義之所在，自然合其吉凶，非謂占其吉凶，而求合於鬼神也。《拓菴集》卷九。

答《太極圖説》問目　金道和

圖陽動居左，陰静居右，蓋陽氣自下止。下降左是陽之位，右是陰之位，不必以上升下降爲左右也。且陽與陰俱是自下而升，今曰陰氣之下降，恐未然。

左邊二陽一陰，右邊二陰一陽，《湖陽集》以爲取形坎离，其説甚善。

先輩多以坎离之象爲言，不但湖陽説然也，然鄙意則太極之道，動静而已，左邊之二陽一陰，即是動極而静，静極復動也。右邊之二陰一陽，即是静極而動，動極復静也。未知如是看，不悖否？

五行圈位置止，陽居陽位，陰居陰位，烏在其陰陽交系變合之爲。

陽居左位，而其系上連於右陰之圈；陰居右位，而其系連於左陽之圈。此非陰陽之交系乎？左系之曲而連右者，陽之變也；右系之曲而連左者，陰之合也。解剥圖體，已言之矣。

五行圈下小圈，即所謂妙合圈也。妙合云者，言無極二五，混融無間，而爲化生之本也。雖聯系五行，而非單指五行也。太極生陰陽，而陰陽自相生止。萬物自相生，此所以理一而氣殊。

太極之生陰陽，陰陽、五行、萬物之自相生，莫非無極之理，而理非氣不行，則今以太極生陰陽爲理一，陰陽以下自相生爲氣殊者，恐未然。

《圖説》無極而太極，周子因易有太極之旨，而建圖立説止。此云無極，即以明"易"字"太"字與"有"字相應。

夫子所謂變易無體者，指形下之氣而言也。此圖所謂無極者，指形上之理而言也。若曰"無極"字明"易"字，"太極"字應"有"字，則得無認理爲氣之病乎？更思之如何？

朱子曰："無極正謂無形狀"云云。

既謂之極，則疑若有形狀，故朱子所謂如此，而兩"極"字之義微有不同。

動而生陽止，分陰分陽，重言之。

動而生陽，静而生陰，以流行言也；分陰分陽，兩儀立焉，以對待言也。非重言也。

動静是太極之動静止，陰陽之動静云云。

《圖説》解曰："動静者，所乘之機也。"所乘者，非太極乎？其機非陰陽乎？大山嘗與權清臺①論此，而竟以太極之動静

①權清臺：指權相一（1679—1759），字台仲，號清臺、拙修齋，謚號僖靖，著有《清臺先生集》。

爲系，蓋陰陽不能自爲動静，而太極爲之主故也。

五行圈，生之序，行之序。

退陶以生之序爲言，大山以行之序爲言，俛庵①則兼生行言之，其言曰："水火之系交系于上者，是生之序也；五行之自相聯系者，是行之序也。"此説甚的，嘗以此往復于先丈，載在遺稿，更爲檢看，如何？

陽變而生水火，陰合而生木金。

《圖説》曰："陽變陰合，而生水、火、木、金、土。"則何以曰直説水、火、木、金、土也，不詳其所疑者，何也？然其曰："陽變而生水火，陰合而生木金。"亦恐未然，更思之如何？

五氣順布，四時行。

先丈遺稿中，往復極爲詳的。然若以五氣布爲生之序，四時行为行之序，分爲生行於四五，則恐未安。五氣之布，獨非流行，而四時之行，亦非相生乎？

各一其性。

嘗以此義數次往復於先丈，而未有究竟。蓋以"禀受"二字言於化者之前，似甚未穩，當更徐思以報耳。

惟人也，得其秀止。奚獨人乎？

《大學·或問》不云乎，"得其正且通者爲人，得其偏且塞者爲物"云云，則何獨於此疑之乎？其所以失其性之全者，氣拘物累而然也，安可曰不得其秀而靈乎？

衆人具止，失之於動。

蓋謂動處易失，非謂動便有失也。先丈所論甚當，然嘗見李俛庵説，以爲通下節聖人定之之義而看之，然後其義始備，恐當以此説爲定論。

中正仁義，不曰禮智，而曰中正。

中是禮之得宜處，正是智之正當處，故特言中正者此也。仁義，其德也，中正，其用也，故兼舉而言之。

①俛庵：指李瑀（1739—1810），字稚春，號俛庵，著有《俛庵先生集》。

正義爲寂，中仁爲感止，動極而静，静極復動之義。

正義之體立於身，是所謂主静，而及其動也，各當其則，則中仁之用於是而行，而不害其動中之静也，嘗見大山説如此。

土冲氣故止，以静配土。

五常之分配五行，信爲配土，而今曰以静配土，則静者，正義之體也，動者，中仁之用也。土於五行無不在，偏屬於静一邊，無乃不可乎？來説恐當廢之耳。

立天之道止。立人之道，曰仁與義。

朱子曰："仁義是個對立底關鍵。"蓋禮則仁之著，智則義之藏，來示推説甚好。《拓菴集》卷五。

答《太極圖説》問目　金道和

五殊二實無餘。

五底合爲二，則二若不足，二底分爲五，則五若有餘。而陰陽五行之氣，雖分而不爲多，雖合而不爲少，故五底合爲二，而二非有欠也。二底分爲五，而五非有餘也。平日看得如此，未知如何。

精粗本末無彼此。

來示太極爲精本，陰陽爲粗末，此本熊氏説。而葛庵①嘗非之曰"精粗本末皆理也"云云。葛翁之意，蓋以程朱諸説精粗本末皆以理言，則不應於此處分屬理氣，故以熊氏説爲非。然大抵此一句分明釋陰陽一太極之義，則熊氏説似明白，恨不仰質於南嶽講席也。

動而生陽云云。

---

①葛庵：指李玄逸（1627—1704），字翼升，號葛庵、南嶽，謚號文敬。現存有《葛庵先生集》。

動而生陽，静而生陰，是對待之體。而動而静，静極復動，則又是對待中流行之用也。一動一静，互爲其根，是流行之用；而分陰分陽，兩儀立焉，則又是流行中對待之體也。然來示體用序位分屬，亦甚有理，當更思之。

陽變陰合。

陽主發動，陰主凝静，故陽則曰變，陰則曰合，然造化之理，豈有陽獨變，而陰自在乎？

太極之妙，所乘之機。

頃者學汝君來傳尊説，曰："本然之妙是理也，所乘之機是氣也。此理氣分判處"云云。余答之曰："然則動而生陽，静而生陰云者，是爲氣生氣乎？此'動静'字恐不可專以氣看。今承來示曰本然之妙云者，所以動、所以静之理也；所乘之機云者，即使之陽、使之陰之機也云云。始知學君所傳，不免有差，而'所以'字、'使之'字，實與鄙見相契，然未知無大悖於義耶？"

推前引後云云。

來示當以太極陰陽離合看云者，誠得之矣。大抵其合也，如可見，則是太極陰陽混爲一物也；其離也，如可見，則是太極陰陽判爲二物也。於其不相離之中，而自有不相離之妙；於其不相離之中，而亦有不相離之妙。則推之於前，而豈可以見其合乎？引之於後，而豈可以見其離乎？以圖體言之，第一圈之挑出上面，第二圈之墮在陰陽，恐當如是看，如何？

錯而言之，動陽静陰。

所謂錯言者，蓋言五行之各自有陰陽也。就各自處觀之，則質具之動静，當如來喻所云。火之煽揚藏伏，水之流動渟滀，可以當之，而氣行之動静，誠有未曉，然竊意木行之氣旺於春，而春分以前是木行之方旺也，春分以後是木氣之漸收也。方旺者屬動，漸收者屬静，餘行皆然。且夫水行之旺而動也，火與金水當屬乎静。火行之旺而動也，金水與木又當屬乎静。此非所謂各自有動静，此非所謂錯言之者乎？姤復動静之示，恐或太闊而不精，幸更賜反覆以歸，至當之地千萬。《拓菴集》卷五。

答姜建夫論《太極圖》别紙 金道和

《圖解》曰："水陰盛故居右，火陽盛故居左"云云。

按《圖説》解曰："以質而語其生之序，則曰水、火、金、木、土。以氣而語其行之序，則曰木、火、土、金、水。"朱子既以生行之序分説陰陽，而於《圖解》只曰："水陰盛，故居右，火陽盛，故居左。"有若專以行之序爲言，故勉齋嘗致疑於此，而退陶先生亦以爲然。至於大山則曰："是據行之序而言，朱子於此不應有差。俛庵翁則以爲五圈排置者，其生之象也。脉絡相因者，其行之序也。固不可執一而廢一也。愚意，則俛翁之兼説生行似爲完備，而恐有未盡詳細處。蓋水爲陰盛，火爲陽盛，則是行之序也。右陰根於左，右陽根於右，則是生之序也。以其陰盛之水，而生於天一，故根於陽。以其陽盛之火，而生於地二，故根於陰。而其曰根於陽、根於陰者，是生之序也。其曰陰之盛，陽之盛者，是行之序也。然則水火之係交繫乎上，其非生之象乎？五行之圈自相聯絡，其非行之序乎？俛翁以脉絡相因爲行之序者固然，而以五圈排置爲生之象者，無或稍欠曲折乎？

説解夫天下無性外之物，而性無不在。

竊謂既曰"天下無性外之物"，則似指人物禀受爲言。而其下即曰"無極二五，所以混融而無間，所謂妙合"云云。則妙合之際，固非人物禀受之可言，至凝聚成形，而後始可以言人物，禀受之前，何以不言理，而言性字也。蓋二氣流行，化生萬物，而理便乘載其上，爲之主張，是故以是而謂之性耶？邵子曰："性者，道之形體。"此雖就禀受以後爲言，而於此"性"字似爲襯貼，未知如是看，不悖於本解之義否？

説解衆人具動静之理，而常失之於動。

按，《圖説》但曰："五性感動，善惡分，萬事出。"而朱子必以衆人之失於動爲言，何也？夫五性感動，聖人之所同也。善惡分，萬事出，大賢以下之所不免，則善惡纔分，不可謂失於動也；萬事由出，亦不可謂失於動也。若以善惡分，萬事出，謂之失於動，則自非聖人之全體渾然，皆可曰失於動，何必衆人耶？且若曰易失於動則可，直謂常失於動，則濂溪本説，何者是常失之云也？愚意，則下文所謂聖人定之之一“定”字，可以見衆人常失之意也。向使衆人不失於動，而初無欲動情勝之患，則聖人固無事於定矣。以其欲動情勝，而常失於動，故爲聖人者，斯有定之之道，則即此聖人定之一“定”字，便見衆人之有常失處，豈可以善惡分，萬事出，直謂之常失於動耶？既有所疑，不敢終隱，逐一辨示如何？《拓菴集》卷三。

太極圖説　盧佖淵①

周子曰：“無極而太極。”此是第一章，而釋第一圈者也。無極者，本其無之謂也，太極者，極其大之稱也。太極之外，豈别有無極哉？自無而有，形容其極大之義，而在於理之後，氣之先也。

“太極動而生陽，動極而静，静而生陰，静極復動，一動一静，互爲其根，分陰分陽，兩儀立焉。”此是第二章，而釋第二圈者也。將釋第二圈，而先言太極者，即指第一圈太極也。動而生陽、静而生陰者，將言動極静極，而以明其而静復動之妙者也，非動然後生陽，而静然後生陰也。且一動一静云者，非如《繫辭》所謂一陰一陽之謂，蓋指一個動，一個静也。互爲其根云者，其字當玩味，非陽根陽、陰根陰之其字也，即陽根陰，而陰根陽也。

①盧佖淵（1827—1885），字漢若，號克齋，著有《克齋集》。

故繼之以“分陰分陽，兩儀立焉。陽變陰合，而生水、火、木、金、土，五氣順布，四時行焉。”此是第三章，而釋第三圈者也。將釋第三圈，而先言陽變陰合者，即指第二圈陰陽也。水、火、木、金、土，已有先儒之定論；而五氣順布者，於“順”字之中已有五行之序；四時行焉者，又以配四象之數也。

“五行一陰陽也，陰陽一太極也，太極本無極也，五行之生也，各一其性。”此是第四章，而釋第四圈者也。將釋第四圈，而先言五行者，即指第三圈而引起男女之太極也。

“無極之真，二五之精，妙合而凝；乾道成男，坤道成女，二氣交感，化生萬物，萬物生生，而變化無窮焉。”此是第五章，而釋第五圈者也。將言萬物太極，而先言男女太極混爲一章者，人物之生，理同而圈异，所以“五行”二字引起於乾坤之先，而二五之真、五行之精云者，都包於“真”與“精”二字矣。“惟人也”三字，繼之於前五章之末，而揭之於後五章之首。《中庸》以天字開端結末，而以鬼神章居中，故此以人字而居中，其周子之妙乎！

“得其秀而最靈，形既生矣，神發知矣。五性感動，而善惡分，萬事出矣。”此是第六章，而復説第五圈者也。前五章言太極之體，後五章言太極之用，故前稱萬物，而後稱萬事者此也。又以形生神知形容男女太極，而與第五章包了一章之義。

“聖人定之以中正仁義，而主静，立太極焉，故聖人與天地合其德，日月合其明，四時合其序，鬼神合其吉凶。”此是第七章，而復釋第四圈者也。前言水、火、木、金、土，而此以中正仁義代五行者，即上所謂太極之用也。且以第四圈代第三圈者，如上章引起之類也。

“君子修之吉，小人悖之凶。”此是第八章，而復釋第三圈者也。五行之用，已盡於前章，故此以君子小人明其吉凶，又是用中之用也。

“故曰立天之道曰陰與陽，立地之道曰柔與剛，立人之道曰仁與義，又曰原始反終，故知死生之説。”此是第九章，而復釋第二圈者也。因“陰陽”二字以起柔剛仁義，而又曰原始反終者，以明五圈子之順推逆推也。又以“生”字繼於“死”字之後，以俟百世之聖人，而死生亦陰陽也。

“大哉《易》也！斯其至矣。”此是第十章，而復釋第一圈者也。“大”字應“太”字，而“易”字應“極”字，“斯”字應“極”字，而“至”字應“無”字。合而言之，則太極而無極也，逆推順推之妙，正所謂原始反終，而深得乎羲易思庸之妙者，其惟周子之《太極圖》乎！《克齋集》卷三。

《太極圖説》大指 柳重教①

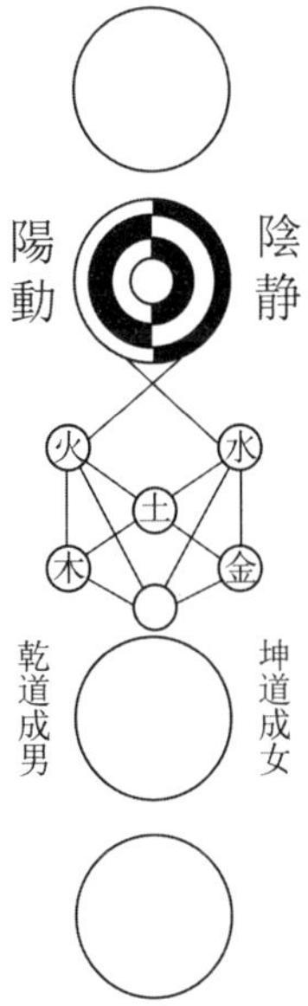

圖第一層太極圈，《易》曰“易有太極”，此即其象也。

①柳重教（1832—1893），别稱柳孟教，字稚程，號省齋、存齋、壽春山人、東岳山人，謚號文簡，著有《省齋集》。

《先天圖》八卦圓布，其中央虛處，即太極之位也。此特立一圈以示人者，明象數未形，而其理已具也。第二層陰陽圈，《易》曰“太極生兩儀”，此即其象也。《先天圖》設兩儀，用奇偶之畫，而此用白黑定位者，狀陰陽之德，爲較著也。陽之白而根乎陰之黑，陰之黑而根乎陽之白，見兩儀之分定者，未嘗不互資也。陽未嘗無陰，陰未嘗無陽，見兩儀各具太極之全也。陰陽交抱而中虛統外，見兩儀之統體一太極也。第三層五行圈，《易》曰“兩儀生四象”，此即其象也。變四象爲五行者，《河圖》著五行之象，而聖人則之以作《易》，四象與五行非二物也，但舉五行則見其爲造化之具也。《河圖》五行各居正方，而此對列左右者，明其從兩儀而分也。循五行相生之序而繼之以細畫，明五行亦互爲其根也。五行各加一小圈，明五行各具一太極也。五圈同繫一空圈，明五行統體一太極也。空圈不在五行之中位，而在下位者，土已居中也。第四層男女圈，《易》曰“乾道成男，坤道成女”，此即其象也。男女無各具之圈，而只設統體一圈，蒙上例而略之也。第五層萬物圈，《易》曰“男女構精，萬物化生”，此即其象也。統體各具，并同上例，萬物不分書左右而繼之圈下者，以其不可分也。且以示生生變化無窮之勢也，蓋最上一層，是生物之本，次二層是生物之具，次二層是生物之序，總之則只是一太極也。故命之曰《太極圖》，在天地看，則其本象固如此。就一物看，則又各具此象而無不全也。

“無極而太極。”

此節釋圖第一圈。

“太極動而生陽，動極而静，静而生陰，静極復動。一動一静，互爲其根，分陰分陽，兩儀立焉。”

此節釋圖第二圈。

“陽變陰合，而生水、火、木、金、土，五氣順布，四時行焉。”

此節釋圖第三圈。

“五行一陰陽也，陰陽一太極也，太極本無極也，五行之生也，各一其性。”

此節反覆結上文。

“無極之真，二五之精，妙合而凝。乾道成男，坤道成女，二氣交感，化生萬物，萬物生生而變化無窮焉。”

此節上五句釋圖第四圈，下四句釋第五圈，已上蓋據天地之本然，以見圖之全體也。

“惟人也，得其秀而最靈，形既生矣，神發知矣，五性感動，而善惡分，萬事出矣。”

此節又專就人見五圈始終之象，最靈，太極也，形神，陰陽也，五性，五行也，善惡，男女也，萬事萬物也。然亦只據其自然者而擬之也。

“聖人定之以中正仁義，而主静，立人極焉，故聖人與天地合其德，日月合其明，四時合其序，鬼神合其吉凶。”

此節明聖人立人極以配天地，乃人道之當然也。言中正仁義而信在其中，五行也。静必對乎動，兩儀也。人極云者，太極之在人者也，曰定，曰主，曰立，即人心主宰之功也。其言之逆序者，歸重在後，不得不然也。天地日月，四時鬼神，天地之全體也，合之爲言，配之無間然也。

“君子修之吉，小人悖之凶。”

此節言君子小人之事，聖人定之，而君子小人修之悖之，亦太極兩儀之象也。所修所悖，皆以中正仁義而言，修之而嚮乎人極，則爲天地所培而吉；悖之而背乎人極，則爲天地所覆而凶矣。若聖人則與天地合者也，吉凶自我而生焉，命討刑賞之屬是也。蓋此二節指示人道，至深切著明，建圖立説，其大指在此矣。朱子就其中繼之以敬肆之説，則其所以發明修悖之幾，又無以加密矣。

“故曰立天之道曰陰與陽，立地之道曰柔與剛，立人之道曰仁與義，又曰原始反終，故知死生之説。”

此節引《易》二語，以斷全篇之意，篇内上一半言天地，而其道不外乎陰陽剛柔。下一半言人，而其道不外乎仁義。總而言之，皆原始而明其所以生也，執此而反之，則其終之所以死者，亦可知已矣。

"大哉《易》也，斯其至矣。"

此總結之辭。《省齋集》卷三十。

《太極圖説》雜識 柳重教

伏羲《先天圖》中央虚處是太極，外八卦萬象具焉。自孔子没，易學没焉，至千有餘年，周子得太極之理而表章之，邵子得八卦之象而演繹之，其實皆先天學也。

《太極圖》懸空挑出一圈，於陰陽五行男女萬物之上以示人，此大功也，便見其爲易學中興之祖。

圖凡五層圈，最上一層圈，渾然一理而已。最下二層，亦只設統體一圈，未有模捉處。惟第二第三層兩圈，正好演繹，蓋此兩圈，象無不備。而惟分定而互根，統體而各具兩言最盡，以陰陽言，則陽動陰静，白黑异位，陰陽之分定也。而陽生乎陰，陰生乎陽，即其互根者也。陰陽交抱，中虚統外，陰陽之統體一太極也。而陽中有陰，陰中有陽，又未嘗不各具太極之全也。以五行言，則火木屬陽，水金屬陰，土處其中，五行之分定也。而五氣順布，脉絡相連，循環無端，即其互根者也。五位同系一空圈，五行之統體一太極也。而五目各加一小圈，又未嘗不各具太極之全也。至合二層而推之以此例，則陰陽與五行，既上下分位，而中間又設交系之畫。二層雖同本於第一圈，而上下又各具中虚之圈，蓋無所處而不相值也。學者玩心於此，而得其精微之極致，則推之於上，引之而下，三圈之所藴，亦有可得而明者也。

圖設五層，亦一理二氣五行之象也。第一層即是太極，次二層屬天地，次二層屬人物，兩儀也。陰陽與五行，又有本支之分，男女與萬物，又有子母之體，便是四象也。

聖人言易有太極，後人遂意太極實有一物，可與下文兩儀四象八卦一般看。周子作《圖説》，於“太極”字上，更著“無極”字以明之。儘有功力，但説得極險，讀者或反聽瑩。朱子將“無極而太極”一句，解作無形而有理，疑之者又常云無極若訓無形，則太極須訓太形，太極若訓有理，則無極須訓無理。蓋所謂極者，本有方有體，爲物所根極之名，如北極屋極之類是也。周子之意，若曰太極者，初無方體可指以爲極者，而實則萬化萬品之大根極也，如是看，似稍易曉。

周子既言“無極而太極”，朱子又恐後人遂將太極作懸空孤立之物，或向别處走，乃以上天之載貼解之。“天”一字多少平實，便使人有指擬處，聖賢隨時立教，各有至意，不可不深察也。或曰：“《圖説》下文言‘分陰分陽，兩儀立焉’。此方是天地肇判處，首言無極而太極時，豈有所謂天者耶？”曰：“天地未判時，一元之氣，亦不害爲專言之天也。”

朱子釋太極，以造化之樞紐、品彙之根柢，造化，就天地上説，下文陰陽五行，即其具也。品彙，指人物而言，下文男女萬物，即其目也。樞紐者，開闔結解之所由，根柢者枝葉花實之所始，一以見太極無爲而爲有爲之主，一以見太極無形而爲有形之本，二者闕一，非所以論太極也。

《易》曰“太極生兩儀”，已足警人，此言“太極動而生陽，静而生陰”，則更加精采矣。蓋上言太極之無方體，則直曰無極；下言太極之有主宰，則忽然曰動曰静。有若活物，然此其一轉語之間，抑揚反覆乃如是，非直覰實體，吃緊爲人者，不能及此。

動静無端，陰陽無始，而太極主宰之妙，無乎不在。特然説“太極生陽生陰”，蓋斷自中間一處言之也。其實“動而生陽”一句，即據以前静一節而言，“静而生陰”一句，即據以前動一節而言，猶言動其静以生陽，静其動以生陰也。如以四時言，則開發去年之冬，以生今年之春，收斂今年之夏，以生今年之秋，皆太極之所爲也。

此篇自“生陽生陰”以下，凡九“生”字以始終之，蓋太極之道無他，只是生生而不已焉耳。就天地看，則盈天地坱然生氣，無一隙陳腐處。以古今言，則貫古今，生理接續無一刻間歇時。去一“生”字，無以見太極真面。

朱子嘗言空蕩蕩地未有一物時，只有一個太極，便會動而生陽，静而生陰。所謂空蕩蕩未有一物，蓋亦指天地未判，萬物未生之時而言，非謂并與混淪一氣而無之也。然只此混淪一氣，屬之前，天地之終則爲陰，屬之今，天地之始則爲陽，畢竟是離陰陽不得。陰陽自已生而論其流行，則曰陽動而陰静，就方生而明其所由，則曰動而生陽，静而生陰。程子所謂動静者，陰陽之本是也。尤菴先生嘗疑動已是陽，何故復言生陽，静已是陰，何故復言生陰。恐於此界分，照檢有未周。

内陽外陰，易之大義也。此篇説生陽生陰處，專言敵體互根之理，若無甚向背，惟動極而静、静極復動，“而”“復”二字爲有深權。蓋動極而静云者，勢窮而止，不得不然之辭，静極復動云者，理未嘗泯，終而復始之辭。易所語復其見天地之心，所謂繼之者善是也，此其向陽背陰之意已明矣。首之以“動而生陽”一句，終之以“静極復動”一句，而中間包含“動極而静，静而生陰”二句，則其主陽統陰之意，又可得之於言外矣。

太極與陰陽，其界分自直截，不費辨認之工，惟太極與動静，最難名言。朱子嘗言謂太極含動静則可。自注云以本體而言。謂太極有動静則可。自注云以流行而言。若謂太極便是動静，則是形而上下者不可分。此三言最盡。蓋含動静者，太極之體，而有動静者，太極之用也。有動静之妙者，形而上者，而有動静之迹者，形而下者也。既合得體用，又分得上下，方始免未備未明之失也。以此篇所解言之，上言太極無聲無臭，而實造化之樞紐，品彙之根柢，此太極含動静之説也。下言太極之有動静，是天命之流行也，此太極有動静之説也。其下又曰“太極者，本然之妙也，動静者，所乘之機也”，此太極與動静者，分上下之説也。

此篇陰陽五行、男女萬物，各言分定而互根之理，以明圖意。如曰“動而生陽，静而生陰，分陰分陽，兩儀立焉”。言兩儀之分定也，而其曰“動極而静，静極復動，一動一静，互爲其根”，即其互根者也。曰“陽變爲合，而生水、火、木、金、土”；言五行之分定也，而其曰“五氣順布，四時行焉”，則自然成互根也。曰“無極之真，二五之精，妙合而凝，乾道成男，坤道成女”，言男女之分定也。而其曰“二氣交感”，即互根之理也；曰“化生萬物”，言萬物之分定也。而其曰“萬物生生變化無窮焉”，則互根者在其中矣。惟統體各具之理，則特於陰陽五行之後，别立一節而總言之，以蒙下男女萬物，亦立文之體也。太極本體有可以一言盡者，所謂誠是已，真即誠之謂也，亦一篇眼目也。周子既作此篇，又作《通書》以配之，而篇首特言誠，以當太極之實，意政相發也。

無極之真，二五之精，性無不真而氣有精粗，天地氤氲，其凝聚而成男女，交感而生萬物者，皆氣之精者也。所謂精氣爲物是也，於其精也，而得其秀者爲人，於其秀也，而又得其秀之秀者，其惟聖人乎！

惟人也一節，承上文言人得二五之秀，而爲萬物之最靈也。蓋言形既生矣，則見其爲精氣之所聚，而無以見其异於草木矣。繼言神發知矣，則見其异於草木，而無以見其异於禽獸矣。至言五性感動，則乃見其异於禽獸，而爲萬物之最靈也。然其感動之際，有得有失，有過有不及，而情之善惡，於是乎分善惡兩端，推蕩不已，而萬事之散殊，至不可窮焉。蓋所謂得其秀者，語其大分則固秀矣，而於其中不能無等數，故其所謂靈者，比之萬物則固最靈矣。而於其中又不免有得失乃如此，所以必待聖人之得秀之秀而爲靈之靈者，出於其間，然後乃能有以齊不齊而定于一也。

聖人定之，此“定”字，羅整菴常深疑之，以爲若是自定，則與上文不相屬，是定人，則下文主静之云無落著。此殆察之未精也，蓋定是定人之定，而其所以定之，則非人人而定之，立極於吾身，而人自定也。如瞽瞍底豫而天下之爲父子者定是也。

定之以中正仁義，立人之道曰仁與義而已矣。而周子又見易之用，莫大乎中與正，故舉此以配之爲四德，而自注云聖人之道，仁義中正而已矣，於《通書》又特立一章以發明之，其意至矣。蓋上言五性感動，只見性情之端緒而已，此言定之以中正仁義，乃著明道理之準則，言各有所主也。或曰："不言仁義中正，而言中正仁義，何也?"曰："承上文衆人之不齊而言定之之功，則中正爲重，故先舉中正爲言也。然其天然之序，則終須以仁義爲先，故注文及《通書》，則皆稱仁義中正矣。"

主静，所以一其動也，亦周子新發明之也。然學者知主静之爲可貴，而欲强絶心思，以求所謂静，則反有害於理，故却自注云無欲故静，其意至矣。蓋先言定之以中正仁義，立經陳紀也。繼言主静，即其裏面體要處也。

人極者，人道之至極，而爲天下萬世所標準之名也。所以立之，即上文兩言者是也。此篇上言太極者，天地一原之太極也，人與萬物之所從而出也。下言人極者，人分上各具之太極也。有以立之，則天地以之而位焉，萬物以之而育焉，此其相配互資之妙，學者宜潛玩而深體之。

天地日月，四時鬼神，即天地之全體也。析言之，則天地者，天地之本體也，日月四時代明錯行於其間，而主生成萬物之工者也。鬼神即天地之功用，而行威福於人物者也，是四時者，皆有形而上者，有形而下者，所謂其德、其明、其序、其吉凶，即其形而上者也。蓋與天地合其德者，聖人之仁也；與日月四時合其明、合其序者，聖人之智與禮也；與鬼神合其吉凶者，聖人之義也。惟其無纖毫之私以自隔，所以致大同一體，而無間然，嗚呼至矣！斯其爲人道之大宗乎！

周子只言無欲故静，不言所以無欲之由，朱子帶補一"敬字曰："敬則欲寡而理明，寡之又寡，以至於無，其意益備矣。"然其補之不於本句而於下節者，無欲故静，主聖人而言，聖人無修爲，敬者，修爲之事也，故特於君子修之之下而發之，以明聖之可學而至。

中正仁義雖四言，而舉其關鍵則仁義而已。人之道，横説則仁與義對立，而與天之陰陽、地之剛柔相參；竪説則原其始，而必得是理而生，故反其終而是理既盡，則死矣。此篇末所以特引《易》兩語以結之也，若以類分屬，則始而生者爲陽道，而終而死者爲陰道也。

此篇上一半説天道之自然，下一半説人道之當然，若《易》之有先天後天，讀者當各加研究之工。若論立説之本意，則當以下一半爲歸宿處，不爾則上一半所説，徒然發露得天機，而無補於開物成務，教人入道之功也。《省齋集》卷三十。

續識 柳重教

朱子解“太極生陰生陽”一節，始終分合，極有綜理，正好玩繹。蓋首三句，正解全段大旨。上二句，因前段所釋上天之載，而承接其語緒也。下一句，引《易》文以證其大意也。自誠者以下一節，乃取《通書》首句所言誠者體貼太極，以明太極之動静，即誠之通復，而因分類而廣解之。蓋圖與書實相表裏，故不得不引以相配，亦注釋之一例也。自動極而静以下二節，一以動與静而釋流行之妙，一以陰與陽而釋一定之分。自太極本然之妙以下二節，一以太極與動静者，而分乘載之體，一以太極與陰陽，而分道器之位也。自①自其著者以下二節，一以動静陰陽與太極，而明顯微之無間，一以太極與動静陰陽，而明體用之一原。自推之於前以下，至終一節，又以明顯微體用之合，推前引後，而不見其有始終也。

“太極者，本然之妙也，動静者，所乘之機也。”此兩句就天命流行處，指示帥役乘載之體最分曉。蓋“然”字主動静言之，而曰本然，則屬之上面，“乘”字自太極言之，而曰所乘，則屬之下面。妙者，命物精巧，泯然無迹之名，如妙萬物、妙

①“自”：衍文，可删。

性情之妙是也。機者，隨人低仰，不能自用之物，觀風爐水車之類可見，深體味之，則所謂無爲而爲有爲之主，有爲而爲無爲之器者，其界分盡露無餘矣。朱子於中歲爲此言，至年六十餘，却自謂精衰，不能道得及此，蓋言其造語之極難也。

凡言“乘”字，有兩樣面勢，如乘車乘馬之乘，重在乘之者，如乘時乘勢之乘。此“乘”字只作因字意看，與乘載之乘不同。重在所乘者。至若太極乘氣機之乘字，當主上説看，先輩每用下説解之，所以於帥役之體，有所不明。

動静者，所乘之機，下文説陰陽，不著“者”字，而此獨於動静著“者”字，亦有其意。只言動静，則理氣乘載皆在其中，至著“者”字，然後乃見其爲氣機。

推之於前而不見其始之合，引之於後而不見其終之離。此言理與氣之妙合無始終也。程子説：“動静無端，陰陽無始，非知道者，孰能識之。”此專言二氣之流行無端始也，二説似不同，此乃引而相證，何也？曰：“程子此言，極有深意。蓋道貫古今，而氣有成毁，動静之所以無端，陰陽之所以無始，以其與道妙合而不相離也。若一與道離，則便間斷絶息而不能循環矣。故言動静無端，陰陽無始，非知道者，不能識之，主意在知道一句，政不可慢看，識得此意，則朱子之引而相證，可無疑矣。”

性爲之主，而陰陽五行，爲之經緯錯綜，各以類聚而成形焉。此與《中庸》注氣以成形，理亦賦焉者不同，何也？此言無極之真，二五之精，妙合而凝，故其解之，須理爲主而氣爲客也。《中庸》言天命之謂性，既曰命焉，則須先有受命之地，然後乃有所命之理，故其解之如彼，竪説倒説，理未嘗不一也。《省齋集》卷三十。

讀《太極圖》　韓章錫①

太極，理也，本然之性；陰陽，心也，善惡分焉；五行，五性也，氣質之性生焉；萬物，萬事也，天下之應用不窮焉。

天地陰陽也，四時五氣也，太極在天地之先。

無極而太極，冲漠無眹，而至理存焉，幾於陰陽，著於五行，散爲萬物，夫理一也，顯微無間。

太極無迹，陰陽微有迹，五行其迹著。爲其無迹也，故曰無極，理存乎中而極天下之大也，故曰太極。以理則至微，以象則至著。

發之以生物之心，而仁見焉；裁之以成物之道，而義立焉；行之以天下之中，而禮得焉；居之以天下之正，而智合焉。動静體用，如環無端，乃反其本，淵乎無爲，此之謂繼天立極，四時合序。嗚呼！非天下之至誠，其孰能與於此？

人與天地奚异哉？久速而已矣；萬物與人奚异哉？通塞而已矣，理則一也。

今夫盈天下之物，形有不成於五行者乎？氣有不受於陰陽者乎？理有不本於太極者乎？

故曰天地一太極，人亦有一太極也。萬物一太極，一物亦具一太極也。《眉山集》卷十。

①韓章錫（1832—1894），字稚綏、稚由，號眉山、經香、三觀，謚號文簡，著有《眉山集》。

批楊子根《太極圖解》問答　李種杞①

“無極而太極。”答：極者，有形之物也云云。

無極對恐有商量，屋極之極，北極之極，表準之極。朱子雖借以明太極之義，然極者，至極而已，無方所，無形象者也。今曰無極者，無形可也。而曰極者，有形之物也，是直以極爲有形之物也，而可乎？

“動而生陽。”李延平云：做已發看不得。然則當就其妙凝交感，做已發看否？答：太極動而生陽，就人身上却是大本達道之至理，恐不得做已發未發看。

當曰：“《通書》曰：‘寂然不動者，誠也，感而遂通者，神也，動而未形、有無之間者，幾也。’延平以動而生陽，做未形有無間看，故有是言歟？朱子亦嘗以《復卦》當靜時，後來覺其非。”

“乾道成男，坤道成女”，只是以人看否？答：奚獨人也，萬物皆有牝牡而後成云云。

當曰：“萬物皆有男女，蓋舉萬物則人亦在其中矣。”

“太極動而生陽，靜而生陰”，是專說理動靜否？答：專以理動靜看。

當曰：“雖專說理動靜，然氣亦在其中。”

人受太極之理以爲性，受陰陽之氣以爲形，何太極陰陽則動靜無差，而人則不然，常失於動？答：天與人，其理則一，而其氣不齊故也。

當曰：“程子曰‘動以天則無妄，動以人則妄也。’”

聖人定以中正仁義，是自定是定人？答：自定則定人。

當曰：“不必言自定與定人，只是理自有定而聖人從而

---

①李種杞（1837—1902），號晚求，著有《晚求集》。

定之。

聖人立人極，不説仁義禮智，而却説中正仁義。答：配五行之生序而然矣。

當曰："《圖説》本於《易》，而《易》中每主中正，蓋中屬禮，正屬智。"

程子曰仁體義用，朱子諸説以中仁屬静，而此《圖解》以正義屬静，何也？答：天道由動而静，故中仁爲用，而正義爲體，人心由静而動，故中仁爲體，而正義爲用。

當曰："朱子《答南軒中和第六書》論周子主静之意，曰：'以正對中，則中爲重，以義配仁，則仁爲本。'及爲《圖解》，以中仁屬動，正義屬静，而《記論性答藁後》云，《答敬夫書》所謂中正仁義之動静，有未當其位者，當云以正對中，則正爲本，以仁配義則義爲質。"《晚求集》卷八。

《太極解》再説　都漢基①

漢基於辛卯冬爲《集解後説》，至甲午孟春，又爲辨説，而是歲三月病閑之隙，讀《朱子大全》至《答林子玉書》，方覺"分"字平聲讀之誤，仍自濯去舊見，静坐嘿思，且詳考朱子諸書及《性理大全》，《太極圖》下注解諸説，則愚之辨説中，周子原説之太極動而静而之"動""静"字，非太極自會動静也，即太極有動静之理，而纔言動静，已帶着氣之説。朱子《答鄭子上書》中"理有動静，非理自動静也。即有動静之理，故氣乃動之静之"之説，更無餘疑。而第其"生"字"分"字，主圖看爲好之語。有所違异於周、朱二子之本意，而不可爲定論

①都漢基（1836—1902），字禮叔，號管軒，著有《管軒集》。本篇標題下注云："辛卯，有所著《太極圖説集解》一册。"

也。若固執此說，而不至省覺，則險些兒自誤而誤人也。玆將誤看之端略陳於下界之兒子，且以示前日講說之諸賢云爾。《管軒集》卷十五。

太極後說　都漢基

周子作此說，不曰太極說，而曰《太極圖說》，可知其先畫圖，後著說也。蓋無此說，而只畫圖，則後世必將無人解看，藉有稍爲解看，亦將歸之於詭邪妄誕之科矣。周子爲是懼，不得不有此說，而猶慮此說之人未易曉，又著《通書》而發明之。然黄山谷猶有自爲之誤解，陸象山亦有妄加之譏語，故朱夫子乃因其《圖說》而逐條解釋焉。後之人遂翕然從之，無异辭，漢基自受讀以來，未嘗不節節佩服。而至生陽生陰，分陰分陽處，心竊疑之。

曰太極動則便陽，静則便陰，又何言"生"字乎？動陽静陰，則兩儀已立，何待動極静極互爲其根，然後陰陽始分，兩儀始立乎？又何不曰陰陽既分，而必曰分陰分陽，重書"分"字乎？又何不曰兩儀生焉，而必曰兩儀立焉乎？乃就朱夫子《語類》而讀之，則有曰："動而生陽，静而生陰，則陰陽分，而兩儀立矣。"又曰："分陰分陽，是帶上句，觀此則陰陽分、兩儀立，已在動而静而之始，不在復動復静之後。"自是朱夫子之定論，然則《圖說》兩儀之書於互根之後之義，如何看可也？蓋詳《圖說》之意，太極動而生陽，動極而静，静而生陰，静極復動，一動一静，互爲其根者，蓋言太極本然之理爲然也，此所謂流行而不已也。分陰分陽，兩儀立焉者，蓋言太極之理乘動静機，載在氣上，自然分陰陽而立兩儀也，此所謂一定而不移也，此則然矣，而但生陽生陰之"生"字，似是贅加，而有乖於理，無情意，無造作之意。故黄勉齋有陽生陰生之說，宋尤庵有多一"生"字之疑者，此也。

而至於分陰分陽之兩書“分”字，兩儀立焉之必書“立”字，考《語類》而既無所論，按諸説而亦無可證，於是疑晦轉深，費心思量，則此義恐在於“圖説”二字上也。蓋周子當日既爲自手畫圖，自手著説，則圖是説也，説是圖也。畫圖，而太極之理在是焉，著説，而太極之理亦在是焉。無論圖之有無，爲其説則理固無异，文亦似乎無异。然愚意則以爲若指圖爲説，主圖爲文，則大體雖無可异，而下語成文之際，不得不與泛説太極，而有异焉，何也？太極之理本如是，故圖之象如是云爾。今周子之説，即主圖而爲説。故其説之命名爲題，不曰太極説，而加一“圖”字，曰《太極圖説》，後之讀此説者，不得不以“圖説”二字着在心頭。以主圖看之，然後可無其説中字句齟齬之嘆耳！苟爲主圖而看之，則上項諸疑，自可冰釋。其曰生陽生陰者，即《太極圖》畫之左生陽，右生陰也。其曰互爲其根者，即第二層圖之陽根陰，陰根陽也。其曰分陰分陽者，亦第二層圖之分陽生陰、分陰生陽，爲水火坎離之象也。其曰兩儀立焉者，即兩儀雖生於動爲陽、静爲陰之時，而今得水火而硬立也。外他變合連畫之義，中正前後之説，亦可推之而瞭然矣。蓋泛以太極之理而論之，則太極本無形之物也。此説中“生”字“分”字，固不無有情意、有造作之疑，而今以畫圖而觀之，則太極乃是假其名而形之于圖也。既有其形，故乃爲生陽而生陰，又於陰陽中分其形而异之，分陰而陽生於陰中，分陽而陰生於陽中，“生”字“分”字，方有着落而無疑焉。以朱子亞聖之資，當其解釋《圖説》之日，只從微妙難見之理，而指明無餘，如主圖爲説等易看之端，固不必論及，而亦未知其時，門人皆無疑於今日所疑之語，而無一人問之者歟？間不無分立先後“生”字辨論之語，而亦不通暢。愚於此竊有惑焉，漢基此説，非敢欲貳於古説，求多乎前言也。才本駑下，見亦孤陋，妄自生意於先輩不足疑之地，猥構荒説，作爲札疑，附之于諸先生《圖解》之下，以俟益加進工，自覺誤看之日云爾。《管軒集》卷十五。

《太極圖説集解》後叙[1] 都漢基

濂溪周子著《太極圖》，又爲之説，以發明《大易》之道，於是夫子《繫辭》太極之旨愈彰焉。朱子就圖與説而逐段解釋，因謂門人曰："某若不分别出許多節次來，如何看得？未知後人，果能如此子細去看否。"以朱子平日謙退之心，乃有此言，有若自負然者，可知出於用力尋究，靡有底藴，可以百世不惑，而使周子復作，必不易吾言之意也。其時朱門諸子，因問答而各自記録者，《語類》是也。建安葉氏因四子書而注釋者，《近思録集解》是也。洎于我東先儒退溪李先生，輯《聖學十圖》，而以此圖爲首，尤庵宋先生編《近思釋疑》，而於此説尤詳，皆不出乎朱子本旨。而外他諸儒之許多增釋，難以勝述，然蓋以其朱子分别出許多節次來，故後學果能窺得其説，而欲其子細看也。漢基，一庸愚也，晚始嚮學，其於尋常章句，猶未能屬讀，况於此道理大頭腦、百世淵源之説，尤何敢一字妄論哉！但其《圖説》受讀之際，先儒所解之散在諸書者，逐卷涉獵，無以領略，讀此則忘彼，得一則失百，搜考頗繁，總括未易，其於本旨，徒似望洋，故謹就《語類》《近思》及退、尤兩先生説，而裒合類録，如《經傳集註》例，而其分章析條，一依《近思録集解》，所定編爲一册。蓋欲其易於考閲，資其講誦，幸不失周、朱兩夫子本義之意也。此外非無諸子集之所可發揮增注，而嫌於繁亂，且多有未讀全局者，故姑闕之。然第於《圖説》之講讀也，尚不無愚見之眩於執意，疑於解説者，姑以己意釋其文，而記于册，另録一通，作爲札疑，將以仰質于大

①題后注："有所著《太極圖説集解》。"

君子之門，而果未知當世誰人氏之能子細看《圖説》者，故姑篋而藏之，以俟采訪其人云爾。《管軒集》卷十五。

答河洙源《太極圖説》札疑　鄭冕圭①

無極而太極，此無極不過爲太極注脚，則不可以名目看。至下文太極本無極，無極乃與陰陽、五行、太極，對待説去，不得不作名目看。

知無極爲太極之注脚，便無事"名目"二字，恐非周子本旨，奈何？

權松山引此注推前引後，以證理氣吻合之妙，似可通也。而先師斥之者，恐微有理氣無主資，而雙頭并合之嫌故也，非謂那不爲吻合之妙也。

松山蓋以陰陽動静爲隨此理，而亦無端始，故斥之。動極則動氣已盡，静極則静氣已盡，其所生之氣，乃理之所生也。然此無端無始，當屬之理，不當賺連於氣。而曰理無端始，故氣亦無端始也。且其推前引後一段，是言微而不雜、著而不離之妙，乃用之於無端無始，此非引諭失宜乎？此處蓋精微，陽前固陰，陰前固陽。雖若無間斷，而陽氣將盡，陰氣便生；陰氣將盡，陽氣便生。非是將既盡之氣，爲方生之氣也，此最著眼處。

先師《太極講録》云，天地亦太極中一物。或疑天地外别有懸空底太極，妄謂太極之生陰陽，《圖説》所明言而彼穹然隤然者，果非二五之凝積乎？其謂太極中一物，有何所嫌，而有此疑乎？

所答則是，而太極是挑出而言之，何嘗離陰陽而别有一物

①鄭冕圭（1850—1916），字周允，號農山，著有《農山集》。

乎？此亦不可不知也。

陽變陰合，而生水、火、木、金、土。未知陽變而生水木，陰合而生火金耶？妄謂水火金木均是陽變陰合之所生，曷嘗有陽獨生此物，陰獨生彼物乎？但就五行上言其所主生，則水木陽爲主，火金陰爲主耳。

天生者，地成之，地生者，天成之。

各一"一"字，姑就注説觀之，其曰是性之本體然也，天下豈有性外之物云者，似有渾一之意。其曰五行之生，隨氣質所稟不同云者，似有各一之意，反覆思之，一"一"字而涵兩個意。自五行而看，則爲各一之一；自其性而看，則爲渾一之一。然恐渾一之意爲主不爾，則"性"字便屬合殊邊去。

自五行而約之，以見五行之各一太極之全體也。上分陰分陽，下惟人最靈，是分殊也。

乾道坤道，不曰天地，而曰乾坤，何也？天地，形體也，乾坤，性情也。就形體言，不若性情之爲切實，故《西銘》亦稱乾坤。且乾坤者，健順之謂也，陽健陰順於男女之分，尤爲稱當。

《圖説》所以明《易》，乾道成男，坤道成女，用《易》語也。

既曰與天地合其德，而又備説日月鬼神，何也？此段蓋表示聖人是人中之極，而使萬目俱瞻，而爲標準者也。所以反覆贊嘆，如是其周詳。

是又引原始反終之説，何也？上段是定分上説，下段是流行上説，篇首既以定分流行對待説，下則結之，以此恐亦宜矣。

似然，仁與義云云。

上天下地，而人爲天地之心，故特以理言之。《農山集》卷七。

答權舜卿《太極圖講録》札疑 鄭冕圭

動極是静之端，静極是動之端云云。静非始於動之極處，纔動已有静之妙在其中，故動而至於不得不極。動非始於静之極處，纔静已有動之妙在其中，故静而至於不得不極。循環不已，無間可容息，豈有端之可言？蓋動之所以不得不極，静之所以不得不極，此太極之妙實處所謂命之道也。若動處只有個動而已，静處只有個静而已，則是死太極，不得爲活太極。

此段極精細如此，而後山石所謂道無端始者，不爲混侖口氣。

陰陽變合而生五行云云，陰陽五行，其生果有次第乎？陰静陽動之時，五行其已不自在乎？曰陰曰陽之時，若非有五行，恐亦不得以變合無窮。但人不得一口盡説了，且其成象，則不得無次第也歟？陰陽五行合散無窮，是太極之實相，太極之全體。

無五行，則陰陽不成爲陰陽，固無先後次第。然流行底是氣，凝定底是質，未免生成有漸，蓋造化本自如此，非隨人口而低昂者也。

太極亦是分殊上説，更無尋覓一原云云。太極初非離形氣懸空物事，則亦豈可外分殊而尋覓一原，且分殊上尋覓得一原，方是爲的實底，一原，何者？物各有千殊萬應之理，其千殊萬應不局於形氣者，此非一原故歟？若理本一而已，則初無萬之可言，既曰萬則亦知其一之爲也。以一物而觀凡物，則凡物莫不皆然，此其可以離分殊而得之者乎？雖隨物而分定，然其分也，亦不局於形氣而初無聲臭，豈如有形者之各有方所，可知其無物而非一原底，且惟“性”字是各一處説，蓋各一處説，故曰性即理也，以明其各一，而亦是一之全體也。

一原上已有各一其性之妙，故可以即分殊而見其一原。若是，則各一其性非分殊上説，乃一原上的指其實體。

真精妙合之義云云。真精妙合，已可見於上段陽變陰合處，陰陽是氣也，變合是理也云云。

真精妙合，豈惟於陽變陰合上見之，動而陽，静而陰，夫孰非真精妙合？但“妙合”字始言於此者，極有意味，上面言造化發育之具至人物圈，而始結窠矣。然則理氣不離不雜之妙，不得不露出於此，以示人一大節眼也。

語其本然之妙曰太極，語其各定之妙曰性云云。

太極是挑出之性也，性是各定之太極也。

太極是流行上挑出底，性是定分上挑出底。

動時無静，静時無動止。饒乏之所從來云云。動時無静，静時無動，陽處無陰，陰處無陽，雖以氣言之，亦未必非理之所爲也。蓋饒乏分明，由於動静變合如水，有是流動，自有是波浪之高低。

波浪云云善形。

所以然者，全而是其然者偏云云。所以然云者，隨是其然而言也。豈有所以然者全，而是其然者偏？此固偏，亦全體太極之謂也。然太極上若無偏之之理，是偏也，何自而有偏？全是分殊上説理，實無偏全云云。

一太極，謂之無偏全可也，以微塵枯木無一非太極之全體也，謂之有偏全亦可也。以爲人爲物，依舊是極之定分也。《農山集》卷四。

妙合説　鄭載圭①

《太極圖説》“妙合”字，世多疑之。或曰“合”字當輕輕

①鄭載圭（1843—1911），字厚允、英五，號老柏軒、艾山，著有《老柏軒集》。

看，重在妙字。或曰氣與氣合，而理實妙之。其意蓋曰理氣元不相離，混融無間，而奚乃至於成男女，生萬物，而始言合耶云爾。大抵輕輕看云者，知“合”字爲真精合而求其説，而不得者也。氣合云者，以“合”字爲散殊合而求其説，而鑿矣者也。既不能無疑於合之一字，則無怪其有是説也。蓋理氣二者，固是不相離者，而亦豈相雜者耶？離氣言理，則理爲懸空底物事，莊生所謂道在太極之先是也。雜氣言理，則理爲有形底物事，《漢志》所謂太極函三爲一是也。一離一雜，無人覷得理氣真面目久矣。於是周先生作圖著説，再闢混沌，而著個“妙合”二字，以明其不離不雜之妙也。余謂“合”字當著眼看，夫合之爲言，二而一，一而二者也。若初非二物，則無合之可言，而惟其二物而爲一體，故謂之合，所謂不相離者也。若本是一物，則亦無合之可言，而惟其一體而實二物，故謂之合，所謂不相雜者也。混融無間，乃合之所以爲妙也。豈可以混融無間而疑於合耶？氣與氣合，大非文義。曰“無極之真，二五之精”，兩下説來，而繼以“妙合”字，則分明是真精合也。若是二五之散殊者合，則周子於此必有穩語，以盡其曲折也。必不爲此兩下説，而以疑後之讀者也。朱子於此，必有以分明，解剥以發其本旨，而必不只曰無極二五，所以混融而無間也。且氣已合，則已凝聚矣。又著“而凝”字，不其贅矣乎？至若始言合於男女生物之際之疑，則可謂都不察於《圖説》之本意也。乾坤生人物之時，即太極生陰陽之日也。非是今日太極生陰陽，明日陰陽生五行，又明日陰陽五行始生男女也。太極之動而生陽，即乾道之成男；静而生陰，即坤道之成女也。何以知其然也？自太極而沿而下之，則其生陰陽也，太極在陰陽裏面，而更無太極一位也。其生五行也，太極陰陽在五行裏面，而更無陰陽一位也。其成乾坤也，太極二五都在乾坤裏面，而更無所謂二五之位也。自乾坤而溯而上之，則此乾坤何物也？所謂五行之凝聚也，此五行何物也？所謂陰陽之變合也，此陰陽何物也？所謂太極之動静也，太極二五、男女萬物非有層級之彼此、時節之先後也。故《圖説》始則曰太極生陰陽，陰陽生五行；

終則曰五行一陰陽，陰陽一太極。説來説去，都無异同也。説得至此，無極二五已妙合而無間也。故於此指以言之，以爲男女萬物化生之源頭也。惟此源頭上，更別無一層源頭，可以推上去處也。然則"妙合"字非是始言於生人物之際，而乃明其上文所謂"陰陽一太極，是真精妙合者也"，是所謂"天下無性外之物，而性無不在者也"。自有此論以來，晝宵商量，殆近半年，而舊見之外卒無新得，故爲之説以俟知者，而非欲硬守一説，終身不改也。《老柏軒集》卷三十。

答鄭景晦《太極圖説》問目　鄭載圭

或曰：太極之有動静，乃太極之自動静也。混沌之未開，氣不用事，則惟理而已。已屈之氣，不復爲方生之氣，則氣之始生處，果非理之自動時乎？竊意動静是氣，動静有此理，爲之主氣，便能如此，何嘗不待氣機，而理自動静耶？若太極自動自静，則朱子何不曰自動静，而却曰有動静也？

天地之間，只有動與静而已。太極者，動静之道也，氣機者，動静之器也。道與器吻合一體，相離不得，而聖人必截作上下，爲分別言之。上者不會動静，而下者，豈能自動静。只是一個動静，自其著者而觀之，則動静者，氣也；自其微者而觀之，則動静者，理也。理氣動静，豈有先後彼此乎？然自理而言，則動而無動，静而無静。自氣而言，則動而無静，静而無動。但於周子物則不通，神妙萬物一句語，默而觀之可也。

朱子曰：謂之動而生静，而生則有漸次云云。

自陰陽而言其所從來，則先有動静之理，而後生陰陽，謂之有漸次，亦得自太極而言，其流行則才動便是陽，才静便是陰，謂之無漸次亦得。

《圖解》曰："水陰盛，故居右，火陽盛，故居左，木陽稚，故次火，金陰稚，故次水。"勉齋乃曰："水，初生之陽，木，極盛之陽；火，初生之陰，金，極盛之陰。”二説相反。

各是一義，《圖解》蓋水陰根陽，火陽根陰之説也。然以圖之陰陽交互之畫觀之，則分明以一二三四、天地所生之序言之，始生爲稚，漸極爲盛。勉齋説恐密。

五行之序不同，有曰水、火、木、金、土者，有曰木、火、土、金、水者，有曰水、木、火、金、土者，有曰金、木、水、火、土者，有曰水、火、金、木、土者。竊意第一説言其生之序也。一生水，二生火，三生木，四生金，五生土者也。第二説言其行之序也。而以四時而言，木火，春夏也，金水，秋冬也。土寄旺於四時，而獨盛於季夏，故居四行之中。第三説以勉齋説初生極盛之意看，則可通。第四説言金陰稚也，木陽稚也，水陰盛也，火陽盛也，以其陰陽對待，而自稚至盛也。第五説就圖之五行圈，分其對峙而言也。

第三説以上固然，第四陰陽稚盛之説恐有更詳。蓋金木質之確定者，故不得變化，水火有形而未成質，故變合得無窮。水之陰盛，以所成之勝也，火之陽盛亦然，謂自稚至盛則未然。稚盛之義，勉齋説得之第五説，只是相克之序也。嘗以勉齋説作三句斷之，曰水、火、木、金、土，曰水、木、火、金、土，曰木、火、土、金、水者，謂盡之，而但不説相克一段似欠。《老柏軒集》卷二十一。

答郭聖緒《太極圖説》疑義　郭鍾錫①

周子何以知太極之圓而畫是圈耶？若象天而然也，則又何以知天體之圓耶？

未有天時，先有太極，則爲極圈者，安得倒來象天耶？蓋凡物之圓者，周足而無欠，輥轉而不礙，太極是渾全無缺、動

①郭鍾錫（1846—1919），字鳴遠，號俛宇，著有《俛宇集》。

靜不滯底，故以圓象之爾。然其實太極何嘗有形象可論方圓耶？

未有天時，有太極之妙，可得而聞其説之詳乎？

天固大矣，亦只是一物，物之未生，必先有爲物之理。若無這理，物何自而生出乎？太極動靜而陰陽生焉，摩蕩得萬八百年之久而天始成象，則其先後之别，不容多辨。

天地人未生，其詳宜不可考，何以知萬八百年之摩蕩乎？

一元之數，爲十二萬九千六百年，而分作十二會，則每會爲一萬八百歲矣，子會而天開焉，丑會而地闢焉，寅會而人生焉。一萬八百者，一百八十甲子也。一會之間，宜分上中下三候，而每候爲六十甲子，如今曆家之分上中下三元，而每元爲六十年也。天地人未生，雖若不可考，然既生之後，以目前運行者而推之，則其前之不异於是可知矣。

三會則已爲天地人，餘九會則爲何物也？

天地人既立矣，則自卯會以後，便是這三者流行發育、裁成輔相之辰。到酉會而人物息，戌會而地淪，亥會而天消矣。

以目前運行者而推之，則其前之不异於是可知，推之如何可知其天地人之各自萬八百年，而開之闢之生之乎？始生之時，天爲之先，消滅之時，人爲之先，天人之互爲始終，是何以然歟？

大而一元，小而一歲，必無异也。觀一歲之有十二月，則知一元之有十二會矣。觀一月之有三十日，則知一會之有三十運矣。一日有十二辰，則一運有十二世矣，一辰有三十度，則一世有三十年矣。以此推之，則萬八百年，可坐而致也。天是氣，地是質，人是血肉，太極動靜而氣便生焉，則天開之最先可知矣，陰陽變合而質始生焉，則地闢之爲次可知矣，氣質交感而血肉乃凝，則人生之又其次可知矣。人身之藐弱，不如地質之完厚，地質之粗濁，又不如天氣之精剛，則其消滅之先後，不容不如是也。

蓋無無氣之理矣，若前天地既滅，舊陰已死，新陽未生。此未可着動靜字看，其間萬八百年，太極之理安在哉？

戌而地淪，則剛柔爲死質，而氣行乎死質之上，亥而天消，則陰陽爲死氣，而理搭乎死氣之上矣。舊氣纔盡，新氣便生，間不容髮，則理之懸空，非所憂矣。且道理之無形，豈必倚物而爲有無哉？特纔有理時，便有氣爲之田地耳。

天地人是一理也，天地之開闢消滅，已有定限，惟人則十個月而後生，是可謂有限。而死滅則未有定限，何以然也？

自厥初生民，以至閉物，雖中間父死子繼，子死孫繼，而其實只是一個人。正猶自子至亥，雖夜去晝來，冬盡春回，而其實只是一個天。自丑至戌，雖陵移谷遷，泉渴石泐，而其實只是一個地。

第一圈單畫太極者，就陰陽未生之前而言耶？

此有兩義，其一誠如所詢，其一所以明太極本體不囿於陰陽之中也。

中虛者，理本無形故然歟？

得之。

若以天之極，比類而言，則天極常動。無一瞬静帖時節，恐與太極之一動一静似有間。

極，只是標準之名，而極至之義耳。北極之得名，亦以此爾，非太極之比類於北極而立名也。不必以彼之常動不息，較此而求其同异也。如屋極之得名，亦無异義，而屋極常静不動，亦豈可以此而疑太極耶？然北極屋極，俱是太極之所主宰底，其動其静，何莫非太極之妙也？蓋主動而看，則太極之一動一静循環不停，動亦動，静亦動也。主静而看，則太極之動陽静陰界限各定，静亦静，動亦静也，這須是仔細看。

主動看，則静亦動，主静看，則動亦静，可引物而詳言其動亦静、静亦動之妙乎？

人之有行，且行且止，而其止也，亦所以資其行也，則是可謂止亦行也，其爲行也，不曾飛揚空外，而亦皆踏定有據，則是可謂行亦止也。

太極未動之時，體於陰耶？

自第一初言之，則動之前無陰，不可謂體立於陰，只據今日目前而看，則動前是静，陽前是陰，方可云體立於陰。然亦非將既屈之氣，更爲方伸之氣，則畢竟是動爲先，而静爲後，陽爲前，而陰爲後。邵子所謂用起天地先，體立天地後，亦此意也。

蓋必體立而後用有以行，人若無體，何自而有手足之運動乎？邵子用先體後之説似有欠。

太極之體，固在用先，而天地之體，則立於用後。蓋太極，理也，理必有本體而可以流行。天地，物也，必有爲物之材具運行於有物之先，然後始乃凝聚成物，而體以之立矣。人之手足，亦先有爲手爲足之具，運行於有手有足之前，然後手足乃成體矣。邵説的確可無議。爲物之具運行於有物之前，是天命之流行。而生萬物者，抑物既生而後要起行底，是爲用也。此有一喻焉，源泉之水，流下而成潭，又流而不息，泉之在源，固未嘗有意於爲潭，而及其流下趨坎，方有成潭之勢。故潭未成，而已有爲潭之用矣，此用先之説也。其自潭而流不息者，乃潭之用也，此則體先之説也。蓋就天地而觀之，前天地既滅，舊陰已死，而太極自在。纔打一動，陽便生焉，則已死之陰，自屬於前天地，而新生之陽，方爲此天地之始，則陽先於陰，用先於體者，可得而知矣。

圓者之轉，宜若無方矣。今以左陽右陰，分定界限，抑太極之生陰陽，本自如是耶？抑圖之不得不然耶？

理之生氣，非必劃定壃界，彼此不相涉入。然氣既生矣，陽必趨於左，陰必旋於右。天地之間，東南爲陽方，西北爲陰方，圖之位置，不得不然。

太極之生陰陽也，不必各定位置則固然矣。而陰陽之自爲趨旋於左右之妙，又可得聞歟？

陽順而陰逆，陽進而陰退，故進而順者，東而南，退而逆者，北而西。

太極動静，互爲其根之妙，可得聞歟？

天地之化，無猝然頓成之理，必自微而著，積漸而進。陽不生於春，而實根於窮陰之冬，陰不生於秋，而必根於亢陽之夏，觀此則動静互根之妙可見。

陰陽互根之大概，則既得聞命矣，其根互爲之際，其詳可得聞歟？

此豈有别樣玄奥底，動之極也，必有將息底意，静之極也，必有將行底意，此乃互根之妙也。凡物之升降往來、虚盈屈伸、榮悴苦樂，莫不皆然。

太極動静、陰陽五行之生，可引物以喻否？

理氣之妙，就其一時一事而言，或可有引物取譬者，而若自始至終求其全部匹似者，則世無其物。惟人心之動爲情，静爲性，而仁義禮智粲然而迭發者，爲實相耳。蓋心乃在人之太極，太極乃天地之心故也。

心乃在人之太極，此"心"字單指理而言否？

然。

單指理而言，心則太極固是也，兼理氣而言，心則何者可以當之也？

單指理言心，第一圈可以當之，兼理氣言心，第二圈可以當之。雖在第二圈，而其中之本體則固不异於第一圈也，畢竟是心爲太極，乃千古傳心之第一義。

朱子云性是太極，今云心爲太極，則無乃人之一身而有兩太極乎？

心爲太極，則性乃太極之體，情乃太極之用也。故朱子《答陳器之書》亦曰"性是太極渾然之體"，蓋心與性，既非二物，則不當有兩太極之疑。

心與性非二物，則朱子曰："性無不善，心有善惡。"非二物而何？此心字必不謂本心，當云何心而可？

心性之非二物，本心之謂也。心有善惡，從心之發處説也。既指發處，則已是氣用事時節，乃心之末流也。末流之心，君子有不心者焉。蓋既非本心，則本非心者，可謂之心乎？其猶或謂心者，不得已之稱也。

然則心之未發時，單就理上看，而已發後，就兼理氣看可否？

不論未發已發，單指主宰之妙，則心即理也，兼指動静之資，則心固合理氣。

若論心而雜氣説，不合於尊本心，則其曰心合理氣，何也？

單指理尊心也，合理氣廣心也，尊而不廣，則天下有心外之物矣。廣而不尊，則心君有僭逼之患矣，蓋并行而不相悖也。

太極之動静，抑或動中亦有静，静中亦有動乎？

有之。

或有以動静作主客看者，恐或不然，主自在此，而客自遠來，動静是自作底，恐不可比類看。

動静之或以主客言，非謂此主而彼客也，似指主出而爲客也，即此一人而坐在家裏，謂之主，纔出門外，謂之客。不可以主客之殊稱，而謂有二人也，動静之异機，而謂非一極也。雖然盈天地，亘古今，俱莫非太極境界，將以何者爲家裏，而何者爲門外乎？

形而上爲道，形而下爲器。太極陰陽，俱是無形之物也。則此兩“形”字，指無形而言耶？道器字義，亦可得聞否？

形只是形著之謂，將陰陽比五行，則陰陽爲無形，而五行爲有形。然將太極對陰陽，則太極爲無形，而陰陽爲有形。蓋非獨體質爲形，纔有候迹，便涉形顯故也。道只是當然之稱，器則盛貯之名，氣之載理，如器之盛物，理之直達，如道路也之當行。

既云形只是形著之謂，則將形而上就太極看，則是豈有形之可見耶？

形著而上，便是無形；形著而下，便是有形。形而上者，即在乎形而下者之中，非以太極爲有形也。

太極之肇判也，渾然而天圓，截然而地方，雜然而草木禽獸之横焉倒焉者，是何以然也？人惟象天地之方圓，而得秀且正者，何也？

天開地闢，誰曾去看，懸空揣摸，何敢自信。竊意太極動静，氣根之以日生，而其氣之輕清而環轉者，圓而爲天；重濁而沉定者，方而爲地；順而上升者，竪而爲人；逆而下降者，倒而爲草木；散而旁出者，横而爲禽獸。氣之不齊，形以之各成，而是莫非太極流行之用，自然而然者，豈安排造作而致者哉？

若將陰陽分屬五行四德，則木火爲陽，金水土爲陰，仁禮爲陽，義智信爲陰，又以動静分屬，則亦如此例否？

如是看固當，但土爲四時之冲氣，信爲四德之實理，不當專屬陰。

土爲冲氣，則四行皆有資於土乎？信爲實理，則四德皆有資於信乎？

四行皆實有是質者，土也，四德皆實有是理者，信也。

陰陽動静，皆是變也，於陰特言合，何也？

變合指陰陽之交易，而將生五行底言，非單就動静上説也。蓋陽闢而交於陰，動而有迹，故謂之變，陰翕而交於陽，隨而無迹，故曰合。

自太極動静而至四時行焉，皆是順推説也。而至五行一陰陽，更逆推説，是何意也？《大學》亦有此例，抑順逆推於學者做工夫處，有别般緊要底方法否？

自道理上看，則先有太極，次第生陰生陽，氣布時行，其序固順。自學者窮格處看，則必即物而窮其理，自流而溯源，自表而徹裏。推而達之於天命之原，其序不得不逆，逆推之極，又當順推下來，施之於百度萬行。學者之終身用工，實不外乎此。前聖賢説理，每順逆迭推，斤斤而不已者，爲是故也。《大學》經只是工夫功效之别，此不當攙説。

物所受爲性，此方言氣化，而特云一其性，何也？

五行亦物也，既有物矣，則烏得無所受之性。氣化是生人生物時，不可就五行看。

陰陽之生五行也，陰生陽而陽生陰耶？陰自生陰而陽自生陽耶？就水、火、木、金、土看之，則亦似别無次序，奈何？

陽變於陰而生水，陰合於陽而生火，觀於圖之交系則可知矣。水達爲木，而木氣衝拔，故從炎上，而居於左，火凝爲金，而金氣沉定，故從潤下，而居於右，土爲冲氣，故在中，而總陰陽之會。

水達爲木，火凝爲金，是何以然歟？土則賴誰而生乎？

潤之至，則自有拔達底物，燥之極，則自有堅硬底物，何足怪也。四行之滓脚凝而爲土，天五生之，地十成之，故土爲冲氣。

既云四行之滓脚凝而爲土，則土在四行既生之後也。而此云四行之有質者，土也，則或似土生而四行賴此而生焉。四德之有是理者，信也云，則恰似信爲四德之原頭。

土氣之生，固先於四質之成矣。四質之成，必資於土氣，四質纔成，滓脚之滚轉者，隨便成質矣。信無定位，只是四德之實然者，則不可謂原頭。然假仁借義，不可謂之仁義，則四性之必資於信，而以爲實德者可知矣。

兩儀之訓天地，竊考《近思》《通書》，俱未有著見，則果何據而云耶？

《圖説》兩儀之認爲天地，世儒之通訓而無异辭者，尋常怪之而已，未見其據也。分陰分陽，兩儀立焉，乃第二圈也。所謂立天之道曰陰與陽也，陽變陰合而生五行，乃第三圈也。所謂立地之道曰柔與剛也，如以兩儀爲天地，則第二圈中，何遽有剛柔之質耶？

朱子以陽之動爲太極之用所以行也，則以理氣分體用，果無妨否？

陽之動，非陽之自動，乃太極之用所以行也。陰之静，非陰之自静，乃太極之體所以立也。則理氣之相須爲體，相待爲用，若是分明，緣何有理氣分體用之見也耶？

朱子《答楊子直書》初以太極動静分體用看，而後以本然之妙，所乘之機改之，太極動静之不可分體用，何也？此“乘”字是乘馬之乘歟？乘時之乘歟？又謂太極含動静則可，有動静則不可。若謂太極便是動静，則是形而上下者不可分，含與有之别，可得聞歟？形而上下不可分之云，亦何意？

静而爲體，動而爲用，這莫非太極。而若以太極爲體，動静爲用，則太極與動静，便成兩截矣。所乘之乘，恐只是出入乘氣機之乘，《大全》本作太極有動静則可。今《百選》偶增

"不"字，以致世人謬爲之説耳。含動静者，太極之藴含能動能静之妙也。有動静者，太極之施有方動方静之機也。太極固有動静，而不可謂太極便是動静，譬猶天地固方圓，而不可謂天地便是方圓。人固有出入，而不可謂人便是出入也。太極，理也，冲漠無朕；動静，機也，運用有迹。故以此爲形而上下之分，非必以動静專屬之氣也。

以動静不專屬於氣，則當兼理氣看耶？

理也者，動静之主；氣也者，動静之資也。動静者，理氣之合縫處。

出入乘氣機，理有動静則可也，奚可云有出入乎？

心之感物而發者，可謂之出。應物既已收斂得寂然者，可謂之入。心之動静，可以出入言，理之動静，不可以出入言。

二五之精，此"精"字，只如"秀"字意否？

精者，對粗而言，精而不秀者有矣，未有秀而不精者。

妙合之妙，兼理氣看耶？

妙者，理之神也，合者，氣之聚也。而理之所妙，氣隨以妙，氣之所合，理從以合焉，則妙合字皆當分合看。

理之所妙，氣隨以妙，氣之所合，理從以合，則理之不雜乎氣者，何在？

理能命氣，故理妙而氣隨以妙；氣必載理，故氣合而理從以合。此其相須相資之實也，惟其不相雜，故能有此相須相資之用，若其滚雜而無别，則安得以此而妙彼乎？彼合而此從乎？

理自理，氣自氣矣，何乃混合而爲一也？

理氣雖不相雜，亦不相離，則本自混合，何待生人生物而方始混合歟？試思之。

將"不相離"字不可换做汩董底混合看，只如器之盛物而已。生物之時，理氣亦非合爲一團而無别也。人雖一身，而就中亦有理氣之可分者，性善則自是性善，氣禀則自是氣禀。

混合豈汩董之謂耶？蓋氣之在天地，精粗相間，斷續不一，而及其生人物之際，粗底不聚而精底乃會，水之精，火之精，木之精，金之精，混合於一處。而其所以混合者，實此理之所妙，故謂之妙合，世或以妙合字作理氣之不相離者看，竊恐未瑩。

朱子訓“合”字曰“太極二五，混融無間”，此“無間”字，抑或無欠否？

“無間”字非謂理氣之混成一物也，乃指精氣之混合而無粗氣間其間者矣。但朱子本云所以混融，而《近思録》注却删去“所以”字，殊不識“所以”者，“妙”字之釋也。“無間”者，“合”字之釋也。

乾坤字，若訓健順，則既合矣，而何者爲健？何者爲順？男女字，若訓雌雄，則既合矣，而何者爲男？何者爲女？

雖其已合，而猶陰自陰，陽自陽，初非渾沌而無别也。則陽之理爲健，陰之理爲順，陽盛者爲男，而健之理爲主，陰盛者爲女，而順之理爲主。

男女字，已是兼人物而言，精而秀者爲人，粗而雜者爲物，則何偏著“精”字也？

對人而言，則物之氣固粗矣，而單就物上看，則其爲物之氣，亦自是粗中之至精者，若其游氣之至粗者，則非惟不能生人，亦做出物不得。

此男女自肇判之第一初而言耶？

此立言之序則果如所喻，但乾道成男坤道成女，則亘萬古一理。

氣化則兼理氣言，形化則獨以二氣言，何也？氣化則就無形上説，形化則就有形上説耶？

無形有形之云誠然，但形化之二氣交感，乃氣化之無極二五凝合者所化，則不言理而理已在是，故不須疊説。

“最靈”字指其心之靈而言耶？萬物之中，人惟有知識而言耶？

最靈者，太極之全體也，所謂心爲太極是也。物亦有靈底，但得太極之偏體，故不似人之最靈底，非特以知識言。

太極只是渾圓之物，或有爲偏體底時節否？物之只得太極偏體之妙，今可得聞歟？

太極非有偏全也，特物之生也，得氣之偏，氣既偏，則所賦之理亦從而偏矣。蓋如江海之水，以瓮受者只一瓮水，以碗受者只一碗水，以江海受之，則亦江海之水而已矣，此所以有人全物偏之别也。然其所謂偏者，亦自具五常之理，則太極渾然之體，亦未嘗有异也。

理既生氣，則氣之運用，莫非理之所使也。今云氣偏則理從而偏，似乎理之操縱專在於氣。以今目前觀之，則人固全而物固偏矣。江海之喻，固所然也，更欲知其所由則云何而可也？

氣偏則理偏，非氣爲之操縱它，蓋其所就者小，而自不得大受故也。如君之委任大材，則大命之，小材則小命之，惟君之所操縱耳。太極動静，游氣散殊，而其凝聚而成形也，全而通者爲人，偏且塞者爲物。隨其偏全，理無不在，而初無氣外之剩理，則氣偏而理偏，固其常也。水非不足，而所持之瓢小也，理非不全，而所成之氣偏也。

神與知，是指心之神明與知覺而言歟？

是。

神明與知覺俱是心也，則心之神明，胡能發心之知覺也，無乃有以心用心之嫌歟？世或以虛靈知覺，分體用看，何如？

神明以體段言，知覺以發用言，蓋單言知覺，則知覺自兼體用，對神明而言知覺，則知覺乃方知方覺之用也。體用處豈有以心用心之疑乎？虛靈只是知覺之德狀，非體段之稱也，則恐不宜對知覺分體用。

以神明與知覺對言，則神屬靈，明屬虛，似無大段差异。今以神明知覺分體用，而虛靈知覺未得分體用，何歟？且虛靈之爲知覺德狀，伏願詳教。且就心上何者爲神明？何者爲虛靈？何者爲知覺？

神明者，體段之名，若曰心曰性之稱。虛靈者，只是注釋使用字，若曰善曰妙之謂。今言心性之德，而謂之妙、謂之善則可，若以心性爲體，而善妙爲用則可否？智之理專一心，而瑩然而無形，故曰虛；瞭然而能照，故曰靈。這二字所以狀知覺之德也，以其酬酢萬變、變化不測而言，則謂之神明，以其烔然記藏、了然辨别而言，則謂之知覺。然神明與知覺，非二物也，虚靈，則神明知覺之貌狀也。

由情而善惡之分，今可詳聞歟？

情之發也，理乘氣而動焉。氣之清淑，則順理而直遂，故爲善。氣之濁惡，則挾理而肆其馳蕩，故爲惡。

太極動而氣乃生焉，其於情之發也，胡乃理乘氣而動耶？

性發而氣隨之，與太極動而氣生焉，何异哉？

性發而氣隨之，此“氣”字指何而言？

仁之性發而木氣隨，義之性發而金氣隨。

仁之於父子也，義之於君臣也，事父事君之際，何者爲木氣金氣之隨也歟？

仁之德，慈良和豫，故其發也，木氣之温柔者，隨以發揮之。義之德，忠直堅貞，故金氣之剛决者，隨以贊成之。

“定”字謂受其性，而能渾全無少虧欠否？

謂於善惡不齊之中，而定之以中正仁義也，這“定”字是執定之意。

人之善惡，果由於氣之清濁，則禀氣之清淑者，一生所做事，皆爲善。禀氣之濁惡者，一生所做事，皆爲惡否？挾理而肆其馳蕩，是理梏於氣，而氣專用事否？

禀清淑者，固應爾爾，禀濁惡者，未必萬事皆惡。蓋緣性之善，終不可得以泯滅，而氣機消息，或當有衝迸出來之時故也，挾理之云得之。

善屬於陽，惡屬於陰，何以然歟？

陽，爲剛，爲明，爲清；陰，爲柔，爲暗，爲濁。故論其象類，自有善惡之别，此則大分也。又各就陰陽上究之，則陽也，有剛善剛惡，陰也，有柔善柔惡，此則細分也。

易流於撓奪，故必主静乎？

静時而多膠擾沉迷之失，動時而多熾蕩飛揚之失，故必以主静爲貴。

心爲在人之太極，故曰立人極歟？

如是看無妨。

立人極，别有他義之可聞者歟？

極是標準之名，聖人全中正仁義之德，則凡天下之萬事萬物，莫不視此爲標準，此立極之謂也。

下面既以“凶”字置之於小人地頭，則聖人固不與焉，此言合吉凶，何也？

非謂鬼神聖人之或有凶德也，蓋鬼神明乎吉凶之理，司福善禍淫之權，而聖人之通存亡休咎之理，行好善疾惡之政，與之相合也。

使萬物發生而長養者，是可爲天地之德否？

天地之大德曰生，則如此看亦似好。

心之有氣質則已聞命矣，性亦有氣質歟？就人身上，若言其氣質大分界，則何者爲氣？何者爲質？

性依於氣質，非性中之有氣質也。以魂魄言，魂爲氣，魄爲質；以精神言，神爲氣，精爲質；以陰陽言，陽爲氣，陰爲質，統言則皆氣也，而分言則有氣質之别。氣者，知之資也，質者，行之資也。

氣則言清濁，質則言粹駁，不可互言否？世或有資質之温粹而欠於行者，何也？

清濁、昏明、寒煖之類，皆氣也，粹駁、剛柔、偏正之類，皆質也。氣以色候求之，質以體象求之，則可見其下字用語之各有攸當也。質果温粹矣，則豈有欠於行者，必於其所不知者而欠焉。若只以姿質近良，而不至大段粗暴者，謂之粹則未可。蓋有粹寡而駁多者，粹駁相等者，或粹而不剛，或粹而不正，則隨其分數，而行有至不至也。

氣質之“質”字，當以資質看，如人之剛毅柔順是也。今云以體象求之，則莫是形質之質否？

體象非形象之謂，如剛毅柔順等，較諸氣之清濁明暗，若有體幹貌象之確定者，故謂以體象求之，非直以爲有體象也。

氣質性之説，可詳聞歟？

學者惟知性即理，理純善，氣只氣，氣或不善，斯已得矣。至若氣質之性，不害爲馬肝，况先輩於此，爲説多歧，其流之弊，或便以氣質爲性。如欲詳言，則更僕有不能盡，且去就本性上涵養如何？

氣質之性，必非是性即理之謂，更願得聞其大略。

性則理而已矣。雖氣質之性，亦非以氣質爲性也。蓋本然之性，氣質之性，性則一也。但所指而言者不同，指其渾然全體、純粹至善而言，則曰本然之性，指其粲然分殊、多寡不齊而言，則曰氣質之性。人之生也，禀氣不齊，有木氣多而金氣寡，水氣多而火氣寡者，木多而金寡，則仁有餘而義不足，其發也姑息而不斷。水多而火寡，則智有餘而禮不足，其發也慧狡而無檢。此則性之因氣質而不齊者，故名之曰氣質之性。若夫聖人之性，則五氣均停，五性無偏，不必言不齊之性。然對衆人看，則异於彼者，亦不得不謂之不齊也。

程子云惡亦不可不謂之性，此與性本善相反。

性固善矣，及其感物而動也，淑氣順之而宣布，則其善固自若也，慝氣挾之而蕩越，則於是而有惡焉。惡，固氣之過也，然無這性，則氣亦做出惡不得。蓋氣無知而理有知，氣爲資而理爲主故也。夫然矣，則于斯時也，惡之者，雖氣也，而惡者，乃性也，正如强臣挾天子以逞虐。雖非天子之自爲過，然畢竟是藉重者君威也，假寵者君命也。則虐之者固臣也，而虐者不得不謂之君。蓋天下無性外之事，無君外之政。

性之觸物而感也，何者爲淑氣之宣布？何者爲慝氣之蕩越？

善念發時，心下沛然和順者，淑氣之所宣也。惡念發時，心下膠擾馳蕩者，慝氣之所蕩也。

横渠云學者先須去客氣，無乃是慝氣之謂耶？如欲消磨了此氣，宜用何方法？

所謂客氣，指喜怒之過得其分者，非必謂慝氣也。凡有喜怒，常常照管，止乎義理，則氣無過分之咎。及其無事，敬以涵養，使心氣和平，則遇事而發，自無過分之氣。

以聖人、君子、小人，分屬於太極陰陽看，何如？

甚得。

言太極動静，則陽在陰先，言天之道，則陰在陽先，何也？

且道，若言天之道，則即理也，今云陰陽，何也？

言流行則動爲先，故先言陽，言體立則静爲本，故先言陰。天之道，非陰陽也。立天之道者，乃陰陽也。

始以太極動静起端，末以死生結之，抑其義之别有深處耶？

生屬動，死屬静，以是起結固當。原其始而言，則未有天地人物，而先有此理，第一圈是也。陰陽氣生而天開，第二圈是也。剛柔質成而地闢，第三圈是也。仁義性得而人物生，第四圈、五圈是也。反其終而言，則人性先消，而仁義非吾有矣，第五圈、四圈是也。其次地淪，而剛柔爲死質矣，第三圈是也。其次天陷，而陰陽爲死氣矣，第二圈是也。天地人物盡消，而是理猶自若矣，第一圈是也。此則所引立道死生之説，深契於圖象者也，朱子《圖解》只以陰陽剛柔仁義，分配始終生死，而不曾説到深處，故妄嘗以瞽見推得如此，儻不至太鑿否？

此“易”字是陰陽之變易，獨以陰陽結之，何也？

語天地之主宰，則理而已，語天地之功用，則陰陽而已，故起以無極而結以易，微矣微矣。《俛宇集》卷八十二。

答崔仁卿《太極圖説》問目　李炳鎬①

陰陽圈以一陰一陽分半畫之，恐似不得已而然也。陽左生一分，則陰右消一分；陽左至十分，則陰右盡十分，陰亦效此。純陽而陰不絶，純陰而陽不盡者，陽包生陰之理，陰包生陽之理，而以其分半作圖，故似未象其全體矣。且以圖象看之，則只是陰盛陽盛，似不見消長之理。

以一陰一陽分半作圖，故只得如此，設陰根陽、陽根陰之象矣。其消長之妙，則吾先子《天命圖》有始生極盛之象。

①李炳鎬（1851—1908），字子翼，號東亭，著有《東亭遺稿》。

陽始生於坎之極，絶於坎之極；陰始生於离之極，絶於离之極，此可見原始反終之妙，亦得如此説。

陽變陰合者，陽一畫而變則成二，陰二畫而合則成一也。

陽闢爲陰動而有迹，故曰變；陰翕爲陽隨而無迹，故曰合。

各一其性，此是氣質之性。

五行各一其性者，五行之生，各有其理。木之理仁，火之理禮，金之理義，水之理智也，何以云氣質之性耶？

妙者，理之不測也，不測而氣合，不測而質凝。

妙者，理之神也，合者，氣之聚也。理之所妙，氣隨而妙，氣之所合，理從而合。《東亭遺稿》卷二。

讀《太極圖説》　柳相浚①

此書上得《周易》之大義，而下爲萬古儒家之宗論，學者於此有得，庶乎不差矣。言論之際，別立數個題目，推例求之簡要，正當無有差失。凡讀書者試之，所謂凡例者，混淪説，分介説，正言推言四條也。

“太極動而生陽，静而生陰。”

太極無動静，而曰動而生陽，静而生陰，何也？太極雖無動静，而所以動静者，太極也。故推其所以然，而曰太極動，太極静。若作正言看則不通，作推言看始得。

“太極動而生陽止，四時行焉。”

此段所謂正言也，所謂分介説也。

“五行一陰陽也止，太極本無極也。”

自五行推，而反之於無極，此推言也。混二五太極，此渾淪説也。一言而具兩例。

“五行之生也，各一其性。”

此分介説也，“五行各一其性”六字，即萬物各一其性之凡

---

①柳相浚（1853—1895），字伯明，號敬堂，著有《敬堂遺稿》。

例。孔子所謂各正性命，孟子所謂犬之性猶牛之性云云。朱子《圖解》所謂隨其氣質，而所禀不同者①。

余竊觀聖賢立言垂訓，本欲牖世，今或反之，其故何也？沉病數年，僭不自量，深究其由，皆坐不善讀一科也。近日讀書者，每不十分用力，而或有一斑之見，則便以爲聖賢之意盡在乎此，執此爲終身之欛柄，合乎此者以爲定論，不然者，雖大賢大儒之宗旨正論，妄以爲未定之論，不復致思以求其融會貫通，以此自誤誤人，其弊無窮，故余欲救之，觀之者不以人廢言，或可挂眼否？

"冲漠無眹，萬象森然已具。"

此當作正言看耶？當作推言看耶？冲漠無眹，即《詩》所謂"上天之載，無聲無臭"，聲臭既不容有，况萬象森然於其中乎？且《圖説》所謂無極也，無極亦或有森然之萬象乎？以愚則終欲作正言，不得必作推言看始得，不然道器相混，非程子之意也。《敬堂遺稿》卷二。

讀書會類　柳相浚

《易》之自太極次次分之，至於六十四卦，又推之以至於無窮者，此就象數而分介説也。

《論語》之一以貫之，此就行事上説，而會萬於一者也。《中庸》之始言一理中散爲萬事，末復合爲一理者，此合理事而自混淪而復言分介，自分介而復言渾淪也。《太極圖説》先渾淪，後分介，而并言象數事物也。《皇極經世》分介説也。《西銘》就事物上而分介説也，故程子言理一而分殊也。

理無動静，氣何自以爲動静乎？此推言也。何不正言而必推言，

①底本此處注云："此以下缺。"

使人眩惑？不如此，則無以明理氣合一之妙也。

理無動静，無情意，無造作，無方所，無體段。此正言也。

理一分殊。此以混淪分介言也。

形而上者，謂之道，形而下者謂之器。此以有無言也。

一本萬殊。此以多寡言也。

已上幾條言雖异，而所言則同，要分屬理氣看者，於彼此當無异同。若干所儲書籍，毋論親戚故舊，非忠信篤厚之人，不相授受，不致遺失，傳之無窮焉。《敬堂遺稿》卷二。

《太極圖説》疑義　琴海圭①

周子曰："無極而太極。"

説解：上天之載，無聲無臭，而實造化之樞紐、品彙之根柢也，非太極之外復有無極也。《圖解》：此第一圈，無極而太極也，所以動而陽、静而陰之本體，然非有以雜乎陰陽也而爲言，即陰陽而指本體不雜乎陰陽。

蓋周子圖建立説，欲明夫未有此氣，先有此理之妙，而朱子解圖以爲懸空説理，難以曉人，故就氣上推明之，所以動而陽、静而陰之本體，即未有此氣，先有此理之妙也。非有以離乎陰陽者，即纔有此理，便有此氣之實也，即陰陽而指其本體，即纔有此氣，理便在此者也。不雜氣而爲言者，即就氣中只指理者也。"極"之字義，則勉齋、雙峰説得精，故李子曰："看得勉齋説，詳審以來説爲曰，上極是假借有形之極，下極是指名無形之極。"此意儘精當。此一節理之大原也。

"太極動而生陽，動極而静，静而生陰，静極復動，一動一静，互爲其根，分陰分陽，兩儀立焉。"

説解：太極之有動静，是天命之流行也。所謂一陰一陽之

①琴海圭（1861—1914），號愛山，著有《愛山集》。

謂道，誠者，聖人之本，物之終始，而命之道也。其動也，誠之通也，繼之者善，萬物之所資以始也；其静也，誠之復也，成之者性，萬物各正其性命也。動極而静，静極復動，一動一静，互爲其根，命之所以流行而不已也。動而生陽，静而生陰，分陰分陽，兩儀立焉。分之所以一定而不移也，蓋太極者，本然之妙也，動静者，所乘之機也。太極，形而上之道也，陰陽，形而下之器也。是以自其著者而觀之，則動静不同時，陰陽不同位，而太極無不在焉。自其微者而觀之，則冲漠無眹，而動静陰陽之理已悉具於其中矣。雖然推之於前，而不見其始之合，引之於後，而不見其終之離也。故程子曰："動静無端，陰陽無始，非知道者孰能識之。"

《圖解》：此第二圈。極之動而陽，静而陰者也。中○者，其本體也。者，陽之動也。極之用所以行也。者，陰之静也。極之體所以立也。者，之根也。者，之根也。蓋理氣動静之論。

蓋理氣動静之論，實本於《太極圖説》，而太極，理也，陰陽，氣也。動静者，理氣之開闔處。既謂太極動而生，静而生，則動是太極之動，静是太極之静，而太極是指本，動静是指流行，則以動静爲太極者，是猶以方圓爲天地，愛恭爲仁禮也，動而陽，静而陰，氣之始也。元非無動無静之前，已有此氣，而方有所動静，則以動静爲陰陽者，是猶以健順爲男女也，剛柔爲水火也。動極而静，静極復動，非太極之妙乎！故李子曰："太極之動静，太極之自動静也，天命之流行，天命之自流行也。豈復有使之者歟？况朱子分明説，理有動静，故氣有動静，若理無動静，氣何自而有動静乎"云，則近世所謂理無動静云者，抑何見也！此一節言理有動静也。

"陽變陰合，而生水、火、木、金、土，五氣順布，四時行焉。"

説解：有太極，則一動一静而兩儀分，有陰陽，則一變一合而五行具，然五行質具於地，而氣行於天者也。以質而語其生之序，則曰水、火、木、金、土，而水木，陽也，火金，陰也。以氣而語其行之序，則曰木、火、土、金、水，而木火，陽也，金水，陰也。又統而言之，則氣陽而質陰也；又錯而言之，則動陽而静陰也。蓋五行之變，至於不可窮，然無適而非陰陽之道，則其所以爲陰陽者，則又無適而非太極之本然也，夫豈有所虧欠間隔哉！

《圖解》：此第三圈。陽變陰合，而生水、火、木、金、土也。┗┓陽之變也。┏┛陰之合也。水陰盛故居右，火陽盛故居左，木陽稚故次火，金陰稚故次水，土冲氣故居中，而水火之交系乎上，陰根陽，陽根陰也。水而木，木而火，火而土，土而金，金而復水，而如環無端，五氣布，四時行也。

蓋圖圈水自陽動來，在陰静下，故朱子曰："陽之變也。"火自陰静來，在陽動下。故朱子曰："陰之合也。"蓋天一水生，本是陽稚，而成質於地六之陰盛；地二火生，本是陰稚，而成質於天七之陽盛，以其本稚也。故變合殆盡，而水位地六反爲陰盛，火位天七反爲陽盛。故朱子曰："陽變陰合，初生水火。"水火，氣也，流動閃鑠，其體尚虚，其形猶未定。天三木生，本是陽盛，而成質於地八之陰衰；地四金生，本是陰盛，而成質於天九之陽衰。以其本盛也，故變合未盡，而木仍其天三之陽轉爲陽稚，金仍其地四之陰轉爲陰稚。故朱子曰："木金則確然有定形矣。"蓋生行之序不同，以此故歟？此一節言理之流行也。

"五行一陰陽也，陰陽一太極也，太極本無極也，五行之生也，各一其性。"

説解：五行具，則造化發育之具無不備矣。故又即此而推本之，以明其渾然一體，莫非無極之妙，而無極之妙，亦未嘗不各具於一物之中也。蓋五行异質，四時异氣，而皆不能外乎陰陽；陰陽异位，動静异時，而皆不能離乎太極。至於所以爲太極者，又初無聲臭之可言，是性理難見，而氣可見。是以聖賢言理，多即氣而言之，心性之藴、道統之妙，亦皆於氣觀之，而後來之賺氣作理，認理爲氣者，苟能知理氣相須之義，則豈有是哉？此一節言理氣相須也。

“無極之真，二五之精，妙合而凝。乾道成男，坤道成女，二氣交感，化生萬物，萬物生生，而變化無窮焉。”

説解：天下無性外之物，而性無不在，此無極二五，所以混融而無間者也，所謂妙合者也，真以理言，無妄之謂也；精以氣言，不二之名也。凝者，聚也，氣聚而成形，蓋性爲之主，而陰陽五行爲之經緯錯綜，又各以類凝聚而成形焉。陽而健者成男，則父之道也；陰而順者成女，則母之道也。是人物之始，以氣化而生者也。氣聚成形，則形交氣感，遂以形化，而人物生生變化無窮矣。自男女而觀之，則男女各一其性，而男女一太極也；自萬物而觀之，則萬物各一其性，而萬物一太極也。蓋合而言之，萬物統體一太極也；分而言之，一物各具一太極也。所謂天下無性外之物，而性無不在者，於此尤可以見其全矣。子思子曰：“語大，天下莫能載焉，語小，天下莫能破焉。”此之謂也。

《圖解》：此第一二三圈，無極二五，所以妙合而無間也。第四圈乾男坤女，以氣化者言也，各一其性，而萬物一太極也。

蓋理之流行，必乘氣，氣可見，而理不可見，故每就氣上論之。此一節亦言理之流行也。

問：“各一其性，固是指五行之氣質，然水之潤下，火之炎上，木之曲直，金之從革，土之稼穡，此但可見氣質之性所禀不同，却如何見得太極之全體，無不各具於一物之中，而性之無不在也？”朱子曰：“氣質是陰陽五行。所謂性，則太極之全體。但論氣質之性，則此全體墮在氣質之中，非别爲一性也。”

又問：“反覆思之，誠非别爲一性，然聖賢説性，有是指義理而言者，有是指氣質而言者，却不容無分别，敬讀誨語，謂氣質爲陰陽五行，而所謂性即太極之全體，始悟周子所謂各一其性，專是主理而言，蓋五行之氣質不同，人所共知也。而太極之理無乎不具，人所未必知也。今傳文云五行之生，隨其氣質，而所禀不同，所謂各一其性也。這‘性’字當指氣而言，各一其性，則渾然太極之全體無不具於一物之中，而性之無所不在，又可見矣。此‘性’字當指理而言，一段之間文義頗不相合，恐讀者莫知所適從。”曰：“陰陽五行之爲性理，各是一氣所禀，而性則一也。”問：“陰陽五行之爲性，各是一氣所禀，而性則一也。兩性字同否？”曰：“一般。”又曰：“同者，理也，不同者，氣也。蓋氣既异，則理亦异，而渾然未發，只見其同。”復問：“這個莫是木自是木，火自是火，而其理則一，且如這個光也。有在硯蓋上底，有在墨上底，其光則一也。”蓋言性之皆性，其氣便是春夏秋冬，其物五常之性，感物而動，而陽善陰惡，又以類分，而五性之殊散爲萬事，蓋二氣五行，化生萬物，其在人者又如此。自非聖人全體太極有以定之，則欲動情勝，利害相攻，人極不立，而違禽獸不遠矣。

《圖解》：惟人也，得其秀而最靈，則所謂人者，於是乎在矣，然形之爲也，神之發也，五性之德也，善惡男女之分也，萬事萬物之象也。此天下之動，所以紛綸交錯，而吉凶悔吝，所由以生也。

蓋秀以氣言，靈以心言，何也？其氣獨秀，故其心最靈否？蓋以清明之氣，成正通之質，而包純粹至善之性，理氣相合，靈乃生焉。所謂太極妙用之神，而非氣之所能靈也。朱子嘗曰：“靈底是心，實底是性。”而此以性當靈者，分合之异歟？合言，則靈之所以爲性者，是心之體，即性而太極本然之妙也；分言，則靈之所以屬心者，性寂然而心能覺，性却實而心本虚也。以此觀之，則心之本體是理也。

蓋善惡雖分，亦自是五性之動，則可見所本而發者，理也。而圖圈《圖説》，未見其不同也。或以圖圈與《圖説》爲不同，何所取也？此一節言情乃因氣而异，而其實亦本乎理也，然非捨氣而言也。

“聖人定之以中正仁義而主静，立人極焉。故聖人與天地合其德，日月合其明，四時合其序，鬼神合其吉凶。”

説解：此言聖人全動静之德，而常本之於静也。蓋人禀五行之秀氣以生，而聖人之生又得其秀之秀者，是以其行之也中，其處之也正，其發之也仁，其裁之也義。蓋一動一静，莫不有以全夫太極之道，而無所虧焉，則向之所謂欲動情勝、利害相攻者，於此乎定矣。然静者，誠之復，而性之貞也。苟非此心寂然無欲，而静則又何以酬酢事物之變，而一天下之動哉？故聖人中正仁義，動静周流，而其動也必主乎静。蓋必體立而後用有以行，若程子論乾坤動静而曰："不專一，則不能直遂，不翕聚，則不能發散。"亦此意爾。

《圖解》：惟聖人者，又得夫秀之精一，而有以全乎極之體用者也，是以一動一静各臻其極，而天下之故常感通乎寂然不動之中。蓋中也，仁也，感也，所謂也，極之用所以行也，正也，義也，寂也，所謂也，極之體所以立也。中正仁義，

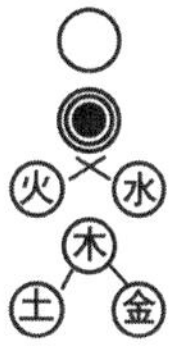

渾然全體，而静者常爲主焉，則人極於是乎立，而土金天地日月四時鬼神，有所不能違矣。

蓋中正仁義皆於動處言之，而仁行禮通，故中仁爲動。中之動義收智藏，故正義爲動中之静，聖人定性之道，静亦静，動亦静，故有主静之義，非於動静相對之處，厭動而求静也。後之反以未發之静看此語，而主静之工反疑於一偏者，恐非周子本旨也。故朱子嘗曰："此是聖人修道謂教處，人雖不能無動，而立人極者必主乎静。"惟主乎静，則其著乎動也，無不中節，而不失其本然之體矣。又曰："衆人所以失之者，以其不能全得仁義中正之極，而聖人全體太極無所虧缺，故其定之也，乃所以一天下之動而爲之教化，制其情欲，使之有以檢押，相率而趨於善也，斯言甚善。"推此一節，言涵養之工當主静，以養動也。

"君子修之吉，小人悖之凶。"

説解：聖人太極之全體，一動一静，無適而非中正仁義之極，蓋不假修爲而自然也。未至此而修之，君子之所以吉也；不知此而悖之，小人之所以凶也。修之悖之，亦在乎敬肆之間

而已矣。敬則欲寡而理明，寡之又寡以至於無，則静虚動直，而聖可學矣。

《圖解》：君子之戒慎恐懼，所以修此而吉也；小人之放僻邪侈，所以悖此而凶也。

蓋修之吉、悖之凶者，只是順理逆理之致，故欲順理則當先明理，而明理之工乃明乎事物之理，而順其性命之理也。逆理爲小人之事者，由不能明理，而氣爲之主張矣。然則明乎理，而制其氣，則斯乃君子之吉也。

“故曰立天之道曰陰與陽，立地之道曰柔與剛，立人之道曰仁與義。又曰原始反終，故知死生之説。”

説解：陰陽成象，天道之所以立也。剛柔成質，地道之所以立也。仁義成德，人道之所以立也。道一而已，隨事著見，故有三才之别，而於其中又各有體用之分焉，其實則一太極也。陽也，剛也，仁也，物之始也。陰也，柔也，義也，物之終也。能原其始而知所以生，則反其終而知所以死矣。此天地之間，綱紀造化，流行古今，不言之妙，聖人作《易》，其大意蓋不出此，故引之以證其説。

《圖解》：天地人之道，各一㊀極也。陽也，剛也，仁也，所謂也，物之始也。陰也，柔也，義也，所謂也，物之終也。此所謂《易》也，而三極之道立焉，實則一㊀極也，故曰易有太極◎之謂也。

蓋嘗觀朱子之言曰“立天之道曰陰與陽”，是以氣言，“立地之道曰柔與剛”，是以質言，“立人之道曰仁與義”，是以理言。以此泛看，則恰似氣質爲爲[1]先，而曰道一而已，則道即是理也。理能主宰而生，此無窮底物。推之於前，而以之不差；要之於後，則陰精陽氣，聚而成物，神之伸魂游魄，降散而爲變鬼之歸者，自可推矣。

“大哉《易》也！斯其至矣。”

---

①“爲”衍一字，可删。

説解：《易》之爲書，廣大悉備，然語其極，則此圖盡之，其指豈不深哉。抑嘗聞之程子昆季之學於周子也，周子手是圖以授之。程子言性與天道多出於此，然卒未嘗明以此圖示人，是則必有微意焉，學者亦不可以不知也。《圖解》故曰：易有太極◎之謂也。

蓋易道難言，而就此圖與説，而可自此窺斑矣。朱子以爲易者陰陽之變，太極其理也。又曰："太極只是一個理字。"又曰："太極者，象數未形，而其理已具之稱，形器已具，而其理無眹之目。"又曰："太極非是别爲一物，即陰陽而在陰陽，即五行而在五行，即萬物而在萬物，只是一個理而已。"就此數言可以見易之理矣。《大傳》曰："易有太極，是生兩儀，兩儀生四象。"蓋於此可以推陰陽未生之前，太極已具，而此特於陰陽變易之中，指出實理之無形者不可見，不得不據氣上推究，而其實則元非因氣而有也。

蓋就此圖而觀理氣之流行，則氣爲資具，而理爲主宰可知矣。故陶山夫子中《圖説》以爲"子思、孟子只指理言者，非不備也。以其并氣而言，則無以見性之本善故爾。"湖上先生以爲，理也者所主，而動静之妙也，氣也者所資，而動静之具也。於此可見主資之分，而易者，生生之妙也，太極者，所以生生之主也。以三綱爲論，恐無不可，父之於子，君之於臣，夫之於婦，亦皆有主資之實，而欲明理氣者，乃所以明綱倫也。現今天下民主君尸，男女平等，皆是滅綱傷倫之事，如之何哉！是亦近世自侮之所致也，數百年來所謂明理學者，或以爲理氣雙行，須致二本之病，或以爲氣主理資，又致大本易主之弊，而國以之膏肓可勝嘆哉！

問："《太極圖》何以先動而後静，先用而後體，先感而後寂？"朱子曰："在陰陽言，則用在陽，而體在陰，動静無端，陰陽無始，不可分先後。"今只就起處言之，畢竟動前又是静，静前又是動，將何者爲先後？不可只道今日動便爲始，而昨日静更不説也。

蓋理氣動静之論，始於周子。而太極，理也，陰陽，氣也，動静者，理氣之合處也。既曰太極動而生陽，静而生陰。則動是太極之動，静是太極静，而太極指本體，動静指流行。

朱子曰："太極動而生陽，只是如一長物，不免就中間截斷説起，其實動之前未嘗無静，静之前又未嘗無動。如説繼之者善，亦只就此説起。譬之俗語，謂自今日爲頭已前，更不受理意思。"

蓋動極静，静極動，固莫非太極之爲，而太極生陰陽之後，嘗在陰陽之中，相須爲體，相待爲用，而理本無形，氣爲有迹。自可見者言之，則動者是陽，静者是陰也。直從大原上順推，則動者静者，固是太極之流行，而苟無動静，則陰陽二氣無自以生，由此言之，今之欲將動静專歸氣邊者，無乃認太極爲死物乎？

問："動静者，所乘之機。"曰："機是關棙子，踏着動底機，便挑撥得那静底，踏着静底機，便挑撥得那動底。"

蓋動静者，理氣之開合處，一動一静，猶易之言一陰一陽，一闔一闢，推其"一"字可見理自爲主。而從氣説，則動時無静，静時無動也；從理説言，則動中有静，静中有動，蓋理之無形者，通，而氣之有迹者，局也。

問："分陰分陽。"曰："從動静便分。"

蓋從動静便分者，亦理乘陰而分陰，理乘陽而分陽之意歟？

無極而太極，人都想像有個光明閃爍底物在那裏，却不知本是説無這物事，只是有個理，能如此動静而已。

蓋是理至無而至有，至虚而至實，莫之而爲，莫之致而至。朱子曰："理能如此動静而已，則分明是理之用。"而今之言理者，以所以然爲理，而以能然便屬之氣，何哉？

問："動静是太極動静，是陰陽動静？"朱子曰："是理動静。"曰："如此則太極有模樣？"曰："無。"可學録。

蓋此段問答，只於形迹上倒看認動静，故如此説。

朱子曰："無極者，只是説這道理，當初元無一物，只是有此理而已。"此個道理便會動而生陽，静而生陰。

蓋此乃推説周子圖意，既謂能動静，而又謂會動會静，則動静之妙不可專管在氣。

問："吴仲方疑太極説動極而静，静極復動之説，大意謂動則俱動，静則俱静。"朱子曰："都是胡説。"

蓋理在氣中，固與之俱動俱静，而氣之始生，畢竟是先有動静之理，俱動俱静之中理自爲動静之主，而今歸之氣者，恐認理爲死物。

問太極兼動静而言。朱子曰："不是太極兼動静，太極有動静。"德明録。

不是者，何也？蓋兼之義，疑其以此兼彼對作二物，故云不是歟？

問："神者，是天地之造化否？"朱子曰："神者，即此理也。所謂物者人在其中，指形氣有定體而言。"寓録。

蓋所謂神者，即太極動静之妙也。就形氣定體上，理自能主宰。

此章動而無静，静而無動，物也。此言形而下之器也，形而下者不能通，故方其動時則無了那静，方其静時則無了那動。就人言之，語則不默，默則不語；以物言之，飛則不植，植則不飛是也。動而無動，静而無静，非不動不静，此言形而上之理也。其理則神而莫測，方其動時，未嘗不静，故曰無動；方其静時，未嘗不動，故曰無静。静中有動，動中有静。静而能動，動而能静，其陽中有陰，陰中有陽，錯綜無窮是也。下曰水陰根陽，火陽根陰，水陰火陽，物也，形而下者也。所以根陽根陰理也，形而上者也。黄榦云："理之動静，則静中有動，動中有静，其體也；静而能動，動而能静，其用也。言物之動静，則動者無静，静者無動，其體也；動者則不能静，静者則不能動。其用也。"端蒙録。

蓋此言形而下者，氣也，形而上者，理也。而形而上下者，非判然相對立各主，只是理自動静，而氣爲資具。

此説動而生陽，動極而静，静而生陰，静極復動，此自有個神在其間，不屬陰，不屬陽，故曰陰陽不測之謂神。時舉録。

蓋不測之謂神，則陰陽上面自有所主宰者。

所謂神者，初不離乎物，如天地物也。天之收斂，豈專乎動？地之發生，豈專乎静？此即神也。

蓋的然可見者，是天地，而今曰天即理也云，則未必爲非者，何也？天地動静之理即此神也，非别有於天地之外也。

動静二字相對，不能相無，乃天理之自然，非人力之所能爲也。

蓋動而無静，静而無動者，即太極所具之器也。動中有静，静中有動者，即太極本然之妙也。動而能静，静而能動者，即太極所乘之機也。動而無動，静而無静，而非不動不静，則此其太極之自動静昭昭矣！世之把動静只作陰陽看者，至有理爲借乘，而氣機自爾之説，可勝惜哉。氣機自爾，則理必死物，而氣必主宰，其終也不淪於輪環之説，則必陷於理氣易主之見。

問："太極只是理，理不可以動静言，惟動而生陽，静而生陰，理寓於氣，不能無動静，所乘之機，乘如乘載之乘，其動静者，乃乘載在氣上，不覺動了静，静了又動。"曰："然。"賀孫録。

蓋此録在辛亥後，而其曰理不可以動静言，不覺動了静，静了又動者，何也？若如此，則周子明言太極動而生陽，静而生陰，則太極非理乎？夫子嘗曰："此理便會動静。"又曰："是理動静，不是陰陽動静。"又以動静爲太極動静，又以動而生静而生爲理生氣，詳此幾語，的的可見。而世之藉此爲説者，以爲此亦晚年之論，而力主太極爲體，動静爲用，然殊不知朱子《答楊子直書》，自以爲某向以太極爲體，動静爲用，其言固有病，後已改之曰："太極者，本然之妙，動静者，所乘之機也。"此則庶幾近之。蓋謂太極涵動静則可，謂太極有動静則可，若謂太極便是動静，則是形而上下者不可分明，易有太極之言亦贅矣，此豈可不信從者耶！

朱子曰："陽動陰静，非太極動静，只是理有動静。理不可見，因陰陽而後知理，搭在陰陽上，如人跨馬相似。"謨録。

或曰："此録在己亥後，而朱子以爲非太極動静，何也？"蓋太極動静是陰陽將生時，陽動陰静是陰陽既生後，理不可見，而因氣之動静便可知理有動静，理乘氣而動静，如人跨馬而出入，非太極不動静也。

朱子曰："太極，理也，動静，氣也，氣行則理亦行，二者常相依，而未嘗相離也。太極猶人，動静如馬，馬所以載人，人所以乘馬，馬之一出一入，而人亦與之一出一入，蓋一動一静而太極之妙未嘗不在焉。此所謂所乘之機，無極二五所以妙合而凝也。"銖録。

蓋世之看此録者，便以氣爲主，而理與之動静須未可曉也。從氣上看理，則固可如此説，而從陽動陰静處言，則動静亦氣也。然既已曰太極動而静而，則理之動静可知矣。太極猶人，動静如馬者，亦未可曉。動静如馬，則動静便似一物，成形烏可也。若曰太極猶人，陰陽如馬，動静如人馬之出入，則似恐近之，而且先言馬之一出一入，而人亦與之一出一入，是乃馬爲主也。譬之兒童之見，人乘馬而來者，必曰馬來，而不言人，以此藉爲馬自來，而人無與焉，則可乎？是不過爲小兒之見，不足深辨，嘗於此端，欲闊看而不苟。

朱子曰："動不是太極，但動者太極之用耳；静不是太極，但静者太極之體耳。"煢録。

蓋太極自能動静，而此云動静不是太極者，何也？動静非太極，而爲太極之體用，則太極之自動静固也。若以此而以爲動静不是太極之動静，是陰陽之動静也云則不可，若逆推而可，見者言之，則陰陽固動静，而陰陽上面自有所主之太極。

朱子曰："太極自是涵動静之理，却不可以動静分體用，蓋静即太極之體也，動即太極之用也。譬如扇子只是一個扇子，動摇便是用，放下便是體，才放下便只是體，這一個道理，及摇而動時，亦只是這一個道理。"

蓋不可以動静分體用者，以太極爲體，動静爲用，而静而下者這幾句未可曉，蓋若以動静爲形而下，則是就氣上可見者而言之，非是就本原順推説也。直以動静屬之形下，則太極將爲不動不静之物，而纔有動静，便化爲氣也，而可乎？或曰："然則動而無動，静而無静者，非歟？"曰："其下旋結。"曰：

"動而無動，静而無静，非不動不静，則可見自有動静之妙。"

問："太極之體至静，如何？"朱子曰："不是問所謂至静者，貫乎已發未發而言，如何？"曰："如此却成一不正當尖斜底太極。"可學録。

蓋問者之意以動静屬之氣，故以太極爲至静，朱子辨之精矣，而近世之猶以氣當動静，何也？且已發未發是就人心上動静之目，而心之本體便是太極，故觀吾心動静之理，亦可見此理之自動静也。

朱子曰："太極動而生陽，理生氣也。有是理，後生是氣。"德明録。

蓋看此，則理先氣後可知矣，然間不容髮。

朱子曰："無極而太極，只是説這裏當初皆無一物，只有此理而已。既有此理便有此氣，既有此氣便分陰陽。"義剛録。

蓋此段明有漸次，然有則俱有，亦不可看作容髮。

朱子曰："動即太極之動静，即太極之静，動而後生陽，静而後生陰，謂之動而生，静而生，則有漸次也。"謨録，可學録。

蓋此段明言理氣先後，而又以爲不可分先後者，隨其地頭而各异，然竪看而知太極在陰陽之先，横看而知太極在陰陽之中，横竪一致，分合無礙，然後可以言理。若信横疑竪，則其弊終歸於從氣倒看，而理爲死物矣；信竪疑横，則其弊或昧於分開，而理氣雙關。

朱子曰："未有天地之先，畢竟是先有此理。"

蓋推此段便可見理生氣，而生氣之後亦在氣中。

朱子曰："未有天地之先，畢竟也只是理，有此理便有此天地，若無此理，便亦無天地，無人無物，都無該載了，有理便有氣，流行發育萬物。"淳録。

蓋此録言理先氣後，而理無生滅，氣則消散，故前天地之氣非是後天地之死氣，今日之氣非是昨日之死氣也。若以爲氣是不生不滅，而先天地已屈之氣，復能爲後天地方伸之氣，則不知不覺之中，已陷了因果説中矣。

問："太極動而生陽，静而生陰，見得理先而氣後。"朱子曰："雖是如此，然亦不須如此理會，二者有則皆有。"問："未有一物之時如此。"曰："是有天下公共之理，未有一物所具之理。"德①。

既曰雖是如此，又曰亦不須如此理會者，何也？蓋許其既知得先後，而旋恐太開作兩個，故曰有則皆有，且是有天下公共之理，即所謂山河大地都陷，而畢竟理只在這裏，氣有不存，而理無滅息者也。

問："先有理，抑先有氣。"朱子曰："理未嘗離乎氣，然理，形而上者，氣，形而下者，自形而上下言，豈無先後？"淳録。

蓋理氣先後之説，累見於篇中，則畢竟是理先氣後，而以形而上下者爲證，則恐未親切。

問："有是理便有是氣，似不可分先後。"朱子曰："要之也先有理，只不可説，今日有是理，明日有是氣也，須有先後，且如萬一山河大地都陷了，畢竟理却只在這裏。"胡泳録。

蓋觀於此段，可見氣有滅息，而理不滅息，若如一種之説，則氣不生滅，洋洋混混，而不知不覺之中，氣自爲主矣。

朱子曰："有是理而後有是氣，有是氣則必有是理。"儒用録。

蓋有理而有氣，既有此氣然後此理有安頓處，氣可見，而理不可見，故看者往往主氣爲説，其弊將有不可勝言也。即所謂大而天地，細而螻蟻，其生皆是如此，又何慮天地之生，無所付受耶？要之"理"之一字，不可以有無論，未有天地之時，便已如此了者可見先後。

先有個天理了，却有氣，氣積爲質，而性具焉。敬仲録。

蓋氣積爲質，而性具焉。故世之論氣質之性者，多以本然之性對説，恰似本然之性、氣質之性，兩性齊頭并立於原頭。本然之性發用則爲理發，氣質之性發用則爲氣發。可怪！

問："必有是理，然後有是氣。"朱子曰："此本無先後之可言，然必欲推其所從來，則須説先有是理。"人杰録。

①此處脱一"明"字。

蓋舊氣既終，新氣方生，此理爲之終始，初無罅隙也。推其所從來，則理實生氣。

問：“理在先，氣在後。”朱子曰：“理與氣，本無先後之可言，但推上去時，却如理在先氣在後相似。”祖道録。

蓋理生氣，則理當爲先，而非理先在今日，而氣後在明日，雖有先後，間不容髮，故曰相似。

或問：“先有理，後有氣之説。”朱子曰：“不消如此説。而今知得他合下是先有理後有氣耶？後有理先有氣耶？皆不可得以推究，以意度之，則疑此氣是依傍這理，行及此氣之聚，則理亦在焉。”僩録。

蓋此就萬物异體上説，而恐人懸空説，妙不切己分，故答之如此。然天命流行，理能主宰，而氣隨之，氣之所聚，理實具焉。

老釋之病在於何處？而禪佛之差亦由於何處？蓋老氏以元氣爲太極，而其學則專氣致柔；釋氏以作用爲真性，而其學則絶去理障；禪家則以陰陽爲道，而認理爲氣之條理，終是陽儒陰釋；佛氏則以氣爲輪環；吴澄則以爲太極無動静，而闔闢都由於氣機；庸齊則以爲元氣無生滅，而造化全没。理致陽明，則指精氣之流聚，而謂心即理，整菴則指形而下者，而謂神即心，其歸皆差於毫忽，而終爲主氣之頭腦也。

近世學術之差，生於何也？蓋亦由於不明於理氣，或以明德爲本然之氣，或以氣質爲真體之性。汩於分開之論者，或不能明本原之妙；察於渾淪之説者，或爲不可偏主之言，互相爲黨，與以相攻擊爲務，殊無已分，實效甚可駭也。不有明達，鮮能脱出此窠臼。《愛山集》卷五。

答權士仁《太極圖説》問目　南廷瑀①

《太極圖説講録》老柏先生曰："無極太極之爲名目，觀於下文"太極本無極"一句，與"五行一陰陽，陰陽一太極"一例立文可見也。然説所以解圖也，圖有太極陰陽五行圈，而無無極圈者，以無極并謂名目非本旨，'無極'二字只是太極之注解。"竊以下文五行陰陽則曰一陰陽、一太極，而太極則曰本無極，恐於此亦不可并謂名目矣。且無極而太極，是無形狀之可指以爲極者，而實爲至極者也。則"無極"二字恐非太極之注解，乃是太極之妙也。

名目云者，非謂無極與太極相對爲兩名目。蓋既曰太極本無極，則太極隱，而無極便成名目云爾。觀無極之真，無極與二五相對立説可知矣。"無極"二字不可謂太極之妙，乃太極之真體，則是豈非太極之注解乎？

陰陽五行爲造化之具，男女萬物爲品彙之數，而其樞紐根柢皆太極之妙也。推演其義，而自總會言，則樞紐裏面，元有理一者也。自定分言，則根柢裏面自有分殊者也。然則所謂理一者，已具其分殊，所謂分殊者，早涵於理一，此蘆沙先生所以以理分喚做一個者也歟？

樞紐根柢，不可便謂太極之妙，乃太極之體段，推演以下欲改之曰："然則樞紐根柢裏面，元自有分殊。此蘆沙先生所以曰分殊早涵於理一，而以理分喚做"云云。

動而生陽，動極而静；静而生陰，静極復動。就陽位而專言，則動先，動極而静，静極復動；就陰位而專言，則静先，静極而動，動極復静。蓋動先者，氣先故也，此太極之用所以

①南廷瑀（1869—1947），號立巖，著有《立巖續集》。

行也；静先者，質本故也，此太極之體所以立也。統陰陽而兼言，則陽圈之中陰質也，陰之根也，静隨以藏焉；陰圈之中陽氣也，陽之根也，動隨以行焉。此動静所爲互根也，陰陽所爲相根也，問其所以爲主宰者，則實太極之妙也，此真而無妄之道也歟？

説得是，但中陰質也，中陽氣也。“質也”“氣也”四字删之似好，動静所爲互根，“互根”二字不若易以“相須”，動静上不當下“根”字。

一動一静，互爲其根，是動極而静，静極復動之注脚也。分陰分陽，兩儀立焉，是動而生陽，静而生陰之注脚也。

是。太極之有動静，一陰一陽之謂道，先言動而後言静者，所以明命之流行。先言陰而後言陽者，所以明道之體也歟？

似然。繼善成性，繼是氣之方出，而未有所成之謂也，成是物之已成者也，善是理之方行，而未有所立之名也，性是理之已立者也。以善性之例言，則成當曰氣之已成，而必曰物之已成者，何也？

氣凝成物，所凝者氣，而所成者物，故言成，則“物”字爲襯。

各正其性命，性是物所禀受者，命是天所賦予者耶？

自人物禀受而言，則曰性；自天所賦予而言，則曰命。先性者，主成物言，故也。

陽變陰合，陽是動者，故下“變”字。陰是静者，故下“合”字歟？

然。蓋陽氣也，陰質也，氣能動，變而質乃資成之。

有太極，則一動一静，此一動一静與上文一動一静迴然不同。

此一動一静乃上文動而静而之動静，非指互爲其根之一動一静，然其意則同，何以謂迴然不同？

《講録》。老柏先生曰：“《太極圖》本就萬物成形上畫出來。朱子解太極陰陽，引形而上下之説，形是道器合一處。”竊以《太極圖》本就陰陽成象上畫出來，非就萬物成形上畫出來者，故朱子解太極陰陽，引孔子形而上下之説，以明之。

先師所謂《太極圖》云者，該五層圈而言，蓋五層圈皆可謂太極，故第一圈不標題以“太極”二字，此可見矣。來喻云云，可謂誤看矣。

“真精”二字之義。

注解：無妄不二之训盡之矣，無妄則誠，誠則真矣。不二則專，專則精矣。

二氣交感，交感是形交氣感，而但曰二氣交感者，以成男成女是氣化者，故主氣化而言耶？

二氣指男女二氣交感，謂形交氣感，以形化言也。只曰二氣者，以上有男女字故也。

經緯錯綜，經緯指陰陽而言，錯綜指五行而言耶？

萬物統體一太極也，此是挑出而竪説者耶？曰萬物統體一太極，則可知分殊早涵於理一，曰一物各具一太極，則可知理一已具於分殊也。

陰陽五行互爲經緯而錯綜，即交錯之謂統體一太極，猶言皆本於一原，非挑出而竪説者也。理一分殊之説，可謂觸處放霈。

李是庵《答沈直窩問》曰：“理氣元不相離，故其生物也，必真精之妙合，豈謂先離而後合耶？造化則一時齊了，人言則未能一時齊了，雖聖賢蓋不能一口雙説話故也。理氣元不止，始合耶？可謂無滲漏而造化，則止雙説話故也。”恐未然，老柏所謂無極，初非離形氣獨立之物而至此，而乃言妙合者，特以明無極二五不離而不雜之妙也。此一“合”字可見，二氣二者，混一中自有不雜底意也，是豈非一口雙説話者也耶？

不能一口雙説話，本蘆沙先生語，不當引之於此，而是大誤引，故以致尊疑耳。蓋固有不能雙説處，亦有可以雙説處。

《講録》。老柏先生曰：“饒乏由於變合，變合由於動静，而一動而一静者，太極也。其氣之有饒乏，其類之有淑慝，亦不可不謂之太極中事也。聖人之所以致扶抑之義，盡輔相之功，而繼天之所不能者，以此也。然太極之本體，則真而無妄，純而無雜，潔净精微，有何饒乏、淑慝之可論？”竊以就陰陽變合而推言之，則饒乏淑慝亦太極中事也。聖人能繼天之所不能也，就太極本體而直言之，則太極真而無妄，純而無雜，有何饒乏淑慝之可論哉？故朱子曰：“聖人全體太極有以定之。”然則又有何聖人繼天之所不能之可論哉？

聖人定之以中正仁義，而天下之道理於是乎定矣。故曰向之欲動情勝、利害相攻者，於是乎定矣，是豈非繼天之所不能哉？

聖人之立人極，與上帝之立天極，是一串貫來者也，則上帝明明在上，必使聖人作之君、作之師矣。而或不能然者，但有所以然之理，而無能然之力故耶？若使天有能然之力，則今日之事一何至此耶？因仰蒼一吁也。

上帝之立天極，“立”字未穩，雖自立天之道“立”字來，而立天云者，公共言天道立也。此有“上帝”二字於上面，則便别改以“爲”字似好，仰蒼云云，孰不同情。

聖凡均是人，而聖人又得其秀之秀，可得聞其説之詳乎？

朱子曰：“聖人得天地清明中和之氣。”清明中和之氣是豈非秀之秀者耶？但聖人不常有，則天地清明中和之氣不常有歟？抑天與人相遇爲難歟？此所以五百年然後始生之也，豈其偶然哉！

修之悖之亦在乎敬肆之間。竊以《圖説》一篇皆説性命，而此一節乃説進爲者，則讀者於此所當盡心，而朱夫子又以“敬肆”二字開示其機，其所以嘉惠後學者深且至矣。

見得如此可敬。“可敬”此二字即舜跖分路處，蹉一足則墮在萬仞坑塹，可不畏哉！

立天之道云云，天道地道皆先言體後言用，而人道則先言用後言體者，以人混然中處而爲天地之心，能輔相覆載之道故耶？

天地無爲，人有爲故也。

道一而已，其實則一太極也。然則道是太極中之一大名目耶？

道是太極之著顯底，太極中不可著“道”字。

《講録》。崔溪南曰：“人爲天地之心，參贊位育，繼天之所不能，於人以理言之者，其不以是乎？”老柏先生曰：“此一説甚好甚好，然則天地猶性也，人猶心也耶？”

亦甚好甚好。《立巖續集》卷五。

答權士仁《太極圖説》再問 南廷瑀

動而生陽是一意云云。以動而生陽連承言則是一意，分開言則是兩意，故《講録》老柏先生曰：“動而生陽一句，内已悉具流行定分深味，一‘而’字則可見矣。”又曰：“動而静而流行也，而生陽生陰則定分在焉。既一屬流行，一屬定分，則横竪看，亦豈無其説乎？且就動静而相對言，則固不可做竪説看，而就太極而直言，則一動一静恐可做竪説看。”

向答時未之思量及此矣。今見師説，果如尊言，動而静而既爲定分中流行，則其爲横説中竪説可知矣。因吾友而得見此意，是豈非講討之益耶！已就本稿改之耳。

動静以氣言，陰陽以質言云云。以動静對陰陽而言，則動静固是氣也，陰陽固是質也。然以動對静，以陰對陽而言，則陽氣而陰質也，動陽而静陰也。而一動一静者，流行也，分陰分陽者，定分也。

甚精細。

以理言，則無虧欠間隔也。竊以統舉豈有所虧欠間隔哉而言，則皆以理言也，單舉虧欠間隔而言，則恐當以虧欠貼五行陰陽看，以間隔貼陰陽太極看。

盛諭統舉，單舉云者，無乃以“豈有”二字之有無而言歟？是似然矣。而《講録》所謂虧欠間隔者，雖無“豈有”二字，而即無虧欠間隔之意也。

分體用不爲無據云云。似生既以精屬陰，神屬陽，則陰是太極之體所立者也，陽是太極之用所行者也。以精屬體，以神屬用，不亦可乎？

更思之魄與精，一也，魂與神，一也。魂生於魄，則可知神生於精。然則宜可以體用言，始覺向説之疏脱也。

自天所賦而曰誠，一句末襯誠之復之誠，即《通書》“誠者，聖人之本”之誠。看太極動而生陽章注，誠者云云可知。朱子解是誠字曰：“誠者，至實而無妄之謂，天所賦之正理也。”

誠者，真實無妄之謂，則只是實理，而非有天所賦、人所受之别，如“命”與“性”字之各有攸當也。故《通書注》合而言之曰：“天所賦，人所受之正理也。”來喻去“人所受”三字，而以爲證，何也？《圖説》注亦曰：“命之道，則所謂誠者。”貼在“命”字乎？在“道”字乎？《立巖續集》卷五。

别紙《太極圖説》問目　趙鏞憲①

無極太極之極，動極静極之極，人極之極，其義同异如何？

答曰：極，至也，五極字皆是至極之極，或以動極静極之極，認作窮極之極，非也！

朱子曰：“太極含動静則可，自動静則不可。”此謂“動而生陽，静而生陰”，何也？竊謂太極非有自動自静之機，只是含能動能静之妙，而其動其静，乃氣之爲也，未知是否？

答曰：自動静則不可。“不”字衍，《百選》誤著“不”字，以致讀者之疑耳。朱子曰：“太極自會動静。”退溪曰：“太極之動静，太極之自動静，非有使之者。”太極之自動静，朱李相傳旨訣，而世多疑之者，蓋看得“自”字意，不着自字只是自然之意，非自力作用之謂也。

---

①趙鏞憲（1869—1951），號致齋，著有《致齋集》。

無極之名，非如太極二五之各占界分也。以太極對二五，則可以無極對二五，則恐有太極外復有無極之疑也。而今不曰太極之真，而曰無極之真，何也？

答曰：無極之真，便是太極。

邵子曰："用起天地先，體立天地後。"蓋必其體立，而後用有以行，則未有天地之時，安有無體之用乎？抑亦謂未有天地之先，天地之妙用已具，始有天地之後，天地之形體乃立耶？

答曰：陰先而陽後，天地之定位也。尊陽而卑陰，聖人之心法也。邵子所謂用起天地先，蓋以《先天圖》心學之意也，語各有所當，更詳如何？

程子以揚雄修性之語，爲不識性。朱子亦曰："性不容修，修是揠苗。"此言君子修之，非修性而何？

答曰：性則率之而已，豈容修之？此"修"字即修道之修也。

大哉《易》也云云，或曰："斯謂太極也，雖云大哉之《易》也，太極之理其至矣。此説然否？"

答曰：大哉《易》也，只是贊易道之廣大悉備，於《圖説》中所引數條之謂也，非專指太極而言也。《致齋集》卷三。

讀《太極圖説》五行一陰陽止，五行之生也，各一其性説 鄭世永①

注云，五行之生，隨其氣質而所稟不同，所謂各一其性者，言性之异。而此節上下言性之同，則此正朱子所謂五行太極與生之謂性相似，以爲同，則同中有异，以爲异，則未嘗不同是也。與下段注説參看，則無難曉之理。而師門平日特於在天五行之氣言各一其性，在地之質則不可言各一其性者，未知何據？

①鄭世永（1872—1948），號石泉，著有《石泉續稿》。

而朱子於男女萬物亦言各一其性，則此皆何以區處也？不得已而置之未勘之地邪？若是，則豈非甚未安者邪？尋常思之，而終未能解惑者也。《石泉續稿》卷二。

讀朱子纔説太極便帶着陰陽、纔説性便帶着氣止，然要得分明，又不可不析開説 鄭世永

按，師門論生之謂性爲本然處，每引朱子此説以爲證。然觀上下文勢，則帶着陰陽説時，不全是太極本體，而有動静之殊，帶着氣説時，不全是性之本體，而有彼此之別，安得不謂之氣質之性乎？朱子曰："《太極圖説》陰陽五行之變不齊，二程因此始推出氣質之性。"必也，如要得分明，又不可不析開説時，太極自太極，不雜陰陽，性自性，不雜氣，而爲性之本然矣，豈可把帶着説者，與析開言者做一意看乎？况本然氣質，非有二性，只因與氣不雜不離，而有得名者乎？曾見師門代作全翁書云，生之謂性，以本然看無古據，則朱子未嘗以生之謂性謂之本然性者明矣，然則每引朱子説爲證者，殊非其本旨，可知矣。《石泉續稿》卷二。

讀《太極圖説》 許信①

近讀《太極圖説》，妄自爲解曰：極者，至極之謂也。言天下之物，無以加此也。無極而太極者，言當初元無一物之可名，而只有此萬化標準之理也，即朱子所謂無形而有理也。然先言極，而後言無，則極是有可形之端；先言無，而後言極，則極

①許信（1876—1946），號雷山，著有《雷山遺稿》。

是全無可指之物。故就可形之端之中言，其自有無形之理也。此不雜氣之妙，即圖之第一圈也。

太極者，本然之妙也，動静者，所乘之機也。動者，用也，静者，體也。動何先於静而生陽？静何後於動而生陰？上説本然之妙，下説所乘之機，則動之爲先自然而然，非有意於以静爲後也。如《易》之畫卦，先乾陽而後坤陰也。太極含動静之機，故動而陽以之生静，而陰以之生動，静爲太極之流行，故動而陽爲之用，静而陰爲之用，而陰陽中亦自有太極也。生者，陰陽之始也，立者，陰陽之終也。自太極至兩儀立焉，亦理不離氣之實，即圖之第二圈也。

變者，合之漸；合者，變之成。言陽變而爲陰，陰合而爲陽也。水、火、木、金、土者，以《河圖》之生數，立對待之體也。五氣順布者，以五行相生之序，順氣行之用也。五行雖曰五殊，實則各具其陰陽也；陰陽雖曰二實，實則各具其太極也。太極即無形之理也，然説無極於太極之先，則曰無極而太極，而是承接之氣著太極之宗然也。説太極於無極之先，則曰太極本無極，本是推本之意，明無極之渾然也。朱子曰："不言無極，則太極同於一物，而不足爲萬化之根本；不言太極，則無極淪於空寂，而不能爲萬化之根本。"以此觀之，則無極太極之妙，可以推知矣，性即太極也。五行之生，質雖不同，各具一太極也。自陽變至各一其性，言氣之運用，實不外乎理，則理與氣既不相雜，又不相離之妙，可見矣。即圖之第三圈也。

妙者，如神妙之妙，言理氣之妙，渾融而聚也。交者，形之交也，陽交於陰也，感者，氣之感也，陰感於陽也。自無極之真至生生不窮説，氣形之化，以明人物之各具太極。即圖之第四第五圈也。

秀者，二五之清粹也。形者，朱子所謂氣以成形之形，形者，陰也。神者，張子所謂一故神之神，神者，陽也。發者，周子所謂發微之發也，知一心之神，妙萬事之主宰，故神之妙用無處不在。許多物事都只是一個理，而觸之自無不覺也。感動者，情也，善惡者，陰陽也。此一段承上氣形化之義，以明下文聖賢愚之三品也。定省所謂動亦定，静亦定也。主静者，聖人以衆人之常失於動，故使其主静，而動罔不善也。合者，合而不違天地，以理之全體言，故曰德，日月四時鬼神；以氣之流行言，故曰明，曰序，曰吉凶。聖人之進退行藏，不失其道，如鬼神之往來屈伸，不差其迹，故聖人之於鬼神，自有所不能違其吉凶也。君子賢，故修之，小人愚，故悖之。道，即理也。聖人順性命之理，立三才之道，曰氣，曰質，曰德，其分雖殊，實太極之體，所以立也。始終者，造化之端倪也，死生者，二氣之流行也。始終死生，循環不已，亦太極之用所以行也。自故曰至死生之説，言理之周流，貫徹體用，元不相離，以明天人之一也。大哉《易》也！以圖之説實無原於《易》，而贊嘆《易》之爲義，此總結一篇之辭也。朱子曰："易者，陰陽之變，太極者，其生理也。"於陰陽變易曰中自有所以然之故，故夫子曰易有太極。退溪李先生曰："無極之極，是假借有形之極，太極之極，是指名無形之理。"蓋於有形之極之中，自有本然之妙，故周子加一"無"字，而曰無極而太極。無極而太極，即《大傳》所謂易有太極之義也。動而静而亦所謂是生兩儀之是也。前聖後賢，豈不同條而共貫也哉！《雷山遺稿》卷三。

《太極圖説》札疑　李麟鎬①

五行之序，不同有五，曰水、火、金、木、土，此陰陽生五行之序也，即《圖説》所謂陽變陰合，而生水、火、金、木、土者也。曰木、火、土、金、水，此五氣順行之序也，即《圖説》所謂五氣順布，四時行焉者也。曰水、木、火、金、土，此就生之序，而陰陽相聚而言也。蓋以生之序言，則水爲陽稚，

①李麟鎬（1892—1949），字孔彦，號醒齋，著有《醒齋遺稿》。

木爲陽盛，而相聚也；火爲陰稚，金爲陰盛，而相聚也。曰金、木、水、火、土，此就行之序，而陰陽對待而言也。蓋以行之序言，則金爲陰稚，木爲陽稚，而相對也；水爲陰盛，火爲陽盛，而相對也。曰水、火、金、木、土，此即《大禹謨》所謂水、火、金、木、土、穀者，而相制相克，以泄其過者也。蓋言生之之序，言行之之序，言相克之序，言陰陽自聚之序，言陰陽相斟之序，而五行之情狀無隱矣。

《圖解》曰："水陰盛故居右，火陽盛故居左，木陽稚故次火，金陰稚故次水。"勉齋曰："水爲陽稚，木爲陽盛，火爲陰稚，金爲陰盛。"二説不同。蓋《圖解》是説行之序也，以四時言之，水，冬也，固爲陰盛，火，夏也，固爲陽盛，木，春也，固爲陽稚，金，秋也，固爲陰稚。勉齋是説生之序也，以一二三四而言之，一生水也，固爲陽稚；二生火也，固爲陰稚；三生木也，固爲陽盛；四生金也，固爲陰盛。《圖解》之説，即勉齋所謂木火是陽，金水是陰者也。勉齋之説，即朱子所謂水木陽也，火金陰者。然説行之序時，水爲陰，而火爲陽；説生之序時，水爲陽，而火爲陰者，即《通書》所謂水陰根陽，火陽根陰者也。水陰根陽，故生時为陽，而行時爲陰；火陽根陰，故生時爲陰，而行时爲陽也。

《太極圖》第一圈，是挑出於諸圈之中，而置之上頭，以見太極本然之妙者也，即《圖解》所謂不雜乎陰陽者也。第二圈之左白右黑，黑中白，白中黑，是陽動陰静交互之象也。中小圈乃第一圈之墮在陰陽者也，即《圖解》所謂非有離乎陰陽者也。以名位言之，第一圈是太極圈也，第二圈是陰陽圈也。故朱子曰："太極生兩儀，理生氣也，兩儀既生，則太極在其中，理復在氣之内也。"蓋太極生兩儀，即第一圈之生第二圈者也。兩儀既生，則太極在其中，即第二圈既生，則第一圈還在第二圈中者也。柏翁以第二圈中小圈爲太極，謂失本指，而遂以第二圈爲太極圈，而以左右陽動陰静之互根爲太極之實，相若如此，則凡太極挑出圈、太極圈、五行圈、乾坤成男女圈、萬物化生圈，五屬圈子各各排畫，而何闕陰陽圈而不之畫也？陰静陽動，雖是太極之實相，而若以太極爲陰陽之本體，遂指陰陽为太極，則陰陽更從何處付得也？柏翁之意，豈以第一圈爲太極圈，第二圈爲陰陽圈，而中小圈爲太極，則果似陰陽未生之前，太極自動自静，而以第一圈爲太極挑出圈，第二圈爲太極圈，而左右陽動陰静之互根爲太極之實相，則太極之不自動自静，有不待言而著者，故如此云云歟！既有太極，則動静陰陽之理已具其中，故才動便是陽，才静便是陰，此則知理非蠢動活物者，自可曉太極不能自動静也。何必待以第二圈爲太極圈，然後知之也。柏翁蓋以《圖解》以易有太極爲一圖之總結，而曰易有太極◎之謂也。遂以第二圈爲太極圈，然上既言陽也，剛也，仁也，所謂☾也，物之始也；陰也，柔也，義也，所謂☽也，物之終也。此所謂易也，而三極之道立焉，實則一○也，末以易有太極◎之謂也結之，則所謂易有太極者，猶言變易之中有太極也。蓋◎之左☾右☽，即所謂易也。其中○，即所謂太極也。雖☾爲物之始，☽爲物之終，互爲變易，而其實○使之云爾，曷嘗以◎即爲太極圈云爾耶！若以陰陽變易，而其實太極使之，遂以陰陽爲太極，則陰陽二字將無處尋討，奈之何。

或謂左白右黑，畫各成三，三，成數也。《圖説》三動三静字，所以解此黑白三畫也。竊以爲此非但看《圖説》不破，亦看圖象不破也。何者？《圖説》所謂動極而静，動字即動而生陽之"動"字也；静極復動，静字即静而生陰之"静"字也。然則動静各二字而已，安在其爲三乎？若泛以《圖説》諸動静字，而謂之"幾"字，則合下文一動一静，凡四動静字，亦安在其爲三而止乎？此則看《圖説》不破也。以圖象言之，則左白右黑，本各一畫，而以其陽根陰，陰根陽，故又於左白中加一黑畫，於右黑中加一白畫，則白中黑不過以象陽中之陰，黑中之白不過以象陰中之陽，而白中黑，黑中白，只是各二畫而已，安在其爲三乎？若以黑間白，白間黑，而謂之三畫，則動静無端，陰陽無始，當各加黑白千萬畫矣，亦安在其爲三而止乎？此則看圖象不破也。《醒齋遺稿》卷五。

《太極圖説》中正二字疑義問答　李秉灝[1]

金君瑞卿嘗過余，語及《太極圖説》，而君曰：“《圖説》中有聖人定之以中正仁義者，‘中正’二字何以看之？”余曰：“是言四德者。而此《圖説》本於《大易》，易每主中正，故不曰禮智，而曰中正。”君曰：“然吾意亦如此，而聞於河敬初[2]，則曰人莫不自以爲仁義，而多過中失正，則此以中正之仁義立人之極。吾竊惑於河君之言，嘗舉似於金而晦[3]則曰：‘俛翁已有此説，豈河君有聞而爲此言歟？’雖俛翁之説，愚惑終不祛心，故今又問之於子矣。”余曰：“河君與俛翁豈無所見而云爾也，當更爲商量耳。然後來思之，終未釋然。偶閲《農巖雜識》曰：‘《太極圖説》定之以中正仁義而主静，所謂静者，指正與義也。’朱子説如此，當時南軒、東萊皆以此説爲疑，謂中正仁義各有動静，所謂静者，指中正仁義之未發，不當指正與義爲静。朱子嘗辨其不然，蓋此義如南軒、東萊説自平順，故讀者或不能無疑於朱子之説，然朱子之訓必如此者，蓋以中正仁義即五行之象，中仁是木火，陽也，動也，正義是金水，陰也，静也。觀此，諸先生之曰中正仁義各有動静，曰中正仁義即五行之象云爾，則其不以仁義，或有不中正者，而看作合於中正可知。且晚求批楊子根《太極圖解問答》曰：‘《圖説》本於《易》，而《易》中每主中正，蓋中屬禮，正屬智，此以四德説下，尤爲分明，始知當日愚貢不甚謬妄。’异日見金君，當以晚翁之説告之也。”《弘堂集》卷四。

---

①李秉灝（1892—1964），字書卿，號弘堂，著有《弘堂集》。

②河性在（1901—1970），字監堂，號敬初，現存有《監堂集》。

③金梡（1896—1978），字而晦，號重齋，現存有《重齋先生文集》。

太極圖　洪龜範①

欲知真儒之傳道，當知真儒之明道。蓋道之大原出於天，而具於人心，其大無外，其小無内，混然一太極也。自非周子灼見道體，迥出常情，而敢爲此圖，以示人哉。昔者伏羲畫卦自一畫以下，文王演易自乾元以下，皆未嘗言太極也，而孔子言之。孔子言之，自太極以下，未嘗言無極也，而周子言之。誠以爲太極，則已屬於天氣，故周子以無極言，謂雖未離於形氣，而實無形無臭，非謂其淪於虛寂也。謂之易，則已形於無體，故孔子以有極言，謂易不窮於變化，而實有準有則，非謂之滯於一物也。而必生陽生陰，即《易》之所謂是生兩儀也。水、火、木、金、土，即《易》所謂兩儀生四象也，乾男坤女，即四象生八卦也。萬物化生，即八卦定吉凶也。其上之一圈者，所謂太極本然之妙也。其中之一圈，在乎陰陽動静之中者，所謂本然之妙，未始相離也。其五行各具一圈者，所謂分而言之，一物太極也。其五行復合於一圈者，所謂合而言之，五行一太極也。其下一圈爲乾男坤女者，所謂男女一太極也。其下一圈爲萬物化生者，所謂萬物一太極也。故立象於前，爲説於後，此周子作圖之本意也。雖然太極之妙，流行於天地之間者，固莫不在，而無方所之可立，無物不然，而無聲臭之可議。學者求之，亦求之此心而已，夫寂然不動、喜怒哀樂之未發者，此心之體，而太極本然之妙，於是而在行也；感而遂通、喜怒哀樂之既發者，此心之用，而太極本然之妙，於是而流行也。然已發者可見，而未發者不可見，已發者可聞，而未發者不可聞，學者於此深體而默識之。因其可見而推其不可見，因其可聞而推其不可聞。庶乎融會貫通，太極之妙可求，而心極亦庶乎可立矣！《闇岸集》卷二。

---

①洪龜範（1691—1762），字大伯，號闇岸，著有《闇岸集》。

《太極圖》贊　權龍鉉①

盈天地間，陰陽二氣。陰陽之機，孰其爲尸？昊羲畫卦，以象兩儀。兩儀之原，蓋未及之。尼山贊易，本原推及。太極之名，於是始立。極豈有物，名於難名。濂溪作圖，其義乃明。不離不雜，是爲真體。夫豈求之，陰陽之外。謂有非有，謂無非無。謂有則局，謂無則虚。非虚非局，妙於是在。萬事萬化，實此樞紐。藴之在内，具之在先。陰静陽動，非此曷原？陰陽五行，男女萬物。圈雖有四，一極總括。空兮曠兮，極於何尋。無端無眹，萬象是涵。一而萬殊，萬各具一。無而實有，虚而實實。真精之凝，妙合無間。化化生生，天地之根。妙哉斯理，圖豈可盡。難傳之意，寓此片簡。《秋淵集》卷二十二。

《太極圖説》繹義　權龍鉉

造化之妙，蓋難乎明矣。明者的見而言之，則横竪而皆當矣。昧者泥言而求之，則反覆而離真矣。指其實理之必然者，而謂之有，則求於有物，指其無迹之可尋者，而謂之無，則疑於空寂。夫妙處不可以言傳，則聖人雖急於明理，切於曉人，其於昧者之不察，則亦末如之何矣。孔子的見兩儀四象之運行交錯，品彙庶物之生生不窮，必有所以根柢樞紐者，而萬化從此而生，故名之以太極，而形之以生，曰易有太極，是生兩儀，其開示者切矣。然既曰有，曰極，曰生，則昧者之求太極於有

①權龍鉉（1899—1988），字文見，號秋淵，著有《秋淵集》。

物，曷得以解之？周子爲是之憂而思，所以解之，於是加無極二字於太極之上，以明孔子所以强名於難名，强形於難形者，雖曰有而實無其物，雖曰極而實無其極，雖曰生而實無其生矣，然苟曰無矣，則昧者之疑太極於空寂，又曷得以解之？故自太極之動静而生陰陽，陰陽之合變而生五行，層層説下來，而皆本於無極字。復自五行而陰陽，陰陽而太極推上去，而終結於無極字，以明其無者實有，而有者實無，則其無極之極，無動静之動静，無生之生之妙，蓋欲默傳於不可傳之言，使人得之於言意之表也。其旨微矣，其心苦矣，後之人猶或不察，而乃反泥其文，而迷其旨，有無之争紛乎莫定。嗚呼！道之難明，豈有了期耶！

泥圖而求象，則滯以不明；泥文而求意，則窒而難通。惟推以理，而會以意，然後可以活絡而貫通也。圖圈書陰静陽動，則動静自是陰陽事。而《圖説》曰太極動而生陽，静而生陰，則動静爲太極事。而陰陽生於動静矣，是將烏乎定哉！蓋圖則陰陽各分動静之位，而太極之爲陰陽本體者在中，而不雜乎陰陽，則動静之機在於陰陽，而不可屬於太極矣。然陰陽實非自專動静，而不本於太極也，故以太極圈位於陰陽之上，則知陰陽動静之必本於太極矣。説則自太極源頭處説下來，而明其樞紐之意，故推原動静之妙於太極，而直謂太極動静，然太極實非能動静於陰陽之外，而陰陽自無而生也。故繼曰一動一静，互爲其根，則知動静二者自爲相資，而非别有太極之動静者矣。曰分陰分陽，兩儀立焉。則知陰陽自相爲對待，而非别有生於動静者矣。蓋太極之爲陰陽本體，而不雜乎陰陽，圖之意，而説不能盡；太極之乘乎動静，而不離乎陰陽，説之意，而圖不能盡。其義未始不相須而相發也，是豈可滯泥而求之者哉！且夫圖有層級，而非理有層級，説有先後，而非理有先後也。圖圈自太極而陰陽，陰陽而五行，五行而至於男女萬物，層次推排。而纔説陰陽，則太極已在陰陽裏面，而更無離陰陽之太極矣。纔説五行，則五行即陰陽之變合者，而更無外五行之陰陽矣。纔説男女萬物，則男女萬物即無極二五之妙合而凝者，而更無懸空之無極二五矣。故以太極圈統陰陽五行，而至男女萬物，則還復蒙太極圈子，而更無别樣，所以見男女萬物即一太極也。圈雖有五，而統之爲一，則初非有層級也。《圖説》以太極爲陰陽五行總會處，而説動而陽，静而陰時，太極在動静上，動亦太極，静亦太極，而動静之互根者，即一太極也。説分陰分陽，陽變陰合時，太極在陰陽上，陽亦太極，陰亦太極，而兩儀之立、變合之體，即一太極也。説五氣順布時，太極在五行上，五行各具太極，而順布之體即一太極也。至於男女萬物，莫不皆然，此所謂統體各具，無餘欠，無彼此者，而圓通不局，無乎不在，不離於物，而非一也，不雜於物，而非二者，是太極之真相也。故説下説上者，無非即乎陰陽五行，而明太極之妙而已，非陰陽五行之外，别定太極一位也。故曰太極本無極，而終以無極二五之妙合者總會於下，夫妙合云者，非自離而合也，推始引終，元無片霎時不合之無極二五，則初非有先後也。泥圖者乃欲求太極於離象之地，而終歸於懸空泥文者，乃欲局太極於動静之間，而終歸於作用，其爲一物之見則同也，是豈周子之所能料耶！

天地之間，只是一氣而已，而有運行者，有凝聚者，陰陽五行運行之氣，而造化之具也。男女萬物凝聚之氣，而造化之著也。太極則無乎不在者也，自運行言，則就變合順布處，而明樞紐之妙，故溯本而言，其曰五行一陰陽，陰陽一太極者，統體説也。其曰五行各一其性者，各具説也。自凝聚而言，則就成質賦形處，明造化之實，故復從真精之妙合上説下來，言雖隨所就而有彼此，意實貫上下而相發也。非運行者，初非妙合之體，而至凝聚處，始有妙合也。運行者，獨有統體各具，而凝聚處，却無統體各具之妙也。且運行中亦有凝聚者，凝聚中亦有運行者，其曰五行之生，運行中之凝聚也。其曰萬物生生，凝聚中之運行也。推而言之，寒暑晦明，運行之氣也，而天地日月，雨露霜雪，運行中之凝聚也。形質血肉，凝聚之氣也，而知覺運動，榮粹生死，凝聚中之運行也。此可見運行凝聚，一氣之相通，即所謂陰陽之互根者，而天地萬物合同之體，無所虧欠間隔，妙合二字實貫乎其間，則即一太極也。夫太極者，實不離乎陰陽，故曰陰陽一太極，而以其無形無眹而謂無極，則將言妙合，不曰太極，而曰無極，其旨亦微矣哉！故妙合者，太極之謂也，乾坤者，動静之謂也，而男女者，陰陽之謂也，交感者，變合之謂也，而萬物者，五行之謂也。此前後之所以相應相發，玲瓏活絡，而亦以見統體各具之妙者也歟！

孔子之言道，一則曰形而上者謂道，分開而指其不雜乎形之體也；一則曰一陰一陽之謂道，就合處而指其樞紐乎陰陽之妙也。蓋離乎形器，則無所謂道者，而其妙則又非形器之所能囿也。妙合二字，實自二言中約出來，而不言妙，則疑於或離，不言合，則疑於無分，形容造化之情狀者，微乎妙哉！

成男成女，以氣化言，交感化生，以形化言，此蓋推本而大概言生成之序矣，非截然有先後、彼此之分也。天地即一大形矣，而萬物之生，乃天地之氣之交感而生者，則氣化之時，未嘗無形化者也。男女構精，其合而成質者，乃陰陽五行之氣，則形化之時，未嘗無氣化者也。故天地即大男女也，男女即小天地也，而初無間隔也，惟天地之氣運行而不已，故周遍萬物，以類凝聚，而無所私焉。男女之氣，一定而不易，故形氣相禪，族類以別，而不能相通，此其所以分也。而其經緯錯綜者，亦未嘗不相貫也，蓋游氣紛擾，未嘗停息，初無爲人爲物之分，則此固天地之氣之周遍無私者，而得其精英者爲人，得其查滓者爲物。精英之中，有清濁粹駁，故有聖愚昏明之异。查滓之中，有輕重厚薄，故有飛潛動植之殊焉。此則局於凝聚之所值，而天地之氣滯於男女，故周遍者，亦不能相通也。成形之後，人常爲人，物常爲物，鬣不能角子，李不能桃實，則此固男女之氣之一定不易者也。而聖父子有不肖頑父，或産聖智，同一種也，同一産也，或有大小强弱，榮粹虚實之迥异焉。此則得於游氣之不齊，而男女之氣屈於天地，故相禪者亦不能有定也。此蓋天地男女之氣，迭運相濟，形氣交化，而品彙之流形，紛綸交錯，參差萬殊，有不可窮詰者，則即所謂變化無窮者，而亦無往而非妙合之義也歟！

人之生也，得五行之秀氣以成形，而其氣之精爽者，又聚而爲心，故其形平正端直，而其心爲最靈。五行之理於是咸具，則此所謂性也，而即無極之真也。形生以得秀，言神知以最靈，言五性之感動，以心之所具，言夫人物之生，必性爲之主，而性者，萬物之一源，非人之所得以專也。人之所以异於物者，惟在得氣之秀，心之靈，而能全其性也。故既從真精妙合處合言人物，而復以秀靈别人於物，以明人物一源，异體之分，而無極之真則初無餘欠間隔也，故不從禀受處言性，而乃就感動處始言五性者。以性之在人者，必待神智之發，而始有感動，而善惡之幾由此而分，則所謂誠無爲、幾善惡者，而心性之有覺，無爲無往，而非無極二五之理也。此所以就妙合處明其真靈，能所之分者，而其義實亦貫乎上下也。蓋《圖説》上下，節節照應，申明太極陰陽五行之象者，以見源頭流行在天在人，貫通只一理也。最靈云者，雖指其得於氣者，而其所涵具者，乃純粹至善之性，則即在人之妙合者也。故以靈屬於太極，而形神屬於陰陽，五性感動屬五行也。五性雖指五行之殊性，而其統體之理即一太極也。故復以性屬太極，而善惡屬陰陽，萬事屬五行也。蓋其横竪錯綜，觸類相值者，實出自然之象，而有非强意安排也。

心之謂靈也，猶鑒之謂明也，鑒之明，是玻璃水銀之光之所注而惟明，故能有照物之理。心之靈，是氣之精爽之所聚而惟靈，故能具衆理，説者或以靈直謂理謂性，則是猶以玻璃水銀之光謂照物之理也，不惟非“靈”字本色，理則人物之所同，豈獨於人謂最靈乎？或謂有理故靈則似矣，而亦未免倒説也。朱子解曰：“其心最靈，而有以不失其性之全。”則是固謂靈，故能不失其性也，豈靈便是性之謂也，亦豈不失其性，故靈之謂耶！然不失其性，是靈之故，則指其不失者而渾淪言時，以靈屬太極，固亦一義，而其界分本色，則終不可因此而遂混也。

人者，天地之心，而人身，即一小天地。故其形神之感發，心性之運用，個個肖他。而吾心之量，與天地同其大，然在天之氣周流無私，不滯於一方，故陰陽五行之運，而賦於萬物者，隨其氣質，而無所差忒。太極之妙，莫不各具在人之氣，昏明淑慝，局於所禀，而物欲之私，從以蔽之，故形神五性之感動，而施於萬事者，善惡雜錯，情欲交熾，太極之體，反爲所壅遏戕賊，而不得行矣。然則何處可見天人之一理哉！惟有聖人者，其心渾然天理，無氣禀之拘，物欲之蔽，故能盡其性，與天地合德，則在人之氣於是乎定，而人極於是乎立矣。此最靈之能事，而裁成輔相之道，亦由此而行，則實太極全體之呈露處也。《圖說》之意，其精神命脉，總結於此歟？

妙合化生，人物所同，而得其秀而最靈，人之所以异於物也。秀靈聖凡所同，而中正仁義，聖所以异於凡也。蓋此四者，陰陽合德，五性全備，爲太極之全體，故不復分屬。而繼言主静，則静者，其本也。《樂記》曰："人生而静，天之性也。感於物而動，性之欲也。"衆人不知静之爲本而養之，故感動之際，善惡雜錯，而莫知所裁。蓋至於感動之後，則雖聖人亦無下手處，故必主乎静，而立其本，然後動無不中，而中正仁義之道皆由此出。其曰無欲故静者，未感動之謂也。此《中庸》所謂天下之大本，而致中之道也。故以是爲立極之本，後世多不察乎此，而或疑其倚於一偏，至有譏之，以陷於禪旨者，則其於周子之意，失之遠矣！

立天之道曰陰與陽，立地之道曰柔與剛，立人之道曰仁與義。《圖說》所謂兩儀立焉，與立人極，兩"立"字實本於此，故引而結之，而在天地則以氣質言，在人則以性言者。蓋陰陽剛柔之爲天地之氣質者，正且通焉，故有定性而無變，即乎氣質，而太極之道立焉。所謂器即道，道即器者，而人則氣質不齊，形氣局焉，故必仁義成德，而後太極之道立焉。然則天地之極立乎自然，人之極必待立之後立中正仁義，而立之者，聖人也。修之而欲立者，君子也，悖之而不立者，小人也。於此可見太極之實體，固不外乎吾之一心，而其説三才之道者，無非示人以窮理盡性之道者歟？

理者，至虚而至實者也，至遠而至近者也。以其無形狀之可接，則可謂虚矣。而以其體物而不可遺，則莫實於此矣。以其公共於物者，則可謂遠矣，而以其皆備於我者，則莫近於此矣。故求於虛遠，則玄妙而無所捉摹矣。求於實近，則切近而不可須臾離也。夫天地造化之運，則虛且遠者也，吾心性情之用，則實且近者也。然人之日用云爲小，而動静語默之間大，而君臣夫子之倫，無非天命之流行，而自大化中流出，則所謂虛且遠者，未嘗非實且近者，而初無彼此之間也。譬如魚之在海中也，其視大海之渺茫，雖若虛遠而在外，然其呼吸游泳，首尾血脉，無非水也。則魚未始不爲水，而水固非外，魚固非内也。雖然徒馳心遥想於虛遠之域，而不知反求於吾心切近之地，則流蕩忘返，而同於老氏之玄虛，徒滯於形氣之私，事物之迹，而不究其源頭。實體之具，則心無所準的，而歸於俗學之淺陋，二者必相須相救，而聖學之本末具矣。故周子《圖説》，首言無極太極之妙，陰陽五行之錯者，雖若高遠玄妙，不可究詰，而終之以五性感動，善惡之幾，“聖人定之，君子修之，小人悖之”之分，則其意未嘗不在於實且近者。而所謂太極者，不過爲天命所以然之妙，與事物所當然之則，爲吾心日用之本源準的者，而非别有一物可指者也。是豈如近時學者之不求於日用事物之間，而徒憑空駕虛，摸象於有無之間，争辨於口舌之末而已者耶！《秋淵集》卷十。

《太極圖》論辨説　金萬烋①

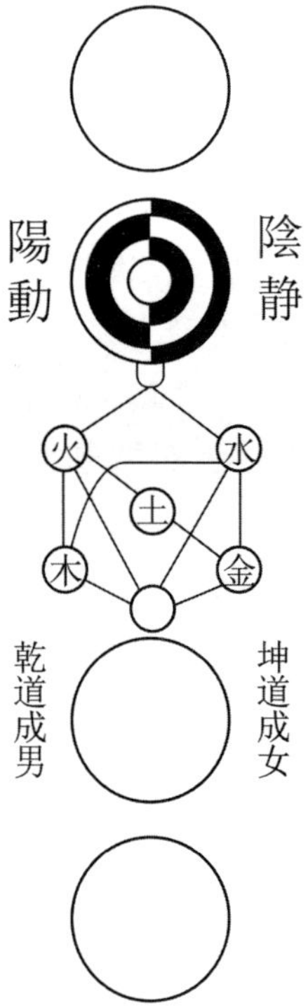

或有問於予曰："古人有《太極圖説》，名之者誰？而圖之者誰歟？"予答之曰："此圖周濂溪之所作，而本於易有太極，實是聖學之頭顱，而性理之淵源也，豈後人之所可窺測哉！"又問曰："濂溪作圖之義，既得聞命矣。本圖初頭曰無極而太極。今夫天圖如鷄卵，又如覆盆，而有輪無心者，謂之太極，則以何物爲無極？而亦以何物爲太極歟？太極動而生陽，静而生陰，則太極未動之前，陽在何處？而太極已動之後，陰在何處歟？

①金萬烋（1625—1694），字士逸，號魯魯齋，著有《魯魯齋集》。

無極太極之極字，果是何義？而抑别有同异之可言歟？”答曰：“天以陰陽五行化生萬物，氣以成形，而理亦賦焉。安有無理氣，而爲無極太極者哉！太極未動之前，未嘗無陽焉。太極已動之後，亦未嘗無陰焉。猶言無可名之極，而最爲萬理之極也。無極太極之義，推此可知，而其同其异亦何必覼縷也。”又問曰：“無極太極之義，果如吾子之言矣。本《圖説》曰：‘太極動而生陽，動極而静，静而生陰，静極復動，一動一静，互爲其根，分陰分陽，兩儀立焉。’可得聞其詳歟？”答曰：“天道之有陰陽，猶人之有夫婦也。太極動而生陽，動極而静，静而生陰，静極復動，則彼所謂陰陽互根者，此太極之動而陽，静而陰也。中太極者，其本體也，陰中有陽者，彼陽有陰之根也。陽中有陰者，彼陰有陽之根也。陰陽之互根，兩儀之分立者，不待智者而可知矣。”

又問曰：“陰陽互根者，天理固然矣。本《圖説》曰：‘陽變陰合，而生水、火、木、金、土。五氣順布，四時行焉。’亦可得聞其義歟？”答曰：“陽中有陰，陰中有陽者，皆是變化之不測，則生水、火、木、金、土者，亦豈無其本而然也。有父母，然後有百子千孫；有天地，然後有五行四時，則彼陰陽之生五行，而行四時者，便是吾父母之子孫也。禀陽之精者，謂之水，而居北爲冬；禀陰之精者，謂之火，而居南爲夏。金居西，而爲秋，木居東，而爲春，一土居中，四時分旺，相生相克，迭往迭來，循環不窮，造化無常，而惟水火之氣，交合凝注於金木之間，此無極二五之所以妙合而無間者也。五氣之順布，而四序之錯行者，昭不可掩矣。”又問曰：“必待陽變陰合，然後能行四時，則本圖五行交錯之下，又有二太極，而一則曰：‘乾道成男，坤道成女。’一則曰：‘化生萬物。’請吾子試教也。”答曰：“本《圖説》曰‘五行之生，各一其性。無極之真，二五之精，妙合而凝。乾道成男，坤道成女。二氣交感，化生萬物，萬物生生，變化無窮。’朱子釋之曰：‘自男女而觀，男女各一其性，各具一太極；自萬物而觀，萬物各一其性，各具一太極也。合而言之，萬物統體一太極；分而言之，一物各具一太極’云云。則乾男坤女，以氣化者言也；萬物化生，以形化者言也。皆是先儒之所發明，則吾不欲叠床説話也。”

又問曰：“天地造化，蕩蕩難名，則生乎兩間，能體其化者，復幾何哉？願吾子無隱也。”答曰：“本《圖説》曰‘惟人也，得其秀而最靈，形既生矣，神發知矣，五性感動，而善惡分，萬事出矣。’則其所謂得秀最靈，即純粹至善之性也。形生神發，即陽動陰静之義也。五性感動，即陽變陰合，生水、火、木、金、土之性也。善惡分，即成男成女之象也。萬事出焉，即萬物化生之象也。天人一理，上下無間者，尤不可誣矣。”又問曰：“皇天賦予人物禀受，而或有聖人之定者焉，或有君子之修者焉，或有小人之悖者焉。天之所賦，或有所不均而然歟？”答曰：“五性感動，萬事皆出，則人之初生也，莫不有之，而全其德而主於静者，其惟聖人而已。未至此而修之者，君子之所以吉也；不知此而悖之者，小人之所以凶也。非天賦之有所不均也，只在乎敬肆之間耳！孔夫子嘗曰：‘性相近也，習相遠也。’聖人言豈欺我哉？”又問曰：“《太極圖》首言陰陽變化之妙，終言人物禀受之理，此與河洛二圖相爲發明歟？”答曰：“太極生兩儀，兩儀生四象，四象生八卦者，《周易》之論太極也。太極生陰陽，陰陽生五行，五行生萬物者，濂溪之論太極也。前後所論義理皆同，彼以卦爻言，此以造化言，但有先後天之分，則亦豈無方位之或差哉！”

又問曰：“濂溪作圖本於《周易》，而作圖之後，能傳此圖者幾人哉？”答曰：“二程，其門人也。周子手寫一通，以授二程，自程子而傳，横渠又再傳，而傳晦菴，聖學之相傳，其來久矣。幸我東方道學復明，惟退陶老先生宣廟朝上《聖學十圖》，而此圖居其首，亦猶《近思録》以此説爲首之義也。欲學聖學，必以敬之一字爲用力之方，欲寡理明，寡之又寡，以至於無，則静虚動直，聖可學矣。吾黨小子，可不勉哉。”客唯唯而退，愚於是乎記其顛末，以俟後日格致君子之取捨也。《魯魯齋集》卷二。

答從侄龜柱《太極圖》問目　金漢祿①

《圖解》人極於是乎立，下天地日月四時鬼神，上著太極陰陽五行三圈子，此當屬之上耶？屬之下耶？竊意此承上而接下者，通看方好云云。

此三圈當屬之上，蓋自惟人也以下，皆據圖推盡説意，而圖在説下。

各一其極，無假借言，金一太極，木一太極，金不假於木，木不假於金。蓋一物之中，天理各自完具，彼我一般，不相侵越。

得之。

一動一靜，各臻其極，其極即《圖説》第八節，所謂中正仁義之極也。

得之。

中也，仁也，感也；正也，義也，寂也。言中仁屬感，正義屬寂。或以爲中也仁也感也，當不間句讀，讀之恐非矣。

感也，寂也，雖不間句讀，亦不害其爲屬感屬寂之意。

此所謂易也，而三極之道立焉，易卦三畫象，三才六爻并象三才之兩儀，初二爻即地之兩儀，三四爻即人之兩儀，五上爻即天之兩儀云云。

陰陽剛柔仁義，乃易之道，而終始乎萬物者也，不必以卦畫準擬也。

易有太極之謂也，陰陽即易也，而太極在這裏，非直以陰陽圈子謂之太極也。

陰陽圈子中虛白處，乃太極也。所謂易有太極也，按圖

①金漢祿（1722—1790），字汝綏，號寒澗，著有《寒澗集》。

可見。

《圖説》第三節。繼之者善，善者理也，理與氣無一息之相離，則不必只於初動之際，方有所承接也。但對成性而言，則此理之名，未有所立，故姑以繼善目之。

繼之者善，指天人之間賦受之際而言，來説未瑩。

動静無端，陰陽無始，程子此言本以氣言，然陰陽之氣如環無端，則太極亦無獨立之時，故引此以爲理氣不離合之證。

氣之如此，即理之如此。

第四節。各一其性，"性"字釋疑，注及按説，或專以氣言，或專以理言，兩釋恐皆有偏。朱子注解本兼兩意，隨其氣質所禀不同，指氣而言也；太極全體，各具一物，指理而言也。指氣言，故有五性名目之不同；指理言，故爲渾然太極之全體。指氣指理之釋，又有一説，五行之性，對太極之理，則爲指氣而言者，對善惡之性，則爲指理而言者矣。

各一其性，性只是理，其所以各一者，由於氣也。雖由氣而各一性之爲理，則不以氣而有改也。先師所謂各指其氣之理，而亦不雜乎其氣者也。

各一其性，則渾然太極之全體，各具於一物之中，此非直指各一其性，謂渾然太極也。言就此各一之性，掉脱形器，而單指其理，則渾然全體即在其中云爾。蓋太極之爲名，超形器之謂也。一超形器，則無論統體各具，其爲渾然全體，則同惟其舉萬物而言，故謂之統體，而統體非大也。舉一物而言，故謂之各具，而各具非小也。一原即是分殊，分殊還他一原，非有二也。若夫各指其氣之理，然後其理也，於是乎始得健順五常之名，而不復謂之太極，亦不復謂之渾然全體矣。

各一其性之非渾然太極，來喻是矣，既云統體各具，則不須復言超形器。超形器則各一之性，亦爲渾然太極，此則語病也。一原分殊，與統體各具，義自不同，統體各具，名异而體同，一原分殊，體异而名异，不可渾看，分殊還他一原，有可説也。一原即是分殊，則不成説也。渾然全體，雖五常之性，若合而言之，則不害其爲渾然全體矣，非獨太極可以當此語也。

性是墮在氣質以後之名，而今曰天下無性外之物，又曰性無不在，此似可疑。然上文曰性之本體然也，性之本體即太極也。故承上文，而雖只著“性”字，可知其爲太極也。

太極乃天地之性，而無不在者也。天地萬物何往而非此性耶？此性字意較闊，默會之可也。

各一其性一句，濂溪之意則未遽及於氣禀不同，而只就氣禀不同中，指其爲各一太極也。朱子之釋則并論其氣禀不同，與各一太極之義，自五行之生止。各一其性是釋氣禀不同，自各一其性止，一物之中，是釋各一太極云云。

濂翁之意，本如朱子之釋，朱子之釋，只依濂翁之意耳。

第五節。語大語小，《中庸》本文真以大小言，今若依其意釋之，則只得爲各具之義，而不得爲分釋統體各具之義云云。

語大語小，與《中庸》義無异同。

第六節。人極，“極”字亦太極之極。沙溪以人極爲表準，恐欠完備。欲動情勝，情即七情之謂也。喜過於喜，怒過於怒，不當喜而喜，不當怒而怒，皆是情勝處。

人極説是沙翁表準之云，似少遷就情勝説亦得。

第七節。聖人定之以中正仁義而主静，此兼一動一静及通動静大分之静而言。中仁是動，正義是静，“而主静”三字是通動静而爲静，而爲大分之静，故注解亦以此意釋之。其曰行之、處之、發之、裁之，一動一静全夫太極云云者，是以仁義中正分動静也。其曰中正仁義、動静周流，而其動也，必主乎静者，是通動静，而爲大分之静者也。至於所謂體立用行，則復以一動一静言，然實承上文主静之意，故以冲漠無眹道之全體爲静，以一動一静道之大用爲動，所謂大分之説者然也。

主静之静爲大分之静，則然矣。既曰通動静，則一動一静之静已包其中，又何言更兼耶？一静之静，大分之静，皆是正義上事，非分動静則主正義，通動静則兼主中仁也。大抵主静是體上工夫，雖動中之静，亦屬體上。今以體立用行，專作一動一静中事，復以冲漠無眹與一動一静對作體用，而爲大分上事，則前所云通動静而爲大分之静者，豈冲漠無眹之謂耶？來喻多有未瑩更商。

中正仁義之分動静，即以對待之定分而言也。若錯而言之，則未發之時，中正仁義同在渾然之中，則是中仁亦静也。已發之時，行發裁處皆具於一事之中，則是正義亦動也。又統而言之，則毋論中正仁義、一動一静，而静者常爲主焉。則是静亦静，動亦静也，所謂體立於正義，用行於中仁者，非謂體立之時，却只有正義二事，而中仁無與用行之時，却只有中仁二事，而正義無與也。蓋以未發已發分體用，而又以中正仁義各求其合，則未發之收斂凝定，自當屬静。已發之敷施發揮，自當屬動無疑矣。

中正仁義，本以流行而言，就此流行中見其對待之義可也。今謂以對待分定言者，恐失之所謂中仁乃動時之事，而非涉於未發也，則其謂中仁亦静未可也。所謂正義亦動中之静，而不離於已發也，則其謂正義亦動，又未當也。體立則中仁者，其體之行也，用行則正義者，其用之藏也。所謂動静周流者然也，其謂體立用行時，中仁正義無與云者，皆是强解，而於濂翁本旨未有發明更商。

不曰禮智，而曰中正，何也云云。

不曰禮智而中正者，小注朱子説備矣。然以吾觀之，則謂之禮智仁義，則是專爲體上説，而不復得爲用上説故也。來喻所云，恐是衍語未甚明的。

四時合其序，言仁義中正之用，與元亨利貞之理合也。

得之。

静者，誠之復，而性之貞，此“貞”字若以利貞之貞看，則只屬正，而不屬義。蓋利貞雖同爲誠之復，而若論其至静，則貞是極處，此方論至静之義。故只説貞字，而正與義皆包在其中矣。

利貞固皆屬静，然利是歸宿於貞者，而貞是利之等底處，故言貞則利，不須更説矣，方論至静之云，似未穩。

一天下之動，一即一定之義云云。

一是“齊”字之義。

第八節，周子只言修吉悖凶，而不言修之之術。朱子却説出“敬”字，敬即主静之工，而通乎動静者也。末云静虛動直，以大分言之，則動直亦静也。

動直亦静，語未安。

第九節，陰陽剛柔，雖以氣質言，然氣質之中，理實具焉。仁義雖以理言，然這理不過在氣質中。故曰道一而已，又曰其實一太極也。

陰陽剛柔，亦以理言，蓋太極一書只是渾淪説，細考可見陰陽剛柔仁義，是説對待之體，始終死生是流行之用。葉氏體用之説，雖非本旨，然以一定不易者爲體，以流行不已者爲用，亦可備一説也，尤翁斥之過矣。

葉氏體用説，尤翁斥之是矣，何謂過也。《寒澗集》卷五。

《太極圖説》解疏　姜楗①

上天之載，無聲無臭，而實造化之樞紐，品彙之根柢也。故曰：無極而太極，非太極之外，復有無極也。

上天，蒼蒼者是也，載，事也。朱子曰：“理在‘載’字上，聲臭有氣無形，在物散爲微妙，而猶曰無之，則所以形容此理之至妙者，無以加矣。造化指陰陽五行而言，品彙指男女萬物而言，此十字括盡一圖五圈之意。”樞，户樞也，柢，木根也，陰陽五行闔闢不窮，故曰樞紐。男女萬物，生生不息，故曰根柢。自上天之載，至無聲無臭，繳無極字；自造化以下，至品彙根柢，繳太極字。極如屋極之極，脊棟在一屋之中居高處，盡爲衆木之總會，四方之尊仰，而舉一屋之木，莫能加焉，故以極名之。而聖人以易之至理，在易之中爲衆理之總會，萬

①姜楗（1817—1881），字建夫，號復齋，著有《復齋遺稿》。

化之本源，而舉天下之理，莫能加焉，有類於極，故特假以名之耳。太，尊而無對也，或曰甚也，而輕接字也，所以明無次序也。

勉齋黄氏曰："極字但爲取喻，而遽以理言，故不惟理不可無於周子無極之語，有所難通，且太極之爲至理，其辞已足，而加以無極，則誠贅矣。"

太極之有動静，是天命之流行也。所謂一陰一陽之謂道。《易·大傳》。誠者，聖人之本。《通書》。物之終始。《中庸》。命之道也。胡氏曰："誠者，命之道乎？"

黄氏曰："此一節合動静説。"朱子曰："太極有動静，以流行而言也。静者，性之所以立也，動者，命之所以行也。然其實則静亦動之息爾，故一動一静皆命之行也。"問："動静是太極動静，是陰陽動静？"曰："是理動静。"問："理如何動静？有形則有動静，太極無形不可以動静言。"曰："理有動静，故氣有動静，若理無動静，氣何自而有動静？"陰陽是氣，不是道，所以爲陰陽者，道也。若只言陰陽之謂道，則陰陽是道。今曰一陰一陽，則是一陰了又一陽，往來循環不已者，乃道也。聖人之所以爲聖者，誠而已。

本，本領之本，誠是實理，有此理則有此物，徹頭徹尾，皆是此理。萬物流形，天地之間，都是那底做。案，此釋命之道。

大山先生曰："理也者，所主以動静之妙也；氣也者，所資以動静之具也。"故據其所主之妙而言，則其所以能動而能静，與動静之不失其序者，皆此理本然之妙也。以其相資之勢而言，則其動者陽之闢，静者陰之闔，二者皆形而下者，而理特乘載其上，以主其發揮運用之妙耳。蓋"動静"二字，只是使用底字，故随其所指皆可通用。然究其分，則固屬乎氣之一邊，而氣之動静者，實此理之所宰，則亦不害爲理之有動静也。彼見道體之無爲，而謂動静闔闢，機自爾也者，固陷於認理爲死物之科，而或病其爲此偏主理有動静之説，則又或近於無爲，真人閃鑠，自在之失矣。

其動也，誠之通也，繼之者善，萬物之所資而始也。其静也，誠之復也，成之者性，萬物各正其性命也。

黄氏曰："此一節分動静説。"誠，無極之真也。通，謂造化流行，未有成立之初復萬物也，得此理而皆有所歸截之時。繼，接續綿綿之意，成，凝定有主之意，言接續此道理，以生萬物者莫非善，而物之成形，各具此理而爲性也。繼善成性之分屬陰陽，乃《通書》首章之意，蓋天地變化，不为無陰，然物之未形，則屬乎陽。物正其性，不为無陽，然形器已定，則屬乎陰。

動極而静，静極復動，一動一静，互为其根，命之所以流行而不已也。大山曰："此以變易言。"動而生陽，静而生陰，分陰分陽，兩儀立焉，分之所以一定而不已也。大山曰："此以交易言。"

黄氏曰："此一個説流行底，一個説定分底。"解剥圖體曰：者，之根也。者，之根也。儀，匹也，如云一雙一對耳。朱子曰："兩儀是天地，與畫卦兩儀意思又别。"朱子曰："動而生陽，静而生陰，則陰陽分，而兩儀立矣。静極復動以後，所以明混闢不窮之妙。"問："分陰分陽，是帶上句？"曰："然。"按，上句指動而生陽，静而生陰。問："如何是生陽生陰？"勉齋黄氏曰："太極随陰陽而爲動静，陰陽則於動静而見其生。"按，黄氏此語，如"用起天地先，體立天地後"一般。

蓋太極者，本然之妙也。動静者，所乘之機也。太極，形而上之道也，陰陽，形而下之器也。是以自其著者而觀之，則動静不同時，陰陽不同位，而太極無不在焉。自其微者而觀之，則冲漠無眹，而動静陰陽之理已悉具於其中矣。

黄氏曰："此衮説個太極與陰陽。"妙猶運用，運用字有病，故著妙字，乘，承載之乘，機，氣機也。言理搭於氣而行也，道是道理，器是形迹，有物必有則也，著是陰陽，微是太極，觀是我去他裏面坼看也。眹，兆也，朱子曰："機如關棙子，踏著動底便挑撥得那静底，踏著静底便挑撥得那動底，某向以太極爲體，動静爲用，其言有病，後改之曰本然之妙，所乘之機。"問："形而上下，如何以形言？"曰："設若以有形無形言之，便是物與理，便間斷了。"又曰："只就形處，離合分明，此正是界至處，若説作在上在下，便成兩截矣。”按，形上形下，如言理乘氣，氣載理，所乘者不得不謂之上，所載者不得不謂之下，一個上下之間，攔截得界至分明。

雖然推之於前，而不見其始之合；引之於後，而不見其終之離也。故曰：動静無始，陰陽無端，非知道者孰能識之。

黄氏曰：“此以下言雖是恁地却那裏見他立頭處，所以不見他合，不見他離，正無端無始也。”

有太極則一動一静而兩儀分，有陰陽則一變一合而五行具，然五行者質具於地，而氣行於天者也。

南軒張氏曰：“此亦推本其所自來，非以爲至此而始具也。”變，動也，合，随也，謂陽動而陰随也。質則陰陽交錯，凝合而成，氣則陰陽兩儀，循環不已，陰以陽爲質，陽以陰爲質。程子曰：“凡有氣莫非天，有形莫非地。”

以質而語其生之序，則曰水、火、木、金、土，而水木，陽也，火金，陰也。以氣而語其行之序，則曰木、火、土、金、水，而木火，陽也，金水，陰也。又統而言之，則氣陽而質陰也；又錯而言之，則動陽而静陰也。

水陽之濕，氣以其灼，動爲陰所陷，而不得遂，故陰勝。火陰之燥，氣以其灼，動爲陽所揜，而不得達，故陽勝。陽之濕氣寖多，以感於陰而舒，故發而爲木。陰之燥氣寖多，以感於陽而縟，故結而爲金。統兼質與氣而言也，錯，交錯也。問：“水木何以謂之陽，火金何以謂之陰？”朱子曰：“天一生水，地二生火，天三生木，地四生金，一三陽也，二四陰也。”又問：“木火何以謂之陽，金水何以謂之陰？”曰：“此以四時而言，春夏爲陽，秋冬爲陰。”兩儀中有地，五行中有土，如何分别？曰：“地言其大概，土是地之形質。”

蓋五行之變，止於不可窮，然無適而非陰陽之道，至其所以爲陰陽者，則又無適而非太極之本然也。夫豈有虧欠間斷哉！

此推本而言之，以明太極陰陽五行之渾然一體也。恐人不知而作三層看，故結之如此。朱子曰：“一片底分作兩片，兩片底分作五片，做這萬物四時五行，只是從那太極中來。”

大山先生曰："太極，本然之妙，動静，所乘之機者，以流行者言，而明其帥從之分也。太極形而上，陰陽形而下者，以對待者言，而別其道器之限也。動静不同時，陰陽不同位，以時位而對言，動静無端，陰陽無始，以端始而互舉。"

五行具則造化發育之具，無不備矣。又即此而推本之，以明其渾然一體，莫非無極之妙，而無極之妙，亦未曾不各具於一物之中也。

自即此以下止，無極之妙，釋太極本無極以上句。自無極之妙止，各具一物之中，釋五行之生，各一其性。

蓋五行异質止，四時异氣，而皆不能外乎陰陽。陰陽异位，動静异時，而皆不能離乎太極。至於所以爲太極者，又無聲臭之可言，是性之本體然也，天下豈有性外之物哉？

陰陽二氣，截做五個，故曰不外，不可捨器而求理，故曰不離。此一節，結上文渾然一體，莫非無極之妙也。

然五行之生止，随其氣質，而所稟不同，所謂各一其性也。"稟"字應"性"字，"不同"字應"各"字。各一其性，則渾然太極之全體，無不各具於一物之中，而性之無所不在，又可觀矣。

萬物之生，同一太極也。然一物之中，天理完具，不相假借，不相陵奪，此統之所以有宗，會之所以有元，故曰各具。此一節，結上文無極之妙，亦未嘗不各具於一物之中。

夫天下無性外之物，而性無不在，此無極二五所以混融而無間者也，所謂妙合者也。

渾然一體，莫非無極之妙，則天下無性外之物矣。無極之妙，未嘗不各具於一物之中，則性無不在矣。妙合即渾融無間之謂，非渾融無間之外，復有所謂妙合者也。若謂無極二五各在處，而生物之際相與妙合，則非矣。按，此句當屬上文，明儒移之於下章之首，蓋因此句内有妙合字而誤也。此通結上文。

真以理言，無妄之謂也，精以氣言，不二之名也。凝者，聚也，氣聚而成形也。

按，此句當爲道章之首，明儒誤屬上文。

蓋性爲之主止，而陰陽五行爲之經緯錯綜，又各以類凝聚而成形焉。陽而健者成男，則父之道也；陰而順者成女，則母之道也。是人物之始以氣化而生者也，氣聚成形，則形交氣感，遂以形化，而人物生生變化無窮矣。

性爲之主止，經緯錯綜，指妙合而言，經，理其緒，而分之也；緯，比其類，而合之也。綜，機縷所以總絜經絲，低昂開合，令絲不乱，而成段匹者也。

自男女而觀之止，則男女各一其性，而男女一太極也。自萬物而觀之，則萬物各一其性，而萬物一太極也。

一太極，即周子陰陽一太極之"一"字，按圖可見。

蓋合而言之，萬物統體一太極也；分而言之，一物各具一太極也。所謂天下無性外之物，而性無不在者，於此尤可以見其全矣。子思子曰："君子語大，天下莫能載，語小，天下莫能破焉。"此之謂也。

合，謂合萬物而觀之也，分，謂分一物而觀之也。天下無性外之物，指統體一太極也。性無不在，指各具一太極也。語大，謂統體也，語小，謂各具也。《通書》所謂是萬爲一，一實萬分，萬一各正，小大有定，是也。

此言衆人具動静之理，而常失於動也。

此亦統論一節，言得其秀而最靈，則人極於是乎在，而具動静之理矣。形生神發，五性動，而善惡分，萬事①則紛綸交錯，而失之於動也。

蓋人物之生，莫不有太極之道焉。然陰陽五行，氣質交運，而人之所禀，獨得其秀，故其心爲最靈，而有以不失其性之全，所謂天地之心，而人之極也。

此釋惟人也，得其秀而最靈。朱子曰："知覺是心之靈，然形生於陰，神發於陽，五常之性感物而動，而陽善陰惡又以類分，而五性之殊，散爲萬事。"

此釋形既生矣，至萬事出。朱子曰："陰主翕，凡斂聚成就

①此處脱一"出"字。

者，陰爲之也。陽主闢，凡發暢揮散者，陽之爲也。”又曰：“以陰陽善惡論之，則陰陽之善皆善也，其沴皆惡也。以象類言之，則陽善而陰惡。”又曰：“情未必皆善，然本則可以爲善，而不可以爲惡，惟反其情故爲惡。”周子兼其正與反者而言也。

蓋二氣五行，化生萬物止。其在人者又如此，自非聖人全體太極有以定之，則欲動情勝，利害相攻，人極不立，而違禽獸不遠矣。

此一節承上而起下也。

此言聖人全動静之德，而常本之於静也。

此亦統論一節，中仁動也，正義静也，行之、處之、發之、截之，則全動静之德矣。曰主静，則常本之於静也。

蓋人稟陰陽五行之秀氣以生，而聖人之生又得其秀之秀者，是以其行之也中，其處之也正，其發之也仁，其裁之也義。蓋一動一静，莫不有以全夫太極之道，而無所虧焉，則向之所謂欲動情勝，利害相攻者，於此乎定矣。

此釋定之以中正仁義，中是禮之得宜處，正是智之止當處，處，居之也，裁，就事上裁度也。朱子曰：“此是聖人修道之謂教處。”問：“定是聖人自定，定天下之人？”曰“此承上文‘惟人也，得其秀而最靈’，以下故定之以中正仁義而主静，以立人極。”又曰：“動則此理行此動中之太極也。”又曰：“中正仁義配水火木金。”

然静者，誠之復也，性之貞也。苟非此心寂然，無欲而静，則又何以酬酢事物之變，而一天下之動哉？故聖人中正仁義，動静周流，而其動也，必主乎静，此其所以成位乎中，而天地日月四時鬼神有所不能違也。蓋必體立而後用有以行，若程子論乾坤動静而曰：“不專一則不能直遂，不翕聚則不能發散。”亦此意爾。

此釋主静以下。貞，静之質也。一天下之動，即所謂定也，體静也，用動也，專一，乾之静，直遂，乾之動。朱子曰：“静也者，物之始終也。萬物始乎静，終乎静，故聖人主静。伊川云動静無端，動静理均，但静字勢重。”問：“太極動而生陽，陽先動也。今解云體立而用行，何如?”曰：“體自先有，下言静而生陰，只是説相生無窮爾。”饒氏曰：“此中正仁義以性之周流乎動静者言，若乾坤之元亨利貞也。名雖有四，而實則一太極之流行，故中者動，而無過不及之名，極之用也，正者静，而不偏不倚之謂，極之體也，中見於事，正主乎中，如户之有樞，定萬事以立人極莫先乎此。仁者主於生育，所以流通乎物我而發揮其功用，故由静而應乎動，由體而達於用，仁之事也。義者主於收斂，所以裁成，夫事物而斷箣子彼我，故動極而歸於静，用畢而反其體者，義之事也。實中正之機括，而極之妙用也。四者之在吾心，動静周流如環無端，亦猶天地之五氣順布，而四時行也。”

聖人太極之全體止，一動一静，無適而非中正仁義之極，蓋不假修爲而自然也。未至此而修之，君子之所以吉也。不知此而悖之，小人之所以凶也。修之悖之，亦在乎敬肆之間而已矣。敬則欲寡而理明，寡之又寡，以至於無，則静虚動直，而理可學矣。

南軒張氏曰：“順理則平直，坦易而無晦，逆理則艱難，險阻而有礙。”

陰陽成象止，天道之所以立也；剛柔成質，地道之所以立也；仁義成德，人道之所以立也。道一而已，随事著見，故有三才之别，而於其中又各有體用之分焉，其實則一太極也。

朱子曰：“陰陽者，陽中之陰陽。剛柔者，陰中之陰陽也。仁義者，陰陽合氣，剛柔成質，而始爲人道之極也。然仁爲陽剛，義爲陰柔，仁主發散，義主收斂，故其分屬如此。”

陽也，剛也，仁也止，物之始也。陰也，柔也，義也，物之終也。能原其始，而知所以生，則反其終，而知所以死矣。此天地之間，紀綱造化，流行古今，不言之妙。聖人作《易》，其大意蓋不出此，故引之以證其説。

朱子曰：“反如摺轉來謂，方推原其始，却摺轉來看其終，‘原’字、‘反’字，皆就人説，反如回頭之意。”又曰：“始處是有生之約，終處是之定。理始有處説生已，定處説死。”

《易》之爲書，廣大悉備，然語其至極，則此圖盡之，其旨豈不深哉！抑嘗聞之程子兄弟之學於周子也，周子手是圖以授之，程子之言性與天道多出於此，然卒未嘗明以此圖示人，是則必有微意焉，學者亦不可以不知也。

朱子曰："《太極圖説》陰陽五行之變不齊，二程因此推出氣質之性。"

《名堂室記》曰："嘗讀《易》而得其兩言曰：'敬以直内，義以方外'，以爲爲學之要無以易此，而未知所以用力之方也。及讀《中庸》見所論修道之教，而必以戒慎恐懼爲始，然後得所以持敬之方。又讀《大學》見所論明德之序，而必以格物致知为先，然後得所以明義之端。既而見夫二者之功，一動一静，交相爲用，又有合乎周子太極之論。"

大山先生曰："敬静而義動，然主敬則義理益著，明義則心體愈静，是交相爲用處。"又曰："心之動也，義形而爲用，其静也，敬立而爲體，體用互爲其資，亦猶太極之動而爲陽，静而爲陰，陰陽互爲其根，故曰合乎太極之論，然後知天下之理幽明巨細，遠近淺深，無不貫乎一者。"

大山先生曰："天下之理，雖散殊有萬，而其要歸統會，無不貫於一者，作者非一手，立言各一義，而其理則貫通只一理，故曰貫乎一。"問："上段既言二者之交用，合乎太極之論。下文推明其合乎太極之義，蓋天下之大小淺深，莫不有動静交用之妙。敬義之功，果爲天理之本然。"曰："來説自好。"

按，周子特著太極之言，以明道體之極致，而其所説用工夫處，只説定之以中正仁義而主静。君子修之吉而已，故人徒知一動一静之交相爲用，爲造化之妙，而不知吾人日用之理，又如此也。朱子剔出"敬義"二字，以明其合乎太極之旨，而又推而至於幽明巨細，遠近淺深，無不貫乎一者，則其所以發明周子之意，而爲人吃緊轉益功矣，故并附于此，以見二先生之書相爲終始云。

太極雖有動静，然静是動者之静也，動是静者之動也。方其静也，太極之全體即在於是，而更無所謂動者。方其動也，太極之全體又在於是，而更無所謂静者。蓋動則静之名泯焉，而非動之外别有一個静，自爲窠窟寄寓在一處也。静則動之名隱焉，然而非静之外别有一個動，自爲體段，據依在一方也。然其自静而動也，非自此而至彼；而自動而静也，非自彼而至此也。即其所居之地而静而動，動而静，甫後凡言胜之，用體心之寂感道之中和，皆效此。

朱子曰："體用元不相離，如人行坐，坐則此身全坐，便是體，行則此身全行，便是用。"

大山先生曰："心之爲物，只有動静。動便屬感，更無所謂寂者在感之中；静便爲寂，更無所謂感者在寂之中。"

朱子曰："已發之後，中又在裏面，則已發者與未發者自爲一物，不相涉入。"

又曰："方其未發，雖未有無過不及之可名，而無過不及之本體實在於是，及其發而得中也。雖其所主不能無偏於一事，然其所以無過不及者，乃無偏倚之所爲。"

孟子"操則存，捨則亡，出入無時，莫知其鄉"，此四句益備舉人心之體用，始終真妄邪正，以言其周流變化，神明不測之妙，而狀他難把握底物，非全指已放者言亦不如於此。直論心之本體，而石子重則以存亡出入謂皆捨之，亡致得如此走作，故朱子答以是孔子言心體者乃擬説心之病。吕子約則以存亡出入謂皆神明不測之妙，故答以其间，區别真妄，又不分明。何叔京則以存亡出入謂皆物誘所致，故答以是所操之外，别有真心云云。而以向答石吕二公有所未盡爲言，蓋答石書以心之體用、周流變化者言，而闕却捨止一邊，答吕書雖言真妄不可不卞，而未説破真是甚，妄是甚，正是甚，邪是甚，此所以未盡者也。至《答游誠之》則備言體用，始終真妄邪正，故曰稍穩當，今以其書放之。

其曰"心體固本静，然亦不能不動"者，言體之始静，而終動也。其曰"其用固本善，然亦能流而不善"者，言用之始善，而終不善也。其曰"夫其動而流於不善者，固不可謂心體之本然，然亦不可謂不之心"者，言其結心之謂歟一句者也。

其曰“但其誘於物而然耳，故先聖只説操則存”，本注云存則静，而其動也，無不善也者，言心之體用始善終善，而真而正也。其曰“捨則亡”，本注云於是乎動而流於不善者，言用之終於不善而妄且邪也。其曰“出入無時，莫知其鄉”，本注云出者亡也，入者存也。本無一定之時，亦要一遠之處，特係人之操捨如何耳者，言出而亡者，邪與妄也；入而存者，正而真也。其曰：“只此四句，説得心之體用，始終真妄邪正，無所不備者”，統結之也。其曰“又見得此心，不操，即捨不出，即入别無可閑頓之意”者，申言其周流變化、神明不測之妙也，即此而玩味，則可知其無一字無下落矣。后山説：“操是正，捨是妄，出是邪，入是正”云云。則恐當商量。朱子《答何叔京書》曰：“入而存者，即此真心，出而之者，亦此真心爲物誘而然耳。”以此觀之，則其不以操而存者，爲正而不爲真也。又本注曰：“特係於人之操捨如何？”以此觀之，則以操捨屬之人之工夫，説上而不屬之心明矣。

孔子分明説出入無時，而程子説心無出入，何也？蓋孔子備舉心之體用，始終真妄邪正，以存者爲入，亡者爲出，所以狀此心之神明不測，一個難把握物，而非單指已放者捨，亦非專指本體上説，故以心之謂歟一句總結之。蓋誘於物者，雖非心體之本然，而亦不可不謂之心也，此則并舉邪而妄者而言也。程子則專就本體上真而正者爲言，而邪而妄者則在所不論也。以本然之真而正者言，則體與天地同其大，用與天地相流通，四海六合皆其境界，向有字出入，在此而應之，何言乎？出入二説，雖若相反，而互相發明，不可拘此而疑彼也。

心無出入有三説：范氏女見心體湛然，全無勞攘，一也；主一身而在軀殼之内，遇事物在此而應之，二也；心雖主乎口身，而體與天地同其大，用與天地相流通，四海六合皆其境界，三也。朱子所謂在此應事，不可謂之出在外。大山所謂如主人在房屋酬應，外事又如目之視物，徧燭衆物而瞳睛，却只在此者，第二説之意也。朱子所謂體立虚靈，足以答天下之理。程子所謂一人之心，即天地之心。退溪所謂一個腔子，通天地萬物。大山所謂即此滿腔子者，便是無限量，無際崖，普四海而彌六合者，第三説之意也。以第三説之範圍合第二説之主宰，然後方絶滲漏，無病敗矣。

大山先生曰："心存則雖接應事物，而只是入，心有不存，則雖閉目兀坐，而亦只是出泛言。"當玩味也。

《盡心章注》云："心者，人之神明。"《操存章注》云："心之神明不測。"蓋《操存章》兼言體用，而盡其反覆變態之全，以見其得失之易，保守之難，而其本體之神明，如此變態之不測，又如此也。

先儒或以爲心有内外，或以爲心無内外，二説不同。蓋自其主於中，而應於外者言之，則形骸軀殼固有内外之别，而自其本體之包涵貫通者言之，則外底即是内底也。蓋這個道理無方體無分段，故充塞在這裏，心定以體萬物而普四海，不可限之於軀殼也。凡物之落於方體，自爲一物，而不能無内外之。然分理無方體，則内底即是外底，而灼無間隔矣。若其有分段者，自成窠窟，而不容無外内之别。然理無分段，則外底便是内底，而自相流通矣。其曰有内外者，以形骸軀殼之有方體、有分段，而别其内外也。其曰無内外者，以此個道理之無方體、無分段，而元無限隔也。蓋自腔子而言，則腔子有内外之别，而腔子所具之理，則灼無隱顯之异，故渾涵周溥，不以内而有外而無也。自物我而言，則物我殊内外之形，而吾心所具之理，則灼無彼此之間，以其無彼此之間，故貫徹流通，所以形而拘，體而局也。既知其有内外，又知其無内外，方可周遍精切，而諸説之同异，亦皆可通矣。《復齋遺稿》。

《太極圖説》問目附答　安植源[1]

《太極圖説》及《通書》不言禮智，而言中正。朱子論此云：“中正尤親切，中是禮之得宜處，正是智之得宜處。禮智説得猶寬，中正則親而實矣。”或曰：“中正出於易，其來歷已久。若禮智，則孟子始言之，《太極》《通書》皆本於易，故言中正，此説如何？”

《太極圖説》不言禮智，而言中正，其曰：“本於《大易》者得矣。”而中是禮之無過不及處，正是智之正當處也。《通書》亦當言仁義禮智。

聖人定之以中正仁義，“定”字有多般義。

定之以中正仁義，這“定”字如天下之爲父子者定之定，但有在己、在人之别。

定之以中正仁義而主静，定、主，似是修道之事也。

定之以中正仁義而主静，朱子嘗言：“中仁屬動，義智屬静。”故解此段而曰：“聖人全動静之德，而常本之於静也。”來問以是爲修道之事，則恐儳説。

曰：動而生陽，静而生陰，莫是動静皆在於陰陽未生之前，而推本於太極耶？

動而生陽，既曰動在陽生之前，則静而生陰，静亦在陰生之前矣。《通書》曰：“動而無動，静而無静者，神也。”熟味之，可見來問以動静爲推本於太極，夫太極自有動静，何待於推本耶？

退陶曰：“《中庸》首章以成德言，故先存後省。末章以進德言，故先省後存。”大山曰：“首章之先存後省，末章之先省

---

①安植源（1868—1945），字復初，號惺菴，著有《惺菴集》。

後存，即始言一理中散爲萬事，末復合爲一理之意也。”兩説何如？

《中庸》首末章先後存養省察，依退陶説作成德進德看似得，然首章主言道，與成德云者微不同，恐退陶只言大概耳。大山説未見首尾，亦未敢言。《惺菴集》卷二。

《太極圖説》疑目　李鍾弘①

太極之動静，只是天命之流行，而若萬物之化生，則在二五妙合之後也。然萬物化生之理，實本於太極之動静，故曰繼善，萬物之資始；成性，萬物之正性，命也歟。

五行各一其性，蓋太極之全體墮在氣質之中，如木之質者得其仁，火之質者得其禮，金之質者得其義，則所謂各一其性也。仁雖主於慈愛之理，而恭敬羞惡分别，無不具焉。禮雖主於恭敬之理，而慈愛羞惡分别，無不具焉。則太極之全體，亦未嘗不各具於一物之中也歟。

乾男坤女，蓋太極之理爲之主，而二五之氣，升降飛揚，雜揉參差，以類而成形。陽而健者成男，則天下萬物皆以此男爲父，而父道立矣。陰而順者成女，則天下萬物皆以此女爲母，而母道定矣。故朱子解剥《圖説》曰："乾男坤女，以氣化者言也。各一其性，而男女一太極也。"注曰："是人物之始，以氣化而生者也。"男女似指男女之身，而南軒所謂天地所以施生之本，男女所以爲男女者云云。未知何如。

注曰："形交氣感，遂以形化。"形交謂男女之形相交也，氣感謂男女之氣相感也。然男女之氣，本天地陰陽之氣，則形化中氣感便是氣化矣。故勉齋引《易傳》"天地絪緼，萬物化

①李鍾弘（1879—1936），字道唯，號毅齋，著有《毅齋集》。

淳，男女構精，萬物化生”以釋之，以此看之，則男女即男女之身，二氣即男女之氣歟。《毅齋集》卷三。

與沈勇菴遠聲《太極圖説》疑目　李喆承①

陰陽圈，五行圈。陰陽合爲一圈，五行各爲一圈，何也？以下圖。

妙合圈，男女圈。據説則妙合而凝，即成男成女也，而别爲男女圈，何也？

氣化圈，形化圈。男女即萬物之男女也，萬物即男女之萬物也，而各爲一圈，何也？説解言統體各具，初不别言男女矣。

即陰陽而指其本體。太極，道也，陰陽，器也，此不曰理，《通書》注云，道即理也。而曰本體，何也？慎有即乎合，著理字不合，若本體乎？以下《圖解》。

陽之動也，陰之静也。動而生陽，静而生陰説。動而陽，静而陰。本段上文，是皆主太極而言也。此却直云陽之動，陰之静，何也？

土冲氣。冲何氣，陰耶？陽耶？

精粗本末無彼此。説解曰：“太極，形而上之道也，陰陽，形而下之器也。”夫道器上下，乃二物而不離雜也。精粗本末只一物，而有等差耳？

太極陰陽，乃是一理一氣也，豈一物而有等差而已乎？

男女一太極，萬物一太極。一太極是統體之謂耶？各具之謂耶？

無極而太極。若曰太極，而無極則如何？以下説。

太極動而生陽云云。程子曰：“動静無端。”朱子亦曰：“此之動又生於静，静又生於動，此理只循環生去。”此皆動静無先

①李喆承（1879—1951），號直菴，著有《直菴集》。

後之意也，而乃截然分先後，何也？

一動一静云云，分陽分陰云云。言動静則先動，言陰陽則後陽，何也？

陽變陰合。當著何吐讀？

太極本無極。本者對末之稱，曰太極本無極，則自無而有之説烏可少乎？朱子嘗言："老子之言有無，以有無爲二，周子之言有無以有無爲一。"然則須著"一"字，正恐恰當，而乃下"本"字，使疑於有本末，何也？

無極之真。生陽生陰，以太極言，妙合而凝，以無極言，亦有可言者耶？雖互换而可以無礙耶？

妙合而凝。"妙合"字是統理氣而混融説耶？抑有主理主氣之可言歟？

得其秀而最靈。"其"字指二五而言，則靈是氣之靈也，而謂之人之極，何也？

聖人定之止，人極焉。是主心言？主性言？

主静。此"静"字對"動"字説耶？兼思慮未萌朱子所謂主静之中，品節不差朱子所謂動中之静而言歟？

主静本注"無欲故静"。此"欲"字與"感物而動，性之欲"之"欲"字同歟？苟不然，則無欲乃是動時感動以上不□説□欲，循理之謂而詳解説，專就静上説，何也？

主静立人極。聖人立極，當通貫動静而言，此乃專主乎静，何也？

君子修云云。修此悖此，而君子小人始分焉，則必其先言修悖，如注解，然後乃於太極説體勢亦順矣，而此其不然，何也？

立天之道云云。此一段是引《易》以證其説者，上三句是證何節？下二句是證何節？

陰與陽，柔與剛，仁與義。天道地道以氣質亦氣也言，人道以理□是理也言，何也？且言天地則先體先終，言人則先用先始，何其不齊整耶？朱子曰看來當曰義與仁

圖則始終皆通人物説，則半截以下專言立人極，而不及夫

物，何也？上天之載云云。天指甚麽説？載指甚麽説？造化就那處説？品彙就那處説？以下説解。

天命之流行。此“天”字與上上天之“天”同歟？异耶？

所謂一陰一陽之謂止，各正性命。此引《通書》首章，節節對勘之，夫太極專主上天之載而言，誠者，合天賦物受而言，何其直取而參合也，且動静陰陽兩儀立焉，此則一分爲二，而在五行萬物未形陰陽變合而五行始生，二五妙合而萬物始生之先，繼善成性，資始正命，此則流行造化而在理無極氣二五妙合，萬物發育二五具，然後造化發育之具，無不備之時，此皆合而一之，何也？

隨其氣質，而所禀不同。氣禀之外，無他性矣，本然之性，當如何分？不同之外，無他性矣，皆同之性，當如何説？

不二之名。此與氣無不兩之訓，若相抵牾，何也？

性爲之主。無極之真，二五之精。雙下説來，至云妙合，則所謂有則俱有者，不可分先後，何可分主客耶？蓋此“主”字從那裏出來。

統體各具。“體”字“具”字，當解於太極下耶？抑解於當字耶？

得其秀，故其心最靈，而不失其性之全。三“其”字所指，當如何分？心與性，當分屬理氣耶？

綱紀造化，流行古今。此二句皆所以言太極之用者耶？可以分屬體用看歟？《直菴集》卷二。

上老柏軒鄭先生《太極圖説》發問對目　李鉉五①

發問曰：太極動而生陽，静而生陰，則陰陽之生由太極之

①李鉉五（1868—1923），字原禮，號愚山，著有《愚山遺稿》。

動静，而陰陽未生之前，太極自動自静歟？

太極只是動静之妙，既有其妙，安得不動静？動静即是陰陽動静，動静不可進而看於生陰陽之前，生陰陽不可退而看於動静之後。

發問曰：《太極圖》五層圈子，有定位各一圈子歟？上下四圈皆一園樣子，而第二圈子左右黑白，交互成樣，有與諸圈差别者，然其義可言歟？或者謂左右黑白各三，三，成數也。圖説三動三静字，所以解此黑白三畫也，此説如何？

第一圈乃以下諸圈之本體，而挑出於諸圈之中，而置之上頭爲下諸圈之根本，非有以離乎諸圈而兀然獨立者也，諸圈乃第一圈之實象，而排定層節而各自是第一圈也，非有以外乎第一圈而自成别圈，而各立者也。圖象從造化原頭模效出來，故不得不各定其位，實則一而五，五而一者也。第二圈之左白右黑，陰陽各定之位，而中圈即第一圈，所謂太極也，白中黑，黑中白，動静互根之象也。左白右黑，各一效而已矣。而特以象陰陽互根之妙，而加黑於白中，加白於黑中，既各加一畫，本來一畫自然中分爲二，有若兩畫，然非實有其象，或者白黑畫各三之説，泥於圖象，而不究其實也。夫《太極圖》圈以象而已，則五層圈子各有定體，不足爲一原之妙也。圖雖排定五層，而其實一圈而已。第一圈挑出於陰陽圈之中，而以象萬化樞紐根柢。及其畫第二圈子，以象陰陽動静，則第一圈却在第二圈之中，而第一圈無可論之地。其畫第三圈而象五行，則第二圈又却只在此，而第二圈無可覓之地。至於男女萬物，層層皆如此。若曰第二陰陽圈已成，而第一圈依舊是自成一位，第三五行圈已成，而第二圈依舊是有定體，則所以樞紐萬化者，是第一圈耶？是第二圈耶？抑各有樞紐耶？於此可見，圖圈不可以象求之，而但因象而以意會之，識其妙可也。或説淺陋，無足多辨，而至於所引《圖説》，三動三静字之説，足以眩隨語生解者之眼，不容無辨。如或説則方其動而陽也，别有一綫未動者爲静之根，方其静而陰也，亦有一點未静者，爲動之根耶？動則偏於動，而動之極則不能不静，此静之根於動也；静則偏於静，而静之極則不能不動，此動之根於静也。其偏者，陰陽也，其互根者，理之妙也，故朱子曰："動者偏於動，静者偏於静，物也。動而未嘗無静，静而未嘗無動，神也。"神妙萬物，圖圈左右，黑白圈中，各加黑白一畫，特象其妙也。以爲真個有黑白兩畫，於黑白圈之中自成一象，則所謂動者静者，不偏於動静，而有若半死半生之虫，所謂動未嘗無静，静未嘗無動者，如兒在母腹，而臨生如達而生也，烏足以語太極陰陽之妙哉。

發問曰：解剥圖體，五殊二實無餘欠，精粗本末無彼此。無餘欠、無彼此之義，可詳言歟？

自外看，則五餘於二，二欠於五，而究其中所具者，則俱是一太極，實無毫末之餘欠。故《太極圖》諸圈，個個圓滿，無尖斜攲側之象，此古今天下事事物物都無多寡盈縮之妙，顯然昭示者也。若夫精粗本末，無彼此之義，則太極陰陽兩圈分位各立，似有彼此之别，而太極是挑出於不可挑出之地，而以明其不雜乎陰陽，而爲萬物之一原，然陰陽太極吻合爲一體，觀於陰陽圈，太極居中，陽左陰右，可見矣。故程子曰："體用一原，顯微無間。"又曰："凡物有本末，不可分本末爲兩段事。"精粗本末只是一串，元無截然爲彼爲此之道也。

發問曰：易有太極之謂也，以圖觀之，則○是太極圈也，是陰陽圈也。今以陰陽圈謂易有太極之太極，何也？

○則指其不雜乎陰陽者，只有使之變易之妙，而無變易者之可指。，則指其不離乎陰陽者，左白右黑，互相動静，而變易者陰陽也。中○使之變易者，太極也，所謂一陰一陽之道也，故謂易有太極之太極也。蓋太極不雜乎陰陽，而亦不離乎陰陽。故朱子曰："程子云論性不論氣，不備，論氣不論性，不明，某於《太極圖解》亦云。"

先生批曰：所答諸段，正合吾意。《愚山遺稿》卷二。

《太極圖》講義　李瑀祥①

《圖説》注曰“此圖盡之”，“此圖”之“此”字，正是解釋“斯”字，則此是朱子定論，似不敢容喙，而但愚意則恐或有不然者。《通書》一篇，皆是發明《大易》之理，而自擘頭“無極而太極”至“斯其至矣”，莫非形容太極，贊美太極之辭。則周子所謂斯其至矣，乃指夫子所言易有太極之太極，而决不指自家所著《極圖》而言也。朱子所言，此圖盡之者，非真以周子之“斯”字看作《極圖解》也。蓋是時《通書》之注未出，而詆謗《極圖》者甚衆，故因注《通書》，而盛言《極圖》之妙如此。其至若因此，而遂以斯其至之“斯”字，歸之於《極圖》，則似不免時紫芝之注，《極圖》誤點之譏也。善看之，則《通書》之注乃是推尊《極圖》，周子之言實是贊美太極，如是闊看，未知如何？《希庵集》卷五。

讀《太極圖説》　朴允默②

夫開闢以前，形氣未具曰鴻濛，形氣已具而未離曰混淪，輕清而上，重濁而下，然後始謂之曰天地，稟天地之精以生者曰人，於是乎三才之道備矣。故人莫不有賦於天地之象焉，頭圓象天，足方象地，四肢以象四時，五臟以象五行，六府以象六極，八節以象八風，十二之經脉，三百有六十五之骨節，以

①李瑀祥（1801—1877），字禹玉，號希庵，著有《希庵先生集》。

②朴允默（1771—1849），字士執，號存齋，著有《存齋集》。

至於毛髮、齒牙、寒熱、喜怒、涕泣、聲音之類，皆莫不有象。則天人之理，固一而已矣，是所謂一人之心，即天地之心也。余讀周濂溪《太極圖説》，浩浩乎如望洋之嘆，而以其管蠡之見，何足以窺測其万一者哉！大抵一篇之旨，灼見天地之道，闡發不傳之秘，即不外乎天與人。而上段言動静之理，下段言立人之道，然則天之於人，無少間焉，概可知已。凡六合之内，万物之衆，惟理與氣流行不息，循環相因，有是理則有是氣，理之之外元無物焉，此所云太極也，陰陽也，五行也，俱是一團理氣而已。夫以陰陽之一動一静，五行之相生相克，自其著者而分以言之，則曰陰陽，曰五行，自其微者而統以言之，則曰太極。太極云乎者，即無極也，無極之真，雖以五行之异質，四時之异位也，而亦未嘗不具於其中矣。且以人生乎天地之間，其所以爲人之道者，則亦不出乎仁義中正，非仁義無足以爲體，非中正無足以爲用，捨此兩者，其何以立焉？蓋《圖説》悉出於《易》，而本之以陰陽五行，推以明之於人事之末。人事修於下則天地之理不難知之，而惟其人事之不修也，故此理亦無日而有得，吾則曰先之以人事，人天曷嘗有异哉！《存齋集》卷二十四。

《太極圖》札疑附《通書》　金謹行①

五殊二實。“實”字本自《通書》出，而《通書》作真實意。

本然之妙。“妙”字有從理而言者，有從氣而言者，有從理氣而言者，此注所謂太極者，本然之妙者，是從理而言者也。《盡心章》注曰：“心者，妙衆理。”是從氣而言者也，此圖所謂妙合而凝者，是從理氣而言者也。

①金謹行（1713—1784），字常夫，號庸齋，著有《庸齋集》。

朱子以“本然之妙”四字，形容太極之理，“妙”字實有無限意思，而其大體説則不過曰無形而無不形，無爲而無不爲，無在而無不在，於其無形、無爲、無在也，見此理本體之至微，於其無不形、無不爲、無不在，見此理妙用之至著也，三言者，蓋舉此理體用而言也。

三淵先生釋此“妙”字四種義，一曰冲妙，冲漠無眹而萬象森具是也。二曰神妙，入乎陽而又入乎陰，入乎陰而又入乎陽也是也。三曰超妙，入乎陽而不囿乎陽，入乎陰而不囿乎陰是也。四曰妙合，無極二五混融而無間是也。此説固好，而但冲妙、超妙無前據，殊可欠也。

五層圖俱是太極圈子，則五行之圈，無太極可言者，而濂溪之意，蓋即此五個圈上，而見太極之各具者，其義妙哉。

假借。二字各是一義，假者，此假於彼也，借者，彼借於此也。

繼善成性。“繼”“成”二字，有無限意思，蓋天之於萬物，其位懸絶，而一理流行，自天而賦於萬物，這理能繼天與萬物之間，而其體至善，故曰繼之者善。這理也墜在萬物，自成其本善之體，故曰成之者性也。

統體各具。自外面看之，則統體當屬於一原，各具當屬於分殊，而統體各具，俱是太極，則指太極曰分殊者，不成義理，不成説話。無論統體與各具，謂之太極，則當屬一原，無疑矣。

中正仁義。朱子分動静，以中仁屬動，以義正屬静，南軒則不然，直以四者之動屬感，四者之静屬寂。南軒此論，未嘗不好，第於朱子之意，蓋未識得。朱子之意，豈以中仁則有感而無寂，義正則有寂而無感耶？蓋此一圖既是濂溪之圖，則釋此圖者，當依作者本意説出。中正仁義，即水火木金，而木火水金分屬於陰陽動静，則中仁義正不得不以位分屬水金之陰静，與火木之陽動，一體流行，未嘗間隔，則中正仁義之一體發用，又可見矣。

誠之通，誠之復。濂溪《通書》以誠爲太極，故朱子引之，以明太極《通書》之相爲表裏矣。

男女一太極，萬物一太極。是待對説。而男女以氣化言，萬物以形化言，非謂這男女即萬物中男女也。蓋氣化形化，自一太極，而不相假借也。合而言之以下，則是就萬物上分合論之，而非爲分合氣化形化言之也。

動静無端，陰陽無始。是就氣上言之，何以爲理氣無間之證耶？陰陽若有始，則陰陽未生之前，理必有獨立之時，此乃陰陽無始，所以理氣之不離也。

先儒論五行之性，一曰五行各具一太極，二曰五行各一其性，三曰五行各具五行之理。第一説專言理也，專言理則渾然太極之全體，無不各具於一物之中矣。第二説各指其氣之理，而亦不雜乎其氣而言也。各指其氣之理，故爲仁義禮智之性，而五行各專其一，亦不雜乎其氣而言，故爲純善無惡之性矣。第三説因五行一原而言也，五行一原，故五行各有五行之氣，五常各有五常之理，然畢竟木中之具五行，以木爲主，仁中之具五常，以仁爲主，則又與各有太極之説不同矣。既有見乎此，則人物之性偏全同异之説，亦可得矣。

一原者，分殊之合，分殊者，一原之分。談一原而不知分殊之在一原，則是不知一原也。説分殊而不知一原之在分殊，則是不知分殊也。昔高峰禪師有詩曰："萬法迫一一何迫。"其意蓋云萬殊原於一原，所謂一原則迫於何處也？吾儒當答之曰："一原歸萬復何迫。"此雖非孤峰所欲聞者，而其理則蓋如是矣。

《通書》首章言"誠者，聖人之本"，第二章曰"聖人，誠而已"，上"誠"字言有此實理，故有此聖人。下"誠"字言聖人得此實理，故行此實理也。上"誠"字屬繼之者善，下"誠"字屬成之者性。

寂然不動，未發之中，感而遂通，已發之和。寂感是聖人之極工，君子以下，不可言寂感矣。

乾道變化，各正性命，朱子釋之曰："萬物各得其所賦之正，則實理於是而各爲一物之主。"觀此一語，可以見人物之性無論偏全，其本善之體則一也。犬之司盜，鷄之司晨，莫非實理之所然，則即此便可謂本然之善矣。

誠之復。此“復”字與坤復之“復”字，其意不同。坤復之“復”，是“反”字意，誠復之“復”，是“成”字意也。反則先失而後復，成則自此而成彼矣。

性焉安焉。朱子訓此“性”字曰“獨得於天”，此“性”字明是帶氣質説者也。果若是本然之性，則本然聖凡同得，不可著“獨得”二字矣。

匪靈不瑩。注曰：“人心太極之至靈。”太極者，理也，靈者，氣也。其曰太極之靈者，若不善觀，易生病敗，蓋濂溪以理作靈，蓋與以理作神底意思也。其意以爲心具是理之神明，故能虚靈而明理云也。《庸齋集》卷十。

答三從弟仲元鍾健問《太極圖説》各一其性　金鍾厚①

朱子注“隨其氣質所禀不同”八字，終是無説可通，渊翁將“各”字“性”字分二爲解，亦甚未安。愚意，各一其性，須還他各專一性，而此一性，便含具四性之意自在其中耳，姑如是看定，俟更尋思。

又

各一其性云云。然則注中“性之本體”，“所謂各一其性也”，“各一其性，則性之無所不在”，凡四性字，將不無偏全之同异矣，是又如何？

先説隨其氣質所禀不同，以釋各一其性，然後復舉各一其性而繼之，曰“則渾然太極之全體，無不各具於一物之中”，展轉推明，所以完全解得各一其性之義也。雖似是偏底性，而即此偏底性内，便含具全底性，不害其爲太極全體也。四性字，

①金鍾厚（1721—1780），字伯高，子静，號本庵、直齋，著有《本庵集》。

第一是全，第二第三是全中之偏，偏中之全，第四還是全，雖所指少別，而總是全也。《本庵集》卷四。

三家太極説辨　田愚①

曹月川《太極圖説·辨戾》文略曰：朱子《語録》謂太極不自會動静，乘陰陽之動静而動静耳，遂謂理之乘氣，猶人之乘馬，馬之一出一入，而人亦與之一出一入，以諭氣之一動一静，而理亦與之一動一静。若然則人爲死人，而不足以爲萬物之靈，理爲死理，而不足以爲萬物之原，理何足尚而人何足貴哉？今使活人騎馬，則其出入行止疾徐，一由乎人馭之如何爾？活理亦然。

李華西《辨臨川吴氏太極説》略曰：太極者，一動一静之道也；氣機者，一動一静之機也。今曰太極無動静，而動静全仰於氣機。然則太極淪於空寂，而不足爲氣機之本源矣。氣機疑於專擅，而反作太極之主宰矣。太極既無動静，則動静之主宰者，專歸於氣機固也。然則天地之間，動不動，只有一個氣機足矣，尚何待於太極也哉？百家害理尚氣之説，無所不備，苟求其所差之源，則臨川太極無動静之説，未必不爲之兆。

附柳穉程《與人書》略曰：其動其静，一隨氣之所爲一節，語益丁寧而益難領解矣。謾設一譬云，理之乘氣，猶人之乘馬，人在馬上，其行其止，一隨馬之所爲，則其能免東走荒原，西入人田乎？請更入思。

奇蘆沙《猥筆》略曰：一名爲理，便有所乘，乘非絲毫犯氣力字，而今人看所乘字與此异，有若太極漫無主張，忽見馬

①田愚（1841—1922），别稱田慶倫，田千秋，字子明，號艮齋、畏菴、臼山、秋潭、守玄、蟲翁、陽下巵人、華遯，著有《艮齋集》。

匹當前，趫捷而騰上様。然則是馬也終是塞翁之得，非自家元來所乘，騰上後事又可知矣，勢必之東之西，惟馬首是瞻，嗚呼危哉！又曰：初既無使之然之妙，末又非有操縱之力，寄寓來乘，做得甚事，有之無所補，無之靡所闕，不過爲附肉之疣，隨驥之蠅，嗚呼可憐矣！

朱子説中，非無太極有動静，理有動静之云。然《語類》銖録曰："太極，理也；動静，氣也。"淳録曰："有這動之理，便能動而生陽。有這静之理，便能静而生陰。動静是氣也，有此理爲氣之主，氣便能如此。"謨録曰："動静非太極動静。"賀孫録曰："太極不可以動静言。"甞録曰："動静陰陽，皆只是形而下者。然動亦太極之動，静亦太極之静，但動静非太極耳。"愚按，據此諸録，則分明以動静屬氣，以動静之所以然屬理，理既爲此氣之所以然，則其於萬物之原使之然之妙，何所損乎？其於淪於空寂有之無補之嫌，何所拘乎？其曰太極有動静者，只是太極有這氣動静之理，非自能動静之謂也，夫非自能動静，故朱子曰："太極非動静。"草廬曰："太極無動静。"栗翁曰："有動有静者，氣也；在動在静者，理也。"尤翁曰："理之無情意造作，無間於體與用也。"今觀月川以下諸説，分明以理爲活物之有爲者，然未知如何。而華西之直斥爲害理尚氣之源者，雖單舉草廬，然而使天下學者篤信其説，則朱子、栗、尤諸聖賢，自不得不歸於害理尚氣之科矣，是豈無捱逼之嫌乎？使人皇恐。而今其門人大書顯刻，布之國中，未知以爲無些子未安之意歟？

又按，理無形象，無兆眹，初非可以死活言者，今曰死理活理，恐太粗在矣。草廬所謂氣動則太極亦動數句，皆出於朱子，恐無可讁，況又自言太極是主宰此氣者，則華西所譏主宰歸於氣機之云，恐屬衍語。至於動静專仰於氣機一句，初非吴語，而直接於今曰太極無動静之下，有若本文者然，更屬可疑。其動其静，一隨氣之所爲，此以朱子氣有昏濁，理亦隨而間隔。尤翁從流行言，則理在氣中，隨氣之所成而已者觀之，原無可疑，而柳氏駁之，無乃亦認理爲活物之能操縱駕馭者耶？既是元來所乘，則千古萬古，絶無一霎時東西惟馬之失耶？且如堯水、湯旱、文羑、孔匡之類，豈或塞翁之得而然歟？《艮齋集前編續》卷四。

讀舒梓溪芬太極繹義　田愚

形氣，是載道之器，固不當輕蔑之，亦有時障道，又不可拘滯。拘滯之過，爲舒氏之見矣。舒氏曰："氣有偏正而理因之有全缺，生之所受有不同，是何也？以形相禪也。"又曰："自太極而論人，則人性宜無不善，自乾男坤女而論太極，則太極萬有不同，又自物而論太極，則與人太極，又相遠矣，是何也？太極，形而上者也；人物，形而下者也。人又人，物又物，所以源遠而末益分，其體烏得不稍异哉！"又曰："仁義禮智，烏有不善。但以人之禀受言之，或全或缺，或有此而無彼，此韓子三品之説。優於荀揚，然自予言之，雖謂性有萬品，可也。"又曰："人心最靈，是心即太極也。心之動，便有善惡萬殊，則太極之流行賦予於人者，又安得而盡同耶？"舒氏本説不能盡記。

余謂宋賢氣質性之論，亦由於形氣之不齊。然但謂其隨氣用异而已，不曾謂禀性有萬，如舒氏之云也。使近日主湖諸人見之，其必以不惟言性异，并言太極亦异，不惟言物偏，并言人亦偏者爲誤矣。然以余觀之，以發用言性异，則太極亦异矣，以本體言太極同，則性亦同矣。以氣質言物偏，則人亦偏矣，以本然言人全，則物亦全矣，何者？性與太極，無二體，物之與人，同一原也。恐未可據性异，以笑太極异，亦未可執物偏，以譏人偏也。黄宗羲論舒氏云："先生謂濂溪得斯道正脉，故於《太極圖説》爲之繹義，然視太極若爲一物，所以有天之太極，人之太極，物之太極，蓋不勝其支離矣。於是，將習相遠者，誤認作性，是未窺濂溪之室者也。"黄氏所評，舒氏恐不得辭矣。近日諸家，亦視性若爲一物，故有人之本然，物之本然，有面貌之不同，有人物偏全，已具於太極矣，豈不亦紛紜矣乎？嗚呼！性何時而定乎！

明正德間，有江西舒翁從湖廣塾舍歸，道中見賣妻，償官銀十三兩，妻念兒失哺必死，哭甚哀，翁盡傾所賫與之，歸呼妻曰："吾飢二日，速炊飯。"妻曰："無米。"翁令借鄰米。妻曰："借已多，專候汝歸償之。"翁告以捐金故，妻欣然曰："如此則吾有家常飯可同飽。"遂采苦菜鬻食。夜聞有神呼曰："今宵吃苦菜，來年産狀元。"後生子即芬，字國裳，中進士第一人，事武宗、世宗，直諫杖謫，名節振世，世稱忠孝狀元，卒贈左諭德，謚文節，乃翁夫妻之賢，可謂人法，并附見於此云。《艮齋集前編》卷十四。

敬書朱子論太極語後　田愚

朱子曰："聖人謂之太極者，所以指夫天地萬物之根也。"《大全·答楊子直書》又曰："所謂太極，乃天地萬物本然之理。"《答陸子静書》又曰："所謂太極云者，合天地萬物之理而一言之。"《濂溪祠記》又曰："太極只是天地萬物之理。"《語類》淳録又論道爲太極，心爲太極曰："道指天地萬物自然之理而言，心指人得此理以爲一身之主而言，但太極是一而無對者。"《無名録》

雖天地亦生於太極，天生方可言帝，帝猶是得太極，以爲一天之主，况人心乎！必先有太極，而後人心得此以主於身爾。先生語六條，皆有"萬物"字，萬物裏面，包得吾人之心。夫心惡得與天地未生之前太極，同名而一實哉？此一義，是道理源頭，學問根柢，關繫至重且大者，却被近世諸家所黚昧，而不分曉，甚可憂也。余今特揭此數條，以立學者反己體會，小心敬畏之標兩句宜著眼，庶幾不失吾儒正脉，讀者毋遽曰此是講理家茶飯語。《艮齋集後編》卷十八。

蔡氏無極説辨　姜奎焕①

蓋聞無形無爲而爲有形有爲之主者，太極也，有形有爲而爲無形無爲之器者，陰陽也。無形無爲者，未嘗離陰陽，而自無形無爲，特其陰陽中無形無爲者耳。有形有爲者，亦未嘗外太極，而自有形有爲，特其太極上有形有爲者耳，故陰之静也，太極之體立焉。陽之動也，太極之用行焉。所謂一而二，二而一者，此也。所謂器亦道，道亦器者，此也。是故《大傳》曰《易》有太極。易者，陰陽變易之謂也，此非即陰陽變易之中，而言其有渾然太極之理者乎？然而朱子曰："太極，形而上之道也。陰陽，形而下之器也。"太極是無形無爲底，陰陽是有形有爲底，此所以有上下之分也，此所以有道器之别也。太極本體，固未嘗獨立於無陰無陽之地，而亦未嘗滚雜於有形有爲之氣，故即陰陽變易之中，而指其本體不雜乎陰陽者而言，則又初無方體之可求，聲臭之可尋。所謂上天之載無聲無臭者，是也。所謂無形而有理者，是也。是故濂翁《圖説》曰無極而太極，無極之極，有形之極也。太極之極，無形之極也，此非所謂無極之形而有極之理者乎？合二説而觀之，則夫子之旨，言理在氣中也，濂翁之旨，言理本無形也。而濂翁所言無形之理，這便易中太極。夫子所言氣中之理，這便無極之真，特夫子就氣而論也，濂翁捨氣而言也。聖賢立言，雖前後一揆，而其言之指，有不可混而一之也，亦明矣。

惟蔡節齋乃曰無極而太極，發明易有太極之義，是其無極之真，實有得於易之一言，此分明以無極太極爲二，而以無極屬之易也。嗚呼！其於夫子、濂翁之指，不啻千里之差矣。夫

①姜奎焕（1697—1731），字長文，號賁需齋、存齋，著有《賁需齋集》。

子所謂易是氣也，而乃屬之無極，則是認氣爲理也。濂翁所謂無極是理也，而乃屬之易，則是認理爲氣也。蓋易有太極一句，是就有形有爲之中，言其有無形無爲之理者，而讀者錯認語意，必有謂陰陽中別有一物，爲太極矣。不然，必有謂易一太極，太極亦一易也。周子惟是之懼，於是乎下無極一言，以明太極之妙，本無聲臭影響之可言也。然後夫子所言太極，果是無形無爲之理而無上二者之疑矣，是可謂發明易有太極之義也。且無濂翁之説，則夫子所謂太極同於一物，而不足爲萬化之根，無夫子之説，則濂翁所謂無極淪於空寂，而不能爲萬化之本。以此言之，則前聖後聖互相發明矣。蔡氏若指是而謂之能發明，則誠得矣，而惜乎其見不及於此，直以易一字屬之無極，不覺自陷於認氣爲理之病。嗚呼！其亦不察甚矣。以《太極圖》觀之，則首一圈是所謂無極而太極也，故不雜陰陽，單指其理。第二圈，是所謂易有太極也，故陰靜陽動中有太極，若於此看得破，方見得前聖後聖同條共貫，而言各有主，意實相發也。今若指第二圈陰陽之圈於外者，而曰是首一圈太極之無形者乎？雖蔡氏亦必曰未可也。於此可見其説之差，不待辨而明矣。若如蔡氏説也，無極太極，果是二件物，而無極是有形有爲底，太極是無形無爲底耶？然則所謂太極，乃無極之主耶？《賁需齋集》卷八。

上厚齋先生論太極説　尹衡老①

或以太極之説問於余曰："太極即理也，理緣何又謂之太極？"余曰："太極即萬物所以然之理，此難言也，然須先曉名義，然後可以論此。大抵太者，大而無加之謂，極者，極盡也。極之爲物，常在物中，自四面到此，極盡無去處，而就此分出，

①尹衡老，生卒年不詳，號戒懼菴，著有《戒懼菴集》。

又爲四極。故極有湊會之義，樞紐主宰之名。今夫萬物，自古及今，莫不有所當然之理與夫所以然之理，所謂所以然之理，只是善之至者，即萬理之腦子總會處，而實爲萬物之樞紐根柢，蓋以其至善而爲萬理之總會，萬化之根柢而觀之，則有類於極。而舉天下理，莫能加焉，故强名之曰太極。雖然，只是有極之義而已，非是元有極之形。若只曰太極，則恐人看做有形底物。故周子於《太極圖説》以無極加於太極之上，而曰無極而太極也。"

曰："今聞子之説，知太極乃萬物所以然之理，而以其爲萬理之統會，萬化之根本，故得名也。然子何以知太極爲萬理腦子統會處也？"曰："自萬物之理而推本之，求其所以然者，則有個渾淪極至者使之然也。所謂渾淪極至者，即太極也。然則太極在上面，爲萬物之源，而萬物之理已悉具於太極之中。故朱子亦曰：'所以動而陽，静而陰之本體也。'又曰：'自其微者而觀，則動静陰陽之理，已悉具於其中。'以此觀之，太極豈不爲上面腦子統會處耶？周子又有一實萬分之説，此亦不可不究也。"

曰："一實萬分，則是一個太極，片片分裂爲萬物之理耶？"曰："不可如此説也，蓋太極之全體，則渾淪極至，無外無内，而其流行之妙用，則乘氣流動，無處不極，故渾然太極之體，無不各具於一物之中。蓋自其本而之末，則本一理之實，而萬物得之以爲體者也。然以其渾淪者而觀之，則天地萬物既由是而出，而無界限之别，只是依舊渾淪之本體而已。精粗本末，無彼此之間，故朱子有月映萬川之譬，而曰分者不是割成片片去。陳北溪亦有水銀之説，又何疑於片片分裂也哉？雖然，太極之流行在萬物中者，此其當然者也。若只説太極，則爲萬理之統會而在於陰陽之先也。"

曰："然則太極在陰陽未生之前，兀然懸空獨立乎？"曰："非也。蓋自太極而觀之，則冲漠無眹，統括萬善，而使天下之理，莫不由是而出。以此觀之，則太極似乎先陰陽，故言之而亦非離陰陽也，即陰陽而指其本體不雜乎陰陽而爲言耳。是以必分開陰陽説，陽之前，陽之理先有；陰之前，陰之理先有則可也。若合陰陽而齊頭説，陰陽未生之前，太極先有；不惟陰陽俱無未生時，太極亦不免。如子所謂懸空獨立，是不成義理矣。"

曰："陽之前，陽之理先有，則在於何處？陰之前，陰之理先有，則在於何處？"曰："陽之前，陽之理在於陰，陰之前，陰之理在於陽。蓋氣則萬殊，而理則一也。氣有先後，而理無先後，故陽之理即陰之理，陰之理即陽之理，陽之時，陰則未生。然所以爲陰之理，即陽中所具之理。陰之時，陽則未生，然所以爲陽之理，即陰中所具之理，如人心之理，爲萬事之太極。天地之理，即人物之太極，先天地之理，爲後天地之太極；後天地之理，爲又後天地之太極。自上面引下來，没盡處；自下面推上去，没盡處。程子所以言動静無端，陰陽無始者，此也。是以朱子曰：'必欲推氣所從來，則須説先有是理，然理又非别爲一物，即存乎是氣之中。'黄勉齋曰：'理無迹而氣有形，理無際而氣有限，理一本而氣萬殊，故言理之當先乎氣，深思之則無不通也。'陳北溪曰：'二氣流行，萬古生生不息，不成，只是個空，氣必有主宰之者，理是也。所謂以理言者，非有離乎氣，只是就氣上指出個理，不雜乎氣而爲言耳。'蔡節齋曰：'主太極而言，則太極在陰陽之先；主陰陽而言，則太極在陰陽之内。時既不同，所主皆异，不可執一而廢一也。蓋自陰陽未生之時而言，則所謂太極者，即在乎陰陽之中也。'旨哉言乎！推此數説，則庶乎其通矣。"先生再三覽畢曰："鄕以無極之極爲形之極時，大段迂闊，即今則涣然開悟，其間必大段用工矣，可喜可喜。"《戒懼菴集》卷二。

《太極圖説》解 洪壂①

無極云者，無器與形也。太極云者，天地萬物之理無不在

---

①洪壂（1804—1864），字士直，號老雲，著有《老雲集》。

是也。以其無氣與形，而天地萬物之理無不在，是故曰“無極而太極”。所謂太極云者，合天地萬物之理，而一名之耳，是以朱子曰：“周子所以謂之無極，正以其無方所無形狀，以爲在無物之前，而未嘗不立於有物之後；以爲在陰陽之外，而未嘗不行乎陰陽之中；以爲通貫全體，無乎不在，則又初無聲臭影響之可言也。正以其究竟至極，無名可名，故特謂之太極，猶曰舉天下之至極，無以加此云爾。不言無極，則太極同於一物，而不足爲萬化根本；不言太極，則無極淪於空寂，而不能爲萬化根本。”至哉言乎！其曰：“無極非具虛空斷滅，都無生物之理，而如老子、莊子無窮無極之謂也。”其曰：“太極非有形狀方所，把作可見之物，而如北極屋極，可指可睹之物也。”然則何謂無極天地萬物之理？初無形聲之可見也，何謂太極天地萬物之理？無不備具於這裏也。太極之上，非別有無極，故必着“而”之一字，以示夫無極太極之不可分別言之也。

“太極動而生陽者”，何謂也？太極本静，纔説動時已帶得氣來，則生陽者，乃理氣交配而生也，非太極獨生之也。若以這動字專屬之理一邊看，則生之者亦專屬之理一邊看耶？動之生之者，氣也，所以動之以生者，理也。陰陽未生之前，專是太極陰陽方生之際，理氣已與之配合，而生得陽，生得陰也。然生陽之先於生陰者，何也？以其尊陽而卑陰耶？果有陽先，而陰後耶？太極本静，本静之時不消道動静，不消道動静，則無論陰與陽不成説生，而氣來配理，然後本静者始動，而動處自生陽，動極而静處自生陰也。既曰静而生陰，則未動之時疑若可以生陰，而未動之時混是理也。不合理氣説，則斷不可謂生陰，而理氣配合之初，其必有動，而動即是陽，故曰動而生陽。則太極非有意於先陽而後陰也，只以理配氣時，動先於静也。要之易之乾坤以乾爲首，乾之四德以元爲先者，聖人豈以無其理而故爲之首、之先、之以爲假説之辭耶？陽先於陰，概可見矣！

“一動一静，互爲其根。”何謂也？“分陰分陽，兩儀立焉。”何謂也？太極涵動静之妙，動静爲陰陽之機，則未必先動而後静，若今日明日之有先後也。今夫太陽方午之時，純是陽也。待到未時，陽已消一分，則陰之一分已根於此矣。到得申酉時，陽已消二三分，則陰之二三分已根着於此矣。至夜亦然，互爲其根之句，豈不是善形容處耶？不可説消盡陽後，方生得陰，消盡陰後，始生來陽也。互爲根以合底説，兩儀立以分開説。陽變陰合，而生水火木金者，何謂也？天之生水、生木、生土，屬之陽，地之生火、生金，屬之陰，然水木與土非獨陽生之也，陰與之生，而陽之氣較多，曰火，曰金，非獨陰生之也，陽與之生，而陰之氣較多，故曰陽變陰合，以明夫陰陽變化，交合而生之也。

"五氣順布，四時行焉。"何謂也？木爲春而木生火，火爲夏而火生土，土寄旺而生金，金爲秋而生水，水爲冬而生木，又爲周流無窮。

"五行一陰陽也，陰陽一太極也，太極本無極也。"何謂也？此從出處推上去也，五行所從出，非陰陽乎？陰陽所從出，非太極乎？以其具萬理而無形器，故曰太極本無極也。

"五行之生也，各一其性。"何謂也？性即理也，理即太極也，所謂各具一太極也。

"無極之真，二五之精，妙合而凝。"何謂也？真以理言，精以氣言，真之義也，可見無極之爲真實無妄也。精猶言百物之精也，可見太極之不雜乎二五也。無極二五之真静妙合自然凝成，此以氣化者言之也。

"乾道成男，坤道成女。"何謂也？以氣言則陰陽，以理言則乾坤，若曰陽氣成男，陰氣成女，則自與理不相干，而必曰乾坤，然後乃可見理與氣合，而自然成之之妙也。道只是形而上者之道，男女只是形而下者之器，而這"道"字，當以一陰一陽之謂道之道字看。

"二氣交感，化生萬物，萬物生生而變化無窮焉。"何謂也？二氣云者，男女之氣耶？陰陽之氣耶？男女之氣即陰陽之氣，而但至此，較多男女之氣上説，待到萬物生生而變化焉，則無極太極，陰陽五行，氣化形化，無所不化。

"惟人也，得其秀而最靈。"何謂也？秀與靈就氣上説，而得其氣之秀而靈，則秀與靈處自有是純粹至善之性也，是所謂太極也。

"形既生矣，神發知矣。"何謂也？形，形質也，神，神氣也，陽動陰静，而形質既成，神氣發生，似不可分屬陰陽。然分明是形生於陰，神發於陽，而陽善陰惡。

"五性感動，而善惡分，萬事出。"何謂也？形既生矣，而五性感動於形氣，則是觸外而感者也；神發知矣，而五性感動於知覺，則是由内而感者也。有如耳目口鼻之欲，未必皆善。惻隱羞惡之心，可以爲善，故曰善惡分，萬事出矣。五性感動，即生五行之象也；善惡分，即成男成女之象也；萬事出，即萬物化生之象也。

"聖人定之以中正仁義而主静，立人極焉。"何謂也？中正仁義，人生固有五常之性，則不待聖人定之之後有之，而惟聖罔念作狂，故必以中正仁義定之。然後善惡之分而不定者，定而爲純善矣，萬事之出而不一者，定而爲一致耳。定如安而行之之義，程子定性之論，未必不原於此。不言禮智而言中正，或曰："此圖本爲發明易道，故但言中正云，亦不知是如何？"但中正二字較有力，此是先儒定論不敢立异而强解。主静乃太極之本體也，主敬之工夫也，太極本静而爲太極，則聖人之主静豈不爲人極乎！主静云者，已不是偏於静也，涵動静，而但以静爲主耳。然主静非爲立人極也，上包了中正仁義，然後乃可見太極之全體，若以太極專主於静，而不能動，則何以生陰陽乎？何以生五行乎？又何以生萬物乎？"主"字當深著看。

"聖人與天地合其德，日月合其明，四時合其序，鬼神合其吉凶。"何謂也？言聖人不假修爲，而自有得乎太極之全體，與天地混合無間矣。

君子，未至乎聖人者也，小人，不知有此理者也。修之者，修其固有之性也；悖之者，悖其本然之性也。修之而爲君子，則不亦吉乎！悖之而爲小人，則不亦凶乎！吉凶不專以禍福論也，易以吉凶言者蓋多。

天地人之道，皆指理而言歟？指氣而言歟？或言理、或言氣歟？兼理氣而言歟？若曰指理而言，則陰與陽，柔與剛，皆氣也；若曰指氣而言，則三個道字皆理也。人之道曰仁與義，恐是專言理，而同言天地人之道，不應立言之有异同也。然則陰與陽之理，乃天之道也；柔與剛之理，乃地之道也；仁與義之理，乃人之道，而兼理氣，該體用而言之耶？

“原始反終，故知死生之説。”何謂也？由無極而至於生萬物，此非原始乎？從生萬物上推去本無極，此非反終耶？原始則知生之道，反終則知死之道耳。

“大哉《易》也，斯其至矣。”何謂也？此圖即易有太極之義而推明之也，大哉之意，不但原始反終之故也。自聖人天地合德以下至死生之説，統之爲大哉之義也。大哉之“大”，即太極之太字也。至矣之“至”字，即至極之意，而非太極之極之義耶？

圖之左旁書陰静，右旁書陽動者，何也？若以東西言之，則東爲陽，西爲陰；而若以左右言之，則右爲陽動之方，左爲陰静之方也。或曰圖即象天而仰觀者也，試如其言，則東西换面，東旁果爲陽動，西旁爲陰静，豈不妙哉！其下乾坤男女圈，亦如是。

天一生水，而置水圈於陰静之下；地二生火，而置火圈於陽動之下。金木圈又易者，可見陰陽之交易，化生之妙。

無極太極，二氣五行，合爲乾坤健順之德，而成男成女，則此乃生物有形之始也。未有生之者，而自然成形，故下一成字，以别於形化。

圖與説蓋濂溪周子手書與程子，而未嘗説與人，其意以爲非程子無可授者，程子受之而未嘗説與人，其意以爲不敢受之，亦無可與道者。於乎，圖何敢言，説何敢言哉！《老雲集》卷六。

《太極圖》疑辨　洪檗

《太極圖》右邊書陰静，左邊書陽動，曾疑謂左爲陽動之方，右爲陰静之方也。久久看來看去，恐未洽好，蓋非分書也，乃横書也。然則當讀以陰陽動静，而不可以陰静陽動讀之也。是以右邊爲陽，而東方非陽生之方乎？左邊爲陰，而西方非陰生之方乎？然則右二黑中一白爲陽，左二白中一黑爲陰，爲兩儀，故説曰兩儀立焉者是也。若以右二黑并左一黑爲三陰，以右一白并左二白爲三陽，則不啻兩儀，又不啻四象，直與乾坤六爻無异，恐非先生本意。若以横書爲立异云，則第就本圖左旁注中。○本體之下仔細看玩，則先説 ☽者，陰之根云者，丁寧是右邊白處説也。此豈非陽動乎？然後陰陽動静字之横書者，可謂的破無餘矣。姑書之，以俟知者。《老雲集》卷六。

《太極圖》疑辨後跋　洪檗

余作此辨有年矣，後因讀《河圖》《洛書》諸説，潛究其象，不覺儻然，遂作而言曰：河洛之象，皆以小陽三點置之左旁，此蓋圖書之位，自北爲主，而觀者亦由北而觀之，則左旁爲右也，爲右則右實非東方陽動之鄉耶？然則《極圖》原於《河》《洛》，而左邊書陽動者，只以自北而觀之故也。不是左爲陽動之方也，又不是以西爲左也，實指右也，指東也。右邊之書陰静，左邊之書陽動者，不待多辨而無疑矣。是以退老先生其於《天命圖説》中詳之，盍取而善讀之。《老雲集》卷六。

太極説　桂德海①

出而現者陽，則入而藏者爲陰，出而現者爲陰，則入而藏者爲陽。以《先天圖》觀之，分言之，則乾三陽現，則坤三陰藏，錯言之，則兑二陽現，則艮二陰藏，兑一陰現，則艮一陽藏。以此推之，一圖之畫，陽畫現則陰畫藏，天之屬也。陰畫現則陽畫藏，地之屬也。必具兩端而俱存之，聖人之精，可見於此。

凡物之生，如繩曲之出於穴，一頭出於穴，一頭環屬於穴内，自有引入之勢，物物各具魂魄。魂者，生之機，神之靈也，如繩之出頭也，魄者，死之機，鬼之靈也，如繩之八頭也。如人年百，自胚胎至五十以前，皆是生之日也，以後皆是死之日也。繩曲引入之後，蕭然無迹，而所可留迹者，文章而已，可不貴哉！

蓋人之生與死，漸次甚微，都自不覺，人物莫不然。

萬物之興歇，繫於一氣之出入，一氣之出入，蓋有小中大三等，計一日之出入而積三百六十番，則成一年，計一年之出入而積三百六十番，則成一運，計一運之出入而積三百六十番，則成一元，而天地一終矣。

前日、前年、前運、前元，他自是一番興歇，及其歇極時，理源寂静，蕭然無事。今日、今年、今運、今元，又自是一番興歇，來日、來年、來運、來元，又自是一番興歇。試看其誰使興之？誰使歇之？非理歟？

人與禽獸草木之壽，有千萬等不齊，由繩曲之出隙，大小有差也。莊子曰："萬物生於機，人於機。"程子曰："已散之

---

①桂德海（1708—1775），號鳳谷，曾任從六品察訪，故也稱桂察訪，著有《鳳谷桂察訪遺集》。

氣，不復爲方生之氣。”已散云者，指氣之器質糟粕處爲言也。父生之，君食之，師教之。蓋人物之初，本只是天之一點生理也。天役父以生之，既生矣，天役君以食之，天役師以教之，然後始完成一個人矣。不然則其生也，與物無辨矣。

太極在陰陽之先，在陰陽之中，只不在陰陽之外，在陰陽之先者，統體之太極也，不雜之太極也，必先有是理，然後有是氣也。所以然之理也，在陰陽之中者，物物之太極也，既有是氣，即有是理也，若陰陽之外，則無太極，所謂除却陰陽，不是道。

陰一陽一兩個事物，而一太極跨之也。此物是此理，彼物亦是此理，今日是此理，明日亦是此理。太極一變爲陰陽，陰陽一變爲五行。

太虛中太極。此以下皆是氣。二儀。四象。加土為五行。八卦。十六。三十二。六十四。
以上純是理。一百二十八。此皆造化生生節次。二百五十六。五百十二。一千二十四。
二千四十八。四千九十六。八千一百九十二。一萬六千三百八十四。萬物 五行十二變爲萬物。

自陰陽五行以下，十二轉而爲萬物，太極之誠流行於其中者，合下渾然至虛，漸漸分析，漸漸凝實，而現成物類。舉目天地之間，天地運則萬物隨而生，心運則萬事隨之而起，太極外無贅物，吾性外無剩事。天地無別性，須通萬物之性則見其性，聖人無别心，須通萬民之心則見其心，如此廣心則便能大公，而不蔽於一己之私。太虛中太極之理，爲一個大本子，千萬年一定而不易，理之元體也，十二萬九千六百年，則運轉不息而盛衰治亂不一，氣機之變化也。

人心中太極之理，爲一個小本子，窮天地亘萬古而不易，吾與堯舜周孔，同其一個本子，外面時勢則有千變萬化之不同，時勢外至者也。本子内用者也，須把古今不易之一個本子，以應千變萬化之時勢，見安樂而貞，見憂戚而貞，貞者正而固也，惟如此而後，可以不失其本子也。

春秋時孔子爲忠孝之理，今時吾輩爲忠孝之理正同，而不少欠闕，時勢則今時與春秋又异矣。天道陰盛而陽微則亂，陽盛而陰微則治，人事君子道消，小人道長則亂，君子道長，小人道消則治。細察五物之氣質，水木則質在於外而氣藏於内也。火金則先氣發於外而質藏於内也。凡天地之成體，犬牙相入，不使墜壞，然後其用乃行焉。《鳳谷桂察訪遺集》卷四。

太極圖説　桂德海

太極不過陰陽之渾淪者耳，原非先有太極而後兩儀生，既有兩儀而後四象八卦生也。又豈兩儀生而太極遁，四象生而兩儀亡，八卦生而四象隱，兩儀、四象、八卦各爲一物。而别有太極宰其中，統其外哉？只是陽極生陰，陰極生陽，其氣機未嘗息者，即太極也。解周子之圖者，以中間爲太極本體者，非也。圖作環形，故只是虛其中而已，非意在於中虛也。

其外大圈爲太極，中分黑白爲陰陽，太極含陰陽，陰陽含八卦，八卦含六十四卦①，摶空爲塊，見塊而不見空，土在天地後也。粉塊爲空，見空而不見塊，土在天地先也。《鳳谷桂察訪遺集》卷四。

---

①底本此處注曰“缺”。

周子太極詩解　桂德海

兀坐書房萬機休，日暖風和草色幽。

誰道二千年①遠事，而今只在眼睛頭。

草色幽則陰也，暖而和則陽也，陰陽雖現天氣中，太極見矣，動静未分之時，乃見太極之全體，就日暖風和上見太體，妙妙。《鳳谷桂察訪遺集》卷四。

心易發微，伏羲太極之圖詩　桂德海

太極中分一氣旋，兩儀四象五行全。

先天八卦渾淪具，萬物何嘗出此圈？

造化根源文字祖，圖成太極自天然。

當時早見周夫子，不費鑽研作正傳。

陰一物也，陽一物也，太極非物也。無極而太極，譬如窺其室則無人，循其垣而周觀之，則其室必有人矣，正是撞著則無，自萬物而要其極則必有矣。極者，至也，太者又是至之至也。下得太字，則其上更無他物之可加，太極之太字，恐犯核實，故又以無字玄之，所謂微顯也。

收來百家龐雜之學而著之於極，以謂道本一源也，不使更落於千坑萬塹。

吾心中有太極，而心神之用如箭，事物中各有小極，正如侯中之的，須令箭箭中紅心。

①底本此處注云：“自孔子至于宋。”

有元太極，有天小極，地小極，人小極，有飛小極，走小極，草小極，木小極，各有我小極，彼小極，此小極與彼小極，相連相通。

蓋邵子之學，置心於太極，而出觀於二氣五行，萬物變化之條理。故有《觀物内外篇》。釋氏之學，斷弃二氣以下，而只探奥於太極、無極、無無極，故務絶去六塵六根而歸於空寂。

這個平面看者，生物之模範也。寅會上開物之初，生氣流到水上，則水之物具五二太極即化出，流到木上，則木之物具五二太極而化出。餘皆效此，萬物既有種子後，物物自具太極，無少虧欠，無相假借矣。流行之生氣，纔動於天地太極之一陽，則各物中太極之一陽，一時齊動，不以初化之先後，而今乃有所遲速矣。若其萌芽生産之有所差池，專繫於禀氣之厚薄，薄者速生，厚者遲生焉。化育之妙，年年皆同。十二萬九千六百年，只似一年也。一陽者，動物之精，植物之津，皆是水也。看一草一木，則太極全體之變化在是，動物有心而植物無心。看造化之妙，莫如草木之自然，周茂叔窗前草與自家意思一般者，是觀乎乾元之誠源，與萬物之各正也。

人性之仁、義、禮、智、信，兼内與外而通之，見外之發現者，而可以知其内之體段也。造化之水、火、木、金、土，亦兼氣與質而通之，見其質之所成，而可以知其氣之樣①也，聖賢之論人性造化也，截取五常五行者，其以是。夫天地者，太極之形骸也，人身者，性之形骸也。太極與性，自生其形骸，而復居其中，如人之自造其室，仍居其室也。

天地之生物也，雖至微細之物，莫不備具太極陰陽五行之全體。以所感之氣爲主，而四氣并應而完成之耳。以此觀之，人之應事也，雖至微細之事，亦莫不備用五常之全德。其事雖屬仁，而禮義智信并應而不一欠。其事雖屬義，而智仁禮信亦并應而不一虧。或仁或義，當以所感而發者爲首，而四者相牽

①底本此處注曰“缺”。

以行矣。但其間架端緒至微至細，有不可察見耳。蓋人身中，只是一片理一片氣而已，虛則一時俱虛，合則一時俱合也，學者反而體之，則當自見之。經書中此是仁之事，此是義之事云者，姑以所發之主爲説也。

太極又有兩般看法，統體與各俱也。渾然通同，謂之統體；不相假借，謂之各具。天地間惟有此道理也，故仁主包涵而義主分别，若墨之疑於仁，楊之疑於義，則皆由所見者偏耳。故《太極》與《西銘》，皆理一分殊，看者宜潛心焉。

凡物生於五氣，故觀其色象，皆居一而有四。如草木之花，發爲紅英，則青黄白黑，皆蘊於内，翻内爲外，則種種换面呈色。常以五棱木面，刻金、木、水、火、土，輪而看之，居一而有其四，宛然可觀。或曰大黄只大黄，附子只附子，而余則曰大黄之内伏附子，附子之内伏大黄，如水火之内外明暗，迭爲换面耳。草木黄者，得土之性多，白者，得金之性多，他仿此。

凡植物之類，不論春夏秋冬，行遇温暖之氣則生笋生芽，觀此則所謂生氣，只是陽氣也。所謂陽氣，只是温氣也，以此推之，人性之温和，正是好個性①，慘烈則不好。《鳳谷桂察訪遺集》卷四。

讀《太極圖説》　芮大周②

發前聖之所未發者，非大知見大覃思不能也。太極之説始於《大易》，而周子於太極上更加無極二字，蓋“無”，非虛無，無中含有，故曰無極而太極也。太極者，理也，陰陽者，氣也。理無形而氣有形，無形之理乘有形之氣而動静焉，所以動，所以静者，理也，能動能静者，氣也。然則太極不能動静，而乘

①底本此處注曰“缺”。

②芮大周（1865—?），號毅齋，著有《毅齋集》。

陰陽以動静也。動者，太極之用，静者，太極之體，由體而達用，故聖人定之以中正仁義而主静。是以著艮背之象，而有朋思之戒，自寂然不動之中，而至於感而遂通天下之故也。大抵人物之生，形雖有萬，而其理則統體一太極也。理豈有异乎？此無極之真，二五之精，妙合而凝者也，理是體，而氣則用也。非静則動無所本，非動則静無所用，故體用一源，動静互根也。元不生於元，而生於貞，春不生於春，而生於冬。天地之理氣，循環無窮，而四時行焉，百物生焉，豈若老氏之空寂，而有體無用者哉！故吾儒之道，以静爲本，而其用至廣也夫。《毅齋集》卷四。

周子《太極圖》　琴基一①

此圖所論各异，然以理推之，則幼學字説似是。

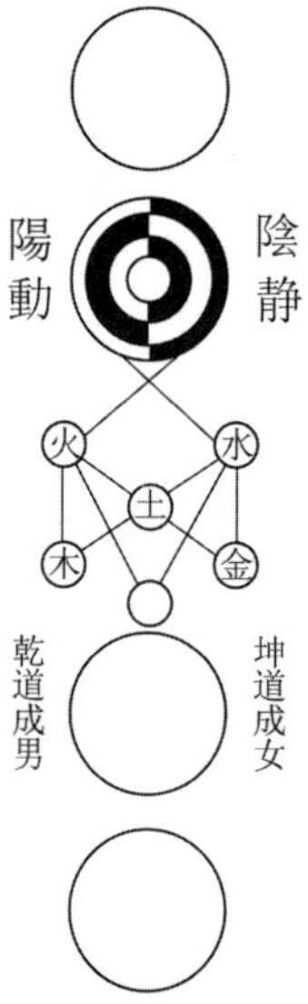

①琴基一（1836—1895），號樵陽，著有《樵陽集》。

此所謂無極而太極也，即陰陽而指其本體不雜乎陰陽，而爲言耳。此○之動而陽，静而陰也。中○者，其本體也；者，之根也。者，之根也。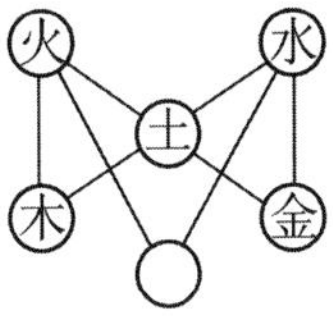

此陽變陰合，而生水、火、金、木、土也。此無極二五，所以妙合而無間也。○乾男坤女，以氣化者言也。各一其性，而男女一太極也，○萬物化生以形化者言也。各一其性，而萬物一太極也。

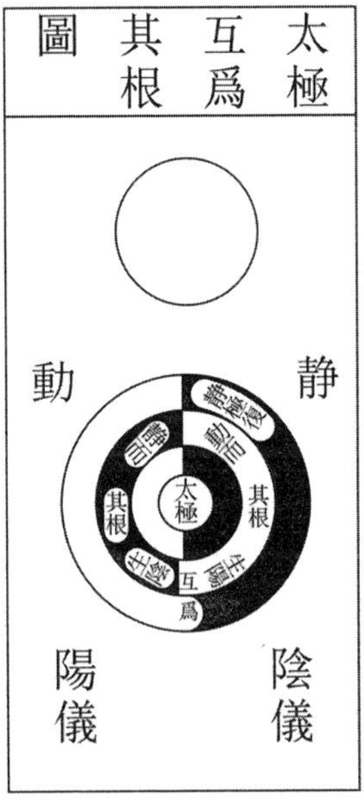

世人多以互爲其根之説爲疑，或言陰根陽，陽根陰，或言陽爲陽之根，陰爲陰之根，陽爲陽根似是，而若以一動一静即爲一陰一陽，則亦爲未穩。右邊陰中之一白是動，而爲左邊陽之根；左邊陽中之一黑是静，而爲右邊陰之根。細考朱子《通書解》圖注，則曉然明白，而人猶有疑，故爲圖以析之，未知是否。《樵陽集》卷二。

《太極圖説》問目　南相奉①

"無極而太極"，此"而"字前賢或云反轉之義，或云連承之義，相奉竊謂以反轉之義看恐當。

答曰：反轉之説，退溪所論也，連承之説，蘆沙所言也。吾亦初疑連承之説矣，讀之既久，始知一篇九個"而"字，皆用連承之意，且看朱子"而字輕無次序"之訓，恐連承之説尤似襯貼。

太極動静注解，恐亦有二義。以所乘之機者言之，則太極動静即陰陽動静，更無彼此之可言。然以太極之有動静，是天命之流行者言之，則陰陽未生之前，畢竟太極先有動静。

答曰：注解"一定不移"以上，承《圖説》太極動静而言動静之妙也。"自其著者"以下，就圖圈陽動陰静而説動静之事也。是故中間插"動静者，所乘之機"一句，以包了上下"動""静"字之義也。今謂太極動静即陰陽動静，則與朱子所謂動亦太極之動，静亦太極之静者异矣。又謂陰陽未生，太極先有動静，是以太極爲自動自静也，豈可乎？朱子亦言"當初元無一物，只有此理，便會動而生陽"云云。然此《圖説》所謂太極乃即陰陽而指其本體也。若以便會生陽之意釋此《圖説》，則殆郢書燕説也。

一動一静，互爲其根。方其動也，静之理已先具於其中；方其静也，動之理已先具於其中故云然耶？抑動極而静，則動便是静之根，静極復動，則静便是動之根耶？

答曰：《圖解》者，陽動之根也，者，陰静之根也。蓋稚陽生大冬之中，微陰生盛夏之中，則動静之互根，即此可

①南相奉（1903—1948），號午山，著有《午山遺稿》。

見。横渠所謂“陰陽之精，互藏其宅”者，亦此意也。今所謂理已先具者，恐是說入些深了。

葉注以“動而生陽”以下四句，言太極流行之妙。以“一動一静”以下四句，言二氣對待之體，似與本注以“命分”二字，分釋此八句者，有所不合。

答曰：本注“一定不移”以上，主太極而言，“自其著者”以下就陰陽而言也，葉注分此，本注上下各釋此《圖說》八句，然則葉注實發明本注之意也。

陰陽變合，老柏先生以物之初生，而甲坼芽茁爲陽之變，及其成實，而還他團圓，本相爲陰之合。竊謂以物之甲坼結實，分言陰陽之變合，則恐甲坼結實截然有先後之分，而造化之功，似若有間斷之嫌。

答曰：變合雖分屬陰陽而言，然陰陽實是一氣則變合，亦一氣之所爲也，何憂其間斷，甲坼結實，先生是就一物上明一氣變合之道者也。

陽先陰後，天地之常經而五行之生也，地二生火，而天七成之，地四生金，而天九成之，則是陽反爲後於陰也。

答曰：就一氣之流行而言，其變合之分，則曰陽先而陰後；就二氣之對待而言，其交錯之妙，則曰天地互生成。

水火是質之未成，而陰陽變合之未盡者也；木金是質之已成，而陰陽變合之已盡者也。然而以水火爲陰陽之盛，以木金爲陰陽之稚，何也？

答曰：陰陽盛稚之義，譬如父母生四子，而伯仲禀得父母全盛之氣，叔季禀得父母稚晚之氣也。勉齋亦疑朱子稚盛之說矣，晚來覺悟而改正之，其說見《韓南塘集》。

太極本無極，“無極”二字乃所以釋太極無聲無臭之義則不可，即此而便唤做名目，至下文無極之真處，始可以名目論。

答曰：下文無極之名目，實本於此。

五殊二實無餘欠，其餘欠指陰陽而言。精粗本末無彼此。其彼此指太極而言否？

答曰：曰五行不外乎陰陽，則五行之殊异，非有餘欠於陰陽也；曰陰陽不離乎太極，則陰陽精粗本末，與太極無彼此也。彼指陰陽，此指太極也。退溪論此段曰："精與本，太極也。粗與末，陰陽也。固如此看，然凡天下事物，皆當通看精粗本末，皆太極之所爲，則果無彼此矣。"止此。老柏所論精粗本末，是取退溪後説也。栗谷、沙溪、尤菴以熊氏之"精本爲太極，粗末爲陰陽"之説爲非是，玄石、南塘則從熊氏之説。

各一其性，水只是專一水之性，火只是專一火之性，故云各一耶？抑水亦渾然一太極，火亦渾然一太極之謂耶？

答曰：各言其性之各具也，水性寒，火性熱是也，一言其性之渾全也。水亦具小小元亨利貞，火亦具小小元亨利貞是也。蓋一性之中，各具那渾然之全體也。朱子曰："物有夏秋多生底，是到這裏，方感得生氣，他自有個小小元亨利貞。"云云。

無極，本所以釋太極者也，而今不曰太極之真，而曰無極之真，何也？

答曰：理必無形，故乃與氣合而無間，在妙合之義，無極字比太極字尤爲襯貼。

妙合理氣二者，雖不相離，而亦不相雜，故謂之妙合耶？

答曰：真精相合，而渾然無間，故曰妙合。注説可見，或以妙屬理，合屬氣，然吾不信也。

最靈即心之謂也，以得其秀而論之，則心之爲體者，固氣也，以人之極論之，則心之所具者乃理也，故以最靈當太極耶？

答曰：惟人也一節，據五圖而分配説者也。故《語類》曰："所謂最靈，純粹至善之性也，所謂太極也。"止此。蓋最靈裏面具此至善之性，故以最靈當太極圈也，非直指那靈而爲太極也。既曰至善之性，而不曰至善之心，則其義已白，無待乎《圖注》《圖解》而明也。

神發知矣。"神"字與陰陽不測之謂神、神妙萬物等"神"字，恐不同，而老柏先生乃一般做理看，可疑。

答曰：《圖解》曰："神☽之發也。"《圖注》曰："神發於陽。"則此"神"字，恐不可直做理看，而先生之説如此，恨當時未能奉質也。

中正在四德爲禮智，而今不言禮智而言中正者，中正於定之事較爲親切故耶？且正文則先中正而後仁義，本注則先仁義而後中正，蓋正文以定之之事爲説，故先中正而後仁義。本注自性理上竪説來，故先仁義而後中正耶？

答曰：所謂中正較親切者，已得朱子之説也。中正仁義，元文與本注其位有不同，然恐是互言，别無异意也。今謂自性理上竪説云者，直以此四者看作性理也，恐亦未然。此言聖人中正仁義之心，能定天下之性也。非謂聖人中正仁義之性，能定衆人未定之性也。蓋能定者心也，所定者，性也，故《圖解》曰："中也，仁也，感也，所謂也，○之用所以行也；静也，義也，寂也，所謂也，○之體所以立也。"若以中正仁義爲性，則中正仁義即太極也，何可言太極之用所以行，太極之體所以立耶？此説詳蘆沙《定字説》，當久久細玩。

注無體之易，體是形體之體耶？蓋太極有變易之理，而無變易之體故云耶？

答曰：體言形體也。朱子釋易無體而曰"易之變化無有形體"也。《午山遺稿》卷二。

韓國濂溪志卷之三　通書志

通書　崔有海

幾微章

噫，幾之動！雖微而實著，人之禍福，國之興亡，莫不先現於微處，此乃無形而有形者也。古人所謂視於無形者，實指此理之妙也。古之人君，豈不欲有善而無惡，豈不欲致治而不亡耶？善之初發也，不知培養之道而終至消滅。惡之初發也，不知滅絶之宜而終至滋蔓。因至於亡身敗國者，固非一二人也。今日所憂，則内而生民之愁戚，外而敵國應接，皆有是非安危之幾，則此乃聖上之所當深察處也。内修外攘之策，輕重大小之緒，必先事而思之，未來而圖之，全其大公至正之義，不以一毫偏霸權謀之術，錯雜於其間，則自然治效大成，可以制大亂於將亡之際矣。然幾之密也，思之必極其精，可以見事幾之終始，而斷之必執其剛，可以合事義之正大矣。臣於前日累進此論，今因性情發現之意，益進反覆之戒，伏願聖上更加三思焉。

誠上、誠下章

誠者，有真實之意，有純一之道，若有一毫之不實，則非誠也，若有一毫之所雜，則非誠也，若有終始之异，同非誠也。必克盡此理，然後上以德合於天地，下以道行於人倫，此乃天人一理之本也。古之聖人，知天道之至誠，自强不息，以體天行，篤實無僞，以成天德，感化之妙，及於鳥獸之咸若。况人心所同，豈有不能感通之理乎？後世人君，雖欲有志於治道，持心出令，皆本於假仁借義。甚則至於欺天罔人，自以爲智，終至於天怒人怨，横罹陰禍之慘者，不可一二數。然則誠與不誠之間，其應驗之速，捷於影響，可不畏哉！臣伏見聖上於立志修德之道，似不能盡合於至誠，故修己則真知篤行之誠、不息無間之誠，有歉於聖人，臨政則發號施令，不無雜霸之并用。臣竊憫焉，伏乞以此周子論誠之道，反覆體念焉，其中所謂"果而確，無難焉"者，真體道之大義也。若行之果，守之確，則誠一於内，不爲舊習之所移，不爲物欲之所動，克念剛健之天德，以此益補於聖德，則優入聖域，其在斯矣。

思章

思者，心之神明，乃五行精英之靈覺也。在於人固無不智之理，上智則不思而得，下愚則雖思而無得。惟中智者，必加其思繹之功，可以得天地造化之理矣。蓋古人格致之道，若非思而有得，則其學止於記問，終無在我之真知。故其思也有道，必以萬物之本末，人事之終始，思其當然之真實，思其不當然之真非。或因類而相推，或温故而知新，反覆紬繹於夜氣清明之際，欣然有得於朝晝事爲之間，則始以有覺。如烟霧之少捲，終至豁然，如白日之中天，此學之大覺處也。臣伏見聖上積年爲學，未知從事於致思耶？此乃修己治人之大本也。臣於前日累進此論，而必願筆記妙契之所得者，欲以所思之不忘也。蓋思之不深，得之不實，則萬機應接之際，必有遺忘之失，而茫然無所得者多矣。古人隨手札記者，皆有意於不忘斯學之功。伏願聖上深味此章之旨，透造明睿之境焉。

過章

匹夫喜聞過，尚有令名之無窮，况人君乎！匹夫不喜人規，有滅身無悟之惡，况人君乎！人君之喜聞過，上可以回天地之怒，下可以致萬民之悦服。人君之惡聞過，上可以貽憂於祖宗，下可以殃及於萬民。幾微之發甚微，而利害之效甚遠。伏願聖上惕念於此章之旨，日求聞過，終至於無心過，則可以庶幾於誠德矣。古人曰改過貴勇，防患貴怯，所謂患者，乃氣禀之失，隨事有害於德性者也。聖上亦於氣禀之失，每加省念，如當大敵，戰戰兢兢，不勝幸甚。

家人睽復章

治家之道，乃治天下之本也。治家得其宜，則治天下亦不難矣。修己之德已備，則在家足以感化，而婦人之性最爲難化，只欲以感化爲善。不以嚴禮立法，則必無内則之正矣。伏願聖上嚴其禮法之正，禁其奢侈之習，有肅然嚴敬之威，無怠慢褻狎之習，則宫庭之化，足爲臣民之法矣。今日國母之擇，已有其日，而新定大禮，有職之人，不無過慮之虞，一依古禮，只以先入内庭之賢德。躋於坤極，則可省繁文之費，益添聖壽之無疆矣。此乃古人之禮，故臣亦因事而仰達焉。

太極圖五性感動章

論人性情，古人皆隨事而立言。或言四端，或言七情，或言四情，未有分排名目如五常之一定者也，古人或以爲四端純善而無惡，七情兼有善惡，或以爲理氣之發不同云，皆各有其理矣。然臣之愚意，則人之性情，莫非天道之流行，喜怒哀樂，皆如四時之變化，則天有五行，人有五常之性，天有十二月，人有十二情，各有天人配合之妙。然後情性名目，無重復之嫌，有精備之義，皆出於天理之當然。不容人力於其間，察其發現之端，則有好惡二者之分。好者，陽也，惡者，陰也，而四端七情，各以其類配之，則莫非陰陽進退之機也。然情欲之發，亦有所异，情出於陽，而欲出於陰。精有發揚之氣，欲有潜滋之狀，皆隨其象而相應。周子以爲無欲爲情者，指其感動之欲熾盛而難制者也。人於情欲之發也，静以養之於不睹不聞之中，有恐懼修省之心，無放僻奢侈之萌，則未發之體，如鏡之虚明，纖塵不翳，天理自存。既發之前，有至公慈良之善，則仁之大本立矣。得當然果斷之則，則義之大勇行矣。然行之必擇其中，不至於過不及之差，居之必主其正，無一毫邪妄之蔽。然後道之全體大源，各合於天理之當然，而人極於是乎定矣。臣伏見聖上其於應物之情，未知每事必欲主於仁義耶？抑亦合於大中至正之道耶？聖上必深省於此理，日月事爲之間，必察性情之端，必求合於仁義中定之道，無一事之悖理，則堯舜之精一，孔顔之克復，必將得之於此矣。周子《圖説》雖若極論道之大源，人物化生之妙，而工夫精要處則實在於此，不但聖人之所從事也，後學之所當深思而篤行者也。《嘿守堂集》卷七。

通書　洪龜範①

有自得之學，有自信之學。學而造於自得，則雖特出意見，可以垂諸萬世而不惑。學而篤於自信，則雖斷爲議論，可以質諸前聖，而不悖踐履之學，未至於此，乃所以高談强問乎聖賢之訓，未見其真有得也，濂溪周子不由師傅，默契道真，紀綱道體之精微，振起俗學之卑陋，其言也，自本而支，自源而委，此斯道之統，所以既斷而復續，既晦而復明也。或謂得之先天，得之龍紀，其説幾於迂誕而無實。又曰其圖實出於穆脩，穆脩之傳出於陳搏，老子之學也。要之先生則得之奥不由師傅，匪由智索，神交心契，固極其本統，故張南軒嘗記其學曰："本乎《易》之太極，《中庸》之誠。"朱晦翁嘗釋其書曰："聖人之誠究《通書》之格言，溯先儒之緒論，然後知高極乎無極太極之奥，而其實不離乎日用之間，幽探乎陰陽五行之微，而其實不離乎仁義禮智、剛柔善惡之際，其宏綱大用，既非秦漢以來諸儒所及，而其條理之密、義理之深，又非今世學者所能驟而窺也。"

首章一則曰誠，二則曰誠正，以發全書之旨趣。而其所謂誠，則有二焉，其曰性焉安焉之謂聖，此誠者，天之道，自誠而明者也；其曰復焉執焉之謂賢，此誠之者，人之道，自明而誠者也。其論舜之心誠、孔子之道德，其誠者歟？其論顔子發性蘊，仲由喜聞過，其誠者歟？其論聖之希天、聖之誠、聖之

①洪龜範（1691—1762），字大伯，號澗岸，著有《澗岸集》。

明道是亦誠者也；其論士之志學、君子之務實，是亦誠之者。言其師友者，欲人講明此誠；言其童蒙者，欲人求明此誠也。患人以詞章決科而昧此誠，則曰文辭爲藝，道德爲實。患人以富貴肥家而喪此誠，則曰銖視軒冕，塵視金玉。形而上者，固此誠也；形而下者，亦此誠也。散於萬化，固此誠也；合於人心亦此誠也。演之於圖，則曰太極；筆之於書，則曰誠。太極具，則二氣五行之運行，一誠立，則五常百行之發見，又安有二理哉！故誠者，聖人之本，即圖之太極也。誠之原，則陽之動也；誠斯立，則陰之静也；事之善，則陽之屬也；事之惡，則陰之屬也。五常則五行之善也，百行則萬物之象也。若五行陰陽，若陰陽太極，又發明乎物各具實理；若禮理平和，若剛柔善惡，又發見乎事各有陰陽。人見其書之約也，而不知其道之大，見其文之質也，而不知其義之精，見其言之淡也，而不知其味之長。其體用之一原，顯微之無間，有得夫千載不傳之秘矣！《闍岸集》卷二。

通書　朴長遠①

一爲要，一者，無欲也。無欲則静虚動直，静虚則明，明則通。静而所存者一，人欲消盡故虚，虚則生明，而能通天下之理。動直則公，公則溥。動而所存者一，天理流行故直，直則大公，而能周天下之務。明通公溥，聖庶幾乎？學者深玩而力行之，則有以知無極之真、兩儀四象之本，皆不外乎此心，而日用間自無別用力處矣。《久堂集》卷十七）。

---

①朴長遠（1612—1671），字仲久，號久堂、隰川、師儉窩、久皤，著有《久堂集》。

答申明允與尹瑞膺論《通書》問目　朴弼周①

誠上

《中庸》之誠，《通書》之誠，一也。而《通書》獨言太極者，以《太極圖説》與《通書》俱濂溪所著，而二書之旨，實相表裏，如朱先生説故也。蓋誠以真實言，太極以至言，二者同實而异名。苟會此旨，則《中庸》雖以前乎《太極圖》之故，而不現説是太極，然其爲太極者，自可默識之矣。理也，性也，天也，聖也，固無非太極而然，而但據一誠字，早已知其爲太極，假使兩書注中無此數個字，則其將不謂之太極耶？盛諭引証，似頗多事，講解最忌如此，如何如何？

誠者，聖人之本。"本"字乃根本之本，若本然之本，則只可帶看，而非正旨矣。

健誠之不可分天人，尹説是矣，第繼善者，陽之道，成性者，陰之道，俱非形以下矣。只拈"成性"而遺却"繼善"者，恐亦未備。

太極是道理極至之稱，而實則在聖人身上一一發見。今聖人與太極，雙舉爲文，恰若以太極爲别件物事，而與聖人對立者然，非矣。

父母之生子，不入於子内，以其形則可謂云爾耳，而若氣則一脉流通，亦不得如是説。況太極之散在萬物者，而謂與萬物不相入，可乎？子益丈説，决不如是矣。

誠幾德

動静者，本陰陽之象也。今以誠爲静，幾而爲動，則誠之爲太極者，下一層而屬乎静，静之與動對者，上一層而占地高，

①朴弼周（1680—1748），字尚甫，號黎湖、蓼溪、竹軒、晨門、雨臺，謚號文敬，著有《黎湖集》。

且幾之但爲動一端者，又却含了陰陽。高明所以疑之有幾字内，何處討得陰字之喻，然此與將動静分陰陽有异。蓋天下之理，静則一，動則二，一者，即太極之象也，二者，即陰陽之象也，以此見之，幾之爲陰陽無疑。

師

中有體用發未發，所謂無過不及者，即指已發而言之也，與不偏不倚之指未發者，意各有主，朱先生合釋之旨蓋如此，今曰自其寂然而已，無過不及，則恐非此意。

禮樂

禮樂互爲陰陽，各有其義，不可執一而廢一也。雖以條理言之，亦何害其爲在中也！《玉山講義》條理間架云云，可見尹説恐欠考。

動静

理雖非死物，而亦不可直謂活物，更商之。水火之説在中間者，要以見五行之爲陰陽，陰陽之爲太極也，有何疑乎！

聖學

這無欲，亦兩在於静虚動直，恐不得如尹説專謂之静一邊也。

乾損益動

以體用常面言之，則固是體静用動，然此所謂乾乾不息者，只言其無少間斷之體，全説静不得。朱子之以乾與損益爲體用者，亦不過以相須之理言之而已，若必苦求其爲静、爲動，則拘而不活矣。

家人

則是當然之則，固爲性中物事，而若直謂之物性，則亦欠曲折。《黎湖集》卷十三。

《通書》説　韓元震

首章誠。《通書》言“誠”字，有以天道言者，此章誠字是也；有以人心言者，下章誠字是也，非謂有二誠也，但有在天在人之分也。此書皆言一分爲二，二分爲五，五分爲萬。或言一在二中，誠之源，誠斯立是也。或言一在二上，誠無爲、幾善惡是也，要當觀其所言之如何耳。

第二章注：“静而不正故邪。”此“静”字姑以未與物接者而言，雖未與物接，昏昧雜擾則邪矣。若其至静者則未發而中矣，豈復有邪也。《中庸或問》曰：“静而天理昧。”與此静字同，《章句》曰：“至静之中無所偏倚。”此則未發而中也，加一“至”字，則意自别矣。

第三章，愛曰仁，宜曰義。韓子“博愛之謂仁，行而宜之之謂義”，程子非之，則周子此言之不同於韓子者，又何義也？此當就“曰”字、“之謂”字上看得出，就“曰”字上看，則是即愛宜上見得仁義之德也。就“之謂”字上看，則是直指愛宜，以爲仁義之性也。蓋仁義，性也，愛宜，情也，仁義之德，固著於愛宜，而其性情之分，則不可混也。故周子因用以名其體則可，而韓子認用爲其體則不可也。注：“性者獨得於天。”此“性”字以氣質言，既曰獨得，則非通言之性也。然於本性之外，實無分毫所加，蓋獨得雖由於氣質，其所得之性則却與衆人所同得者無异矣。《經義記聞録》卷六。

通書　林象德

四十章内，合尋討處至多，忙中草草看過大小注説，不能逐件理會，隨手札録者，亦未知不背義理，欲備他日再討，兼質朋友中有志此事者。

“大哉乾元，萬物資始，誠之源也。乾道變化，各正性命，誠斯立焉。”

竊謂此理觀之於水，最有分明處，如萬斛源泉，初發源時，涓涓始達，衮衮方來。此時但見此理流動接續，而未有成形，即誠之源，善之繼也。及環者爲灣，玦者爲泮，大而爲江爲河，小而爲渚爲沱，清爲潭沼，濁爲溝渠，隨遇曲折，各止所止，到得此時，見此理已在在凝聚，一定不易，即誠之立，性之成也。

“乾道之元，萬物所取以爲始者，乃實理流出以賦於人之本。”

乾道之元，萬物之所資始，而於實理賦予處，却拈“人”字單説，何耶？恐舉重而言，不然則或“物”字之誤，或“人”字下别有“物”字，蓋非謂物不與也。此段當初看得疏，首章言誠，聖人之本，即此章論誠之處，單拈“人”字説正是。既曰萬物取以爲始，則其下單拈“人”字，豈有物不得與之嫌耶？

繼者，氣之方出，成，則物之已成，繼善成性解。

所謂物者，非必人物之類，只是氣到個成時，便已屬物。氣者，無定形，而可爲此，亦可爲彼者也。物者，一成質，而既爲此，不能復爲彼之名也。且如以人身嘘氣言之，纔嘘時，暖氣綿綿，是爲氣之方出，嘘盡處，冷氣淋結，便是物之已成。

“静無而動有，至正而明達也。五常百行，非誠非也，邪暗塞也。”

至正，即誠之復。明達，即誠之通。邪暗塞，即南軒所云“今之人，其動也未嘗通，其静也未嘗復”。蓋復則至正，通則明達，静而不復，故不正而邪，動而不通，故不明達而暗塞。至正，屬義智，明達，屬仁禮。誠則至正而明達，故誠爲五常之本，而百行由是而出，不誠則邪暗塞，故五常百行，皆非也。

誠上第一、誠下第二

竊謂《通書·誠上章》，是《圖説》上半截解，下章，是《圖説》下半截解。細看《圖説》，自“無極而太極”至“萬物生生而變化無窮”，專就理氣造化上説。自“唯人也得其秀”至“小人悖之凶”，正是就人之受用處説。“立天之道”以下，却總繳結上下二截。今《誠上章》“誠者，聖人之本”，即《圖説》之太極，“大哉乾元”以下，即《圖説》之動而生陽以下，“元亨，誠之通”至“性命之源”，即《圖説》之五氣四時。而萬物生生，都包在“性命”二字。《誠下章》“聖，誠而已”，即《圖説》之聖人立人極處，“五常百行，非誠非也”至“天下歸仁”，即《圖説》之君子修吉，小人悖凶處。

“德愛曰仁，宜曰義，理曰禮，通曰智，守曰信。”

仁義禮智，配元亨利貞，禮屬亨，智屬貞。而周子於禮曰理，於智曰通，却與亨通貞正不相似，何也？竊謂周子之説五德，皆就用處言之耳，蓋禮之體，粲然彰著，固配乎亨，而其用處却條理密察，智之體隤然貞固，固配乎貞，而其用處却通達周流。

“寂然不動者，誠也。感而遂通者，神也。動而未形有無之間者，幾也。”

嘗思誠神幾三者，不獨人有之，覺得天地之間，有生之物，無不具此三段，且以草木無心者言之，誠則體物無遺。所謂寂然不動者，已具於各一之性矣，春氣纔感，生意盎發便春，感而遂通之神，冬春之間，霎然欲發，暗裏兆眹之際，正是動而未形，有無之間時節，如此看去，物物皆然，未知何如。

寂然不動者，非有一個物長守一處，硬着不動，亦非未感時不動，而感通時却動，只是寂然之中，萬理已具，物來則自通。

儒家之言寂，寂而感，感而通，佛氏之言寂，寂則空，空則滅。如是而自謂窮神知化，可乎？

所謂感而遂通之神，如疾痛痾痒，有動必覺者，皆是也。夫疾痛痾痒動于身，人無不覺病者，或不能覺，理有所隔塞故也。天地萬物有所感，聖人無不通，衆人不能通，亦無他，理有隔塞也。所謂理者，何也？即誠也。

神者，心之理而情之妙也。今夫人之一身支體至廣也，拔一毛則一毛孔覺痛，撻一條則一條肉覺痛，人之於一身，不亦神乎？天下事物至多也，一事感則一事便通，一物感則一物便通，聖人之於萬事萬物不亦神乎？聖人之神於物，只如衆人之神於身，人能推神於身之理而擴充之，則無不神矣。

幾者，周子於一理纔發未著時，劈開一片分界說。幾只是有時節，無功用，神却是至靈至妙底，思誠研幾而至於神，工夫只在思，用力處在幾。"無思，本也。思通，用也。幾動於彼，誠動於此，無思而無不通，爲聖人。"

無思，誠也，是寂然不動處。思通，神也，是感而遂通處。無思、思通之間，纔個幾動於彼，誠動於此處，便是動而未形之幾。誠是性之理，思是心之精，神是情之妙，幾是性情之間。誠者，純是理，具動静之理而静處是體。思者，體理而用帶氣，管動静之妙，而纔動時爲幾。神者，根於理而發於氣，妙動静之幾，而動處便通。

《志學章》注三者。隨其所用之淺深，以爲所至之遠近，"所用"二字，《近思録》作"用力"。胡氏曰："人能志此志，而學此事，則知此書之包括至大。"《近思録》作"知斯道之至大。"此二段，《性理大全》與《近思録》不同，當更旁考。

惟中也者，和也，中節也，天下之達道，聖人之事也。

此章"中"字，何以與《中庸》不同？竊謂周子此章，只就人氣禀上爲言。蓋氣質之性，人人各殊，一般有剛底人，一般有柔底人。剛柔之中，又各有一種剛善底人，柔善底人，剛惡、柔惡底人，或有剛柔正得其中底人，非一個人性中，總具此五般樣子。這"中"字亦是只就氣質上說，得彼剛柔善惡底人，定不得有是中底。若《中庸》所謂未發之中，自是太極降衷之本體，不雜乎陰陽形氣者。雖惡底人，曷嘗無是底，若於此處，却將大本之中說中字，即是太極，便成夾雜氣質底一樣。名目却與剛柔善惡，判然爲對，而無以爲天下大本。周子一生，横說竪說底道理，都是無頭腦。其以和也、中節也說中字，正可見此書一字一句，皆的確有着落。

氣質之性，於受氣成形初頭，已各有五般樣子。但未發之前，氣不用事，故所謂剛柔善惡中者，没可見處，及到已發後，理管攝氣不得，其做用處始差异了，以故周子於五性，并就發處分别，蓋以未發之前，是天命本然之性而已。所謂受氣成形初頭，已各有五般樣子者，亦非判然有所謂惡。雜然與天命之性，一時并生，一處俱存，只是有剛者，柔者，太剛者，太柔者，其太剛者、太柔者，到做用處，便成剛惡、柔惡。氣質五性，譬如一塊銀子裏有鉛子，而未打出時，只是銀。到打來，却有鉛子出來。打後，便揀去鉛子。即便成個光明底純銀，不揀去，還滚來，即是銀子終無純然光明時。

“優柔平中，德之盛也，天下化中，治之至也。”

優柔平中，天下化中。此兩句若順看，只作兩款説，則優柔平中，樂之情性也，天下化中，樂之功用也。若截看就一句，各分兩段説，則和故優柔，淡故平中，化者，和之效，中者，淡之效。至於下文平心宣化，亦是照貼此處話句。平心，以樂之性情言，宣化，以樂之功用言。

“剛善剛惡，柔亦如之，中焉止矣。”注，此言性也，即五行之理也。

仁、義、禮、智、信五常之性，配得木、火、金、水、土，分明恰好，至於剛柔善惡中，却把配五行，不得如兩色，惡何處可配？竊嘗思之，氣質之性，亦非賦受原初判然有所謂惡，其言剛善剛惡，柔善柔惡，便已就氣禀拘滯後言之耳。原初只是得剛偏分數多者爲剛善，如五行得陽氣稚者爲木，得柔偏分數多者爲柔善，如五行得陰氣稚者爲金，得剛分過勝者便爲剛惡，如得陽氣至盛者爲火，得柔分過勝者便爲柔惡，如得陰氣至盛者爲水。中者得剛柔正平分，如土得陰陽正冲氣，又到成後木性直，剛善似之；火性燥，剛惡似之；金性從革，柔善似之；水性污下，柔惡似之。如此推去，覺似分明，未知如何？

“山下出泉，静而清也。”

静是寂然不動，清是虚靈不昧，此正程子所云其本也真而静，而朱子所云未發之善。蓋童蒙之人稚時，不知所向，而其本性不喪，故决之以正道，則其行可果。

“艮其背，背非見也。静則止，止匪爲也，爲不止矣。”

程傳"艮其背，謂止於其所不見"，朱子謂如此説恐費力，只是止於其所當止。然今解此章，却云止於不見之地，蓋只依本章主意而釋之耳。大抵此章大旨，專爲發明主静之意，山下出泉，學者之事言。人生而静，此性之善，渾然未發，故其行可果。艮其背，成德之事言，聖人主静，自然無爲，故止於至善，成始成終，徹上徹下，皆以主静爲説。

學者不静，則無以爲受學之地。聖人非静，則無以爲應物之本。

止於不見與止於所止，雖初説處差殊，而歸宿處則同，背非見静則止，即初説處也。止非爲爲不止，即歸宿處也。但於易解則止於不見，差費句語，止於所止，經截簡易。細看來，天地萬物，各是艮其背，"綿蠻黄鳥，止于丘隅"，"鳶飛戾天，魚躍于淵"，動静雖殊，止於所當止，一也。

明道詩："萬物静觀皆自得，四時佳興與人同。"每誦此句，覺得此老胸中，正是艮其背，不獲其身，行其庭不見其人。漢後人物，唯陶元亮道得此意思，如"雲無心而出岫，鳥倦飛而知還"，"采菊東籬下，悠然見南山"便是。《老村集》卷九。

題《通書》後　楊應秀①

余生長僻鄉，行年六十有四，始得濂溪先生《通書》而讀之。其書蓋與《太極圖説》相爲表裏，而推明《圖説》所未盡之意者也。辭甚簡約，而能括盡天下道理之體要，無所遺闕，真所謂醇乎醇者。而孔、顔、曾、思、孟之心法，不外乎是矣。噫！自孟子没而聖學不傳，千有餘年之間，其説道理者，惟有董仲舒一人得其正，而又能見得道之大原。然其於全體大用之

①楊應秀（1700—1767），字季達，號白水、學古齋，著有《白水集》。

妙，則亦未有所發揮也。其餘諸子之學，則率皆粗淺偏僻，無或依俙仿佛於道者，以至五季而極矣。先生生於其後，能不由師傳而獨得聖人之精蘊，以續夫千載不傳之緒，是非生質之美幾於上智，而用功之誠，又足以感通神明，則焉能如此乎？卓哉卓哉！是真個三代後第一豪杰之士也。然若不得朱子，則又孰能發明先生之精蘊，而使得傳於後世乎？是知天相斯文，而篤生此二先生於前後，以壽斯道之傳也。然朱子之注釋此書，如彼其明白，而近世學者之言理氣心性者，亦多亂真之論，紛紜歧二，莫能歸一。不知何時，得復有如朱子者出，以定其是非也耶？癸未五月上旬後一日，南原楊應秀書。

或見余右説，而詰之曰："子贊《通書》，而謂孔、顏、曾、思、孟之心法，不外乎是矣，子何以知其然也？"余答曰："此書之論動静、精蘊、理性命、誠神幾等語，皆本於孔子之《繫辭》也。其論顏子及其引克己復禮、天下歸仁等語，是真得孔顏之樂，而形諸言者也。其言修齊治平之要，則本於《大學》也。此書以一誠字貫終始，是則《中庸》之以誠爲一篇樞紐之意也。其言仁義禮智，則本於孟子也，然此只舉其大綱也，若熟讀而細察之，則一章一句，無有不本於《語》《孟》《庸》《學》《繫辭》者，愚所謂孔、顏、曾、思、孟之心法，不外乎是者，不亦然哉！"《白水集》卷十三。

讀《通書》問答 楊應秀

或問："《通書》之奥義，吾將逐條質之，子能一一辨釋乎？"曰："余有何見識乎？然亦當隨見以對。"或乃言曰："誠者，聖人之本，注朱子曰'誠即所謂太極也'，誠果是太極也，則其變太極而言誠，何也？"曰："《太極圖説》所以推明《繫辭》易有太極，是生兩儀，兩儀生四象云云之義者也，故首言無極而太極，然只言無極太極，則恐人不知無極太極之爲何物也，故於此則變言誠，以明無極太極之爲真實無妄之理也，是故朱子謂此書與《太極圖》相表裏。"

或又問："《圖説》曰：'太極動而生陽，動極而静，静而生陰。'是則太極爲陰陽之本，而《通書》則曰：'大哉乾元，萬物資始，誠之源也。'由是觀之，則乾陽反爲太極之本也，此何説也？"曰："此所謂誠之源者，非謂乾元爲太極之本也。言萬物資始於乾元，則太極之實理始流出以賦於人物，是萬物資始於乾元，乃爲太極流行之源本也。故朱子釋此一節曰：'即圖之陽動也。'"

或又問："'大哉乾元'之乾字，朱子釋之曰'乾者，純陽之卦'，其義爲健，乃天德之别名，此所謂純陽之陽，與《圖説》'分陰分陽，兩儀立焉'之陽同否？"曰："以《乾卦》言之，則便是形而下者，此則與分陰分陽之陽同也。然此所謂乾元者，非指天之形體，乃以天德言之，則是乃形而上者，不可與分陰分陽之陽同看也。"

或又問："繼之者善，朱子釋之曰：'繼之者，氣之方出，而未有所成之謂也。善則理之方行，而未有所立之名也。'由是觀之，則繼字屬氣，善字屬理，似不可以繼爲善，而《繫辭》乃曰繼之者善，何也？"曰："此與一陰一陽之謂道，同一文法也。蓋陰陽，氣也。道，理也。而曰一陰一陽之謂道者，非以陰陽爲道也，言其所以或爲陰、或爲陽者，乃謂之道也。其意可見於'一'之字也，繼之者善，其義亦然。"

又問："元亨，誠之通；利貞，誠之復。通復之義未詳。"曰："通者，此理寂然之體，方動而流行生物之謂也。復者，物之既成，則此理之流行者，收斂歸藏之謂也。"

又問："大哉《易》也，性命之源，小注朱子曰：'易有兩義，一是變易，是流行底，一是交易，便是對待底。'敢問何謂流行底，何謂對待底？"曰："春夏之陽變而爲秋冬之陰，秋冬之陰又變而爲春夏之陽，此非流行底之變易乎？天地絪緼，萬物化醇，男女構精，萬物化生，此非對待底之交易乎？"曰："然則流行底是一氣也，對待底是二氣乎？"曰："然。"曰：

“然則世儒之專主陰陽一氣之論者，爲不是也。”曰：“朱子論一氣二氣之説，不一而足矣。然而彼俗儒之論説，如是偏滯，良可异也。”

又問：“幾善惡，注朱子曰：‘動於人心之微，則天理固當發見，而人欲亦已萌乎其間矣，此陰陽之象也。’夫心則一也，而其發處有天理人欲兩端，何也？”曰：“《中庸》序不云乎，心之虚靈知覺，一而已矣，而以爲有人心、道心之异者，以其或生於形氣之私，或原於性命之正，而所以爲知覺者不同，此非朱子之定論乎？”曰：“然則天理爲陽，而人欲爲陰邪？”曰：“天理者，太極也，陰陽者，兩儀也，不可以天理爲陽也。”曰：“然則朱子何以天理之發，人欲之萌，謂之陰陽之象也？”曰：“人欲由血氣而萌動，故謂之陰象，天理乘本然之氣而發見，故謂之陽象也。”曰：“然則心亦有二氣乎？”曰：“道心純善，人心未能純善，若非二氣則何以有此純善、未純善之兩端乎？蓋天地對待之氣，相與交合，以化生萬物，故精氣聚而爲人，魂魄合而爲心，則心之有二氣，何足疑乎？細看《幾善惡圖》下論説中，如木之自木而幹，自幹而枝，心之本主，誠之正宗也。其或旁榮側秀，若寄生疣贅，心之客寓，誠之庶孽等句語，則可知愚言之不妄也。今世之儒者，率皆只見得血肉之心一邊，而謂心只是一氣，而是氣之循天理而發者，爲道心。循人欲而發者，爲人心。若然則是氣之本體，自是善底物耶，惡底物耶，公底物耶，私底物耶，抑兼善惡公私底物耶？又或無分於善惡公私，猶湍水之無分於東西，而决諸東方則東流，决諸西方則西流者邪？朱子於《太極圖説注》曰：‘五常之性，感物而動，而陽善陰恶，各以類分。’心果是一氣，則何以有陽善陰恶各以類分之理乎？”

又問：“德愛曰仁云云，程子之言曰：‘愛自是情，仁自是性，豈可專以愛名仁。’今周子乃以愛名仁，何也？”曰：“韓退之云博愛之謂仁，是直以博愛爲仁也。故程子非之，至於周子所謂愛曰仁，非直以愛爲仁也，言所以愛者曰仁也。是其語意與一陰一陽之謂道、繼之者善、成之者性同也，學者當活看也。”

又問：“寂然不動者，誠也云云。小注朱子曰：‘大哉乾元，萬物資始以上，更有寂然不動。’然則寂然不動爲天地之本乎？”曰：“動静無端，陰陽無始，則感而遂通之前固是寂然不動，而寂然不動之前，又有感而遂通矣。”或曰：“請聞其詳。”曰：“天地之闔闢無窮，此天地方闢之初，乃是大哉乾元，萬物資始之時，而以上有前天地既闔之時，此所謂寂然不動也。又以上有前天地方闢之始，此則感而遂通也。如是推上去，動前是静，静前又是動，無或有窮盡之時，故云動静無端。朱子所謂大哉乾元，萬物資始以上，更有寂然不動者，亦是明動静無端之意，非謂寂然不動之前，更無感而遂通也。”

又問：“聖人立教，俾人自易其惡，自至其中而止矣。氣稟既惡既偏，則何以能自易其惡，自至其中也？”曰：“氣稟者以所稟之氣而言也。氣之爲物，雖有剛柔善惡之不同，然自是活化之物，非若形質之局，定不可易也。且志爲氣帥，志之所至，氣必至焉，故有可以自易其惡，自至其中之理，此爲必可信之訓，學者只當自盡其克復之道，而不可歸罪於氣稟也。”

又問：“禮，理也，樂，和也。注：‘禮，陰也，樂，陽也。’朱子於《論語》言禮樂處不以陰陽釋之，而於此禮樂獨以陰陽釋之，何也？”曰：“此《書》與《圖説》相表裏，故其言道理皆自陰陽五行而推者，故朱子於此特以陰陽釋之。”又問：“然則下文陰陽理而後和之陰陽，當看作禮樂否？”曰：“不然，上文既以理也、和也，分屬禮樂，而於此反以禮樂理而後和爲言，則不成文理也。此陰陽恐當屬下文君君臣臣、父父子子等句看，而其言五倫萬物亦包五行萬物之意，此朱子所以謂周子之書纔説起，便都貫串太極許多道理者也。”

又問：“物則不通，神妙萬物。小注朱子曰：‘神者，即此理也。’朱子嘗言神乃氣之精明者，又曰‘是氣之精妙處’，此等語皆以神爲氣，而於此則反謂神即此理，何其前後之言若是不同也？”曰：“黄勉齋云：‘理精於神，神精於氣，氣精於形。形則一定，氣能呼吸，能冷暖；神則有知覺，能運用；理則知覺運用上許多道理。’勉齋説止此。蓋神與理對言，而細分之，則神屬氣邊，然神與理元非二物，神便是理之體質，理是神之所以變化不測之條理文路子，此只是一物而爲，所以爲天地萬物之本根者也。故朱子曰：‘氣之精英者爲神，在人則爲理，所以爲仁、義、禮、智、信者是也。’是則朱子直以氣之精英爲理也，故神有可以爲理處，有可以爲氣處，學者當隨處活看也。”

又問：“朱子曰：‘神妙萬物，自是超然於形氣之表，貫動静而言，其體常如是而已矣。’夫神與氣未嘗相離，則謂神超然於萬物之表者，何謂也？”曰：“神與氣雖未嘗相離，然氣，形而下者也，神，形而上者也。形而下者，故動而無静，静而無動也。形而上者，故動而無動，静而無静。雖動而無動，而能動而生陽；雖静而無静，而能静而生陰，不囿於陰陽，而能管得陰陽，此非超然於形氣之表者乎？學者能見得此不囿於陰陽，而能管得陰陽者，則庶於天下之理無所不通矣。”又問：“朱子曰：‘惟聖人無人欲之私，而全乎天理，是以其動也，静之理未嘗亡，其静也，動之機未嘗息，此周子所謂神妙萬物也。’其動也，静之理未嘗亡，其静也，動之機未嘗息者，何謂也？”曰：“方其動也，事物紛糾，而品節不差，是所謂静之理未嘗亡也；方其静也，思慮未萌，而知覺不昧，是所謂動之機未嘗息者也。”

又問：“五行一陰陽也，陰陽一太極也。五行之氣莫非陰陽之氣，則謂陰陽爲五行可。至於太極陰陽則不然，太極，理也，陰陽，氣也，理，形而上者，氣，形而下者，其可以形而下之陰陽，直謂之形而上之太極乎？”曰：“太極陰陽固有形上下之分，然究陰陽之所自生，則太極也，故自五行而言陰陽，自陰陽而言太極，是乃推本言之也，非以形而下之陰陽，直謂之形而上之太極也。”

又問：“混兮闢兮，其無窮兮。此二句以大注及小注觀之，則爲開合循環無窮之意也。以章下小注觀之，則爲但言生生不窮之意也，學者將何所適從也？”曰：“當從上注説。”

又問：“‘一者，無欲也，無欲，則静虚動直’云云。小注朱子曰：‘周子只説一者，無欲也，這話頭高卒，急難凑泊，常人如何便得無欲，故伊川只説個敬字。’由是觀之，則周子似無敬字工夫，如是而能得無欲乎？”曰：“孔子答顔淵之問仁，只言克己復禮爲仁，未嘗言敬。若以是而疑顔子不能盡克復之道，則可乎？蓋顔子資質甚高，其明甚剛，不待敬而足以能克己復禮，故夫子直言克己復禮而不言敬也。周先生資禀之高如顔子，故亦不待敬而能無欲也，觀其所謂‘果而確，無難焉’之語可知矣。所以其言之高如此也，然他人之資禀未必皆如周子之高，則不可不從事於敬也，此伊川之説出敬字，所以大有功於聖門也。今以是謂周子教人之語，有不如程子之詳盡則可，若由是而疑周子無欲之功有所未盡，則不可。”

又問：“公於己者，公於人。未有不公於己，而能公於人也。敢問何謂公於己？”曰：“不循私欲，而一循天理，謂之公於己也。”又問：“厥彰厥微，匪靈不瑩。注朱子曰：‘此言理也，陽明陰晦，非人心太極之至靈，孰能明之？’‘人心太極之至靈’一句極有可疑，蓋人心，氣也，氣則靈也，太極則理也，理亦靈底物耶？但言人心之至靈足矣，而必曰人心太極之至靈，何也？”曰：“此指本心而言也，本心者，即所謂其體則謂之易，在人則爲心者也。所謂其體則謂之易者，即乾元之氣，包括太極之理，而爲萬物之所資始者也。是其體段本自至虚至靈，而其在人則得血氣之精英，而益復光明燦爛，洞徹神妙，以酬酢萬變，此便是太極之靈也。故心泛言之，則不可謂之太極，而以其本心言之，則亦可謂之太極，故邵康節先生云道爲太極，又云心爲太極，其以心爲太極者，蓋以本心與道爲一故也。是以朱子於此亦以人心太極之靈爲言，蓋人心之所以至靈者，以理與氣妙合，故能然也，若但有氣而無理，則其何以爲靈乎？朱子之所以不但曰人心之至靈，而必曰人心太極之至靈者，蓋以明夫心之所以至靈，以其兼理氣而理爲之主也。是其示人之意深切著明。而近世儒者乃或謂心專是氣，又謂心之靈覺專是氣之所爲而不資於理，是則大有違於朱子之訓，其爲失言不難知也。然而後學往往有傳述之者，良可惜也。”

又問："二氣五行，化生萬物，五殊二實，二本則一，是萬爲一，一實萬分，萬一各正，小大有定。朱子釋之曰：'一理之實而萬物分之以爲體，故萬物之中各有一太極，而小大之物莫不各有一定之分也。'是其意以爲一太極之中，萬物之理皆具，而萬物之生，各各分得其一理。如虎狼只得其仁之理，而其餘四性亦不能得；蜂蟻只得其義之理，而其餘四性亦不能得。雎鳩之别、鴻雁之序、候蟲之信莫不皆然，而惟人也，獨得其五常之全，如虎狼等小底物與吾人之大底物，莫不各有一定不易之分云耶?"曰："此是韓南塘之見解，而識者之所笑也。子何不細看小注朱子説乎? 小注問：'云一理之實而萬物分之以爲體，故萬物各具一太極，如此説則是太極有分裂乎?'曰：'本只是一太極，而萬物各有稟受，又自各全具一太極爾。如月在天，只一而已，及散在江湖，則隨處而見，不可謂月分也。'又曰：'只是這一個理，萬物分之以爲體，萬物之中又各具一理，此理處處皆渾淪，如一粒栗生爲苗，苗便生花，花便結實，又成氣，還復本形，一穗有百粒，每粒個個完全。'云云。朱子之言若是明白丁寧，而彼南塘乃謂太極有全太極、偏太極，統體太極是全太極，而各具太極是偏太極也。其論本然之性，亦云本然有就一原上而言者，有就异體上而言者，以一原言之，則萬物同具太極是本然也，以异體而言之，則犬與犬同，牛與牛同，人與人同，是本然也。立此杜撰之説，而一生强聒以誤衆聽，則其得罪於周朱兩先生之門，莫大矣，而世上專尚口耳之學者，亦多信從之，哀哉!"

又問："然則虎狼蜂蟻等物，亦皆全稟得五性耶?"曰："然。"曰："然則虎狼何故只通得仁一路，蜂蟻何故只通得義一路也?"曰："理則只是一個渾全底，初無分裂，而惟其氣稟有通塞。如虎狼，其所稟得水火金土之氣全塞，惟一木氣稟得其清者，故僅通得仁之一路；如蜂蟻，其所稟得水火木土之氣全塞，獨於金氣稟得其清者，故僅通得義之一路，餘物皆然。惟人也，稟得五行之秀氣，故能盡通五性，譬之燭火光明之本體，未嘗不周全，而在於八窗之室，則其明光無所不照，此則猶人之得五行之秀氣，而盡通五性也，若置在四面墻壁，而但有一竅通，處之室，則其明光只照其通處，此則猶禽獸之得偏塞之氣，而或通一路也。”

又問：“虎狼蜂蟻之全具五性，何以知之？”曰：“虎狼通父子之親一路，而其父之慈，即仁也，其子之孝，即禮也。父慈子孝，各得其宜，則是義也。其所以知此者，智也，其所以守此而不失者，信也，於此可見虎狼之全具五性也。蜂蟻通君臣之義一路，而君令臣行，各得其義者，義也，臣而奉承君命者，禮也，其所以知此者，智也，其所以守此者，信也，其所以能知能行者，以其有生理也，則此便是仁也。於此，亦可見蜂蟻之全具五性也。推之他物，莫不皆然。但其氣禀偏塞，故非惟不能盡通得五性。至於其所通之理，亦不能推而充之。是以人之行仁，則親親而仁民，仁民而愛物，而虎狼之仁，則不能如是，僅知父子之親而已，人之行義，則尊君尊賢，敬長隆師親友；而蜂蟻之義，則不能如是。僅知君臣之義而已，故程子曰：‘禽獸與人絶相似，只是不能推。’又曰：‘凡有血氣之類皆具五常，但不知所充。’”

又問：“‘聖人之藴，微顔子殆不可見，發聖人之藴，教萬世無窮者，顔子也。’夫孔子之門人曾子作《大學》，孔子之孫子思作《中庸》，此皆傳道之書也。至於顔子未嘗著書垂教，而周子獨稱顔子爲發聖人之藴，教萬世無窮者，何也？”曰：“夫子於不憤者不啓，不悱者不發，不以三隅反者不復，故門人雖多，鮮能叩發其藴，而惟顔子之明誠，聞一知十，於夫子之言無所不説，語之不惰，使夫子見其進而未見其退，故惟顔子有問，則夫子必爲之啓發，於其問仁也，則告之以克己復禮爲仁，一日克己復禮，天下歸仁焉。請問其目，則又告之以四勿；於其問爲邦也，則既告之以損益；四代之禮樂，又告之以放鄭，聲遠佞人，以示百王不易之大法。若非顔子，孰能發得此夫子之藴也！以其私居之言行言之，則其喟然之嘆，發明夫子之道體，及其至教，無有餘藴。簞瓢屢空，不改夫子之所樂；拳拳服膺，不失夫子之中庸。用行舍藏，又得夫子出處之義，至於陳蔡被圍之日，夫子有吾道非耶之問，而子貢對以夫子之道至大，天下莫能容。盍少既焉，顔子則以不容所病，然后見君子爲對。此等言行，何莫非發聖人之藴，而教萬世無窮者乎？若《大學》之書其經一章，即夫子之言，而曾子述之而已，《中庸》乃孔門傳授心法，而子思筆之書而已者，則其視顔子發聖人之藴有問矣，此周子之所以獨稱顔子也。”

又問：“‘《易》何止五經之源，其天地神鬼之奥乎！’小注朱子曰：‘鬼神只是陰陽二氣屈伸，如春夏是神，秋冬是鬼；晝是神，夜是鬼；息底是神，消底是鬼，生是神，死是鬼；鼻息呼是神，吸是鬼；語是神，嘿是鬼。’由是觀之，則鬼神只是一氣，而張子則以爲二氣之良能，何也？”曰：“朱子亦嘗不云乎，以二氣言之，則鬼者，陰之靈；神者，陽之靈。以一氣言之，則至而伸者爲神，返而歸者爲鬼，此非通論乎？蓋鬼之爲言歸也，神之爲言伸也。故此二字，究其本義，則以一氣之屈伸往來而言者也，故此章小注，朱子之釋如此也。然以陰陽對待之神言之，則凡屬陽之靈者，皆爲神。凡屬陰之靈者，皆爲鬼。是故先王祭禮，祭天則燔柴於泰壇，祭地則瘞埋於泰圻。其餘陽神皆祭於壇，陰神皆祭於坎，蓋陽主舒，陰主縮，主舒之靈爲神，主縮之神爲鬼，而二者性情各自不同，故其祭祀之禮亦有此不同，於此可知横渠二氣良能之説，亦爲不易之論也。曰：“然則朱子何以又有其實一物之訓也？”曰：“此則以乾元統體而言之也。故朱子又曰：‘二氣之分即一氣之運，所謂一動一静，互爲其根，分陰分陽，兩儀立焉者。在人者，以分言之，則精爲陰，而氣爲陽，故魄爲鬼，而魂爲神；以運言之，則消爲陰，而息爲陽，故伸爲神，而歸爲鬼，此一語説盡鬼神之情狀矣。”

又問：“‘家人離，必起於婦人’者，何也？”曰：“陰性柔而暗，偏而塞，故善者少，而惡者多，此所以家人離必起於婦人也。心之理亦然，本然之氣與血氣配合爲心，以生知覺。如男女之配合爲夫婦，以成生育之功，而本然之氣得於天者屬陽，故純粹至善；而其發爲道心，血氣生於形質者屬陰，故有私欲而其發爲人心，故百般病痛起於人心，此與家人離，必起於婦人一理也。故治心者，必使道心爲主，而人心每聽命，然后天君泰然，而百體從令，治家者，亦必夫子制義，而婦人常伏從，然后倫理明而家道正矣。凡人不知治心之術，故昧於治家之道，而多有牝鷄司晨之患，是故治心爲治家之本，故周子曰：‘治家，觀身而已矣，身端心誠之謂也。’”

又問：“‘君子以道充爲貴，身安爲富，故常泰，無不足，而銖視軒冕，塵視金玉，其曰銖視軒冕，塵視金玉’者，特以警夫世俗貪慕富貴者之言耶？抑君子之心真能銖視軒冕，塵視金玉耶？”曰：“君子之心自然銖視軒冕，塵視金玉也。”請問其説。曰：“夫人之所以願慕富貴者，何哉？以富貴者，人所難得之物，故以爲貴重，而争相願慕也。然富貴者，無世無之，而得之者亦自多矣，至於道德，累千百載之間，其能得有之者絶少，則其爲貴重，豈如彼富貴之所可比擬者哉！如此至貴至重之物實得有諸己，則其視軒冕奚啻如銖，其視金玉奚啻如塵，惟先生實見得此道，而實有諸己，胸中默契孔顏之樂，故其視軒冕金玉真如銖塵，而有是言也，豈徒爲警衆，而自爲浮實之言耶！惟自家所見如此，而見那世間蒙愚輩爲外物所摇動，如墮在火坑中，不忍見他，故此等説話不覺屢發之，是則仁人君子憫時警俗之意也。”又問：“此書篇末特言孔子之功業道德，何意也？”曰：“所以實篇首‘誠者，聖人之本’及‘聖，誠而已矣’之言也。此與《中庸》篇末言仲尼之德同義，而又是《圖説》‘聖人定之以中正仁義而主静，故聖人與天地合其德’云云之意也。”

又問：“其所以蒙艮終之者，亦何意也？”曰：“此又言教學皆當以誠，而其言艮，又是主静之意也。”《白水集》卷十一。

《通書》衍説後自題 尹思進①

愚嘗讀《大學》書至補亡章，人心之靈莫不有知，天下之物莫不有理，上輟其讀，而留意沈思焉。心之有知，物之有理，自是一源而同出，玄門則意以爲性命之源，可究於《河圖》《先天圖》虚白之中，遂以吾心二氣五德、動静語默、萬變酬酌之常，推究太極陰陽五行、屈伸往來、萬變流行之妙，則毫忽不差，而其所謂天命之性，人與物同得矣。然而惟人萬物中最靈者，故萬物之理皆備於我，是知天人一理之源不在乎他，只在我胸中。虚靈之體自是一太極，而誠之一字，又是要領也。且夫聖王制作禮樂刑政，教化正德，利用厚生之圖，則出於《洪範九疇》之數，而此亦《河圖》之文，參伍以變，錯綜其數，而圖書相爲表裏，則其實理之源一也。於是潛心熟究，則身與心如有所主，着而依據，然遂忘固陋，多因先儒之説敢述天人一理之義，而排圖三十四章，又取經傳序文中大意，寓之河洛，而發解者亦九篇。而竊念僻地晚生見聞淺狹，所自爲説，雖多引證，未免臆料創説，不敢自信，而常竊疑懼矣。近得先生此書，盥手奉玩，則其文章謹嚴便是經文，雖不敢論第，其立論命意，則闡發《中庸》天命之義，而申命《太極圖説》之義也。看去看來，不覺説諸心，忮諸意，自意曩者所爲説不甚相悖，乃者見獵之想未已，而不虞識者之笑，復以狂妄譬説，乃敢贅附於逐節本解之下，而低一字曰衍説，僭越之罪，豈敢逃遁，然而仁人君子倘或恕其罪，而正其謬，俾免得罪於斯文大方之門，則受賜多矣。何幸如之，恭俟！恭俟！《篁林集》卷三。

①尹思進（1713—1792），字退甫，號篁林，著有《篁林集》。

“幾”字書室壁説　金鍾厚

幾之爲説尚矣哉！孔子《繫易》曰：“極深而研幾。”曰：“知幾其神乎。”曰：“知至至之可與幾也。”皋陶之告帝舜曰：“一日二日萬幾。”《益稷》之篇言惟幾者二，若周濂溪先生則有詳焉，曰：“誠無爲，幾善惡。”又曰：“寂然不動者，誠也，感而遂通者，神也，動而未形，有無之間者，幾也。誠神幾曰聖人。”由是而推之，於《大學》《中庸》之皆言慎獨，則是亦幾也。故朱子解之必曰審其幾，程子得傳于濂溪，則其説曰善觀者，却於已發之際觀之。此雖不言幾，猶言之也。夫《易》與《書》之言幾也，或以理，或以事，或以心之思慮，而《大學》《中庸》則語微而意切矣。至於周子以善惡爲幾，而程子、朱子之論備焉，則所以明夫幾者至矣，無以復加也，抑余於此，獨有感焉。

余常自病身之不能修，而其本在於不得操心之要，蓋緑此心自静而動，動而之於千蹊萬塗也而不自覺。雖覺焉，徒欲隨事而正之，則力不暇，而適以增亂，以故雖操之之勞，而常放也。間嘗反思之，苟於心之初發也，輒自照管，使其去來起滅之際，歷落分明，如晝界然，如是則心自操矣。心操而後可以審於善惡，洞於理事，而發之於作止語默也，自各得其所止矣，此合内外，徹上下之道也。幾之不可忽也如是夫。余於《易》書以下諸説，亦既讀之熟矣。然及今視之，則若前者之無睹也，且記余嘗問爲學之要於金子静，子静之言正如此。余雖聞而善之，而以未能真知其有味，故迄無所用力，至是而又若始聞其言也。是知人苟無得於心，則聖賢之書，師友之言，皆無益也，是亦可戒也，故并識之。丙戌十月十九日，寢寤未興，偶思及此，起則書一“幾”字于紙粘之室壁，仍口呼其説，使李生晚中書。《本庵集》卷五。

通書　正祖①

王若曰：周子《易通》一書與《圖説》，并傳於程氏。而考亭始讀之初，甚或不能以句，則其妙道精義，有非後學之所能窺測者歟？開卷第一義即誠也。而繼善成性，皆屬之誠之支流，豈理有層級歟，抑性指氣質歟？動之微，情之初，即幾也。而善幾惡幾，已兆於發之源頭，豈誠有善惡歟，抑發自兩歧歟？矢之在弦，高下未定，權之在衡，低昂未分，以此言幾，則有動之具而無動之形者也。風爐北踏，厥尾南舉，銅山西傾，洛鍾東應，以此言幾，則幾動於此，而形動於彼者也。幾之境界，將何適從歟？第三章則誠幾德爲德性，而聖賢神爲地位。第四章則誠神幾爲德性，而聖人爲地位，神之一字，果無定訓歟？《圖説》之中正仁義，此云仁義中正，先後之者，何説？《圖説》之水、火、木、金、土，此云剛柔善惡中，變稱之者，何義歟？知耻可教，聞過可賢，則教屬工而賢屬效歟？志曰伊尹，學曰顔子，則伊無學而顔無志歟？太極動而生陽，而今曰動静爲物，無動静爲神。然則神之功用，更高於太極歟？動静曰根，陰陽曰儀，而今曰水陰根陽，火陽根陰。然則根之爲言，兩在於理氣歟？静虚動直之分屬陰陽，無乃太鑿，匪靈不瑩之直指太極，得非躐等歟？顔子之樂，雖難驟語，而終秘於兩程，何其過隱？天下之勢，雖在輕重，而歸結於人力，能無後弊歟？慎動固所當戒，而吉凶禍福，則語涉於利害，富貴固所當外，而銖視塵視，則辭近於抑揚者，何歟？書名《易通》，而説《易》者止有乾損數章，篇終主静而取喻也，并舉《蒙》《艮》二卦者，亦有

①李祘（1752—1800），即朝鮮正祖，朝鮮王朝第22代君主（1776—1800在位）。

説歟？黄巖孫之疑有散逸，果何所據？胡五峰之已意增損，又何已僭歟？

大抵先生之學之奥，以象則有《太極圖》，以書則有《易通》。斯二篇者，天地造化之樞紐，性命理氣之頭腦，而圖猶不盡，書實劇論，則先儒所稱吐辭爲經，比《語》《孟》較精深者，非過語也。然知德者鮮，异言喧豗，或謂先生畫圖以示兩程，而未曾有所爲書，或謂先生之學出於老列，或謂先生與胡文定同師鶴林寺僧壽涯。奈何以幸存未泯之篇，莫尋端倪，束閣不讀，而惟朱子承兩程之緒，任私淑之責，知此書之條理意味，潜加體認，疏爲注釋。對門人亦亟稱其爲近世道學之本源。嗚呼！微朱子則先生之不與諸子同歸也，幾希矣！予自在春邸，深好此書，口講心惟，字究句櫛，用力之久，尚未窺其大義之一二，欲求博雅之士，質難論衡，而金馬玉署之列，罕見有點頭彈指之人，莫曰經經而緯史。君子之道，孰先傳焉，孰後倦焉。何以則使此四十章道統之書，怡然融然，各極其趣，嘉與八方有志之士，咸囿於光風霽月之中歟！子大夫，其悉乃心思，牖予不逮，予將親覽焉。《弘齋全書》卷五十一。

題《太極通書》《西銘》《天命圖説》後　李頤淳①

右《太極通書》，朱子所以合部題名，刻于嚴陵學宫，以示多士者，而其下又有以《西銘》《天命圖説》聯篇續載者，此則出於後人抄集之意。然若論其所以説天地萬物、陰陽性情、理一分殊之妙諸篇，蓋前後一揆也。况《太極通書》《西銘》皆有

①李頤淳（1754—1832），字稚養、斐彦，號後溪、兢齋、六友堂、杞隱、晚窩，著有《後溪集》。

朱先生注解，《天命圖》有吾文純公後説，微辭奥旨，炳然若日星，莫非後學之迷塗指南，則今以類附載者，其意亦豈苟然而已哉！友人光山金元邦甫游泮底，携來是册，余借看之，已而被直陵署漫筆傳寫，以爲朝夕便覽之，資云重光作噩，中元節敬書于君子軒。《後溪集》卷四。

《通書》統體各具説 南漢皜

子希以《通書》二十二章"五殊二實，二本則一，是萬爲一，一實萬分"爲統體各具之義，而不以十六章"五行陰陽，陰陽太極，四時運行，萬物終始，混兮闢兮，其無窮兮"爲統各之義，又不信統體各具之爲體用，而合於陰静陽動之體用，故抄書其注以爲相對，時舉似地二十二章注曰："此章十六章，意同於此，而見十六章之亦言統各之意。"又曰："以神妙萬物之體而言，以神妙萬物之用而言。"又曰："自五而一，自五而萬。"又曰："體本則一故曰混，用散而殊故曰闢。"於此可見十六章之亦爲統各之義。又曰："自五而一，動而静，陽而陰也。自五而萬，静而動，陰而陽也。"於此可見統體各具之體用，合於陰静陽動之體用也。蓋合而爲統體，分而爲各具，合之則爲大，分之則爲小。《圖説》注之引子思"語大，天下莫能載，語小，天下莫能破之"言者，正説統各之爲分合，非説體用之義，而既分大小之後，統體之大畢竟是體，各具之小畢竟是用，合於《中庸》大德小德之體用，體用雖隨處不同，而體有收斂湊合之意，用有發出分散之意，此周先生所以混闢言統各，而歸宿於陰静陽動之體用也，此所以殊道而同歸，百慮而一致者歟！《誠齋集》卷八。

《通書·聖可學章》下識　金在洛①

堯舜與人同者，性之理也，所以异者，氣之質也。以觀萬物异體，則氣猶相近，而理反不同，此謂氣質之性，而氣質變化，然後與本同之理，可以爲一，是之謂聖可學也。一者，無欲，無欲則亦一種固有之性，無他性也，此心純一不雜，則明通公溥，自然而然，其日用之間自無别用力處耳，學者當精察焉。《養蒙齋集》卷二。

《通書》札疑後説　李震相

夫子贊《易》，首於天道上提出“誠”字，夫乾畫一實，一實者，太極之真體也。一實萬殊，天命流行，物與無妄，人得其全。聖於人者，又能盡其固有之誠，而與天爲一，則誠者，天之道，而聖之本也。沂國曾氏得夫子一貫之傳，而揭誠意於八條自修之首，誠意乃學者誠之之事，而固所以求至於聖人之誠者也。再傳至子思，又因夫子《中庸》之旨而推衍之，始終一理，直指本體之誠而自成。以至於無息致曲，以至於能化四支六節之分焉，而通之以一誠字命脉，誠之義始備，而鄒孟氏又得其筆書之授，所著七篇，於思誠誠身之説屢致意焉。及其殁而不得其傳，荀卿謂養心莫善於誠，漢儒又以孚信於人者爲誠，舉其偏而失其全，其爲學之不誠亦可知已。

濂溪周先生奮起於千載之後，實接斯道之統，六經之藴靡

---

①金在洛（1798—1860），字大淑，號養蒙齋，著有《養蒙齋集》。

不貫穿。而尤邃於易學，因夫子太極之旨，建圖立説，闡發天人之秘，由一原而達萬殊，立大本而盡大經，主理而不離其氣，主静而不劇其動，真可謂内聖之學，命世之文。而是圖也，詳於性命，略於修爲，故又作《易通》以羽翼之，天理之微，人情之著，事物之繁，鬼神之幽，入德之方，經世之具，莫不核其殊而會于極。宏綱大用，粲然備具，而亦必以誠字起頭，致一於太極之本，而會一於性情之妙。誠源誠立，誠通誠復，誠精誠動之説，兼體用該本末，而主宰乎二實五殊之中，貫通於百度萬行之間，其旨淵深而言極親切，其文高簡而體實淵慤。朱子所謂便可以上接《語》《孟》者，非過語也。况以河南兩程氏德業之盛，而親受學於其門，尋仲尼顔子之樂，而發吟風咏月之趣。淵源統緒之正，又有以直接考亭，而表章發揮靡有餘蘊，窮理盡性之學，修己治人之方，焕然大明於世。當時陸子静，林黄中之徒，偏生邪見，妄疑《圖説》，皆被朱子之所駁正。而至於《通書》則亦無敢議到焉，彼豈知此書之精義而然哉！苟明乎此書之指，則《圖説》之妙在其中矣。學者果能存心於静，而從事於誠，克己閑邪以存其誠，窮神知化以明其誠，則誠即太極，太極即誠，而顔子之學，夫子之道，伊尹之志，堯舜之治，莫非一誠之所到也。

嗟夫，氣機澌醨，俗學多詖，天下之疑紛然復集於此書。借伊川之只道敬，而攻其主静之偏，因横渠之多説氣，而駁其剔理之孤，以《通書》之不言無極，而指認《圖説》之贋，以《通書》之合言陰陽，而漫没圖圈之序。理無動静之説，作俑於吴幼清理氣一物之論，厲階於羅泰和，遺毒餘烈，迄今未已，此豈非先生所謂非誠而邪暗塞者耶？余嘗因朱子之解説而得窺先生之微旨，蓋先生之於動静體用之間，理氣分合之妙，初未嘗偏靠一處。以其著於形者，則曰静無而動有，以其本乎心者，則曰静虚而動直。誠幾誠明之旨，亦復對待互説，而動而正、動則變，即其單言動者也，特以邪動之爲害，妄動之當慎，而欲其動必本静，静以養動，則其所主静，何嘗彷佛於面壁止觀、枯木死灰之偏静者也？至如理氣之説，疑之者正是見未到耳。

極本窮源，苟不先有此理，則陰陽元無消息，而天地元無闔闢矣。自理而推，則一理常存，動静陰陽，固無端始之可言，而自氣而言，則一氣長往，無這陽之理，而陽何從生也！無這陰之理，而陰何從生也！陰陽之理，元非陰陽之氣，而纔有此理，便生此氣，則指那理生氣之機，不得不以動爲端，而以陽爲始矣。夫以無形之理，不必有寓而立，則存於死質之中，而不爲虧，乘乎活氣之頭，而不爲盈，此周子所以從理而竪説者也。然敬是存乎中者，而周子言德先稱中，敬是主乎一者，而周子言誠必曰一。則程子之言敬，固未嘗不原於師旨，而陰陽變合，水火互根之處，亦必就氣上説理，則其所主理者，元非隻立孤行，而横渠之説，未必出於《通書》範圍之外也。其言無極，只是太極之注脚而已，有未必每舉而劇談之。然其曰誠無爲，聖無思，一無欲者，莫非形容出太極本無極之妙。則羅氏執此爲欛，即不過象山之餘見也。其曰五行陰陽，陰陽太極者，洵是推本之旨，决非骨董之論。五行雖一陰陽，而氣質不能無别，陰陽雖一太極，而理氣不容相雜。則今以執一之見，欲説會萬之原者，其亦錯矣。若果理無動静，而氣機自爾，理即陰陽，而道器無分，則何异乎死人之空馱於活馬，而混竅之不鑿於大象也耶？陳清瀾常作朱陸之辨，而自謂專明一實以抉三蔀，一實苟明，則萬僞皆祛，豈特三蔀而已哉！愚故曰今之學者，如欲不陷於邪暗塞之歸，盍亦熟讀此書，誠其心源哉！癸丑中秋書。《寒洲集》卷三十三。

讀寒洲李文《〈通書〉札義》　李種杞

《誠上章》言復字。《札義》曰："伊川見得陰惡陽善，而欲其動而復善也。此章認取動失静得，而欲其静而復善也。"按，此章復字只是回來歸藏之義，非可以得失論也。如云動失，則元亨，誠之通，豈可曰動失乎？

《誠下章》静無。《札義》曰：“静無者，太極之本無極也。動有者，無爲而實有爲也。”按，静無是未感時太極之無形耳，動有是已感時太極之動而陽也。今曰“無爲而實有爲”，則乃是静中有動意，非所謂動而陽也。

《聖章》。黄氏曰：“此又説個幾。”《札義》曰：“黄氏認太極無動静。”按，黄氏非以太極爲無動静，蓋誠者，太極之體，神者，太極之用，幾者，動之微，比誠則已動，比神則未形，故曰又有此一項。

《動静章》混闢一段。按，此説亦可備一義，然恐不如本注，但以體用言，則隨時隨處無乎不然，而又可以包札説在其中。按，小注朱子曰：“神，即此理也，形而上也。”又曰：“陰陽不測之謂神，且如晝動夜静。”晝固是屬動，然在晝間，神不與之俱動；夜固是屬静，然在夜間，神不與之俱静。神又自是神，神却管得晝夜，晝夜却管不得那神，蓋神妙萬物自是超然於形器之表，貫動静而言，其體常如是而已矣。今或以神爲氣，又云氣機自爾，非有使之者，誠何見哉？此“神”字乃從理説。

《公明章》謂：“能疑爲明，何啻千里。”《札義》：“苟其能疑而更求通，以至於無疑，則方謂之明矣。”按，明不至則疑生者，正指逆詐，億不信而言耳。今曰“能疑而更求通”，恐非本注意。

《理性命章》：“匪靈不瑩。”《札義》：“以理之在事者言，靈者，理之妙，瑩者，理之通。”恐不若本注只以心言，蓋彰微既是理，以理妙理，以理明理，語有不通。

《顔子章》。按，讀《通書》者，當以此章爲第一義。所謂至貴至富者，指何而言歟？曰至，則無以加之矣，所謂見其大而忘其小，見非意之也。有默契者存爾，忘非故忘也，自不上於心爾，其曰大曰小者，非强名之也，乃實然耳，學實到，心實見，則其樂可知，滔滔千古，知此樂者有幾，噫。

《文辭章》：“輪轅飾而人不庸，徒飾也，況虚車乎！”《札義》：“輪轅飾而人不用者，以其無可行之道也。”此章語固未瑩，然姑依本注解，則輪轅飾乃可用之車也，以其人不用，故曰徒飾也。今曰無可行之道，則與注説异，且説“况”字不下。

“常人有一聞知。”《札義》：“其名亦且薄矣。”按，名也當句，薄以心言。

按“常人有一聞知”一節與此章不類，此章專言聖人教人之事，不當與常人之不務實而急人知者比并較量，且上文不亦深乎，自爲一章之結語，與三十二章、四十章結語實同，不應以此不類之語足之，惟移置於《務實章》，則最有意義。今且依此論之君子之孳孳不息，恐恐畏知，務實之至也，小人則僞而已，正與君子相反，至於常人，則雖非有心於爲僞，而以其不知務實，故纔有一聞，恐人不知，比之君子之篤實，簿亦甚矣。幾何其不爲小人之歸乎？警之亦深矣。蓋周先生天資篤厚，學問精深，故其發之言語者，常紆餘而曲折。如《文辭章》既對言賢者之學，不賢者之不學，而復説不知務道德，而第以文辭爲能一段，《愛敬章》既對言善不善，而復説有善一，不善二，則學其一，而勸其二一段。既扣其兩端，復舉其中間一項而竭焉，儘乎清廟之瑟，一唱三嘆，而有遺音者矣，然《通書》實先生所自著，不應有誤，可疑者後人之傳寫耳。然大賢親注，而既無是語，藐然末學何敢信手丁乙，以犯金銀車之誚耶！姑記所疑，以爲巾衍之私云。

《精藴章》。見則默契之而已，聞則有占象可聞，示發亦然。

《富貴章》：“君子以道充爲貴，身安爲富。”《札義》：“喪其貴，失其富。”按，如此言，則似乎計較利害之意。

《刑章》。按，“既成矣”，成當作盛。《札義》：“民之所以盛也。”按，聖人之以政養民，如天之以春生物，故民盛矣。盛過當止，故得刑以治，亦如物之得秋以成。今曰“德刑相濟，而仁義并行，民之所以盛也”，恐誤。

《孔子上下章》。按，此書與《圖説》相表裏，故於篇終提出，孔子即所謂聖人定之以中正仁義而立人極者也。孔子之事，莫大於《春秋》，而賞善，仁也，罰惡，義也，爲後世王者，仁也，誅死懼生，義也。與天地參，而四時同，所以立極也。下章蒙艮亦原始反終之義也，潘公之以繫圖後，豈無見哉！《晚求集》卷八。

答莘巷齋諸生《通書》問目 宋民用①

善性别。《通書》章句以繼善屬陽，以成性屬陰，以繼成屬氣，以善性屬理。朱子又有曰："《易・繫》之善性，人物未生之前。孟子之性善，人物已生之後。"蓋嘗言之《通書》，則合圖説言之，故有屬陽之别。《大全》則以天地之性、人物之性言之，故有未生、已生之别。然統言之，則善是理之流行之始名也，性是墮在形質中定名也。一陰一陽之爲道，道是理也，統説個太極之本體，繼此者爲善，成此者爲性，更無别物。"繼成"字與陰陽相應，是指氣而言；"性善"字與道相應，是指理而言也。

伊川説"復"與濂溪不同。伊川就動處言復，故元字上言之，如元亨利貞是也。濂溪就歸藏處言復，故貞字上言復，如利貞，誠之復也是也，二説所指有地頭之不同也。

天之動静，人心動静不同處。元亨，誠之通者，春生夏長之時，陽之動也。利貞，誠之復者，秋收冬藏之時，陰之静也。於此見太極之有體有用。朱子所謂本然未發者，實理之體，善應而不測者，實理之用，此則就人身上言也。蓋造化之運，動極而静，静極而動，有寒暑晝夜之常限，而萬古不易者也。若人心之或與物接，或不思萌，元無静時，或動多而静少，非如天地之有常度也。

誠體誠用。理一也，以其實有，故謂之誠。以體言，則有仁義禮智之實；以用言，則有惻隱辭讓，善惡是非之實。故《通書》曰："五常百行，非誠則非也，純粹而至善者是也。

善惡配陰陽。《通書》以誠配太極，以善惡配陰陽，以五常

①宋民用（1839—1904），字舜元，號常岡，著有《常岡集》。

配五行，此固然之理也。然陽變陰合，而生水、火、金、木、土，則五常豈同出於善惡哉？朱子曰："此書從頭是配合。"但此處却不甚似，蓋以《圖説》相配觀之，則太極之下有動静之分，誠上一章已言之矣。誠無爲之下幾善惡，亦以陰陽言之，然非指五常之出於善惡也。

聖賢神。神是聖人妙用處，聖人之外，非别有一個神地位也。蓋細究此書，則似是結上二節之義也。既復焉執焉，則謂至之持之者，有地位之分，而與聖同也。不可見，不可窮，則是理也。

誠神幾。誠是静意多，神是動意多，幾是誠將發而爲神之妙也。蔡氏曰："誠，寂也，静也，而具動静之理；神，感也，動也，而妙動静之機。"蓋誠爲神體，神爲誠用，此説甚妙。

剛善惡，柔善惡。朱子曰："二氣五行，何嘗不正。只衮來衮去，自有不正。如陽爲剛躁，陰爲柔濁。"以此意求之，則此剛柔非指陰陽大分也，指其陰陽之中，又各有善惡之分焉。此善此惡，非至善，非大惡也，皆不得其中之名也，故以氣質之性言之。

混闢。體本則一，故曰混，用散而殊，故曰闢。注曰："自五而一，是混也；自五而萬，是闢也。"自五而一者，自五行而上，而至太極之一也。自五而萬者，自五行而下，而至事物之萬也，人或以混爲混雜説去，謬之甚也！

静無動有，與静虚動直相合。静無動有，則指聖人事也。静虚動直，則指學聖人事，自有語勢之不同，然蓋虚本乎無，直本乎有，直是天道，直之謂也，果非固有之理乎？

天理氣質，自相衮同。天理之其本也，真而静，非氣質則難見其真静也。天理流行，生成萬物，非氣則不能也，非形質則理不能放頓，衮來衮去，自不相離。然理氣元是二物也，故《語類》曰："雖其方在氣中，氣自是氣，性自是性，不相夾雜。"又曰："不論氣之精粗，莫不有是性衮同之義，只是相因之意也，非相合相混之謂也。"

無欲是敬。程子言主一之爲敬，周子言一爲無欲。要之持敬頗有費力，不如無欲之完，以衆人何以無欲？有持敬涵養工夫，然後無欲也。程子主一之語，出於周子一無欲之語也。

一字。一有數樣，以左右看，則爲純一；以前後看，則爲專一。《通書》之“一者，無欲”，是純一之謂，《正蒙》之“一故神”，是專一之謂也。

不言本然性。不言本然性者，性在誠字中，以誠爲第一義者，以太極言也。言天地之動静，人物之賦受，皆自然底實理，不暇修爲者也。

本源别。聖人之本，言人物未生前實理，故曰本誠之源。言人物禀生之始，故曰源。朱子以人生而静，繼之者善，以人物未生言之，許多源字，皆以流行言之。

誠斯立。立是定之義，如《圖説》中定之以中正仁義之謂也，分陰分陽，兩儀立焉。圖則兼陰陽言之，書則獨於陰静言之，然定之義則一也。

萬物資始，乾道變化，不言氣，何也？《章句》曰：“即圖之陽動也，陰静也，則氣在其中。”可知聖賢立言，蓋言道理，而不言氣，然豈有離氣之理也！

純粹至善，與繼之善不同，何也？純粹至善，繼之者善，皆人物未生之前一也。然朱子之以不同言之者，純粹則以本然之理言之，繼善則有流行意思，似帶氣而言，故朱子云不同，然單言善，則同也。

誠之通，誠之復。與上二句誠之源，誠之主同看，如何？上言乾之全德，此言乾之四德。

首章“誠者，聖人之本”，此章“聖，誠而已矣”，章句亦同，無异義歟？首章重在誠字，此章重在聖字。大分言之，則上言天之所以賦於聖人者也，此言聖人之所以受於天者也。首言在天誠，此言在聖人之誠也。

無事之下，繼行難果確。至於誠，則固聖人也，可謂無事，然知其行難，知其果確，然後乃至於誠，故繼以言之，若曰無事、無果確語，則似是虚寂矣。

誠無爲。無爲，無造作之謂，豈曰無所爲哉？實理之自然，底善而已，無所爲而自有爲之者，是善也。

幾。以未動看不可，以已動看亦不可。此欲動未動之間，若未動則不可謂之幾，已動則善惡已判，亦不可謂之幾也，故《章句》曰動之微也。

之謂聖，之謂賢，之謂神。聖人分上，豈有一神人也。蓋語聖而不遺賢，語聖不遺天之義也。故下文有曰："聖希天，賢希聖。""發微不可見，充周不可窮。"果非天道耶？

感而遂通者，神也。此神字與上文"之謂神"不同，此神字以動言之，上神字兼動静言之。

《章句》："清明在躬，志氣如神。"人皆以合理氣認之，恐不然，觀小注則單指理也。但取清明神妙之意而言，誠精神妙上，何可交氣而言也？如好銀之不雜銅鉛可知也。

賢希聖，特舉伊尹、顔淵。伊尹處畎畝之中，樂堯舜之道，顔淵在陋巷樂道，皆有大用之道，而無志於大用也。若有志於大用，則便是私也。只取無私而已，誠是無私，故《通書》主誠也。

動静，言貌，視聽。《章句》曰："動静，陰陽之用。"以此義求之，則本文文義不成，似當動静爲句，仁義禮智四者之動，言貌視聽無違於仁義禮智，仁義禮智四者之静，言貌視聽無違於仁義禮智。如未發之爲中，已發皆中節爲之和是也，不然則動静包言貌視聽耶？可疑，蓋言貌視聽指各事，而動静舉全體而言。

動而無静，静而無動，物也，人在物中。人亦有形也，豈不滯於一偏乎？如語者不能默，默者不能語，目不能聽，耳不能視，然神妙之神，人亦得之，能動能静，能静中有動，能動中有静也。

水根陽，火根陰。《淮南子》曰："金水内影，日火外影，水本乎陽故内明，火本乎陰故内暗。"雖爲變化，而本體自在此"根"字，《圖説》所謂互爲其根。

樂者，本乎政。政善民安，然後禮爲之用，不然則禮樂不爲之用。

一爲要。一非主一，專一也，乃誠一不貳之謂也。誠是聖人之本是也，純一不雜之謂也，純粹至善者是也。

其義不亦重乎？其聚不亦樂乎？重屬師，聚屬友，聚者，聚友講磨之義，方以類聚之義也。

喜聞過。規過實善，是師友之事，似承上章而言，不然則上下無接屬處。

勢字。朱子曰："勢屬理，輕愈輕，重愈重，多屬氣看。"恐不然，栽者培，傾者覆，亦理也。

不競。以無競之義觀之，則語涉不通，以争競之義觀之，如何？此章大義在識字、力字上。人能力之，則天不與之争競，此固天道也。故栽者培之、傾者覆之之理，是不競之義，勢之不可反者，非天也，在人也，之義分明。

《文辭》。此章當不入於《通書》，而周子救時之弊而然耶？

憤悱。憤悱亦誠，則動之義。

微顔子，不可見。孔子無迹，何以得見顔子有迹？觀於顔子身上，孔子之全體所蘊可見。

《刑》。禮樂刑政，治天下之大經，可不言歟？天之爲秋，易之有訟是也。

《公》。承上章刑政而言，故曰公。以天道言之，故亦公而已。

《春秋》。《春秋》承上刑政公道而言，刑之嚴，莫如春秋。

《蒙艮》。以《蒙艮》終之者，聖人之意，使開蒙於萬世，開蒙之道，亦主静，故以蒙艮終篇。復始之義，亦在文止於起。

通復統論。與繼善成性，似是一貫事，《章句》之意亦然。《答張元德書》："繼善云者，造化流行，萬物方資以始而未實也。成性云者，物生以實，造化與物各藏其用，而無所爲也。在人則感物而動，通也，寂然不動者，復也。"以此意求之，則通是造化流行之謂也，復是造化藏用之謂也，然以其地頭則不同也。

主静。程子恐其入禪，改以"敬"字。朱子曰："存静字無妨。"蓋嘗論之，静是事物未來思慮未萌之時也。若此時則固是只得静也，若特地將静作一件工夫，則却是釋子坐禪矣。主静字，以朱子所謂本領未發、存體工夫觀之，則無病。若别主一事，則不如程子所改敬字，通貫動静也。

物欲之根存。物欲之根存焉之説，恐未然，朱子曰："人固有偏好一物者言之，然此一物未上心時，安得不謂之未發之中耶?"又曰："人欲謂之因天理則可，謂之天理則不可。"又善惡幾，圖注以旁生寄生言之，感物動用之間，因緣生出者也，豈有根之存也?故朱子曰："欲下工夫，正當於此看取，若有根本已然，則去不得，翦不得。"《常岡集》卷二。

答鄭景晦《〈通書〉札疑》 鄭載圭

誠者，聖人之本，誠是實理之自然。在學者分上，恐無下手處，然以聖人言，則固是實理，而以學者言，則爲盡心行己之要。且下文誠之復，復字以實理言，則只是得此理，而有所歸藏之云也。以學者言，則是消惡回善的字，正是用力處。

誠者，天所賦，物所受之正理，人皆有之，而惟聖人能全之，故特以聖人言之，豈謂衆人無聖人之本乎?聖人，誠者也，學者，誠之者也。謂學者無下手處可乎?盡心行己之誠，即《大學》誠其意者人做底，此誠字天賦底，消惡回善的復，《大易》一陽初動處誠之復，乃陰静歸藏之地，初非較看并論者也。

朱子曰："善則專屬理，性已兼理氣。"曷謂性兼理氣，以此理墮在形氣之中，故云爾歟?

氣以成形，理亦賦焉，是性字地頭故云然，此等處只分得上下道器看。注言繼之者，氣之方出，而未有所成之謂也，善則理之方行，而未有所立之名也。成則物之已成，性則理之已立者也。此乃手筆稱停者，豈以性爲兼理氣之物也。

一陰一陽者，氣之運行也，所以一陰之一陽之者，道體之所爲，是乃陰陽之理也。

陰陽，氣也；一陰而一陽，理也，故曰一陰一陽之謂道。君就一陰一陽上面添“所以”字，下面各添一“之”字，而乃謂之道，可知其涉於擾勞，世多以一陰一陽之“之”字，看得有力。吾則以爲不然，天命之謂性，性即是天命之謂也。一陰一陽之謂道，道即是一陰一陽之謂也。君所添“所以”字、兩“之”字之意，已在兩“一”字上。

果是克已也，確是復禮也，無難是天下歸仁。

是。

誠無爲，言静也；幾善惡，言動也。誠是實理，實理該貫動静，而何静則純善，而動便有善、有惡也，蓋無爲，無所作爲，而寂然不動之時也。幾是動處，動必有感，感於形氣，則形氣有清濁美惡之不齊。自有善而有惡，感於義理則固是純善，而人欲亦萌乎其間，所謂理弱氣强，管攝他不得者是也。所以聖人戒慎恐懼，戰戰兢兢，過了一生者也。

大概甚善，無爲，無所作爲，見得尤善。理弱氣强，管攝他不得，引得不著，戒慎恐懼，正是理之管攝處。此處若不管攝，則潛滋暗長，必至於管攝不得，顏子之不遠復，正在此處。

注曰："衆事吉凶之兆，不曰善惡，而曰吉凶"云云。

幾是吾心動之微，而實理發見之端，專以事之吉凶言之，何也？事上吉凶之兆，先見於吾心，所謂誠無不立，幾無不明者也。

剛柔善惡中五者之分，見於何處？蓋未發則氣不用事。渾然天理，所謂天地之性是也。及其發也，則天理昭著、純粹至善者，是本然之性也。形氣用事，有剛善剛惡、柔善柔惡之异者，是氣質之性也。至於中，則氣禀之剛柔無過不及，而得性之正也，亦不可以本體之純粹至善目之也，所謂氣質之性如此看，則無可疑矣。然朱子以此理墮在形氣之中，與各一其性爲氣質之性，此類亦多，且將奈何。夫性也者，就人身而得名者，以此而直謂之氣質性，則本然性何處可討，然蓋朱子之意以爲氣質與生俱生，而此性無那氣質，亦没安頓處，就此氣質上專指這個理，則是本然之性。兼氣質而言，則是氣質之性也，非謂人生以後，都只氣質之性云耳，然或涉籠罩，恐不若從發後看之爲簡密。

說得極是，然但所引此理墮形氣一段恐未然。此性墮在氣質，隨氣質而自爲一性，亦就已發處言也。若未發，則氣雖偏，而理自正；氣雖昏，而理自明；氣雖有赢乏，而理則無勝負，豈隨氣質而自爲一性耶？水之在土，土雖沙石污泥之异，水之本清，固自在也，及水之流動，爲污泥所汩，則水不能不濁也。故朱子曰："未發之前，氣不用事，所以有善而無惡。"

幾動於彼，誠動於此，如物之妍媸，才來於彼，鑒之精明，輒照於此。

幾動於彼，誠動於此，恐不可以幾誠分彼此。幾動於彼，猶言感於物；誠動於此，猶言隨感而見。

朱子曰："其動也，静之理未嘗亡，其静也，動之機未嘗息，於静則謂之理，而於動則謂之機。"何也？蓋理之本體，静而自未嘗不動，動而亦未嘗不静，一動一静者，是所乘之機，機是關棙子，有動底機，有静底機，然機字得名，自動始，若只是静而已，則有何機之名？故於動特下機字。然方其動也，静之機未嘗息，而静之理又未嘗亡，方其静也，動之機未嘗息，而動之理又未嘗亡，所謂神妙萬物者是也，互看恐當。

互看之說得之，才說静之理未嘗亡，便可見静之機未嘗息；才說動之機未嘗息，便可見動之理未嘗亡。

水陰火陽，以其質而言也。根陰根陽，以其性而言也。性本如此，故水外暗而内明，火外明而内暗。

是。

五行陰陽，陰陽太極，言理之一原也。四時運行，萬物終始，言分之萬殊也。既言理一，則當自萬而逆約之；言分殊，則亦自一而推去之。而《圖說》及此章，必自五而逆約之，自五而推去之，何也？一者，萬之始，萬者，一之極，就萬物上言，則固當自一自萬。而周子之言，專主造化而言，五行是造化之一關隔，天地造化至五行，而全體大用始備矣，萬物生成，亦已胚胎於其中矣。然則萬一之約之、推之，斷自五行，不其然乎？

亦是，五是天地之中數也，約而至一，推而至萬，皆從中起。

一者，無欲，蓋無欲非學者之所可遽議，只當從“欲”字上做工夫，但本心微而難保，私欲熾而難除，從上所謂英雄才杰，豈不是許多亦脱不得此窠臼？往往至於乾没性命，如胡公以柱天地，貫日月之氣節，一朝摧銷陷没於頰上之微渦，竟取羞辱，此聖賢所以戰戰兢兢，寄一生於虎尾春冰，而千言萬語只是遏人欲、存天理之説也，思之直是凜然。

説得甚善，説得易做得難，果能凜然，則是先難之機。匪靈不瑩，注不曰人心之至靈，而又加太極二字，何也？心自有靈，而靈有理與氣之分，所謂一身之魂魄也，精爽也，是氣之靈，乃其所藉以爲地盤，所乘以爲運用之機者也，所謂一身之良能也，妙用也，是理之靈，乃其具衆理，應萬事，知覺不昧，品節不差，而爲一身之主宰者也。若以魂魄精爽之爲那地盤，爲那運用之機者，當心之全體，而欲明厥彰厥微之理，豈可得乎？故特曰人心太極之至靈。

是。且更涵泳。《老柏軒集》卷二十一。

讀《通書·動静章》 鄭世永

此章“神”字，朱子曰：“即此理也。”又曰：“此言形而上之理也，理則神而莫測。”朱子以此章“神”字配太極，故如此，如以太極説“靈”字配太極，以《聖學章》“一”字配太極者，意實相似，而本注云此章發明圖意，則其意尤可見。與《易》所言實不同，則覽者詳之。本章陰陽太極云云，其意已爲詳明。《石泉績稿》卷二。

《通書》札疑 李麟鎬

繼善成性，小注朱子曰："性已兼理氣，善則專屬理。"性兼理氣之言初看可疑，然朱子非謂性混理氣也，蓋以善與性對言，則善是不犯形氣而純粹者也，性則是氣成形以後之名，故注曰："善者，理之方行，而未有所立之名也，性則理之已立者也。"立字正是氣成形之意，以此而謂之性兼理氣歟？

寂然不動者，誠也；感而遂通者，神也。妄以謂寂然不動者，神之理也；感而遂通者，誠之機也。寂然不動是體，感而遂通是用，然其實各兼體用，蓋雖寂然而感通之妙用自具，雖感通而寂然之本體未嘗無也。

動而正曰道，用而和曰德，蓋正與和非有兩項工夫也，和在正中，譬之行路不徑不竇，而由乎人所共由者是正也，既由乎正，眼不歧、心不貳，隨其用足而道無不順者，是和也。動得其正，則用無不知，故初雖分言正與和，而終只以慎其動結之。

仁義禮智四者，動静言貌、視聽無違之謂純，此段當如何看？若以仁義禮智四者及動静、及言貌視聽無違之意看，則文體甚破碎，且如此看則謂仁義禮智無違於何？謂動静言貌視聽無違於何？竊以爲當以動静言貌、視聽無違於仁義禮智四者之意看，蓋動者，心之發也，静者，心之發也，言貌視聽，心之發而接於事者也。凡此皆無違於仁義禮智，然後可謂純其心矣。以注中欲其不違，則固以思爲主，而必求是四者之實之語看之可也。

禮，理也；樂，和也。此則禮爲陰，而樂爲陽也。又曰："陰陽理而後和，此則禮亦有陰陽也。"蓋統言之，則禮爲陰，樂爲陽；而細分之，則禮中亦自有陰陽，蓋君君臣臣、父父子子、兄兄弟弟、夫夫婦婦，君臣父子兄弟夫婦，是分之已定底，屬陰，君之、臣之、父之、子之、兄之、弟之、夫之、婦之，是人之所行底，屬陽。

有善一，不善二，此竊恐非謂有善不善，三人只是一人，而有善惡者也，故注不曰善惡之不同，而曰善惡。人神立以一物而有黑白之合者而曰雜。曷嘗以二物而彼白此黑者，而謂之雜乎？蓋上既言善者學之，不善者效之，而且恐一人之身有善惡之雜，而不知學效故言之，然不曰有善一，不善一，而曰有善一，不善二者，凡人有善惡相半者，猶可易察，而善少而惡多者，惡則易見，善則難見，故必言之如此，使之深察，而學效之也。

五行陰陽，陰陽太極，四時運行，萬物終始。胡不自萬而一，自一而萬，而必自五而一，自五而萬也？竊謂天地造化自太極而陰陽，自陰陽而五行，而全體大用已備，四時運行，萬物終是，只是由五行而推施者也。

太極陰陽五行是造化之初無斷際者，故混之而説妙合；四時行萬物終始是造化之生成品彙者，故闢之而説次第，蓋天地之數自五以前是生數，以後是成數，而五爲天地之中數。

樂聲淡，則聽心平；樂辭善，則歌者慕。蓋樂主於淡和，故雖不知其辭之善者，而聽其聲則自然心和而平。歌是賡歌之歌者，其樂辭之善惟賡歌者和之，而聽之者未必皆和，故於樂聲則曰聽心平，於樂辭則曰歌者慕。《醒齋遺稿》卷五。

《通書》札疑　俞肅基①

首章純粹至善一句，繳上兩句而言，蓋萬物資始，繼之者善也；各正性命，成之者性也。而總而論之曰純粹至善，則便

①俞肅基（1696—1752），號兼山，著有《兼山集》。

見得繼善成性，雖有在天在人之别，而其理則初無彼此之間也。近來言性善者，必推之於繼善之上，而其於成之者性一句，則和氣言之。不免拖帶之意，是以其所指以謂性者，全是氣質之性，而所謂本然之性，則自不干人物分上矣，惜乎其未講於濂翁此章之義也。

大哉《易》也節注云云，《通書》首章之言誠，專以《易》説而明之。其曰"大哉乾元，萬物資始"，曰"乾道變化，各正性命"；曰"一陰一陽之謂道，繼之者善也，成之者性也"；曰"元亨利貞"，皆是《易》説。而曰"誠之源也，誠斯立也"，曰"純粹至善者也"，曰"誠之通也"，曰"誠之復也"，方以己意添些注脚，蓋所以發明所引《易》説之意也。故末乃結之曰"大哉《易》也，性命之源乎"，蓋言《易》之爲書，無非所以發明性命之理者，有如此也云爾。竊恐如是爲説，似更分明，而今按注説曰："易者，交錯代换之名，卦爻之立，由是而已，天地之間，陰陽交錯而實理流行，一賦一受於其中，亦猶是也。"如此則"大哉《易》也"一句，指《易》中卦爻之變易，"性命之源乎"一句，指天地造化之流行。而上面所説，乃爲引天道而證易理也。濂翁本意似不如此，未知如何，蓋所謂大哉《易》也，性命之源者，只是因所引《易》説而言聖人贊《易》，無非發明極致，乃爲性命之源也。此與《繫辭》首章之以造化之實，明作經之理者，恐似不同。而朱子之言如此，未詳。

《誠下章》。静無而動有節，小注朱子説，雖一日之間，常起常滅，而其寂然之本體，則未嘗不寂然也。所謂未發如是而已者，與《中庸章句》《或問》不同，此蓋與南軒論中和書，而初年未定説也。

《誠幾德章》。性焉安焉節注，性者，萬物之一源，非有我之得私也。而今曰獨得於天，蓋以聖人之全而無失，比那衆人之既失而後復者，則固若人不得而我獨得之也。

《聖章》。首節注，上章"幾"字，通衆人言之，故以善惡釋之。此章"幾"字，就聖人言之，故以吉凶釋之。蓋聖人固未嘗有惡念之發，而即如人心道心之發，便是吉凶之兆也。

誠精故明節注，或疑周子之言，誠理而已矣，而朱子之釋“精明”，則曰清明在躬，志氣如神，先生之必并氣言之者何也？曰：“周子所謂誠，非子思所謂未發之中乎？此心未發，方寸湛然，而一性燦然各有條理，正如琉璃瓶裏，貯得至清之水相似，然後方可謂之誠也，中也，心者，氣也，性者，理也。論性之真體，必就此心湛然上言之，方可見其純粹至善，則朱子釋“精明”二字，必以志氣如神言之者，又何疑乎？若曰誠者，理而已，不可并舉氣字，則是禽獸，亦可謂有大本之中也，其可乎？”

《師章》。此章之言性，乃以氣質而言，則所謂中者，亦只是剛柔之得中者，離氣質不得也。而今曰天下之達道也，若將不以氣質當之，竊所未喻。

《動静章》。物則不通節，小注朱子説水陰根陽，火陽根陰，已是有形象底，是説粗底耳。水陰根陽，火陽根陰注謂所謂神妙萬物者如此云。而今却云爾者，蓋水火，陰陽物也。周子之意，亦非直指水火陰陽而謂之神也，蓋水之陰而其所以必根乎陽，火之陽而其所以必根乎陰，是乃所謂神也，正如一陰一陽之謂道之意也，故其曰有形象粗底者，據水火陰陽而言也。其曰神妙萬物者，以二者所以相爲根者而言，二説自不相妨。

下篇《理性命章》。彰微只以費隱言之，如小注説方爲穩當，而注必以陽明陰晦釋之者，殊可疑。且靈底是心之知覺，而朱子之必以太極爲言，以爲連三句皆是言理者，亦所未喻，厥彰厥微，既是言理，則下兩句雖以心之知覺言之，旨意所重，乃在於上一句，則亦何妨於篇題之以理稱之耶？又剛柔善惡中，即第七章所云氣質之性也。而今曰五行之理也，若以此爲本然之性者然，未詳。《兼山集》卷十六。

《通書》札疑　姜奎焕

《誠上第一》。繼善成性兩言，包盡一章之意，萬物資始，誠之源，繼之善也。各正性命，誠之立，成之性也。元亨，誠之通，繼善之資始也，利貞，誠之復，成性之各正也。故章末特以性命二字結之，所謂性成之者也，所謂命繼之者也。純粹至善之善，統繼善成性而言，全言之善也。繼善之善，指其理之方行處言，偏言之善也。

《誠下第二》。實理曰誠，全德曰仁，實理之誠，在聖人爲全德之仁矣，故章末言仁，首段誠字之應也。

《誠幾德第三》。《誠上章》所謂誠者，天道也，《誠下章》所謂誠之者，人道也。故上章主言誠之理，而曰“聖人之本”，下章主言聖之功，而曰“誠而已矣”。上章堯舜性之之聖是也，下章湯武反之之聖是也。此一章，統言天道人道，以結上二章之意，性焉安焉之聖，上章之天道也，復焉執焉之賢，下章之人道也。性焉安焉之聖，復焉執焉之賢，皆本乎未發無爲之誠，此《圖説》主静之意也。

首章言繼善成性，實理之體；二章言五常百行，實理之用。此章直指性情體用之源，於此尤可見此章之爲上二章之總會也。或曰：“以繼善成性爲體，五常百行爲用，不達。”曰：“以成性對繼善言，則繼善，體也，成性，用也。以百行對五常言，則五常，體也，百行，用也。以五常百行對繼善成性言，則繼善成性，體也，五常百行，用也。”曰：“成性之性，即五常一物，分體用恐未可。”曰：“是固然。然謂之成性，則混然一也，謂之五常，則燦然五也。一爲體，五爲用，亦何不可之有哉？”

《聖第四》。此章承上章而言，所謂寂然不動者，即上章無爲之誠也。所謂感而遂通者，即上章發微不可見，充周不可窮之神也。所謂未形有無之間者，即上章善惡之幾也。或曰：“此‘幾’字若善惡之幾，則何并與誠神而曰聖人乎？”曰：“所謂誠神幾曰聖人者，蓋謂誠之全體，神之妙用，能通乎善惡之幾者，乃聖人也。非謂聖人之幾，亦未免有善惡之萌也。此‘幾’字，若非善惡之幾，則朱子何以此謂衆事吉凶之兆耶？”

首章言誠，實理之在天者也，此章言誠，實理之在聖者也。故首章之純粹至善者，即此章寂然不動之誠也。首章之乾元資始者，即此章感而遂通之神也。斯可見聖與天爲一。而此章之爲首章之應，又不啻較如矣。蓋首章言聖人之本，此章言聖人之實也。

《慎動第五》。此章雖以動正之道，用和之德分界言，言動該用，言正涵和，言道包德，故末段只以慎動結之。

《道第六》。自《聖章》至此三章，應《誠幾德》一章，《聖章》性焉安焉，聖者之事也，《慎動章》復焉執焉，賢者之事也。此章總結二章之意，守之貴，行之利，賢者之事也，廓之配天地，聖者之事也。

《師第七》。此章以下言聖人教人之事，蓋首章言天命之性。二章至六章言率性之道，此章以下言修道之教也。修道之教，不過曰修己治人而已，故聖人立教，俾人自易其惡，自至其中。言修己之功也，善人多而天下治，言治人之效也。

《幸第八》《思第九》。耻者爲賢之實，思者作聖之本，皆言修己之事也。

《志學第十》。此一章結上而起下，學顏子之所學，結上修己之事也，志伊尹之所志，起下治人之事也。

首言希天、希聖、希賢，而下文但言士希賢之事者，蓋以希聖希天，皆自希賢之功推將去也。故章末結之曰過則聖，其旨深哉！

《順化第十一》《治第十二》《禮樂第十三》。仁義治人之術也，純心其本也，用賢其要也，禮樂其律令也，此三章皆言治人之事也。

《務實第十四》。此章總結上修己治人之意，故曰“君子進德修業，務實勝也”，德，修己之事也，業，治人之事也。

《愛敬第十五》。此下散爲萬事，而其要亦不過修己治人兩端而已，此章所謂學其善而勸其惡，乃修己之事。而治人之意，亦存乎其中矣。

《動靜第十六》。此章言物之動靜局於形，而神之動靜超乎形也，蓋言修己治人之事，亦不過動靜之理也。

《樂》三章。言至治之化，《聖學》《公明》二章，言聖學之功，然其曰“優柔平中，德之盛”者，言修己之方，亦在乎樂也。其曰“公於己”者，“公於人”者，言治人之術，亦本乎公明也。

《理性命第二十二》。厥彰，誠之用也，厥微，誠之體也。靈即誠也，剛善剛惡，幾善惡也。二氣五行，化生萬物，誠之流行而神之妙用也。與上《誠上下》《誠幾德章》一意而互相發也。

《顔子第二十三》《師友上第二十四》《下第二十五》，此三章皆言道之至貴至尊也，是言修己之本也。此三章蓋一意，故《師友下》章“其聚不亦樂乎”一句，應上顔子不改其樂之意。

《過第二十六》。此章應上《幸章》聞過可賢之意，而又涵恥字意思，在不喜人規而無悟者，不知恥者也，此章言修己之實也。

《勢第二十七》。此章言天下輕重之勢，識其重而亟反之，是亦治天下之術也。

《文辭第二十八》。道德，本也，文辭，末也，先道德而後文辭，是亦修己之事也。

《聖蘊第二十九》。此章言聖人教人之方，是亦治人之事也。

《精蘊第三十》。此章言聖人之精蘊，發於易卦，而所謂聖人之蘊，亦不過修己治人之道也。

《乾損益動第三十一》。乾取乾乾不息，損取懲忿窒欲，益取遷善改過，此章聖人之蘊，乃修己之道也。

《家人睽復無妄第三十二》。家人睽，齊家之則，而爲治天下之本，復無妄，修己之功，而爲齊家之本，此章聖人之蘊，乃治人之道也。蓋《精蘊》一章爲此二章之綱，而此二章乃《精蘊》一章之目也。

《富貴第三十三》言貴道德而賤金玉，《陋第三十四》言貴道德而陋文辭，《擬議第三十五》言至誠變化之妙。此三章言修己之事也。

《刑第三十六》言聖人之治，肅之以刑。《公第三十七》言聖人之道至公而已。此二章，言治人之事也。

《孔子二章》言修己治人之極功，必如孔子，然後爲至也。

上章言治人之極功，故言《春秋》正王道之事。下章言修己之極功，故言道德參天地之事。

《蒙艮第四十》。蒙取静而清之義，艮取艮其背之義，皆聖人主静之意也。蓋言修己治人，惟在乎時中，而時中之道，亦必主乎静也。《賁需齋集》卷七。

《通書》講義 李瑀祥

程子以韓子博愛之語爲有病，而周子書乃曰德愛曰仁，博愛之愛，愛曰仁之愛，俱是用處，則信此而斥彼，若有欠於懸空觀理之道，故易起後人之疑。然愚見則此是而彼非，的然無疑。蓋博愛之愛，無頭之説，而專指發用處爲仁，故爲有病。愛曰仁之愛，雖言仁之情，而實言仁之體也。朱子訓仁即曰“愛之理，心之德”，則德之一字包了心之全體，而仁之本來面目則不過曰愛而已。《通書》既以德字統之，而其下曰愛曰仁，宜曰義，理曰禮，通曰智，守曰信言之，則斯愛也，豈非愛之理之愛乎？若泛看愛字，而不察其上之有德字，遂與博愛之愛同謂之愛之情，則是全失，看文法而不識彼此立言之迥然不同耳。且訓仁之曰公、曰覺，皆不得仁字天然真面。朱子言仁處則雖甚多，未嘗離愛而言仁，其微意可見矣。河南夫子退之不識仁之訓，亦以分别性情而言，非以愛字爲退之之病也。大抵先賢言語，會得其意，然後乃可無病。若不會其意，而徒守其言，則即無處不生病矣。《希庵集》卷五。

《通書》繹義 權龍鉉

聖人之言道也，未有及於無者，而《圖説》始以無極加於太極之上。孔子言易有太極，是就畫卦上説，而《圖説》始以動静生陰陽言天道。夫言無，則殆近於所謂有生於無者，而疑於無爲之本。言太極動静，則殆近於所謂道在天地之先者，而疑於懸空造作，淪於空寂，而騖於虛遠，後世之蔽竟亦不可以莫之慮也。於是作《通書》而復申明之以誠，誠者，實理之謂也，則所謂無極者，乃實而非無也，所謂太極動静者，乃實理而非有物也。其曰"誠者，聖人之本"，則言天而徵諸人，故乾道之元亨利貞即聖人之道之所本，而天未始非人也。其曰"聖，誠而已"，則言人而本諸天，故五常百行即天道之流行，而人未始非天也。其曰"誠無爲，幾善惡"，則人心寂感之本，即一誠也，此實理之所以貫天人而一之者，推之爲無極太極，約之爲誠，則其非空寂而虛遠也，明矣。此周子之深意也歟！雖然曰極、曰誠，其理則一，而所指則异。極者，極至無餘之稱，故指其超乎形氣，而主宰於物之妙；誠者，真而無妄之稱，故指其體物不遺，而終始於物之實妙，故尊而疑於遠，必從源頭而推實，故切而知其近，無所處而不當。言天道，則極爲經，而誠爲緯；言人道，則誠爲幹，而極爲本。《圖説》則言天道而及於人，故自太極説下來，天人分而詳於天，略於人。《通書》則言人道而本於天，故自誠説下來，天人合而略於天，詳於人，此又其精義之所在也歟！

聖賢之言，雖横竪錯綜，而理無二致。曰太極，曰誠，曰道，曰善，曰性，只是一理，而隨其地异其名，以反復推明焉而已。故曰一陰一陽之謂道，則陰陽，氣也，而所以一陰一陽之理，乃道也。曰繼之者善，成之者性，則繼之成之，即所以一陰一陽者，而善與性即所謂道也。曰誠之通，誠之復，則通復即繼成之謂，而誠者即善與性也。皆是上面是理，下面是氣，而即乎氣，以明其所以然之妙與實然之體而已。然則太極動静何獨不然？動静，氣也，而其理則太極也，雖有是理，故有是動静，然不可直以動静謂太極，猶陰陽之不可謂道也。故《通書》發此意，以明《圖説》之意，而朱子之解又剖析甚明，其爲後世慮至矣。然而猶或認太極爲直有動静者，則甚矣，不泥於文之難也。

《通書》之作，雖本於《易》，而其言誠，則實本於《中庸》，故其旨與《中庸》相爲經緯。《誠上章》之言性命，即所謂天命之性者。而下章言聖人之道，則至誠盡性之謂也。三章言誠幾德而分性焉，復焉者，所謂自誠明，自明誠者也。四章言性情之體用，而終以誠神幾，曰聖人者，即致中和之謂也。五章六章之言道，即所謂率性者也。七章之《師》，修道之教也，而其曰中也者，即《中庸》之謂也，此其一篇之綱要，而由此而推明者，要不出修己治人兩大端而已。修己即《圖説》所謂君子修之者也，治人即所謂聖人定之者也，故八章之有耻聞過。九章之《思》，十章之《志學》，即《中庸》所謂近乎知仁勇者，爲修己之大端，而必以聖人爲準也。十一章之《順化》，即聖人定之之道，而治教之所由出也。教化之行，莫先於禮樂之理，此十二十三章之所以言《治》與《禮樂》也，此二段蓋推廣修己治人之義者，故復以《務實》《愛敬》約言二者之要。《道》復推本於天地動静之神混間之無窮，而繼言聖人作樂之義，蓋樂者，實天地至神之機之攸寓，而聖人所以涵養德性、化民成俗者，必由於此，則其盛德至治之道，配天地者，實修己治人功化之極至處也，即《中庸》所謂天地位，萬物育者也。故於此復合天人而總結之，以應篇首之義，《聖學》一章乃一書之關鍵，而爲結上而起下者也。故下卷概言學之道，而《公明章》承上章，而又開人己之分也，復推本於《理性命》，以明彰微之能瑩，剛柔之能中，各正之能全，乃學之道，而其所謂靈、所謂中、所謂一者，是在我之至貴至大者也，故繼言顔子之不改其樂爲能見其大也。學者欲求其至貴至大者，而有於身，則又必資於師友之功，而勇於改過，如仲由之喜聞過，克己則又審其輕重之勢，而克其難克處，又知其内外虚實之分，而不溺於文藝之末，此皆學問之大要，而修己之大方也。《聖藴》以下，復以聖人之教明之，蓋聖人不言之教，見於日用精微之藴，發於易卦，則此聖人之爲教，而《乾損益動》之義言乎其修己也。《家人睽復無妄》之義，言乎其治人之又必本於修己也，已之不可不修，如此而衆人之不能修者，以利禄之念，文辭之習，有以害之也，故復特以二者申言之。《擬議》以下復言聖人治人之道，而特言《刑》者，與上篇《禮樂》之義相爲本末，而不可闕者也。然《刑》者，聖人之所慎，故繼言至《公》，則亦天地之道也。孔子禮樂之政，雖未施於一時，《春秋》賞罰之教，實行於萬世，則爲百王之大法，而治人之極功也。故以是終之，而復以道德高厚、教化無窮并言者，蓋以修己治人之各極其至者，合而結之也。《蒙》《艮》二卦，動静之象也，體用之義也。童蒙求我，治人之謂也，艮其背，修己之謂也，此學一篇之義，而總括之也。然篇中皆先言修己，後言治人，而末乃終之以艮者，重體之意也，主静之旨也，而其亦《中庸》所謂無聲無臭之義也歟！嗚呼深矣！

天地之道，只是陰陽動静之一聚一施者，相爲體用而已。人之爲道，亦不外此，則此修己治人之義之所由本也。修己屬乎陰，而體之立也；治人屬乎陽，而用之行也。學問之的聖道之極盡乎此矣，故此書之旨，上自乾道之資始各正，聖人之盡性立教，推以及於入德之門，經世之具者，總之以二者之體用，要以明天人之一理，而見於此者，本乎彼也。雖其篇章之間，錯綜天人，出入顯微，如生龍活虎之不可執捉，然其血脉之貫，綱條之分，錯落中不失整齊，散布處必有統括，則足以見用意之深，指示之切也。朱子之解其篇章條貫之義，有未及致詳者，然其曰宏綱大用、條理之密者，則未是非指此也，求之以此，然後知此書之作，實有得於易簡之道，而推之於高而非遠也，入之於深而非奥也，錯之以天人而非雜也，括之以大小而非二也，其紀綱道體而反之要約，放彌藏密之妙，殆亦中庸之流亞也歟。《秋淵集》卷十）

韓國濂溪志卷之四　圖説志

入學圖説　權近①

天人心性合一之圖

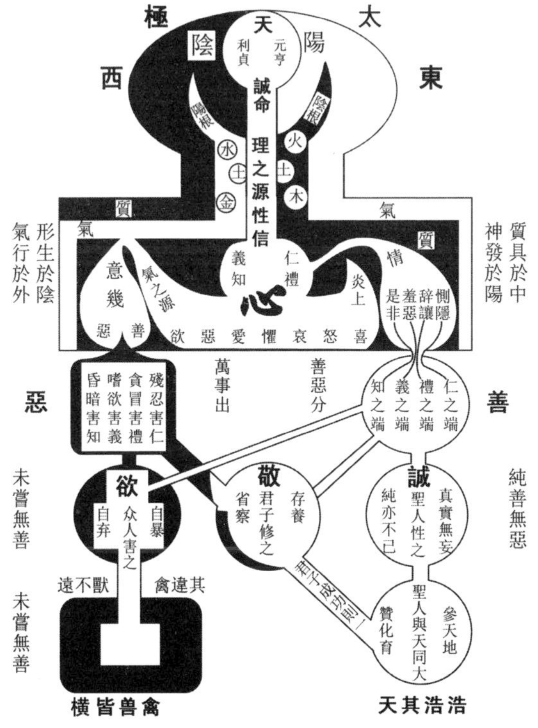

---

①權近（1352—1409），字思叔、可遠，號陽村，謚號文忠，著有《陽村先生集》。

朱子曰：天以陰陽五行化生萬物，氣以成形，而理亦賦焉。今本之作此圖。

右圖謹依周子《太極圖》及朱子《中庸章句》之説，就人心性上，以明理氣善惡之殊，以示學者，故不及萬物化生之象。然人物之生其理則同，而氣有通塞偏正之异，得其正且通者爲人，得其偏且塞者爲物。即此圖而觀，則誠字一圈得最正最通而爲聖人，敬字一圈得正且通者而爲衆人，欲字一圈得偏且塞者而爲物，其下禽獸横者，得其尤偏塞而爲草木者也。是則萬物化生之象，亦具於其中矣。夫天地之化，生生不窮，往者息而來者繼，人獸草木，千形萬狀，各正性命者，皆自一太極中流出，故萬物各具一理，萬理同出一源。一草一木，各一太極，而天下無性外之物，故《中庸》言能盡其性，則能盡人之性，能盡物之性，而可以贊天地之化育，嗚呼至哉！

天人心性分釋之圖

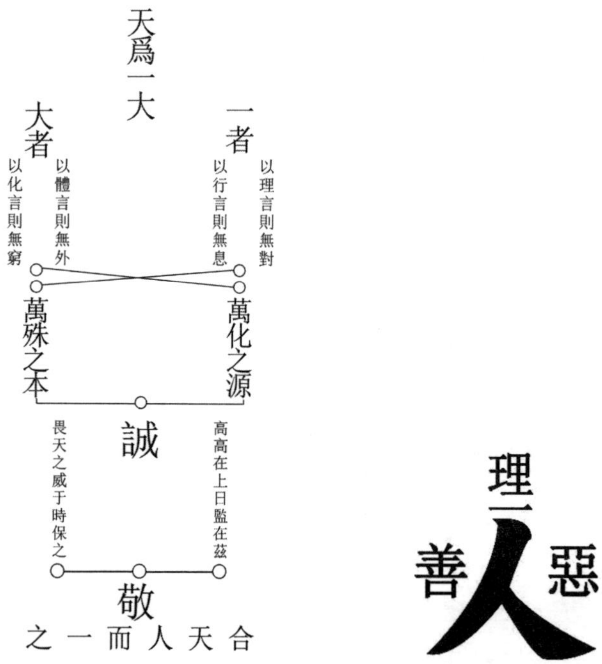

人者，仁也。仁則天地所以生物之理，而人得以生，而爲心者也，故人爲萬物之靈，仁爲衆善之長。合而言之，道也。

聖人至誠，道與天同，君子能敬以修其道，衆人以欲而迷，惟惡之徒。故人者，其理一，而所禀之質，所行之事，有善惡之不同，故其爲字，歧而二之，以示戒焉。人能體仁，以全心德，使其生理常存而不失，然後可無愧於爲人之名，而其效必能得壽，不然則生理喪，而非人矣。故孔子曰：“仁者壽。”又曰：“人之生也，直罔之生也，幸而免。”

心者，人所得乎天，而主乎身。理氣妙合，虛靈洞澈，以爲神明之舍，而統性情。所謂明德而具衆理，應萬事者也。氣禀所拘，物欲所蔽，其用之發，有時而昏，學者要當敬以直内，去其昏，而復其明也。其字形方者，象居中方寸之地也。其中一點，象性理之源也。至圓至正，無所偏倚，心之體也。其下凹者，象其中虛，惟虛故具衆理也，其首之尖，自上而下者，象氣之源，所以妙合而成心者也；其尾之鋭，自下而上者，心於五行屬火，象火之炎上也，故能光明發動，以應萬事也。其右一點，象性發爲情，心之用也。其左一點象心發爲意，亦心之用也。其體則一，而用則有二，其發原於性命者，謂之道心，而屬乎情。其初無有不善，其端微而難見，故曰“道心惟微”。必當主敬，以擴充之，其生於形氣者，謂之人心，而屬乎意。其幾有善有惡，其勢危而欲墜，故曰“人心惟危”。尤必當主敬，以克治之，遏人欲之萌，充天理之正，常使道心爲主，而人心聽命，然後危者安，微者著，動静云爲自無差謬，而聖賢同歸，參贊天地，亦可以馴致矣。不然則人欲日長，天理日消，此心之用，不過情欲利害之事，雖有人形，其違禽獸不遠矣，可不敬哉！

性

性者，天所命，而人所受，其生之理具於吾心者也。故其爲字，從心從生，人與萬物，其理則同，而氣質之禀有不同者焉。告子曰："生之謂性。"韓子曰："與生俱生。"釋氏曰："作用是性，皆以氣言，而遺其理者也。"《中庸》曰："天命之謂性。"《孟子》曰："盡其心者，知其性也。知其性則知天矣。"

右圖爲初學者設，故其訓"天人心性"之意，分釋點畫，至爲破碎，自當得罪於先生長者。然初學觀之一見，可知其大旨也。若其義意，皆本程朱格言，非愚臆説也。至於敬心不言存養者，初學之士要令於動處下工夫也。然存養豈在敬之外乎？同志君子詳加繩墨，以惠學者，幸甚。

學者問曰："子爲合一圖，自謂'謹依周子之圖'，然周圖有所謂無極者，而此則無之，何也？"曰："無極者，指言太極居中之理，非太極之上别有所謂無極也。則此圖之中天字一圈是也。"

曰："易言乾之四德，元亨利貞而已。子乃益之以誠，何也？"曰："維天之命，於穆不已。四德流行，循環終始，而未嘗有一息之停者，以其有此理之實而已。故《中庸》曰：'誠者，天之道也。'蓋言四德循環之實，示非四德之外又有所謂誠也。故周子已嘗合而言之，以配五常之信，非愚敢以妄意而益之也。"

曰："其以命爲理之源，而加於性上，何也？"曰："《中庸》曰'天命之謂性'，朱子釋之以爲天以陰陽五行化生萬物，氣以成形，而理亦賦焉。猶命令也，則所謂命者，人物始生之初，天所賦與之理，在乎陰陽之中，而不雜乎陰陽，以爲性理之源者也。成湯所謂降衷恒性，伊尹所謂天之明命，劉子所謂天地之中，孔子所謂繼善成性者，皆是也。《中庸》之言，蓋本於此，純粹至善，萬理咸備，天未始不爲人，人未始不爲天者也。”

曰：“上天之載，無聲無臭。故周圖圓其象，而虛其中，而又以無極名之矣。今子既書天字足矣，又書四德，而益以誠與命之名焉。何其名義之多，而不能極其一本之妙乎？”曰：“天之爲天，漠然雖無聲臭之可言，然其所以爲造化之樞紐，萬物之根柢者，豈無所自而然者乎？渾然一理，流行不息，二氣五行，四時百物莫不於是而出焉。故元之理爲春之生物，而於人爲仁；亨之理爲夏之長物，而於人爲禮；利之理爲秋之成物，而於人爲義；貞之理爲冬之固物，而於人爲智，而此四德皆是一元之流行，故元包四德，而仁統五常者也。語其循環之實者，則曰誠，而爲人之信；語其賦與於物者，則曰命，而爲人之性。是其名義雖多，而各有攸當，皆自其渾然者而流出，亦何害其一本之妙哉？況此圖也，但爲初學者設，若不如此，而直謂之天，則或意其冥漠空虛，都無主宰，而不知其爲萬理之源，或拘於蒼茫遍覆，以行氣化，而不知其有一本之妙，且又不知吾之所以爲性者，其原皆出於天，其理皆備於我，而或溺於佛氏之空、楊氏之混矣。”

曰：“周圖陽儀居左，陰儀居右，陰陽方位，各得其正。今子此圖，陽居於右，陰居於左，以右爲東，以左爲西，何也？”曰：“周圖我爲主，而對圖則我在北，而圖在南，故左爲東，而陽儀居之；右爲西，而陰儀居之。此則圖爲主，而我觀之，則圖在北，而我在南，故東爲右，而西爲左，但有賓主待對之异而已。陰陽方位，未嘗易也。”

曰：“周圖以水火金木皆在二儀之下，而土居其中。今子此圖，水入陰中之陽根，火在陽中之陰根，而又分土爲二，夾於四行之間，何也？”曰：“周圖雖列五行於二儀之下，然其言曰五行一陰陽也，則陰陽不在五行之外，觀者或不察焉。夫水居子位，而陽生於子，則水者陰之極，而陽已生，即陰中之陽也，故入陰中，而居陽根。火居午位，而陰生於午，則火者陽之盛，而陰已萌，即陽中之陰也，故在陽中，而居陰根。木陽稚，而純乎陽，故居東；金陰稚，而純乎陰，故居西。若夫土則無定位，而寄旺於四行，故可分而二之，以夾於其間也。然小其圈，不與四行同大者，亦以見其居中之體隱然。自與四行同大，而寄旺於他者，其端交見於彼此，故不得與之相并也。而况天命之理，賦於其中者，既主於内，則又安得以土而奪之哉。故其勢亦不得不分也。”

曰：“人物之生，必得二氣之聚，以成其形質。今子以氣與質分於左右，則是氣質判爲二物，若無以見其聚而成形者，何也？”曰：“物之成形，良由二氣之聚，固不可以分也。然揆厥初元，則形生於陰，神發於陽，亦不容無辨矣。今分左右，固非以是判爲二物也。要使學者分陰分陽，曉然知其所由來爾，故氣雖居右，而質具於中；質雖居左，而氣行於内，則亦未嘗不合而爲一也。且其既分，而復合之後，又皆以氣爲外者，亦以見其氣寓於質，而發揚於外也。”

曰：“心之虚靈，具衆理而應萬事，其以爲理與氣合者，何也？”曰：“理本無爲，其所以能靈，而用之者氣也。舜之命禹曰：‘人心惟危，道心惟微’，則固以理氣而分言之矣。夫心之發，其幾有善惡之殊，若純乎理，而不雜乎氣，則其發安有不善哉？又爲五臟之一而屬火，則其亦禀氣而成形者可知矣。”

曰：“心體本虚，而其爲知覺者一而已矣。故其未發也，至静而虚，無有名狀之可言；及其既發，則於事物之理，随所感觸，一以貫之，而無所不通。今子既以性心情意，分其點畫，又以五常四端七情二幾各属其下，則名義繁多，知覺不一，紛擾雜錯，而静虚之體有所不立，偏属固滯，而貫通之用，有所不周者，何也？”曰：“心之虚靈，知覺則一而已矣。然語其虚靈之所以爲體，則不過五常之性，而萬事萬物之理無不統，語其知覺之所以爲用，則不過四端七情之感，而萬事萬物之變無不管，徒知其爲静虚，而不知五常之性爲之體，則其爲心也。漠然無物，淪於老氏之虚無，佛氏之空寂，而大本有所不立矣。徒知其有知覺，而不知四端七情之發，其幾有善惡之殊，而致察焉。則心爲物役，欲動情勝，而達道有所不行矣。故必使學者知有是體，而存之於至静之中，以守其本然之正；知有是用，而察之於應物之際，以遏其將然之欲，然後體用兼全，内外交養，而學之爲道得矣。”

曰：“古之言性者，性曰仁義禮智，今則以爲仁礼義智者，何也?”曰：“古之言者，以待對之位而互舉之，猶曰東西南北也。今以健順之属，而分言之，猶曰春夏秋冬也。”

曰：“昔唐韓子《原性》而本於礼，《書》以喜怒哀樂愛惡欲七者爲性發之情。程子亦取而言之。今子以四端屬乎性，發而七情，列于心下者，何也?”曰：“七者之用，在人本有當然之則，如其發而中節，則《中庸》所謂達道之和，豈非性之發者哉?然其所發或有不中節者，不可直謂之性，發而得與四端并列於情中也。故列于心下，以見其發之有中節不中節者，使學者致察焉。又况程子之言，以爲外物觸而動於中，其中動而七情出，情既識而其性鑿矣。則其不以爲性發也，審矣。”

曰：“惻隱辭遜，羞惡是非，即仁礼義智之端，非有二也。今子既以四者列於情下，又書其端，於外別作一圈，何也?”曰：“四者之性，渾然在中，而其用之行，随感而動，以爲惻隱辭遜、善惡是非之心，則是心，即爲四者之端，誠非二也。然發於中者謂之心，現於外者謂之端，故孟子於此凡兩言之，或言端，或不言端，而朱子於言端以爲猶物在中，其端緒見於外，則其義愈明，而不容無辨矣。”

曰：“人之有身，氣以成形者，不以聖愚賢否而有异。故朱子曰：‘人莫不有是形，故雖上智，不能無人心。’今子乃於誠字一圈，專以理而不及乎氣，則是聖人無有形氣，而本無人心者歟?”曰：“不然也。人物之生，同得是氣以成形，亦同得是理以爲性，故於太極之下，既以氣質而成形於外，又以理氣而爲心於内者，是聖愚賢否之所同也。若其誠敬欲之三圈者，但以其生於心，作於事者，其善惡高下有此三等，非以聖人之身無有形氣，亦無有人心也。又其所謂人心者，亦未便是不好，人心之得其正，即道心之流行也。故聖人之心純乎天理，而無一毫人欲之私者也。"

曰："五經《語》《孟》諸書，其贊聖人之德多矣。子於誠字圈内言聖人之德化無所取，但書真實無妄，何也？"曰："聖人之德，廣大如天，無所不備，故稱美之辭，各極其盛，然要其所以如天之實，則至誠無息而已。故將誠字大書，以表之其下，若取他説，則雖極稱美之辭，或有所未備。學者又以爲不可幾及，而趨向之心怠矣。故但用真實無妄，以釋誠字，言雖至近，而廣大如天之德，無所不在其中，且使學者觀之，亦不以爲甚高難行，而思誠之學，希聖之切，庶可以自勉矣。"

曰："周子圖書云'君子修之吉，小人悖之凶'。今子本之，既於敬字言君子修之矣，其於欲字，不曰小人，而曰衆人，何也？"曰："人雖不肖，皆自以爲賢智，而不自知其所行之爲小人，若曰小人，則觀者以自暴自弃爲他人之事，而不自省矣。故直書曰衆人，然後人人觀者，各自省勵，而有所感發矣。"

曰："子爲此圖，敢欲竊比於濂溪周子歟？"曰："惡是何言也？濂溪之圖，精深廣大，備極無餘，初學之士所不及知。朱子《中庸章句》之説，明白簡切，學者又不能察此乃義理之根本，於此有所不知，則所學皆苟而其失甚遠矣。故本之以濂溪之圖參之，以朱子之説作爲此圖，以示學者，使其入學知所向方而已，何敢望於先哲哉？"

曰："其訓天人心性之意，分破點畫，若是其穿鑿者，何所据乎？"曰："是其破碎穿鑿之罪，自知其無所逃避，但使初學樂觀而易知其意爾。然古人製字，亦有會意者，如所謂一大爲天，土也爲地之類是也。有象形者，如山如鼎之類是也。訓意有分字者，如所謂中心爲忠、如心爲恕之類是也。苟於大義無甚悖謬，則敢其大，而恕其小可也。"《入學圖説》。

《入學圖說》終　金爾音①

《入學圖說》，陽村先生爲初學而作也，其圖祖濂溪《太極圖》，其義意則本程朱格言，而天人心性之訓點畫分釋之精，誠初學之指南也。至論四書之節次綱要，五經之全體大用，亦可班班易曉，寒鄉後進無明師良友以先後之者，誠得此而玩心焉。其於性命之學，可謂思過半矣。予於丙子秋來守晋陽，因學者見寫本，嘆其精到，命工綉梓，思與諸承學共之。於戲，初學之士知先生開示之旨，而有得焉。則今此刊行豈無小補云。時洪武三十年丁丑二月初吉，嘉善大夫晋陽大都護府使、兼管内勸農兵馬團練使金爾音敬跋。《入學圖說》。

①金爾音（？—1409），字白玉，號三路，曾任江原道知事。

第一太極圖　李滉

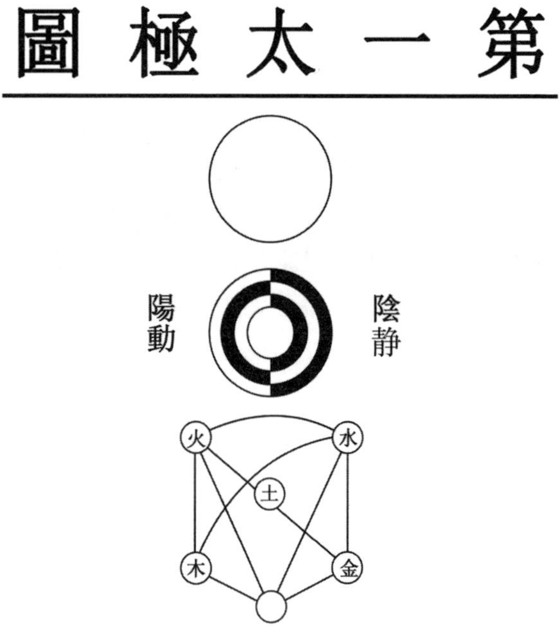

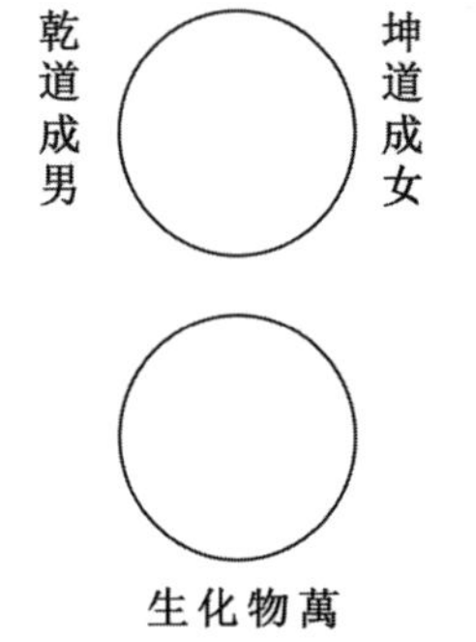

○此所謂無極而太極也即陰陽而指其本體不離乎陰陽而爲言耳◎此○之動而陽靜而陰也中○者其本體也☽者◐之根也☾者☽之根也 ⋈ 此陽變陰合而生水火木金土也

⋈ 此無極二五所以妙合而無間也

○乾男坤女以氣化者言也各一其性而男女一太極也○萬物化生以形化者言也各一其性而萬物一太極也

太極圖説

無極而太極，太極動而生陽，動極而静，静而生陰，静極復動，一動一静，互爲其根，分陰分陽，兩儀立焉。陽變陰合，而生水、火、木、金、土，五氣順布，四時行焉，五行一陰陽也，陰陽一太極也，太極本無極也，五行之生也。各一其性，無極之真，二五之精，妙合而凝。乾道成男，坤道成女，二氣交感，化生萬物，萬物生生，而變化無窮焉。惟人也，得其秀而最靈，形既生矣，神發知矣。五性感動，而善惡分，萬事出矣。聖人定之以中正仁義而主静，立人極焉，故聖人與天地合其德，日月合其明，四時合其序，鬼神合其吉凶。君子修之吉，小人悖之凶，故曰立天之道曰陰與陽，立地之道曰柔與剛，立人之道曰仁與義，又曰原始反終，故知死生之説。大哉《易》也！斯其至矣。

朱子曰："《圖説》首言陰陽變化之原，其後即以人所禀受明之。自惟人也，得其秀而最靈，純粹至善之性也，是所謂太極也。形生神發，則陽動陰静之爲也。五性感動則陽變陰合，而生水、火、木、金、土之性也。善惡分則成男成女之象也；萬事出，則萬物化生之象也。至聖人定之以中正仁義而主静，立人極焉，則又有得乎太極之全體，而與天地混合無間矣。故下文又言天地日月四時鬼神，四者無不合也。"又曰："聖人不假修爲而自然也，未至此而修之，君子之所以吉也。不知此而悖之，小人之所以凶也。修之悖之，亦在乎敬肆之間而已矣。敬則欲寡而理明，寡之又寡，以至於無，則静虚動直，而聖可學矣。"

右濂溪周子自作圖并説，平巖葉氏謂此圖即《繫辭》"易有太極，是生兩儀，兩儀生四象"之義，而推明之。但《易》以卦爻言，圖以造化言，朱子謂此是道理大頭腦處，又以爲百世道術淵源。今兹首揭此圖，亦猶《近思録》，以此説爲首之意，蓋學聖人者求端自此，而用力於小大學之類，及其收功之日而溯極一源，則所謂窮理盡性，而至於命，所謂窮神知化，德之盛者也。《聖學十圖》。

天命舊圖　鄭之雲①

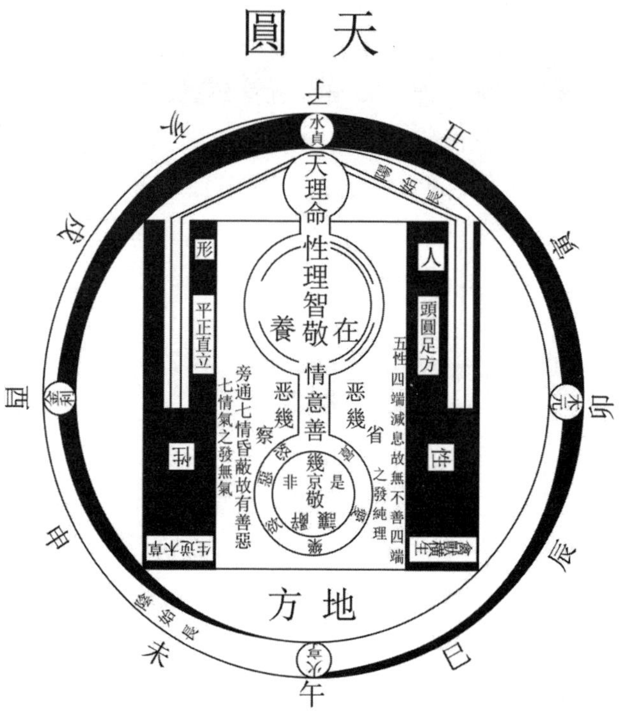

《秋巒實紀》卷一

---

①鄭之雲（1509—1561），字静而，號秋巒，著有《秋巒實紀》。

天命舊圖　鄭之雲

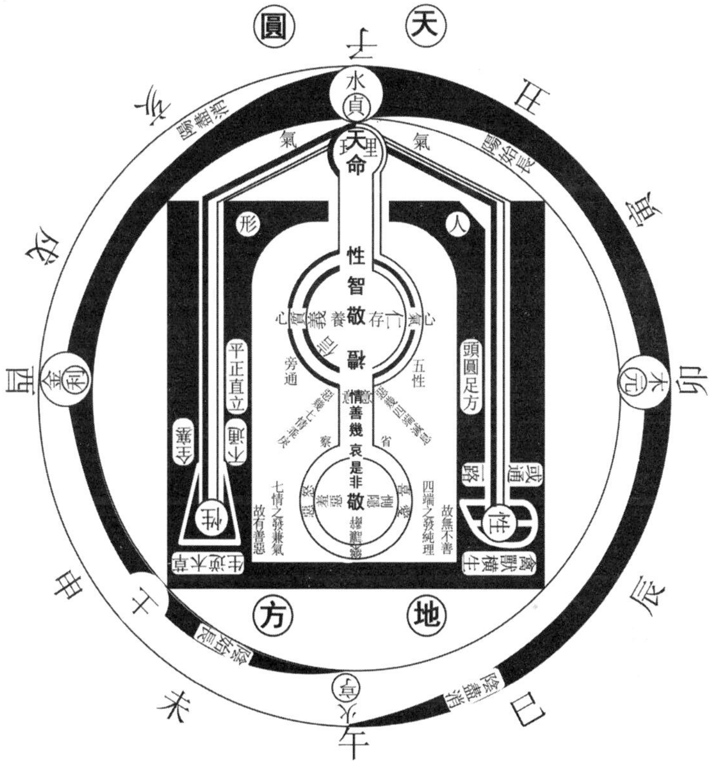

《天命圖說》

天命新圖　鄭之雲

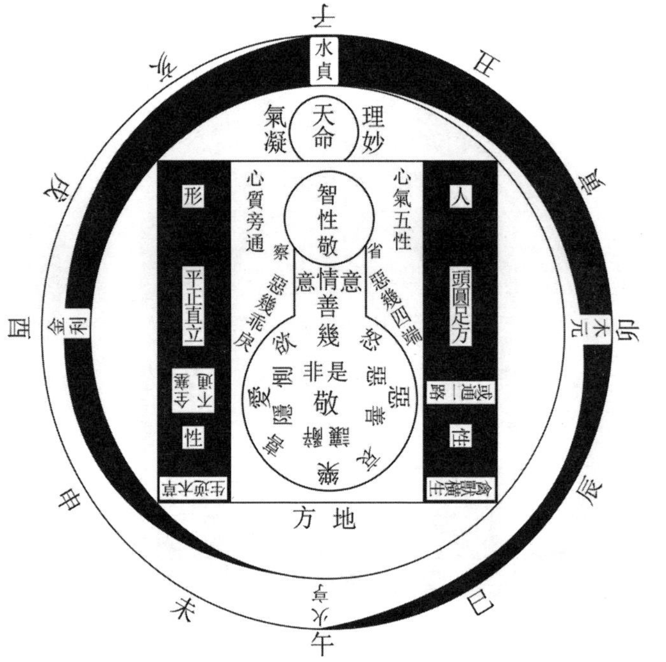

《秋巒實紀》

天命新圖　鄭之雲

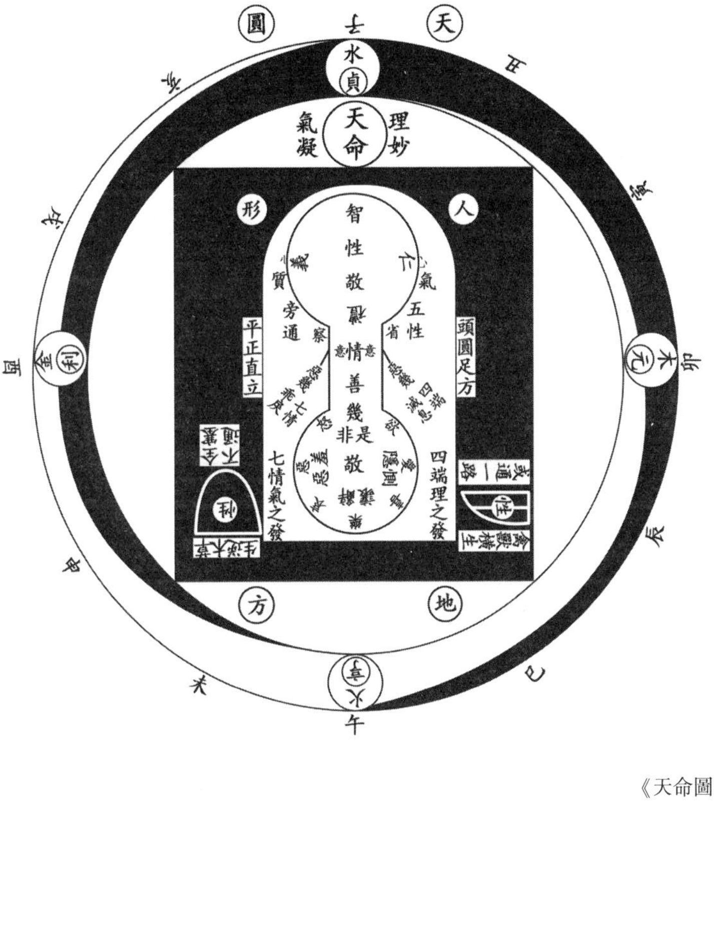

《天命圖說》

退溪先生証正圖

《秋巒實紀》卷一

三才一太極圖　曹植①

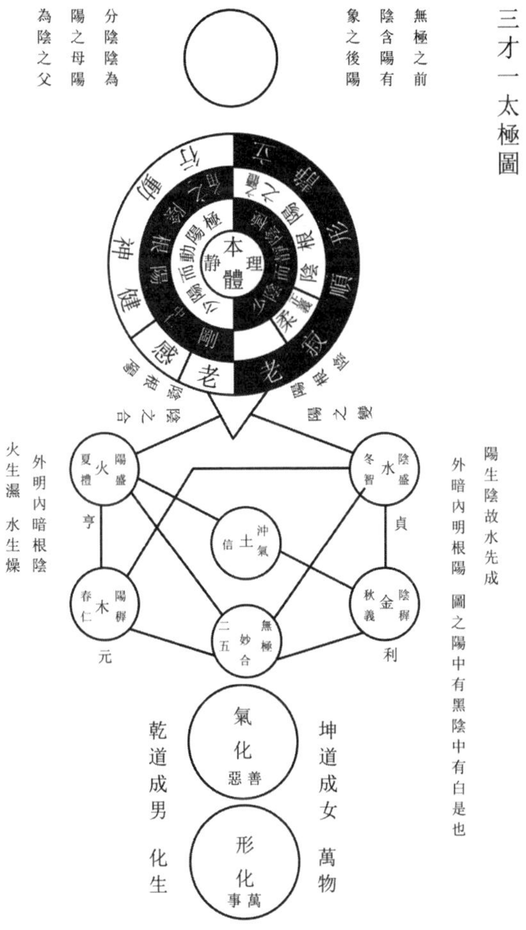

《學記類編》

①曹植（1501—1572），字健仲，号南冥、南溟、山海、方丈老子、方丈山人，著有《南冥集》《學記類編》等。

太極與通書表裏圖　曹植

太極與通書表裏圖　林隱圖

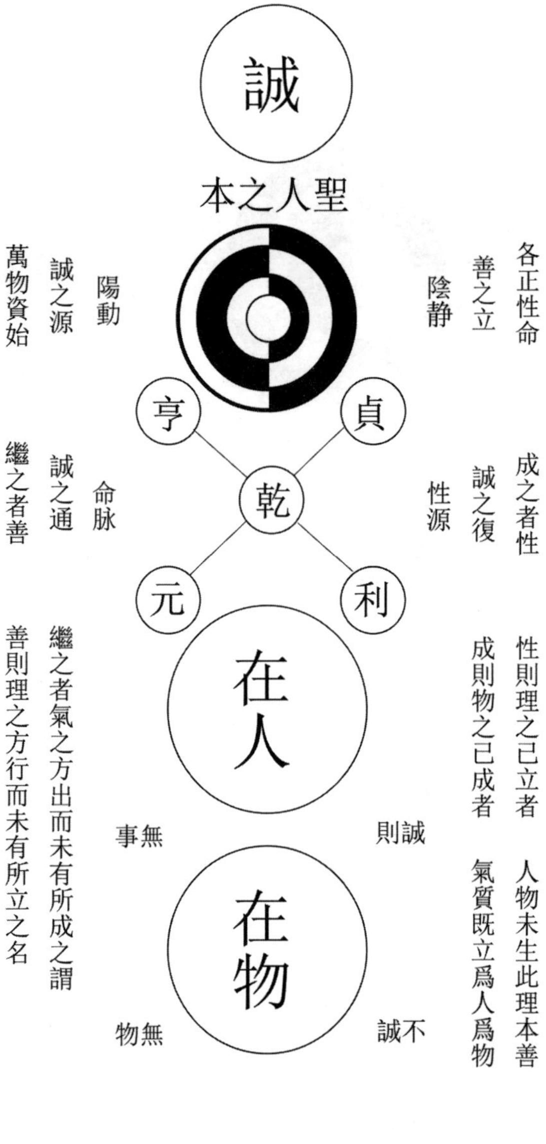

《學記類編》

理氣圖　曹植

理氣圖

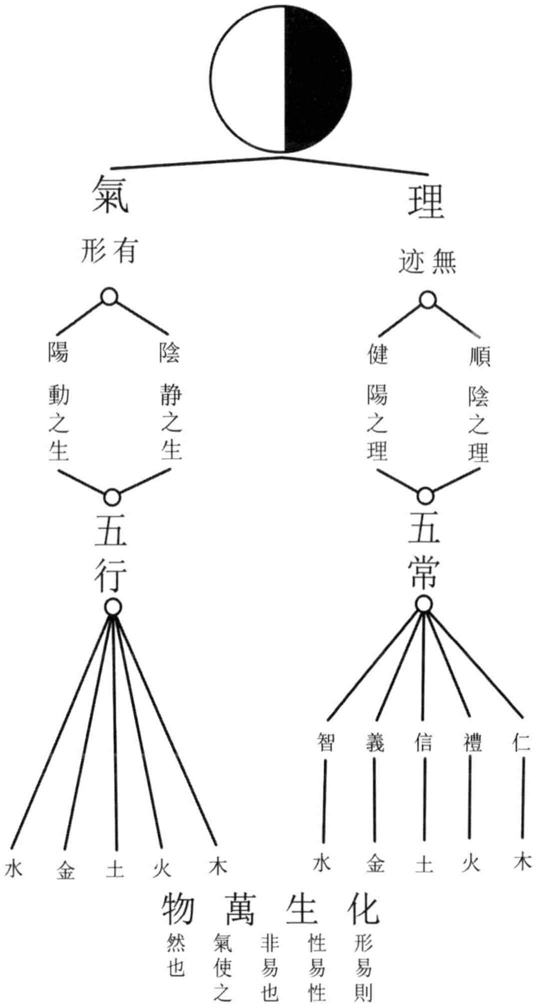

《學記類編》

誠圖　曹植

幾
善
惡
物格知至意
格致爲誠意之根基又曰愼獨爲根基
學問思辨篤行
知不至則雖欲誠意如人夜行心
雖知路從此去黑暗行不得還
到正心言存省蓋意欲實而
心本虛本體不偏於未發妙
用不留於已發
格物是零碎説
致知是全體説
夢覺關
人鬼關
知止
定静安慮得
如的
理心身
理明志定
中的
彎弓到臨滿
時分外難關
安静寂安慮感
秤物得秤得輕重
知如識秤上星兩慮
閑邪存其
龍德而正中
二九
敬
庸信
誠
太極
無爲
心
性
理
動
靜
立其
脩辭
忠信
實心
進德
三九終
直動
虛靜

《學記類編》

幾圖 曹植

幾圖

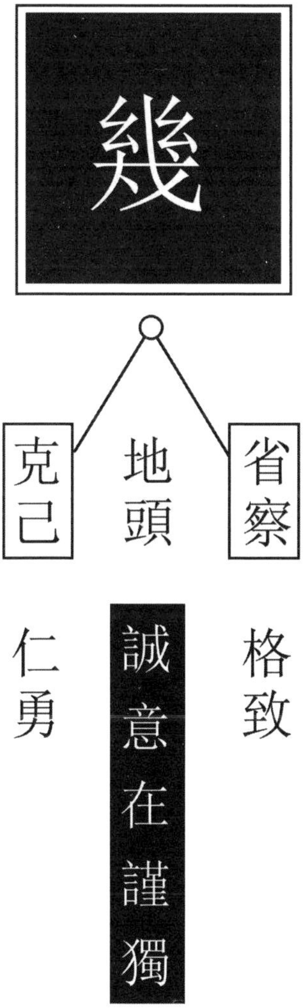

《學記類編》

審幾圖 曹植

《學記類編》

誠爲太極圖　曹植

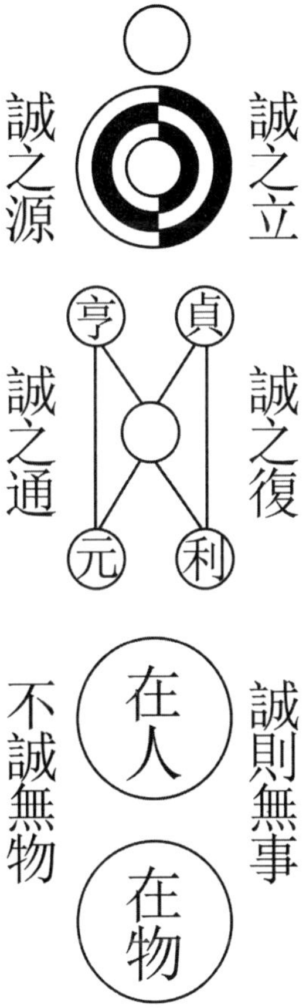

《學記類編》

天命圖　奇大升①

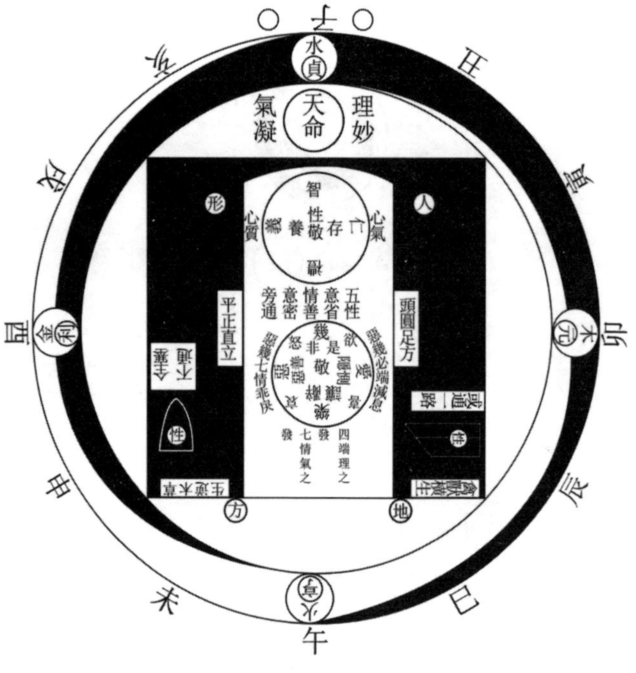

《高峰集》

①奇大升（1527—1572），字明彦，號高峰、存齋，著有《高峰集》。

擬定天命圖　奇大升

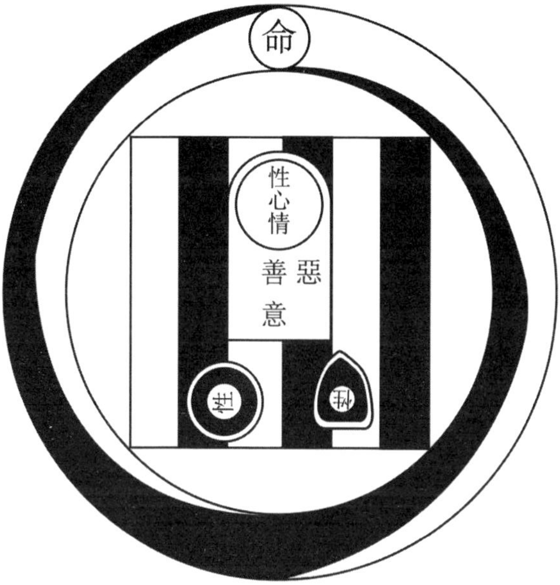

《高峰集》

太極之圖 張顯光

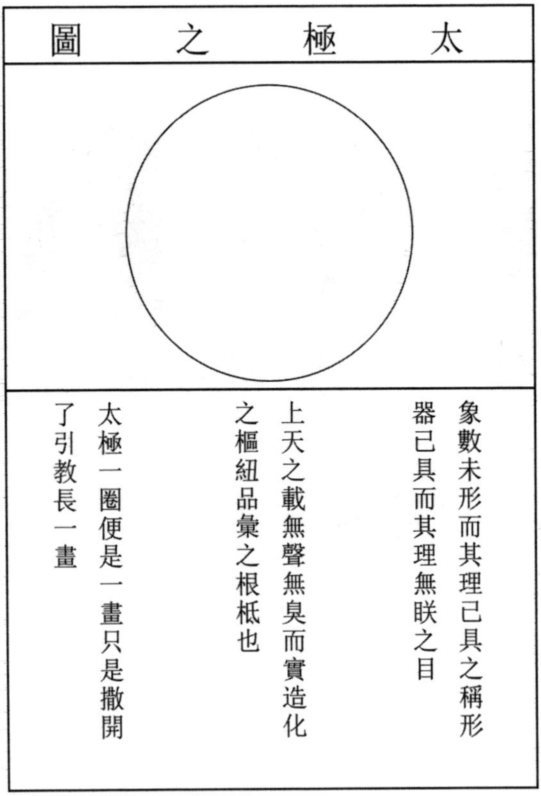

太極

易有太極，是生兩儀，兩儀生四象，四象生八卦。《易·大傳》。

無極而太極，太極動而生陽，動極而靜，靜而生陰，靜極復動，一動一靜，互爲其根，分陰分陽，兩儀立焉，陽變陰合而生水火木金土，五氣順布，四時行焉。五行一陰陽也，陰陽一太極也，太極本無極也。周濂溪。

太極只是一個理。太極只是天地萬物之理，在天地言，則天地中有太極，在萬物言，則萬物中各有太極，未有天地之先，畢竟是先有此理，動而生陽，亦只是理，静而生陰，亦只是理。太極非是别爲一物，即陰陽而在陰陽，即五行而在五行，即萬物而在萬物，只是一個理而已。因其極至，故名曰太極。若無太極，便不翻了天地。太極者象數未形，而其理已具之稱，形器已具，而其理無眹之目。以上朱子。

萬物各具一理，萬理同出一原，所謂萬物一原者，太極也。太極者，乃萬理統會之名。有理即有氣，分而爲二，則爲陰陽。分而爲五，則爲五行。萬物萬理，皆原於此，人與物得之則爲性。性者，即太極也，仁義即陰陽也，仁義禮智信即五行也，萬物各具一理，是物物一太極也。萬理同出一原，是萬物統體一太極也。太極非有形有器之物，只是理之至者，故曰無極而太極。真西山。

太極之所以爲極至者，言此理至中至正，至精至粹，至神至妙，至矣盡矣，不可以復加矣，故强名曰極。天之所以萬古常運，地之所以萬古常存，人物之所以萬古生生不息，不是各各自恁地都是理在其中，爲之主宰，便自然如此，就其爲天地萬物主宰處論，恁地渾淪極至，故以太極名之，蓋天地萬物之理，到此湊合，更無去處，及散而爲天地，爲人爲物，又皆一一停均，無少虧欠，所以謂之太極。陳北溪。

開物之前，渾沌太始，混元之如此者，太極爲之也，開物之後，有天地，有人物，如此者太極爲之也。開物之後，人銷物盡，天地又合爲渾沌者，亦太極爲之也。太極常常如此，始終一般，無增無減，無分無合，故以未判已判言太極者，不知道之言也。吴臨川。《易學圖説》卷二。

《太極圖》與《易》相合之圖

張顯光

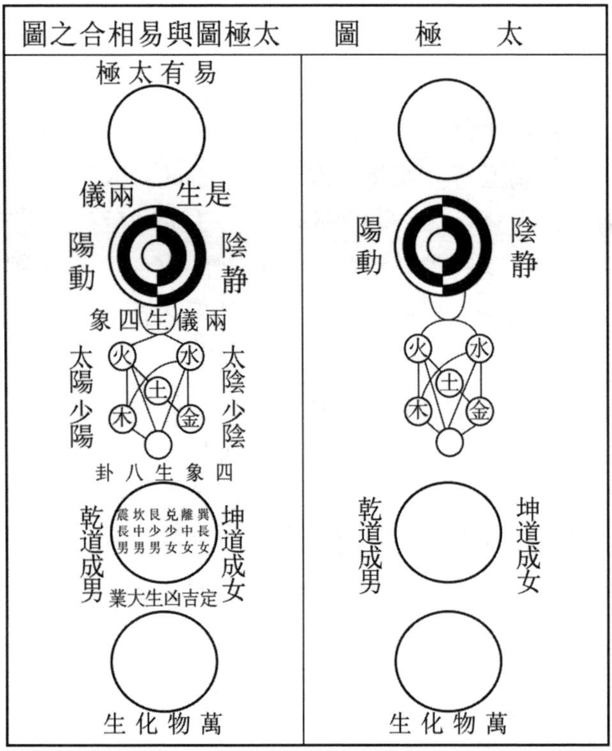

《易學圖説》

天人一理之圖　權益昌①

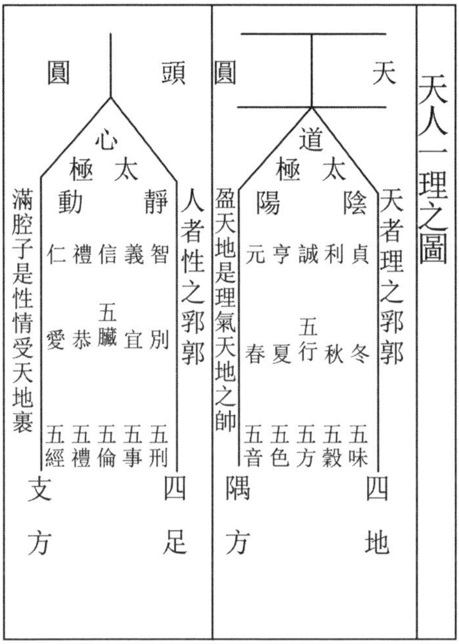

天圓地方而有四隅者，天地之形也。頭圓足方而有四支者，人之形也。邵子曰：“道爲太極。”又曰：“心爲太極。”在天曰道，在人曰心也。易曰一陰一陽之謂道，又曰寂然不動，感而遂通。蓋天地之道曰陰與陽，而在人心則動靜之謂也。朱子曰：“元亨利貞，天道之常，仁義禮智，人性之剛。”又曰：“非誠諒無有，五性實斯存。”包四德而爲春夏秋冬之序者，誠也，貫四性而具愛恭宜別之理者，信也。五行以下五者，天地之道也，五臟以下五者，人事之紀也。豈非盈天地是理氣，而天者，理之郛郭乎？滿腔子是性情，而人者，性之郛郭乎？此圖之所以作也。《湖陽集》卷三。

---

①權益昌（1562—1645），字茂卿，號湖陽，著有《湖陽集》。

太極先天表裏之圖　權益昌

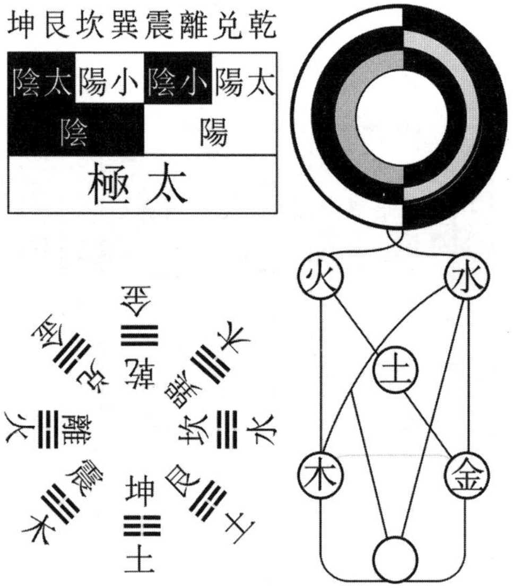

兩圖皆不離陰陽五行
圖雖有二其實則一

太極圖以動靜而明之
先天圖以奇偶而推之

太極圖分陰陽陰陽分而生
五行

先天圖分乾坤乾坤分而生
六子

五行相生克而迭爲消長
乾坤相推盪而互爲吉凶

朱子曰："論其格局，則太極不如先天之大而詳；論其義理，則先天不如太極之精而約。"蓋合下規模不同，而太極終在於先天範圍之內，又不若彼之自然不假思慮安排也。若以數言之，則先天之數，自一而二，自二而四，自四而八，以爲八卦，太極之數自一而二，剛柔，自二而四，剛善剛惡，柔善柔惡，遂加其一，中，以爲五行而遂下及於萬物，蓋物理本同而象數亦無二致，但推得有大小詳略耳。

先天之説亦是太極散而爲六十四卦，三百八十四爻，而莫不具一太極，其各具一太極處，又有許多道理，須虛心平氣就事觀理，不可只就圖想像思惟也。

六爻之中，五上爲天，三四爲人，初二爲地，統而言之，三極同一太極，折而言之，三極各一太極。

先儒謂《河圖》《洛書》相爲表裏經緯，愚於此二圖亦云，太極圖分而方之，則爲先天圖。先天圖合而圓之，則爲太極圖。《湖陽集》卷三。

《太極圖》交互則成八卦　權益昌

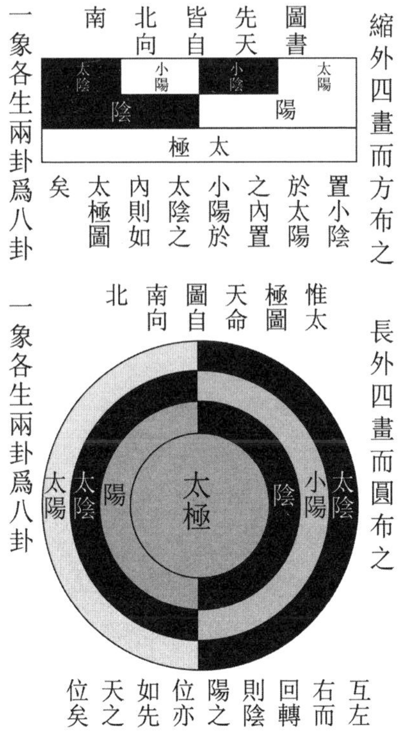

圖形爲《坎》《離》，交互下畫則爲《艮》《兑》。

交互中畫則爲《乾》《坤》，交互上畫則爲《震》《巽》。

禹景善問："《先天》《太極》兩圖其理一也，而立義不同，法象亦异，不可强而通之也。"先生曰："是，愚謂立意法象雖异，而其理既一，則其可通處不可以不可强通而置之不通看也，故爲圖以明之。"《湖陽集》卷三。

《太極圖》本於圖書之圖 權益昌

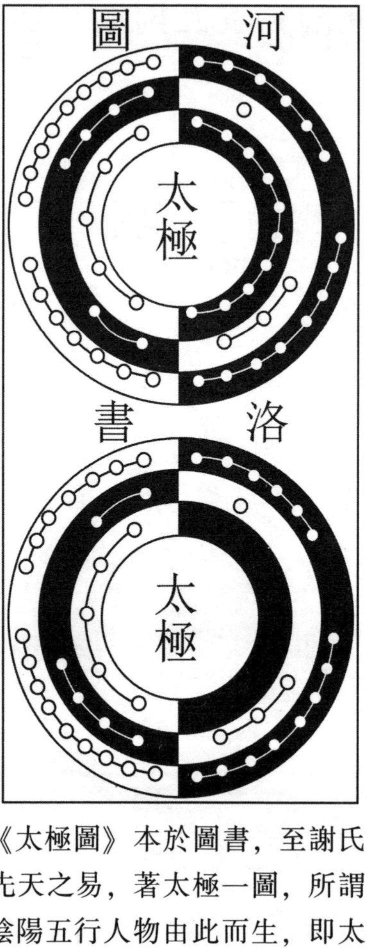

朱子不明言《太極圖》本於圖書，至謝氏方叔始發端，云濂溪周先生上祖先天之易，著太極一圖，所謂太極云者，蓋本於易有太極，而陰陽五行人物由此而生，即太極生兩儀，兩儀

生四象，四象生八卦之謂也。然則庖羲則圖書而畫八卦，周子亦則圖書而圖太極明矣，不然《太極圖説》何以曰“大哉《易》也，斯其至矣”云也。所謂易者，即圖書一陰一陽之謂也。《湖陽集》卷三。

五行圖

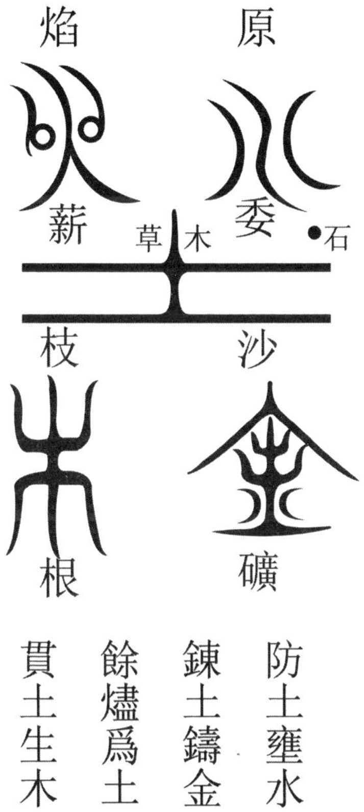

五行分屬之圖

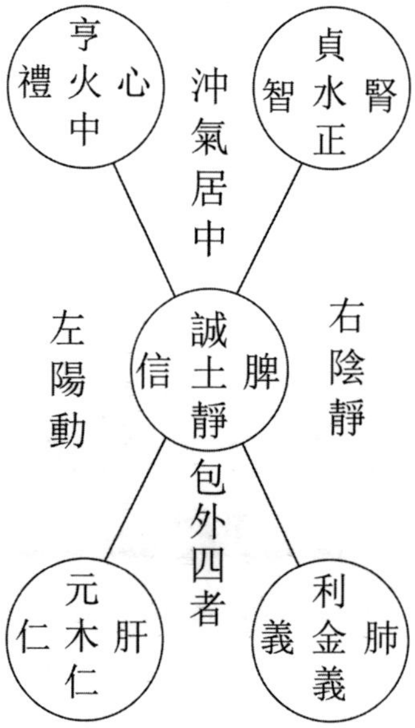

專爲以靜屬土
故下文及之

《通書》以五常配五行，則仁義中正主静之説，獨不可以静配土乎？夫静之於四德無不包，猶土於四時無不在也。蓋人禀五行之秀氣以生，而聖人得其秀之秀者也，故專動静之德，而常本於静，所以一天下之動而貞夫一者也，自惟人也以下，節節應前面圖説，仁義中正，木火水金，静獨不可以無應乎？木火，陽氣，故居左，而配仁與中；金水，陰氣，故居右，而配義與正；土沖氣，故居中，而體常静，亦可以配静也。然則周子何以言無欲故静，而朱子以動静之静釋之歟？曰圖説言無性感動，朱子釋之以得五行之秀，則其意固可見矣，此但專言聖人之德，故不爲拘拘於分屬耳。

邵詩“地以静而方”，朱詩“俯察方儀静”，可見静屬土。

元亨，誠之通，利貞，誠之復，寂然不動者，誠也。脾受食，心肝肺腎無不待其養。《湖陽集》卷三。

人具太極圖 金萬英①

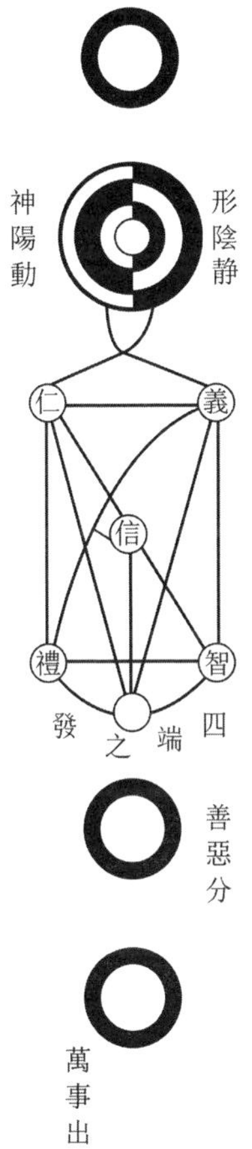

按，心有太極，亦有陰陽動靜之理。靜者，形之生，動者，

①金萬英（1624—1671），字英叔、羣實，號南圃，著有《南圃集》。

神之發。方其動静未形，其理已具，是謂太極。及其一動一静，互相爲根，則仁義禮智之性具焉。仁義禮智之性具，則仁義禮智之端發焉，四端發而善惡分，萬事出矣。此乃伏羲、堯舜以下，孔孟以前，相傳相受之心法，其言具載於聖經賢傳之中。孟氏以後，無有的發而傳之者。千載之下，惟有濂溪夫子得“太極”二字於《易傳》之中。畫而爲圖，發而作説，爲吾道一貫之的。及我紫陽老先生而其圖其説，又大暢明較著。而三才一理之相合，若符節之相契。嗚呼！無以加矣。謹掇拾周子洎紫陽釋傳條節，私作《人具太極圖》，以備自省之具，非愚之妄，紫陽之意也。

又按，羲禹圖書五數之中，堯舜人心道心之幾，文武周公建中建極之妙。孔子易有太極，吾道一貫之理，子思戒謹恐懼之前，曾子明德之初，孟子本善之性，乃所謂動静未形，其理已具之時也。羲禹以五乘十之後，堯舜惟精惟一之時，文武周公敬義相勝之際，孔生是生兩儀之發，曾子明明德、止至善之後，子思隱微謹獨之中，孟子人有四端之説，乃所謂動静相根，四德具四端發者也。是其一體一用，雖有動静之殊，必其體立而用有以行，其實一本而已。一動静而相終始者，敬而已矣。又五性之次，與本圖五行之次不同者。朱子曰：“形，陰之爲；神，陽之發。”又曰：“中也，仁也，所謂陽也；正也，義也，所謂陰也。”故今以仁禮居左，以義居右，仁爲四性之首，故居左之上，義爲仁之對，故居右之上，非自鑿也。戒慎恐懼之前，可見太極之體，發而中節之時，可見太極之用，體真妙之精，當於夜氣清朝見得。《南圃集》卷十一。

三才一太極圖說　先天八卦圖　朴光一

三才一太極圖說

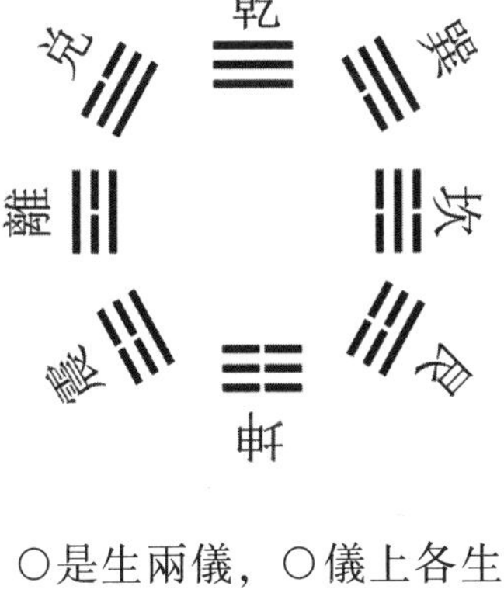

先天八卦圖

易有太極，○是生兩儀，○儀上各生一奇一耦而成象，◎象上又各生一奇一耦而成卦，◎卦既成，三才之道備焉，卦三畫也。蓋天之道曰陽與陰，地之道曰剛與柔，人之道曰仁與義也。一陽一陰，一剛一柔，一仁一義，而太極無乎不在。然則陰陽也，剛柔也，仁義也，雖有三才之别也，而其道則只是一太極而已。是故聖人由仁義行全體太極，而與天地参焉。君子行仁義而吉，小人悖仁義而凶也。是故人不可不知易矣，易其至矣乎！天道不兩則不立，地道不兩則不立，人道不兩則不立。是故陽與陰對，而爲天道之關鍵；剛與柔對，而爲地道之關鍵；仁與義對，而爲人道之關鍵。是故春夏陽，而秋冬陰也；生長剛，而收藏柔也；禮爲仁著，而智爲義藏也。是知至大至廣者，天地人之道，而其要則不越乎陰與陽、剛與柔、仁與義三者也，無是三者，易不可見矣。三者合而言之，則天地人之陽剛仁，概乎同此動☾也；其陰柔義，概乎同此靜☾也。故曰一動一靜者，天地人之至妙也，然動中之耦，（是靜之所本；而靜中之奇，）是動之所本也。一動一靜，互爲其根，而三才都一般矣。若乃分三而析言之，則外一圈○是天之陰陽也，最内一圈○是地之剛柔也；其中間一圈，○是人之仁義也。天地陽剛之畫皆居左，陰柔之畫皆居右，一左一右各有定，方此天地之所以偏於覆載，而不能相通者也。惟人之畫則自异焉，耦在陽剛之中而爲仁，奇在陰柔之中而爲義，自有交易變通之理。故仁之發常柔和而慈愛，義之發常剛决而果斷，此人之所以能兼天地之道，而參爲三才者也。大抵天天、地地、人人，而三極立焉。天或不天，地或不地，陰陽失其序，剛柔失其正，則不可曰天地之極立矣，而况於人乎！

仁義根於心，而其應乎外者無窮，愛惡，仁義也，笑嚬，仁義也，語默作止，皆仁義也。至於一出一處，一進一退，無非是仁與義也。其當仁而仁，當義而義，動合天地之道者，惟立極者能之。昔者顔氏處於陋巷，而獨善其身，斯義也，而春生，其德仁也。故有爲邦之問，孟氏游於齊梁，而志在兼善，斯仁也，而秋殺，其德義也。故不遇而去，斯二子可謂庶幾焉。然顔氏仁或違於三月之後，則義從可知也。孟氏集義養氣，而未免於集之，則仁從可知也。概乎皆未爲至也，必如夫子之與造化合其妙，與四時合其序，仕止久速之以時，然後方可謂全太極動静之妙，而與天地并立爲三焉。學孔子而爲仁義者，先學顔氏、孟氏斯可矣。顔氏之四勿，是爲仁之事，而禁外累也。

孟氏之勿，正是集義之事，而禁内欲也。内欲不萌，則心德全而仁矣；外物不累，則事皆合宜而義爾。仁之未嘗離乎義，義之未嘗外乎仁者，如此蓋以理一也。所謂水陰根陽，火陽根陰，陰陽太極也者，雖欲秘不漏泄，得乎！蓋嘗觀一分而二，二分而四，四分而八，八者，三畫之卦八也，其次則《乾》《兑》《離》《震》《巽》《坎》《艮》《坤》也。伏羲氏就此而中分之，作《先天圖》，圖自然离火居左，坎水居右，故今拈出此兩卦合而爲圖云。《遜齋集》卷六。

理氣源流圖 韓元震

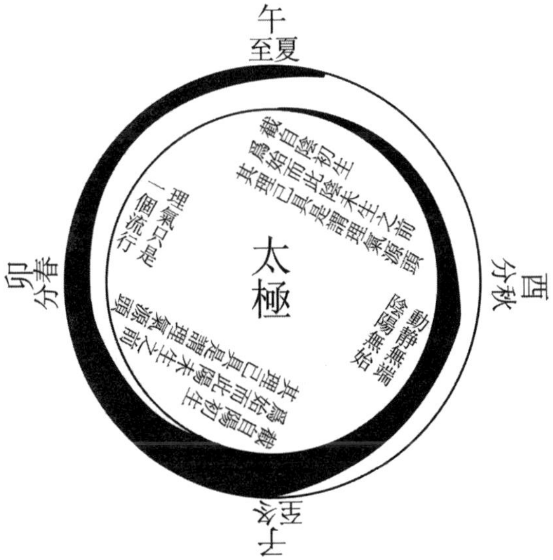

動静無端，陰陽無始，理氣只是一個流行也。就流行中截自一陰一陽初生處以爲始，而此陰此陽未生之前，其理已具，是則所謂理氣之源頭也。自源頭而觀，則理氣有先後，而理爲氣本；自流行而觀，則理氣無先後，而理乘氣機。朱子曰："坤復之間是無極。"又曰："陰陽若論流行底，則只是一個。"合二説而推之，則所謂源頭者，只是在流行中，而理氣實非有先後之可見者矣。《經義記聞録》卷六。

理氣動静圖 韓元震

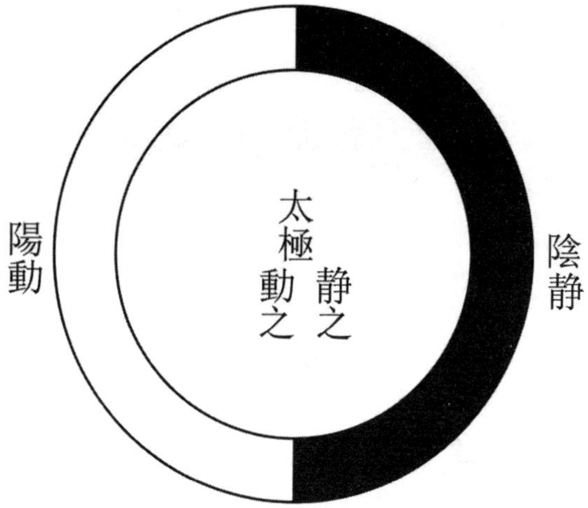

陰陽，氣也，太極所乘之理也，動静者，機也，動之静之者，理也。故自其動静者而言，則謂之氣有動静，而理無動静可也。自其動之静之者而言，則謂之理有動静，故氣有動静亦可也。朱子曰："動静非太極。"又曰："理有動静，故氣有動静。"合二説而推之，則可見此理雖不自會動静，而亦能主其動静矣。《經義記聞録》卷六。

一原分殊圖 韓元震

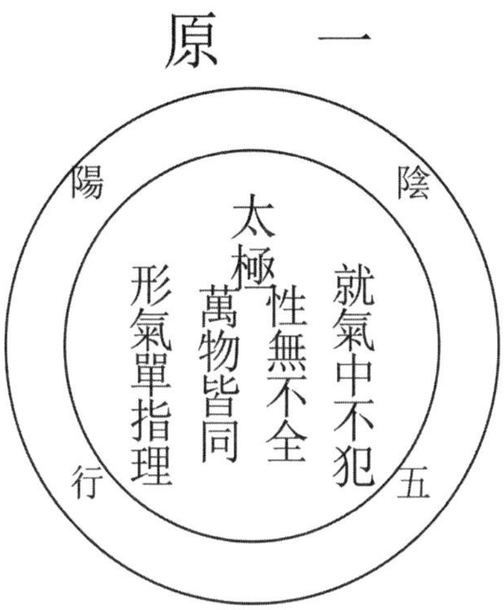

就氣中不犯形氣，單指其理，則渾然全體，無所偏倚，故尊以稱之曰太極。夫子所謂“易有太極，一陰一陽之謂道”，周子所謂“無極而太極”，程子所謂“冲漠無朕，萬象森然已具”，張子所謂“萬物之一原”是也。《經義記聞録》卷六。

分殊圖　韓元震

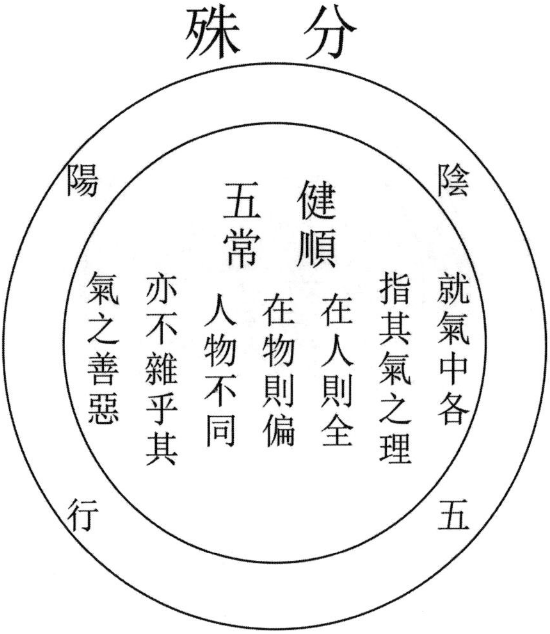

就氣中各指其氣之理，則理已偏於一德，而不得爲全體，故分而目之曰健順五常。亦不雜乎其氣之善惡而言，故其本善之體自若也。夫子所謂成之者性，各正其性命；周子所謂五行各一其性；孟子所謂犬之性、牛之性、人之性；朱子所謂偏全之理是也。《經義記聞録》卷六。

一原分殊只是一理圖　韓元震

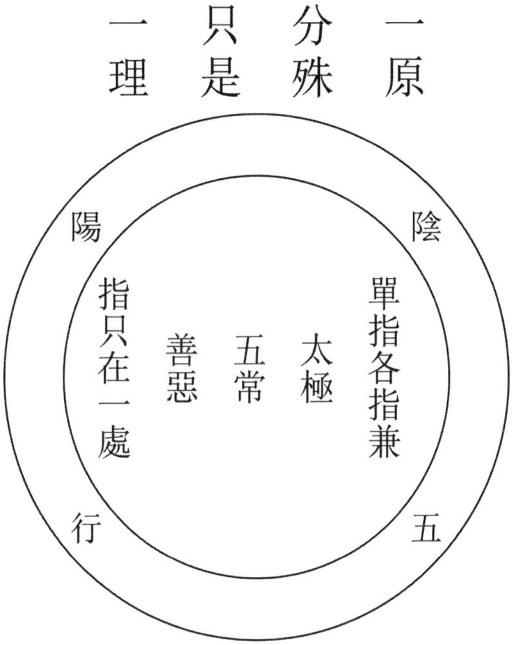

單指、各指、兼指，只在一處，理在氣中只有一體，而單指則皆全，各指則有偏全，兼指則有善惡。朱子論性，所謂同中識其所异，异中見其所同者是也。

性在氣中，一而已矣，就此一個地頭，或不犯形氣。單指其理，或各指其氣之理，而亦不雜乎其氣之善惡，或兼指其氣之善惡而言，故其性有一原分殊之不同。單指處，未嘗非健順五常之理，各指處，未嘗非太極之理，兼指處，亦未嘗非健順五常太極之理。然單指處不可喚做健順五常之殊，各指處不可喚做太極之全體，兼指處不可喚做太極五常本然之德。譬如看山，横看成嶺，直看成峰，而山未嘗有二也。然看成嶺處不可喚做峰，看成峰處不可喚做嶺也，理一也，山一也，只在人看得有别耳。

右六圖謹述所聞，而作前二圖，推明理氣之源，後四圖詳著性命之藴，其説備於記聞録太極説中矣，乙未季冬書。《經義記聞録》卷六。

太極圖　李燾①

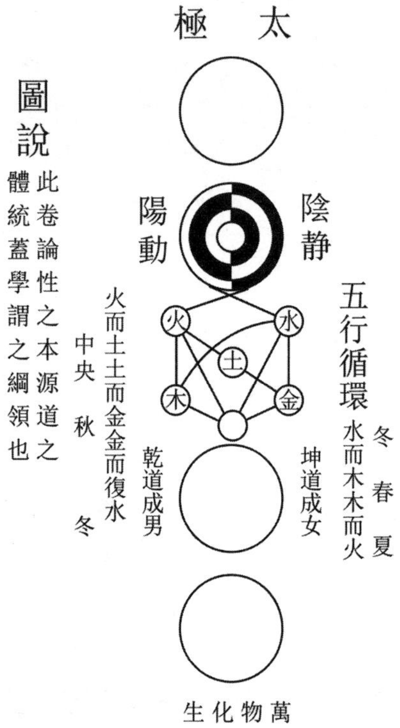

濂溪先生曰：“無極而太極。太極動而生陽，動極而静，静而生陰，静極復動，一動一静，互爲其根，分陰分陽，兩儀立焉。陽變陰合，而生水、火、木、金、土，五氣順布，四時行

①李燾（1639—1713），字載卿，號喟啾、龍溪，著有《龍山集》。

焉。五行一陰陽也，陰陽一太極也，太極本無極也。五行之生也，各一其性。無極之真，二五之精，妙合而凝。乾道成男，坤道成女。二氣交感，化生萬物，萬物生生而變化無窮焉。惟人也，得其秀而最靈。形既生矣，神發知矣。五性感動，而善惡分，萬事出矣。聖人定之以中正仁義而主静，立人極焉。故聖人與天地合其德，日月合其明，四時合其序，鬼神合其吉凶。君子修之吉，小人悖之凶。故曰立天之道曰陰與陽，立地之道曰柔與剛，立人之道曰仁與義，又曰原始反終，故知死生之説。大哉《易》也！斯其至矣！”

此所謂無極而太極也，即陰陽，而指其本體不雜乎陰陽而爲言耳。此○之動而陽，静而陰也。中○者，其本體也。者，之根也。者，之根也。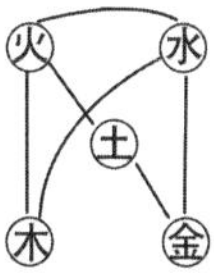

此陽變陰合，而生水、火、木、金、土也。此無極二五所以妙合而無間也。○乾男坤女，以氣化者言也，各一其性，而男女一太極也。○萬物化生，以形化者言也，各一其性，而萬物一太極也。《龍山集》卷五。

太極之圖　蔡之洪①

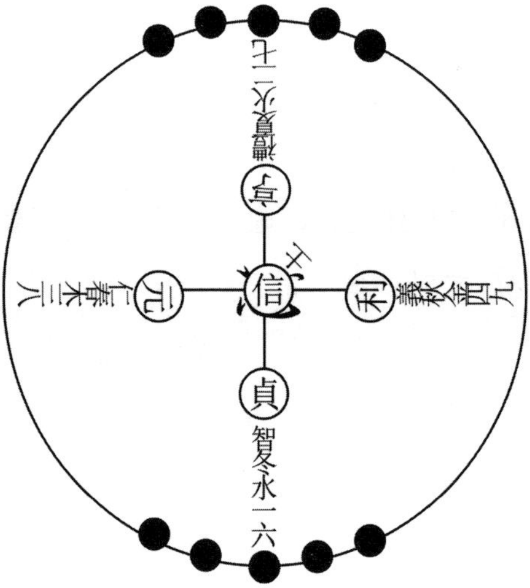

《河圖》之五十有五，《洛書》之四十有五之數，俱不外乎五與十之數。《河圖》則一得五而爲六，二得五而爲七，三得五而爲八，四得五而爲九。《洛書》則十分一之餘爲九，十分二之餘爲八，十分三之餘爲七，十分四之餘爲六。《河圖》主全，故其數十，《洛》書主變，故其數九。

朱子曰："太極者，象數未形，而其理已具之稱，形器已具，而其理無眹之目。"在《河圖》《洛書》，皆虚中之象也。胡氏釋之曰："畫前之易，一太極耳。"横圖所該儀象卦以至六十四者，皆自此而生也。蓋圖書未出，卦畫未立，而所以爲兩儀四象八卦之理，已渾然備具，所謂不雜乎陰陽之太極也。圖書既出，卦畫既立，而其所以然之理，常寓於其中，所謂不離

①蔡之洪（1683—1741），字君範，號鳳巖、鳳溪、三患齋、舍藏窩，著有《鳳巖集》。

乎陰陽之太極也。邵子曰“無極之前，陰含陽也”者，此只就先天圓圖以坤復之間爲太極，而自《姤》至《坤》爲無極之前，自《復》至《乾》爲有象之後者而言也。陰陽二端，一左一右，循環無窮，却與《太極圖》中間虚者，便是太極者不同。《先天圖》陰陽從兩邊生，《太極圖》則從中出故也。邵子亦嘗言圖從中起，試以《河圖》驗之，則陽儀之一三七九，陰儀之二四六八，無一不本於中五之中，中之一點，正如五行之土，五常之信，無乎不在，即《中庸》之費而隱，無聲無臭者也。朱子又曰：“《河圖》之虚五與十者，太極也。”五與十雖虚而不用，兩儀四象八卦之中，其數無不在焉。正如太極不雜乎陰陽，而冲漠無眹之體無物不具，故謹依周濂溪《太極圖》太極之例，以爲第一圈子，而其書四德五常、四時五行者，蓋以天下萬理無一不本於太極也。其書心字於中者，亦邵子心爲太極之義也。圖書皆以五居中者，即叁天兩地之義也，三兩合則爲五故也。天圓而地方，凡物之圓者，徑則一而横圍則三，方者，徑則一而横圍則四。當云參天四地，而曰兩地者，陽用其全，陰用其半故也。陽者以一爲一，陰者以二爲一，觀於卦畫可知矣。《鳳巖集》卷十。

周子太極法象圖　尹思進

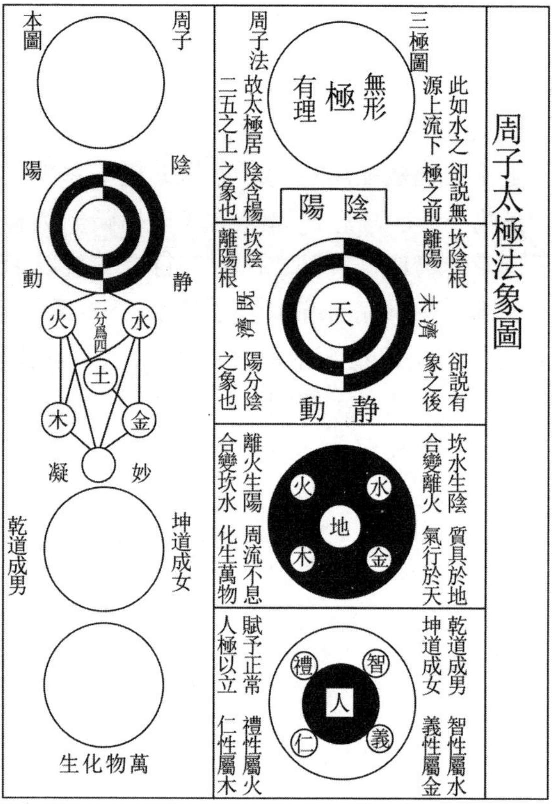

此圈即濂翁所謂“無極而太極”，而朱子所謂“象數未形而其理已具，形氣已具而其理無眹”也。《繫辭上·傳》第五章《本義》言道之體用，而曰其所以然者，則未嘗倚於陰陽也。其指此圈之謂也歟？《繫辭》一陰一陽之章下《本義》曰：“道之體用，不外乎陰陽，此陰陽圈中太極是也。”又曰：“其所以然者，則不倚乎陰陽，此陰陽圈上太極是也。"①

此圈似象四時之正位，陰陽互根於子午，則午是乾位，子是坤位，日月往來乎卯酉，則卯是离位，酉是坎位，《易》曰："陰陽之義，配乎日月。"周子所以置离坎之位於卯酉者，盖取諸伏羲先天之象，而且其中一圈子，即上《本義》所云道之體用不外乎陰陽者，亦指此圈中虚白之體也歟？

邵子以此水火金木謂二分爲四，屬之四象，則象者，在天之象也。此五行之氣，列爲星宿，而垂象於天者也。其下無極之真，二五之精，妙合而凝者，天之降衷于民，而爲仁義禮智五德之性者也。圈雖六層太極，一理周流貫澈，而其妙凝之圈最是精神所會，則痴翁去此妙凝之圈，又去萬物化生之圈者，以五行之圈屬乎地，故妙凝之圈且化生之圈，皆似無味而删去，則大違周子之本義。

此圈即男女一太極之太極也。天地之間只有此二五妙凝之道，故凡有血氣之物，倮鱗羽毛介五族，而物得其偏且塞，人則爲倮族之長，而屬乎中正之土宫，居而統此四德，則此所謂人得稟五行之秀，爲萬物之靈者也。周子所以置此圈於二五妙凝之下者，盖取諸聖人定之以中正仁義而主静立人極之意也。《西銘》所謂民吾同胞之義，可得於此圈也歟？

此圈即萬物各具一太極之太極也。盖萬物則各一其性，類萬不同，然其理則與吾人同是一太極，故《西銘》曰物吾與也。然而必以此异圈者明其氣稟之异者也。第一圈即此圈本體之大原頭也。此圈即第一圈本原之流散者也。其實則此圈六層都是一太極也。故周子名此圖曰"太極圖"，太極則雖一六層脈絡，至妙存焉，學者當次第玩索，不宜私智裁斷而取捨也。《篁林集》卷六。

---

①本篇上圖從上到下一共五層，故下文圖説部分爲五段，依次從上到下對應相應的圈層，此爲第一段。底本原爲表格横排，依次從上到下與圖相對應，現轉爲文字排列，故説明如此。

太極圖　金相岳[①]

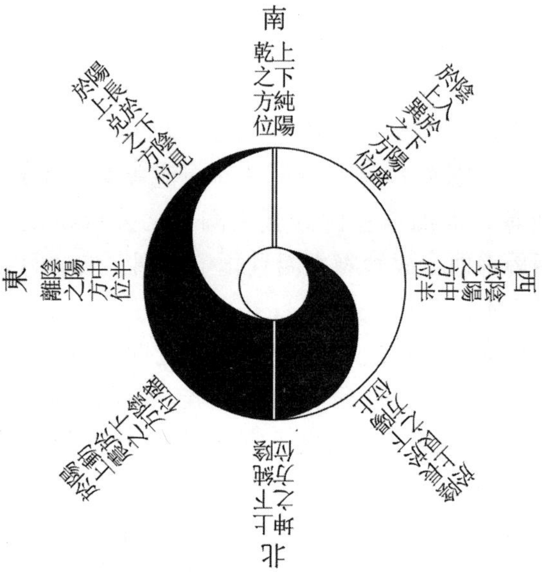

中間虛白，太極之體，右上一邊之白，陽之動，左下一邊之黑，陰之静也。太極即畫前之易也，朱子曰“象數未形，而其理已具”者，言圖書未出，卦畫未立，而其儀象卦之理渾然備具於其中也。“形器已具，而其理無朕”者，言圖書既出，卦畫既立，其儀象卦之理初無聲臭之可求也。動而生陽，静而生陰，而後兩儀四象八卦皆自此而生也，故太極雖在陰陽之中，不雜乎陰陽，雖在陰陽之外，亦不雜乎陰陽也。《山天易説》。

---

①金相岳（1724—1815），字舜咨，號葦菴、經山、泉食，著有《葦菴先生詩集》《山天易説》。

第一論太極無極圖　李在穆①

在穆自志學尊閣先集諸書，講求心法，而竊恨性褊淺，未能直造，吾家路頭凛凛然惟恐墜失，丁巳春，乃絜其宏綱大要，法而陳之，務欲便於常目，顧旨義渾合，非精深不能識也。況太極數篇，其精微心得蘊於反復辨難之中，尤不可摸測，範圍是以雖略定，諸圖而未克整頓久矣。比因病攝，洗心平氣諷誦，一過涵濡之間，恍然若唤醒要領，遂畫成一圖，其心極體用、動静交養著於圈面無异，面承指掌而積久，馴致渾然中道之義，或可以尋得緒餘，第其用功之要，則不越乎敬義夾持，而敬尤爲其樞紐也。然苟不隨圈類証，無以妙契而體認，故節略原書，略附謬見，别爲圖説，仍第録諸圈，合爲《家範八圖》。其尚有所法也，若能從此躋攀，目寓心融，扶策晚成，不惟幸免於白首紛然，抑有浚於誦法修述之志云。

①李在穆（1817—1879），字致肅、稚肅，號敬庵、講古堂，著有《敬庵集》。

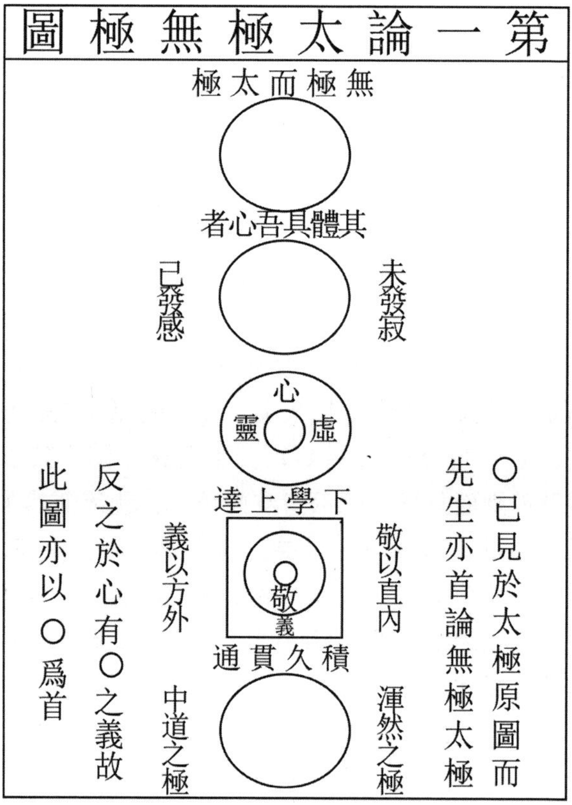

○所謂無極而太極者，形容此道之未始有物，而實爲萬物之根柢，此乃斯道之本體，萬化之要領。而子思所謂天命之性，上天之載，無聲無臭謂之寂可矣。然至寂之中有於穆不已者存，而化育流行，上下昭著，至無之中至有存焉，故曰無極而太極，有理而後有氣，故曰太極生兩儀。然則理雖不離於氣，實亦不雜於氣也，○此其體之具吾心者，未發本然之體，渾然在中，已發中節，本然之用於是流行，所以寂而靜、感而動之本體也。

非有以離乎心之虛靈，實就虛靈之中以寂感而指其本體耳。(心虛靈)猶天地之有陰陽，而虛靈其體也，中○者，虛靈中所具，即無極之真也。此理雖極微妙，而萬事萬化皆自○中流出，若欲理會而涵養，非別有一段根原工夫，又在講學應事之外也。天理不離於人事，下學人事，自然上達天理，義義以方外也，敬敬以直内也。中具○即交致存省於未發已發，以全其心中本然之極，此下學上達，以工夫而言也。内則無貳無適，寂然不動，以爲酬酢萬變之主；外則儼然肅然，深省密察，有以固其中心之所存也。○此渾然之極、中道之極由積久而貫者，乃學問之極功，道義之全體，所謂參天地、贊化育，而人○於是乎立者也。此以上引本書解剥圖體，此以下推明其體圖之意。夫天地之有太極，原其本則一理渾然，萬象森然，固一個○之妙著於外，而陰陽變合，萬物相生，亦一○也，故人所以參乎天地者，其體用寂感、表裏動静亦初無二致，内有一原一本之妙，外有萬事萬化之殊，而○無乎不在，上下精粗貫乎一理，其所以然之本體，則莫非天命渾然之○，而我之所以爲性具於心者也。蓋感也動也，○之用所以行也，寂也静也，○之體所以立也。虚靈之呈露潛隱有朱子説又順其則而寂感動静，渾然全體，則心之○於是乎全，而日用之萬事萬化有所不能違矣，故君子之體是○也。戒懼謹獨，交致其功，動静相須，表裏交養，所以喜怒哀樂未發之前，寂然不動，常加存養，而直内敬，已發之際，幾微始著，尤致省察，而方外義，以存其虚靈中本然之○，而敬者又通貫全體，成始而成終，此兩件功夫不能偏廢，所謂下學便是上達也，及其久也，積累貫通，體立用行，則静虚動直，中一外融，上以達於渾然之○，而窮神知化，不勉不思，從容乎中道之○可以即此馴致，其體道如此，則心之體用寂感、内外動静，渾是一個○，而本然之○復全於我矣，故曰心具太極心虚靈之謂也。

按，朱子曰："太極是學問大頭轤處，學者須先知其向會歸宿。"記其大意如此，此子思所以首明性道教於《中庸》，爲開卷第一義也。況先生所論反之於心，具太極之義，而敬義戒謹爲體用表裏之功者，尤吃緊活潑於日用動静之間，其曰積久貫通，渾然中道之極，蓋亦深契子思《中庸》之旨，而所謂學問之向會歸宿也。學者誠能由是俛焉，自然心得精密，欲罷不能，而如鶩外爲人，不待警省，便不萌作，然則其向望心極，亦將因是深造而可幾矣。茲揭諸圖，首以著先生之獨稱，吾東心學儘有以而又因爲自已求端務實之準極焉。《敬庵集》卷八。

誠爲太極圖解 曹垣淳①

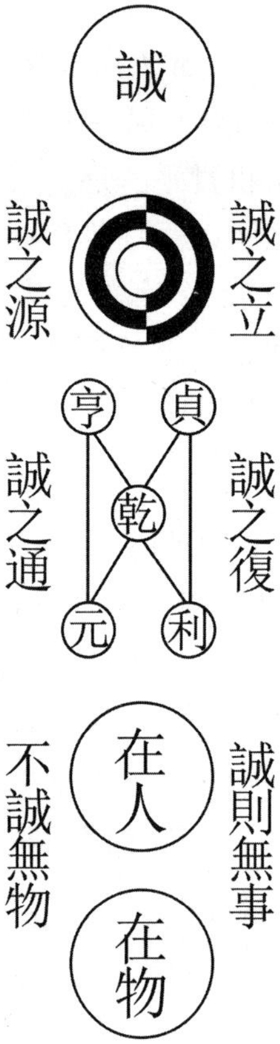

誠者，實理也，所以動而陽，靜而陰之本然，即所謂太極也。◎此乃動而陽，靜而陰也，其使之然者，誠也，即中○是

①曹垣淳（1850—1903），字衡七，號復菴，著有《復菴集》。

也。其爲道也，至實而無息，故動静無端，陰陽無始，所謂萬物資始，誠之源，即左☾是也。所謂各正性命，誠斯立，即右☽是也。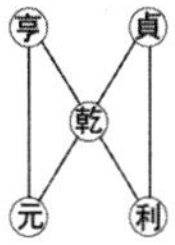

此乾之四德也，乾之道，誠而已，貫乎四者，而循環不窮，終始萬物者，誠也。春生夏長，是動而陽之事，誠之通也。秋收冬藏，是静而陰之事，誠之復也。在人者，指此理之具於人心者而言，分而言之，則天命之元，得之爲仁，天命之亨，得之爲禮，天命之利，得之爲義，天命之貞，得之爲智，此四者，人性之綱，其本也，真而静，而純粹至善也。其動而和也者，誠之通也。其静而中也者，誠之復也。在物者，亦是此理之散在物物而爲則者也。蓋人物之生所得乎天，而爲性者，同一誠也。然以其所賦形氣不同，而不能無偏全之殊，故物不能推，人則能推矣。推之之道，貴乎誠之也，誠之而誠，則能盡己之性，能盡物之性，不待思勉，而從容中道，故曰無事不誠。則雖有所爲，皆虚僞無有，故曰無物。胡氏曰："誠，命之道。"《中庸》曰："誠者，物之終始。"周子曰："聖，誠而已。"皆指實理而言也。圖之所以發明其義，無有餘蘊，學者潛玩而深體之。在己者，存而盡之，在物者，循而順之。合内外盡仁知，則五常全，而百行備矣。故時措之，而得宜也。大哉！誠也，聖人之本乎！《復菴集》卷四。

第一太極圖説圖　金秉宗①

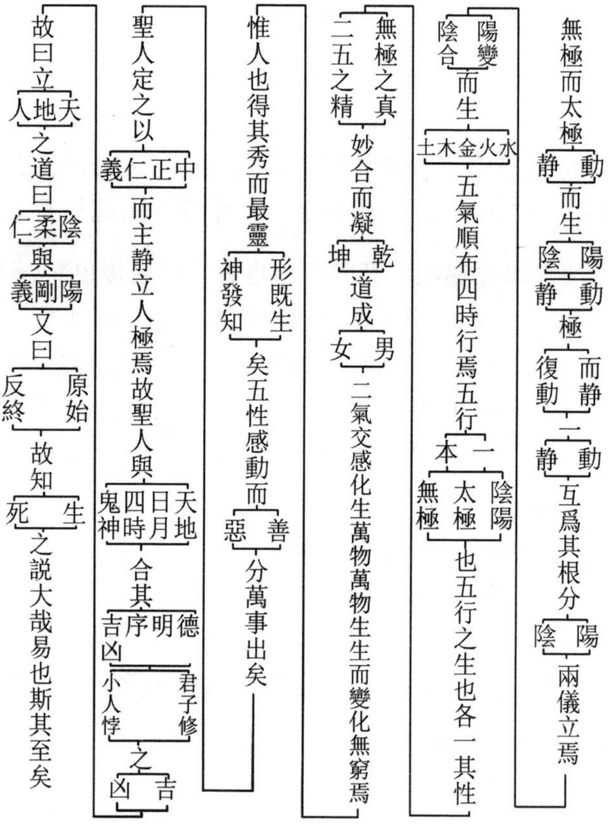

太極圖説

無極而太極，太極動而生陽，動極而静，静而生陰，静極復動，一動一静，互爲其根，分陰分陽，兩儀立焉。陽變陰合，而生水、火、金、木、土，五氣順布，四時行焉。五行一陰陽

①金秉宗（1871—1931），號秀山，著有《秀山集》。

也，陰陽一太極也，太極本無極也。五行之生也，各一其性。無極之真，二五之精，妙合而凝。乾道成男，坤道成女。二氣交感，化生萬物。萬物生生，而變化無窮焉。惟人也，得其秀而最靈，形既生矣，神發知矣。五性感動，而善惡分，萬事出矣。聖人定之以中正仁義而主静，立人極焉。故聖人與天地合其德，日月合其明，四時合其序，鬼神合其吉凶。君子修之吉，小人悖之凶，故曰：立天之道曰陰與陽，立地之道曰柔與剛，立人之道曰仁與義。又曰：原始反終，故知死生之説。大哉《易》也！斯其至矣。

右《太極圖説》，濂溪周子推原理氣造化之妙，既著爲圖子，又本圖子之義，而推演爲説者也。今謹依本文聯叠爲圖，蓋自無極太極至兩儀立焉，即本圖第一圈、第二圈之義也。自陽變陰合至各一其性，第三圈之義也。自妙合而凝至變化無窮，第四圈、第五圈之義也。惟人也，得其秀而最靈以下，又以太極之在人者言之，而形生神發，而五性感動，則陽動陰静，而五行各一其性之體也。善惡分，而萬事出，則成男成女，而萬物化生之象也。聖人定之以中正仁義者，言聖人體得太極之全體，而未至此而修之，君子之所以吉也；不知此而悖之，小人之所以凶也。立天之道曰陰與陽以下，以太極之在天地人者，混合無間，體立用行，循還不窮者言之，而卒乃反之於夫子“易有太極”之訓也。此義理之大頭腦，道術之大淵源，朱夫子《近思録》，退陶先生十圖，首揭爲第一義者，皆以此也。《秀山集》卷五。

《太極圖》《中庸》首章相爲表裏圖　田炳恆①

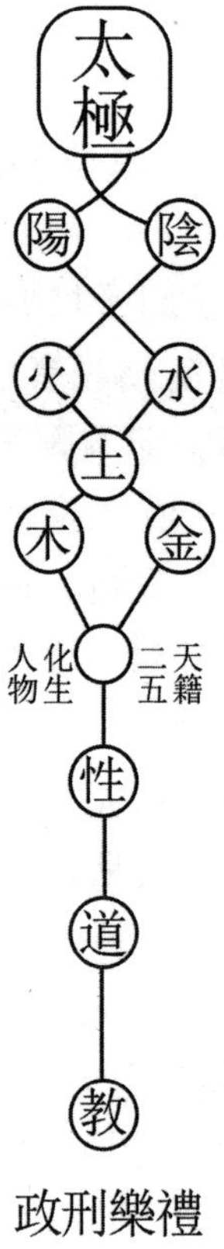

太極者，天之理也，二五者，天之氣也。理氣妙合而凝，化生人物也，人物之生，因各得其健順五常之德以爲性，則有人物之异者，何也？譬如日月無私，照而有隱見之處，故有明暗之异。雲雨無私，施而有科坎之大小，故有淺深之殊。天之於人物，何嘗有意哉？以氣有正通，有偏塞也。人循其性，則

---

①田炳恆（1879—1950），字德和，號圭窩，著有《圭窩集》。

爲孝悌之道，牛馬循其性，則爲耕馳之道。程子所謂萬物流形，各正性命者，是所謂性也。循其性而不失者，是所謂道是也。然人均有仁義禮智之性，而賢不肖之若是其不同，何也？氣質使然也。五行之氣在天者，或生或克，或順或逆，或往或來，紛綸交蕩。若是不同，則人值是氣而生者，其氣質之清濁粹駁固宜矣。至清至粹者爲聖，清粹多而濁駁小者爲賢，濁駁多而清粹小者爲愚，不肖聖人斯惻，建學立師，因其當行者品節而教之禮樂刑政之屬是也。《太極圖》直言人物各具一太極，以明道之大原頭，而不言修爲之道。《中庸》首章亦言人物各得建順五常之德，以爲性道，而極言其修教之方，戒慎乎其所不睹，恐懼乎其所不聞，以節其喜怒哀樂之發，以至天地位，萬物育。然則《太極圖》與《中庸》首章相爲表裏之意，亦可見。《圭窩集》卷三。

韓國濂溪志卷之五　論斷志

庭草交翠　李荇①

理内藴於方寸兮，外散寓夫萬物。隨所遇而發見，若源泉之旁達。藹一團之生意，在物我而同得。偉茂叔之先覺，乃有感於庭草。廬岳峙其岩岩，濂溪流以浩浩。宫一畝以栖息，日從事乎探討。尋孔顔之所樂，將以期乎深造。當熙陽之煦育，陶宇宙爲一和。日融融以舒遲，光風泛乎池荷。澹冰壺之瑩徹，又霽月之交加。極胸襟之灑落，興亦在於自家。鬱窗前之交翠，各隨時而萌芽。化時雨之沾濡，渾自然之無邪。羌不知其使然，由一元之亨嘉。妙鳶飛而魚躍，信殊類而同科。玩無極之至理，究厥本之匪他。孔興喟於逝者，點浴沂以咏而。道無往而不在，微聖賢其誰知。曰余生之苦晚，質又陋而迍邅。芳華倏其不再，春草生兮年年。攬餘蔭而延佇，思若人兮難忘。紉幽蘭以爲佩，屑瓊蕊以爲粻。將往求乎遺迹，路幽昧而且長。何所獨無芳草，聊於此而徜徉。《容齋外集》。

---

①李荇（1478—1534），字擇之，號容齋、滄澤漁叟、青鶴道人，謚號文獻，文定，著有《容齋外集》。

書濂溪《拙賦》後并贊　梁彭孫①

先生鳴世大儒，懷王佐之志，當有宋文明之際，名位不甚高。及卷懷於廬山下濂之溪養拙，間間挹四聖於一經，太極一圖，天人之蘊，該括無遺。吁，先生之拙，豈人所可及哉！每蓬齋秋夜，孤燈明滅，蟲聲唧唧，想先生之拙於小齋，獨學之陋，亦可嘆也。近者偕南季應於梅雪堂，亦書《拙賦》於案右，志之而不忘，何契合於余如是，抑不知余之拙？何季應之拙？何先生之拙？又何余與季應盍相勉，以求先生之拙？贊曰：敬以明，誠以守。夜以思，先生守。南季應，名趎，號西溪，官典籍，忤南袞罷。《學圃遺集》卷二。

庭草不除有感而作　權擘②

君不見濂溪庭下草不删，帶雨和烟隨意閑。理氣洋洋具太極，自家意思同一般。又不見杜老堂前多草莽，芟夷始覺藩籬曠。頑根滋蔓蔓難圖，疾惡如仇真可尚。吾觀古昔賢哲人，格物窮理心惟均。在於草也何厚薄，固知好惡都是仁。芝蘭宜護棘宜剪，惡惡之心内善善。如何庭砌任荒蕪，坐使薰蕕終莫辨。建士弘量自坦夷，紛紛瑣瑣安足治。盤根錯節當奮袂，游刃恢恢吾不辭。《習齋集》卷三。

---

①梁彭孫（1488—1545），字大春，號學圃，謚號惠康，著有《學圃遺集》。

②權擘（1520—1593），字大手，號習齋、安排堂，著有《習齋集》。

趙抃不識濂溪論　權春蘭①

論曰：君子之於君子也，有易知之事，有難知之事。易知之事，衆人之所共知也。難知之事，一己之所獨知也。以一己之所獨知，驗衆人之所共知，然後易知之事，可以益信，而難知之事，可以深知矣。是故，人不可以一時之知，謂之知也，亦不可以一時之不知，謂之不知也。以一時之知謂之知，則其迹似相知，而其中實不相知者存焉，以一時之不知謂之不知，則其迹似不相知，而其中實相知者存焉。然則其於交際之時，接待之間，雖未見其魚泳石投之易合。而大賢之事，如青天白日，君子之生，如鳳凰芝草，則雖以奴隸之賤，匹夫之愚，猶足以知之，况以君子之人而見君子之人哉！以故知人者，不于其衆人之所共知，而必於其一心之所獨知。論人者，不于其一時之知不知，而必觀其平生之悟不悟如何耳。

思昔濂溪，大賢人也。而趙清獻公，臨之甚嚴，接之不殷，則是待之以庸夫，禮之以凡人，而非以濂溪待濂溪也，非以君子待濂溪也。嗚呼！清獻，一時之君子也，濂溪，天下之大賢也。以一時之君子，不識天下之大賢，可乎？世之論此者，或以謂學術有精粗，人品有高下，故不得以窺其涯涘，而夫我則以爲不可。蓋學問之淵源，工夫之淺深，則雖不可不謂之有等級，而其欣慕愛賢之心，則豈閱道之所獨乏哉？然則其所以待之嚴者，必欲求其所深知，而非真不識也。何以言之？當是之時，道已喪矣，言已湮矣，聖學之不傳，千有餘載，而獨有濂溪（挺）［誕］生其時，則人之望之也，如瑞世鸞鳳也，如光風霽月也。馬牛之走，皆知其姓名，异方之人，亦望其德業，而一世之賢士，靡然從之，則其不賢而能若是乎？閱道平日所心

①權春蘭（1539—1617），字彦晦，號晦谷，著有《晦谷集》。

服者已久，而其所以知之者，衆人之所共知也。及夫至於同任一州，而位有上下，則前日之所心服者，可以驗之於今日也，衆人之所共知者，可以知之於一己也。是故，臨之接之，禮雖若嚴，而茂叔之包容，汪汪之千頃，澄之不清，撓之不濁，則大賢君子之氣像可見，而非若小丈夫之悻悻矣。夫然後平日之所易知者，益信而無疑，今日之所難知者，深知而無間矣。然則其所以嚴之者，乃所以禮之也。其所以不識也，乃所以真識也，大抵觀人，不觀其衆人之所易知易見者，而必觀其尋常細微之事而無小失，必察其心術隱微之間而無所慊。然後斯可謂善觀人者，而待之超然，必至於終悟，則其所以悟之也。乃不悟於悟之日而已，悟乎昔之所聞知者已久矣。然則衆人之知濂溪者，知其所共知，而其知也淺，閱道之知濂溪者，知其所獨知，而其知也深。嗚呼！其所以爲之不識者，特以其交際之間，禮數之嚴，而庸常之人，争起是非之端，而不察其心之蘊奥，豈不惜哉！或曰仲尼之聖，而晏嬰不知，孟軻之賢，而臧倉不知，則清獻之不識濂溪，何足怪哉！是則大不然，晝之所爲，夜必焚香而告天，則閱道之爲人，固非臧倉晏嬰之比，而文明之天下，固非戰國之時也。若以閱道爲真無識人之知，則韓滃、馬遵之賢，何以薦之？吴公、蔡公之仁，何以達之？然則何獨於濂溪，不知君子人也。若以其交際之一事，而謂之知不知，則養之以萬鍾者，可謂知孟子乎？待之以季孟者，可謂知孔子乎？獨惜乎使經綸燮理之才，不能薦之於君，行之於國，而卒使永老於廬山之下，則雖謂之不識，亦可也，謹論。《晦谷集》卷二。

用拙齋記　崔岦①

人之不齊，氣與理未必諧也，氣故也，有餘有不足，理故

①崔岦（1539—1612），字立之，號簡易、東皋，著有《簡易集》。

也，有不中而反之中，若夫巧拙之用則在人焉。然巧拙非如剛柔强弱并而名，巧起於繕飾作弄，畢竟是人僞，而拙雖若起於不足，却自不離天機耳。周子易之通有曰："誠無爲，幾善惡。"而周子本意，則善惟直承，惡乃斜系。胡氏錯認，則善惡相并而下。今試以巧拙類之，孰惡孰善耶？思可過半矣。且据《洪範》三德，一曰正直，二曰剛克，三曰柔克。即剛柔之不能無過不及，而拙於處焉也。沉潜爲近之，然非又高明之姿而能耶？及既去僞妄而寡籌營也，其心蓋泊然矣。無復一分邪曲，其要諸正直也何有？於是見拙之道，爲優於三德也。不然，周子何以人謂子拙則喜，而因賦之曰："巧者言，拙者默；巧者勞，拙者逸；巧者賊，拙者德；巧者凶，拙者吉。"而有味其拙之言不已也。吾申斯文公在先王朝，上於一日歷論近臣，若曰湜也拙。夫以上聖知臣之明而加之曰拙，公之受以爲喜，何啻若濂溪之得此於人哉！故嘗以"用拙"二字扁其所居，蓋亦侈上之賜，而庶幾竭拙以答萬一者也。屬豈志之，敬爲書。《簡易集》卷九。

周濂溪三辭王安石論　孫曄①

天下之高才，天下之所取，而惟天下之大賢者，然後能察其有所不取焉。天下之大名，天下之所愛，而惟天下之明智者，然後能知其有所不愛焉。人所共取，而己獨不取者，豈非以才雖可觀，而德有所病焉？人所共愛，而己獨不愛者，豈非以名雖可慕，而實有所愧焉者乎！以天下之大賢，而絶天下之高才者，非不取其才也，以不取其心也。以天下之明智，而捨天下之大名者，非不愛其名也，深惡夫無其實也。是以君子之於接人也，先察於人所不察焉，先見乎人所不見焉，察其所向之正，

①孫曄（1544—1600），字文伯，號清虚齋，著有《清虚齋集》。

而有君子平易之德，則彼之來求，既以其誠，而吾之所以應之者，亦不可以不速矣。知其所向之頗僻，而未免乎自恃强忮之習，則彼之來求，雖似其誠，而吾之所以應之者，勢不可以輕許矣。

昔王安石三及濂溪之門，而濂溪三辭焉。以安石之才之名，人孰不喜其同时而願得一見者乎？衹以孤特寡合，而藐視一世之人才，故一世之士雖得問其人，而不能致其人也。而納履而踵門懷刺，而願拜獨見於濂溪之門，則其誠可謂至矣，其志可謂篤矣，所沐猶可握也，所哺猶可吐也。而初候而辭焉，則始疑其觀其誠意也。再候而辭焉，則又疑其觀其篤志也。至於三候焉，而猶前之辭焉，則誠已切矣，志已篤矣，禮亦至於成矣，而周夫子之辭猶不已焉。豈非絶人之太甚，而必有深意之所在者乎！

安石之才，足以揜安石之心，而濂溪能察乎人所不察焉。安石之名，足以飾安石之學，而濂溪能見乎人所不見焉，此君子之所以异於衆人之知人也，何者？安石之大鳴於一世者，豈非以高世之才、迂僻之學，而成是名也，安石之才，實有所過人者，而安石之學，已失其所向之正路，則安石之名，足以基他日天下之祸也。安石，東南之一匹夫也，一心所向者，惟在於驚世而已，平生所事者，惟在於駭俗而已。務出人右而視一世如草芥焉，不喜人規而守所見如聖訓焉。濃緑點紅之詩，足以卜當塗専權之氣象；囚首喪面之行，足以測不近人情之詭詐。則迹不出鍾山之外，而心行之怪誕，已落於大人君子之明鑒也。濂溪之於安石，地之相距，雖千有餘里，而揣度其心術之精微，不啻若几案之前也。則何必察其言而觀其色，考其言而問其業，然後知其人之不可與入於堯舜之道，而强戾之氣，遂非之狠，終不可以囿之於吾教化中也，非徒惡其安石之學也，深懼夫天下之將不免其禍，而天下後世譏吾之不明於取人也。君子之爲心平易俟命，而安石之爲心行險而驚俗，君子之取友就乎勝己，而安石之取友喜其柔佞，則安石之已遠於君子者，不啻若鴟梟之於鸞鳳，而雖有治心之良醫，已無及於方寸之受病矣。仁者之心，樂乎自然，藹然春融，發育流行，而安石之心已失其自然之樂，險巇其中，而全在於爲人，則至樂梏亡，而生意汨盡，油然之趣，生生之妙，尚有愧茂叔窗前之翠草，則光風之懷必不許功利之人，霽月之襟不欲觀浮躁之徒矣。翰墨之才非吾之所取也，驚世之名非吾之所惑也，一至而辭焉者，所以使之愧其心也，而彼猶不悟也，故至於再至焉，再至而辭焉者，所以使之改其行也，彼猶不反也，故至於三至焉，三至而辭焉，則安石不免爲安石，而當時之治亂可推，而天下之事亦可悲矣。

噫！濂溪之於安石也，能見其心術於未見之前，能察其情狀於未著之先，則已知其人之無可奈何，而忍絶於不輕絶人之心也。設使安石登龍門而獲，拜考德而問業，雖無异於二程之從學，而吾知猜刻之習染，終不能有得於吟風咏月之際。濂溪之所樂者，只在於仲尼顔子之所好，而安石之所慕者，只在於管仲商鞅之刑名，則執拗之肺肝，難逃於執贄之日矣。苟非天下之大賢，能若是乎？苟非天下之明智，能若是乎？嗚呼！有安石之才，而自是其學不幸，而不見正於濂溪也。有濂溪之賢，而不能化其人，終不被其澤也。君子之於人也，無太甚之絶，而於安石若是，則夫豈周子之本心哉！李初平請其讀書，而老無及矣，猶告之以言，而有得於二年之後，則周子豈厚於初平，而薄於安石也哉？《清虚齋集》。

晦齋論《太極圖》後跋　韓百謙①

百謙未及游退溪之門，而猶得私淑諸人。竊聞先生每於函丈間，講劘晦齋先生《與忘機堂論太極圖書》數篇，未嘗不三復咏嘆，以爲闡明理氣之源，妙合天人之道，蓋吾東方理學之

①韓百謙（1552—1615），字鳴吉，號久菴，著有《久菴遺稿》。

初祖，前乎此所未嘗有也，吾以是知此數篇爲百世學者之指南也。今讀其書，始論之，程子曰："形而上爲道，形而下爲器，須着如此説，器亦道，道亦器。"張子曰："《大易》不言有無，言有無，諸子之陋也。"體用一原，顯微無間，何嘗離器而求道，亦何嘗自無而爲有也？此實吾家頂門第一義，前聖後賢相傳而世守之者，只此而已。苟於此立脚或差，則南越北胡實由之而分，可不謹哉。彼忘機堂之説，非忘機堂之説，乃陸象山之説，象山之説，非象山之説，其源本出於老氏宗無之談。爲朱之紫，爲苗之莠，植根已固，流波已漫，若不辨之精而斥之嚴，則幾何其不胥而爲异學之歸耶？此朱子晦齋所以异世同道，斬關破鍵，直搗巢穴，辭而闢之廓如也，豈非斯道之一快也。於是乎晦齋爲朱子之亞匹，而退溪爲真知言矣。晦齋之孫浚羹墻起慕，將無所不用其極，既繕寫此數篇，妝繪爲屏帖，以爲傳家之寶。又請搢紳諸公，各著一言以爲之跋，而亦嘗并徵陋説矣。噫！先生之德之功，在我東赫赫照人耳目，不啻如冥途之日月，而一列聖相承，褒典荐加。上自王都太學，下至僻縣小黌，莫不嚴恭釋菜，以爲崇德報功之地，則其揄揚贊頌，豈待膚末之一言哉？猶且言之而不知止者，其猶大匠抛梁而號，人無不同聲成相，各致其力，烏可已乎，此百謙所以續貂諸公而不敢辭也。《久菴遺稿》上。

太極書跋文　吴憶嶺①

國朝大儒立言垂教，自吾文元公晦齋先生始盛，而先生所著諸書中，求其精詣獨得，大有功於吾道者，則是書五篇，其

①吴憶嶺，又作吴億齡（1552—1618），字大年，號晚翠，謚號文肅，著有《晚翠集》。

尤也。夫以羲文所未發而孔子發之，孔子所未言而濂溪言之，至於濂溪言外之旨，則朱夫子發明殆盡，而今是書所論天人合一之理，動静交養之功，下學上達之序，本末兼該，巨細畢陳，此則又推本朱夫子之意，而其説益詳，雖不言不爲少，言之不爲多，而推其所學有以默契道妙，深得夫古聖賢相傳心法，則焉能發所未發，言所不言。若是其明且盡哉，朱夫子承濂洛授受之餘，大明道學，而猶且异論横生，鵝湖之辨，必力排而後定。况先生之時，學絶言湮已久，非先生根據義理，辨斥訛謬，判然如黑白之易見，則安知曹忘機之説不行於世，以俟後學如象山之有其功亦偉哉。退溪先生所謂闡吾道之本源，闢异端之邪説，粹然一出於正者，真是書之實録也，嗚呼！以先生之學遭時不淑，卒困於讒賊之手，不得有爲。而殆惡在夫天之降任於是人之意，而其明天理淑人心之功布在方册，窮宇宙，不可磨滅，則是書之存猶是爲斯道斯人地，而亦豈非天意有待於今日也。先生之孫浚乃表出是書，謄寫爲屏，藏諸玉山書院以便士子觀省，其用意亦勤矣，使爲士者誠有此而玩索焉。則凡學者求端用力之方庶幾得之於此，而吾儒家法與异學不同者亦可因此而曉然，其興禆斯文豈淺淺哉。雖然有一説焉，善學先生者不在於讀其書，而在於得其心。若不反求諸心而唯謄理口舌是事，則雖日誦先生之言何益哉。先生書與盧蘇齋先生語治心之要，曰：有物於此，握則破，不握則正。求先生之學者善，是其將奚所用其力哉，愚願以此與諸生共勉焉，後學吴億岭謹跋。《晚翠集》卷五。

太極書跋文　李恒福①

考亭先生謂濂溪之説精密，伊川之論的確。余觀晦齋李先生論太極書四篇，周程兩先生之微旨，可謂兼盡矣。昔周子手授《太極圖》於程子，及程門設教，只舉《西銘》，而曾不及此圖之意，蓋慮學者於日用親切處知行未至，而往馳心於空妙之域，則其弊有不可勝言者。考亭先生繼而立説辨論，無復餘藴，士子宜若無他歧之惑矣。世之若忘機子之言者，熾起而不絶，抑又何歟。退溪李先生稱先生精詣獨得之妙最在於此書，退溪乃近時考亭也。誰敢有异議於此，而且已無真積之功，則孰知菽粟之爲正味哉。先生之孫浚倩寫此書爲屏，請余跋其後，余非知言者，安用贅論。唯幸朱程正脉之有傳於後，而又愍异説之易溺人也。樂成其願，以告諸同志焉耳。萬曆已酉冬十一月廣陵李德馨謹跋。

右晦齋先生元朝五箴，論太極書五篇，南窗金斯文筆也，其孫浚叠爲障子來示余，其五箴蓋先生二十七歲之作也，無論持敬收心之早，即文章亦已夙成矣，美哉淵乎，渢渢然，其亦大雅之遺音歟。昔程伯子二十三作《定性書》，程叔子十八作《好學論》，朱夫子十七學業大成，古之魁杰之士，固未嘗規規於白首寸積而階進也者尚矣，孰云大村晚成。至太極之論思深而語透，退溪所謂精詣之見，獨得之妙，貫精微徹，上下粹然，一出於正者，豈欺余哉。余嘗疑庖犠八畫，雖無彖爻與傳，其亦章章可傳於後，必如今無疑也耶。抑無乃後之曹學，視若排算而不能究其義，遂湮没而不顯耶。若然神圖所傳，非三聖人

---

①李恒福（1556—1618），字子常，號白沙、東岡、素雲、弼雲、清化真人，著有《白沙先生集》。

斷以理效，以事傳以釋之之動，則焉能稱於後世哉。孔子之道至大，如日月之在天，史遷猶曰："使孔子名布揚於天下者，子貢先後之也。"況其下者哉！韓子曰："後進之士負天下之望者，爲之後焉。信哉！"孟子曰："伯夷，聖之清者也，伊尹，聖之任者也，柳下惠，聖之和者也。"孔子之謂集大成，至朱子而論撰濂溪，以下諸儒各有標榜，後儒遂定爲師説，宗而主之，無敢改評，孟子距揚墨功不在禹下，朱子明萬理亦功不在孟子下，吾東國雖無腆，自鄭圃隱入我朝歷數賢，斯道一脉，秉秉有属，而文獻無徵，諸家之説枝分，而派别無所尋逐，至我退溪，而遂大定世之談者，以爲在吾東亦功不在朱氏下。然則負天下之望而爲之後者，亦無有手爾耶。今觀其言，曰："先生之學，理明義精，渾然天成，求之東方，鮮有其倫。"吾從師説，萬曆已酉仲冬既望月城李恒福謹跋。

庭草交翠　鄭蘊①

人父乾而母坤，物吾與而并生。雖一草與一木，亦稟氣而生成。覽庭中之交翠，揖濂溪之胸次。輪萬物於度内，認一般之意思。應奎精而挺生，接墜緒於千祀。襟光風而浩浩，胸霽月而皎皎。玩一心於高明，探萬化之微窅。書何足以盡言，圖不可以闡妙。静一堂之蕭灑，拓小庭而深窈。當斗柄之指東，闢乾坤而回春。物無微而不暢，被陽德之津津。伊庭中之細草，亦欣欣而騈生。乘和煦而抽芽，得雨露而敷榮。始茸茸而漸茁，終蔽除而陰陰。蘸翠色於几案，襲春光於書琴。豈剪除之有意，恐峻茂之失時。日相對而怡顔，喜至理之在兹。惟好生之一德，物與我而共得。相彼草之方長，悟吾仁之當擴。而日茂而不止，

①鄭蘊（1569—1641），字輝遠，號桐溪，謚號文簡，著有《桐溪集》。

亦可法以爲學。不以物而視物，惟先生兮有是。隨目擊而體道，假微物而明理。是心足以爲仁，可推廣而位育。倘登庸於廊廟，宥群生而咸若。天不欲其平治，竟幽蘭於空谷。然洙泗之正脉，賴夫子而再振。傳妙訣於河南，亦由此而發軔。功俱存於繼開，文在兹而不喪。余千載而嘐嘐，仰有道之氣像。對年年之庭草，思摳衣兮不可望。《桐溪集》卷一。

太極亭記　金堉①

亭，吾作也。太極，吾名之也。亭者，亭亭然立也。太極者，本於無而有有者也。濂溪周子之言曰無極而太極者，吾取而爲名焉。亭在終南之下澗谷之間，渠細石沼，清泉而爲半月，池種以所愛之蓮，池上丹丘之下，剔出奇岩，架以竹木，覆以冰簟，遠而望之，若白雲一片，行於松上而遏也。其爲形也，上圓下方，象兩儀也，柱立於下者四象四象②也，椽挂於上者八象八卦也。一倍以加之者，八象十六卦也，横而結之者，五象五緯也。半月池者，陽也。其中有石與土者，陽中之陰也。丹丘朝日之岩，宛而曲者，陰也。下有南澗者，陰中之陽也，其形圓而相合，複而相抱，陽中有陰，陰中有陽，若周子之所爲《太極圖》者，亦异矣哉。夫天地，一太極也。天以一元之氣，不息而回轉，故盡十二會而坏渾焉。人亦一太極也，禀二五之真精，參三才而中立，能盡其性而盡物之性，明教於一時，道行於萬世者，聖人也。弃其天性而汩於人欲，昧乎仁義中正之道，不知寂然感通之理，甘與草木同腐者，衆人也。同是一太極，而修之吉，悖之凶，不翅天壤之相懸者，豈不可哀也哉！

---

①金堉（1580—1658），字伯厚，號潜谷、晦静堂，謚號文貞，著有《潜谷遺稿》。

②“象”：此象或爲“卦”。

登斯亭也，静而觀一氣之流行，動而察萬物之變化，大而知天地古今之無异，廣而度四海九州之皆同，此所以追聖人作《易》之大意，欲免衆人虚生浪死之歸也。豈獨樂夫洞壑之深邃，泉池之潔净，奇峰峻岳之森列，九衢八達之錯綜，以快一時之心目而已乎！樂哉斯亭，吾將與爾而長終，知吾意者，其唯無極翁乎！《潛谷遺稿》卷九。

題《太極通書》《西銘》《天命圖説》後　趙裕壽①

右《太極通書》朱子所以合部題名，刻于嚴陵學宫，以示多士者，而其下又有以《西銘》《天命圖説》聯篇續載者，此則出於後人抄集之意。然若論其所以説天地萬物、陰陽性情、理一分殊之妙諸篇，蓋前後一揆也。况《太極通書》《西銘》皆有朱先生注解，《天命圖》有吾文純公後説，微辭奥旨炳然若日星，莫非後學之迷塗指南，則今以類附載者，其意亦豈苟然而已哉。友人光山金元邦甫游泮底，携來是册，余借看之，已而被直陵署漫筆傳寫，以爲朝夕便覽之，資云重光作噩中元節敬書于君子軒。《後溪集》卷四。

論《太極圖》　李格②

先儒或以周先生《太極圖》往得於神穆，愚以爲非也。孔夫子作《易·繫辭》曰："易有太極，是生兩儀"云云。今其圖

---

①趙裕壽（1663—1741），字豐壤，毅仲，號後溪，著有《後溪集》。

②李格（1682—1759），號鶴谷，著有《鶴谷集》。

實出於《易·繫》，假使神穆爲之，决不能捨是自創。况周子之學，所仰者先聖，豈不見孔夫子太極説，但作圖立象，開示後學而已！《鶴谷集》。

濂溪不見荆公辨 趙天經①

爲學而矯揉其氣質，聞道而薰陶其德性，是乃君子之事，非中人以下之所能爲也。故宰予游於聖門，而未免朽木之誅，邢七學於二程，而徒長奸雄之習，此豈非聖人所謂末如之何者乎？王介甫狠愎之性，狷狹之質，所謂天生者然也，縱游於大賢之門，何能矯其偏蔽之病乎？濂溪先生三辭於及門之日者，亦必有所見而然，而羅氏大經以爲再斯可矣，三則已甚，吾未知其説之可也。先生於人，未嘗輕絶彼，果心悦誠服，欲捨其學而學之，而先生三辭之，則先生似過矣。學術不正，偏執己見，先生已知其不可化，故終始不納之，彼果有子房三夜趁期愈久愈早之意，則豈以長者之不見，而遽發憤恚乎？由是觀之，則見之無益，不如不見矣。况先生東歸之後，荆公以江左提刑相遇，語連日夜，則若使荆公如侯師聖之善學，亦豈無過化存神之妙乎？荆公之退而精思，至忘寢者，當初見絶之後，激發其憤氣，而妄用力於執拗之學而已，及見先生之後，有何開發之益乎？非先生絶荆公，荆公自絶於先生，而羅氏之説抑揚太過，是以私意窺大賢之事也。横渠比之琢玉，而拂歸康節，感於啼鵑，而發嘆當時諸賢之意，概可知也。《易安堂文集》卷四。

①趙天經（1695—1776），字君一，號易安堂、芝翁，著有《易安堂文集》。

冰太極記异二十一韵　申緯①

無極而太極，無極故無形。無形斯有理，二五氣妙冥。理隱氣則著，《圖説》漸丁寧。理窟啓宋學，丹訣傳唐銘②。特加一而字，奥旨藍出青。顧乃説已贅，無或圖不經。平生蓄此疑，恨未踵門屏。春風汴瓦雪，夕寒凝冰鈴。帥雪陰含陽，理與形通靈。宛一《太極圖》，神迹巧匀停。以火來燭之，良久訝爾馨。我思圖與冰，天人判渭涇。天肯人俯就，圖寧冰範型。古有石太極，韵石記瑣零③。又有草太極，荔支産南溟④。變相靡不具，猝莫叩玄扃。偶余檐霤下，异事得郡廳。蓋此冰太極，暫如鳳集庭。方以一睹快，不有逾憑聆。緬昔翁愛蓮，萬竅心瓏玲。且置太極説，品植卓亭亭。《警修堂全藁》第六册。

題《太極圖》《西銘》二簇　宋來熙⑤

右小簇二件，藏之多年，擬倩善手寫名言佳句，而病懶未遂。今年夏，客少日長時，閲周張圖銘，有犁然會心，忘其筆拙，分書訖，隨意展玩，若知道之浩妙，由此有下手處，期臻前賢，示人之門路，則不但爲文字上空言墻屋間，標榜而已，聯識此自警焉。《錦谷集》。

---

①申緯（1769—1845），字津叟，號警修堂、紫霞、蘇齋、養研老人，著有《警修堂全藁》。

②底本此處注云："語在朱竹垞《曝書亭集》。"

③底本此處注云："姜紹書韵，石齋筆談，有石紋太極之説。"

④底本此處注云："陳定九《荔支譜》，荔支産泉郡者曰太極，圖形圓而扁，半紅半緑，如《太極圖》狀。"

⑤宋來熙（1791—1867），字子七，號錦谷、桐谷，著有《錦谷集》。

周張書跋　李普林①

右周张書一卷，我族先祖直齋先生手抄《太極圖説》《西銘》，及有宋我東諸贤注解，以便鑽研考据者也。族兄興林國一氏，先生八代孫也。問嘗示余使爲跋文，余謹受而敬讀，收輯廣博字畫精明，今幾三百年之久，而先生學術心法，可以想見矣。凡在先賢，其遺迹亦且愛玩而實藏，况如普林之於先生，爲族後孫而兼後學之義，則其愛敬葆重，顧何如哉？册經數百年，紙力消盡，難以誦讀，乃用紙就貼每板後面以圖，完全久遠，庶幾先賢手迹得而不朽於千百載之後也歟。遂歸之族兄，使之世世藏守，而亦以公諸人，使爲子孫與後學者奉玩先賢遺編，而想像其道學之正、心畫之敬，以有所慕而效之云爾。先生歿後二百二十七年三月日，族後孫普林謹跋。《月軒集》卷十。

①李普林（1903—1972），字濟卿，號月軒，著有《月軒集》。

韓國濂溪志卷之六　愛蓮説志

愛蓮賦　權五福①

君子池兮清且漣，池之中兮有蓮。開花兮十丈，其藕兮如船。含細雨兮發舊態，舞斜風兮送清香，清香兮美無度。敻超越乎衆芳。世無人莫我愛兮，空遐弃於水國傍。有不世之士兮，獨離群兮拔俗。玉淵金井，志慮澄澈。光風霽月，襟韵灑落。賞斯蓮之清標，日愛玩而無斁。自以謂有此净友兮，如助余之道德。斯蓮也，不蔓不枝，非草非木。濯波心而不夭，出泥中而獨秀。亭亭净植，超然自守。恍若一君子，身藏岩壑，送老烟月。俯緑池以洗耳，度白雪以方潔。至如香苞兮可愛，芳蕚兮堪誇。笑牧丹之富貴，陋桃李之紛華。傲芝蘭之易衰，鄙蒲柳之先零。香聞十里，遠益清兮。恍若一君子，藏器待時，紅塵脱脚。芳名遠播，達于天闕，此豈非天工之造物兮，表君子之姱節。是固余之所愛兮，澹相對乎朝夕。月到天心之秋，風來水面之時。緑影兮粼粼，清香兮菲菲。悟物我之一理，料世人之少知。比之於六郎，菉葹盈室。比之於楊妃，不解傾國。遂使君子之花兮，反爲尋常之物。惟我與爾，作此益友。眼高四海，俯仰宇宙。噫！蓮本植物，於人何有。有似乎賢，是以愛之。濂溪千載，繼之者誰。《睡軒集》卷三。

---

①權五福（1467—1498），字嚮之，號睡軒，著有《睡軒集》。

愛蓮樓記　金安國①

利，大邑也，地沃物衆，蓄儲殷富，而庫廩俠小，不足以容之。常露積於外，苫蓋承藉。圍遮之費不貲，不得不煩民力，逐年糴糶，撤舊代新，民甚病焉。邑又居慶尚忠清走集之衝，而且密邇先王陵寢，賓使往來，絡繹干道。而館舍欠凉燠之制，過者亦不無慨也。正德己巳間，李侯純彦來莅于兹，政且成矣。思祛民弊，無急於增庫廩，而工造役巨，懼致勞民，沉吟者久之，試詢闔境之情，輿口雷喧，樂願無异辭，侯喜民之從也。方經度之際，民懼侯之中止，已負載屬道，猶恐或後，材石之具，堆積于庭，不可限遏，衆工齊赴，不督而勸，咄嗟之頃，庫間儼列，穀粟充完，民病永除。而尚有餘材，足以修葺館宇，以諧夙志，侯又喜而相度之。

舊有亭在東軒之東，蓮池之南，爲炎夏接賓之所，即李公世瑶之所新。而高靈申相公之所名，西河任相公之所記者也。歲久頽圮已盡，侯乃以構庫遺力，捃拾木瓦，移其基於池北而樓之，復奂焉而就。凡若干楹，視曩亭，益爽塏通豁，不别名額，只因亭之舊而名之曰愛蓮。蓋不敢掩前守之績而掠爲己美，亦不欲忘申相公揭名寓義，任相公作記規勸之盛意也。自是，王人賓客之經歷信宿者，或值燠鬱溽暑之時，咸登憩于兹。若脱釜甑而濯清流，兼有卉木池沼，風月烟雲之供于左右，使人忘其鞅掌之苦，而娱暢其心目，遂爲府之勝宇。侯去邑於今十餘載，民益思其惠而不能忘，鄉之父老，冀所以永久侯之政美，共請余略記其實而懸諸樓壁。噫！侯之用心，不亦君子矣乎。勤乎民而敬乎賓，又能量緩急，審輕重。適時順情，舉得其序，

①金安國（1478—1543），字國卿，號慕齋、思逸，謚號文敬，著有《慕齋集》。

卒之事成而推美前人，不居其功，此所以能使專邑之人悦而忘勞，愈久而不忘也歟。抑其幹辦之才，規圖之悉，又有非尋常宰守之所得望也。濂溪之況，高靈之寓，西河之規，所謂君子者，侯庶幾矣。後之登斯樓者，不徒玩池宇物卉之觀，而賞侯之用心，可也。嘉靖紀元之二年癸未五月下浣、資憲大夫前知中樞府事兼全羅道觀察使、兵馬水軍節度使聞韶金安國記。《慕齋集》卷十一。

臨陂愛蓮軒記　蘇世讓①

愛蓮軒者，即鷲城公館之西軒也。前有蓮池數畝，軒之得名以此，經始日月及命名人姓字，無籍不可考，結構歲久，不加修葺，上漏下濕，前撑後拄，池且荒廢，蕪没草棘，夏月之間，蛙黽之聲閣閣聒人耳。賓客之至，皆避而不居。歲在甲辰，安使君而厚出守于此，視篆之餘，環顧廨宇，嘆曰："公館之有西廂，猶人之有左右頰，一或不備，斯謂遍廢。况使華之位鈞禮抗，分東西而處者，一時駢臻，則將指西於何？"即雇游手，召匠氏，因舊規而增新焉。棟梁之撓圮者正，瓦磚之破缺者全，窗户玲瓏，丹堊炫晃，大書周濂溪愛蓮之説于壁上。又於池内，輦去沙土，增築石砌，每值殘暑少退，凉月滿池，翠蓋紅雲，掩映於簾櫳之間，清香馥馥襲房闥，一邑之幽觀絶致盡萃於斯軒之上。由是，遠近之人皆知鷲城之有愛蓮軒矣。君嘗一日訪吾於林下，仍囑軒記，余以不文辭。君曰："子曾記集勝樓矣。允彼辭此，不嫌於擇乎？"余笑曰："不腆之文，既污其東，又欲溷其西耶？"君更貽書督之，余惟古人以蓮爲净植，而濂溪先生以花之君子許焉，則蓮之見重於大賢者尚矣，而人人亦知其

①蘇世讓（1486—1562），字彦謙，號陽谷、退休堂、清心子、謙齋、竹西，著有《陽谷先生文集》。

所愛矣。當初，揭以爲扁者，其必有見於此矣。而厚以通明煉達之才，剗繁治劇，遒其便也。必使出治之源，惺惺澄澈，日用應事接物之際，如蓮之出於淤泥而不染，則濂溪愛蓮之心，即君之心也。後來繼今者，又必以君之心爲心，則蓮之有助於爲治者大矣，豈可與一花一卉之娛人耳目者同日語哉？况物之成壞有數，地亦因人而顯，兹軒待君而起廢，君之名，因軒而增重，可謂遇矣。君諱從瑱，而厚其字，再撫百里，口碑遺愛，可卜姓名之已覆金甌也。《陽谷先生文集》卷十三。

平壤愛蓮堂記　閔齊仁①

風月樓之北有蓮池，池之大方二十步許，中有島，周回百二十餘尺高，可數丈幽闃，蕭爽真特地也。予謂庶尹李君元孫曰："島在樓前，尋常所見，猶荒穢至此，得無慳秘者存而抑亦有所待歟？將構小榭以爲尋常之所，非君其誰？宜爲庶尹。"曰："有材有瓦，何難乎經營？"乃六月初吉，即島之顛，除荒補頽，作堂三間，月餘而告成。丹艧鮮明，翼然可觀，其爲勝也，與風月樓相伯仲，而瀟灑則過之，又跨池作橋，名之曰凌虛。以通出入爲兹堂也。堂居島上，四面芙蕖，清景雅致，有難殫狀，若夫急雨過，有散珠聲，輕風來，有翻蓋影。媚日婥婥然，仙葩可玩也。出水亭亭然，碧筒可飲也。至若月華正澄，露氣微凝，濃香襲人，净葉鋪鏡，清標秀質，滿目蒼然，皆堂之勝概也。時或暇日，乘輿步自橋來，倚欄臨沼乎，美心賞寥乎澹乎，有不可形容之思矣。又或芳筵置酒，境静塵絶，琴調載和，歌聲轉清，觴咏之餘，顧瞻向之亭亭婥婥者，儼然若佳賓滿座，神交意親，有相對無言之愛矣。堂之以愛蓮爲名者是

①閔齊仁（1493—1549），字希中，號立巖，著有《立巖集補遺》。

也，然則蓮之可愛者，其只此而已耶？吾嘗求古人愛之之心，夫豈徒然哉？其曰“中通外直，不蔓不枝”者，信乎花之君子者也，惟其爲君子花也，是以爲君子人之愛也，雖然非吾周子，又孰能知所愛哉。嗟夫！花之君子，其容顯知之也，易人之君子，其德隱知之也。難知之易者，其愛之尚鮮，况乎知之難者哉！吾於同予者何人之嘆，尤有所感焉。噫！微先生，吾誰與歸。《立巖集補遺》。

濂溪愛蓮　李滉

濂溪在營道縣，周氏家焉。先生晚年卜居廬阜蓮花峰下溢溪之上，築室臨流，寓濂溪之名。濂溪有《愛蓮説》。《退溪集》卷二。

愛蓮　周博①

蓮兮蓮兮，濂溪昔愛。在衆芳而拔萃，擅清香之幽態。聳君子之直躬，結仁者之碩實，出淤泥而不緇。有仲尼之曰，白處污穢而不厭，若柳下之和氣。本無滋蔓之心，焉有附枝之志。翠蓋擎雨而受珠，終無浸潤之譖。紅幢擺風而流芳，祇有遠聞之禀。濯江漢而曝秋陽，性智者之樂水。陋花王之富貴，笑花仙之春睡。不向東風兮，肯與桃李而争春。生在秋江兮，只伴佳菊而爲鄰。葉田田而如錢，與萍蘋而無别。方霜雪之疾風，伏清白而死直。肯許西施之采，堪爲處士之衣。余取之爲净友，豈必合於瑶池。朝容肅兮映日，晚色静兮生凉。整余冠以長對，

①周博（1524—1588），字約之，號龜峰，著有《龜峰集》。

挹清德之馨香。人愛魏紫之奢華，我愛爾之中通。人愛茉莉之妖艷，我愛爾之端容。夫何群世之競秀，繽黄白焉紫緑，世并舉以异芳。賫菉葹以盈室，偉眷陵之好德。超獨愛夫花中君子，曰兩美其必合，憺相對而忘己。孔亦嘆於芝蘭，美深林而易然。喟先生之是心，故托物以愛賢。彼似賢而尚愛兮，而况於賢士乎，而况於聖神乎。咏遺篇以玩賞，慨同余之無人，瑩光霽之滿襟，坐我濂溪風月中也，安得綴爾而佩服兮，一衣而播天香於無窮也哉。《龜峰集》卷一。

蓮 權韠①

蓮蓮葉，大花娟。冒緑水，濯清漣。香凝曉露，彩惹朝烟。動處覺魚戲，静時宜鷺眠。最愛凉侵玉斝，更憐色照華筵。風翻翠蓋攲還整，雨瀉明珠淬却圓。周茂叔解比於君子，李謫仙曾語其天然。不關江上羅裙花似頰，遮莫峰頭玉井藕如船，吾將製爲裳衣離塵去俗，獨與滄波明月恣意周旋。

植物之中，枝葉可愛者二，曰松，曰竹。花可愛者二，曰梅，曰菊。花葉俱可愛者一，曰蓮。余平生酷愛此五者，偶演李白三五七言，自一言至十言而止，成五篇。略叙佳致，兼用自托，非敢描寫形色，以求奇語也，己亥閏四月十四日。石洲懶隱志。《石洲集》卷八。

①權韠（1569—1612），字汝章，號石洲，著有《石洲集》。

題《愛蓮説》後① 高傳川②

君不見靈均愛蘭元亮菊，性相近之非外求。芳蓮不爲桃李顔，俗人笑之君子羞。借問苦心説者誰，德人襟懷天與游。濂溪一曲種道脉，萃瑟几杖林塘幽。移來何處玉井根，有花有花開清秋。何須楚澤逐臣衣，何須太乙真人舟。天然秀色去雕飾，於以比德情綢繆。纖毫肯許染污泥，霽月下照光風留。從來心賞在氣味，富貴花愛宜其稠。人能得物物得人，可無一語酬清修。終然洙泗輟遺響，草木無情空寄愁。清芬仰揖生已晚，愛蓮之意君知不。薔薇盥手不足誇，一唱三嘆邪無逌。想當宴坐説無極，鏡面澄澄雲錦浮。德馨千古繼無人，傷心誰復夢孔周。傷心誰復夢孔周，一續遺文雙涕流。《月峰集》卷二。

盆池蓮記 柳袗③

余自少有花卉癖，所好非一品，而獨愛蓮异甚。蓋愛其品潔而不妖，色净而不艷，通中而直外，可玩而不可褻。古之君子所以友而愛之者，蓋亦以此，而其爲物，非水不生，水又智者樂也。余愚不德，無君子之實，而行有愧於智，然所愛樂則庶幾得似之，階於北窗之下纔半畝，略植黄菊數叢爲庭實，而顧無池可以種蓮，上下而相之，朝暮而營之。既數日而終莫之如何，則埋小盆以儲水泥其中而蓮之。盆水澮澮而鏡開，荷葉

①底本此處注云："乙巳司馬三等第五季父晴沙公居魁。"
②高傳川（1578—1636），字君涉，號月峰，著有《月峰集》。
③柳袗（1582—1635），字季華，號修巖，著有《修巖集》。

田田而錢疊。天光雲影，上下同形，露珠烟幕，朝暮异態，開窗宴坐，嘯傲相對，足以洗心適情而忘外物之累，已亦幽居之一助也。何必洋洋而後可以樂飢，灼灼而後可以悦目也哉。抑余於此，有所感焉。不惟有感，又有所敬焉。今夫盆之水纔一勺之多，其視江湖川澤之廣，不啻若九牛毛之一，而猶澄虚静涵，不失其性，懷濟澤之仁，斂分别之智，鑒物則妍媸皆分。灌階而枯槁以蘇，而蓮又能屈拳泥之中。而停特自秀，不爲物染，如正人端士，張拱正笏，獨立衰季之世，而終始不變守焉，吁，其誠可敬也已。有所儆余者多矣，書以識之。《修巖集》卷三。

窗前不除草賦　金慶餘①

樂彼之庭，爰有碧草。數枝沃沃，一理所賦。胡濂溪之不除，鬱葱葱其交翠。惜方長之微物，寓善養之妙意。期丁五百，人禀奎璧。傳千聖源，倡六賢學。志于十五，塞磎茅之是懼。心存四勿，萎衆芳之深悼。秋蘭爲佩，薜荔其服。孜孜仡仡，晝乾夜惕。嘗念孰不爲學，涵養學之至也。孰不爲道，存省道之至也。是以濯莫濯兮牛山，夜氣息而萌芽。枯莫枯兮枯荑，雨露潤而滋華。苟得其養，無物不長矣。苟失其養，無物不消矣。物我何間，彼此一理。于時萋萋兮，有草于窗之下。離離兮叢生，其葉猗儺，彼雖至微，一天地元也。彼雖至細，一造化功也。豈不欲除之，而町町憐裊葉之滋蔓。豈不欲芟乂，而兀兀喜茁長之漸看。生生理之亦有，自家思之一般。日日兮向榮，同我日新又新。甘澤兮所濡，同我涵泳保真。草無日而不長，吾亦省之。草無朝而不茂，吾亦養之。非玩烟綿，好已學之日將。非惜夭沃，好已道之日明。肆不去於窗前，未有遺於

①金慶餘（1596—1653），字由善，號松厓，謚號文貞，著有《松崖集》。

體物，贊上天化，同下地育。猗歟先生，蘭茝鬱郁。草不除之當年，文未喪而在此。接杏壇之餘緒，圖太極之肇始。一微卉之所存，賢聖道之培植。千載儒之其真，人受賜於後日。噫，木方長兮不折，古有聞於柴也。將前後之一揆，今有草於窗前。學既臻於格物，宜領袖於群賢。伊際遇之倘亨，澤惟草之庶民。天胡未欲平治，風草偃之不伸。想養草之襟懷，若光風與霽月。少微兮今千秋，草何爲乎剪伐。紛禮法之籧篨，吾道委草而不復。遂歌曰：焉得此草，言樹之背。願言思子，使我心痗。《松崖集》卷四。

愛蓮軒記　黄床①

有軒斯有名也，瞻眺也，玩賞也，心乎所愛，而遒命以名也。是軒也，前余而有也，其久也，前余也非不瞻眺玩賞也，而不命次名，其必無所愛也。余獨愛軒之有蓮，余不知何所愛而愛也，非余之自愛之，乃余心之有慕，而使余而愛之也。昔者蓮之愛，有周濂溪也，今余後乎周，而心慕其人也，慕其人而不見，余見其所愛之之物，故愛之也。古之蓮，猶今之蓮也。余何以愛彼而不愛此也，既愛乎心，余何以不命名也，臨軒也，而後瞻眺玩賞，是爲軒之名也。大書《愛蓮説》于軒之壁也，苟欲知蓮之可愛者，其觀乎濂溪之言也，或嘲余簿書期會之不暇，而有光風霽月之懷也。身浮沉俗吏間，誰信其有是心也。噫！身外也，非内也，心内也，非外也。子見乎外，子又安知余之内也，或又難余芟刈蓮池之草，而無生物之意也。濂溪之庭草交翠，何爲其反也。噫！植嘉禾者，不得不去莠也。余愛蓮者，余去其害蓮者也。崇禎庚午秋日，昌原黄某書。《漫浪集》卷八。

---

①黄床（1604—1656），字子由，號漫浪，著有《漫浪集》。

賞蓮齋序　金得臣①

尹生而華構小齋，求序於余，余曰："爲序而不知齋名可乎？"而華曰："賞蓮其名也。"雖未窺而華之所居，佳山秀美水潔，异石立，芳樹列，何必以賞蓮揭齋名耶？而華曰："子言是矣。然吾自幼至壯，見其山其水，其石其樹，則厭於日久矣，以未常見之物欲賞之，鑿池種蓮，不特專賞蓮，且愛嗅香，不特專嗅香，且愛蓮葉上雨脚散而如珠之圓，故吾以名吾齋。"謂而華曰："名齋之義，我知之矣。"雖然，而華既厭佳山美水、异石芳樹，又種蓮以爲賞，其賞久則且必取他物而賞之，而華厭久之意不窮，而物必有窮，而華好新之意不啻勞也，亦大誤矣。爲之贈言，須聽之。

大凡人之所貴本體，本體者，心也。苟不知心之難制，不求放心而任其心之自逸，則見聲色欲必生，見珍貨欲必生，雖見佳山美水、异石芳樹，不知其可賞者，無足怪也。以而華厭久之意料之，不治自己之心，而心爲外物之誘，遇其好山水、佳石木，而不知其賞之可好。又必以蓮欲賞之，蓮不必優於好山水、佳石木而然也。心不執而未有所定，欲以此易彼而爲賞，苟能操存其心，私欲不妄動，清静自正，道心昭著，則見山水石木之美，幽興陶陶，雅趣必多，胡思亂想，不起於賞玩之心矣。徐復齋拚去私累，而心之清静，如止水之澄澈，所樂惟泉石，出游遇泉石，則必起舞自娱，不由心之清静而能如是乎！余之引此言，聊以警也。而華無乃以余言難之乎？孟子曰："人皆可以爲堯舜。"以此揆之，余言必不僭於而華也，且禪家以蓮譬喻本心，以禪家之言陳之。蓮出於淤泥，不染其污，而禪家以此取比於心，蓋人之心，在血囊中而昭昭不昏，故治之則有

①金得臣（1604—1684），字子公，號柏谷、龜石山人，著有《柏谷集》。

透悟之意也。而華坐於小齋，賞蓮之出於淤泥，致思於自家心之在血囊者，如蓮之出於淤泥，則自然透悟矣。且周茂叔愛蓮之出於淤泥而中通外直，譬喻君子，則儒之所言，與禪家略相同也。而華以賞蓮悟於本心，知本心之不染於污，則蓮之於人，豈不爲悟本心而得其静乎？李白詩曰："心如世上青蓮色。"此言人之本心如青蓮之不染於污也。吾序之若是，而華信之。《柏谷集》第五册。

洪陽縣愛蓮堂記　宋時烈①

人固未嘗無愛也，惟得其所愛者爲難也。且人心如面不同，而各隨其心之所當而愛焉，其所愛之不同也無惑也。然其於草木則芳臭之自别，而人以公眼品題於其間，則宜無所不同者。然濂溪先生稱李唐人愛牧丹，晋處士愛菊，而至於蓮也，則既名之以君子，而嘆無同己而愛之者。嗚呼！郭巾之墊雨也，而洛陽垂於晴，謝鼻之齁芥也，而江東擁於吟。漢晋之俗尚如彼，而至於宋也，顧乃如此何也？豈時序之漸下而然耶？洪陽縣監李侯子重，名其官沼之堂曰愛蓮，斯可謂得其所愛，而趣同於古賢矣。蓋子重自其大王父龜川君，以河間東平之德，當廢朝昏濁之時，痛念國家之將亡，倡率宗盟，忘身立懂，卒以扶植彝倫。而子重學於家庭，律己自守，不苟於進取，是蓋將自爲君子，而爲人之所愛矣。其慕古賢而愛其所名者，奚足言哉。雖然濂溪之可慕者，有大於此者，其建圖屬書，闡陰陽造化之妙，則其文固可讀也。至其爲政，則朱子稱其精密嚴恕，務盡道理，心新學校，以教其人，而荒崖絶島，不憚瘴毒之侵，緩視徐按，惟以洗冤澤物爲任。至於運使欲枉法以殺人，則委告

①宋時烈（1607—1689），字英甫，號尤庵、華陽洞主、南澗老叟、橋山老父、尤齋，謚號文正，著有《宋子大全》。

身而去之。其約己周人，則家無百錢之儲。其解官而歸，則妻子餰粥不給，而曠然不以爲意。是道之可慕而欲同焉者，豈兹植物之可比而已哉？今子重既取乎彼之小者，則其學乎此之大者可知矣。後之登斯堂者，亦將毋徒小者之取焉則庶幾矣。子重名垕，中宗大王之五代孫也，崇禎乙巳菊秋，恩津宋時烈記。《宋子大全》卷一百四十。

愛蓮堂序　吴益升①

昔濂溪周先生獨愛蓮，著《愛蓮説》，今觀是説千載之下，足以想先生之德，亦可謂人中之蓮花也。噫！蓮，花中之君子也，先生，人中之君子也，然則先生之愛蓮，實出於其德相符，而恒人所不得以知者也。近世尤齋宋先生亦愛蓮，鑿池種蓮，坐卧相對，朝夕以爲樂，不知濂溪之愛蓮爲何如也？而尤齋之愛蓮，亦何如也？濂溪之後未聞有愛蓮者，而始聞於尤齋，則信乎君子人，然後能知是蓮之爲可愛，而兩先生所愛淺深，亦未可知也。余於是年春，立小堂於蓮池上，仍以愛蓮名堂，又語客曰："此名何如？"客曰："有蓮有堂，堂以蓮名，不既美乎？"余曰："余豈獨愛蓮者，愛濂溪之德，不得聞焉。故今以是名堂，以寓景慕之意，此又如何？"客笑而去，客固知我者耶。《松峰遺稿》卷二。

①吴益升（1620—1679），字順之，號松峰、百松、止善堂，著有《松峰遺稿》。

愛蓮説　孫德升①

梅湖子偶出爲人間客，非分而擢魁桂籍，顧不合於彙茅，而自戀於散櫟，遂謝官歸鄉里，築草堂於堤上，鑿小池於竹軒，下植數叢蓮，一年之間葉而花，水不甚清潔而濯濯然，芳馨自如。濂溪子所謂出淤泥而不染者，一見契焉。心乎愛之，或倚軒而望之，或拄杖而臨之，日出而紅葩照艷，風至而暗香浮動，可望而不可攀，可臨而不可狎。士君子拔於流俗，澡濯其身，修潔其行，皭然而不滓，淡然而無累，中之所存，自見於外，風姿韵格，人不敢親疏，未嘗爲崖异斬絶之事，亦不爲離群孤立之行，而磨不磷，涅不淄，亦如處淤泥而能清潔也乎。蓮，植物也，君子人似之，故爲君子人所愛，噫！受天地之正，爲萬物之靈，而同流合污，甘賤惡於世者，亦獨何哉？蓮乎，蓮乎，與凡卉异，未知主人翁亦有异於人者乎？吾恐外有愛，而内實貧，蓮爲爾説濂翁。《梅湖集》。

愛蓮堂記　朴泰茂②

先君肅廟十年登第，越二年筮仕，立朝三十五年。上賓天先君方喪，如喪考妣，時以安城郡事已罷官矣。無復仕宦意，退而家居，葺斯堂而燕息焉。堂在正寢，南數十步，許其制，凡六間，梁之自東而西者六，自北而南者五，棟之分列於上下

①孫德升（1659—1725），字玄叟，號梅湖、素軒，著有《梅湖集》。

②朴泰茂（1677—1726），字春卿，號西溪、慕寒菴、慕雲菴、養拙齋、聾窩、西嶽，著有《西溪集》。

者十六，椽之聯比於左右前後者百有八十餘，隅爲室温而明，中爲樓爽而曠，於冬宜焉，於夏宜焉。東而爲二層階，列植花卉，階下鑿半畝塘，種蓮於其中，而名其堂曰愛蓮。日與宗族故舊嘯咏於斯，閑暇自適，有若將終身之志，善流皆樂與從游而多題咏，以美之鄉黨父老，至今相傳爲愛蓮堂。故事先君即世之二十六年元月，既望不肖子泰茂登堂，感古抆泪而爲之記，曰：以斯堂所見而言之，梅皤而菊黄，松篁交翠，皆可以名斯堂也。而先君之特以蓮名之者，何也？夫蓮者出於淤泥而不染，濯清漣而不夭，中通外直，不蔓不枝，香遠益清，亭亭净植，可遠觀而不可褻玩焉。是以周夫子愛之，而以爲植物中君子，試以先君平日需用於身心者而考之，於蓮爲彷佛焉。或以是妙契於蓮，而取周夫子愛蓮之義歟？是不可知也。後之登斯堂者，觀是蓮而想先君心事，則庶不負先君名堂之意矣。《西溪集》。

觀愛亭記　孫命來①

亭何在，在晋治西十許里菁江上游笘谷坊，亭何以觀愛名？亭臨兩小塘，一養魚，魚游樂可觀，一種蓮，蓮花香可愛。登是亭也，江山環擁，松竹蔭翳，烟雲雪月，四時之賞夥矣。而必觀於魚，而蓮之是愛何？魚在水，撥剌悠揚，天機自得，有相忘之樂，而觀之令人心境俱寂，萬念都捐，莊惠濠梁之評可見已。而蓮爲花中之君子，不與桃杏争春，晚節清香，暗暗逼人，故濂溪氏愛之，爲著説若干字，即與《太極圖》并傳。况亭爲塘而起，塘爲魚若蓮而鑿爾乎？亭主爲誰，鄭君汝修也。客笑曰："昔子産放魚於池，而圉人烹之。"放魚固主人家故事，然臨池之樂，視子産猶智。而蓮之愛，濂溪之後無聞，唯主人

①孫命來（1664—1722），字顯承，號昌舍，著有《昌舍集》。

獨焉，豈不賢耶！聞之荷醲甚香冽，盍與君就飲，而斫池鱗以佐之乎？曰諾，鄭故酒豪，必歡然以應之無疑，而倘以取適非取魚辭焉，則顧安所得肴乎。客去，記其説以歸，亭作記者誰，孫顯承也。《昌舍集》卷三。

觀愛亭記 趙龜命①

松竹軒主人，以雅操厚行自好於鄉黨，温温思試，而竟以布衣窮，優游田野，從社中友，飲酒歌呼，以爲樂而已。既老，傳家致于子，自構小亭以處，温室凉檻，僅可容膝，前鑿方塘，引活水注之，植芙蕖十數本，扁之曰觀愛，取孟子觀水，濂溪愛蓮語也。有妾善釀，有孫能唱，每東峰月出，開户受澄輝，引滿命曲，彈琴以和之，夜分不寐。曰此足以忘世矣，以求記於余。

余曰：天地萬物，惟静者能觀之，觀之而得其妙，即諺所謂糞壤蜣轉亦可觀者，不虚耳。嘗喜柳子厚書望青天白雲以自適，青天白雲，初非望以自適者，而嗒然以卧，仰視其起滅萬態，則誠有以心忘而神融，子厚有此静眼，所以蠻方瘴癘，稍忘其牢騷。今夫子之觀水而愛蓮也，樂而至於忘世，不亦宜乎？且池，水之小也，而芙蕖藻荇，魚龜虾蝌，以滋以息，不猶世界之載萬物乎？蓮之微也，而或開或落，或榮或瘁，有夭而不茁者，有折而破者，有借以爲瓶花而摘去者，不猶人生升沉窮達之不齊乎？其爲瓶花而摘之，供之以花觚銅觶，配之以山礬玉簪，灑之浴之，嗅之嚼之，又孰與自開落於清漣之中，而不閼天年者乎？及夫秋至霜降，衆芳凋謝，同歸於空，而池水澹然如洗，則向之開落榮瘁，一戲劇而已，又孰置幸不幸於其間

①趙龜命（1694—1737），字寶汝，號東谿，著有《東谿集》。

乎？世界無窮，人生有涯，以一世之升沉窮達，較之於百世之後，不猶臨池而較花，而人惟自私，故有美厭欣戚耳。列一身於萬物，同觀其始終，則俯仰之間，所遇百變，泥蟠天飛，流行坎止，其奇詭可笑，未始异於物，而均爲一戲劇也。夫子果能達觀乎此，而以世界爲池，以人生爲花，以吾身爲花中之一萼而已乎？月有盈虛，而其盈也，陰晴開菽之殊候，則月亦與花同也，琴有成虧，而其成也，五音六律迭爲君臣而相乘，則琴亦與花同也，月也，琴也，無往而非人生也，無往而非吾身也，彈琴玩月之夜，亦試以是觀之。《東谿集》卷二。

愛蓮亭記　李東①

愛蓮本濂翁語也，言垂百世，人無間然，何豈清芬馨德？翁實有之，而物則相符歟？不然則彼華池百頃，十萬娉婷，愛之者亦夥矣。謂之繁華好事則有矣，其所契而玩之，獨何説哉？我侯權公興駿製錦之暇，浚其公堂之舊池，凸其心而亭之，扁以愛蓮，謂余忝邑，子徵以小序，辭，不獲命。則敬以復之曰：蓮固可愛也，愛無真於濂翁，翁固可尊也，尊莫尚於政術，侯嘗聞太史氏之贊翁乎，先生爲政精密嚴恕，務盡道理，夫有如是之政，然後德可徵，芬可挹，臭味之真方不落好事之筌矣。若夫不精密，不嚴恕，不盡於道理，而惟蓮之是愛，則彼亭亭凈植，固無救玩物之失，而寂寥標榜，又安能孚信於人心哉？侯審二者之得失，而知所本焉。則縣花館柳，小子當以勿剪之什，聯而歌之矣。亭之西有小孱顔，峰嶺頗奇，乃亭之別趣也，此則咏物者宜詳之。《巍巖遺稿》卷十四。

①李柬（1671—1727），字公舉，號巍巖、秋月軒，現存有《巍巖遺稿》。

愛蓮説　蔡之洪

蓮，花之君子也，濂溪周先生甚愛之，余亦學先生者也。去年，栽得數本於階下之小塘，觀其春陽始舒，宿根吐芽，潛滋暗長於重淵不測之中者。君子之進德修業，不求知於世者耶。嫩葉展青，瓊蕊吐白，精華發外，輝映於水面者，君子之德盛業隆，有本必達者耶。風來而清香發，物感而情動者耶。露碎而千珠圓，理一而分殊者耶。且吾聞其爲物，埋没塵土，雖千百歲，塵土去後，依舊復生，一何似夫君子之心。靈靈不昧，私欲盡祛，本體呈露者也。此尤奇哉，若其不染不夭，不蔓不枝，中通外直，可遠觀而不可褻玩者，周先生已言之詳矣，此不可復論。噫！先生嘗曰："蓮之愛，同余者何人。"今小子雖不敢僭擬於先生，亦可謂得觀物之興於千載之下爾。《鳳巖集》卷九。

蓮花唱酬集序　李頤淳

昔濂溪周先生，著《愛蓮説》而曰："蓮，花之君子。"又曰："蓮之愛，同予者何人。"自是人以花之得名，與凡卉异，皆知所以同愛。然其所以愛之之實，蓋有人人所不能同者矣。故前後凡爲蓮有言者非一，而獨曾端伯呼爲净友。朱夫子詩有"忻①逢數君子"之句而已，則蓋不知天下之愛蓮，與周子同者凡幾人也。余所直齋樓之西，有池生蓮，當夏盛開亭亭，清遠

①"忻"：當作"相"，出自朱熹《墨莊五咏·君子亭》："相逢數君子，爲我説濂翁。"

之氣，不染不污之色，真有似乎君子，儘可愛也。顧余之淺陋，豈足以知愛者也，而竊自奇幾朵玉蕊，挺然拔秀於深山寂寞之中，日來逍遥把玩不已，發於歌咏，凡得若干首，雖詞致平凡，不得臻馨香之妙，而意寄深至，足以寓愛好之名焉。時族人李君宅在典牲，聞韶金一老在司籞，故聯篇投示，求與同和。二君皆自是齋還出，與蓮友有舊，遂樂爲之酬，各寄數篇，亦覊寓中勝事也。於是以拙構爲原韵，繫以二君之作，逐篇彙分，合爲一部，而名之曰《蓮花唱酬集》。噫！吾輩居既同，道既同，與之同游於千里之外，適又同齋而同咏其事，可謂同其愛者也。然其所謂同者，不過君同於我，我同於君而已，烏可敢議於與周子同哉。雖然，凡我同志之人，盍相與同之哉。集既成，携入泮中，請一老揮灑，君宅評品，稚養遂叙其首云。《後溪集》卷六。

敬蓮説　金鍾厚

周濂溪先生作《愛蓮説》，所以狀蓮之德美者至備，余常喜誦之，而見蓮則如見先生焉。雖然，余竊疑先生之説以愛蓮名，愛者，親之之詞，不若敬之尊也，是豈其然哉？按，説有曰不染不妖，曰中通外直，曰可遠觀不可褻玩，而總而目之曰花之君子，君子可愛而亦可敬者也。《記》不云乎，“狎而敬之，畏而愛之”，然則先生之愛蓮，以其可敬也。而敬固在愛之中也，且自古詞人多有賦蓮者矣。然皆况之以佳人美女，則此愛而不敬者也。不敬則不可謂愛，惟先生尊之爲君子而後敬生焉。能敬斯能愛，故先生爲獨愛蓮而因可知其敬矣。余於蓮，最賞其清疏軒揚之中有肅然，若莊士之不可易以笑語者，故每對之，則必正襟改容，昔王子猷呼竹爲君，陶淵明謂田水爲師丈人，米芾丈石以拜之，夫物固有可敬者也，余故推先生之言愛蓮乃所以敬者，爲《敬蓮説》。《本庵集》卷五。

愛蓮堂記　奇宇萬①

蓮可愛乎？曰可愛也！恒人之言然耳。曰蓮何愛，不過舉濂翁説中語而已，此聞濂翁之愛，而愛者也，名愛也，非心愛也，吾於心愛得一人焉，主人翁金處士是已。翁家三潭之中近者、堂外遠者，里所皆有蓮，每春葉秋花，清香擁堂，翁坐如泥塑，口不出愛蓮之語，詩不作愛蓮之句，楣不揭愛蓮之顔。而遠近知翁者，皆謂其翁曰愛蓮翁，謂其堂曰愛蓮堂，豈翁於愛蓮積中著外，得於觀感者然耶。使翁同時於濂翁，同余何人之嘆，反爲得朋之喜矣。二哥東炫以翁愛蓮之心愛文，得於士友者，溢篋懸楣之文，不鄙命余。《松沙集》卷十九。

《愛蓮説》批　曹兢燮②

水陸草木之花，可愛者甚蕃。此一句作起，無所不包。

晋陶淵明最愛菊。是草而陸者，最字伏後。

自李唐以來，世人甚愛牡丹。是木而陸者，甚字伏後。

予獨愛蓮之。是草而水者，獨字伏後。

出淤泥而不染。是君子。

濯清漣而不夭。是君子。

中通外直。是君子。

不蔓不枝。是君子。

---

①奇宇萬（1846—1916），號松沙，著有《松沙集》。

②曹兢燮（1873—1933），字仲謹，號深齋，著有《深齋集》。

香遠益清。是君子。

亭亭净植。是君子。

可遠觀而不可褻玩焉。是君子，不知是筆，不知是墨，但覺有一種名卉夭矯於淪漪之中，芬芳奪目，一個正人迥立於塵俗之表，風標蓋世，如此摹寫，可云與造化争工。

予謂菊，花之隱逸者也。貼淵明。

牡丹，花之富貴者也。貼世人。

蓮，花之君子者也。貼己。寫蓮爲君子處極其濃，至而於菊之隱逸，牡丹之富貴，并不説破，其所以然者，更妙若俗筆，則必用幽貞繁艷等字以形容之，則爲喧賓奪主，重隨而不能舉運矣。

噫！菊之愛，陶後鮮有聞。應上“最”字。

蓮之愛，同予者何人。應上“獨”字。辭旨婉曲含蓄，是君子語。

牡丹之愛，宜乎衆矣。應上“甚”字。末四字如土委地，而中自有無限感慨。於此忽將前文次序换一换，又將愛字移下，矯健古雅，妙不可言。此篇文僅百二十字，而起承轉合，呼應頓挫，無法不具，一字移動，不得加減，不得至其不可言之妙，却在筆墨之外，只此一篇，便是为千古文章家冠冕，不獨太極一説，與易同尊也，少輩將此説熟讀而深味之，自當有人解處，然後取孟莊等大篇涵泳之，則迎刃而解矣。《深齋集》。

論愛蓮　李承福①

余曰：觀乎事必知人，欲知人，亦難以一事斷人，何者？昔孔子去魯也，不知者以爲肉，或者以爲無禮，惟孔子則以微，非去之。然則彼君子心事，蓋知之者誰歟？不得以一事斷人多此類，然則周氏之愛蓮，苟非周氏，則誰能知其志之所在也哉？雖以唐明室之於太液蓮，晋遠師之於盧山蓮，曾爲酷愛之名歟？周氏有也一爲淫，一爲遁，不似周氏之樂道，吾故曰觀乎事，而必斷人當。夫其人，蓋周氏之於蓮，嘗觀其所自爲説則曰：

①李承福（1886—?），字德受，號良谷，著有《良谷遺稿》。

"予獨愛蓮出淤泥而不染，濯清漣而不妖，中通外直，不蔓不枝，香遠益清，亭亭凈植，可遠觀而不可褻玩。"噫，彼不染不夭，可遠觀而不可褻玩者，非周氏之德而何乎？蓋周氏自有其德而自説之，自不知蓮之有也，豈嘗所愛如晋遠師，唐明皇爲哉？然則蓮雖一蓮，所愛皆自古不同，亦不可以曷喻愛云。《良谷遺稿》卷五。

愛蓮堂記　鄭在箕①

粤癸丑春，季父梧潭公作竹林精舍于舟岩北麓下，於垣東數武許，築一小堂，前鑿方塘數畝，架石鱗筧分泉，涓流者注之中，實菡萏若干，種蒔奇卉异薌，於左右命之曰愛蓮，以寓其老年休息之所，其妝點率如是。蓋蓮，花之君子也。衆人皆愛其穠艷，而濂溪獨取其處淤泥而不染，有似乎君子者也。嗚呼！我季父性本正静，混濁世而不入，浥清芬而長存，冲澹自守，離炎凉，遠富貴，樓山肥遁，率志誉缮，有时盤桓舒啸，深得其收芋之樂矣。奈之何滄桑倏改，世事遽幻，忍見林靈相吊，猿禽獨凄，只誦古人，人亡餘宅，空有荷花之句而已。撫古懷今，寧不潸然！從子游宦多年，不遑寧息，第擬行來家食之日，執策就質，丕承父兄相傳之训，迪者今焉已矣。噫！夫其遁晦之志，雅尚之致，有非從子所敢贊述，而今當遺文揭虔之时，從君來屬其記事之文，遂忘其僭逾而略書之。《介隱遺稿》卷三。

---

①鄭在箕（1811—1879），字五而，號介隱，著有《介隱遺稿》。

愛蓮歌并小序　吴駿善①

濂溪夫子曰："菊之愛，陶後鮮有聞，蓮之愛，同余者何人。"夫菊花之隱而著者也，陶後非無愛者，但愛者非陶耳，是故無聞焉。夫蓮亦然，夫子之意蓋以同余，期待後人，而後世無復有夫子者，則雖謂之無聞焉，亦非虚語。雖然，必伯樂然後御馬，則是後世無《相馬經》也；必師曠然後知音，則是後世無《音律譜》也。蓋亦仰體前人之意而愛好，則愛好者雖未必其人，而不可謂非愛好也。余性偶自愛蓮，而所居無蓮，常切恨焉。歲辛丑夏，過風峙族兄庄見蓮葉出水，甚愛之，手采一根而歸，種於志於齋前方池。其始也，嫩葉漸舒，若將見其蕃衍矣。季夏之望，巨浸横波于塘，衹餘一細莖，稍有生意。翌年，又被水傷，纔見數朶花，而止今已三歲矣。根固葉盛，小者如盖，大者如船，濯清漣，冒緑水，露滴珠轉，風來香動。玉井十丈之藕，西湖十里之花，未足爲多也。余於是愛而樂之，每風朝月夕，臨軒玩賞，因溯仰夫子之風，恍如侍席間襲餘香也，遂賦歌詩一篇，以識余愛，雖不敢擬議於夫子同余之意，而願學夫子之心則未已也。

肇夏四月歲辛丑，我初移來一根蓮。志於齋前方塘水，加意栽植全其天。若將敷葉開朱華，忽被巨浸幾不全。去年今年稍長盛，一池四圍根株連。出水個個團傾盖，倚風淡淡香襲莚。動時覺如神龜游，静處渾似太極圓。從知清操莫與儔，若論高標誰能肩。僕命牧丹争富貴，孩撫園桃妒娉妍。差可梅竹結深契，庶幾蘭菊同周旋。茂叔宜其比君子，謫仙所以稱天然。姑舍羅裙一色裁，遮莫玉井沉痾痊。月夕露晨絶可愛，對此令人未能眠。繞池千回悠然久，恍如坐我太乙船。和烟細雨帶月寒，根托污泥濯清漣。今年花開似昔時，撫我白髮真可憐。惜爾芳華褰吾裳，文園久抱沉病年。不如强飲酒一斗，爲爾却寫詩千篇。浪吟詩軸須盡醉，花間明月來少焉。《後石遺稿》。

①吴駿善（1851—1931），字德行，號後石，著有《後石遺稿》。

《愛蓮説》注解 趙章燮①

“出淤泥而不染”，如君子之處濁世而不爲所污也。“濯清漣而不夭”，如君子之持身潔清，而不事雕飾也。“中通外直”，如君子之心通乎道，而外體自直也。“不蔓不枝”，如君子之遇事坦然，少無枝蔓葛藤之意也。“亭亭净植”，如君子之軒然高舉，植立不撓也。“香遠益清”，如君子之馨香，德聞於遠近，而日益清新也。“可遠觀而不可褻玩”，如君子之遠之則有望，而不可狎而近之也。既作愛同齋記，不得不注解説意，以示同族，而既以蓮譬君子，故如此解之耳。《韋堂集》卷五。

愛蓮説 高瀗②

古有無極翁嘗愛蓮，而有説焉，究其所愛之由，則只以有似乎君子，而未知其似之者即如何耳。歲蒼狗暮春者，偶得一本爲池種之，逾年而花葉甚繁，過之者無賢愚貴賤，莫不愛而賞之，是徒以其外而然，則豈足爲真知蓮者耶？余得親之久，知之悉，然后以翁之説而檢之，則亦有可説而明之者。夫容色清秀，粹然有冲和之氣，端嚴凝重，非可像之威儀歟！性質剛健，確乎有難動之操，光明正大，非可尚之秉執歟！寧潔不混，寧閑不群，愉愉自得，則非安分樂天者歟。合而觀之，君子之稱儘善喻，而不虚也。蓋知真之難，在物猶如是，况於人乎！惟君子能知君子夫！《月雲集》卷二。

---

①趙章燮（1857—?），號韋堂，著有《韋堂集》。

②高瀗（1862—1947），异稱聖洙、月雲，著有《月雲集》。

愛蓮説　金喆基①

余素以迂疏之人，雖無意於塵世時務之事，然至於花卉最多僻愛，雖幽花野草，未嘗不愛之也。况至若蓮花者，其愛之也，當如何哉？其愛之也，奚取之也，非取其花之鮮麗而然也，亦非取其葉之澄碧而然也。曰："然則胡爲而愛之也，願聞其愛之義乎？"曰："夫蓮之爲物也，出於淤泥而不染，濯清漣而不妖，亭亭迥立，不蔓不枝，此花之君子者也，謂之花之君子，何哉？外直者，是不爲外物所制也；中通者，虚心容衆也；香遠益清者，君子居室言善，而千里應之者也；可遠觀而不可褻玩者，君子可敬而不可狎之者也。花之色也，有紅有白，是正而不間，謂之花之君子，不亦宜乎？故濂溪亦嘗美其有君子之德，而爲之説焉。惟君子人能知愛其德焉，其他則但知愛其花與葉而已，若使植之方塘，時時觀玩，思其意致，以身體之，則人亦可以爲君子矣，是以爲説而自警焉。"《梧山遺稿》卷二。

①金喆基（1889—1952），字吉叉，號梧山，著有《梧山遺稿》。

後　記

本書選録的底本大致有兩百多種，内容是在我所編纂并已出版的《濂溪風雅》（中國社會科學出版社 2020 年版）的基礎上，整理古代朝鮮半島學人從高麗朝末期到朝鮮朝末期創作的周惇頤相關史料，編纂校勘而成。

感謝湘潭大學碧泉書院哲學與歷史文化學院院長陳代湘教授，收録本書於他主編的《湖湘文化海外傳播研究叢書》中，爲本書出版解决了後顧之憂。陳先生對湖湘學的研究與思考讓我由衷欽佩，他以開闊的國際視野積極推動海外湖湘學的研究工作，庶幾開拓出湖湘學研究發展的新天地，此皆歸功於陳先生浩浩然之學術戰略。

感謝韓國首爾大學哲學系丁垣在教授爲本書欣然賜序，他在序中對本書頗多溢美之詞，令我愧不敢當。本書史料均來自域外，整理工作頗有些難度，幸有許多博雅君子樂見其成，自始至終給予我極大的幫助。文獻的獲取是首要困難，美國康奈爾大學東亞圖書館的國際國内館際互借系統，讓我在赴美期間可借閲美國、日本、中國著名圖書館的藏書，從而克服了地域局限帶來的資料收集障礙，我將終生感恩銘記。數量衆多繁複瑣屑的原始文字録入和圖像製作，基本由我團隊成員李紹麗、申瀟負責，這極大緩解了我的工作壓力，幾年來，她們屢次多番調整，始終恪勤恪謹，曠日持久地修改，永遠不厭其煩，常激勵我不可懈怠。

感谢韓國成均館大學崔英辰教授饋贈善本，韓國建國大學鄭相峰教授、中國南昌大學田炳郁教授、韓國成均館大學漢文學系金鍾厚博士、韓國國學振興院從事古典翻譯工作的金紀燁博士幫忙查找核實了部分史料，對我幫助很大，在此一并奉上真誠的感謝！感謝日本關西大學吾妻重二教授、南昌大學楊柱才教授、湖南大學陳力祥教授、湖南科技學院楊金磚教授、安徽大学周建剛教授、四川大學粟品孝教授，持續鼓勵我做好本書，并指導進一步研究。感謝岳麓書社劉文編輯爲本書出版付出的辛勞！

最要感謝我的先生郭曉賢博士，讓我有赴美進行科學研究的機會，無數次幫助解決數據采集的技術難題，尤其重要的是他持續愛護包容我的任性驕縱，讓我能一直保持蓬勃的生命热情，在平静自在的情緒中開展工作，感謝我親愛的家人！

王晚霞於天津科技大學

2022 年 5 月 6 日

圖書在版編目(CIP)數據

韓國濂溪志/王晚霞編著.—長沙:岳麓書社,2024.2
(湖湘文化海外傳播研究叢書/陳代湘主編)
ISBN 978-7-5538-1869-6

Ⅰ.①韓… Ⅱ.①王… Ⅲ.①周惇頤(1017—1073)—哲學思想—研究
Ⅳ.①B244.25

中國國家版本館 CIP 數據核字(2023)第 097089 號

HANGUO LIANXI ZHI

韓國濂溪志

編　　著:王晚霞
責任編輯:劉　文　冷金成
責任校對:舒　舍
封面設計:羅志義

岳麓書社出版發行
地址:湖南省長沙市愛民路 47 號
直銷電話:0731-88804152　0731-88885616
郵編:410006
岳麓書社網址:www.yueluhistory.com

版次:2024 年 2 月第 1 版
印次:2024 年 2 月第 1 次印刷
開本:640mm×960mm　1/16
印張:39.5
字數:510 千字
ISBN 978-7-5538-1869-6
定價:198.00 圓

承印:湖南鑫成印刷有限公司

如有印裝質量問題,請與本社印務部聯繫
電話:0731-88884129